더게임스 데일리
社說選集 ❶

[더게임스데일리 연혁]

- 2004년 3월 일간 전자신문 자매지 '더게임스' 창간
  - 타블로이드 64면 체제로 매주 발행 : 프리미엄 게임 정론지 표방
  - 문화체육관광부, 전자신문과 '이달의 우수게임' 공동 주관

- 2006년 1월 전자신문에서 분사해 전자게임스 설립
  - 모 인 대표이사 취임
  - 회사 사무실을 전자신문 본사에서 양평동 이엔씨 드림타워 509호로 이전
  - 실시간 뉴스제공 사이트 [더게임스(www.thegames.co.kr)] 오픈

- 2007년 문화체육관광부와 '대한민국 게임인 대상' 제정
- 2008년 '대한민국 게임평론상' 제정, 2011년 문화부장관상으로 승격
- 2010년 검색포털 다음과 기사서비스 제휴
- 2011년 검색 포털 줌과 기사서비스 제휴
- 2013년 회사명을 전자게임스에서 더게임스미디어로 변경
- 2017년 검색포털 네이버와 기사서비스 제휴
- 2020년 3월 제호를 '더게임스데일리'로 변경

더게임스데일리 社說選集 ❶

2021년 7월 10일 초판 인쇄
2021년 7월 15일 초판 발행

기획, 편집 | 더게임스미디어 모인
펴낸곳 | 북코리아
등록번호 | 제03-01240호
전화 | 02-704-7840
팩스 | 02-704-7848
이메일 | sunhaksa@korea.com
홈페이지 | www.북코리아.kr
주소 | 13209 경기도 성남시 중원구 사기막골로 45번길 14 우림2차 A동 1007호
ISBN | 978-89-6324-778-6(93070)

값 50,000원

더게임스데일리

社說選集 ①

더게임스미디어

"게임 사설은 문화의 歷史이자 여론의 窓"

게임 전문 언론을 표방하며 출범한 더게임스데일리가 올해로 창간 17주년을 맞이했습니다. 지난 2004년 대한민국 게임사를 새롭게 쓰겠다며 다짐하며 걸어온 지난 17년을 요약하면 말 그대로 '다사다난' 그 것이었습니다. 기쁠 때도 있었고 안타까울 때도 많았습니다. 고단한 일도 적지 않았습니다. 그럼에도 끝까지 놓치지 않고 붙잡고 매달려 온 것은 다름아닌 게임 사설이었습니다.

대한민국 언론에서 사설은 하루가 멀다 할 만큼 홍수처럼 쏟아져 나옵니다. 하지만 게임 사설은 가뭄에 콩날 정도입니다. 겨우 더게임스데일리의 친정격인 전자신문에서나 간간히 게재할 뿐입니다. 게임사설은 그래서 오로지 더게임스데일리에서만 다루고 있다는 세평을 듣습니다.

더게임스데일리를 창간하면서 아무리 어려운 일이 있더라도 지속적으로 기록하고 남기고 싶었던 것은 바로 사설이었습니다. 사설은 역사의 현장이자, 국민의 소통의 장이며 미래의 교훈을 담는 그릇이기 때문입니다.

게임 사설도 다르지 않습니다. 게임의 역사이며, 업계의 컨센서스를 녹아내는 여론의 창이며 내일을 내다보게 하는 바로미터이기 때문입니다. 그래서 때론 정책에 제동을 걸기도 하였고, 너무 앞서 가는 듯 한 업계 움직임에 대해서는 냉정한 지적을 아끼지 않았습니다. 좋은 소리보다는 듣기 거북한 소리가 많았을 게 분명합니다.

그러나 그것이 산업계의 목탁 역이며, 그것이 시장을 잘 지키는 파수꾼의 본분일 뿐 아니라 그것이 바른 게임산업 역사를 기록하는 올곧은 방법이자 길이라고 믿으며 그렇게 달려 온 것입니다.

이번에 선보인 사설 선집은 이같은 더게임스데일리의 정신과 혼이 담긴 사설들을 한올 한올 엮어 만들었습니다.

더게임스데일리는 이번 사설 선집 발간을 계기로 지속적인 출판 문화 사업을 병행할 예정입니다. 특히 산업 전선에서 일하고 있는 게임 개발자와 운영진, 마케팅 및 업계 종사자들이 이를 통해 게임인으로 무장하고, 문화의 역군으로 성장해 나갈 수 있도록 온 힘을 기울이겠습니다. 끝으로 사설 선집 발간을 위해 힘써주신 이찬규 북코리아 대표님과 게임빌, 컴투스 가족 여러분, 그리고 논설위원으로써 십수년을 함께 사설을 맡아 온 김병억 편집 담당이사에게 감사의 말씀을 남기고자 합니다.

2021년 7월 13일
더게임스데일리 발행인 모인

Contents

I. 정부/산업정책

II. 온라인게임

III. 모바일게임

IV. e스포츠

V. PC방/콘솔/아케이드게임

IV. IT 등 기타

I

정부/산업정책

실효성있는 과몰입대책 내놓아야

문화부가 청소년들의 온라인게임 과몰입(중독) 문제 해결을 위해 테스크포스(TF)팀을 구성하는 등 발빠른 움직임을 보이고 있다. 작년말 청와대에서 과몰입 대책을 만들라는 지침이 하달된 데 대한 주무부처 차원의 대응이 시작된 셈이다. 온라인게임 과몰입 문제는 청와대가 종합 대책 마련을 지시하고 해당 부처가 특단의 조치를 수립해야 할 만큼 중차대한 사안이됐다.

사실 2006년 '바다이야기 사태' 이후 게임 역기능에 대한 정부의 대처는 '사행성'에 지나치게 치중돼 왔다. 결코 간과해선 안될 것이 게임중독 문제임에도 정책의 후순위로 밀려난 것이다.

과몰입 현상이 매우 심각하다는 것은 정부 발표 자료에도 그대로 드러나 있다. 문화부 '2009 게임백서'에 따르면 만 9~14세 학생의 하루 평균 게임이용 시간이 93.9분으로 다른 연령층을 압도한다. 특히 만 15~19세 청소년중 무려 하루 평균 5시간 이상 게임을 하는 비중이 43.4%이다.

과몰입 현상이 심화되는 데 대한 책임은 이런 문제를 방치한 정부와 과몰입을 조장해 수익을 창출하는 게임업체들에 있다. 특히 적당히 즐겨서는 다른 유저들을 따라잡을 수 없도록 유저간의 경쟁심을 유발하는 특유의 시스템을 만든 게임업체들은 그 책임과 의무로 부터 자유롭지 못하다.

당사자인 청소년들도 문제지만, 엄연히 그들은 보호 관찰이 필요한 미성년자들이다. 언필칭, 게임업체들은 남보다 우월한 레벨이나 계급을 확보하려는 이용자들의 그릇된 게임문화 행태를 교묘하게 이용해 수익을 창출해 왔다. 그럼에도 과몰입 문제 해결을 위한 대책에는 소홀했다.

그래서 과몰입 대책은 누가 어떻게 만드느냐에 따라 실효를 거둘 수도 있고, 유명무실할 수도 있는 사안이다. 자칫하다간 게임업체들에 면죄부만 주는 꼴이 될 수도 없지 않다. 어차피 과몰입 문제를 사회문제로 인식, 제대로된 대안을 내놓기 위해선 우선 TF 구성부터 신중해야한다.

과몰입으로 인한 폐해를 누구보다 잘아는 시민 단체를 비롯해 각계 전문가들이 골고루 포함돼야 옳다. 몇몇 메이저업체 관계자들 중심으로 모여 탁상공론식 대안을 내놓아선 문제를 더 악화시킬 개연성이 충분하다.

2010. 01. 08

김 회장은 5기 新任이어야 한다

김기영 한빛소프트 사장이 게임산업협회장을 맡게됐다. 협회는 최근 이사회를 갖고 김정호 전 회장의 후임으로 김기영 사장을 만장일치로 추대했다. 협회는 2월말 총회를 열어 신임회장 선출 절차를 마무리할 계획이다.

지난 11월초 김 전 회장의 돌연한 사퇴 표명으로 그동안 협회는 2개월 가량 협회장 공석인 상태가 지속되는 등 파행 운영을 보여왔다. 이번 김 회장의 선출로 협회는 일단 급한 불을 끄게 됐다.

김 회장은 1996년 게임계에 뛰어 들어 14년 동안 산업계에 종사해 왔다. '오디션' 신화를 만들어 낸 화려한 스타 개발자, 한빛소프트의 오너로서 촉망받는 CEO의 면모도 있지만 '라면 먹으며 게임에 매달렸던 어려운 시절'도 겪었다.

이런 김 회장의 족적을 살펴보면 이전 협회와는 확연히 다를 것이 분명하다. 그동안 협회 회장 자격을 논할 때 가장 먼저 거론했던 오너 사장의 추진력을 갖추고 있기 때문이다. 평소 언행을 보면 김 회장은 영세 개발사 사장으로 어려웠던 시절을 잊지 않고 있다. 메이저 중심의 협회가 중소 개발사 등을 아우르는 명실상부한 범 게임계의 대표 기구로 환골탈퇴할 수 있는 좋은 기회다.

다만 하나 걸리는 것은 이사회에 올려진 안건이 '신임회장 보선의 건'이라는 점이다. 이사회는 김 회장을 5기 신임회장으로 선출한 것이 아니라 김정호 전 회장의 후임으로 선출한 것이다.

그래서 김 회장은 잔여 임기인 1년 짜리 회장인 셈이다. 일각에서는 2월 24일 개최되는 총회에서 이 문제가 재론될 것이란 관측이 제기되고 있다. 당연히 그렇게 해야한다. 위기 상황인 협회와 산업계를 쇄신하는 차원에서라도 김 회장은 보선이 아닌, 신임으로 선출돼야 한다.

2010. 01. 15

現거래 양성화 '잘못하면 毒'

대법원이 게임머니 현금거래자에 대해 무죄 판결을 내림으로써 어떤 식으로든 온라인 게임 아이템 현거래가 양성화의 길로 접어들 가능성이 더 커졌다. 법원이 주목한 것은 일반 온라인게임의 게임머니는 사용자들의 '노력의 산물'이란 점인데, 이를 확대 해석하면 시간·경제적 비용이 수반되는 아이템을 유저들끼리 거래하는 것은 현금이든 사이버머니든 다 '적법'하다는 뜻이다.

물론 이번 대법원 판결만 놓고 '현거래= 양성화'라는 등식이 성립하는 것은 아니다. 이번 판결이 향후 아이템 현거래 등에 판례로 작용하겠지만, 사안의 핵심인 사이버 자산의 귀속 문제에 대해 법조계 자체에서 이견이 분분하기 때문이다. 관련 법 개정 등 후속 조치도 첩첩산중이다. 대법원 판결이 나온 직후 문화부가 '모든 아이템 거래가 적법하다는 뜻은 아니다'라는 입장을 밝힌 것도 아마 같은 맥락일 것이다.

그러나, 이미 시장은 들썩거리고 있다. '리니지'처럼 현거래가 왕성한 몇몇 게임의 경우 게임머니 현금교환비율, 즉 '환율'이 폭등하는 이상기류가 흐르고 있다는 소식이 들린다. 개인간의 사이버 자산 거래가 합법화되면 결국 수요가 몰릴 것이고, 이렇게되면 시장경제 원칙상 가격이 인상할 것이니, 미리 사두면 나중에 돈을 벌 것이란 '상술'이 개입한 탓이다.

습관적으로 현거래를 하는 유저의 상당수는 이러한 사행 심리에서 결코 자유롭지 못하다. 게임머니나 아이템을 투기적 목적으로 이용하는 경우가 비일비재하다. 벌써부터 해외서 대량으로 게임머니나 아이템을 생성하는 이른바 '작업장'을 만들려는 움직임이 활발하다는게 업계 전문가들의 전언이다.

이래서 총체적인 현거래 양성화 문제는 매우 신중히 접근해야할 예민한 사안이다. 시장과 산업 부양의 관점에서만 봐서도 안되며 규제완화 차원에서 볼 일은 더더욱 아니다. 잘하면 '약'이 되겠지만, 자칫 잘못하면 '독'이 될 수 밖에 없는 양면성을 지니고 있는게 현거래 양성화 문제다.

2010. 01. 19

등급 미필 불법 웹게임 근절돼야

등급심의를 받지 않은 불법 웹게임이 기승을 부리고 있다. 어렵게 모니터링해서 사이트를 차단하면 다른 사이트로 만들어 서비스하는 방식으로 감독기관인 게임물등급위원회를 우롱하고 있다. 웹브라우저만 있으면 어디서든 이용 가능한 웹게임 특성상, 몸집이 워낙 가벼워 단속하기가 쉽지 않다는 맹점을 악용하고 있는 것이다.

웹게임은 온라인게임 시장의 새 블루오션으로 주목받고 있다. 작년부터 서비스 작품이 급증하고 있다. 그래서 심의 시스템상 허점은 가볍게 볼 문제가 아니다. 게다가 현재 웹게임의 대부분은 중국 · 유럽 등에서 수입된 작품이다. 수입된 불법 웹게임이 판친다면, 유통 질서를 교란하는 동시에 국내 게임산업의 기반까지 흔들 수 있는 심각한 문제다.

등급 심의의 허점을 교묘히 악용한 불법 게임이 마구잡이로 서비스된다면, 장차 매우 심각한 사태가 발생할 여지가 많다. 만에 하나 선정성 · 폭력성 · 사행성과 같은 문제가 있는 성인물을 청소년들이 쉽게 이용할 수 있다면 이는 중차대한 사안이다. 미심의 웹게임 서비스는 이미 출발부터 문제가 됐었다. 독일산 '부족전쟁'이 심의를 받지 않은 채 서비스돼다 적발돼 사이트가 폐쇄된 적이 있다.

등급 심의의 기본 정신은 판단력이 떨어지는 10대 청소년들의 정신 건강 보호다. 건강한 문화 조성을 위한 원초적인 규제 수단이기도 하다. 문제는 게임 기술이 급진전되고 플랫폼이 다변화되면서 심의 시스템의 근간을 흔드는 일이 빈발하고 있다는 사실이다.

게임위는 이미 우리는 앱스토어 게임 불법 유통 문제로 골치를 썩기도했다. 이번 웹게임 사태도 그렇다. 모든 게 기술은 날로 발전하는데 심의 인프라는 제자리 걸음을 걷고 있는 탓이다. 급변하는 환경에 맞춰 심의 시스템 업그레이드를 적극 고려해야할 때다.

2010. 01. 22

과몰입, 선제적 대응이 최선

국회 보건복지가족위원회 이정선 의원(한나라당)이 최근 국회 헌정기념관에서 '인터넷 중독 예방과 치료관련 입법' 토론회를 가졌다. 인터넷과 게임 과몰입 문제를 해결하기 위한 입안 작업의 일환이다.

이 의원은 본지 인터뷰에서 과몰입 관련 법안을 3월중에 발의, 4월에 상정하겠다는 일정과 계획을 밝혔다. 또 이의원은 "새로 만드는 법안은 규제 보다는 과몰입과 중독자의 치료와 예방에 초점을 둘 것"이라고 말했다.

비록 이 위원이 규제보다는 치료와 예방에 초점을 둔 법률안을 만들겠다 했지만 산업계 입장에서 보면 이 역시 새로운 규제가 따라 붙을 수 밖에 없어 보인다.

이 위원의 발의 법안 이외에도 청소년보호법 개정안, 한선교 의원의 "인터넷중독의 예방과해소에관한법률안, 게임문화및산업진흥에관한법률(기존 게임산업법의 전면 개정법률) 등 3개 법률(안)이 국회 통과를 기다리고 있다.

모두 게임 과몰입과 관련된 규제의 내용이 포함돼 있는 법안들이다. 결국 산업계는 게임 과몰입 문제 때문에 최소한 4개 법률의 관리와 감독을 받게 되는 셈이다.

지난해 청와대가 인터넷 및 게임 과몰입으로부터 청소년을 보호할 대책을 마련하라고 지시한 이후 국회와 정부의 관심과 시각이 예사롭지 않다. 특히 게임콘텐츠산업과는 공식 비공식 자리에서 올해 산업계의 최대 이슈는 과몰입 대책이 될 것이란 말을 자주 한다는 게 업계의 전언이다.

정치권과 정부, 시만단체의 움직임과 목소리를 들어 보면 게임과몰입 문제는 더 이상 피하거나 덮어둘 수 있는 사안이 아닌 것 같다. 반대로 산업계가 적극적으로 나서는 것이 최선인 듯 싶다.

뒤에 숨어 눈치만 보다가 시민단체의 강도 높은 주장을 그대로 수용한 정책이 결정된다면 산업계에 '과몰입'의 메가톤급 규제 폭탄이 떨어질 수도 있기 때문이다. 게임산업협회를 중심으로 산업계 전체가 이 문제에 선제적으로 대응하는 길만이 온라인 게임 산업계가 또 다른 '바다이야기' 사태를 맞지 않는 길이다.

2010. 02. 02

'수정申告 인증制' 보완해라

게임물등급위원회가 패치 심의의 신고 여부를 자율적으로 판단하도록 하는 '수정신고 인증제'를 시행할 계획이라는 소식이다. 일정 기준과 조건을 충족하는 기업을 '우수 내용 수정신고 업체'로 지정해 게임위가 마련한 가이드 라인에 따라 패치 내용의 재등급 여부를 판단하도록 하겠다는 것이 인증제의 골자다. 이미 8개사가 신청 했으며 게임위는 금주 내에 그 결과를 발표할 예정이다.

게임위가 내용 수정 신고를 업계 자율에 맡기는 것은 산업계에 도움이 되고 길게는 민간자율심의를 향한 첫 걸음이 된다는 점에서 당연히 환영할 만 하다. 하지만 지금까지 게임위의 시스템이나 업계 관행을 보면 헛점이 너무 많아 제도적인 보완이 필요하다는 판단이다.

우선 현행 제도에 따르면 최대 37일 이내의 단기 이벤트에 대해서는 속수무책이라는 점이다. 예컨대 우수 신고 업체로 인증을 받은 업체가 37일 이내에 업계 관행처럼 이벤트를 시행해 사행성이 우려되는 아이템을 팔아도 규제는 커녕 인증 취소도 할 수 없다.

게임위가 효과적인 사후 관리 시스템을 갖추지 못한 것은 더욱 큰 문제다. 현재 8명 정도인 사후 관리 인원으로 국내에서 서비스되고 있는 온라인 게임의 등급 준수와 사행성 여부를 감독한다는 것은 거의 불가능에 가깝다. 이런 상황에서 우수 신고 업체를 지정하는 것은 자칫하면 '업계 관행'인 사행성 이벤트를 마음 껏하라는 '면죄부'를 주는 것이나 다름 없다.

우수 신고기업으로 인증된 업체가 게임위의 가이드 라인을 어길 경우 강력한 처벌 규정을 마련하는 것도 필요해 보인다. 특히 이 과정에서 해당 게임의 개발사 뿐 아니라 퍼블리싱 업체도 불이익과 처벌을 받게 하는 제도적 장치가 마련돼야 한다.

이같은 보완 작업과 함께 산업계가 게임산업협회를 중심으로 자율 심의 정착을 위한 기구를 만드는 등 자구 노력이 전제되지 않는다면 '수정신고 인증제' 시행을 뒤로 미루는 것이 차선이다.

2010. 02. 16

천신만고 끝에 출범한 김기영體制

선장없이 표류하던 게임산업협회가 천신만고 끝에 새 선장을 찾아 다시 항해를 시작했다. 협회는 24일 정기총회를 갖고 '김기영체제'를 출범시켰다. 우선 김정호 전회장의 어처구니없는 중도하차와 업계 리더들의 무관심과 무책임으로 침몰 직전의 협회를 바로 세우겠다며 회장직을 수락한 김 회장의 용단에 박수를 보내고 싶다.

매출 1조 원을 바라보는 메이저들도 '아이 돈 케어(I don't care)'라며 마다하던 자리였기에 업계를 먼저 생각하며 자신을 희생키로 한 김 회장의 결단을 높게 사야 마땅하다.

어려운 시기에 김회장이 중책을 떠맡은 만큼 이젠 협회 회원사, 특히 그동안 '운영위원사'란 이름으로 사실상 협회를 좌지우지해왔던 몇몇 메이저들의 진심 어린 응원과 전폭적인 협조가 이뤄져야할 차례다. 산업을 위해, 업계를 위해 최소한의 책임마저 포기한 그들이 아니던가. 김 회장에게 힘을 몰아주는 일은 당연한 의무이자 도리다.

게임계는 지금 어느때보다 단합이 필요한 시점이며, 그 단합의 중심은 협회여야 한다. 협회가 제대로 돌아가야 산업이 제대로 뿌리를 내리고, 산업이 튼실히 형성돼야 자신들의 기업이 살찐다는 진리를 간과해서는 안된다. 꼭 6년전 20여 게임계 리더들이 뜻을 모아 통합협회를 발족할 때의 정신과 그 취지를 훼손시키지 말아야한다.

과거와 같은 무관심과 이기심이 또다시 계속된다면 제 5기 김회장 체제 역시 순항하기 어렵다. 자칫 좌초할 수도 있다. 협회는 결코 협회장 한사람의 의지와 노력만으로 잘 운영되는 곳이 아니다. 팔과 다리가 움직이지 않는데, 어찌 머리만으로 큰 몸통을 이끌어갈 수 있겠는가.

주요 메이저들이 자발적으로 튼실한 팔과 다리 역할을 해줘야 갈곳 잃은 협회가 제대로 방향을 잡고 3대 게임강국이란 목표점을 향해 다시 순항할 수 있다는 점을 꼭 명심하기 바란다.

2010. 03. 02

뉴파워리더, 그들은 뭔가 달라져야

본지가 창간 6주년기획으로 선정한 '뉴파워리더 50인'은 장차 게임산업을 이끌어갈 차세대 리더들이다. 과거보다는 현재, 지금보다는 미래가 더 기대되는 유망주들이다. 그동안 대한민국 게임산업 김택진·김정주·김영만 등 기라성 같은 스타들이 이끌어왔다면, 앞으로는 이들 신형엔진이 G코리아호를 보다 올곧은 방향으로 이끌어 달라는 바람이 반영된 것이기도 하다.

게임산업을 지금까지 이끌어온 수 많은 올드스타들의 공을 결코 깎아내릴 수는 없다. 그들은 나름대로 역할을 했다. 황무지에서 신화를 창조했고, 게임을 어엿한 유망산업이자 글로벌 히트상품으로 만들었다. 사행성, 중독, 폭력성 등 수 많은 역기능에도 불구, 게임을 21세기 청소년들의 대표적 문화콘텐츠로 자리매김시킨 것도 어찌됐건 그들의 공이다.

그러나, 올드스타만으로 '블랙산업'으로 인식받고 있는 게임을 '그린산업'으로 바꾸기 어렵다는 한계점들이 하나하나 드러나고 있다. 초고속 산업 성장과 함께 부와 명예를 거머쥔 스타들이지만, 그들만으로는 2% 부족하다. 시장과 사업은 아는데, 산업과 사회와의 조화의 중요성을 모르는 오너들이 부지기수다.

그들에게 게임으로 일궈낸 부(富)니까 극히 일부라도 사회에 환원해 달라는 기대조차 공염불에 불과하다. '주주환원' 못지않게 '사회환원'이 중요하다는 주문도 실효를 보기 어렵다.

뉴파워리더, 그들에게 거는 4만여 게임인의 기대는 남다르다. 그래서 적어도 올드스타들의 성공에 대한 열정과 투지는 배우되 '노블레스 오블리주'(noblesse oblige)를 외면하는 적지않은 올드스타들의 반사회적·반산업적 마인드는 닮지 말라 당부하고 싶다.

시장과 산업이 사회로부터 제대로 인식과 대우를 받느냐 마느냐는 1차적으로 키플레이어인 파워리더들에게 달려있다. 물이 고이면 썩게 마련이듯, 게임계 파워리더 역시 세대교체는 자연스런 현상이다. '뉴파워리더들은 뭔가 다르다'는 얘기가 여기저기서 터져 나오길 기대한다.

2010. 03. 16

중독문제, 사행성과 별개 아니다

게임중독 문제가 게임산업계의 뜨거운 감자로 떠오르고 있다. 최근 발생한 게임중독자로 인한 잇따른 사건 사고가 타오르는 불길에 기름을 부은 격이 됐다. 정부는 차제에 게임을 포함한 인터넷중독 문제에 대해 근본적이고 종합적인 대책을 내릴 요량인 것 같다.

청와대가 정점에서 종합 대책에 대한 큰틀을 잡고 관련 부처를 독려하고 있으니 보다 강력한 처방전이 나올 가능성이 농후하다. 주무부처인 문화부는 물론 행안부까지 가세해 그 처방전의 수위를 고심하고 있다. 관련 기업들이 전전긍긍하는 것은 당연지사라 하겠다.

이처럼 중독 문제가 핫이슈로 전면에 부상하자 사회 문제로 비화되었던 사행성 문제가 슬그머니 고개를 감추는 양상이다. 물론 사행성 문제에 대한 제도적 안전장치 마련이 여전히 추진되고 있지만, 대세가 사행성에서 중독문제로 넘어간 건 분명하다.

NHN 등 고스톱·포커(일명 고포류) 서비스업체들은 안도의 한숨을 쉴 지 모르겠지만, 이건 뭔가가 한참 잘못된 일이다. 곰곰히 따지고 보면 게임의 중독 문제와 사행성 문제는 불가분의 관계다.

게임 중독의 밑바탕에 사행성 요소가 깊게 깔려있다는 것은 엄연한 사실이다. 고포류 게임 중독자들의 상당수가 장시간 게임에 빠져드는 근본 이유도 다름아닌 사행성 탓일게다. 한번 배팅에 엄청난 현금가치를 갖는 사이버머니가 오가는 사행성 요소가 갬블러들을 게임판으로 끌어들이고 있고, 그들은 쉽게 고포류에 중독되는게 보통이다.

비단 고포류 뿐만아니라 중독성이 강한 대부분의 온라인게임들이 사행성 짙은 배팅 시스템이 내재돼 있다. 경제시스템중 하나라는 미명 아래 이런 시스템은 판단력이 약한 청소년들의 과몰입을 조장하는 핵심 포인트가 된다.

그래서 정부의 중독 문제에 대한 대응이 중독성 그 자체에 머물러선 곤란하다. 사행성, 중독성, 폭력성, 선정성 등 게임의 주요 역기능은 마치 먹이사슬처럼 연결돼 있다. 마치 돌려막기식 처방전은 근본적 대책이 될 수 없다. 게임중독에 대한 대책 수립에 앞서 모든 역기능에 대한 세밀한 대안이 나와야한다.

2010. 03. 23

現거래 금지, 후유증 정밀 검토해야

정부가 온라인게임 아이템 현금거래(현거래) 규제를 대폭 강화하는 방안을 정책적으로 추진중이다. 현거래가 게임중독과 사행성을 조장하는 근본 원인이란 점에 주목, 차제에 규제 수위를 높이겠다는 것 같다.

게임산업법상 게임머니의 현거래를 업(業)으로하는 행위는 이미 불법이다. 따라서 정부의 의도는 업이 아닌, 즉 개인간의 현거래까지 불법으로 간주하겠다는 뜻인데, 그 취지는 공감하지만 몇가지 후유증에 심히 우려를 표하지 않을 수 없다.

먼저 사이버 자산도 분명, 개인의 중요한 자산인데, 자발적인 개인간의 거래까지 법으로 막는다면, 그 명분과 취지에 상관없이 위헌 소지가 다분하다는게 법조계의 판단이다. 게다가 현거래 전면 금지시킨다면, 수 백만 게이머들이 보유한 막대한 규모의 사이버 자산이 한순간에 휴지로 전락하거나 온갖 불법 음성 거래가 판칠 게 불보듯 뻔하다.

기술적, 물리적으로 아이템거래를 차단하는 것은 어렵지 않은 일이다. 그러나 이로 인해 발생할 혼란은 상상을 초월할 것이라는게 전문가들의 견해다.

시장과 산업에 미칠 후유증도 일파만파로 커질 가능성이 농후하다. 우선 온라인게임을 즐기는 가장 중요한 포인트 중 하나인 경제시스템이 붕괴돼 게임성이 심히 위협받을 것이며, 많은 게이머들이 게임계를 떠날 것으로 걱정된다. 이렇게 되면 문화콘텐츠 산업의 총아이자 수출효자업종인 게임산업이 성장 동력을 잃고 표류할 가능성이 높다.

현거래 시장 형성으로 '재미'보다는 '돈'이 목적인 생계형 게이머가 적지않고, 온갖 오토프로그램과 해킹 등 불법행위가 위험 수위를 넘어선 것이 주지의 사실이다. '재미도 얻고 돈도 번다'는 이유로 현거래가 게이머들의 중독에 적지않은 영향을 주는 것에도 동의한다.

분명한 것 하나는 싫든 좋든 현거래는 10년 이상 유지, 발전하며 게임산업을 발전시킨 '필요악'이란 사실이다. 설령 현거래 전면 금지에 대해 특단의 조치가 불가피하다는게 사회 정서일지라도 시장과 산업, 그리고 문화에 미칠 그 후유증에 대한 보다 면밀한 검토와 충분한 여론 수렴 과정이 선행돼야 한다.

2010. 04. 15

과몰입 대책과 '그린게임'

정부가 최근 발표한 '과몰입 대책안'에 의하면 현재 주류를 이루는 상당수 게임 장르들이 직격탄을 맞게 됐다. MMORPG는 피로도 시스템을 적용받게 됐다. 넥슨표 청소년 게임은 셧다운 제도의 도입으로 어떤 형태든 영향을 받게 됐다.

앞으로 여론의 향배를 지켜 봐야겠지만 장기적으로 사행성, 과몰입, 폭력성 등 게임 산업을 둘러싼 3가지 규제 이슈는 몇년간은 지속될 것으로 보인다. 같은 이야기를 뒤집어 보면 3가지 규제 이슈에서 상대적으로 벗어난 '그린 게임'이 향후 국내 온라인 게임의 새로운 블루오션이 될 것이란 점은 명확해 보인다. 아마도 스포츠 게임이 그 범주에 드는 대표적인 장르가 아닌가 싶다.

우연의 일치인지 몰라도 10여 개 스포츠 작품이 출시를 앞두고 있다. 기존 스포츠 게임들도 신작이나 다름 없는 대규모 업데이트를 준비하고 있다. 본지가 자체 집계한 바에 따르면 대략 20여종의 스포츠 게임이 쏟아져 나오는 셈이 된다. 양적으로 보면 스포츠 게임의 전성 시대를 예고하고 있는 것이다.

작품 면면을 보면 상당한 기술적인 진보를 이뤘다는 평가도 받고 있다고 한다. 과거 단순 캐주얼 형식에서 벗어나 MMORPG와 같은 고퀄리티 게임으로 한단계 업그레이드 됐다는 게 그것이다. 또 게임 속에 광고를 삽입하는 '인게임 광고(In Game Advertisement)'를 도입하는 등 비즈니스 모델 측면에서도 새로운 시도를 하고 있다. 스포츠 게임이 양적·질적으로 성장해 MMO, FPS에 이어 새로운 주류 장르로 부상할 수 있는 여건이 조성되고 있는 상황이다.

앞으로 나올 스포츠 게임들이 과몰입 이슈에 따른 반사이익을 얻는다고 해도 좋으니 잇달아 대박을 터뜨리길 바란다. 그렇게 되면 몇몇 장르가 과점하면서 극심한 정체 현상을 보이고 있는 국내 온라인 게임 시장이 새롭게 꿈틀댈 게 분명하다. 6월 남아공 월드컵 개막을 계기로 쏟아질 스포츠 게임에 관심을 기울여야 할 이유가 바로 여기에 있다.

2010. 04. 22

'셧다운제'가 여가부 소관인가

여성가족부와 국회 여성가족위원회가 온라인게임 셧다운제 도입을 골자로 하는 '청소년보호법'의 일부 개정안을 밀어 붙이면서 논란이 일고 있다. 게임중독으로부터 청소년의 정신건강을 보호하기 위해 '셧다운제' 도입이 불가피하다는게 기본 논리인데, 업계는 주무부처인 문화관광부와 게임산업진흥법이 있는데 왜 여가부가 개입해야 하냐며 불쾌한 심정을 숨기지 않는 분위기다.

그래서 문제의 핵심인 셧다운제의 효율성과 이로인한 산업 파장은 뒷전인 채 해묵은 정부 부처간 밥그릇싸움이 재연될 조짐이다. 공교롭게도 국회엔 '청보법'과 '게임법' 개정안이 동시에 계류중이어서 이중 규제 논란이 계속될 것같다. 향후 법 개정 과정에서 어떤방식으로든 조정이 되겠지만, 상황이 이리 내몰린 책임에서 정부도 국회도 자유로울 수 없게 됐다.

과몰입 문제는 분명 청소년 보호와 동떨어진 이슈는 아니다. 누구도 부인키 어렵다. 다만 주무부처와 관련법을 놔두고 굳이 '청보법'에서 다뤄야하는 지는 여전히 의문이다. 게다가 문화부가 최근 게임과몰입 종합 처방전을 내놓은 마당에 여가부가 나서 이중 규제와 '밥그릇싸움' 논란의 대상이 된 점은 선뜻 이해하기 어렵다.

여가부든 문화부든 청소년들의 게임 이용을 컨트롤함으로써 중독을 예방하자는 데는 공감대가 형성돼 있다. 두 부처간 접근 방식의 차이와 정도의 차이만 있을 뿐이다. 그러나, 이는 협의와 조정으로 얼마든지 접점을 찾을 수 있다. 또 합의점을 찾을 수 없다면 찾도록 노력하는게 먼저다. 명분이 이미 같은 마당에 방법론까지 일치한다면, 문제 해결의 중심은 문화부와 게임법이어야 옳다.

기존 게임법 테두리 안에서도 얼마든지 셧다운제나 그에 준하는 규제가 가능한데, 여가부가 개입하는 것은 누가봐도 업무 중복이다. 셧다운제는 도입 취지와 함께 산업의 파장을 고심해야하는 중차대한 사안이란 점에서 더욱 그렇다.

게임중독 문제가 세계적 이슈지만, 셧다운제를 도입한 나라가 그리 많지 않은게 역설적으로 증명한다. 청소년 보호가 여가부 소관이라해서 셧다운제까지 여가부 소관이란 논리는 설득력이 약하다.

2010. 04. 26

중국 게임의 海外 공략 경계하라

한국을 무섭게 뒤쫓아 온 중국 게임이 글로벌 시장의 텃밭까지 위협하는 수준에 와 있어 우려된다. 중국 기업들이 자체 개발을 통해 내수 시장을 지키는 수준을 넘어 글로벌 시장을 타깃으로 한 고사양의 게임을 개발하고 있는 것으로 확인됐다.

중국 전문가들은 중국에서 언리얼·크라이 등과 같은 고 사양 게임 엔진의 사용이 크게 늘고 있다는 점을 단적인 근거로 들고 있다. 본지가 자체적으로 조사한바에 따르면 최소 13곳 이상의 중국 기업들이 언리얼과 크라이엔진을 사용해 작품을 개발 중이다.

여기에는 킹소프트, 나인유, 매직그리드, CCP, 넷드래곤, 소후창유 등 중국 유명 업체들이 포함돼 있다. 대만 및 싱가포르 기업들까지 포함하면 20여곳을 넘어 설 것으로 보고 있다.

중국 기업들이 고사양 엔진을 사용해 온라인 게임을 개발하고 있다는 사실은 해당 업체의 기술력이 최고 수준이라는 점과 함께 블록버스터 급 대작을 개발하고 있다는 것과 같은 의미로 산업계는 받아 들이고 있다.

중국 게임의 가격 경쟁력은 이미 널리 알려진 사실이다. 더욱이 중국 기업은 해외에 수출을 할 때 라이선스 비용을 매우 적게 책정하거나 아예 공짜로 넘기는 경우가 허다하다.

중화권 20여 기업들이 고사양 엔진을 바탕으로 개발한 대작을 저가에 뿌릴 채비를 하고 있는 상황인 것이다. 게임 엔진의 구매 시기 등을 감안하면 앞으로 1~2년 안에 가시화될 상황이다.

지금까지 해외 시장에서 선전해온 국내 업체들이 경계심을 가져야 할 대목이다. 문화부를 비롯한 정부 역시 게임 과몰입과 청소년 보호라는 이슈를 내세워 산업계를 위축시키지 말고 수출 효자 산업으로 적극 육성할 의지를 보여야 할 때다.

그렇지 않으면 정부 계획대로 '세계 3대 게임 강국'을 실현하겠다는 2012년에 한국 게임 수출이 중국에 밀려 고꾸라지는 상황을 지켜봐야 할지도 모른다.

2010. 04. 29

이제는 '게임文産法'이 답이다

청소년 게임 과몰입 대책을 놓고 이중 규제 논란을 빚었던 게임산업진흥법과 청소년보호법의 법안 처리가 뒤로 미뤄지게 됐다. 국회가 유사한 두 개정안을 함께 심사키로 결정했기 때문이다.

이에따라 개정안 처리는 6월 이후 2기 국회 원구성이 끝난 뒤로 미뤄질 것으로 보인다. 이번 게임법 개정안의 핵심은 과몰입에 있지 않았다. 애플의 앱스토어를 비롯한 오픈마켓 게임의 심의 문제를 해결하려는 데 목적이 더 컸다. 하지만 문화부의 의도와 달리 여성가족부가 강제적 셧다운 제도가 포함된 청보법을 들고 나옴에 따라 불똥이 엉뚱한 방향으로 튄 꼴이 됐다.

지난 2008년 11월 문화부는 정부 입법으로 게임문화및산업진흥에관한법률(이하 게임문산법)을 발의했다. 기존의 게임산업법을 전부 개정해 게임문산법으로 바꾸겠다는 게 골자다. 법의 명칭에서 알 수 있듯이 건전한 게임문화를 진흥시키기 위한 내용이 대폭 강화됐다.

현재 이슈가 되고 있는 게임과몰입은 물론 오픈마켓 문제 등도 모두 이 법으로 해결할 수 있다. 더욱이 게임 과몰입 문제의 경우 게임 접속 차단과 같은 네거티브적인 정책뿐만 아니라 건전한 게임 문화에 대한 교육과 그린게임의 보급 등 포지티브적인 정책 등이 다수 포함돼 있다.

문화부가 시급한 현안이었던 앱스토어 문제를 해결하기 위해서는 게임법의 일부 개정을 추진했다면 이제는 그 용도가 사실상 폐기된 것이나 마찬가지다. 무엇보다 시기적으로 볼때 조속한 통과는 힘들게 됐기 때문이다.

문화부와 정치권 주변에서는 원 구성 자체도 문제이지만 이번 사안이 부처간의 갈등 조짐까지 보이고 있어 연내 통과가 힘들 수도 있다는 분석이 나온다. 여성가족부와의 알력은 여전히 풀어야 할 숙제이다.

물론 국회가 문화부의 뜻대로 안되겠지만 게임법 개정안 대신에 게임문산법의 입법화에 적극 나서는 것이 명분에도 맞고 실익이 있어 보인다. 물론 그렇게하는 것이 산업계에도 도움이 된다.

2010. 05. 06

1분기 實績에 대한 두 가지 해석

엔씨소프트를 비롯한 NHN, 네오위즈, CJ 인터넷, 한빛소프트, 엠게임 등 주요 게임 업체들의 1분기 실적이 공개됐다. 개별 기업마다 상황이 다르지만 전반적인 분위기가 좋지 않다.

증권가 애널리스트들도 조금씩 다른 보고서를 내놓고 있지만 폭발적인 성장세가 한풀 꺾였다는데 대부분 동의한다. 상당수의 업체들이 구조 조정 등을 통해 흑자 전환을 했거나 경상 이익 등이 큰폭으로 증가했다는 것이 그나마 위안거리다.

이같은 현상을 놓고 일부 증권 애널리스트들은 국내 온라인 게임시장이 1분기를 기점으로 성장의 한계점에 도달한게 아니냐는 분석을 조심스럽게 내놓고 있다. 신규 타이틀 부재와 해외 매출 감소 등 안팎으로 어려움을 겪고 있는 업체의 상황을 1분기 실적이 그대로 보여준다는 주장이다.

하지만 산업계의 분위기는 다르다. 상당수 업계 전문가들은 지난해 1분기 환율 효과가 사라졌고 전반적인 경기 상황을 감안하면 1분기동안 게임업체들이 선방했다고 볼 수 있다는 분석을 내놓는다.

또한 매출 감소는 신작 출시 사이클에 따른 일시적인 현상으로서 주요 기업들이 차기작을 내놓는 2분기부터는 상황이 달라질 것이란 설명이다.

실제로 개별 업체 차원에서 보면 계절적으로 최대 비수기인 2분기에 오히려 1분기보다 매출이 늘어날 것으로 기대하는 업체들이 상당수에 달했다. 무엇보다 그동안 준비해 왔던 차기 기대작들이 대거 쏟아지기 때문이다.

물론 월드컵이라는 변수가 있기는 하지만 주요 게임 업체들은 2분기에 신작 출시로 인한 상승 모멘텀 확보와 함께 글로벌 시장에서 성과가 나올 것으로 기대하고 있다. 전년동기 대비 50% 이상의 매출 신장을 내부 목표로 세워두고 있는 중견 업체들도 상당수에 달한다. 특히 한빛소프트, 엠게임 등 중견 기업들의 움직임은 예사롭지 않다.

벌써 5월 하순, 초여름에 접어 들었다. 개별 업체는 물론 산업계 차원에서 '시장 위축'에 대한 우려를 떨쳐 내기 위한 시간이 1달여 밖에 남지 않았다. 위기는 곧 기회다.

2010. 05. 17

언제까지 審議 수수료만 올릴 건가

정부와 게임물등급위원회가 또다시 등급 심의 수수료를 최대 300%까지 인상하는 방안을 추진하고 있다는 소식이다. 심의료 현실화란 명목아래 대폭 인상을 단행한 것이 엊그제인데, 또 다시 인상이라니 우려하지 않을 수 없다. 속내를 곰곰히 유추해보면 취약한 게임위 재정을 심의료로 충당하겠다는 것인데, 도대체 언제까지 그 부담을 산업체에만 전가하겠다는 것인지, 걱정이 앞선다.

물론 게임위 사정을 이해하지 못하는 것은 아니다. 정부의 재정 지원은 한계가 분명한데, 심의료 수익이 줄어든다면 현재로선 근본적인 해결 방법이 없음이 주지의 사실이다. 게임위의 최근 집계에 따르면 예년에 비해 심의 신청 건수가 급감한 것으로 나타났다. 이런 상황을 십분 감안하면 앞으로 심의 신청 건수가 더 줄어들면 수수료 인상이 불가피하다는 결론이 나온다.

전체 게임 개발비에서 심의 수수료가 차지하는 비중은 매우 낮지만, 심리적인 부담은 이미 한계점을 넘어서고 있다. 사실 영세 개발사들이나 잦은 패치 등으로 심의 건수가 많은 온라인게임 업체들이 짊어져야할 비용 부담은 결코 만만치가 않다. 자칫 심의료 부담이 궁극적으로 창작의 자유를 훼손하는 상황까지 미친다면, 그 책임은 과연 누가 지겠다는 것인가.

게임물 사전 등급 심의의 1차 존재 이유는 사회 안전망의 보호이다. 건전한 게임문화 조성을 위한 아주 기본적인 통과 의례이며, 게임업체들에겐 서비스의 1차관문이다. 이처럼 중차대한 책무를 맡은 게임위가 재정 문제로 기업들에게만 부담을 떠안기는 것은 뭔가 한참 잘못된 일이다.

게임위 재정 문제에 대한 근본 해법을 이젠 다른 곳에서 찾아야 한다. 수익자 부담 원칙을 얘기하지만 그렇다면 영화와 음악등 다른 경쟁 장르의 경우를 함께 설명해야 할 것이다. 게임은 좀 유별난 장르더란 말인가.

더욱이 끄떡하면 청소년 과몰입 문제로 규제하겠다는 덤비는 정부가 이용등급 수수료를 기업들에 전가하는 것은 앞뒤가 맞지 않는 처사다. 만약 수익자 부담 원칙을 적용하고 싶다면, 그것 역시 상대적 형평성을 고려한 탄력적인 시스템 마련이 선행돼야 옳다고 본다.

2010. 05. 27

과몰입法 조정 나선 총리실의 解法

국무총리실이 '게임산업진흥에관한법률(이하게임법)'개정안과 '청소년보호법'(이하청보법) 개정안의 중복문제를 놓고 조정에 나섰다는 소식이다. 총리실이 두 법안의 주무부처인 문화체육관광부와 여성가족부를 불러 여러차례 회의를 했고, 내부적으로는 6월 중순께 조정을 끝낸다는 방침인 것으로 확인됐다.

게임법과 청보법 개정안을 놓고 두 부처가 총리실에까지 가서 논쟁을 벌이게 된 것은 게임과몰입에 대한 법적규제수위와 실행주체에 대한 이견 때문이다.

문화부는 ▲ 피로도 시스템 확대 적용 ▲ 청소년이용게임물의 선택적 셧다운제 ▲ 과몰입방지를 위한 기금마련 ▲ 아이템 현거래 중개 사이트 규제 등을 주장했다. 일부 강제적 규제가 포함돼 있지만 큰 그림에서 보면 산업계의 자율을 바탕으로 게임과몰입을 해결하겠다는 정책 방향이 담겨있다.

반면 여가부는 모든 청소년 이용가능 게임물의 서비스를 강제적으로 차단해야한다고 주장해왔다. 더욱이 이 제도를 포함해 다양한 게임중독방지대책 등에서 문화부를 배제하고 여가부가 시행해야 한다고 주장해왔다. 두 부처의 이같은 정책방향이 담긴 각각의 법률 개정안이 지난 4월 국회에서 정면충돌을 했고 결국 법사위에서 제동이 걸렸다. 이번 총리실의 조정작업은 이후 이뤄진 후속작업이다.

현재까지의 분위기를 보면 청보법 개정안에서 게임과몰입 대책 부분을 덜어내는 방안이 유력하다. 무엇보다도 本誌도 사설 등을 통해 누차 밝혔지만 청보법의 관련 내용이 위헌소지가 있는데다가 부처 간 월권이라는 주장도 제기되고 있기 때문이다.

4월 임시 국회 당시 국회법사위는 "여성가족부의 청소년 보호법 개정안은 일부 조항이 위헌소지가 있고, 게임산업법 개정안과 중복되는 조항이 있다"는 이유로 법안심사소위에 회부했다. 당시 한나라당 박민식 의원은 "게임이 청소년 접근을 원천차단해야하는 금지물이 아니기 때문에 청보법을 통한 규제가 필요한지 검토가 필요하며, 헌법상 과잉규제금지의 원칙에도 어긋난다"고 지적했다.

또한 MB정권 초기 정보통신부를 해체하는 과정에서 게임산업은 명확히 문화부가 담당한다는 조정을 한 것도 국무총리실인 만큼 이번에도 문화부의 손을 들어줄 것이란 관측이 설득력을 얻고있다. 다행히 여가부에서도 이같은 지적을 수용하는 분위기라는 전언이다.

일부에서는 여가부가 위헌소지가 있는 강제적 셧다운 대신 청소년 게임이용시간의 일일이용시간총량을 제한하는 방안을 검토하고 있다는 이야기도 들린다.

남은 것은 두 부처의 협상인 것 같다. 물론 이과정에서 여가부는 청소년 보호를 위한 당초의 입법취지를 최대한 반영하려 할 것이다. 당연히 문화부가 여가부의주장을 수용하는 과정에서 4월 국회에서 심의된 게임법 개정안 내용보다는 좀 더 강력한 청소년보호 규제 내용을 담을 수도 있는 상황이다.

문화부 주변에서는 게임과몰입예방을 위한 자율규제 등의 내용을 시행 규칙에 담기로한 당초 안과 달리 본법으로 명문화하는 정도는 양보할 수 있다는 이야기가 들린다. 실제로 유인촌 문화부 장관은 지난 4월말 국회법사위에서 "시행규칙이 아닌 본법안에 명문화하는 것을 검토하겠다"고 말했다.

요약하면 여가부가 강제적 셧다운제를 포기하고 대신에 '문화부 장관이 게임과몰입 대책을 강구해야 한다'는 의무조항을 모법에 넣는 정도의 협상이 이뤄질 가능성이 커 보인다. 문화부나 여가부 양쪽의 위상을 감안해 자존심을 살려주고 산업계의 파장 등을 생각하면 나름, 합리적인 조정안이라고 생각한다.

총리실이 이런 방향으로 조정안을 내놓을 거라면 그 시기를 조금이라도 앞당겨주기를 요청한다.

이번 게임법 개정에는 게임과몰입 이슈 이외에도 오프마켓 활성화를 위한 등급심의 문제가 걸려있기 때문이다. 오픈마켓 활성화가 국가적인 정책방향이라면 이미 해결점이 보이는게임과몰입 이슈 때문에 시간을 늦출 이유는없다.

2010. 06. 02

조세 감면 이번엔 꼭 관철을

게임 산업계에 세제 감면 조치가 이뤄질 것이라는 소식이다. 문화관광부가 게임산업을 소프트웨어 분야 신성장동력 세제 감면 대상에 포함 시키기로 하고 이같은 내용을 담은 '조세감면 건의서'를 최근 기획재정부에 제출했다는 것이다.

산업계는 문화부의 이같은 결정에 쌍수를 들어 환영하는 분위기다. 무엇보다 이 정책이 수용되면 게임이 실용 정권을 지향하는 MB정부의 신성장동력산업으로 비로소 인정받게 되기 때문이다. MB 정부는 지난해 1월 오는 2019년까지 700조 규모의 부가가치 창출과 350만 명 이상의 신규 일자리 창출을 목표로 총 3대 분야 17개 산업을 '신성장동력산업'으로 선정했다. 문화부의 건의가 받아 들여지면 이 17개 산업 중 하나인 콘텐츠 · 소프트웨어 분야에 게임산업이 포함된다.

명실상부하게 게임이 차세대 성장 동력인 콘텐츠산업의 핵심으로 공인을 받게 되는 셈이다. 아마도 이렇게 되면 사행성과 과몰입 이슈 등에서 벗어나 게임 산업이 다시 한번 도약할 수 있는 계기가 마련될 게 분명하다. 현재 여성가족부와 청소년보호법 개정 등을 놓고 갈등을 빚고 있는 과몰입 이슈에 있어서도 문화부와 산업계의 목소리가 힘을 받게 될 호재도 될 수 있다.

개별 게임업체 특히 중소개발사들이 피부로 느끼는 혜택도 클 것으로 보인다. 문화부의 건의가 받아 들여지면 연구개발 비용을 대상으로 법인세의 30%까지 공제를 받게 된다. 문화부가 추산한 세제 감면 효과는 162억 원 정도이다.

산업계의 반응은 환영 일색이지만 실제 시행될때 까지는 넘어야 할 산이 높다. 최근 들어 정부가 출구 전략을 고민하고 있는 것이 가장 큰 걸림돌이다. 감세 대상을 축소하려는 정부 기조에 역행해 재정경제부 등을 설득하는 작업 또한 쉽지 않을 전망이다. 하지만 문화부의 의지가 강하다면 못할 것도 없고 반드시 관철해 낼 것으로 믿는다. 그렇지 않으면 이야기를 아예 꺼내지 않는 것보다 못하게 된다.

2010. 06. 14

위안화 절상 사전에 준비해야

중국 위안화 절상이 글로벌 금융 시장에 화두로 떠오르고 있다. 세계 시장을 무차별적으로 파고들고 있는 중국산 제품에 대한 가격 경쟁력을 견제하기 위한 미국식 대응 논리에서 시작됐지만, 대 중국 교역량이 막대한 대한민국으로선 매우 예민한 문제가 아닐 수 없다. 게임산업계 역시 중국은 이미 최대 수출 시장이자 수입 시장인만큼 위안화 가치의 변동과 이로인한 후폭풍에 대비하지 않을 수 없는 상황이다.

단기적으로 위안화의 절상은 게임계에 미치는 영향은 그리 크지 않을 수 있다. 중국과의 게임교역은 대부분 기축통화인 달러로 결제가 이뤄지는데다가 위안화의 절상은 원화절상과 연동될 것이 자명한 탓이다. 유럽발 재정위기서 촉발된 금융시장의 동요로 원화 대비 달러 환율이 변동폭이 크다. 하지만, 달러대비 원화가치의 대세 상승, 즉 환율하락은 이미 오래전부터 단계적으로 이뤄지고 있는 상황이다.

단기적으로 보면 중국 게임 수입업체와 수출업체의 희비는 엇갈릴 수 있다. 원화가치가 변동이 없다는 가정하에 위안화값이 오르면 중국 로열티 비중이 높은 게임업체들의 수익은 늘게 마련이다. 반대로 중국게임을 수입하는 업체들은 지금보다 불리할수 밖에 없다. 문제는 달러를 견제할 새로운 국제기축통화 등극을 노리는 중국 환율당국의 전략과 대응 방식에 따라 환율이 요동을칠 수 있다는 사실이다.

이렇게 될 경우 대 중국 교역 비중이 갈수록 높아지고 있는 국내 게임업계엔 큰 부담이 될 수밖에 없다. 환율 변동폭에 따라 수익이 달라져 자금관리 등의 예측 가능성이 낮아질게 자명하다.

그래서 위안화값이 장기적으로 어디로 향하느냐는 문제는 게임업계 전체가 예의 주시해야할 사안이다. 결코 남의 집 불구경할 일이 아니다. 게임 수출은 매년 큰폭으로 늘어나고 있고, 그 중심에 중국이 있다. 일본과 북미 · 유럽 등 게임 본고장 시장이 커지고 있지만, 앞으로도 상당기간 중국은 게임업계의 주력시장이다. 이런 점에서 위안화 문제는 업계는 물론이고 주무부처인 문화부와 관계 기관들이 보다 면밀한 분석과 예측을 통해 미리미리 대비해야할 일이다.

2010. 06. 19

문화財團 출연이 다는 아니다

게임문화재단 출연금을 놓고 업계가 진통을 겪고 있다. 업체별로 출연금 규모에 차등을 둘 수 밖에 없다 보니 누가 더내고 덜내고를 놓고 말도많고 탈도많다.

출연금의 성격이 마치 '역기능 유발 부담금'인 탓에 서비스하는 작품의 장르나 성향, 그리고 해외 매출의 비중에 따라 각 업체별로 입장이 천차만별인 탓일게다. 하지만 따지고 보면 그 본질은 출연금의 명분과 그 이용 목적에 상관없이 출연 행위 자체에 대해 업체들이 자발적으로 나서지 않고 있기 때문일 것이다.

사정이 이 지경이된데는 정부 탓이 적지 않다. 재단 설립 추진이 게임산업협회를 축으로한 업계의 자의적인 발상이라기 보다는 정부 압력에 떠밀린 경향이 짙다. 마치 정부 규제 강도를 낮추는 대신 건전한 게임문화 조성을 위해 민관 매칭펀드 형태로 재단을 만들라고 강요한 꼴과 진배없다. 이쯤되면 당초 취지와 달리 자발적인 출연이 아닌 준조세와 같은 성격을 띨 수 밖에 없으며, 출연금 배정을 둘러싼 잡음은 그 강도가 갈수록 높아질게 자명하다.

일에는 다 순서가 있는 법인데, 불필요한 잡음이 계속되는 것을 보면 뭔가 처음부터 잘못된 것 같다. 어떤 식으로든 기업들에게 부담을 줄 것이라면, 충분한 토론과 의견 수렴 과정을 거쳐 컨센서스를 이루는게 우선돼야 마땅하다. 누구나 공감할만한 출연금에 대한 가이드라인까지 정부와 업계 사이에 합리적인 의견 통일이 선행되었어야 한다.

업계 역시 재단에 출연만 하면 모든게 끝이라는 생각은 위험한 발상이다. 재단의 설립 목적이 태생적 역기능에서 비롯된 것이라면, 출연금을 줄이기에 앞서 어떻게해야 건전한 게임문화 조성에 이바지할 수 있을 까를 더 고민해야한다. 재단에 출연하는 것으로 역기능 문제에 대해 '면죄부'가 주어지는 것은 아니다.

벌써부터 재단의 출연으로 업계의 개별적인 사회 공헌 활동과 인식전환 사업이 대폭 축소될 것이란 우려의 목소리가 높다. '예산이 한정돼 있어 추가 편성이 곤란하다'는 것은 핑계에 불과하다. 정부 예산도 필요하면 추가 편성하는데, 못할 이유가 없다. 재단 출연 여부와 상관없이 게임업체들의 사회 공헌 사업은 계속돼야할 숙명과도 같은 것이다.

2010. 06. 23

또다시 국회에 발목잡힌 '오픈마켓'

오픈마켓 게임의 사후심의 적용을 위한 게임산업진흥법 개정이 또 다시 국회의 발목에 잡혀 무산됐다. 총리실의 중재로 문화부와 가족부가 첨예하게 대립했던 과몰입 규제안, 즉 '셧다운제'까지 유보한채 개정안 통과를 위해 노력했지만, 법사위 상정조차 되지 않았다. 세종시 수정안 등 굵직한 현안에 밀렸다. 정치권의 비 생산적인 소모전에 또 다시 민생 법안이 희생양이 된 셈이다.

국회 일정상 게임법 개정안은 연말에나 가능할 것이란 점에서 문제의 심각성이 크다고 하겠다. 현재로선 정기국회(9월)를 코앞에 두고 임시국회를 추가로 열 가능성은 희박하다. 정기국회 역시 10월에 국정감사가 예정돼 있고 11월엔 국가적 빅이벤트인 'G20정상회의'가 기다리고 있다.

최대 이슈인 예산안 처리 문제부터 여야간의 첨예한 대립이 불가피할 것으로 보여 게임법을 포함한 민생 법안은 연말에나 처리 가능할 전망이다. 경우에 따라선 내년 이후로 넘어갈 가능성도 배제할 수 없다.

법개정과 함께 오픈마켓 시장 활성화에 잔뜩 기대를 걸었던 게임업계는 비상이 걸렸다. 법 개정을 낙관하던 문화부와 방통위 역시 심리적 부담감이 작지않다. 미국을 비롯한 선진국 업체들은 뛰어가는데 국내업체만 국회에 발목이 잡혀 뒷걸음만 치고 있는 모양새다.

이는 비단 콘텐츠만의 문제에 국한하지는 않는다는데 문제의 심각성이 있다. 이미 세계는 콘텐츠 경쟁력이 하드웨어 경쟁력을 좌우하는 시대이다. 콘텐츠업체들이 사업할 의지를 잃어 콘텐츠의 경쟁력이 약화된다면 힘들게 글로벌 경쟁력을 확보한 하드웨어마저 선진국에 헤게모니를 내줄 수 밖에 없다.

결자해지(結者解之)라고 해법은 정치권에서 찾아야한다. 국회부터 스스로 정치적 논쟁과 민생법안 처리 문제를 철저히 분리해야 광속도로 변하는 IT산업 트렌드에 속도를 맞출 수 있다.

법이 기술을 따라잡을 수는 없겠지만, 발목을 잡고 늘어져서야 되겠는가. 할 수만 있다면, 국회일정을 조절해서라도 '발등의 불'인 민생법안은 우선 처리해야 한다. 언제까지 정치싸움에 산업체가 희생당해야 하는지 암담하다.

2010. 07. 05

여름 시장 대회전에 거는 기대

해마다 이맘때 쯤이면 게임 업체들은 한바탕 전쟁을 치른다. 겨울방학과 함께 최대 성수기인 여름 시즌이 시작되기 때문이다. 초여름부터 시작해 여름방학을 거쳐 찬바람이 부는 초가을 이전까지 이어지는 이 기간동안 게임 업체들은 그동안 몇 년동안 공들인 작품을 선보인다.

업체와 작품에 따라 사정은 다르지만 최소 몇 년 이상의 시간과 몇 십 억 원 이상의 개발비가 투자된 기대작들이 유저들의 냉엄한 심판을 받게 된다. 그 결과 소수의 승자는 명성과 부를 손에 쥐게 되고 그렇지 못한 많은 기업들은 고배를 마시게 되는 것이 여름 大會戰의 룰이다.

남아공 월드컵 때문인지 다소 늦게 시작된 올 여름 대회전은 전체 산업계 차원에서 보면 여느때와 다른 의미를 갖는다. 국내 게임 시장은 근래 몇 년동안 차기작을 만들어 내지 못했다.

물론 해외에서 나름 성공한 몇몇 작품은 있었지만 내수 시장에서는 차세대 스타의 반열에 오를 신작을 만들어 내지 못했다. 특히 5대 메이저를 제외한 중견 기업 및 중소 개발사들이 치고 올라오지 못했다. 그래서 내수 시장은 5대 메이저와 기존 히트작들의 철옹성 처럼 돼버렸다.

다행히 이번 여름 시즌은 상황이 다를 것 같다. 한빛소프트, 엠게임, YD온라인, 제이씨엔터테인먼트 등과 같은 중견 기업들이 몇 년동안 공들인 히든카드를 내놓으면서 올 여름 대회전의 빅 플레이어로 부상하고 있다. 물론 유저들의 선택에 따라 성패가 갈리겠지만 현재 국내 시장의 두 가지 문제점을 한꺼번에 해결 할수 있는 기회가 생겼다는 점에서 반갑지 않을 수 없다.

초반의 분위기는 좋다. '오디션2' '애니멀워리어즈' '미소스' 등 최근 공개된 중견 기업들의 게임들이 나름대로 호평을 받고 있다. 특히 '미소스'는 동시접속자 4만 명을 넘어서면서 올해 최고 히트작 탄생에 대한 기대감까지 갖게 한다. 산업계의 선순환이라는 차원에서 기존 대작들의 철옹성을 깨트리려는 중견기업들에게 응원의 박수를 보낸다.

2010. 07. 20

실용정부 제2기 문화부에 바란다

정부의 새 문화 정책라인이 '신재민장관 모철민1차관' 체제로 확정됐다.

신재민 장관 내정자가 각종 의혹이 불거져 청문회 과정에서 진통이 예상되지만, 이변이 없는 한 실용정부 2기 문화산업 정책 방향과 큰틀은 이들 두 장·차관의 손에 좌우될 것으로 보인다.

포면적으로 2기 문화산업 정책 라인은 정치인 장관과 정통 관료차관이란 다분이 이상적인 구조로 짜여졌다. 당·청·정간의 소통과 대외 부분은 현 정권 실세인 신 장관의 몫이됐고, 문화산업 강국을 향한 시스템을 만드는 일은 모차관의 역량에 달려있는 셈이다.

다행스러운 것은 신 장관이 2년 이상 차관을 맡으면서 문화산업 전반에 대한 이해도를 높일 수 있는 기회를 가졌다는 점이다. 모 차관 역시 대통령직 인수위 출신에다가 문화부 고위직에 오르기까지 문화산업 등 여러 분야를 두루 섭렵했다.

두 장·차관이 궁합만 잘 맞는다면, 모처럼 문화산업 정책이 문화부 내에서도 힘을 받을 가능성이 높다. 모 차관은 특히 문화산업국 재직 시절 문화와 함께 (문화)산업의 중요성을 누구보다 잘 이해하고, 밀어줬던 인물로 알려져 있다.

다만 한가지 걱정되는 부분은 정부 조직의 통폐합으로 문화부의 관장 업무가 대폭 확대되면서 문화산업의 비중이 상대적으로 낮아졌다는 사실이다.

문화부내 모든 업무를 총괄할 투톱의 입장에서 보면 어느 분야 하나 중요하지 않은 게 없다는 점에서 산업에만 힘을 실어줄 명분을 살리기 어렵다. 더욱이 문화부는 정부의 목소리를 대변하는 입과 같은 곳이며, 언론과는 늘 긴장 관계에 설 수 밖에 없다.

그러나 문화산업이 문화예술 분야 못지않게 중요한 분야라는 사실은 아무리 강조해도 지나치지 않는다. 21세기는 문화콘텐츠가 세상을 지배하는 시대이다. 문화산업은 어떤 산업 못지않게 부가가치가 높은 지식집약적 산업이다.

자원빈국인 대한민국에서 앞으로 세계 일류상품으로 커나갈 개연성이 아주 농후한 몇 안되는 업종 중 하나다.

그래서 실용정부 2기 문화산업 정책라인에 기대가 클 수 밖에 없는 이유다. 관건은 결국 관심과 애정, 그리고 업계와의 소통이다. 업계에서 두 장·차관의 얼굴을 자주 볼 수 있기를 기대한다.

2010. 08. 25

정보만 빼가는 中 게임업체들

최근들어 중국게임업체들이 한국게임을 수입하겠다며 방한, 실제로 중소개발사를 접촉해 정보만 빼내가는 사례가 늘고 있어 주의가 요구된다.

이들 중국 게임업체는 마치 곧 판권 계약을 할 것처럼 마케터와 개발진 등이 포함된 대규모 팀을 짜서 중소 개발사들을 투어하고 있다는 것이 중소개발사들의 전언이다.

이들 업체는 이런 저런 핑계를 대면서 실제 계약은 뒤로 미룬다. 이 과정에서 개발 중인 작품의 핵심 아이디어와 기술 등이 고스란히 새나가고 있다는 우려다.

MMORPG 개발사인 A사 사장은 "중국 업체들이 게임 서비스를 위한 대규모 예산을 확보해 놓은 상태라며 접근해 쉽게 모든 정보를 노출할 수 밖에 없었다"고 분통을 터트렸다.

유사한 상황을 경험한 B사 사장은 "마치 백화점에서 물건은 구매하지 않고 '아이쇼핑'만 하는 것 처럼 중소 개발사들을 투어하면서 정보를 빼가고 있다"며 중국 업체에 대한 경계를 늦춰서는 않될 것이라고 조언했다.

국내 시장이 메이저 중심으로 포화상태에 달한 것과 달리 중국 시장은 아직까지도 신천지나 마찬가지다.

국내에서는 성공여부를 차지하고서 론칭 자체도 힘든 시장 상황에서 한국산 게임을 찾아 다니는 중국 업체들은 중소개발사 입장에서는 구세주나 다를바 없다.

혹시나 하는 의심이 없는 것은 아니지만 그래도 방한한 중국 업체 관계자를 '칙사(勅使)대접'까지 하면서 온갖 정보를 알려 줄 수 밖에 없었을 것이다.

본지가 우려하는 것은 바로 이같은 상황이다. 국내 시장 상황과 중소 개발사의 요구가 맞물려 있어 앞으로도 혹시나 하면서도 당하는 업체가 속출할 것이란 판단이다.

현재 상황에서는 개별업체들이 조심하는 것 이외에 묘수가 없어 보인다.

이럴 때 필요한 것이 중소개발사협의회와 같은 조직인데 아직까지 공식화된 곳은 없으니 한국게임산업협회라도 나서서 '블랙리스트'와 같은 정보교환이라도 하면 큰 도움이 될 것이다.

2010. 08. 27

게임위, 노이즈 마케팅 방관하지 마라

황제온라인은 아이템 거래를 전면에 내세워 이슈가 된 게임이다. 이 게임의 개발사인 IMI는 지사가 운영하는 아이템 중계 사이트인 '아이템 매니아'와 이 게임의 내용을 연계할 것이라고 발표해 세간의 관심을 끌었다.

특히 IMI가 이달초 상용화를 준비하면서 아이템 거래 내용을 약관에 포함시킨 버전을 등급신청하면서 관심은 최고조에 달했다. 결국 한 차례 등급거부를 당한 IMI측은 문제가 된 약관을 수정해 15세 등급을 신청했고 게임물등급위원회는 이를 수용했다.

IMI는 이를 두고 새로운 시도를 하려 했으나 게임위가 제지했고 이를 받아 들일 수밖에 없었다고 볼멘 소리를 할 수 있다.

하지만 산업계와 여론은 IMI가 사실상 현행법에서 뜨거운 감자인 아이템 거래를 전면에 내세워 노이즈 마케팅을 벌였다고 판단하고 있다. 본지도 이같은 판단에 전적으로 동의한다.

그동안 수차례 지적했던 것처럼 현재 게임위의 심의 신청 시스템으로는 황제온라인이나 이전의 스타크래프트2의 경우와 같은 노이즈 마케팅을 막을 수 없다.

이들은 게임위의 등급기준에 따르면 뻔한 결과가 나올줄 알면서도 무리 하게 등급을 신청하고 이의신청, 재분류 등의 민원처리 과정을 악용해 시간을 벌다가 나중에는 결국 게임위의 등급 기준을 따랐다는 공통점이 있다.

이 과정에서 게임위의 행정력은 낭비되고 국가적 심의 시스템의 슈이 서지 않았다. 그럼에도 해당 업체들은 어떤 제재나 불이익을 당하지 않았다. 오히려 노이즈 마케팅을 이용해 최대의 홍보 효과를 거뒀다.

어불성성이다. 각론이야 게임위가 고민해야겠지만 등급 심의의 '민원수리' 프로세스와 시스템을 전면 점검해 볼 것을 다시 한 번 권고한다. 게임위는 등급분류국가기관으로서의 영(令)이 서지 않고 업체의 노이즈 마케팅에 악용당하는 프로세스라면 당장 고쳐야 할 것이다.

2010. 08. 30

시리어스가 편견 바꾸는 최적의 대안

역기능 문제가 산업 성장을 짓누르고 있다. 산업은 부쩍 컸는데, 문화는 그 속도를 따라가지 못한 결과다.

정부가 중독성, 사행성, 폭력성 등 역기능에 대한 규제의 칼날을 세우고 있는 것도 한번은 거쳐야할 홍역과도 같다. 그러나, 자칫 규제의 칼날을 너무 예리하게 세우다간 산업이 위축되고, 그 피해는 고스란히 업계에 돌아가게 마련이다.

규제도 중요하지만 게임 스스로 인식을 바꾸는 적극적인 인식전환이 그래서 중요하다.

단언컨대 역기능 해소와 인식 전환의 핵심은 시리어스게임(기능성게임)이다. 게임을 통해 배우고, 치료하고, 생각을 바꾸는 등 삶의 질을 개선할 수 있는데 이보다 더 인식전환에 효과적인 수단이 무엇인가.

'게임은 백해무익하다'는 사회의 편견을 바꾸는데 최고의 대안은 시리어스다. 업계 스스로 시러어스게임에 관심을 갖고 자발적으로 투자해야하는 이유다. 1일부터 열리는 KSF2010은 그래서 그 의미가 새삼 중요하다.

올해로 두번째를 맞은 KSF는 아직 국제 게임쇼 '지스타'에 비할 바 못되지만, 그 의미만큼은 비교할 수 없을 정도로 크다고 하겠다.

마침 게임문화재단이 새롭게 출범했다. 업계가 무려 100억 원에 가까운 거금을 출연, 건강한 게임문화를 조성하겠다는게 핵심 취지다.

앞으로 어떤 분야에 어떻게 쓰여질 지 모르지만, 재단 역시 시리어스게임에 관심을 갖기를 바란다. 건강한 게임문화를 조성함으로써 게임에 대한 사회의 부정적 인식과 편견을 해소하기 위해선 소극적인 인식 전환 사업만으로는 부족하다.

안타깝게도 올해 역시 KSF에 대한 게임 업계의 참여도가 미진하기 짝이없다. 마땅히 보여줄 것이 없다는게 그 이유이자 명분인데, 그런 핑계는 한번으로 족하다.

세계가 시리어스게임에 관심 차원을 넘어 뭉칫돈을 투자하는 이유가 사업성만 감안한 것이겠는가. 이미 게임의 역기능 문제는 세계적인 화두다.

그래서 시리어스게임이 역기능을 해소하는 아주 적극적이고 바람직한 대안이라는 데 세계가 공감대를 형성하고 있다.

비용 대비 효과만을 고려해 KSF를 외면하는 업계의 근시안적 마인드가 존재하는한 아무리 많은 돈을 출연해 재단을 만들어도 건강한 게임문화를 가꾸는 길은 요원하다.

2010. 08. 31

지스타 외유내강의 계기로

글로벌 게임 컨벤션으로 자리잡은 국제 게임쇼 '지스타2011'이 18일 개막, 나흘동안 항도 부산을 뜨겁게 달군다. 부산으로 무대를 옮겨 두번째를 맞은 이번 지스타는 쇼(B2C)와 비즈니스(B2B), 그리고 문화가 어우러진 한국형 게임쇼로 세계 각지에서 한국을 찾은 관람객들의 사로잡을 것으로 기대된다. 작년에 약 24만 명의 관람객을 유치한 지스타 주최측은 올해는 내심 30만 명까지 바라보고 있을 정도로 기대가 사뭇 크다.

올해를 기점으로 지스타는 날이 갈수록 위축되고 있는 TGS(동경게임쇼)와 차이나조이를 제치고 명실상부 아시아를 대표하는 게임컨벤션으로 우뚝 설 것으로 예상된다. 이런 추세라면 유럽의 GC, 미국의 E3와 어깨를 나란히 하며 대한민국 게임산업의 위상을 더욱 제고시킬 것으로 보인다. 지난 12일 폐막한 G20(선진20개국) 정상회의에 이어 지스타의 성공 개최를 계기로 세계의 이목이 대한민국에 다시 집중될 것이란 다소 성급한 전망까지 나오고 있는 상황이다.

그러나, 샴페인을 미리 터트려선 곤란하다. 지스타가 외형적인 면에선 고성장을 거듭했지만, 이것은 어디까지나 쇼일 뿐이다. 쇼를 새로운 문화로, 또 새로운 비즈니스로 연결하는 일이 보다 중요하다. 겉으로 드러난 외형에만 너무 신경쓰다 보면, 자칫 실속을 차리지 못할 수 있다. 게임강국 미국이 자랑하는 게임쇼 E3가 철저히 비즈니스의 장으로 변신한 이유가 무엇이겠는가.

기회는 분명 우리의 것이다. 우리에겐 세계 일류상품으로 부상한 온라인게임이란 강력한 무기가 있다. 따라서 지스타로 인해 촉발된 한국, 한국게임에 대한 막연한 기대감을 국내 게임산업 발전에 슬기롭게 접목한다면, 앞으로 지스타를 통해 막대한 부가가치를 창출할 수 있다. 몇 명의 관람객이 부산 벡스코를 찾느냐는 지스타2010이 남길 매우 중요한 데이터임에 틀림없다. 하지만, 정작 이보다 더 중요한 데이터는 이번 지스타 기간을 전후해 얼마만큼의 수출입 상담이 이뤄지고, 실제 계약이 얼마나 체결되느냐다. 지스타2010이 게임계에 외화내빈(外貨內貧)이 아닌 외유내강(外柔內剛)에 보다 힘쓰는 계기가 되길 기대한다.

2010. 11. 16

18세까지 '부모동의' 구하란건 어불성설

여성가족부가 온라인게임을 이용할때 부모동의를 받아야하는 대상을 18세로 상향조정하는 방안을 추진중이라고 한다. 청소년 과몰입 예방을 위해 기존에 14세로 한정돼 있던 것을 고등학교 2학년까지 확대하자는 것인데, 아무리 생각해도 좀 지나친 처사같다. 잠재적 게임중독자가 늘어나고 있다는 현실을 100% 인정한다 해도 요즘 청소년들의 주 놀이문화인 게임을 이용할 때 고2까지 부모동의를 구하라는 것은 논란의 여지가 많아 보인다.

주지하다시피, 요즘 청소년들은 부모의 과도한 교육열로 인해 심리적 압박감에 몹시 시달리고 있다. 선행 교육과 사교육 열풍에 몸과 마음이 고달프다. 게임은 이런 청소년들의 스트레스를 해소하는 몇 안되는 수단중 하나란 사실을 이젠 기성세대도 어느 정도 인정해야 옳다. 문화부가 발간한 '대한민국게임백서2010'에 따르면 15~19세의 청소년들이 여가 시간에 가장 즐겨하는 수단은 게임(38.7%)이다. 음악(19.3%), 영화(13.3%), TV(8.3%)를 압도한다.

게임이 사행성, 폭력성, 중독성과 같은 역기능적 요소를 두루 가지고 있다는 것은 누구나 인정하지만, 순기능 역시 적지않다. 게임을 이용한 교육, 즉 'G-러닝'이 일부 초·중학교에 도입돼 각광받고 있다. G세대 청소년들에게 있어 게임은 놀이문화일뿐더러 기성세대들이 생각하는 그 이상의 존재다.

여가부 추진중인 부모동의 대상확대는 이런 G세대 의식을 철저히 무시한 조치이자 게임에 대한 맹목적 편견의 부산물일 것이다. 진정 청소년의 정신 건강을 위한 불가피한 조치라면, 영화·음악·TV라고해서 예외일 수는 없다. 모든 콘텐츠가 다 자라나는 청소년들에겐 순기능적 요소와 역기능적 요소를 동시에 내포하고 있다.

고2까지 게임이용시 부모동의를 구한다는 정책 자체의 실효성에도 의문이 앞선다. 초등학생만 돼도 부모 주민번호를 비롯해 모든 개인정보를 인지하고 있을텐데, 어떻게 실효성있는 '동의방법'을 찾아 내겠다는 것인지 묻고싶다. 결국 여가부의 조치는 실효성도 없으면서 게임업계와 청소년들의 스트레스를 가중시키는 '악법'이 될 개연성이 많다고 본다.

2010. 11. 17

게임법 언제까지 虛送歲月할텐가

KT가 아이폰을 국내 출시한 지 지난 28일로 만 1년이 지났다. 아이폰 출시를 계기로 국내 모바일 시장은 피처폰에서 스마트폰으로 무게중심이 이동했다. 핵심 콘텐츠인 게임 시장 역시 이통사들의 개별적인 '클로징마켓'에서 누구나 게임을 올려 팔 수 있는 '오픈마켓' 위주로 재편됐다. 아이폰 출시 이후 1년간 시장은 이처럼 광속도로 변하고 있는데, 법은 공전만 거듭하며 산업의 발목을 잡고 있다.

오픈마켓이 활성화하려면 스마트폰·태블릿PC게임의 사후심의 즉 업계 자율심의가 선행돼야하는데, 국내 실정법상 사전심의를 거치지 않는 것 자체가 불법이다. 때문에 정부와 국회가 공감대를 형성, 관련법인 개정안의 형식적인 국회 인준 절차만 남겨놓고 있다. 그러나 엉뚱하게도 '셧다운제' 조항이 게임법 일부 개정의 패키지로 맞물려 게임법이 국회에서 공회전만 거듭하는 어처구니 없는 일이 1년 가까이 지속되고 있다.

산업 활성화를 위해 꼭 필요한 조치라는 점에 당정 모두 합의점을 찾아놓았음에도 성격이 다른 규제와 결부돼 산업도, 시장도, 업계도 엄청난 유무형의 손실을 보고 있다. 셧다운제의 헤게모니를 둘러싼 문화부와 여성가족부의 밥그릇싸움이 주된 이유이다. 하지만 굳이 오픈마켓 자율심의 조항과 심야 청소년 게임 셧다운제 조항을 일괄 처리해야 하는 이유는 없다. 셧다운제에 대해 정부 부처 사이에 논란의 여지가 많다면, 우선 이론의 여지가 없는 자율심의 조항만이라도 단 하루라도 빨리 개정을 서둘러야 마땅하다. 그래야 산업의 피해를 최소화하고 급변하는 트렌드에 산업계가 제때에 대응할 수 있다.

법이 결코 시장과 기술을 선행할 수는 없다. 하루가 멀다하고 변화하는 첨단 기술 분야에서는 더욱 그렇다. 제대로 따라가기조차 버거운 게 법의 맹점이다. 따라서 적어도 첨단 IT분야에서만큼은 법개정 과정이 일사천리로 진행되지 않으면 시장 트렌드를 놓쳐 실기하는 경우가 많기 때문에 국회와 정부의 순발력이 매우 중요하다. 정치논쟁과 당파싸움, 그리고 불필요한 부처이기주의는 시장과 산업을 사지로 내몰 수 있다. 게임법의 조속한 분리처리를 촉구한다.

2010. 12. 01

마녀사냥을 경계한다

지난 11월16일 부산에서 발생한 한 중학생의 어머니 살해사건은 우리사회에 엄청난 충격을 안겨줬다. 경찰청에 따르면 그 중학생은 컴퓨터게임에 과몰입해 평소 어머니와 자주 다퉜는데 그날도 어머니의 꾸중을 듣고 충동적으로 목을 졸라 살해한 후 자신의 행위를 후회하며 스스로 목숨을 끊었다는 것이다.

이 사건을 계기로 시민 사회단체에서는 게임의 역기능이 심각하다며 강력한 규제책을 내놔야 한다고 주장하고 있다. 심지어 정부측 일각에서는 규제책을 계속 미룰 경우 사태악화를 진화할 수 없게 될 것이라며 보다 공격적이고도 전시적인 규제방안을 마련해야 한다고 주문하고 있다.

이번 사건을 계기로 업계는 과거 '바다이야기의 악몽'을 다시 떠올리고 있다. '바다이야기'사태로 게임계는 몸살을 앓게 됐고 아케이드 뿐만 아니라 온라인과 모바일 등 게임산업 종사자 모두가 떳떳이 고개를 들고 다닐 수 없었다.

많은 사람들이 게임이 충동적이고 폭력적이라고 비난하며 그와 연관된 연구보고서를 발표하고 있으나 뚜렷한 근거는 보여주지 못하고 있다.

백번천번 양보해서 역기능이 있다손 치자. 그러나 게임에는 역기능만 있는 게 아니다. 순기능도 상당히 많다. 그와 관련된 주장과 보고서도 적지 않다. 청소년들이 게임을 즐기게 되면서 탈선과 비행, 폭력사건이 과거에 비해 크게 줄어들었다는 것이 단적인 예이다.

이번 사건은 가정의 문제를 안고 있었다. 경찰조사에 따르면 사고를 저지른 중학생은 결손가정의 자녀였고 매우 정서적으로 불안정했다고 한다. 게임계에서는 운전자가 자동차를 몰고 건물에 돌진했다면 자동차를 만든 완성차 업체를 처벌할 수 있느냐고 항변한다. 자동차가 건물을 부순 것이 아니라 운전자가 자동차를 이용했을 뿐이라는 것이다. 이번 사건도 비슷한 맥락에서 접근해야 한다. 마녀사냥식으로 모든 게임을 불온한 것으로 몰아붙여서는 안된다.

2010. 12. 09

주무부처가 목소리를 높일 때다

국회가 또다시 파행으로 치닫고 있다. 여당의 예산안 기습처리에 반발, 야당이 장외투쟁에 돌입, 국회의 공전은 한동안 계속될 것으로 우려된다. 정기국회 막판 게임산업진흥법 개정안 통과에 대해 실낱같은 희망을 걸었던 게임업계는 망연자실하고 있다. 이젠 임시국회를 하루라도 빨리 열어 게임법을 처리하는 길 뿐인데, 칼자루를 쥔 국회사정이 영 녹록지가 않다.

야당인 민주당이 예산안 강행 처리에 강하게 반발하고 있어 연말 임시국회 개회는 이미 물 건너 갔다. 내년 초에도 국회를 열기가 쉽지 않을 것이란 견해가 지배적이다. 여가부와 문화부의 밥그릇싸움에 8개월여 허송세월만 보내다 어렵게 합의를 이끌어냈지만, 민생법안엔 관심도 애정도 없는 국회에 밀려 또다시 해를 넘기게 된 꼴이다.

설상가상 여당은 정치권을 개헌정국으로 몰아갈 태세다. 실용정부 집권 4년차를 맞아 정치권의 극한 대립이 대선 정국과 맞물린다면 정말 큰일이다. 향후 원만한 정치일정을 예측하기가 사실상 불가능하다. 자연히 오픈마켓 자율심의 조항을 담은 게임법과 만16세 미만 청소년들의 강제적 셧다운제를 근간으로 한 청소년보호법의 국회통과는 지극히 불투명해졌다.

산업계가 대체 언제까지 국회의 눈치만 봐야할 지 한숨이 절로 나온다. 글로벌 IT시장은 빛의 속도로 변화하고 있는데 국내 법체계는 여전히 아날로그에 머물러있는 모양새다. 이러다간 대한민국이 강점을 갖고 있던 모바일 시장의 헤게모니가 완전히 해외로 넘어가지 않는다고 아무도 장담할 수가 없다.

이젠 주무부처인 문화부가 제 목소리를 높여야할 때이다. 따지고 보면 게임법 처리가 이렇게 늦어진 이유도 문화부 때문이다. 문화부는 여성가족부와 셧다운제 등 과몰입 규제 주도권을 놓고 '밥그릇싸움'을 벌이느라 정작 게임산업 진흥에 소홀히 했다. 비록 16세 미만으로 한정했지만, 문화부는 주무부처로서 영역의 일부를 여가부에 떼어주는 우를 범했다. 주무부처로서 손상된 이미지를 복구하기 위해서라도 문화부는 이제 게임법 조기 통과에 모든 역량을 집중, 전력투구해야 마땅하다.

2010. 12. 14

셧다운제 모바일엔 안 맞다

여성가족부와 문화체육관광부가 최종 합의를 도출한 청보법상 16세 이하 셧다운제 조항이 모바일업계에 새로운 올가미로 작용할 것으로 우려되고 있다. 이 법을 액면 그대로 적용하면, 일반 온라인 게임은 물론 무선인터넷망을 이용하는 오픈마켓 게임까지 자정 이후엔 접속이 불가능하기 때문이다.

법사위에 계류 중인 게임산업진흥법 개정안이 이번 국회에서 통과되기만을 애타게 기다려온 모바일게임 업체들은 당혹감을 감추지 못하고 있다.

게임법이 개정되면 오픈마켓 자율심의가 이뤄질 것으로 기대해 왔는데 셧다운제의 실시로 오히려 시장이 더 위축될 위기에 처한 것이다. 업계에서는 여우를 피하려다 호랑이를 만난 꼴이라며 지금이라도 대책을 세워야 한다고 강하게 주장하고 있다.

문화부는 이번 셧다운제의 합의 과정에서 업계의 의견을 보다 적극적으로 수렴했어야 했다. 온라인게임 업계 뿐만 아니라 모바일 업계에도 큰 영향을 줄 수 있는 법안이라면 더욱 그러한 과정이 필요했지만 이를 무시하고 어떻게든 합의를 보려다가 자가당착에 빠진 모양새가 됐다. 이는 게임을 규제의 대상으로만 보려는 인식이 강했기 때문이라고 밖에는 해석할 수 없다. 게임 주무부처인 문화부가 업계의 편에 서지 않고 게임을 규제하려는 반대편 논리에 더 솔깃했다는 증거다.

이미 셧다운제 실시를 내용으로 한 청보법 개정안이 국회 법사위에 계류돼 있는 상태에서 법 조항을 고칠 수 없다면 하위 법률을 손봐서라도 모바일 업계가 셧다운제로 인해 피해를 당하지 않도록 해야 한다.

그동안 모바일 업계는 사전심의라는 벽에 막혀 세계적인 오픈마켓 시장의 흐름에 뒤 쳐져 왔었다. 간신히 사전심의에서 벗어나는가 싶었더니 이번엔 그보다 더한 셧다운제로 발목이 잡힌다면 두고두고 정부를 원망하게 될 것이다.

이 법이 그대로 통과되고 우려했던 일들이 현실로 나타난다면 문화부는 무능할 뿐만 아니라 무지하기까지 하다는 비난을 피할 수 없게 될 게 뻔하다는 점을 유념했으면 한다.

2010. 12. 20

중소 개발사만 잡는 '심의수수료 폭탄'

게임물등급위원회(게임위)가 내년부터 적용할 예정인 게임물 등급심의 수수료 조정안을 곰곰히 살펴보면 파격적인 인상 폭에 놀라움을 금할 길이 없다. 대폭적인 수수료 인상을 단행한 것이 엊그제인데, 또다시 최대 4배 이상 수수료를 인상하겠다니 입이 쩍벌어지게 만든다.

명분은 '수익자 부담 원칙'에 따라 수수료를 현실화하겠다는데, 도대체 누가 수익자란 말인가. 사회안전망 보호를 위해 심의를 하면서 개발사들에게 그 수익자라고 한다면 말이 되는가, 1차적 수익자는 다름아닌 정부다. 그리고 아무리 양보해도 대폭적인 수수료 인상은 게임위의 모자라는 인건비 확충을 위해 그 부담을 고스란히 게임업체에 전가하겠다는 의도로 밖에 이해되지 않는다.

등급심사 전문인력 확충에 대한 니즈는 늘어나는데, 순차적인 게임위 민영화를 위한 자체 비용 조달 비중 확대라는 구조적인 요인이 결국 사태를 이 지경까지 내몰고 있는 것이다. 사실 '경제살리기'를 기치로 내건 실용정부 들어 심의 수수료는 천정부지로 치솟았다. 게임위측이 이번 조정안을 내놓으면서 2012년 수수료를 인상안까지 언급한 것을 보면 앞으로도 이같은 악순환은 계속될 것이 불 보듯 뻔하다.

이번 게임위 수수료 조정안이 별 수정 없이 적용된다고 가정할 때 게임당 부담액은 최대 330만 원까지다. 게임 하나로 1년에 1000억 원을 버는 기업이 적지 않은 현실에 비춰보면 그리 크지 않은 금액이라 할 수 있다. 연간 매출액 100억이 넘는 중견 기업 정도만 돼도 심의 수수료 부담이 막중하다고 말할 순 없다. 문제는 국내 게임업계의 95%를 넘는 매출 100억 이하의 중소 개발사들이다.

사전 심의에 따른 심리적 부담이 적지 않은데 심의료 부담액까지 눈덩이처럼 불어난다면 창작 의지가 꺾일 수 밖에 없다. 게임산업을 이끄는 것은 몇몇 메이저지만, 산업을 지탱해주는 것은 불특정 다수의 중소 개발사들이다. 이들 중소 개발사가 어려우면 산업의 미래가 없다. 게임위 예산은 중소 개발사가 떠안을 사안이 아니다. 해답은 정부 안에서 찾는게 마땅하다. 게임 심의의 최대 수혜자는 정부이기 때문이다.

2010. 12. 27

올 경기에 대한 장밋빛 전망과 그늘

정부가 올해 경제성장률 5%대에 이를 것이라는 낙관적인 전망을 내 놓고 있다. 세계경제가 살아나고 있고 우리경제의 내실이 튼실해 진 것을 배경으로 하고 있다. 이를 반영하 듯 경제 지표를 가늠해 주는 주가가 1000선을 넘어 연일 최고기록을 갈아 치우는 등 연초부터 장밋빛 분위기를 연출해 주고 있다.

게임산업계의 분위기도 나쁘지 않다. 적어도 두자릿 수 성장은 가능할 것이란 게 전문가들의 전망이다. 콘텐츠흥원이 발행한 '게임백서'도 올해 시장 전망을 전년대비 16.7% 성장한 9조 816억 원에 이를 것으로 예측, 이를 뒷받침해 주고 있다.

그동안 게임산업은 콘텐츠산업의 핵심으로 고속성장을 거듭해 왔다. 하지만 산업규모가 커지면서 그만큼 어두운 그림자도 함께 드리워지고 있다. 부익부 빈익빈 현상이 커지고 있고 시장규제의 장애물이 더 많아지고 있는 것이다. 또 국내 시장이 정곡점에 접어들면서 중소기업들이 살아남기 더욱 어려워 지고 있다. 해외시장도 마찬가지다. 중국은 이미 우리나라를 넘어서 세계 제 1의 온라인게임시장으로 자리 잡았다.

이럴 때일수록 정부의 산업 부양책이 절실히 필요하다. 산업 전체로 볼 때는 두 자릿수 성장이 예상되는 유망 산업이지만 절대 다수를 차지하고 있는 중소기업들의 현실은 그렇지 못하다. 과거 정부 부양책이 산업 인프라 쪽으로 모아졌다면 이제는 중소기업들에 특화된 새로운 처방전이 필요한 시점이다.

본지가 신년 원단기획으로 50개 게임업체 CEO를 대상으로 조사한 설문에 따르면 정부차원의 산업지원대책이 절실하다고 응답한 이가 전체의 32%에 달했고 전문펀드 조성과 투자확대책이 필요하다는 응답도 상당수에 달했다.

또 게임산업이 커지고 있는 것에 비해 인력을 확보하는 문제도 가장 큰 애로사항으로 지적됐다. 정부가 이런 문제들을 해결하는 데 발 벗고 나서야 함은 물론이다.

이 기회에 업계에도 당부하고자 한다. 모든 짐을 정부에 떠 넘겨선 곤란하다는 것이다. 치열한 시장경쟁에서 살아남기 위해서는 피눈물 나는 노력이 선행돼야 한다. 외부에서는 게임업계에 상당한 거품이 있다고 진단하고 있다. 보다 전문화되고 체계적인 관리와 함께 업계 종사자 모두 노력하는 분위기가 만들어져야 한다. 그래야 두 자리 성장도 실의에 빠져있는 중소기업도 살릴 수 있다.

2011. 01. 11

협회를 그대로 놔둘 참인가

게임산업협회가 차기 회장 선출을 놓고 또다시 홍역을 치르고 있다. 김기영 협회장의 임기가 끝나가는 데도 차기 협회장에 대한 윤곽이 드러나지 않고 있기 때문이다. 새 협회장을 뽑는 일이 어려웠던 것은 이번뿐만이 아니다. 전임 협회장인 김정호 회장 때도 마찬가지였다.

이처럼 협회가 선장을 찾지 못하는 상황이 계속되고 있는 것은 게임업계가 처한 현실이 예전과 같지 않기 때문이다. 협회가 출범할 때만 해도 메이저와 중소기업 모두 한마음이 되어 게임업계를 위한 일에 힘을 합쳤다.

그러나 이제는 메이저와 중소기업들 간의 간격이 너무 커졌다. 협회가 한 목소리를 내기에는 각 기업들의 입장차이가 너무 달라진 것이다. 이 때문에 메이저들은 각기 제 목소리 내는데 더 힘을 기울이고 중소기업들은 메이저들이 자신들의 처지를 외면한다며 협회에 대한 서운함을 내비치고 있다.

협회를 지금처럼 그대로 유지한다면 협회장을 선출하지 못해 몸살을 앓는 일이 매번 반복될 수밖에 없다. 무엇인가 근본적인 대책이 마련돼야 한다.

업계에서는 현재의 위기상황을 벗어나기 위해 여러 가지 대안들이 논의되고 있다. 그중 하나는 메이저 기업들이 협회를 탈퇴하고 중소기업들로 협회를 다시 재구성해야

한다는 것이다. 다른 하나는 메이저들이 이선으로 빠진 후 중소기업들이 전면에 나서 협회 일을 추진해 나가는 방법이다. 두 가지 모두 수용하기가 쉽지 않은 안이다.

문제는 그냥 손을 놓고 기다리고 있을 때가 아니라는 점이다. 정부도 협회가 지금과 같이 양극화 되어 일을 제대로 추진하지 못한다면 중소기업 중심의 단체를 새로 인가하는 방안을 검토해야 하는 게 아니냐는 고민을 하고 있다는 소식이다.

산업계와 정부 모두 지금의 상황이 심각하다는 것을 공감하고 있다는 것인데, 더 이상 시간을 낭비해선 곤란하다는 점이다. 지금이라도 산업계와 정부 관계자들이 머리를 싸매고 협회를 정상화시킬 묘책을 내놓아야 한다. 세계 3대 게임강국으로 가는 중요한 길목에서 스스로 발목을 잡는 일이 벌어져서는 정말 곤란하다.

2011. 01. 18

중견기업을 키워야하는 이유

게임산업이 메이저 기업 위주로 완전 재편되고 있다. 산업의 허리에 해당하는 중견기업들의 입지는 갈수록 좁아지고 있다. 산업 불균형이 심각한 문제다. 메이저 기업들은 막강한 자본력과 맨파워, 여기에 유통 채널까지 장악하고 있다.

중견기업들은 이들 메이저와 중소 개발사의 가교 역할을 맡아왔다. 축구에 비유하면 공수를 조율하며 경기를 지배하는 미드필드와 같은 존재이다. 미드필드진이 취약해지다 보니 전체적인 짜임새가 불안하다. 전체적인 전력이 약화되는 악순환이 우려된다.

글로벌 경쟁력 차원에서 보면 메이저 기업들이 좀 더 덩치를 키워야하는데 어느 정도는 공감한다. 하지만, 게임 산업의 미래 기반 확보 차원에서 보면 산업의 균형 발전이 보다 중요하다. 양극화 현상은 산업 발전엔 분명 마이너스 요소이다. 극소수 메이저들이 게임 시장을 좌지우지하면 산업이 균형을 잃게 마련이다. 무엇보다 다양한 아이디어의 상품화가 어려워진다. 메이저들의 양적 팽창이 계속 될수록 외부 퍼블리싱 대상은 일부 스타급 개발자가 만드는 프로젝트로 제한될 수 밖에 없다.

이미 일부 메이저들이 M&A를 통해 몸집 부풀리기에 경쟁적으로 나서면서 퍼블리싱 시장이 극도로 위축되고 있다. 수 많은 중소 개발사들과 신생 스튜디오들은 갈 곳을 잃고 방황하고 있다. 불특정 다수의 개발사들이 번뜩이는 아이디어와 참신한 작품들이 지속적으로 육성하기 위해선 중견기업들의 역할이 절대적으로 필요하다. 게임강국에 진입하기 위해선 아직 갈 길이 먼 우리의 현실을 냉정하게 고려하면 아직은 중견 기업의 역할이 보다 필요한 상황이다.

이젠 정부 정책 방향이 중견기업 쪽에 보다 무게가 실려야한다. 중소기업 위주의 인프라 지원 정책도 매우 중요하지만, 중견기업을 키우지 않고는 중소기업 정책이 힘을 받기 어렵다. 중견기업은 중소 게임업체들을 위해 없어서는 안 될 매우 효과적인 '출구'이다. 중견기업이 몰락하면 중소 개발사들이 가장 먼저 힘들어진다는 점을 정책 당국자들이 명심해서 게임산업 육성 전략을 손질해야 한다.

2011. 01. 25

정 장관의 콘텐츠 산업 육성 의지

정병국 문화체육관광부장관이 지난 10일 일선 산업 현장에서 실·국 업무보고를 받고 업계의 애로사항을 직접 청취한 것은 그 효과를 떠나 잇단 규제에 몸살을 앓아온 산업계엔 큰 위안이 되기에 충분했다고 본다.

게임업계는 실용정부 출범 이후 줄곧 온갖 규제에 시달려왔다. 급기야 작년 말엔 문화부와 여성가족부가 '강제 셧다운제'에 합의하며 게임업계를 궁지로 내몰았다. 규제 완화와 경제 살리기를 기치로 내건 실용정부에 대한 기대가 컸기에 실망도 크지 않을 수 없었다.

사실 정 장관의 이날 업계 간담회 발언 중 새로운 내용은 별로 없다. 지난달 국회 인사 청문회와 취임식 자리에서 언급한 소신을 재확인하는 수준이었다. 그러나, 취임 후 첫 실·국장 업무보고를 산업 현장에서 공개적으로 받았다는 점과, 이 자리에 게임 등 콘텐츠 업체 관계자들을 초청해 주요 현안 문제와 업계 애로 사항을 직접 챙긴 것만으로도 큰 소득이라 하지 않을 수 없다.

올해 문화부 예산이 이미 확정된 데다, 내년 총선 출마가 확실시되는 정 장관의 임기는 사실상 1년도 채 안된다는 것은 누구보다 그가 잘 알 것이다. 문화·예술, 문화 콘텐츠, 체육, 종교 등 방대한 문화부 업무를 일일이 다 챙기기에 솔직히 시간이 너무 부족하다. 아무리 업무에 능통한 '문화통'으로 준비된 장관이라 해도 벅찬 것이 현실이다. "물리적으로 정 장관에게 많은 것을 기대하는 것은 무리"란 얘기가 업계 일각에서 터져 나올 만도 하다.

중요한 것은 시간이 아니라 의지와 소신이다. 정 장관이 머릿속에 구상해온 정책을 제대로 꽃피우기엔 시간이 너무 짧지만, 콘텐츠 산업의 중요성과 성장 가능성에 대한 강한 소신만 유지한다면 임기가 6개월이라도 충분하다. 그 소신을 잃지 않는 시발점은 업계와 소통하는 길 뿐이다.

역대 문화부 장관들은 대부분 산업계와의 스킨십에 인색했다. 재임기간 중 한두번 의례적으로 업계 관계자들을 만나는 게 전부였다. 이날 부임 후 첫 업무보고와 업계 간담회를 위해 산업 현장을 찾은 것이 단순히 정 장관의 쇼가 아니라, 콘텐츠 산업을 육성하기 위한 의지의 표현이길 바란다.

2011. 02. 15

진흥원은 효과적인 예산지원 편성을

한국콘텐츠진흥원이 올사업계획을 발표했다. 진흥원은 올해 제작지원본부를 통해 총 179억 원의 자금을 게임관련 사업에 지원하겠다고 밝혔다. 이는 지난해 145억 원에 비해 23.4% 증가한 것이다.

눈에 띄는 사업부문을 보면 새롭게 만들어진 모바일게임센터에 단일 항목으로는 가장 많은 50억 원이 지원된다. 다음으로 게임과몰입 예방과 해소에 23억 원이 투입되며 차세대 게임콘텐츠 제작지원사업에도 44억 원이 배정된다. 전체적으로는 지난해 보다 늘어났지만 모바일게임센터를 제외하면 나머지 사업들은 지난해 보다 오히려 줄어들었다. 차세대 게임콘텐츠제작지원 사업의 경우 지난해 70억 원에서 올해 44억 원으로 26억 원이 줄었으며 e스포츠관련 지원금도 대폭 삭감됐다.

정부가 새롭게 각광받고 있는 모바일게임산업의 경쟁력을 강화하기 위해 50억 원이라는 적지 않은 자금을 지원하는 것은 시의적절한 일이라고 할 수 있다. 그러나 이 때문에 꼭 필요한 다른 항목의 사업들이 축소돼서는 안 된다. 진흥원이 올해 콘텐츠사업에 지원하겠다고 밝힌 예산은 2000억 원에 달한다. 하지만 게임부문에 투입될 예산은 10%에도 미치지 못하고 있다.

콘텐츠진흥원 출범 초기부터 업계에서는 예전처럼 다시 산업별로 진흥원을 독립시켜야 한다는 목소리가 끊이지 않았다. 이러한 주장이 나온 데에는 그럴만한 이유가 있었다. 진흥원은 지난 해 장르별로 나눠져 있던 조직을 기능별로 나누면서 게임사업본부를 게임산업팀으로 대폭 축소시켰다. 그리고 각 장르별로 이뤄지던 지원사업도 특정 부분을 제외한 나머지를 공통기술로 묶어 지원하고 있다.

이 때문에 게임과 직접 관련된 예산이 대폭 삭감됐다. 장르별 사업에서 기능별 사업으로 바뀐지 이제 1년이 넘었다. 1년 만에 그 결과물을 내놓으라고 한다면 성급할 수도 있다. 하지만 업계의 우려를 불식시킬 수 있는 어느 정도의 성과물은 내놓아야 한다. 매년 사업계획을 발표하는 것으로 그치지 말고 지난 1년 간 얼마나 성과를 올렸는지도 분명히 밝혀야 한다. 그래서 효과가 없었다면 과감히 방향을 수정하는 결단이 필요하다.

2011. 02. 22

지스타의 진정한 주인은 업계와 유저다

국제게임쇼 '지스타'의 차기 개최지를 놓고 일부 지방자치단체간의 유치 경쟁이 그야말로 점입가경이다. 대한민국을 넘어 아시아를 대표하는 국제게임쇼로 발돋움한 지스타이기에 그럴 법도 하다.

컨벤션 시장의 상품가치나 디지털 콘텐츠의 총아라는 산업적 측면에서 봐도 지자체들이 유무형의 플러스 효과가 막대한 지스타 유치에 욕심을 내는 것은 당연한 일일 수 있다.

각종 전시회가 넘쳐나는 서울 코엑스와 달리 지방의 컨벤션 센터의 경우 지스타와 같은 상징성과 흥행성을 두루 갖춘 국제 전시회는 군침을 흘릴만한 대형 이벤트이다.

두차례 지스타를 치른 부산의 경우 11월 '지스타시즌'만 되면 호텔, 식당 등이 성업을 이룬다. 부산 지역 전체가 축제 분위기에 휩싸인다. 부산의 대표 문화 아이콘인 부산국제영화제(PIFF)를 능가한다는 얘기까지 나올 지경이다.

상황이 이렇다보니 부산 · 대구 · 경기 등 차기 지스타 유치를 놓고 경쟁하는 지자체들의 유치전이 과열 양상으로 치닫지 않을까 걱정이 앞선다. 지스타의 실질적 호스트인 게임업계의 관심도 이만저만이 아니다.

워낙 중요한 사안인 만큼 지스타 개최지 선정을 주관하는 한국콘텐츠진흥원 역시 당초 선정 일정을 연기하면서 정밀 실사를 준비하는 등 신중에 신중을 기하고 있다.

문제는 몇몇 지자체들의 과열 유치전이 '지역이기주의의'로 치달을 경우 적지 않은 후유증이 발생할 개연성이 높다는 점이다. 지스타 브랜드 가치나 성공 개최를 위해 필요한 제반 여건과 사회 · 문화 · 산업적 파장 등에 대한 엄정하면서도 정밀한 심사가 지역안배에 밀린다면 큰 일이다.

지역균형발전이란 명분을 내세워 지역안배를 위해 마치 '나눠먹기식'으로 지스타를 돌아가며 유치한다는 발상은 위험하다. 자칫 어렵게 쌓아올린 지스타 명성에 큰 흠집을 남길 수 있다.

지스타는 온라인게임 종주국 대한민국이 낳은 또하나의 글로벌 히트상품으로 자리매김했다. 문화 가치 확산에 앞서 어느 지역이 글로벌 게임축제를 열기에 가장 최적지인지, 어느 곳이 성공 개최 의지와 능력이 앞서는 지에 대해 공급자 시각이 아닌 수요자 시각에서 철저히 검증해서 개최지를 선정해야 한다. 지스타의 주인은 엄연히 게임업계와 유저들이다.

2011. 03. 04

오픈마켓 '족쇄' 풀려면 완전히 풀어라

오픈마켓을 통해 서비스되는 게임물에 한해 사전 등급심의 예외 규정을 두자는 '오픈마켓법'(게임산업진흥법 개정안)이 국회 법사위를 통과, 형식적인 본회의 통과절차만 남겨 뒀다. 1년 동안 법에 묶여 있던 '족쇄'를 이제야 푼 셈이다. 오픈마켓은 누구나 쉽게 게임을 올리고내리는 개방형 콘텐츠 유통 시장이다. 그럼에도 애플과 구글 같은 사업자들이 법률이슈를 이유로 문을 열지 않고 있다. 사실상의 '클로징마켓'인데, 이제야 그것을 풀었으니 늦은 감은 있지만 그나마 다행스런 일이다.

그런데 오픈마켓법이 이번엔 셧다운제에 발목이 잡히게 생겼다. 자정 이후 16세 이하 모든 청소년들의 네트워크게임 접속을 강제로 차단하는 셧다운제가 골자인 청소년보호법, 이른바 '신데렐라법'이 4월 국회에서 원안대로 통과된다면, 정말 큰일이다. 1년만에 어렵게 통과된 오픈 마켓법이 말짱 도루묵이 되기 때문이다. 게임법 개정으로 오픈마켓 게임의 자율심의가 허용된다 해도 셧다운제를 이유로 사업자들이 게임 카테고리를 지금처럼 막아놓을 개연성이 농후하기 때문이다.

문화부와 게임계, 입법학회, 미국 관련 협회(ESA)까지 나서 "오픈마켓까지 셧다운제로 규제하는 것은 불합리하다"고 주장하고 있지만, 여가부나 시민단체들은 요지부동이다. 게임중독 예방을 위해선 어떤 방법으로든 예외 조항을 둬선 곤란하다는 게 그들의 주장이다. 사전심의 예외조항을 두면서 셧다운제는 예외를 두지 말라는 것인데, 앞뒤가 안맞는다. 작년말 이미 문화부와 여가부 간에 합의를 한 사항을 번복할 명분이 약하다는 점을 강조하는데, 부처간의 합의보다 중요한게 법의 공평성이다.

여가부와 시민단체들이 주장하는 일괄적인 강제 셧다운제는 법과 제도의 취지에 앞서 그 실효성에 의문점이 많다는 점에서 재고돼야 마땅하다. 단순히 사용자 기본 정보만으로 셧다운제 대상 여부를 가리겠다는 불합리성은 차지하고서라도 오픈마켓 게임은 그 스스로 과몰입 가능성이 매우 약하다. 이동하면서 사용하는 스마트 디바이스 특성상 몇시간씩 몰입을 하고, 중독에 빠질 개연성은 낮다. 중독성 면에선 음악이나 영화보다도 낮다.

스마트폰 게임의 평균 이용 시간이 채 30분도 안된다는 통계와 설문조사가 나와 있다. 이렇게 실효성 자체도 의문이고, 법 취지에도 맞지 않는 셧다운제를 무리하게 밀어붙여서는 곤란하다. 정부가 오픈마켓 활성화를 위해 자율심의를 도입해 놓고도 셧다운제로 다시 족쇄를 걸어 채우는 것은 누가봐도 어불성설(語不成說)이다.

2011. 03. 11

지스타 개최지 부산시 선정의 의미

올해 지스타 개최지가 결정됐다. 부산시와 대구시가 치열한 경합을 벌인 끝에 부산시가 최종 낙점을 받았다.

부산시가 지난 2009년과 2010년 두 번의 지스타 개최를 통해 게임계에 확실한 인상을 심어주는 데 성공한 것이 이번 개최지 결정에 큰 영향을 미친 것으로 알려졌다. 지난 2009년 18만 명에 이어 지난해에는 23만 명이 지스타현장을 방문하는 등 부산시는 뜨거운 호응으로 지스타를 환영해 주었다.

각종 숙박시설과 인프라도 좋았다. 교통도 편리했고 해운대라는 휴양지를 끼고 들어선 숙박시설은 여러번 국제대회를 치른 경험을 바탕으로 편리함과 안락함을 제공했다. 해외 바이어들도 부산에서의 개최를 반겼다.

부산시가 개최지로 결정되는 것은 어느 정도 예상된 일이었다. 하지만 지스타 개최지로 선정됐다고 해서 안심해선 곤란하다. 비록 이번 심사에서 탈락하긴 했지만 대구시의 의지도 상당한 것이었다. 이번에는 부산시가 지스타 개최지로 선정됐지만 대구시가 주장했던 당위성도 어느 정도 설득력을 갖고 있다.

대구지역의 게임산업 발전과 지역경제를 살리기 위한 노력도 필요하기 때문이다. 앞으로 2년 동안 대구시가 절치부심하며 지스타 유치를 준비한다면 부산으로서도 이번처럼 녹록치는 않을 것이다.

게임계는 부산시와 대구시가 지스타 개최지를 놓고 치열한 경합을 벌이는 모습을 보면서 한편으로 뿌듯한 느낌을 지울 수 없었을 것이다. 게임에 대한 지자체들의 인식이 크게 달라졌기 때문이다. 게임을 부정적으로 바라봤다면 지스타 유치에 이처럼 적극적으로 나서지 않았을 게 분명하다. 그만큼 게임산업의 위상이 한 단계 올라선 것만은 확실하다.

그렇다고 마냥 여유를 부려서도 안된다. 지스타가 우리만의 잔치로 끝나지 않기 위해서는 지자체 뿐만 아니라 업계에서도 그에 걸맞은 위상을 보여줄 수 있도록 많은 준비를 해야 할 것이다. 세계 시장에 내놓아도 뒤지지 않을 훌륭한 작품을 많이 만들어 선보여야 할 것이고 글로벌 기업들도 유치해야 명실상부한 세계 3대 게임쇼로 자리매김 할 수 있을 터이기 때문이다.

2011. 03. 14

일본 지진 피해와 우리기업

일본이 지진과 쓰나미의 여파로 엄청난 충격에서 휩싸이고 있다. 이러한 가운데 일본에 진출해 있는 국내 업체들도 서비스를 중단하고 직원들을 귀국시키는 등 큰 피해가 우려되고 있다.

일본은 우리 게임업체들이 중국 다음으로 많이 진출해 있는 제 2의 수출국이다. 그만큼 우리에게는 중요한 나라이다. 일본에 직접 진출해 있는 업체는 엔씨소프트 · 넥슨 · NHN · 네오위즈 · CJ E&M 등 주요 메이저들이 모두 포진하고 있어 지진피해가 커지고 장기화 된다면 우리 업체들도 적지 않은 타격이 예상된다.

게임업체에서 서비스를 중단하는 것은 결코 쉬운 결정이 아니다. 게임의 경우 한번 떠나간 유저들이 다시 돌아오는 것이 쉽지 않기 때문이다. 또 정액제 또는 부분유료화로 게임을 즐겼던 유저들의 입장에서 보면 일방적인 서비스 중단은 횡포라고 생각할 수 있다. 그럼에도 불구하고 우리 업체들이 일본 현지 전력 사정 등을 고려해 서비스 중단 결정을 내린 것은 매우 시의적절한 판단이다.

우리 업체들은 또 일본 지진피해 복구를 위해 적지 않은 돈을 성금으로 내놓았다. 그동안 일본에서 많은 도움을 받았으니 이번에는 자신들이 도와야 할 차례라는 것이다. 이 역시 박수를 받아 마땅한 일이다.

당연히 해야 할 일이겠지만 자발적으로 이뤄지는 이러한 사회 공헌활동이야 말로 우리 게임업계에 대한 평가를 바꿔놓을 것이다. 이번 기회에 일본에 진출한 업체뿐만 아니라 더 많은 업체들이 일본 돕기에 동참한다면 게임에 대한 국민들의 인식도 크게 달라질 수 있다.

업계에서는 이번 지진으로 우리 업체들이 큰 어려움을 겪게 되는 것은 아닌지 염려하고 있다. 경제가 힘들어 질 경우 게임 등 여가활동이 직격탄을 맞을 수 있기 때문이다. 이로 인해 수년간 공들인 시장을 잃을 수도 있다.

하지만 예기치 못했던 재난을 극복하고 더 탄탄한 기반을 닦을 수 있는 저력을 보여줄 필요성이 있다. 어려움을 겪고 있는 우리 업체들이 힘을 모아 이 역경을 지혜롭게 헤쳐 나가기를 바란다.

2011. 03. 23

한심한 국회의 역주행

한나라당 이정선 의원을 필두로 10명의 국회의원이 최근 청소년 게임 중독 예방과 치료비를 게임업체에게 강제 부과하는 내용을 골자로 하는 청소년보호법 일부 개정안을 발의한 것은 상식선을 넘어 어처구니 없는 처사라 하지 않을 수 없다. 발의 배경의 골자는 '수익자부담 원칙'에 의거, 게임업체들이 게임 역기능 해소 재원 조달을 법에 명기하겠다는 것인데, 이는 게임산업을 몰라도 너무 모르는 무지의 소치라 할 것이다.

100% 양보해서 게임 중독과 같은 역기능 문제가 심각하며 또 날로 심각해지는 것엔 동의한다. 하지만, 아무리 법이 좋다해도 수 천억 원의 청소년 부담금 징수를 법으로 강제하겠다는 발상은 게임산업에 대한 모독에 가깝다. 이는 게임업계를 마치 카지노나 경마장과 같은 사행업종과 동일시한 것이나 다름 아니다. 좀 비약하면, 게임을 즐기는 수 많은 청소년들 역시 카지노나 경마장을 출입하는 사람들과 같은 선상에 놓고 바라보는 것과 진배없다.

주지하다시피 게임산업은 우리 경제의 미래 '먹거리'이자, 성장엔진이다. 성인 오락실 처럼 특별관리가 필요한 '필요악'이 아니라 21세기 지식 정보화 시대의 없어서는 안될 필수 불가결한 핵심 산업이다. 선진국만 해도 게임산업은 문화콘텐츠산업의 꽃에 비유해 범 정부 차원에서 전폭적인 지원이 이뤄지고 있다. 굳이 산업적 측면을 강조하지 않더라도 게임은 20대 전후 디지털 세대의 대표적인 놀이문화이다. 거스를 수 없는 대세이다. 일부 역기능이 있다해서 강제로 부담금을 걷겠다는 발상은 도를 넘어선 처사이다.

국회는 늘 게임 산업의 발목을 잡고 늘어졌다. '경제 살리기'를 모토로 내세운 실용정부 들어선 더욱 심각해지는 양상이다. 게임법 하나 바꾸는데 1년이나 허비해 세계적인 IT강국 이미지에 먹칠을 한 국회다. 이로 인해 대한민국만 스마트 다비이스게임의 오픈마켓이 제대로 활성화하지 못해 '이류'로 전락할 위기이다.

그것도 모자라 세계에서 유래가 드믄 청소년 강제 셧다운제를 규정한 청소년보호법 개정안을 4월국회에선 반드시 통과시키겠다고 난리이다. 법이 기술을 따라잡기란 불가능하다. 빛의 속도로 변화하는 시장 흐름을 좇는 것도 어렵다. 그렇다고해서 법이 기술과 시장 흐름에 역행을 해선 곤란하다. 한심하기 짝이없는 국회의 역주행은 서둘러 멈춰야한다.

2011. 03. 29

문화 재단 이제야 움직이는가

게임문화재단이 최근 프라자호텔에서 게임 과몰입과 관련해 상담치료센터를 설치하겠다고 밝혔다. 올 사업계획을 발표하는 자리에서다. 문화재단은 이날 올 한해 동안 총 16억 5000만 원을 투입해 상반기 중 수도권 지역에 치료센터 1개소를 설치, 운영하고 하반기에는 영남권과 호남권 등 지방에 2개소를 추가 설치할 것이라고 했다.

이번에 설치되는 센터는 병원 등 전문 의료기관에 만들어지는 것으로 상담을 통한 치료과정이 중점적으로 이뤄진다는 것이다.

문화재단이 이처럼 공개적인 행사를 통해 향후 사업계획을 발표하는 것은 지난 2008년 재단 설립 이후 처음 있는 일이었다. 3년 만에야 제대로 된 신고식을 하는 셈이다.

재단은 그동안 '건강한 게임, 나누는 행복' '게임여가문화체험관 운영' 등 몇몇 문화활동을 벌이긴 했지만 제 2기 김종민 이사장 취임 이후로는 이렇다 할 활동이 없는 '개점휴업' 상태를 지속해 왔다.

이 때문에 일각에서는 문화재단이 40여억 원의 출연금을 쌓아놓고 낮잠만 자고 있느냐며 질타가 이어지기도 했다. 이러한 와중에 게임과몰입 문제가 사회적으로 이슈가 되면서 지난해 말 게임과몰입 상담치료센터를 개설하겠다는 방침을 발표했고 이번에 그 구체적인 실행계획을 밝힌 것이다.

이번 발표를 바라보면서 업계 일각에서는 벌써 오래전에 했어야 할 사업을 차일피일 미루다가 호미로 막을 일을 가래로 막게 된 꼴이라는 비판도 나오고 있다.

문화재단은 게임업체들이 기금을 출연해 만든 재단이다. 그렇기 때문에 게임업계의 의지가 직접적으로 반영되는 곳이라고 할 수 있다.

출범 3년 동안 이렇다 할 활동이 없었던 것은 이사장이나 조직 내부의 문제라기보다는 게임업계 전체의 의지가 없었기 때문이라고 할 수 있다. 정부와 여론의 힘에 밀려 기금을 조성하기는 했지만 이를 적극적으로 활용할 의지가 없었다는 것이다.

이제는 더 이상 지체할 수 없다. 그리고 과몰입 치료센터 몇 곳을 운영하는 것으로 재단의 할 일을 다 했다고 해서도 안된다. 시작이 늦은 만큼 보다 적극적이고 활발한 활동을 전개해야 할 것이다.

2011. 03. 30

오픈마켓 후진국이란 딱지

국회는 최근 게임물등급위원회를 거치지 않고도 앱스토어와 안드로이드마켓 등 오픈마켓에 게임물을 등록할 수 있도록 하는 내용의 게임산업진흥법 개정안을 통과시켰다. 이로 인해 사전 심의제에 막혀있던 게임 오픈마켓이 마침내 열리게 됐다. 업계에서 수년동안 요구해 왔던 민원이 비로소 해결된 것이다.

그러나 너무 늦은 감이 있다. 우리나라는 온라인게임 종주국이라는 자부심과 함께 모바일게임 플랫폼에서도 세계적인 기술력을 갖고 있었지만 그동안 오픈마켓에서 만큼은 후진국의 처지를 면치 못했다.

글로벌 오픈마켓 시장은 지금 무서운 속도로 커지고 있다. 모바일 업체 뿐만 아니라 메이저 기업들도 속속 가세하면서 시장 경쟁도 갈수록 치열해지고 있는 상황이다. 이제는 참신한 아이디어만 갖고 이 시장에서 대박을 터뜨리는 것도 쉽지 않게 됐다. 치밀한 전략과 뛰어난 기술력이 요구되고 있기 때문이다.

우리가 그동안 오픈마켓 후진국에 머물 수밖에 없었던 것은 기술력이 모자라거나 글로벌 비즈니스 능력이 떨어져서가 아니었다. 국내 시장이 막혀 있었던 탓이다.

산업은 비약적으로 발전해 나가는데 법과 제도가 이를 뒷받침 하지 못하는 대표적인 사례가 바로 오픈마켓 시장이었다. 이로 인해 우리는 스마트폰 오픈마켓시장에서 소외됐고 부러운 눈으로 외국시장을 지켜볼 수 밖에 없었다.

오픈마켓의 발목을 잡을 것으로 우려됐던 셧다운제 도입 여부도 문화부와 여가부의 극적 합의로 2년 이후로 연기됐다. 업계에서는 많이 늦었지만 이제라도 오픈마켓 시장이 열리게 된 만큼 정부의 적극적인 지원 협력을 바라고 있다.

이제 법의 구체적인 시행안만 남게 됐다. 큰 문제는 없겠지만 이 과정에서 업계의 의견이 적극 반영돼야 함은 물론이다. 뒤늦게 출발하는 만큼 정부와 업계의 긴밀한 협력을 통해 오픈마켓 시장에서도 코리아의 위상을 드높였으면 한다.

2011. 04. 04

協會長도 못내는 게임산업계여서야

게임산업계의 대표창구인 한국게임산업협회장 자리가 수 개월이 넘도록 공석이다. 김기영 전 회장이 연임을 극구 고사한 게 작년 말이었으니, 4개월이 다되도록 회장감하나 찾지 못한 꼴이다. 협회 사무국과 주요 운영위원사 관계자들이 업계 대표나 외부 인사 등 백방으로 '구애(求愛)'에 나섰지만, 선뜻 회장을 맡겠다고 나서는 인물이 없다. 관련 기업이 3000개를 넘고, 시장규모가 7조 원에 육박하며 주류 산업으로 떠오르고 있는데 협회를 맡겠다는 사람이 없다니 참으로 딱한 일이다.

더욱 심각한 일은 협회장 인선 문제가 수 개월째 겉돌고 있는데도, 사태의 심각성을 인지(認知)하는 산업인이 그리 많지 않다는 사실이다. 사태가 이지경이된 것에 대한 책임을 지기는 고사하고 관심조차 두지 않는 기업들이 부지기수이다. 그렇다고 해서 "차기 협회장을 찾지 못했으니 어쩔 수 없지 않느냐"는 식의 무책임한 행태는 더욱 위험한 발상이다. 필요하다면 부회장단에서 '대행체제'라도 도입해야 한다. 이도저도 아니면 우선 '비상대책위'라도 만드는 게 차선책이지만, 서두를 일이다.

협회는 어떤 식으로든 쉬지 않고 돌아가야할 중요한 사업자 단체이며, 지금은 특히 그래야할 상황이다. 게임업계, 나아가 게임산업은 지금 협회를 중심으로 똘똘 뭉쳐 강력한 한목소리를 내도 시원찮을 판국이다. 섯다운제다, 게임중독부담금이다 해서 게임산업에 적지 않은 파장이 예고되는 법제화 움직임이 날로 거세다. 게임의 역기능 해소에 대한 논리 개발과 업계의 중지를 모으고, 순기능을 각계에 호소해야할 협회가 공회전만 거듭한다면, 산업의 미래는 캄캄하다.

게임계는 '비즈니스'(사업)는 있는데 '인더스트리'(산업)가 없다는 얘기를 자주 듣는다. 어엿한 산업으로 갖춰야할 기본적인 인프라가 취약하며, 업계 종사자들의 산업 마인드가 아직 미진하다는 방증이다. 수출효자업종이자 문화콘텐츠 산업의 총아라는 수식어가 부끄럽지 않으려면 협회장 문제부터 슬기롭게 풀어야한다는 업계의 공감대가 형성돼야한다. 도대체 언제까지 "협회장도 제대로 못내는 게임계가 대체 무슨 할 말이 있는가"라는 비아냥을 들어야하는지 답답하다.

2011. 04. 10

'콘진위'의 출발점은 規制 완화

스마트폰이나 태블릿과 같은 소위 스마트 디바이스의 출현으로 콘텐츠 산업의 패러다임이 송두리째 바뀌었다. 단말기와 서비스, 그리고 콘텐츠가 맞물려 지금까지 우리가 경험하지 못했던 새로운 비즈니스 모델이 등장하고, 예상치 못했던 문화가 창출하고 있다.

스마트 인프라를 활용한 소셜 네트워크 바람이 강하게 몰아치고 있는 것이 이를 함축적으로 설명한다. 그런데 IT강국 대한민국은 각종 법과 제도의 미비로 이같은 패러다임 변화에 부응하기는 커녕 갈수록 뒤쳐져 자칫 IT 2류국가로 전락할 위기이다.

이런 시점에 국내 차세대 콘텐츠 산업의 정책 방향을 다시 잡고, 세부 액션플랜을 수립하기 위한 '콘텐츠산업진흥위원회'가 발족한 것은 다행스러운 일이다.

국무총리를 위원장으로 11개 관련 부처 장관이 총망라된 이 위원회의 무게감만으로도 스마트 시대의 차세대 콘텐츠 산업 패러다임 변화에 대한 실용정부의 의지가 어느 정도인지 알 수 있다. 위원회의 정체성은 간사기관인 문화부가 다음달 중 내놓을 기본계획을 보면 어느 정도 윤곽을 알 수 있을 것 같다.

하지만 이에 앞서 정부와 위원회 관계자들이 반드시 짚고 넘어가야할 것은 콘텐츠 산업 진흥의 1차 과제가 그 어떤 것 보다도 각종 정부 규제의 완화여야 한다는 사실이다. 세계 콘텐츠 시장의 트렌드는 이미 빛의 속도로 움직이기 시작했다. 하루가 다르게 시장이 변하고 있는데도 우리나라는 법·제도의 장벽에 막혀 수 년째 '공회전'만 거듭하고 있다.

법이 시장과 산업의 발목만 잡고 늘어지기 일쑤다 보니 시장이 활성화 될 리 만무하며, 산업과 기술의 발전은 더딜 수 밖에 없다. 1년 넘도록 법개정이 늦어져 산업체의 애를 태우고 있는 '오픈마켓법'이 대표적인 사례다. 설상가상 오픈마켓법이 국회를 통과한다 해도 여가부가 물불 안 가리고 밀어붙이고 있는 '셧다운법'이 통과된다면 말짱 도루묵이다. 콘텐츠 진흥의 시발점이 규제 완화여야 하는 이유다.

과도한 규제를 풀지 않고는 창의적인 콘텐츠 개발·유통과 관련 산업 육성이 불가능하다. 온갖 불필요한 규제를 방치한 채 도대체 어떤 콘텐츠 진흥 정책이 효과를 보겠는가.

2011. 04. 18

중소 게임업체 수출만이 살 길이다

국내 온라인게임 시장은 이미 오래 전에 레드오션에 진입했다. 웬만한 대작의 경우 4~5년의 제작기간과 수 백억 원의 개발비가 들어간다. 이렇게 힘들여 개발을 해도 성공을 장담할 수 없다. 이정도면 메이저들도 선뜻 신작 개발에 나서지 못한다. 상황이 이렇다 보니 중소규모의 개발사들은 수년간 피땀 흘려 작품을 개발해 놓고도 명함도 못 내밀 정도다. 결국 치열한 국내 시장을 피해 해외로 나가는 업체들이 늘어날 수밖에 없는 구조다.

올 들어서만 상당수 중소업체들이 해외시장에 진출했다. 과거에는 중국과 일본, 동남아 등지에 치중했지만 최근에는 수출지역도 전 세계로 확대되고 있다. 국내 게임산업이 세계로 뻗어 나간다는 의미에서 매우 고무적인 일이라 할 수 있다. 중소 업체들이 살아남기 위해 어쩔 수 없이 선택하는 일이라 해도 이를 통해 우리 게임산업이 전 세계로 확대되는 것은 바람직한 현상이라고 볼 수 있다.

이 과정에서 업체 혼자만의 힘으로 머나먼 해외시장을 개척하기란 힘겨울 수 밖에 없다. 정부 기관의 적극적인 도움이 필요한 이유다. 또 해외시장에서의 퍼블리싱 경험이 풍부한 메이저들의 도움도 절실하다. 최근 중국에서 동시접속자 270만 명을 돌파한 '크로스파이어'가 중소기업과 메이저의 파트너십을 통한 동반진출로 크게 성공한 사례중 하나라고 할 수 있다. 또 인도네시아의 국민게임으로 부상한 '포인트블랭크'의 경우 국내에서는 실패했지만 현지화에 공을 들여 성공한 사례다.

그러나 해외시장을 진출하는 것은 생각만큼 녹록한 일이 아니다. 성공사례도 많지만 실패 한 경우가 더 많다. 현지에서 성공하기 위해서는 무엇보다 철저하게 검증된 토착화가 관건이다. 그 다음이 믿을 만한 파트너를 찾는 일이다. 이 두가지만 성공적으로 이뤄진다면 절반은 성공했다고 볼 수 있다.

국내 중소개발사들은 산업을 지탱하는 허리와 뿌리라고 할 수 있다. 메이저들이 독식하는 구조가 고착될 경우 창의성을 바탕으로 하는 게임산업의 성장 동력은 멈출 수밖에 없다. 이 때문에 중소업체들의 해외 진출을 그들만의 문제로 봐서는 안 된다. 정부뿐만 아니라 메이저들도 중소업체들의 성공적인 해외 진출을 위해 다양한 지원책과 협력 방안을 만들어 나가야 하는 이유가 이 때문이다.

2011. 05. 03

물밀듯이 밀려오는 외국 게임 '경계령'

온라인 게임 시장은 종종 자동차 시장에 비교된다. 선진국의 글로벌 자동차 메이커들이 유달리 한국시장에선 국산차에 밀려 맥을 추지 못했던 것과 세계 게임강국의 블록버스터 대작 게임이 잇달아 국내 시장에선 흥행 참패를 기록하며 자존심을 구긴 일이 맞닿아있다. 최근엔 글로벌 자동차업체들이 대약진하며 점유율을 높이고 있는 것과 외국산 대작 온라인게임들이 속속 한국 시장에 진출하며 점차 시장 지배력을 높이고 있는 시대적 상황이 매우 흡사하다.

게임 업계에 물밀듯이 밀려오는 외국게임 '경계령'이 발동됐다. 외국 온라인 게임은 10여년 전부터 간헐적으로 수입, 서비스돼왔지만 'WOW'를 비롯한 극소수를 제외하곤 발 붙이지 못했다. 하지만, 최근엔 일단 그 수가 급증하고 있는데다가 퀄리티면에서 종전과는 차원이 다른 작품들이어서 관련 업계를 긴장시키고 있다.

한국 게임이 세계 만방을 누비며 '게임 한류(韓流)' 열풍을 몰고 오는 마당에 외국 게임 유입이 늘어나는 것을 굳이 사시적인 시각으로만 바라볼 필요는 없다. 모든 시장이 다 그렇듯, 수요가 있는 곳에 반드시 공급이 따르게 마련이다.

대한민국은 중국에 이어 세계 2위의 온라인 게임 시장이다. 외국 게임의 등장이 더욱 늘어날 것이 자명한 일이다. 국내 개발비용이 눈덩어처럼 불어나면서 차라리 외국에서 검증된 게임을 수입, 서비스하는게 비용 대비 효과가 높다고 판단하는 퍼블리셔가 늘어났기에 더욱 그렇다.

상황이 이런데도 업계의 대응은 안일하기 짝이 없다. 시장은 시시각각 바뀌고 있는데 인식은 3~4년전 수준이다. "외국 게임은 한국에서 안된다"는 편견이 너무 강하다. 분명 과거와는 사정이 많이 달라졌다. 한국 시장을 노크하는 외국 업체는 물론 수입업자인 국내 업체들이 시행착오 끝에 이젠 어떻게 해야 성공할 지 그 해답을 어느 정도 알고 있다.

한국유저들의 입맛에 맞춘 콘텐츠로 중무장하고 있으며, 운영과 사후관리의 중요성을 잘 인지하고 있다. 외국 게임 '경계경보'가 '공습경보'로 격상되기 전에 국내 업체들이 정신 바짝 차려야한다.

2011. 05. 18

신임 首長 맞은 게임협회 · KeSPA에 바란다

초유의 관련 단체장의 장기 공석 사태로 총체적 위기에 빠져있던 게임계가 수습국면에 들어가고 있다. 업계의 구심체인 게임산업협회가 지난 20일 총회를 열어 신임 최관호 회장 체제를 공식 출범시켰다. 앞서 지난 12일엔 한국e스포츠협회(KeSPA)가 신임 김준호 회장을 선임했다. 두 단체는 업계를 대표하는 단체란 점에서 어려운 시기에 새로운 수장을 맞이했다는 점에서 업계의 기대를 걸게 한다.

우여곡절 끝에 신임 회장을 찾아냈지만, 그 과정을 들여다보면 '기대' 보다는 '걱정'이 앞서는게 사실이다. 현실적으로 두 단체는 구조적인 문제가 산적해 있다. 협회가 정상 궤도에 진입하려면 넘어야할 산이 많다. 최 회장만 해도 순수한 업계 인물이 아니라는 핸디캡과 회장으로서 강력한 추진력을 발휘하기엔 사분오열된 업계 여론을 모으는 일이 생각처럼 쉽지않을 것이다.

김 회장 역시 자신의 의지보단 자리가 만들어준 '당연직 회장'에 가깝다. 재임기간 동안 얼마나 의지를 갖고 협회를 바로 세워 e스포츠 발전을 꾀할 지 의문이다. KT, 삼성, SKT 등 주요 이사간의 해묵은 갈등은 그가 반드시 풀어야할 숙제다. 협회의 헤게모니 싸움도 김 회장이 어떤식으로든 해결을 하든 개선을 해야할 과제다.

'협회가 바로서야 해당 산업이 발전한다'는 것은 아무리 강조해도 지나치지 않다. 관련 업계가 협회를 중심으로 강한 응집력을 내야 업계 공통의 애로사항을 해결하기 쉽다. 산업 발전을 가로막는 법적, 제도적 문제를 개선할 논리 발굴과 대안을 찾는데도 유리하다. 전임 협회장중 그 누구도 '강한협회' '일하는 협회'를 만들 지 못했던게 저간의 사정이다. 잇단 정부 규제와 사회적 편견에 제대로 대응하지 못해 게임이 사실상 '유해산업' '사행업종' 취급을 받는 것을 눈뜨고 지켜봐야 했던 것도 협회가 돌아가는 것을 보면 당연한 귀결이다.

다행히 이번에 새 협회를 맡은 두 회장은 협회 재건에 의욕적이다. 그러나 강한 협회는 결코 회장 혼자만의 의지로는 안될 일이다. 회장에 대한 회원사의 전폭적인 지지와 각 회원사들이 업계와 산업을 먼저 생각하는 '희생정신'이 반드시 수반돼야한다. 무엇보다도 강한협회를 만들기 위해선 모든 회원사의 적극적인 참여 정신이 필수불가결하다. 과거처럼 몇몇 메이저 회원사 중심으로 협회를 운영해선 진전이 없다. 보다 강한 협회, 응집력있는 협회는 회장과 회원사가 함께 만들어 가야하는 일이다.

2011. 05. 23

다시 도마위에 오른 '셧다운제'

셧다운제 도입을 반대하는 목소리가 법 개정 이후 가라 앉기는 커녕 거세지고 있다. 끝난 줄로만 알았던 셧다운제 논란이 또다시 불거지고 있는 것이다.

지난 4월 16세 미만의 청소년들이 자정부터 오전 6시까지 게임을 할 수 없도록 하는 내용의 청소년보호법 개정안이 통과됐다. 하지만 개정안이 통과된 이후 오히려 반발이 거세지고 있다.

최관호 신임 게임산업협회장은 최근 기자간담회에서 올 여름 셧다운제가 헌법을 위배했다는 내용의 소송을 제기할 것이라고 밝혔다.

시민단체와 학부모, 학생 개개인이 주축이 된 문화연대도 곧 헌법소원을 추진할 계획이다. 문화연대는 지난달 2일 청소년보호법 개정안 국회본회의 통과에 대한 입장을 발표하고 셧다운제에 대한 위헌소송을 제기하겠다고 밝히기도 했다.

게임계와 문화연대 등의 셧다운제 반대 움직임이 가시화됨에 따라 헌법재판소가 이 사안을 어떻게 결론내릴 것인가에 관심이 쏠리고 있다.

게임계와 문화 관련 단체는 헙법소원을 통해 셧다운제의 문제점이 드러날 것이라며 자신감을 보이고 있다. 세계적으로도 유례가 없는 셧다운제는 우리나라의 대외적인 이미지에도 큰 흠집을 남길 것이라는 게 이들의 주장이다. 셧다운제가 산업의 규제를 풀고 자율과 창의성을 강조하는 시대의 흐름에 역행하는 것도 물론이다. 헌법재판소는 이 문제의 심각성을 제대로 파악해야 한다. 일부 시민단체들의 억지에 가까운 주장에 설득돼서도 안될 것이다.

또 분명한 것은 이번 일을 계기로 제2, 제3의 셧다운제가 만들어지는 것을 막아야 한다는 사실이다. 그러기 위해서는 업계가 똘똘 뭉쳐 과거와 같은 실수를 되풀이 하지 않도록 반성하고 적극적인 행동에 나서야 한다.

셧다운제가 국민적인 지지를 얻고 사방에서 게임산업을 향해 손가락질 하도록 만든 것은 적지 않게 게임계에 그 책임이 있다고 볼 수 있다. 왜 이 제도가 만들어졌으며 법을 개정하기에 이르렀는가를 겸허히 돌아봐야 한다. 그리고 다시는 이러한 일이 반복되지 않도록 게임에 대한 긍정적인 역할을 알리는 데 힘을 쏟아야 할 때라고 본다.

2011. 05. 30

게임문화재단이 해야 할 일

게임문화재단이 지난 8일 중앙대학교병원에 첫 '게임과몰입상담치료센터'의 문을 열었다. 문화재단 출범 3년 만에 처음으로 공개적인 사업을 시작한 것이다.

중앙대의 과몰입상담센터에는 3명의 전문의와 4명의 상담사 및 사회복지사 등이 배치돼 게임과몰입 상담과 치료를 담당하게 된다. 업계에서는 이번 센터 운영을 계기로 종전 상담 수준에 머물러 있던 게임과몰입에 대한 대처가 의학적 전문성을 기반으로 한 치료 수준으로 한 단계 발전할 것으로 기대하고 있다. 또 게임과몰입 문제에 대해 보다 전문적이고 체계적인 대처방안을 제시할 수 있을 것으로 보인다.

그러나 문화재단은 이번 과몰입상담치료센터의 운영이 외부에 보여주기 위한 전시효과를 노린 사업으로 비춰질 수도 있다는 점도 염두에 둬야 할 것이다. 최근 청소년들의 게임이용을 강제로 금지시키는 셧다운제가 도입되는 등 게임에 대한 부정적인 인식이 확산되고 있다. 문화재단이 이같은 부정적인 이미지를 불식시키기 위해 과몰입상담치료센터 사업으로 생색을 내고 있는 것으로 보여질 수 있다는 것이다.

문화재단이 이같은 오해를 불식시키기 위해서는 과몰입상담치료센터 뿐만 아니라 다양한 활동을 통해 게임의 긍정적인 역할과 발전방향을 제시하는 것이 더욱 중요하다. 국민들의 부정적 인식을 바로잡기 위해서는 과몰입상담치료센터만 갖고는 역부족일 수 밖에 없기 때문이다.

가장 중요한 것은 문화재단 뿐만 아니라 업계 전체가 보다 적극적으로 사회에 기여하고 스스로 노력하는 모습을 보여주는 일이다. 그 다음에 여론을 주도하는 언론과도 적극적인 관계를 구축해야 한다. 잘못되거나 과장된 내용이 알려지지 않도록 먼저 홍보하는 자세가 필요하다.

다음으로 재단을 운영하는 이사진에 게임관련 전문가들을 보강하는 일도 서둘러야 할 것이다. 재단의 역할은 돈을 쌓아놓고 키우는 것이 아니라 모여진 돈을 보다 효과적으로 사용하는 것이다. 그때그때 시급한 상황이 발생하면 민첩하게 대응하고 예산을 집행할 수 있는 융통성도 갖추고 있어야 한다.

또 게임계의 기금으로 운영되는 단체라고 해서 업계의 눈치를 봐서도 곤란하다. 시급하고 꼭 필요한 사업은 신속하게 처리할 수 있는 자율성도 갖추어야 한다. 그래야 명실상부하게 게임문화를 이끌어가는 재단으로 바로 설 수 있다고 본다.

2011. 06. 13

중견 게임업체들의 몰락, 방관할 일인가

때이른 폭염에 이은 장맛비가 전국을 몰아치고 있는데, 중견 게임업계엔 '칼바람'이 불고 있다. 많은 중견기업들이 신작 흥행 실패에 따른 실적부진으로 인한 후유증을 견디다 못해 감원과 조직 축소로 분위기가 싸늘하다.

자본력을 바탕으로 전도 유망한 개발사들을 모조리 인수합병(M&A)하며 세(勢)를 늘리고 있는 메이저 기업들과는 판이한 상황이다. 중견기업들은 불과 2~3년전까지만 해도 파죽지세로 승승장구하며 '메이저 진입'이란 목표를 내걸었지만, 일부 업체를 제외하곤 그 기세를 찾아보기 힘들다.

메이저업체들은 '덩치'를 키우며 시장 지배력을 높이고 있는데, 중견기업들은 재도약의 기로에서 고비를 넘지 못하고 몰락하고 있는 형국이다. 자본, 인력, 기술, 유통채널 등 모든 리소스 면에서 메이저기업군에 비해 한 수 아래인 중견기업들의 태생적 한계 탓일 것이다. 이를 극복하기 위해선 강력한 신진 콘텐츠의 출현에 기댈 수 밖에 없는데, 제한된 시장과 몇몇 '스테디셀러'가 시장을 장악한 현실속에서 그게 말처럼 쉽지 않다.

게임 산업의 척추 역할을 해온 중견기업군의 붕괴는 산업구조를 매우 불안하게 만드는 악재이다. 허리가 무너짐에 따라 산업구조는 빠르게 '장구형'으로 변모하고 있다.

이러다간 재벌 처럼 몇몇 메이저 게임업체만 남고 모든 게임 개발사들이 스튜디오로 전락하지 않을까 걱정이다.

중견기업군의 총체적 위기는 산업 트렌드상 '불가항력'이라고 방관하기엔 사안의 중요성이 너무 크다. 중견기업군은 불특정 다수의 중소 개발사들의 숨통을 터주는, 산업의 매우 중요한 역할을 한다. 메이저 기업과는 현실적으로 파트너십이 어려운 영세 개발사나 스튜디오들의 '젖줄'과 같다. 대기업과 중소기업의 상생(相生)이 산업계의 핫이슈이지만, 연결고리인 중견기업군이 붕괴된다면 상생은 요원한 일이다.

무엇보다 산업의 허리가 취약한 상황에서 국제 경쟁력을 갖추기 어렵다. 이젠 특단의 조치가 필요한 때다. 중견기업군의 몰락을 방치해선 게임산업의 미래가 어둡다. 시장 스스로 어찌할 수 없다면, 정부와 관계기관이 중견기업 부양에 적극 나서야한다.

2011. 06. 27

'폭력게임 판금'에 대한 위헌 판결

미국 연방대법원이 최근 캘리포니아 주 정부가 제출한 미성년자에게 폭력적인 비디오 게임의 판매를 금지하는 법이 위헌이란 판결을 내렸다. 미국 헌법에 명기된 표현의 자유를 침해한다는 것이다.

폭력성이 짙은 게임물이라고 해서 판매 및 대여 까지 정부가 직접 규제하는 것은 월권이란 의미와 다름 없다. 이는 게임이 단순 소프트웨어가 아니라 책, 연극, 영화, 음악 등과 같이 청소년들에게 매우 친근한 매체로 인정을 받았다는 점에서 의미가 매우 크다.

최근 우리나라는 물론 전세계적으로 게임의 역기능과 규제의 수위를 놓고 논란이 고조되고 있다.

중독성 · 폭력성 · 사행성과 같은 게임의 유해 요소들이 자라나는 청소년 정서에 부정적으로 작용, 정부가 나서 규제 강도를 높여야한다는 '강경론'과 역기능과 그 대책에 대한 판단을 당사자인 청소년이나 부모에게 우선 맡기는게 효과적이란 '온건론'이 맞서 있다.

우리나라 역시 최근 '셧다운제' 처럼 게임 이용을 정부가 나서 법으로 강제 차단하는 제도 도입을 앞두고 보수 진영과 진보 진영이 팽팽하게 대립해 있다. 셧다운제 논란은 조만간 위헌 소송으로까지 확대될 전망이다.

온라인 게임의 순기능은 배제한 채 역기능에 대한 폐해만이 강조되는 사회 풍조가 바뀌지 않는 한 이같은 논리싸움은 앞으로 더욱 치열해질 것이 자명하다.

문제는 이번에 미 연방대법원의 위헌 판결에서 입증됐듯, 미국이나 선진국들은 게임의 역기능 문제 해법을 법에 의한 규제가 아닌, 가정이나 사회에서 찾고 있다. 이에 반해 우리나라는 법과 제도를 통한 규제의 의존도가 너무 큰 것이 사실이다.

법으로 강제하는 것은 결코 게임의 역기능 문제를 해결하는 대안이 될 수 없다. 뿐만 아니라 게임이 청소년들의 여가 생활에 미치는 영향을 감안할 때 이는 또 다른, 더 큰 문제를 야기할 수 있다는 점을 간과해선 안된다.

이제는 미국처럼 게임을 책이나 영화 같은 미디어와 동등하게 대우해주지는 못할망정, 청소년들의 대표적인 놀이문화란 사실만큼은 인정해야 한다.

무조건 '게임은 백해무익하다'고 몰아세우며 모든 것을 법으로 컨트롤 하겠다는 것은 시대착오적 발상이다. 세상은 바뀌었는데, 언제까지 규제 타령만 하겠다는 건가.

2011. 07. 10

사회공헌의 바람직한 방향

게임계에 사회공헌 바람이 불고 있다. 최근 CJ E&M은 사회공헌을 목적으로 한 '넷마블쿠키' 사업을 시작했다. 이에 앞서 네오위즈도 '그린피망'을 통해 중장기적인 활동에 나서겠다고 밝혔다.

CJ E&M은 '넷마블쿠키'의 전개를 위해 전 임직원이 입단한 '쿠키봉사단'을 발족했다. 이를 통해 전국 장애학생 e스포츠대회, 게임여가문화체험관, 학부모게임문화교실, 가족문화소통캠프와 같은 대외적인 활동을 전개하겠다고 발표했다. 네오위즈도 '그린피망'을 통해 중장기적인 사업을 진행하겠다고 밝혔다.

그동안 '돈 밖에 모른다'는 비난을 받아왔던 게임계가 지금에라도 이처럼 사회공헌 활동에 적극적으로 나서는 것은 환영할 만한 일이다. 오히려 늦은 감이 없지 않다.

하지만 자칫 잘못하면 이같은 프로그램이 일회성 행사에 그쳤다거나 외부에 알리기 위한 생색내기가 아니냐는 비난을 받을 개연성이 적지 않다는 것이다.

외국의 경우에는 기업들의 사회 활동은 선택이 아닌 필수항목으로 여겨질 정도로 보편화돼 있다. 하지만 우리나라는 게임업계 뿐만 아니라 대부분의 산업계가 사회공헌에 인색한 상황이다. 그동안 게임계는 '바다이야기 사태' '마늘밭 돈다발 사건' 등을 통해 일확천금을 노리는 불법 지대인 것으로 잘못 인식돼 왔다.

이같은 부정적 인식을 벗어버리기 위해 업계 스스로 기금을 마련해 게임문화재단을 설립하기도 했지만 지금까지 이렇다 할 활동을 보여주지 못하고 있는 것 또한 사실이다.

일부에서는 게임계가 벌이고 있는 각종 사회활동 프로그램에 대해 '얼마나 제대로, 얼마나 오래 할 것인가'며 두고 보겠다는 곱지 않은 시선을 갖고 있다.

청소년들에 대한 셧다운제 도입 등 게임에 대한 국민과 정부의 인식이 좋지 못한 상황에서 이를 모면하기 위한 임기응변책이라고 보는 것이다.

이같은 외부의 의심과 부정적인 인식을 깨기 위해서는 게임계가 일회성이나 기획성이 아닌 장기적이고도 체계적인 사업으로 정착시켜야 한다는 것이다. 게임의 경우 국민들의 인식이 산업에도 큰 영향을 미친다.

비행 청소년을 만들고 건전한 사회 생활을 방해한다는 부정적인 인식을 극복하기 위해서는 지금과 같이 미지근한 접근방식은 곤란하다. 분위기에 편승했다면 이번 기회에 사회공헌을 반드시 게임 기업이라면 해야 하는 기업 목표로 설정했으면 하는 바람이다. 하여 국민과 함께 호흡하며 발전해 나가는 게임계가 되도록 해야 할 것이다.

2011. 07. 12

상식보다 法이라니

최근 게임계가 시끄럽다. '서든어택'을 둘러싸고 CJE&M과 넥슨이 한바탕 신경전을 벌이더니 이번에는 웹젠과 레드5가 '파이어폴'을 둘러싸고 법정싸움에 들어갔다. 동서양은 문제해결 방식이 다르다. 서양은 상식보다 법을 우선시 한다. 반면 동양은 법 보다는 상식이 먼저다. 외국계 게임업체들, 특히 미국의 경우 사소한 문제도 법으로 해결하려든다.

블리자드가 국내 e스포츠업계와 마찰을 빚은 것도 그들의 법 우선 정책 때문이었다. 이로 인해 e스포츠계는 '스타크래프트' 지적재산권을 놓고 1년여 동안 치열한 공방을 벌였다. 이 과정에서 양측은 심각한 타격을 입었다. 결국 블리자드는 1년 만에 손을 들었다. 법 보다는 상식이 중요하다는 것을 뒤늦게 깨달은 것이다. 여기에는 팬들의 힘이 크게 작용했다. 블리자드에 실망한 한국 팬들이 등을 돌린 것이다. 이것이 동양의 정서고 힘이다.

CJ와 넥슨도 '서든어택'의 재계약을 놓고 신경전을 벌이다 막판에 대타협에 나설 수 있었던 것은 '서든어택' 팬들의 무서운 힘을 확인했기 때문이다. CJ와 넥슨이 첨예하게 대립하자 '서든어택'의 이용자가 크게 줄어들었다. 이로 인해 양측은 '이대로 가다가는 안 되겠다'는 위기의식을 느끼게 됐고 서로 한 발씩 물러서 윈윈하는 방안을 찾게 됐다.

웹젠과 레드5의 분쟁도 법 보다는 상식을 앞 세우는 선에서 해결돼야 한다고 본다. 건전한 상식이 통할 때 서로가 잘 될 수 있다. 법으로 해결하려 한다면 결과는 승자가 모든 것을 독식하는 형태가 된다. 반대로 패자는 모든 것을 잃는다. 그렇기 때문에 수단과 방법을 가리지 않고 상대를 이기려 드는 것이다. 게임계는 앞으로 수많은 분쟁과 법적 대립이 예상된다. 그 때마다 법으로 문제를 해결하려 한다면 약한 기업, 상식적인 기업은 설 자리를 잃게 된다.

가진 자가 더 고개를 숙이고, 상식을 중요시 한다면 우리나라 게임산업은 상대적으로 경쟁산업 보다 더 나은 풍토를 지닌 성숙된 산업으로 더 빨리 자리매김할 수 있지 않겠나 싶다. 법보다는 상식이 통하는 사회와 산업을 만들어갔으면 한다.

2011. 07. 18

자율심의가 제대로 되려면

정부가 게임물에 대한 등급분류와 사후 관리를 맡고 있는 게임물등급위원회의 성격을 민간 자율심의를 관리 감독하는 것으로 바꾸기로 했다. 기관의 명칭도 '게임물관리위원회'로 변경키로 했다. 정부는 최근 이같은 내용의 게임산업진흥법 개정안을 입법 예고했다.

이 개정안에 따르면 게임물관리위원회는 문화부 고시를 통해 민간 자율 등급 분류기구를 지정할 수 있게 된다. 다만 청소년 이용불가 등급 게임 및 아케이드게임물은 이 기관에서 직접 관장하도록 했다.

게임물에 대한 등급분류를 민간 자율에 맡기는 것은 세계적인 추세로 볼 수 있다. 오히려 늦은 감이 없지 않다. 하지만 준비가 안된 상태에서 성급하게 민간 자율에 맡길 경우 부작용도 만만치 않을 것으로 우려된다.

민간 자율로 가기 위해서는 먼저 민간자율의 등급분류기구를 지정해야 하는데 현재로선 한국게임산업협회가 될 가능성이 가장 높다. 그런데 협회에서는 여러 가지 이유를 들어 소극적인 태도를 보이고 있다.

이러한 상황에서 정해진 시기에 일괄적으로 등급분류 업무를 민간에 넘긴다는 것은 시기상조라 할 수 있다. 업계에서도 민간 자율 심의에 대해 목소리만 높일 것이 아니라 구체적인 플랜과 인력 수급 등 대책을 내놓아야 할 것이다.

게임물 등급심의를 민간으로 이양하는 것에 대해 일부 시민단체들이 '고양이에게 생선을 맡긴다'며 반발하고 있는 것도 그대로 넘어가선 안된다. 서로가 이해할 때까지 대화의 장을 마련하고 충분히 납득한 이후 진행하는 것이 바람직하다. 시민단체들이 우려하고 있는 사항에 대해서도 정부와 업계가 귀를 기울여야 한다.

또 이번에도 청소년용 아케이드게임물에 대해 성인용과 같이 엄격히 관리키로 한 것도 문제다. 아케이드게임은 전 세계적으로 온라인게임 못지않은 규모를 갖고 있다. 하지만 국내에서는 '바다이야기 사태' 이후 바닥으로 곤두박질치고 말았다. 성인용 뿐만 아니라 청소년용 아케이드게임에 대해서도 엄격한 통제와 제한을 가하고 있기 때문이다.

이번에도 청소년용 아케이드 게임물이 자율심의에서 제외된 것은 형평성에 대한 논란을 불러 올 수 있는 대목이다. 이 문제는 법개정 논의 과정에서 반드시 짚고 넘어가야 한다. 온라인플랫폼이 언제까지 성장할 수 있을 지 아무도 장담할 수 없다. 그렇다면 아케이드와 모바일 등 다양한 플랫폼에서 경쟁력을 높여야 한다. 이제는 청소년용 아케이드게임물에 대해서는 족쇄를 풀어줄 때가 됐다고 본다.

2011. 07. 26

유럽을 바라보는 시각 달라져야

미국의 'E3', 일본의 'TGS'와 함께 세계 3대 게임쇼로 불리는 독일 '게임스컴2011'이 지난 21일 화려한 막을 내렸다.

유럽 주요 국가들의 도미노식 재정 위기에서 촉발된 EU(유럽연합) 붕괴 조짐 속에서 열린 이번 게임스컴엔 전 세계 550여 게임업체들이 참가, 세계적인 게임쇼다운 면모를 유감없이 보여줬다는 평을 받고 있다.

온라인 플랫폼 비중이 상대적으로 높은 중국의 '차이나조이'나 한국의 '지스타'와 달리 게임스컴은 모바일은 물론 각종 PC와 콘솔게임이 대거 출품, 게임스컴 만의 색깔을 내며 갈수록 그 위상을 굳혀가는 모양새다.

북미에 이어 유럽 시장 공략에 고삐를 당기고 있는 국내업체들도 이번 게임스컴에서 눈에 띄는 활약을 하며 전시장을 찾은 전 세계 바이어들과 관람객들의 발길을 잡는데 성공했다. 엔씨소프트·넥슨·NHN 등 국내 주요 게임업체들은 유럽 유저들을 겨냥해 개발 중인 차기작과 유럽으로 영토를 넓히기 위해 준비해온 작품을 공개하며 온라인 게임 종주국의 위상을 다시한번 높였다.

이번 게임스컴은 유럽이 다채로운 플랫폼이 어우러진, 즉 '총천연색' 시장이란 사실을 다시 한번 입증해 보인 게임쇼였다고 할 수 있다. 국내 업체들을 중심으로 게임스컴에 공개된 온라인 게임에 유럽 유저들과 바이어들의 관심도가 그 어느 때보다 높았

다. 그동안 글로벌 시장에선 비주류 플랫폼이었던 온라인 게임이 이젠 유럽에서도 당당히 주류 플랫폼으로 떠올랐음을 이번 게임스컴이 확실히 각인시켜 줬다.

유럽은 더 이상 국내 온라인 게임업계의 '미지의 세계'나 미래 시장이 아니다. 북미 시장 못지않게 온라인 게임이 유럽 전역에서 각광받고 있으며, 매년 성장세가 폭발적이다. 이젠 국내 게임업체들도 유럽 시장을 바라보는 근본적인 시각이 달라져야한다.

수 십개 문화가 형형색색 어우러진 유럽은 단편적이며, 근시안적 시각으로는 효과적인 공략이 불가능하다. 본격적인 시장 공략에 앞서 시야를 최대한 넓히고, 유럽의 주요 문화를 피부로 이해하는데서 출발해야한다. 온라인게임의 새로운 보고(寶庫) 유럽의 문은 활짝 열려있다.

2011. 08. 25

분열 위기에 내 몰리는 '게임협회'

게임업계의 대통합을 명분으로 독자적인 협회를 해체하고 한국게임산업협회(게임협회) 우산으로 들어간 모바일게임업체들 사이에서 협회를 재건하자는 목소리가 심심찮게 나오고 있다. 스마트폰·태블릿PC 등 '스마트 디바이스'와 국경을 초월 글로벌 콘텐츠 유통 채널인 '오픈마켓'의 등장으로 모바일 산업은 급변하고 있는데, 게임협회 내에서 중소 모바일게임업체들의 존재감이 부족한 데 따른 일종의 반발에서 비롯된 결과이다.

역설적으로 모바일게임 협회 부활 움직임을 부추기고 있는 것은 다름아닌 게임협회이다. 모든 게임계를 한데로 묶어도 시원찮을 게임협회가 지나치게 몇몇 메이저 온라인 게임업체 위주로 파행 운영되고 있기 때문임을 결코 부인하기 어렵다. 범 게임계를 아우르는 '통합 협회'를 표방하며 2004년 출범한 게임협회는 본래의 취지를 무색케하며 극히 일부 메이저업체들끼리의 통합만 일궈냈다는 비난으로부터 자유롭지 못하다.

중소 게임업체들 사이에선 게임협회는 '그들만의 리그'로 불리운다. 중소·중견 게임업체들이 비집고 들어가기 어려운 폐쇄적인 구조이며, 특히 모바일게임업체들을 대변하는데 지극히 인색했다. 최근 몇년간 모바일 산업에 막대한 영향을 끼칠 '오픈마켓 자율심의'와 '섯다운제 적용' 등 굵직굵직한 현안이 불거졌지만, 어디에서도 협회의 목소리를 듣기 어려웠다. 모바일 업체들은 게임협회 차원의 지원은 커녕 관심조차 없는 것 같다는 볼멘소리다. 올 상반기 우여곡절 끝에 출범한 '최관호 회장 체제'도 기대가 컸던만큼 실망만 더 큰 지경이다.

협회가 지금까지 모바일 게임 업계에 대해 보여준 결과만 놓고 보면 사실상 '직무유기'에 가깝다. 따라서, 협회의 분열을 막기 위해선 협회 내부에서 방법을 찾아야 한다. 무엇보다 게임계 대표창구란 타이틀에 걸맞은 업계 전반의 공통 애로 사항과 현안에 세심하게 귀기울여 필요한 대안을 내놔야 한다. 지금처럼 일부 메이저 기업들의 논리에 의해 협회 운영과 관심이 특정 집단으로 쏠린다면, 모바일게임협회의 부활을 막을 수 없을 뿐더러 게임협회의 미래도 막막하다.

2011. 08. 27

웹보드게임 규제 신중해야

온라인 웹보드게임에 대한 사회의 시선이 따갑다. 얼마 전 마늘밭에 110억 원이라는 거금을 숨겨뒀다가 적발된 사건을 계기로 온라인 웹보드 게임이 불법적으로 떼돈을 버는 사업으로 인식되고 있기 때문이다.

이 사건으로 인해 정상적으로 웹보드게임을 서비스해 오던 포털들에도 불똥이 튀고 있다. 정부는 행정지침을 통해 게임머니를 불법 환전할 수 없도록 월 구매한도를 개인별로 제한한다는 방침이다. 또 월평균 30만 원까지의 게임 머니 한도액을 선물 등 어떤 방법으로도 초과할 수 없게 강화할 예정이다. 최대 베팅규모를 현행의 4분의 1 이하로 대폭 축소하면서 사행심을 유발할 수 있는 과도한 베팅을 제한한다는 내용도 포함돼 있다.

물론 불법적으로 온라인 고스톱이나 포커를 서비스하며 돈을 벌어들이는 사이트를 적발하는 것은 당연히 해야 할 일이다. 그렇지만 정해진 규범 안에서 영업을 해 오고 있는 포털들에까지 불똥이 튄다면 얘기는 상당히 복잡해 진다.

일례로 정상적인 서비스를 막게 되면 오히려 비정상적인 서비스가 더 커질 수 있다. 이른바 '풍선효과'라 할 수 있다. 정부에서 집창촌을 대대적으로 단속하면서 이 곳에서 영업을 하던 업주들이 일반 주택가로 파고 들어 단속을 더욱 어렵게 한 사례도 있다.

정상정인 온라인 웹보드 게임의 입지가 좁아지면 반대로 불법적인 도박사이트들이 더욱 기승을 부릴 수 있다.

정부에서는 이 점을 보다 신중히 고려해야 할 것이다. 규제도 좋지만 너무 일방적이고 갑작스러운 방법은 택하지 않는 것이 좋다. 그리고 부정적인 현상일수록 제도권 안으로 끌어들이려는 노력이 필요하다.

업계에 따르면 온라인 웹보드게임의 서비스한도까지 현금을 지급하는 유저들은 극히 일부에 지나지 않는다고 한다. 대부분의 유저들은 심심풀이 정도로 즐기고 있다는 것이다. 이를 마치 대부분의 유저들이 한도를 넘길 정도로 웹보드게임에 빠져 있는 것으로 몰고 가선 곤란하다.

업계도 정부의 방침에 대해 일방적으로 반발만 할 것이 아니라 자정 노력과 함께 국민들에게 업계의 입장을 보다 상세히 설명하는 등의 노력을 기울이는 모습을 보여야 할 것이다.

2011. 08. 30

협회장이 외부 영입이라니

지난 봄 게임산업협회는 김기영 회장이 임기를 마친 후 차기 협회장을 맡겠다고 나서는 후임자가 없어 몇 달을 표류해야 했다. 백방으로 수소문을 했지만 아무도 나서는 사람이 없어 결국 네오위즈의 최관호 CEO가 총대를 메는 형국이 됐다.

최 회장은 취임사를 통해 게임산업 이미지 개선을 위한 '공감성장'을 제5기 체제의 비전으로 제시했다. '가족공감'과 '사회공감', '기업공감' 등 3대 목표를 통해 협회를 바꿔나가겠다는 것이다. 하지만 업계의 큰 기대 속에 출범한 최관호號는 이후 이렇다 할 움직임을 보이지 못하고 있다.

왜 이런 모습이 연출되고 있는 것일까. 들려오는 말로는 '회장이 외부영입 인사'이기 때문이라는 것이다. 외부에서 영입을 해왔으니 강하게 책임을 추궁할 수 없다는 것이다. 과거 회장사들은 회비도 더 많이 내고 협회나 회원사들을 위해 희생을 감내하는 모습을 보여온 것이 사실이다. 그런데 최 회장의 경우 게임업체 소속이 아니라는 이유로 그럴 필요까지 있느냐고 하니 답답한 노릇이다.

회장은 외부영입 인사라고 책임을 떠넘기고 회원사들은 회장도 아닌데 왜 내가 해야 하느냐고 책임을 떠넘기는 행태가 벌어지고 있는 것이다. 그야말로 선장이 있다고 해도 영이 서지 않아 배가 표류하고 있는 꼴이다.

회장을 비롯한 이사회가 제대로 역할을 하지 못하면서 하부조직인 운영위원회가 더 큰 힘을 발휘하는 기형적인 형태가 되고 있다. 협회의 주요사안들이 그들의 손에서 좌지우지되는 형국이다. 이래선 협회가 제대로 운영될 수 없다.

게임계는 지금 대내외적으로 많은 어려움과 도전에 직면해 있다. 사회적으로 부정적인 인식이 팽배해 지면서 셧다운제가 시행되는가 하면 포화상태에 직면한 국내 시장에서 중소기업들은 살 수가 없다며 아우성이다. 또 해외에서는 중국이 무서운 속도로 우리를 따라 잡으며 위협하고 있다. 일본과 미국, 유럽 등 해외 진출도 녹록치 않다.

이러한 위기를 극복하기 위해서는 협회 회원사들이 똘똘 뭉쳐 머리를 짜내야 한다. 그런데 때 아니게 외부 영입이라는 이상한 말의 잔치만 요란하니 할말을 잃게 만든다. 지금 상황이 전후 좌우를 따질 상황인가. 모두가 발 벗고 뛰어도 힘든 형국인데 외부 영입이었으니 그냥 할만큼만 하겠다는 것인가.

2011. 09. 02

오픈마켓이 성공하려면

오픈마켓 게임물에 대한 자율심의 제도가 도입된 지 두 달이 넘었지만, 구글·애플 등 글로벌 오픈마켓 사업자들의 반응은 냉랭하기만 하다. 아직도 게임카테고리를 열지 않고 있기 때문이다. 업계는 법이 개정될 때에도 구글과 애플 등 오픈마켓사업자들이 카테고리를 열지 않을 것이라고 우려했었다. 결국 이같은 우려가 현실이 된 것이다.

이 때문에 오픈마켓이 열리기를 애타게 기다려왔던 많은 개발사들이 발만 동동 구르고 있다. 자칫 잘못하다가는 글로벌시장의 흐름에서 낙오되는 일까지 벌어질 수 있다는 목소리가 높다. 물론 이 문제가 무 자르듯 분명하게 결론이 날 수 없는 문제이기는 하다. 국민정서 상 해결해야 할 논쟁거리가 적지 않기 때문이다.

가장 큰 이슈가 되는 것은 휴대폰과 태블릿PC의 구분과 보드게임류의 청소년이용불가 기준 등이다. 또 셧다운제에서 오픈마켓 게임들을 유예시키는 것이 아니라 아예 제외시켜야 한다는 지적도 있다.

구글의 안드로이드마켓과 애플 앱스토어는 스마트폰과 태블릿PC를 모두 아우르는데, 문제는 태블릿이다. 태블릿의 경우 이통사가 서비스하는 3G의 경우 자율심의 대상이지만, 와이파이망은 대상이 아니다. 또 4분기 중에 공식 시행에 들어가는 셧다운제 규정엔 오픈마켓 게임물을 포함한 모바일게임은 시행이 '유예'돼 있지만, 구글과 애플은 '제외'를 바라고 있다.

앞서 거론된 쟁점들은 해결이 쉽지 않은 게 현실이지만 이대로 손을 놓고 있어선 안 된다. 글로벌 시장을 놓고 게임콘텐츠 분야에서 치열한 경쟁이 전개되고 있는 상황에서 잠시 한눈만 팔아도 저 뒤로 밀려날 수밖에 없기 때문이다.

서로 반대되는 입장에서 합의가 어렵다면 정책적인 결단이 필요하다. 글로벌 경제의 흐름에 맡기는 것이다. 규제보다는 시장의 자정기능을 믿고 과감히 열어주는 것도 한 방법이다. 더 늦기 전에 서둘러야 할 것이다.

2011. 09. 20

국회는 게임위 문제를 전향적으로 처리하라

문화부가 지난 9월 입법 예고한 게임산업 진흥에 관한 법률개정안이 최근 국무회의를 통과했다. 이제는 12월에 열리는 국회 본회의에서 개정안이 통과되면 게임물등급위원회의 역할이 달라지고 민간자율심의가 도입된다.

이번 개정안은 게임위를 게임물관리위원회로 변경해 사후관리를 중점적으로 맡기고 민간자율기구를 신설, 12세와 15세 등급을 분류한다는 내용을 담고 있다. 이와 함께 성인용 오락물과 웹보드 게임과 같은 사행성 게임과는 별도로 일반 게임물의 사행성 행위에 대한 법적인 규제 근거를 두게 된다.

그동안 업계에서 오랫동안 염원해 왔던 민간자율심의시대가 열리는 것이다. 그러나 전례에서도 알 수 있듯이 이번 정기국회 통과가 그리 쉽지만은 않을 것으로 예상된다. 한미FTA를 놓고 여야가 첨예하게 대립각을 세우고 있는 등 정치적이 이슈들이 전면에 등장할 가능성이 높기 때문이다. 또 당리당략이나 의원 개개인의 인기유지 차원에서 법의 개정안에 대해 부정적인 입장도 적지 않은 상황이다.

이번 개정안이 통과되지 못할 경우 게임위는 파행운영이 불가피하다. 게임위에 대한 정부의 예산지원이 올해로 끝나기 때문이다. 물론 게임위가 그동안 모든 업무에 있어서 잘 한 것만은 아니다. 그렇다고 대안도 없이 법 개정을 막는 일은 '소탐대실'의 우를 범할 수 있다.

민간자율심의가 제대로 정착할 만한 기반도 마련되지 않은 상황에서 게임위가 제대로 활동할 수 있는 기반도 만들어주지 않고 무조건 반대만 하는 것은 옳지 않다. 먼저 게임위를 게임물감독위로 만들어 놓고 부족한 부분은 단계적으로 고쳐나가는 것이 옳다.

과거에도 민간자율심의를 골자로 한 개정안이 상정됐지만 3년간 계류되다가 결국 무산된 경험도 있다. 이번에는 이러한 전철을 밟아서는 안될 것이다. 여야의원들의 당리당략을 떠나 정치현안에 얽매이지 않는 용단을 기대한다.

업계에서도 국회의 눈치만 볼 것이 아니라 자율심의에 대한 강한 의지를 보여줘야 한다. 지금처럼 미지근한 태도로는 던져준 떡도 제대로 받아먹을 수가 없다. 먼저 업계가 강력한 의지를 보여야 정치인들도 태도를 바꿀 것이다.

2011. 10. 25

셧다운제 이대로 갈 것인가

이달 말 시행을 앞두고 있는 셧다운제에 대해 우려의 목소리가 커지고 있다. 법 시행이 코 앞으로 다가왔지만 세부 법 규정의 미비와 막대한 시스템 비용, 유저들의 일방적인 피해 등이 우려되면서 파행 운영이 불가피할 것이란 지적이 많다.

지금 상태로 법이 시행될 경우 MB정부의 대표적인 실책이 될 것이란 얘기도 흘러나오고 있다. 그 정도로 셧다운제는 허점 투성이다.

이 제도의 가장 큰 문제점은 시행되더라도 실효를 거두기가 어려울 것이란 점이다. 밤 12시 이후에 게임을 즐기는 청소년들이 얼마나 될 것이며 그들을 막는다 해도 부모의 주민등록번호를 도용할 경우 이를 어떻게 막을 것인가도 문제다. 이 때문에 눈 가리고 아웅 하는 수준의 법이 될 것이란 우려의 목소리가 적지 않다.

다음으로는 개인의 자유를 심각하게 침해하는 조항이라는 점이다. 자유민주주의를 기반으로 하고 있는 우리나라가 사회주의 국가에서나 실시할 법한 강제 차단을 시행하는 것을 두고 법학자들이 반발하고 나서면서 헌법소원까지 제기하고 있다. 만약 헌법재판소에서 이 소원이 받아들여질 경우 문화부 뿐만 아니라 여가부도 그 책임에서 벗어날 수 없을 게 분명하다하겠다.

다음으로는 세부적인 조항들이 아직도 만들어지지 않아 업체들이 혼선을 겪으며 우왕좌왕하고 있다는 것이다. 일부 외국 업체에서 청소년뿐만 아니라 모든 사용자가 온라인을 이용할 수 없도록 차단하겠다고 나서는 것도 그 때문이다. 온라인과 모바일, 패키지 게임에 대한 적용기준도 나와 있지 않은 상태다. 또 돈을 주고 구입한 유저들의 게임 아이템을 일방적으로 사용하지 못하도록 금지시키는 것도 문제다.

이처럼 셧다운제는 문제투성이의 법률이다. 그럼에도 불구하고 이대로 시행하겠다면 문화부와 여가부는 그 책임을 담보하겠다는 각오를 보여야 한다. 그렇게 하지 않으면 심각한 역풍을 맞을 수밖에 없다. 지금이라도 늦지 않았다. 부작용을 최소화 하는 길은 다름아닌 셧다운제 시행 방침을 철회하는 길이라는 사실이다.

2011. 10. 31

지스타, 세계 최대 게임쇼 도약의 기회

대한민국이 자랑하는 국제 게임쇼 '지스타 2011'이 10일부터 13일까지 나흘간 항도 부산에서 열린다. 올해로 부산에서만 세번째 치러지는 이번 지스타 열기는 부산의 신흥 중심지 해운대를 뜨겁게 달굴 것으로 보인다. 욱일승천(旭日昇天)하는 지스타의 기세는 올해도 이어질 것이 확실시된다. 지난해에 비해 참가 업체수 등 전시 규모가 20% 이상 늘어난 데다가 출품작들이 그 어느때보다 화려하다. 주최측은 이번 지스타에 사상 최대인 30만 이상이 참관할 것으로 내심 기대하고 있다.

양적 팽창과 함께 질적인 면에서도 눈에 띄게 성장했음을 이번 지스타는 여실히 증명해 보이고 있다. 무엇보다 단순한 전시 위주의 오프라인 이벤트에서 탈피, 출품업체들에게 실질적인 이득을 안겨줄 '비즈니스 매칭'에 무게 중심을 옮기고 있다는 점에 의미가 있다. 셀러와 바이어간의 만남을 유도함으로써 수출 상담과 계약, 친목도모에 기여하는 B2B 중심의 전시회는 글로벌 컨벤션 시장의 새로운 키워드이다.

쇼와 비즈니스, 여기에 문화가 접목된 지스타는 이제 지스타만의 차별화된 색깔을 내기 시작하며 명실상부한 글로벌 게임전시회로 확실하게 자리를 굳히고 있다. 글로벌 패키지 명가들의 참여율을 높이는 문제 등 여전히 2% 과제가 남아있지만 이런 추세라면 세계 3대 게임쇼로 우뚝 설날도 머지 않았다. 상대적으로 경쟁 게임쇼의 분위기가 위축돼 있는 것도 호재라면 호재이다.

미국 E3, 일본 TGS 등 전통의 게임쇼들이 인기 정점을 찍은 지 오래이다. 경기 부진과 금융불안 속에서 대부분의 국제 게임쇼가 상당히 위축돼 있다. 독일 게임스컴만이 그나마 명맥을 유지하고 있으나 유럽 경제위기속에서 내년도 전망은 불투명하다. 매년 20~30%씩 성장하고 있는 지스타의 기세를 감안하면, 수년 내에 양적, 질적인면에서 세계 최고의 게임쇼로 발돋움할 수 있는 절호의 찬스다. 정부와 관련기관이 지스타 흥행과는 별도로 '지스타'란 브랜드의 글로벌 프로모션에 더 많은 지원과 투자를 기울여야하는 이유다.

2011. 11. 14

셧다운제 누가 책임질 것인가

밤 12시부터 16세 미만 청소년들의 게임이용을 금지시키는 이른바 신데렐라법이라고 불리는 셧다운제가 지난 20일부터 시행됐다.

게임계는 이 제도의 시행을 놓고 '바다이야기 사태' 이후 가장 부끄러운 일이라고 가슴을 치고 있다. 이 제도는 시대의 흐름에도 역행할 뿐만 아니라 청소년과 학부모들을 수동적인 관리 대상으로 올려 놓음으로써 국민의 자유권을 심각하게 침해했다는 비난을 받고 있다.

그 정도로 이 제도는 문제도 많고 탈도 많은 것이다. 그런데 정작 게임계에서는 이 제도의 도입에 대해 강력한 제동을 걸고 나서지 못했다. 스스로 껄끄러운 점이 있었던 것인가.

또 한가지는 이 제도를 도입케 만든 책임이 누구에게 있는지 조차 따져 묻지 않고 있었다는 것이다.

그동안 게임계는 셧다운제 시행을 막기 위해 총력을 기울여 왔다. 하지만 그러한 노력이 결국 물거품이 되고 말았다. 그렇다면 이제는 책임 소재를 가리고 역사적으로 치욕으로 기록될 이 문제를 정식으로 논의해 봐야 한다.

두말할 것 없이 그 책임의 중심엔 넥슨이 있다 하겠다. 역설적으로 들릴지 모르겠으나 넥슨의 게임들은 청소년들이 즐기기에 딱 좋은 작품들이다. 일부 작품을 빼면 정서적으로 그렇게 문제가 있는 작품이 아니다.

'메이플스토리' '카트라이더' 등은 어린이들의 천국이라고 불릴 정도다. '서든어택' '던전앤파이터' 등은 논외로 치더라도 이들 작품은 동심을 그대로 담을 수 있는 게임이라고 할 수 있다.

그럼에도 논란의 중심에 서 있는 것은 이런 재미가 도를 지나쳐 중독으로 번지고 있다는 것이다. 더욱이 유저 대부분이 어린이임을 뻔히 알면서도 이 회사는 시도 때도 없이 업그레이드 작업과 이벤트를 벌렸다. 성인도 아닌 분별력이 약한 청소년들에게 끝내는 독이 된 것이다.

넥슨이 지난해 벌어들인 수입 가운데 약 60~70%가 어린이 호주머니에서 나온 돈으로 추정하고 있다. 그동안 청소년들의 게임중독이란 사회의 심층적 논란에 서있지 않은 것만도 기적이다 하겠다.

이에 대해 일각에선 넥슨이 너무 많은 기업을 인수하다보니 자금난을 우려, 드라이브를 걸었던 게 아니냐는 것이다. 또 오너가 아니라 개발자 출신의 경영인이다 보니 그렇게 과속을 한 게 아닌가 하는 시각도 있다.

1차적인 책임은 분명 게임계 전체에 있다 할 것이다. 그러나 사회 분위기를 망각하고 드라이브를 멈추지 않은 넥슨이 그 책임

한가운데 서 있다는 사실은 결코 틀린 말이 아니다.

　게임계는 셧다운제 시행 등 일련의 사태를 자성의 계기로 삼아야 할 것이다. 또한 넥슨은 이 기회를 통해 사회적 책임을 통감해야 한다. 특히 좋은 게임을 가지고 화를 불러온 책임자에 대해서는 당연히 조치를 취해야 한다고 본다.

2011. 11. 22

뚜껑연 셧다운제, 곳곳에 '헛점'

지난 20일부터 본격 시행에 들어간 셧다운제가 초반부터 제도의 효율성 논란에 휩싸이며 삐거덕거리고 있다. 심야시간에 16세 이하 청소년들의 온라인 게임 접속을 강제로 차단, 과몰입을 미연에 방지할 수 있다는 제도 자체의 기본 취지를 무색케할 정도로 곳곳에 구멍 투성이다.

무엇보다 실질 이용자 연령을 확인할 방법이 없기 때문에 청소년들이 보란듯이 부모나 성인 가족의 주민등록번호를 도용할 경우 속수무책이다. 게임계에선 앞으로 유저 평균 연령이 크게 높아질 것이란 결코 웃을 수만은 없는 얘기들이 회자되고 있다. 주민번호 도용을 막을 방법이 없는 것도 문제지만, 해외에 서버를 둔 게임을 이용하는데 특별한 제재를 받지 않는다는 것도 태생적인 헛점이다.

여성가족부측은 이에 따라 1일부터 내년 1월말까지 학부모, 시민단체 등과 함께 넥슨·네오위즈 등 청소년 이용 비중이 높은 50여 개 게임포털 사이트와 100여 개 인터넷 게임을 집중 점검할 예정이지만, 실효를 거두기는 원천적으로 불가능하다. 이미 오래전에 10시 이후 청소년들의 출입을 법으로 제한하고 있는 PC방 외에는 청소년들이 대부분 가정에서 게임을 즐기기 때문에 현실적으로 철저한 본인 인증외에는 대안이 없는데, 본인 인증을 강화하는 일도 한계가 분명하다.

인터넷 상에서 주민번호를 대체하는 개인식별번호, 즉 아이핀(i-PIN)을 의무화하는 것은 개인정보를 상업화할 위험성이 크다는 점에서 결코 대안이 될 수 없다.

시행 초기의 이같은 혼란은 이미 예정된 일이다. 게임업계와 문화연대 등 관련단체들은 그동안 셧다운제의 비효용성에 대해 줄기차게 목소리를 높여왔다. 그런데도 여가부는 뾰족한 대안을 마련하지 않은 채 시행을 강행했다. 여기에 현재 셧다운제가 위헌 소송이 진행중이어서 결과에 따라 법안 자체가 사라진다면, 셧다운제에 도입에 맞춰 기업들이 투입한 관련 비용은 누가 어떻게 책임을 질 지 걱정스럽다. 아무리 '악법도 법'이라지만, 법의 효용성이 현저히 떨어지는 작금의 셧다운제는 '용도폐기'를 진지하게 검토해야할 사안이다.

2011. 11. 30

청소년 아이템 거래 규제 당연하다

온라인 게임을 하면서 얻게 된 아이템을 거래하는 일은 작품 서비스와 동시에 등장한다고 해도 과언이 아니다. 그만큼 역사도 오래됐고 당연한 일로 여겨지고 있다. 그러는 사이에 아이템 거래로 인한 불상사도 숱하게 일어났다.

타인의 계정을 도용하거나 해킹해 아이템을 가져 가는 일도 생겼고 이른 바 작업장을 차려 아이템을 양산해 팔아넘기는 일도 비일비재했다. 이 때문에 아이템 거래가 원활하지 않은 게임은 인기가 없고 고가의 아이템 거래가 가능한 작품은 인기가 올라가는 웃지못할 상황이 연출되기도 했다.

또 일부 게임에서는 목 좋은 사냥터를 차지한 고레벨 유저들이 저레벨이 들어오는 것을 원천적으로 봉쇄하고 자기들만 귀한 아이템을 독식하는 일이 발생하기도 했다.

이같은 문제가 계속되면서 청소년 문제로까지 불거지자 결국 정부가 나서기에 이르렀다. 정부는 게임법 시행령을 개정해 청소년 이용게임에 대해 아이템 거래를 할 수 없도록 할 방침이다. 이 조치에 대해 일부에서는 반발하고 있지만 게임산업을 건강하게 만들기 위해서는 반드시 필요한 조치다. 오히려 늦은 감이 없지 않다.

청소년들이 게임을 즐기는 것은 이를 통해 여가시간을 재미있게 활용하거나 친구들을 만나는 등의 사회활동을 하기 위해서다. 그런데 고가의 아이템을 사기 위해 용돈을 털어야 하고 장시간 노가다를 해야 한다면 주객이 전도된 것이다. 아이템을 얻기 위해 또 아이템을 팔기 위해 게임을 하기 때문이다.

정부의 이번 조치는 극단적으로 비춰질 수 있겠지만 오히려 제자리를 찾아가는 일이라고 환영해야 할 것이다. 그러나 아이템 거래를 계속하기 위해 업체들이 청소년이용가 게임을 18세 이상으로 상향 조정한다거나 카페 등의 공간에서 편법적으로 아이템을 거래하는 일이 벌어질 수도 있다. 이같은 일에 대해서도 적극적인 감시와 관리가 이뤄져야 한다. 그래야 당초의 취지를 살려 소기의 성과를 거둘 수 있을 것이다.

2011. 11. 30

올해 핵심 키워드 '셧다운제'와 '해킹'

2011년 게임산업은 어느해보다 뜨거운 이슈를 많이 양산했다. 본지가 송년 특집호로 마련한 '키워드로 본 2011년 게임산업'을 보면 올 게임시장을 가장 뜨겁게 달군 키워드는 '셧다운제'와 '해킹'으로 나타났다. 무엇보다 1년 내내 전국민적 관심을 모은 단어가 셧다운제다. 10대 초·중반의 어린 청소년들 사이에서도 '셧다운제'란 용어가 마치 보통명사처럼 널리 회자됐다.

16세 이하 청소년들의 심야 게임이용을 강제로 차단하는 것을 골자로하는 속칭 '셧다운제'는 법제화 과정에서부터 논란의 연속이었다. 문화부와 여성가족부 간에 치열한 '밥그릇싸움' 양상으로 전개되며 눈쌀을 찌푸리게했다. 우여곡절 끝에 지난달부터 본격 시행에 들어갔지만, 부모 명의 도용으로 별다른 실효를 거두지 못하며 게임에 대한 인식만 악화시켰다는 비난이 쏟아졌다.

'해킹'이란 단어도 올 게임계를 발칵 뒤집어놓았다. 무려 1300만 명에 달하는 넥슨 '메이플스토리' 유저 정보가 해킹으로 유출돼 세상을 깜짝 놀라게했다. '메이플스토리'는 개인 정보 보호에 대한 인식도가 낮은 10대 청소년 유저 비중이 매우 높은 게임이다. 이런 점에서 당사자인 넥슨은 물론 관련 기업들의 경각심을 불러일으키기에 충분한 사건이다.

'메이플 해킹' 사태를 수습하는 과정에서 여지없이 드러난 넥슨측의 허술한 위기 대처 능력과 부실한 보안 시스템이 여론의 도마위에 올라 집중 포화를 맞았다. 연간 매출 1조 원이 넘는 글로벌 게임기업이라 하기엔 보안 부문에 대한 투자가 매우 취약했음이 만천하에 드러난 것이다.

이처럼 올해 게임계는 유달리 부정적인 키워드들이 많았다. 가뜩이나 게임에 대한 인식이 안좋은 상황을 더욱 악화시켰다는 점에서 안타까움을 금할 길이 없다. 게임은 디지털 콘텐츠의 총아이자 수출 효자이다. 고용 창출 효과가 매우 높다. 그럼에도 사회적 편견과 인식부족으로 홀대를 받고 있다. 내년엔 보다 긍정적인 키워드들이 많이 양산되어 게임에 대한 인식의 대전환이 이뤄지는 뜻 깊은 해가 되길 바란다.

2011. 12. 25

후임 원장 선임은 신중하게

이재웅 한국콘텐츠진흥원장이 임기를 석 달 앞둔 상황에서 전격 사퇴했다. 일부에서는 19대 총선 출마용이란 분석도 있고 일각에서 영구아트센터에 대한 불법 지원문제가 쟁점으로 떠오르자 이를 막기 위해 조기 퇴진했다는 설도 나오고 있다. 이 원장의 사퇴 소식을 접한 게임계는 이미 예상했던 일이라며 '역시나'라는 반응을 보이고 있다. 그 한편에는 큰 실망감이 자리하고 있다.

진흥원이 어떤 곳인가. 지난 99년 한국게임산업을 육성하고자 설립됐던 한국게임종합지원센터는 게임산업의 발전에 발맞추어 한국게임산업개발원으로 다시 한국게임산업진흥원으로 명칭을 변경하며 그 위상도 한층 높아지며 한국콘텐츠산업의 발전을 이끌어 왔다고 할 수 있다.

그런데, 체 10년이 지나지도 못한 상황에서 한국콘텐츠진흥원으로 통합되고 지금에 이르고 있다. 통합이야 시대적 상황이었다고 하더라도 문제는 게임산업이 발전할 수 있는 구심점을 잃어버렸다는 점이다. 게임산업에 종사하는 사람들이 구심점을 잃고 흔들리는 사이에 게임이 성장하면서 자연히 드러나게 되는 타 분야와의 갈등을 해결할 수 없었다는 점이다.

이 전임 원장은 게임에 대해 관심을 보이기는 했으나 정작 산업을 잘 몰랐다고 할 수 있다. 그렇다 보니 시행착오도 많았다.

정부는 후임 원장을 선임하는 데 있어 더욱 신중해야 할 것이다. 게임뿐만 아니라 콘텐츠산업의 전반을 잘 알고 있는 인사가 적임자다. 정치권의 영향력에 의해 낙하산식으로 내려온다면 앞으로 미래의 먹거리를 책임질 콘텐츠산업의 미래는 어두울 수밖에 없다.

산업은 그 생태계를 동시에 아울러야지 단순히 제작이나 유통 한 분야를 지원한다고 하여 육성되는 것은 아니다. 다시 말해 콘텐츠산업의 생태계를 잘 아는 인사가 나와 그 역할을 다해 주었으면 하는 바람이다. 게임산업을 콘텐츠분야의 리딩산업으로 육성할 수 있는 확고한 신념을 가지신 인사가 필요하다. 그래야 게임산업의 발전을 위한 생태계를 공고히 하는 중임을 맡아 새롭게 도약할 수 있다.

2012. 01. 20

선택적 셧다운제 라니

지난 해 말 전격 시행된 셧다운제에 이어 오는 22일부터는 '선택적 셧다운제'가 시행된다. 이 제도의 정착을 위해 6개월 정도 단속이 유예되겠지만 업계에 미치는 영향은 결코 적지 않다할 것이다.

특히 이번 선택적 셧다운제는 중소기업보다는 메이저 업체들을 겨냥한 것이라는 점에서 업계의 대응이 주목된다. 문화부는 중소기업의 게임에 대해서는 이 제도를 적용시키지 않을 방침이다. 그럴 경우 가장 많은 청소년게임을 서비스하고 있는 넥슨 등 일부 업체들이 큰 타격을 받을 것으로 예상된다.

전문가들은 셧다운제와 선택적 셧다운제 모두 자율과 시장개방이라는 경제 흐름에 역행하는 제도라고 지적하고 있다. 그러나 이러한 제도가 왜 나오게 됐는가 하는 배경에 대해서는 언급을 하지 못하고 있다.

셧다운제가 나온 배경은 게임업체들이 돈 벌이에만 급급한 나머지 청소년들을 과몰입으로 몰아가는 현상이 갈수록 심해졌기 때문이다. 스스로 자제하고 너무 나갔다 싶으면 되돌아 올 수도 있어야 했는데 무리수를 둬 가며 매출확대에 매달린 결과 정부가 칼을 뽑아든 것이다.

이같은 분위기를 업계는 잘 파악해야 한다. 그리고 혼자서 대응하기 보다는 모두가 모여 사태의 심각성을 공유하고 함께 대책을 마련해야 한다.

그동안 게임계의 전례로 보아 자기와 직접 관계가 없다면 '나 몰라라' 하는 경우가 대부분이었다. 게임계를 대표한다는 기업들이 모여 만든 게임산업협회가 있지만 셧다운제와 아이템현금거래 금지 등 굵직굵직한 이슈에 대해서는 이렇다 할 영향력을 행사하지 못한 것이 사실이었다.

게임계는 이제라도 상황을 정확히 파악해야 한다. 그렇지 않으면 지금보다 더한 규제책이 나올 수도 있다. 지금 정부와 사회의 여론이 게임에 대해서는 매우 부정적이다. 게임계는 위기의식을 가져야 한다. 그리고 그 책임을 정부나 시민단체에 돌리기보다는 스스로에게서 찾기를 바란다. 그리고 적극적으로 변하는 모습을 보여줘야만 따가운 시선을 피할 수 있을 것이다.

2012. 01. 22

누구를 위한 규제인가

그동안 정부가 게임강국 코리아를 외쳤던 것이 얼마나 공허한 레토릭이었는지가 최근 정부의 게임관련 정책의 행보를 통해서 확인되고 있다.

정부 부처 세 곳이 앞 다투어 연일 게임관련 규제 정책을 자랑스럽게 내보이고 있다. 특정 산업에 대해서 정부 부처들이 이토록 합심해서 규제 정책을 입안하는 것도 이례적이기도 하다. 강제적 셧다운제, 선택적 셧다운제를 넘어 연령별 셧다운제를 운운하고 있는 것으로 보아 앞으로 계층별 셧다운제, 성적별 셧다운제 등 소위 셧다운제 시리즈가 준비되고 있는 것은 아닌지, 나아가 히든카드로 아예 게임이용 자체를 금지하려는 것은 아닌지 의심스럽다.

문제가 있다면 문제를 해결하기 위해 사회적 노력을 기울이는 것은 당연하고 해야 할 일이다. 그런데 문제 발생의 원인을 외면하고 문제적 현상에만 천착하고, 그것도 상식적이지 않은 이유를 그 근거로 삼는 문제 해결 방안은 사회적 낭비라고 봐야 한다.

과몰입 예방을 위한 셧다운제의 실효성에 대한 문제 제기를 외면하고, 학교 폭력의 원인을 게임 탓으로 돌리는 것은 문제를 해결하려는 노력이 아니라 회피하고 책임을 전가시켜 사회적 폭력을 유도하는 것이라 할 일이다. 지금의 게임규제들은 목적을 상실한 채 규제 그 자체를 위해 표류하고 있는 것이라고 밖에는 할 수 없다.

이같은 상황에서는 게임강국 코리아가 아니라 게임규제강국 코리아로 불러야 할 형편이다. 정부가 이참에 게임산업을 말살시킬 생각이 아니라면 이제라도 문제의 원인과 해결 방안에 대해 상식적이고 합리적인 재검토가 이루어져야 할 것이다. 지금의 각종 규제책이 경쟁사회와 디지털시대를 사는 우리 청소년들을 위한 일인가 되돌아 봐야 한다. 도대체 한국형 닌텐도를 부러워했던 그 정부는 지금 어디에 있는가.

2012. 02. 02

'게임과의 전쟁' 과녁이 틀렸다

정부가 '게임과의 전쟁'을 선포했다. 여성가족부에서 '셧다운제'를 만들어서 규제의 활시위를 당기자 교육과학기술부도 지원 사격에 나섰다. 게임업계와 학계에서는 이대로 가다가는 게임이 사회의 암적인 존재로 각인되고 말 것이라는 위기감이 팽배해졌다.

이번 사건의 발단은 '학교 폭력'이었다. 지난 6일 국무총리실은 "학교 폭력, 이제 그만!"이라는 보도자료를 발표했다. 이번 대책은 학교 폭력은 학교에만 맡겨둘 것이 아니라, 우리 사회 전체가 함께 나서서 해결해야 한다는 의지를 보여준 것이다. 문제는 마치 게임이 학교 폭력의 주범이 된 것 같은 대책을 내놓은 것이다.

현안은 학교 폭력 방지와 예방이다. 그러기 위해서는 주요 원인을 제공하고 있는 왕따 문제, 청소년들의 여가 활동을 비롯하여 그들의 행동이 왜 점점 폭력적이 되어가고 있는가에 대한 다각적 검토가 필요하다. 교과부는 게임과 학교 폭력의 연관성이 높다는 것을 주장하기 위해 '한국 청소년의 평균 게임 이용 시간은 46분인 반면, 핀란드는 10분에 그친다'며, 학교 폭력이 한국에서 심한 이유를 게임 시간이 너무 길기 때문이라고 주장했다. 물론 인용된 데이터도 틀렸다는 것이 이미 밝혀졌지만, 더 큰 문제는 명백한 논리의 오류이다. 게임을 많이 했다고 해서 학교 폭력이 많다는 것은 인과관계도 아니며, 상관관계가 높다는 것을 의미하지도 않는다.

최근 선진국들은 학교 교육의 게임의 재미와 집중력 등의 장점을 활용하는 교육의 게임화 프로젝트를 추진하고 있다는데, 우리는 그저 게임을 악의 축으로만 몰고 가고 있다. 편향된 사고로 시작된 마녀사냥의 축제는 이제 막을 내려야 한다. 게임에 대한 사회적 편견을 타파하기 위해서 게임의 장단점을 잘 알릴 필요가 있다. 미국 백안관에서는 교육에 활용하고자 게임의 장점에 대해 공부하고 있다고 한다. 정부는 더 이상 과녁도 아닌 곳을 향해 활시위를 당기지 말아야 한다.

2012. 02. 14

게임규제 홍수, 실효성이 있나?

게임산업을 미래성장산업이라고 하던 정부가 지금은 공해산업, 마약이라고까지 깎아내리고 있다. 이렇게 게임을 바라보는 관점이 급변한데는 사회 문제, 특히 청소년문제의 직접적 원인으로 게임을 지목하고 있기 때문이다. 그런데 여기엔 두 가지 의문이 제기된다.

첫째는 정말 게임이 원인인가 하는 것이다. 많은 전문가들은 청소년문제의 직접적 원인이 게임이 아닐 뿐만 아니라 오히려 보다 근본적인 한국 청소년의 환경을 이해하지 않은 무책임한 정책이라고 한다. 학교폭력만 하더라도 게임을 마녀사냥식으로 규제할 것이 아니라 우리 청소년들의 삶에 대해 보다 주의를 기울여야 한다고 지적하고 있다. 이러한 의견들을 무시한 채 게임규제만을 강화하는 정책은 그 시작부터 잘못된 것이다.

둘째는 지금의 게임규제가 과연 실효성이 있는가하는 문제이다. 셧다운제 시행에 앞서서도 전문가 뿐만 아니라 학부모, 청소년까지도 셧다운제의 실효성이 사실상 거의 없을 것이라고 지적했고, 해외에서까지도 오히려 다른 부정적 현상을 유발할 것이라고 했다. 셧다운제 시행 100일 이후 대부분의 언론에서도 셧다운제의 실효성이 없다고 지적했다. 특히 개인정보 수집을 전제로 하는 셧다운제는 개인정보 수집을 제한하는 정책적 흐름과도 배치된다.

게임규제의 근거도 미약하고, 게다가 실효성도 없다면 하지 않는 것이 바람직하다. 규제에 모든 책임을 맡기는 것이 아니라 지금이라도 가정과 학교에서 게임, 인터넷 등 뉴미디어에 대한 리터러시 교육을 하는 것이 우리의 미래를 위해 필요한 일이다.

2012. 03. 01

정부 정책방향 제대로 짜라

게임계가 극심한 성장통에 시달리고 있다. 산업 규모는 비약적으로 발전하고 있는 데 이들 기업 마인드는 변하지 않고, 정부 역시 탁상공론에서나 나올 법한 각종 규제로 게임계를 옭아매고 있다.

이대로 가다가는 성장에 브레이크가 걸리면서 회복 불능의 늪으로 빠져들지 않을까 하는 우려의 목소리가 높아지고 있다.

게임산업에 대한 정부와 사회의 질타가 이어지고 있다. 과거에는 주무부처인 문화체육관광부만 게임산업에 관심을 보였다면 최근에는 여성가족부에 이어 교육과학기술부까지 나서 규제의 채찍을 들이대고 있다.

이렇게 된 데에는 많은 원인이 있겠지만 산업육성과 규제라는 양 날의 칼이 제 역할을 하지 못한 것이 가장 큰 요인으로 지적된다. 지금 문제가 되고 있는 온라인게임의 과몰입과 폭력성의 경우 문화부가 그동안 산업육성에만 힘을 실어주다 보니 업계의 덩치는 커졌지만 그에 걸맞은 행동을 하지 못하고 있다는 것이다.

이에따라 게임산업을 바라보는 정부의 정책을 근본적으로 재검토해야 한다는 목소리가 높아지고 있다. 특히 성인용 게임과 청소년용 게임을 나눠 성인용의 경우 더 많은 규제를 풀고 청소년용의 경우는 더 타이트한 관리가 필요하다는 지적이다.

지금 문제가 되고 있는 게임들은 넥슨의 '메이플스토리' '서든어택' 등 주로 청소년들이 이용하고 있는 작품들이다. 청소년들이 게임을 할 때 심야시간에 접속을 할 수 없도록 한다거나 중간 중간 게임을 멈추게 하겠다는 것이 그 골자다. 또 일부에서는 영화진흥기금 처럼 게임업체들로부터 기금을 출연토록 해야 한다는 주장도 나오고 있다.

업계에서는 '말도 안된다'며 반발하고 있지만 사회 분위기는 '잘한다'고 박수를 치고 있다. 어떻게 이 지경에 까지 이르렀는지 업계는 물론 정부 관계자들도 고심하고 또 반성해야 할 것이다.

2012. 03. 14

문화정책 새 부대에 새 술을

새 술을 담을 새 부대가 생겼다. 지난 9일에 문화콘텐츠진흥원의 새로운 수장으로 홍상규 원장이 취임하였다. 지난 2월 22일 취임한 백화종 게임물등급위원회 위원장과 3월 9일 임명된 박순태 문화콘텐츠산업실장까지 합류하여 한국의 게임산업 정책을 실질적으로 지휘할 수 있는 야전사령부가 새로이 구성된 것이다. 우선 축하한다고 말하고 싶다. 그 동안 문화부나 진흥원이 잘했고 못했고를 떠나 새로운 인물이 온 것에 대해 축하하는 것은 한국인의 미덕이다.

지난해부터 시작된 게임산업에 대한 폭력성 논란에서 이번 새 지휘부의 구성은 중요성을 가지고 있다. 이 소용돌이 속에서 문화부와 진흥원은 규제와 진흥이라는 칼과 방패를 제대로 사용하지 못했다. 심의기능이 민간으로 이양되는 과정에서 게임위는 엄청난 혼란을 겪고 있으며, 산업 진흥에는 거의 손을 놓고 있다. 이 상황을 보면서 업계 일부에서는 문화부 무용론을 펼치기도 한다. 이런 시선을 불식시키기 위해서라도 문화부는 좀 더 적극적으로 사태의 수습과 재발방지에 나서야 한다.

특히 게임의 순기능 정책은 각별하게 신경 써야 할 부분이다. 문화부는 G러닝 연구학교와 같이 자신이 축적한 성과조차도 이번 폭력성 논란에서 제대로 활용하지 못했다. 게임이 학습에 방해되는 것이 아니라 오히려 성적향상에 도움이 된다는 결과를 도출해 낸 것이 G러닝 연구학교이다.

게임중독 논란에 대해 치료센터를 강조해 보아야 '게임이 중독자를 양산한다'는 비난을 정당화시킬 뿐이다. 강원랜드가 아무리 도박치료센터를 설치하고 치료해 본다고 카지노가 도박이 아니라고 누가 말할 수 있겠는가? 게임중독이나 폭력성에 대한 논란은 게임의 순기능에 대한 적극적인 정책으로 돌파해 나가야 한다. 이점에서 새로운 지휘부는 과거의 문화부와 거리를 둘 필요가 있다.

2012. 03. 22

신작들의 선전을 기대한다

매섭던 추위도 한풀 꺾여 이제는 완연한 봄 기운을 느낄 정도다. 봄은 만물이 소생하는 계절이다. 게임계도 봄을 맞아 모처럼 많은 기대작들이 유저들에게 선보이기 위해 막바지 개발이 한창이다.

엔씨소프트의 '블레이드앤소울'을 비롯해 엠게임의 '열혈강호2' 블리자드코리아의 '디아블로3' 등 오래전부터 유저들이 기다려온 작품들이 이르면 상반기에, 늦으면 하반기에 유저들에게 모습을 드러낼 예정이다. 이들 작품은 국내 업체들이 직접 개발했거나 해외에서 개발된 작품들로 다양하다.

이제 국내 시장도 국산만을 고집할 수 없는 상황이기 때문에 외국산 작품을 들여와 서비스하는 것에 대한 거부감도 많이 줄어들었다. 어쨌든 새로운 작품들이 시장에 선보인다는 것은 여러 면에서 환영할 만한 일이다.

유저 입장에서는 그동안 목마르게 기다려 왔던 개성 넘치는 작품들을 즐길 수 있으니 좋은 일이고 업계의 입장에서는 기존 유저뿐만 아니라 새로운 유저들이 유입될 수 있어 시장 파이를 키우니 좋은 일이다.

그동안 국내 온라인게임 시장은 몇몇 인기작품들이 수년간 시장을 장악해 오면서 '신작들의 무덤'이라는 어두운 그림자를 드리우고 있었다. 이렇다 보니 기존 인기작들은 매출확대를 위해 과도한 이벤트를 실시하거나 청소년들의 과몰입을 조장하는 등 부작용도 적지 않았다.

그렇다 보니 참신한 작품을 찾아보기도 힘들었다. 하지만 이번에 등장하는 신작들은 저마다 개성과 독창성을 앞세우고 있어 기대를 갖게 한다. 물론 뚜껑을 열어봐야 알겠지만 유저들의 눈은 냉정하다는 것을 명심해야 할 것이다.

세계 최고 수준을 자랑하는 한국 온라인게임 유저들은 다른 작품을 모방하거나 적당히 포장해서 시선을 모으려는 작품에 대해서는 단호하게 대응한다. 이러니 업체들도 서비스 이후에 후회를 남기지 않기 위해서는 다양성과 창의성, 그리고 완성도를 높이는 데 주력해야 할 것이다.

2012. 03. 22

게임에 대한 편견이 문제

최근 '제1회 게임 편견 타파 컨퍼런스'가 상명대 밀레니엄관에서 230여명의 청중이 참석한 가운데 열렸다. 이번 행사는 최근 정부의 과잉규제와 게임의 부정적인 측면만 조명하는 사회 일각의 편견을 바로잡고 게임에 관한 올바른 이해를 통해 건전한 게임문화를 정착시키자는 취지로 민간 차원에서 자발적으로 준비된 행사라서 그 의미가 더 컸다고 할 수 있다.

이 행사는 셧다운제, 쿨링오프제 등 최근 여성가족부와 교육과학기술부가 추진하고 있는 게임에 대한 규제정책과 게임의 유해성을 강조한 일부 언론들의 보도에서 드러난 게임의 부정적인 시각에 대해 게임의 장점과 효용 등을 학술적 연구사례와 실질적인 대안의 제시, 그리고 어떻게 맞서나갈 것인가라는 구체적 방법론의 제시까지 다양한 시각에서 준비됐다.

이 행사는 특정한 단체의 주도가 아니라 SNS에서 게임에 대한 잘못된 인식과 편견에 대해 뜻을 같이 하는 유저, 게임업계 종사자, 게임 연구자를 비롯해 게임을 좋아하는 시민들이 자발적으로 기획하고 준비했다. 행사의 형식도 미국에서 태동된 TED(Technolgy, Entertainment and Design) 행사와 같이 자유로운 발표 형식과 참석한 청중들이 즉석에서 패널로 나와서 토론하는 형식을 갖췄다.

주말인데도 불구하고 행사장을 꽉 채운 청중들은 매우 보람 있는 행사였다며 이런 행사가 계속될 수 있기를 바란다는 후기를 올렸다.

지금 사회에서는 마치 게임을 사회의 악과 동일시하는 '마녀사냥'이 자행되고 있다. 이를 극복하기 위해서는 학계와 시민들 뿐만 아니라 업계에서도 적극적으로 노력하는 모습을 보여줘야 할 것이다. 보여주기 위한 행사나 생색내기식의 나눔은 오히려 역효과만을 낼 뿐이다.

지금과 같은 편견이 성장통이라면 이제는 넘어서야 한다. 이제부터라도 심도있는 연구를 통해 올바른 정책을 입안하고, 게임의 긍정적인 장점을 적극적으로 활용해 좀 더 나은 세상, 좀 더 행복한 사회를 만들어 가는 데 노력을 기울여야 할 것이다.

2012. 04. 04

일본의 재공습을 경계한다

게임분야에 있어서는 미국이나 일본이 워낙 강국이다 보니 우리나라 게임산업은 그동안 우리와 지리적으로 가까운 일본게임에서도 배우며 성장했고 또 일본시장을 공략하기 위해 노력하기도 했다. 하지만 그것은 콘솔게임의 시대의 이야기라고 할 수 있다. 일본문화를 개방할 때만 해도 우리나라 게임업계는 걱정이 앞섰다. 그러면서도 한편으로는 일본으로 진출하기 위한 기회로 활용하기도 했지만 그 결과는 그리 신통치 못했다.

하지만 콘솔게임의 시대가 온라인게임의 시대로 변화하는 2000년대 들어서면서 상황은 달라졌다. 콘솔게임에서 실패한 것을 온라인게임에서 만회라도 하려는 듯이 무서운 기세로 국내게임시장은 성장하기 시작했다. 이제 온라인게임 분야는 세계 1위라고 할 정도로 성장했다. 온라인게임은 IT기술력과 온라인에 적합한 콘텐츠를 만들어 냄으로서 가능했고 또한 온라인 유저들의 입맛에 맞는 서비스로 시장을 키워나갔으며, 전세계로 수출하는 저력을 과시하기도 하였다.

그런데 지금 상황은 또 온라인게임에만 머물 수 없는 시대가 됐다. 스마트폰이 대중화되면서 스마트폰 시장이 급격히 성장하고 있기 때문이다. 이런 상황에 맞추어 외국기업들도 국내시장에 적극 진출하고 있다. 특히 일본기업들이 최근에 들어와서 급격하게 성장하는 모습을 보이고 있다. 일본이 갑자기 주목을 받으며 성장할 수 있는 이유는 콘텐츠의 힘일 것이다. 우리는 그간 IT기술과 발 빠른 서비스로 스마트폰 시상에 접근하면서 초기 시장을 석권했지만 이제 유저들은 단순한 기술력과 서비스에만 만족하지는 못하는 시점이 다가왔다. 유저들에 맞는 콘텐츠가 필요하다는 것이다.

일본기업들은 과거에 개발해 인기를 얻었던 수많은 유명 콘텐츠를 보유하고 있다. 이 게임들이 다시 스마트폰게임으로 부활하고 있는 것이다. 이 시점에서 우리 게임업계는 어떻게 대응해야 할 것인가를 서둘러 모색해야 한다.

일본 업체들이 뛰어난 퀄리티와 재미 요소로 우리나라의 스마트폰 게임 유저들을 사로잡는다면 안방을 내주는 결과가 나올 수도 있다. 더 늦기 전에 일본 업체들과 대결할 수 있는 우리만의 콘텐츠를 개발하고 퀄리티를 높이는 노력을 게을리 하지 말아야 할 것이다.

2012. 05. 15

확률형 아이템 자발적 정화 필요

최근 '누구나 게임을 한다'라는 책에서 맥고니걸은 게임은 우리 인류의 삶을 행복하게 해주고, 더 나은 미래를 위해 필요하다고 역설했다. 세계적으로 게임화의 적용 사례가 큰 이슈가 되고 있기도 하다. 게임화란 게임이 아닌 분야에서 게임 디자인 요소를 사용하고 어떤 활동을 더 재미있고 참여하게 만드는 것을 의미한다.

그러나 사회에는 늘 빛과 그림자가 공존하듯이 한국에서는 여전히 게임의 긍정적인 측면을 찾아내 적극적으로 활용하려는 노력보다 부정적인 측면을 악용해 돈벌이에 이용하려는 경향이 많이 남아있다. 과거 바다이야기 사태, 과도한 아이템 현금거래, 고포류(고스톱, 포커 같은 웹보드 게임류)의 사이버 머니 환전이 그랬다.

최근 정부 차원에서 게임의 사행성에 문제에 있다고 판단하고 규제를 강화할 움직임을 보이고 있다. 이는 최근 문화체육관광부와 게임물등급위원회에 게임의 사행성 관련 민원이 많은 것에 기인한다. 민원의 대부분은 고포류의 사이버 머니 충전과 온라인 게임의 확률형 아이템의 사행성에 관련된 것들이다. 실제로 온라인 게임개발사들 중 일부는 확률형 아이템의 기획 단계에서 청소년 게이머의 기대심리와 보상심리를 과도하게 부풀려 판매를 극대화하려는 경우가 많다.

전형적인 확률형 게임인 파친코가 성행 중인 일본에서는 엄격한 잣대를 적용하여 관리하고 있다. 또한 사행성 면에서 규제가 느슨했던 일본이 최근 SNG(소셜 네트워크 게임)에 청소년들의 과다 지출이 증가하면서 사회 전반적인 우려의 목소리가 나오자, 업계가 스스로 나서 SNG를 이용하는 청소년의 월결제 한도를 제한하고 현금거래를 차단하는 자율규제안을 마련키로 했다고 한다. 정부의 규제에 앞서 스스로 자정에 나선 것이다.

게임은 규칙과 운이 최적의 균형을 이룰 때 보다 재미있는 게임으로 탄생한다. 게임은 재미를 주는 것만으로도 충분한 비즈니스가 된다는 것을 닌텐도는 잘 보여주어 왔다. 게임의 부정적인 측면을 악용하지 않으면서도 재미있는 게임으로 우리에게 즐거움을 선사할 게임을 우리는 간절히 바라고 있다. 규제를 탓하기 전에 자정 노력을 했는지 생각해볼 때이다.

2012. 05. 23

'선택적 셧다운제' 中企에 큰 부담

이번 달 시범운영을 거쳐 다음 달에 시행에 들어가는 선택적 셧다운제는 사용자의 보무가 게임 이용 시간을 관리할 수 있는 제도다. 부모가 게임업체에 연락하면 자녀의 게임시간과 아이템 결제 내역 등을 확인할 수도 있고, 직접 게임시간을 정해주는 것도 가능해진다. 이제 청소년의 게임 중독을 위해서 게임산업의 주무부처인 문화부도 나선 것이다.

우리나라의 청소년들에게 놀거리는 절대적으로 부족하다. 게다가 무한 경쟁에 내몰린 청소년들에게 스트레스를 풀만한 방법이 많지 않다. 청소년의 사망 원인 중 가장 높은 것이 자살이라고 한다. 이것은 비단 게임의 문제가 아니라 사회적 문제인 것이다.

게임업체들은 자신들의 이익을 극대화하기 위해 보상에 작용하는 청소년들의 뇌를 노린다. 즉 중독적으로 게임에 몰입하게 하기 위해 온갖 수단을 가리지 않는다. 과연 이 모든 사건과 현상들은 게임산업의 발전 단계에서 당연히 거쳐가야 할 단계인가.

그렇지 않다. 닌텐도는 예전부터 지금까지 인간의 심리를 꿰뚫어 보고 인간의 호기심을 자극하고 반응능력을 활용하게 하는 건전한 게임만으로도 충분히 게임산업에서 세계적인 우위를 지켜왔다.

과거에 미국에서 마약 소비가 성행할 때, 미국은 우선 소비를 막기 위해 내부를 단속했으며, 그 다음에는 해안경비대를 강화하여 중남미로부터 들어오는 유통 경로를 막았고, 마지막 단계에는 중남미 지역에서 아예 생산을 하지 못하게 하는 다양한 정책을 취했다. 하지만 여전히 마약은 미국이 해결해야 할 과제로 남아 있다.

미국의 대 마약전쟁은 한국의 온라인 게임 중독을 해결하는 방법에 반면교사로 삼아야 한다.

우리나라에서의 온라인 게임은 마치 마약과 같이 취급되어 공급을 막고, 부모가 이용시간을 관리하게 하는 등의 다양한 조치를 취하는 단계에 있다. 하지만 실효성에 대해서는 의문이 들 수밖에 없다. 벌써부터 인터넷에는 선택적 셧다운제를 피해가는 요령 등이 나돌고 있다. 한편 이 제도는 영세한 게임업계 중소기업들에게 악재로 작용할 수도 있다. 게임산업을 육성하기 위해서는 이에 대한 반대급부, 즉 별도의 중소기업 지원도 병행할 필요가 있다.

우리 속담에 '빈대 잡으려다 초가삼간 다 태운다'는 말이 있다. 게임 중독 하나만 바라보지 말고, 이것을 사회적 문제로 인식하여 학부모, 교사, 학생들이 다 같이 나서서 해결해 나가야 할 것이다.

2012. 06. 22

자율심의기구 철저한 준비를

문화부가 청소년 게임에 대한 등급분류를 담당할 자율심의기구를 모집에 들어갔다. 문화부는 내달 9일까지 전체이용가와 12세 이용가, 15세 이용가 등 청소년 게임에 대한 등급분류를 담당할 수탁 기관을 모집키로 했다.

청소년게임의 민간자율심의는 그동안 업계에서 강력하게 주장해왔던 숙원사업이다. 이 숙원사업이 마침내 이뤄지게 된 것이다. 하지만 지금 협회의 사정으로 봤을 때 자율심의기구의 설립이 순조롭게 이루어질 수 있을 지는 의문이다. 또 설립이 된다 해도 그 이후 원활한 운영이 이루어질 지도 염려스럽다.

자율심의기구를 출범시키기 위해서는 돈만 있어서 되는 일이 아니다. 이 분야의 전문인력이 반드시 필요하다. 그런데 국내에서는 게임등급과 관련된 전문인력이 거의 없다. 있다고 해도 대부분 게임물등급위원회에 속해 있다. 이 때문에 인력수급 문제를 어떻게 풀어갈 것인가가 가장 중요한 문제가 될 것으로 보인다.

또 인력 못지 않게 자율심의기구를 운영할 수 있는 충분한 자금도 필요하다. 현재까지 자율심의기구를 만들겠다는 의사를 표시한 곳은 게임산업협회가 유일하다. 그런데 지금 협회가 자율심의기구를 설립하기에는 추진동력이 너무 미약하다는 지적이 나오고 있다.

협회장의 주도 아래 강력한 리더십을 발휘해야 하는데 현 집행부의 리더십이 그렇지가 못하다는 것이다. 이 이유는 몇몇 메이저 업체들 임원들의 목소리에 의해 협회가 끌려다니고 있기 때문이다. 이래선 안된다. 어렵게 찾아온 기회를 살려서 대외적으로도 강하게 움직이는 모습을 보여줘야 한다.

지금 게임업계는 위기상황에 몰려 있다. 정부와 사회의 부정적인 시선이 갈수록 강해지는가 하면 규제책도 늘어나고 있다.

산업은 레드오션에 진입해 갈수록 성장세가 둔화되고 있으며 외국산 게임들의 국내시장 공략이 한층 거세지고 있다. 중소기업과 메이저 간의 격차가 더욱 벌어지면서 양극화가 극심한 상황이다.

이러한 위기를 정면 돌파하려면 협회를 중심으로 메이저 업체들이 각사의 이익보다는 산업 전체를 위해 솔선수범하는 모습을 보여줘야 한다.

이번 자율심의기구 설립은 협회의 현주소를 가늠해 볼 수 있는 시험무대가 될 것이다. 이 문제를 잘 해결해 나간다면 다시한번 게임업계가 힘을 합쳐 시련을 극복해 나갈 수 있는 힘을 얻을 수 있을 것이다.

2012. 07. 23

문방위 의원들의 게임 인식

19회 국회가 본격적인 활동에 들어갔다. 이번 19대 문화체육관광방송통신위원회 소속 국회의원들은 게임에 대해 어떤 인식을 갖고 있을까. 많은 사람들이 궁금해 하고 있다.

더게임스는 이러한 독자 궁금증을 풀어주기 위해 문방위원들을 대상으로 게임에 대한 인식을 알아보는 설문조사를 실시했다. 그동안 국회는 게임에 대해서는 유독 보수적이고 부정적인 입장을 보여 왔다. 그래서 큰 기대는 하지 않았지만 그 결과는 '역시나'였다.

이번 인식 조사 결과 문방위 의원들은 게임산업에 대해 매우 부정적인 인식을 갖고 있는 것으로 나타났다.

'게임이 학교 폭력에 영향을 준다고 생각하십니까'라는 질문에 응답자의 83.3%가 '어느 정도 영향을 준다'고 답했으며 '상당한 영향을 준다'는 8.3%로 전체의 91.6%가 영향을 준다고 생각하는 것으로 나타났다. 반면 '전혀 영향을 주지 않는다'는 응답은 8.3%에 그쳤다.

'게임중독'이란 용어를 어떻게 보는가를 묻는 질문에 대해서도 더욱 심각한 모습을 보였다. 응답자의 16.6%가 '게임은 마약과 같이 강한 중독성을 갖고 있다'고 답했으며 '어느 정도 중독성이 있다'는 응답이 83.4%로 100%가 게임이 중독성을 갖고 있다고 응답했다. 반면 '중독성이 전혀 없다'고 응답한 경우는 한 건도 없었다.

이 두 문항만 보아도 문방위원들이 게임을 어떻게 생각하고 있는가를 단적으로 알 수 있다. 그야말로 '게임은 폭력적이고 강한 중독성을 갖고 있다'는 것이다. 물론 이러한 인식은 국회의원들뿐만 아니라 일반 국민들도 마찬가지 일 것이다.

하지만 나라의 정책을 감시하고 새로운 길을 제시해야 할 국회의원들이 이렇게 생각하고 있다는 것은 앞으로도 게임산업이 험난한 길을 갈 수 밖에 없을 것이라는 점을 예고하고 있다. 참으로 암울한 현실이다.

이렇게 된 데에는 의원들의 노력이 부족한 탓도 있겠지만 업계에서 보다 적극적으로 산업을 알리고 긍정적인 면을 부각시키기 위한 노력을 게을리 했기 때문이라는 자기반성이 먼저 있어야 할 것이다. 게임업계는 그동안 너무나 이기적이었다. 이제부터라도 더 늦기 전에 사회에 기여하고 정치에 관심을 두는 쪽으로 방향을 돌려야 한다.

다음 20대 국회 문방위원들의 인식조사에서도 똑같은 결과가 나오지 않도록 하기 위해서는 업계가 먼저 변해야 한다.

2012. 08. 02

균형 잡힌 정책운용이 아쉽다

게임업계가 유래를 찾아볼 수 없는 경기침체의 위기에 봉착해 있다. 매년 20~30%씩 성장해 오던 온라인게임 시장이 급격히 위축되고 있다. 여기에 넥슨 등 한 두 곳을 제외한 메이저 업체 대부분이 매출감소와 채산성 악화라는 최악의 상황에 직면해 있다.

이렇게 된 데에는 많은 요인이 영향을 미쳤겠지만 정부 규제와 진흥책이 적절히 이뤄지지 않음으로써 발생한 정책운용의 실패 때문이라고 볼 수 있다. 한 쪽을 규제하면 다른 쪽은 풀어줘야 하는데 이러한 균형 잡힌 정책을 운용하지 못했다는 것이다.

정부는 지금도 온라인게임에 대한 월 결재한도를 규정해 놓고 있다. 청소년의 경우 7만 원, 고포류 게임 30만 원, 성인용 게임 50만 원 등으로 정해져 있다. 물론 한달 동안 이 금액을 꽉 채워서 게임을 즐기는 사람은 극히 일부에 지나지 않다. 그럼에도 불구하고 이렇게 결재한도를 규정한다는 것 자체가 게임을 그만큼 부정적이고 사행적인 것으로 본다는 것을 의미한다.

또 아케이드게임에 대해서도 여전히 손발을 꽁꽁 묶어놓고 있어 우리나라 게임산업이 기형적으로 발전하도록 만들고 있다.

청소년게임의 경우 주관적인 판단이 어려운 어린이들인 만큼 규제를 강화하는 것은 어느 정도 용납될 수 있다고 본다. 하지만 성인에 대해서는 그만큼 자율을 보장해주는 것이 형평성의 원리에도 맞다.

아이러니컬하게도 우리 온라인게임 산업은 정부가 아무런 관심도 없는 가운데 눈부시게 발전했다. 산업 규모가 커지면서 뒤늦게 정부가 나서 지원과 규제를 시작했지만 아직도 업계에서는 '차라리 그냥 놔둬라. 그러면 우리가 알아서 잘 해 갈것'이라는 주장이 자주 나온다.

이러한 방향이야 말로 지금 우리 게임업계에 가장 절실하게 필요한 산업육성 정책방향이라고 볼 수 있다. 게임시장을 엄격히 통제할 것이 아니라 풀어주고 자율에 맡겨 스스로 시행착오를 통해 성장하고 더욱 새로운 모습으로 진화할 수 있도록 하는 것이 치열할 글로벌 경쟁시대에 살아남는 방법이다.

2012. 09. 11

자율심의기구 무산 누구의 책임인가

오랜 업계의 숙원사업인 민간 자율심의기구 선정이 무산됐다. 문화체육관광부는 지난 달 29일 게임문화재단이 제출한 민간 등급분류 수탁기관 신청서를 심의한 결과 서류 내용이 부실해 이를 반려하고 2차 공고를 내겠다고 밝혔다. 이로 인해 당초 8월 말 선정 작업을 마치고 준비과정을 거쳐 내년부터 활동에 들어갈 예정이던 민간 자율심의기구의 활동은 차질이 불가피하게 됐다.

문화부의 발표대로라면 그야말로 문화재단은 업계의 공분을 살수밖에 없다. 문화재단은 게임업체들이 기금을 출연해서 설립한 단체다. 그러므로 누구보다 게임산업의 발전을 위해 노력해야 할 의무가 있다. 그런데 어렵게 찾아온 기회를 준비 미비로 인해 놓쳐버렸다면 비난을 피할 수 없게 된 것이다.

그러나 게임재단의 뒤에는 게임산업협회가 자리를 잡고 있다. 재단은 협회의 눈치를 볼 수 밖에 없고 협회의 입김에 의해 사업을 추진해야 하는 구조를 갖고 있다. 결국 그동안 자율심의기구를 만들겠다고 큰소리를 쳐 왔지만 협회도 재단도 말만 요란했을 뿐 최선을 다하지 않았다는 것이다.

또 문화부도 이번 사태의 책임에서 자유로울 수 없다. 일부에서는 문화부가 제대로 된 가이드라인을 주지 못했기 때문에 업계에서 준비 작업을 정확히 하지 못했다며 문화부 쪽에 책임을 돌리는 주장도 나오고 있다.

지금에 와서 이번 자율심의기구 선정 무산에 대한 책임이 누구에게 있는가를 따지는 것은 어쩌면 '사후약방문'에 불과할 수 있다. 그러나 철저한 원인과 책임을 물은 이후라야 다음 단계로 제대로 넘어갈 수 있다. 문화재단의 잘못이라면 그 잘못을 보완하고 문화부의 잘못이라면 서둘러 제도를 개선해야 한다.

이제부터라도 보다 철저히 준비를 해 내년으로 예정된 민간 자율심의기구 출범 일정에 차질이 없도록 해야 할 것이다.

2012. 09. 14

신현택 문화재단 이사장의 과제

게임문화재단의 이사장이 바뀌었다. 김종민 전 이사장이 물러나고 신현택씨가 새 이사장에 선임됐다. 그는 문화부 기획실장을 거쳐 여성가족부 초대 차관을 지낸 고위 공무원 출신이다. 전임 이사장이 문화부 장관을 지냈으니 문화재단 이사장은 두 번에 걸쳐 공무원을 대표얼굴로 내세운 셈이다.

이렇게 고위 공무원 출신이 이사장을 맡다 보니 좋은 점도 있겠지만 아쉬운 점도 많을 것이다. 무엇보다 게임업계의 현안을 좀 더 세심하게 관찰하고 강력한 드라이브를 걸기에는 한계가 있다. 이 때문에 전임 김 이사장 시절 주요 사업들이 메이저 게임업체들의 입김에 의해 좌지우지됐던 것도 잘 알려진 사실이다. 이 때문에 재단은 주도적으로 사업을 추진하기 보다는 정부와 업계의 눈치를 보며 어정쩡한 자세로 일관해 왔다. 한 마디로 남들에게 보여주기 위한 사업이 대부분이었다는 얘기다.

또 가장 중요한 현안이었던 자율심의기구 마저도 서류미비로 인해 재응모를 해야 하는 지경에 이르렀다. 물론 문화부도 분명한 가이드라인을 제시하지 못했다는 지적을 받고 있으나 어쨌거나 서류심사에서 탈락한 것은 변명의 여지가 없다.

신 이사장은 전임 이사장들의 부족했던 점들을 되풀이 하지 말아야 할 것이다. 그러기 위해서는 무엇보다 재단의 독립성과 중립성이 확보돼야 한다. 게임업계나 게임산업협회, 그리고 문화부의 눈치를 보지 않고 사업들을 기획하고 추진해 나가야 한다.

그렇기 위해서는 신 이사장의 강력한 리더십이 요구된다. 공무원들의 문제점으로 지적되고 있는 보수적이고 무사안일주의적인 마인드를 그대로 갖고 있다면 업계로서도 참 불행한 일이 아닐 수 없다.

자율심의기구의 설립은 첫 실험대라고 할 수 있다. 신 이사장은 이번 일을 통해 그의 능력을 최대한 보여줘야 할 것이다. 그리고 빠른 시일 내에 게임업계의 현안들을 파악하고 재단만이 할 수 있는 독립적이면서도 중립적인 사업들을 활발히 추진해야 비로소 재단이 제자리를 잡을 수 있을 것이다.

2012. 09. 20

막다른 골목으로 몰아선 안된다

중소 게임업체들이 한국마이크로소프트 등 소프트웨어 업체들이 벌이고 있는 불법 소프트웨어 단속으로 인해 전전긍긍하고 있다.

마음 같아서야 당당히 제 값을 주고 정품을 사서 쓰고 싶지만 하루 하루를 어렵게 살아가고 있는 영세 개발사들의 입장에서는 만만한 금액이 아니기 때문이다. 이로 인해 여기저기에서 '못살겠다'는 아우성 소리가 들리고 있다.

반대로 뒤집어 생각하면 '막대한 개발비를 들여서 만든 제품을 불법복제로 사용한다면 그 기업도 망할 수 밖에 없다'는 논리에 대해 딱히 반대할 수 있는 입장도 아니다. 하지만 사정은 그처럼 단순한 것이 아니다.

당장 수백만 원에서 수 천여만 원의 자금을 마련하는 것이 중소 개발사들의 입장에서는 만만치 않은 상황에다 잘못 해서 막대한 과태료라도 부과받게 된다면 그야말로 회사 문을 닫아야 할 지경에 이르게 된다.

문제는 사정이 이렇게 딱한 가운데 대기업들은 전혀 문제가 되지 않는다는 것이다. 이 때문에 영세 개발사들만 말도 못하고 속앓이를 하고 있는 실정이다.

여기에 셧다운제 다 개인정보호 조치다 해서 중소기업들의 비용을 증가시키는 일도 갈수록 늘고 있다. 한마디로 중소업체들이 사면초가에 내몰리고 있는 상황이다.

이같은 문제를 해결하는 가장 간단하고 직접적인 방안은 중소업체들이 눈 딱 감고 정품 소프트웨어를 구매하는 것이다. 하지만 그럴 여유가 있었다면 왜 지금까지 불법 제품을 사용해 왔겠는가. 이는 현실적인 대안이라고 볼 수 없다.

그렇다면 차선책을 모색해 봐야할 것이다. 그것은 일정 규모 이하의 중소업체에 대해서는 정가보다도 저렴하게 제품을 구매할 수 있도록 하거나 어느정도의 융통성을 부여해 주는 것이다. 이는 개별기업들이 할 수 있는 일은 아니다. 협회나 정부 기관이 팔을 걷어 부치고 나서 방안을 마련해야 한다.

고양이가 쥐를 잡을 때도 막다른 골목으로 몰아가지 않는다고 한다. 그랬다가는 쥐가 고양이에게 달려드는 경우가 생길수도 있기 때문이다. 더 이상 갈 곳이 없는 중소 개발사들을 밀어붙일 것이 아니라 무언가 함께 살아갈 수 있는 방안을 만들어야 한다. 지금이라도 이 일에 협회나 정부가 적극적으로 중재에 나서야 할 것이다.

2013. 01. 21

게임위 파행운영 이대로 둘 것인가

그동안 우려해 왔던 게임물등급위원회의 파행운영이 드디어 현실화되고 있다. 국고지원이 중단된 게임위의 직원 대다수가 임금을 수령하지 못하는 등 임금 체불 현상을 빚고 있다.

게임위는 이같은 난국을 타개하기 위해 게임심의 수수료의 대폭 인상안과 함께 한국콘텐츠진흥원이 관리 중인 경품용 아케이드상품권 수수료 일부를 게임위 등급심의 운영 자금으로 활용하는 방안을 정부와 협의 중이다.

그러나 기획재정부가 물가 안정 대책 차원에서 심의 수수료 인상에 대해 난색을 표하고 있는 실정이다. 또 아케이드 업계는 상품권 수수료 사용 방안에 대해 적극 반대하고 있는 입장이어서 게임위의 파행 운영이 장기화될 가능성이 높다.

게임위는 사회 안전망을 책임지고 있는 정부의 정책 수행기관 중 한 곳이다. 그런데 이렇게 중요한 기관이 예산이 없어 파행 운영을 거듭하고 있다는 것은 정부가 안이하게 대처해 왔기 때문이라고 밖에는 볼 수 없다.

문화부는 그동안 국회에서 수차례 게임위의 예산지원을 반대해 왔음에도 불구하고 이를 정책적으로나 정치적으로도 해결하지 못했다. 그 뿐이 아니다. 게임위를 지원하기 위한 문화부 자체 예산을 편성했지만 이마저도 예결위에서 삭감되는 수모를 겪었다.

대책 없이 게임위의 예산을 삭감시킨 국회도 문제가 있지만 이 지경이 되도록 사태를 키워온 문화부도 책임을 면키는 어렵다 할 것이다.

그런데 더욱 이해하기 힘든 일은 정부와 국회의 잘못으로 인해 얻지 못한 예산을 게임업계에 전가시키려 하고 있다는 점이다. 심의 수수료 인상과 상품권수수료의 전용 등은 업계의 입장에서 보면 한심하게 여겨질 수밖에 없다.

그동안 게임위에서는 아케이드게임산업을 마치 불법산업으로 여기며 숨통을 틀어막아왔던 것이 사실이다. 이 때문에 아케이드업계에서는 상품권수수료의 지원에 대해 결사반대하고 있다.

문화부는 이 문제의 심각성을 그대로 지나쳐서는 안 될 것이다. 특별예산을 편성하든 국회를 설득하든 책임 있는 행동을 보여줘야 한다. 그래야 업계도 정부를 믿고 따를 것이 아닌가.

2013. 02. 06

셧다운제 폐지 바람직

여성가족부가 최근 모바일게임에 대한 셧다운제 시행 방침을 2년 뒤로 미루기로 결정했다.

여가부가 이번에 모바일게임 셧다운제 시행을 연기한 것은 강력한 여론의 반대와 문화부의 적극적인 협상노력으로 인한 것으로 보여진다.

지난해 여가부가 모바일 게임에 대해서도 셧다운제를 적용시키겠다고 발표하자마자 게임계는 물론 콘텐츠업계에서도 지나친 확대 적용이라며 여가부에 맹공을 퍼부었다. 여기에 손인춘 새누리당 의원이 셧다운제 보다 더 강력한 게임 규제 법안을 발의하면서 불똥이 여가부에까지 튀면서 더욱 불리한 입장에 처하게 됐다.

업계에서는 "PC온라인과 모바일게임은 게임 플랫폼 차이로 인해 시스템이나 네트워크 활용 방식에서 큰 차이를 보이고 있어 기술적 구현이 어렵다"며 외국 업체와의 형평성 문제도 고려해야 한다고 지적했다.

또 오픈마켓이 열려 있는 모바일 게임시장을 시간제로 통제하기란 현실적으로 어렵고 새벽시간에 모바일 게임을 즐기는 청소년 유저들이 거의 없다는 것도 문제가 됐다.

게다가 PC 온라인게임에 대한 셧다운제 시행이 벌써 2년이 다 됐는데도 불구하고 별다른 실효를 거두지 못하고 있는 것도 여가부를 난처하게 만들었다.

여가부가 모바일게임에 대한 셧다운제를 2년 간 유예한 것은 환영할 만한 일이다. 하지만 그것으로는 부족하다. 오히려 이 시점에서 셧다운제 시행에 따른 근본적인 재검토가 이뤄져야 할 것이란 점이다. 이번 기회에 모바일게임 뿐만 아니라 온라인게임에 대해서도 셧다운제를 폐지해야 한다고 생각한다.

셧다운제를 통해 '청소년을 보호한다'라는 명분은 설득력이 너무 약하다. 실효성도 없고 시대의 흐름에도 역행하는 제도를 굳이 명분과 상징성 때문에 고집할 필요가 있는가.

2013. 02. 13

자율등급심의 쥐어줘도 못하나

게임업계는 오래전부터 등급심의업무는 민간에서 자율적으로 할 수 있도록 해 달라고 정부에 요청해 왔다. 외국의 경우도 정부가 직접 게임등급을 결정하는 경우가 거의 없다는 것이 그 이유였다.

업계의 지속적인 요청으로 정부에서도 마침내 청소년게임에 대한 등급심의업무를 민간에 이양키로 하고 지난해 자율심의기구 설립을 위한 절차에 들어갔다. 하지만 결과는 참으로 실망스러운 것이었다. 당시 게임문화재단이 자율심의기구를 설립하겠다고 제안서를 접수했으나 재정적인 부분에서 충분한 준비가 안됐다는 판단에 따라 반려되고 말았다.

그리고 해를 넘긴 상황에서 급기야는 게임문화재단의 민간자율심의기구 설립 계획이 백지화되는 사태가 벌어지고 말았다.

참으로 한심한 노릇이다. 이제는 업계에서 알아서 하라고 공을 넘겨줬더니 다시 공을 받아 치기는 커녕 공을 안고 땅바닥에 주저앉아버린 꼴이다. 국회에서는 지금의 게임물등급위원회를 없애버리고 모든 등급업무를 민간에서 맡도록 하겠다고 적극적인 목소리를 내고 있다. 그런데 정작 이 업무를 책임져야 할 업계에서는 '못하겠다'고 뒤로 물러서고 있으니 누가 주인이고 누가 객인지 분간이 힘들 정도다.

지금의 모습은 한 마디로 '무책임' 하다고 할 수 밖에 없다. 게임업계의 무책임한 모습이 어제 오늘 만의 일은 아니었다. 모래알처럼 흩어져서 의견을 취합하기 힘든 경우가 비일비재했다.

게임업계는 지금 심각한 위기상황 속에 놓여있다고 할 수 있다. 모두가 똘똘 뭉쳐 이 위기상황을 헤쳐 나가야 하는데 앞서 나서는 사람도 없고 그를 뒤에서 밀어주며 함께 나가는 사람도 없다. 제 발등에 떨어진 불이 급하다며 저 살기에 바빠 허둥대는 모습들이다.

이러다가는 결국 모두가 함께 나락으로 떨어질 수밖에 없다. 내가 먼저 책임을 지고 내가 먼저 희생을 하겠다고 나서지 않는다면 지금의 위기는 절대로 벗어날 수 없다.

2013. 03. 18

시장에 부는 새 바람

최근 게임시장에서 새롭게 등장한 신작들이 좋은 반응을 얻고 있다. 대표적인 작품이 '크리티카'와 '스타2: 군단의심장'이다.

지난달 말 공개서비스를 시작한 '크리티카'는 폭발적인 인기를 얻으면서 액션 장르 대표 게임 '던전앤파이터'를 넘어서는 등 지각변동을 예고하고 있다.

또 지난 12일 론칭한 '스타크래프트2: 군단의심장' 소장판 3000장이 하루 만에 매진되고 PC방 순위에서 10위권에 재진입하는 등 과거의 영광을 재현하는 모습을 보여주고 있다.

게임시장은 최근 몇 년간 '신작들의 무덤'이라고 할 만큼 새로운 작품들이 빛을 보지 못해왔다. 이러한 현상은 몇몇 인기작품에 유저들이 몰리고 그들이 탄탄한 커뮤니티를 형성하면서 10년 이상 롱런을 하는 작품들이 많아졌기 때문으로 볼 수도 있다.

하지만 이것은 핑계에 불과하다. 시장은 언제는 새로운 것을 요구하고 있기 때문이다. 새롭고 참신하며 유저들의 입장에서 편하게 플레이할 수 있는 작품이 등장한다면 언제든지 자리를 잡을 수 있다. 지금까지 실패한 신작들은 이름만 신작일 뿐 새로운 것도, 흥미로운 것도, 재미도 없었기 때문에 시장에서 외면을 당했던 것이다.

앞서 거론한 두 작품의 경우 시장에서 좋은 반응을 얻고 있지만 그렇다고 방심해서는 안된다. 초반에 시장에서 반짝 인기를 끌었다가 소리 없이 사라진 작품들이 한 둘이 아니기 때문이다.

문제는 신작의 실패원인을 외부에서 찾을 것이 아니라 내부에서 찾아야 한다는 것이다. 기본기에 충실하면서도 신선하고 새로운 트렌드를 만들어내는 작품이 나온다면 분명 유저들은 그 작품을 즐기기 위해 몰려들 것이다.

신작들이 시장에서 치열한 경쟁을 뚫고 살아남는 길은 무엇일까. 신선함과 편의성, 그리고 유저와 함께하는 피드백 등이 주요인으로 꼽히고 있다. 지금까지 성공한 작품들은 모두 이러한 특성을 갖고 있었고 앞으로도 그럴 것이다.

2013. 03. 25

컨트롤타워 부재가 문제다

게임산업의 위기론은 어제 오늘의 얘기가 아니다. 이미 오래전부터 게임업계는 위기를 외치며 전전긍긍해 왔다. 하지만 최근의 위기론은 과거와 다르다. 과거에는 몇몇 업체들만 위기론을 들고 나왔지만 이제는 어느 누구도 위기론에서 비껴갈 수 없을 정도로 광범위하게 퍼져 나가고 있다.

이러한 위기론의 진원을 따져보면 여러 가지 사안들이 뒤엉켜 있다. 그러나 정작 가장 중요한 것은 모두가 위기론을 외치고 있지만 정작 위기를 정면 돌파해 나갈 주체가 없다는 것이다. 한마디로 난국을 타개해 나갈 컨트롤 타워가 없다는 것이 더 심각한 문제라 할 수 있다.

이렇게 말한다면 국내 게임업계를 대표하는 한국게임산업협회가 있는데 어떻게 컨트롤타워가 없다고 할 수 있느냐는 반론도 있을 법하다. 분명히 게임계의 구심점이 될 만한 협회는 존재한다. 하지만 협회가 컨트롤타워로서의 역할을 제대로 해 왔는가를 냉정히 따져본다면 그렇지 못했다는 결론을 내릴 수 밖에 없다.

물론 지금까지 협회가 해 온 일은 적지 않았다. 그동안 많은 회장들이 중책을 맡아 나름대로 소신껏 일 해 온 것도 사실이다. 하지만 그들이 게임업계의 모든 힘을 결집시키고 중요한 현안이 있을 때 마다 핵심 컨트롤타워의 역할을 해 왔나를 따져본다면 실망을 금치 못할 것이다.

이같은 문제는 협회 만의 문제이거나 회장의 개인적인 문제 때문이라고 할 수 없다. 이는 보다 근본적이고도 구조적인 문제에서 비롯됐기 때문이다.

게임업계는 모래알처럼 하나로 뭉쳐지기 어려운 업계로 소문이 나 있다. 그만큼 자기 목소리만 컸지 한 목소리를 내는 데에는 한계가 있었던 것이다. 이러한 풍토를 먼저 고치는 것이 급선무다. 또 대리인에게 맡기고 뒤로 물러날 것이 아니라 오너들이 직접 나서 지금의 위기상황을 타개해 나가야 한다. 이러한 분위기가 조성됐을 때 협회나 회장이 힘을 받을 수 있다.

이제부터라도 제대로 된 컨트롤타워가 작동할 수 있도록 게임계가 위기의식을 함께 나누며 솔선수범하는 모습을 보여야 할 것이다. 더 늦은 뒤 후회하는 것은 이미 돌이킬 수 없는 일이 되고 말 것이다.

2013. 04. 02

게임규제 더 이상 곤란하다

인터넷게임을 도박이나 마약, 알코올 등과 같은 중독 요소로 보고 범정부 차원에서 통합관리토록 하는 '중독 예방·관리 및 치료를 위한 법률안'이 발의돼 논란을 빚고 있다. 새누리당 신의진의원이 주도해 일명 '신의진법'으로도 불린다.

신 의원은 신경정신의학회와 대한소아청소년정신의학회 활동을 하면서 중독과 관련된 지식이 다른 의원들에 비해 많은 것으로 알려지고 있다.

업계에서는 이 법안의 발의 소식이 전해지자 그야말로 벌집을 쑤셔놓은 듯 여기저기에서 한숨 소리가 터져 나오고 있다. 이제는 게임이 마약과 같은 중독물로 관리를 받아야 하느냐는 것이다.

게임중독의 문제는 아직까지도 선진국에서조차 결론이 나지 않은 쟁점 사안이다. 그래서 정부에서도 중독이라는 말 대신 '과몰입'이라는 말을 쓰고 있다. 중독의 학문적 의미로 볼 때 게임이 중독현상을 야기 시키고 이로 인한 부작용이 발생한다는 연구보고서는 어디에도 없기 때문이다.

그런데 우리나라의 법 정책을 만들고 지켜가야 할 국회의원들이 뚜렷한 근거도 없이 게임을 중독물로 취급하는 지경에까지 이르고 있다.

이번 '신의진법'에 동조한 국회의원은 모두 14명인 것으로 알려지고 있다. 이중 김을동, 유재중 의원을 제외하면 나머지 12명의 의원들은 모두 초선으로 새누리당에 속해 있다. 이로 인해 업계에서는 새누리당과 초선의원들에 대해 곱지 않은 시선을 보내고 있다.

이 법안을 함께 발의한 손인춘 의원의 경우 셧다운제를 강화하는 내용의 게임법 개정안을 발의해 물의를 일으킨 바 있다.

업계에서는 정치인들의 게임에 대한 인식이 너무한 것 아니냐며 서운한 마음을 감추지 못하고 있다. '마녀사냥' 식으로 국민들의 시선을 끌기 위해 아무데나 게임을 갖다가 붙이고 있다는 것이다.

의원들은 더 이상 게임을 그들의 정치도구로 삼아서는 안 된다. 이 문제를 거론하기에 앞서 게임에 대해 얼마나 철저히 공부하고 연구했는가를 묻고 싶다. 그랬다면 이같이 어처구니없는 법안을 발의할 일은 없었을 것이다.

2013. 05. 13

중국업체들 이제는 달라질 때

한때 국내 웹게임시장을 장악했던 중국 게임업체들이 고전을 면치 못하고 있다. 국내 게임환경이 급변하면서 웹게임에 대한 인기가 시들해졌을 뿐만 아니라 비슷비슷한 웹게임이 쏟아져 나오면서 유저들도 관심을 돌리고 있기 때문이다.

이같은 현상에 대해 전문가들은 물량공세, 작품성, 콘텐츠 부족 등을 꼽으며 이들 업체가 자초한 결과라고 지적한다.

중국산 게임들은 국내에서 '싸구려 저질'이라는 인식을 받아온 것이 사실이다. 특히 막대한 자금과 오랜 시간이 소요되는 온라인게임의 경우 국내에서 성공한 사례는 한 두건에 불과할 정도로 쉽지 않았다.

하지만 웹게임이 틈새시장으로 각광받으면서 수많은 중국산 웹게임들이 국내에 들어왔다. 그리고 초창기에는 값싸게 들여와 짭짤한 수익을 내는 것으로 인기를 끌기도 했다.

하지만 여러 가지 이유로 중국산 웹게임이 시장에서 하나둘 자취를 감추고 있다. 이는 비슷비슷한 작품들이 홍수를 이루면서 유저들이 웹게임을 외면하고 있기 때문이다.

중국 업체들이 우리나라에 좋은 성과를 거두지 못하는 요인은 많겠지만 그 중에서도 철저한 현지화와 유저와의 공감대 형성이라는 점은 아무리 강조해도 부족하지 않다. 그런데 우리나라에 들어와서도 중국의 문화를 버리지 못하고 있다는 지적은 왜 나올까.

또 국내 실정에 맞는 마케팅 등 적극적인 노력을 기울여야 함에도 그렇지 못했다. 이는 국내 유저들의 눈높이 보다는 중국 본사의 눈치 보기에 급했다는 말과 같다.

중국게임업체 임원을 만나보면 본사정책이라며 국내 실정에 맞지 않은 마케팅을 펴거나 소통에 무관심한 경우가 대부분이다. 또 실적을 중요시하는 문화로 인해 단기간에 성패를 판가름하려고 한다.

그러나 이러한 관행이 고쳐지지 않는 한 중국 게임들이 한국 시장에서 자리를 잡는다는 것은 아주 요원한 일이라고 할 수 있다.

2013. 05. 20

문화부 엑소더스는 안된다

게임업계가 주무부처인 문화체육관광부를 제쳐두고 미래창조과학부에 잇따라 러브콜을 보내고 있다.

모바일 서비스 업체들 중심으로 설립되는 스마트모바일협회가 설립인가서를 문화부가 아닌 미래부에서 제출하려 하고 있다. 또 PC방 관련단체도 주무부처를 미래부로 전환하는 방안을 검토 중이라고 한다.

문화부가 어쩌다가 이 지경에까지 이르게 된 것인가. 업계에서는 그동안 문화부가 게임산업을 육성하기 보다는 규제하는 데 더 많은 에너지를 썼다며 불만을 가져왔다.

게임시간 선택제나 웹보드게임 규제 등 어떻게 하면 게임업계의 발목을 잡을 것인가를 고민해 왔다는 것이다. 이로 인해 '게임산업진흥법'은 이름 그대로가 아닌 규제 일변도의 법으로 그 취지를 무색케 만들었다는 주장이다.

이러한 불만이 쌓이고 쌓이면서 모든 기대가 미래부로 쏠리게 된 것으로 볼 수 있다. 물론 정부의 업무분장을 통해 게임산업의 주무부처는 문화부라는 것을 확실히 한 바 있다.

그러나 소식통에 따르면 미래부에서 게임산업을 관장해야 하는 게 아니냐는 목소리가 적지 않게 나오고 있다. 이에 대해 문화부는 논평할 가치도 없다고 일갈하고 있지만 분명한 것은 미래부가 게임에 대한 미련을 버리지 않고 있다는 사실이다.

문화부도 이제는 변해야 한다. 게임산업과 게임문화는 뿌리는 같지만 나타나는 현상은 다를 수 밖에 없다. 음악과 출판 등과 같이 게임산업을 취급해선 안된다. 게임은 첨단 기술이 녹아들고 참신한 아이디어가 살아있어야 하는 산업이기 때문이다.

이렇게 봤을 때 게임산업은 문화부 보다는 미래부로 가는 것이 더 타당하다는 논리가 더 설득력이 있다.

미래부가 있는 한 이러한 논의는 계속 이어질 것이다. 문화부가 게임 주무부처로서 그 역할을 제대로 하지 못한다면 업계의 불만은 더욱 커질 수밖에 없다. 지금이라도 문화부는 게임을 산업으로 제대로 이해하고 그 부작용을 최소화 할 수 있는 방안을 찾아 보려는 모습을 보여야 할 것이다.

2013. 05. 27

정부, 산업육성 제대로 하려면

문체부와 미래부가 콘텐츠산업 육성을 위해 맞손을 잡으면서 범정부 차원의 콘텐츠산업 육성 프로젝트가 본격 가동됐다.

서로 입장을 달리하는 양 부처가 '콘텐츠산업 육성'이라는 한 가지 목표를 위해 뜻을 합쳤다는 것은 상징적이면서도 매우 반가운 일이다. 하지만 이를 바라보는 업계에서는 과거 정보통신부와 문체부가 게임산업의 헤게모니를 놓고 신경전을 벌였던 것처럼 이번에도 겉으로는 협력을 외치지만 속으로는 밥그릇 싸움이 재연되는 것 아니냐는 우려의 목소리도 나오고 있다.

이번에 문체부와 미래부가 손을 맞잡은 것은 자발적인 의지라기보다는 박근혜 대통령의 공약을 실천하기 위한 구색 맞추기 성격이 강하다는 해석도 있다. 다시 말해 박 대통령이 창조경영을 실현할 핵심 과제로 콘텐츠산업 육성을 생각하고 있는 만큼 이를 위해 양 부처가 힘을 합치는 모습을 대내외적으로 보여줄 필요가 있었다는 것이다.

그러나 이러한 모습은 바람직하지 않다. 보여주기 위한 행정은 어떠한 결과도 만들어낼 수 없기 때문이다.

가까운 예로 윗층에서는 협력을 지시하겠지만 이러한 주문이 말단 실무선으로 내려갈 경우 얘기는 달라질 수 있다. 요즘 같은 상황에서 무리하게 일을 처리할 경우 양 부처의 실무자들이 반발을 하거나 서로 충돌할 수 있는 여지가 충분하다.

또 양 부처가 헤게모니를 잡기 위해 게임업계 관계자들을 오라 가라 하는 등 오히려 귀찮게 할 수 도 있다.

이같은 시행착오가 되풀이되지 않기 위해서는 문체부와 미래부가 장관끼리만 협력을 논할 것이 아니라 실무자들도 적극적으로 협력하고 게임산업 발전을 위해 필요한 것이 있다면 손해를 감수하면서도 일을 처리해 주는 적극성이 요구된다 하겠다.

말 뿐이 아닌 진정한 협력과 게임산업에 대한 철저한 이해가 선행돼야 함은 물론이다. 장관에서부터 시작해 말단 실무자까지 이같은 마음의 준비가 됐을 때만 양 부처의 협력은 비로소 결실을 맺게 된다는 사실을 잊지 말아야 한다.

2013. 06. 24

남경필 회장 취임 100일에 부쳐

남경필 한국게임산업협회장 취임 100일이 지났다. 그가 처음 게임산업협회장을 맡겠다고 했을 때 업계 안팎에서는 놀라움과 함께 기대 반 우려 반의 목소리가 많았다.

정치활동만 해 왔던 그가 산업을 얼마나 잘 알고 이해하며 이끌어갈 수 있을 것인가에 대한 궁금증이 이런 저런 평가를 낳았다. 그리고 100일이 순식간에 지나갔다.

100일이라는 짧은 기간을 놓고 중간 평가를 한다는 것이 성급한 점이 없지 않지만 석달 정도라면 충분히 남회장의 의지와 성향을 짐작해 볼 수 있다는 점에서 의미있는 시간이라고 할 수 있다.

먼저 남 회장이 가장 먼저 들고 나온 카드는 협회 명칭을 변경하겠다는 것이었다. 그는 취임식에서 '협회의 명칭을 변경할 수도 있다'고 천명했고 이 일을 가장 먼저 추진했다.

협회는 지난 4월 협회 명칭을 한국게임산업협회에서 '한국인터넷디지털엔터테인먼트협회(K-IDEA)'로 변경할 예정이라고 공표했다. 이같은 사안에 대해 대부분의 협회 이사사들은 찬성의 뜻을 밝혔지만 업계 전체의 분위기는 '왜 해야 하나?'라며 고개를 갸웃거렸다. 일부에서는 이에 반발한 성명서를 발표하기도 했다.

남 회장은 또 '지스타2013' 보이콧 의사를 철회하고 적극적인 자세로 행사를 추진해 나가겠다고 밝혔다. 이밖에 유진룡 문체부 장관과의 상견례 자리가 만들어지기도 했고 웹보드게임의 자율규제안도 내놓았다.

이처럼 100일이라는 짧은 시간 동안 남 회장은 많은 일을 한 것처럼 보인다. 그리고 하나하나가 모두 중요한 사안들이었다. 하지만 아쉬움이 남는 것은 남 회장이 지나치게 '변화'에 집착하고 있다는 인상이 강하게 느껴진다.

물론 변해야 한다. 그러나 갑작스런 변화나 겉모습의 변화가 중요한 게 아니다. 정말 중요한 변화는 오히려 보이지 않는 곳의 변화라고 할 수 있다.

그러기 위해서는 회원사들의 목소리를 먼저 경청해야 한다고 본다. 지금 게임업계는 위기를 맞고 있다. 지금 협회가 해야 할 일은 내실을 다지고 문제를 정확히 파악해 그에 따른 대책을 세우는 일이다.

이제 100일이 지났다. 남 회장의 잔여 임기는 한참 남았다. 남회장 본인이 성과를 말하기 보다는 후대사람들이 남회장을 평가하는 일을 많이 만들어 주었으면 한다. 그게 진정한 업적이기 때문이다.

2013. 07. 01

벤처기업 입주지원 새 기준 마련하라

박근혜 정부가 경제를 살리기 위해 강조하고 있는 '창조경제'의 핵심은 바로 벤처정신이다. 과거 정부에서도 10만개의 벤처기업을 만들겠다는 등의 공약을 내건 바 있다. 이는 벤처기업이 경제에 미치는 영향이 막대하다는 것을 방증하는 일이다.

하지만 이러한 외침은 막상 현장으로 내려가 보면 제대로 적용되지 않는 경우가 허다하다. 특히 문체부나 서울시, 경기도 등이 스타트업 기업과 벤처기업들에 제공하고 있는 사무실 임대지원사업의 경우 제때에 지원을 받으면 성공할 수 있는데 불필요한 요구 조건 등으로 인해 입주를 하지 못하는 사례가 종종 발생하고 있다.

업계에서는 이미 오래 전에 만들어진 기준을 계속 고집할 것이 아니라 새로운 변화를 반영해 탄력적으로 운영해야 한다고 지적하고 있다.

최근 성남산업진흥재단에서 운영하는 벤처지원시설에 입주하려던 A업체는 예상치 못한 어려움을 겪었다고 한다. 심사 과정에서 형식적인 서류 제출 때문에 브레이크가 걸린 것이다. 현실적으로 그다지 필요 없는 부분이라 다른 내용으로 대체하려고 했지만 담당 실무자와 대화가 되지 않았다고 한다.

이 업체는 이미 외국 업체와 수출 계약까지 한 상태로 사무실을 지원해 주면 좋을 성적을 올릴 수 있는 상황이었다고 한다. 그런데도 이런저런 조건을 제시해 결국 입주를 하지 못했다는 것이다.

이처럼 기준을 위한 기준이 되어서는 안 된다. 이제 막 도약하려는 업체를 돕는 것은 당연한 일이다.

공공기관을 관리하는 담당자들의 사명감도 있어야 할 것이고 매년 시장의 변화를 확인하고 현장에서 필요로 하는 것이 무엇인가를 주의 깊게 살피는 노력도 있어야 한다.

지금처럼 관행으로 지속된다면 과거와 같은 업체들만 계속 혜택을 누릴 수 있을 뿐이다. 미래를 준비하고 역동적으로 움직이는 기업들은 결국 소외 당하고 세계적인 트렌드에도 맞추지 못하는 일이 벌어질 수 있다.

이제라도 정부 당국의 전향적인 사고의 전환이 있기를 바란다.

2013. 07. 05

정부 기관 지방 이전, 고립한계 뛰어 넘어야

문화체육관광부, 콘텐츠 진흥원, 게임물등급위원회 게임관련 정부 기관들의 지방 이전이 가시화되고 있다. 우선 가장 먼저 게임위가 오는 10월 부산으로 둥지를 옮긴다. 이와 함께 게임위는 게임물관리위원회로 새롭게 태어난다. 조직을 해산하고 새 조직으로 탈바꿈하는 것이다.

게임산업 지원기관들의 지방이전을 놓고 업계는 기대보다는 우려의 목소리가 커지고 있다. 당장 등급심의를 받기 위해 부산까지 가야 한다면 불편이 이만 저만이 아닐 것이기 때문이다. 가고 오는데 하루가 온전히 걸릴 것이고 아케이드 게임의 경우는 더욱 어려울 수 밖에 없다.

이뿐만이 아니다. 그동안 서울에서 살면서 출퇴근 해왔던 임직원들이 머나먼 지방까지 함께 따라 나서야 하는 것도 큰 문제다. 현재 분위기로는 일부 젊은 층의 이탈이 불가피할 것으로 전망된다.

이에 대해 정부는 각종 지원책을 준비하고 있다고 하지만 근본적인 해결책이 나올 수 없다는 점에서 어느 정도의 인력손실은 피해갈 수 없을 것 같다.

또 지원기관들이 지방으로 이전할 경우 우려되는 것은 그 지역에만 머물러 세계적으로 급변하고 있는 상황에 능동적으로 대처하지 못하는 일이 발생하지는 않을까 하는 것이다. 이렇게 될 경우 당초 지역을 균형 발전시키겠다는 정부의 청사진이 애초에 잘못된 그림이라는 결론을 내릴 수 밖에 없게 된다.

지금은 글로벌 경쟁 시대다. 이 때문에 시시각각 변해가는 세계의 흐름은 누구보다도 빨리 파악하고 따라 잡거나 앞서 나가지 않으면 안 된다. 그런 면에서 게임산업 지원기관들의 지방 이전은 어떻게 보면 시대의 변화를 제대로 반영하지 못한 판단이 될 수도 있다.

이러한 우려를 불식시키기 위해서는 지방 이전 후에도 글로벌 시장의 경쟁에 뒤처지지 않도록 각고의 노력을 기울여야 한다는 것이다. 지역 이기주의에 함몰된다거나 편안하게 안주하려 든다면 어렵게 키워 놓은 게임산업의 경쟁력이 하나 둘 무너져 내릴 수 밖에 없다. 정부와 지원기관에서는 이점을 가장 중요하게 생각하며 대책을 세워야 할 것이다.

2013. 09. 09

민간자율심의기구 이번엔 제대로

게임산업협회(K-iDEA)가 오는 11월 부산에 게임물 민간자율심의기구를 설립하겠다고 밝혔다. 민간자율심의기구 설립은 업계의 오랜 숙원사업이었다. 정부가 나서서 이래라 저래라 하는 것이 아니라 스스로 등급을 정하고 이를 지켜 나가겠다는 것이다.

이러한 민간자율심의는 자율이 보장된 민주국가라면 당연히 그 방식이 선택되고 그대로 선택돼야 했다. 하지만 우리나라는 이러한 자율 심의를 인정하지 않았다. 사회가 받아 들이기에는 아직 이르다는 판단이 크게 작용했다. 예컨대 고양이에게 생선을 맡긴 격이라는 비난을 살 수 있다는 것이다.

그런데 막상 정부에서 업계에 자율심의기구라는 공을 던져줬을 때 업계에서는 이를 제대로 받아 쥐지 못하는 한심한 모습을 보였다. 게임문화재단을 주축으로 한 단체 설립 작업이 무려 두 차례나 무산된 것이 그것이다.

보다 못한 협회가 나서면서 자율심의기구 설립은 새로운 국면을 맞았다. 하지만 아직도 많은 관계자들이 미덥지 못한 눈으로 협회를 바라보고 있다.

자율심의기구를 설립하기 위해서는 가장 중요한 과제가 소요 자금과 조직을 제대로 갖추는 일이다. 문화재단이 두 차례나 실패한 것도 이 두 가지 요건을 제대로 갖추지 못했기 때문이다.

그 이면에는 폐쇄적이고 고립된 운영방식이 자리했기 때문으로 볼 수 있다. 업계에 현안이 닥칠 때마다 모두에게 공개하고 의견을 취합하기 보다는 몇몇 업체들이 중심이 돼 처리되는 상황이 계속됐다.

이러한 폐쇄성을 바로잡지 않은 한 자율심의기구 설립은 물론이고 앞으로 닥칠 수많은 현안들에 제대로 대처할 수 없다.

민간자율심의기구의 설립은 가볍게 추진할 만한 성질의 사업이 아니다. 향후 업계의 행보에 많은 영향을 미칠 수 있는 주요 사안이다. 이번에도 큰 소리를 쳤다가 마지막에 가서 손을 놓는 불상사가 벌어져선 절대 안 된다.

지금이라도 협회는 초심으로 돌아가 업계 모두의 의견을 취합하고 이를 하나로 모으는 작업에 많은 노력을 기울여야 한다. 그 길만이 협회가 살고 자율심의기구가 사는 방법이다.

2013. 09. 26

정치인들의 한심한 게임 인식

게임에 대한 정치인들의 부정적인 인식은 어제 오늘의 얘기는 아니다. 이미 오래 전부터 정치권에서는 게임을 마치 마약처럼 여기는 사람들이 많았다. 그렇다고 해도 여당 대표가 직접 나서 우리사회의 '4대 중독' 문제를 언급하면서 게임을 그 가운데 하나로 일컬은 예는 없었다. 이 때문에 게임계는 마치 '사형선고'를 받은 것 같다며 흥분을 감추지 못하고 있다.

황우여 새누리당 대표의 발언을 어찌 보면 그렇고 그런 또 한 사람의 잘못된 정치인의 생각이라고도 깎아 내릴 수 있겠지만 그가 여당의 대표적 인사란 점. 그리고 그가 게임을 4대 악이라고 언급한 자리가 신성한 국회 본 회의장이었다는 점에서 결코 가볍게 넘어갈 사안이 아니라는 것이다. 결과적으로 황 대표뿐만 아니라 새누리당 전체는 게임업계에 씻을 수 없는 치욕을 안겨줬다.

황 대표는 이같은 발언을 즉각 취소하고 게임업계에 고개를 숙이는 모습을 보여줘야 마땅하다 할 것이다. 그래야만 성난 게임인들의 마음을 조금이나마 달래줄 수 있다고 본다.

그런데 황 대표는 지금까지 이에 대해 어떠한 입장도 반성의 언급도 하지 않고 있다. 업계는 참다못해 황 대표 발언에 대해 강력한 성명서를 발표하는 등 황대표의 석명을 요구하고 있으나 이렇다 할 반응을 보이지 않고 있다.

이에 따라 게임산업협회도 뒤늦게 성명을 발표했다. 하지만 이것 만으로는 부족하다. 보다 적극적인 행동에 나서야 한다는 것이다. 온라인서명이라는 소극적인 대응보다는 국회 앞에 모여 보다 강력한 항의 시위라도 벌여야 하지 않겠나. 그래도 정치인들이 생각을 고칠 가능성이 희박한 마당에 우리 업계의 대응이 너무 안이해 보인다.

지금이라도 게임인 모두가 단결해 정치인들의 편협하고 몰상식한 인식을 바꿔 나가야 한다. 이번에도 그냥 그대로 지나칠 경우 산업에 미치는 부정적인 영향은 돌이킬 수 없을 정도로 큰 피해를 남길 것이 뻔하다.

2013. 11. 07

지스타, 게임계 축제의 장으로 변해야

지난 2005년 '세계 3대 게임쇼'을 꿈꾸며 출범한 '지스타'가 올해로 8년차를 맞았다. 그동안 일산 킨텍스와 부산 벡스코로 이어지며 '게임코리아'의 위상을 전 세계에 알리는 견인차 역을 맡아 왔다.

하지만 8년차를 맞은 올해 지스타는 뿌리째 흔들리는 위기를 맞고 있다. 그동안 지스타의 주역으로 톡톡한 역할을 해 왔던 온라인게임업체들이 B2C 전시에 불참한 것이다. 이로써 관람객들은 과거와 달리 다소 썰렁한 분위기 속에서 관람을 할 수 밖에 없게 됐다.

물론 이같은 현실이 꼭 우리만의 상황은 아니다. 세계적으로도 일반 관람객을 상대로 한 전시회는 갈수록 위축되고 있는 추세이기 때문이다. 그 대신 수출 상담과 기술을 교류하는 B2B 전시가 활성화되고 있다. 세계 3대 게임쇼라 불리는 미국의 'E3'와 일본의 '도쿄게임쇼' 등도 B2C보다는 B2B 비중을 높이고 있다.

그러나 문제는 우리나라와 미국, 일본의 여건이 다르다는 것이다. 미국과 일본은 온라인게임 뿐만 아니라 콘솔과 아케이드 등 다양한 장르의 작품들이 고르게 출품하고 이 때문에 일반 관람객뿐만 아니라 바이어들의 발길이 잦다.

그런데 우리는 내세울 만한 콘솔게임도, 아케이드게임도 없다. 온라인게임이 전부였지만 모바일게임 플랫폼에서 작품들이 늘어나며 그나마 체면을 구기지 않게 됐다. 온라인 게임을 주축으로 한 B2C의 위축은 우리 게임산업 전체가 위기를 맞고 있는 것이라고 해석할 수 밖에 없다.

그러나 아무리 온라인게임 업체들이 어려움을 겪고 있다 하더라도 지금의 모양새는 보기에 좋지 못하다. 어렵더라도 함께 참여하고 보여주고 미래를 모색하는 성숙된 모습을 보여줄 필요가 있다는 것이다.

왜냐하면 지스타는 전시회로 그치는 게 아니라 게임업계와 유저들을 위한 축제의 장이 돼야 하기 때문이다. 내년에는 더 많은 온라인게임 업체들이 참여해서 함께 지스타를 꾸미는 자리가 됐으면 한다.

2013. 11. 13

셧다운제 시행 2년, 시행착오 그만 하라

청소년 게임 과몰입을 막아야 한다며 여성가족부가 주축이 돼 만든 일명 '셧다운제' 시행이 벌써 만 2년을 맞이했다.

이 제도는 밤 12시부터 다음 날 6시까지 청소년들의 게임 접속을 원천적으로 차단하는 것을 골자로 하고 있다. 이 제도는 도입하기 전부터 게임업계뿐만 아니라 문화계로부터도 강한 저항을 받았지만 학부모들의 절대적인 지지를 바탕으로 밀어붙인 끝에 세계에서도 유래를 찾아볼 수 없는 희한한 법이 만들어지게 됐다.

그런데 더욱 아이러니컬한 것은 이 법이 만들어짐으로써 청소년들의 게임과몰입이 근본적으로 해결된다거나 공부하는 학생들이 늘어나는 등 과시적인 성과가 나와야 하는데 그 어디에서도 이러한 결과를 찾을 수 없다는 것이다.

결국 이 셧다운제는 많은 우려 속에 시행이 됐지만 효과를 보지 못한 사문화된 법이 되고 말았다. 그렇다면 효과도 없고 업체들에게 부담만 주며 청소년들의 자율성을 침해하는 이 법을 서둘러 폐기하는 것이 마땅하다. 법 시행이 고작 2년 밖에 안됐는데 폐기하는 것은 시기상조라고 말할 수도 있을 것이다.

그러나 게임은 가장 변화가 빠르고 세계적으로도 경쟁이 치열한 산업이다. 1년만 늦어도 이미 경쟁국들은 저 멀리 달려가고 있는 것이다. 우리가 스스로 셧다운제라는 족쇄로 발목을 묶어 놓고 있을 때 중국은 세계 1위의 온라인게임 산업 국가로 떠오르고 있다.

물론 규모 경제로 봤을 때 불가항력적일 수 있다. 하지만 적어도 우리가 스스로의 발목을 잡지 않았다면 수출시장에서 이처럼 고전하지 않았다는 가설은 가능하다. 한국 게임시장이 세계시장의 테스트 베드역할을 수행하고 있는데다 정책 추진의 벤치마킹 국가로 주목 받고 있기 때문이다.

이미 효과도 없고 부작용만 남기는 사문화된 조항을 끝까지 고수할 이유는 없다. 게임업계도 이제는 할 말을 해야 한다. 정부가 하라는 대로 했지만 결과가 좋지 못하다면 바꿔달라고 요구해야 한다.

다음 세대 청소년들은 셧다운제라는 말이 무엇인지 모르는 그런 창조적이고 자율적인 분위기에서 게임도 하고 공부도 할 수 있어야 하지 않겠는가?

2013. 11. 22

성인 게임규제 더 이상 안 된다

오는 2월부터 '고스톱' 및 '카드'게임 등 이른바 웹보드 게임에 대한 규제가 대폭 강화된다. 한 달 사용한도는 종전과 같은 30만 원이지만 최대한도의 10분의 1이 넘는 금액을 한 게임에서 사용할 수 없다. 또 유저가 하루에 게임머니를 최대한도의 3분의 1 이상 잃으면 24시간 동안 게임에 접근할 수 없게 된다.

하루 10만 원 이상 사용하면 다음날에는 게임을 하지 못하게 된다는 것이다.

이밖에 자동 배치 금지 및 분기별로 공인인증서 등을 통한 본인 인증 절차를 새롭게 적용시켜야 하는 등 보다 까다롭고 복잡한 시스템이 도입된다.

이를 놓고 게임계의 불만의 목소리가 커지고 있다. 성인을 대상으로 하고 있는 웹보드게임을 마치 초등학생을 다루는 것처럼 세세하게 규제하고 있다는 것이다. 성인이란 자기 스스로 의사를 결정하고 그에 따른 결과에 대해 책임을 지는 존재다. 그런데 정부의 규제안을 보고 있자면 성인의 자율성과 책임을 완전히 무시한 것처럼 느껴진다.

언제까지 이렇게 정부가 앞장서 성인들에게 이래라 저래라 할 것인가? 60~70년대 군사정권 시대도 아니고 정부의 행정이 민간 기업 그것보다 앞서던 70~80년대 초도 아니다. 그럼에도 개인의 사생활 영역까지 정부가 기웃거린다고 한다면 세상 사람들의 웃음거리가 될 게 뻔하다.

열린 사회, 선진 사회의 모습이 그런 것은 아니라고 본다. 지금처럼 성인들의 일거수일투족을 정부가 나서 시시콜콜 일일이 규제한다면 우리의 선진사회 진입 염원은 공염불에 불과하고 요원해 질뿐이다.

지금 정부가 팔을 걷어붙이고 나서야 곳은 게임이 아니다. 그보다는 게임을 엉뚱하게 이용하는 업체나 불법적으로 유통시키는 조직을 적발해 내는 일이다. 눈에 보이지 않는 독버섯은 제대로 관리하지 못하면서 정상적으로 사업을 하고 있는 업체에 대해서는 가혹한 잣대를 들이대는 것은 어불성설이다.

웹보드 게임에 대한 시대착오적 규제 강화는 이젠 그만 둬야 한다. 조속한 시일 내에 이같은 규제는 길 한 가운데 놓인 전봇대를 뽑아내듯이 뽑아내고 폐기해야 할 것이다.

2014. 01. 14

게임 신작들의 선전을 기대한다

지난 해 온라인 게임계는 극심한 신작 가뭄에 허덕였다. 연초부터 '아키에이지' '열혈강호2' 등 쟁쟁한 작품들이 출사표를 던졌지만 성적은 신통치 못했다. 이러한 분위기는 1년 내내 계속됐고 10위권 내에 들어간 작품은 한 두 개에 불과했다.

반면 '리그오브레전드' '피파온라인3' '블레이드&소울' 등 상위권 작품들은 거의 순위변화 없이 상위권을 지켰다. 특히 '리그오브레전드'의 경우 PC방 점유율 40%라는 경이적인 기록을 세우며 시장을 독식하다시피 했다.

이러한 현상은 올해에도 큰 변화가 없을 것으로 보인다. 이러한 고착화 현상은 상위권 업체들에는 매우 다행스런 일이라고 하겠지만 게임시장 전체를 놓고 봤을 때는 이를 긍정적인 현상으로 평가하기에는 뭔가 빠져 있는 게 아니냐는 불안감을 감출 수 없다는 것이다.

예로부터 '고인 물은 썩는다'는 말이 있다. 아무리 좋은 것도 오래도록 머물러 있으면 식상해지기 때문이다. 시장은 새 제품군이 등장하고 사라지는 순환의 궤도가 잦아야 꿈틀댄다. 그렇지 못할 땐 장이 큰 재미를 볼 수 없게 되고 그러다 폐장이 되고 만다. 물론 재미없는 작품을 신작이라는 이유만으로 해보라고 강요할 순 없다. 그것은 순전히 시장 질서에 맡겨지는 것이다.

재미없으면 흥행에 실패하는 것이고, 그렇지 않으면 흥행가도를 달리는 것이다. 이것이 시장 질서다. 흥행에 성공하기 위해서는 경쟁력을 갖춰야 한다. 그 경쟁력은 그 어느 작품에도 없는, 그 작품만이 갖추고 있는 생명력이다.

'리그오브레전드'의 경우 과거 큰 인기를 모으지 못했던 AOS라는 장르로 대성공을 거뒀다. 이러한 현상은 게임시장에 늘 있어 왔다. 캐주얼 장르나 FPS 장르, 스포츠 장르 등 큰 인기를 끌었던 작품들은 기존에 없던 트렌드를 만들어 내며 성공 신화의 역사를 만들어 냈다.

앞으로도 마찬가지일 것이다. 지금은 큰 인기가 없지만 유저들의 입맛을 만족시킬 수 있는 비장의 카드가 분명 있을 터이다. 신작을 개발하는 업체들은 이러한 점을 가장 중요하게 생각해야 한다.

올해도 적지 않은 신작들이 출사표를 준비하고 있다. 이들 작품이 전부 성공하는 건 아니지만 바람은 다 성공했으면 한다. 그래서 예전과 다른 활기찬 게임시장의 모습을 연출해 주었으면 싶다. 신작들이 대기하고 있다는 건 그래서 즐거운 일이다.

2014. 01. 17

중독법 갈등 매듭지어야

'게임중독법(중독 예방/관리 및 치료를 위한 법률안)'을 둘러싼 사회적인 갈등이 갈수록 커지고 있다. 한 쪽에서는 이 법을 제정해서는 안 된다고 강력히 반대하고 있는가 하면 다른 한 쪽에서는 이법을 조속히 제정해 시행해야 한다고 촉구하고 있다. 마치 서로 반대편에서 마주 달려오는 기차처럼 언제 충돌할지 모르는 일촉즉발의 위기상황처럼 보인다.

우리 사회가 정치적인 이슈나 경제적인 이슈가 아닌 문화적인 사안을 놓고 이렇게 극단적으로 대립한 적은 많지 않았다. 더군다나 이 문제는 게임산업의 존폐가 달려있을 정도로 중요한 사안이라 할 수 있다. 게임을 중독물로 규정할 경우 산업인 뿐만 아니라 게임을 즐기는 대다수 팬들이 마치 손을 대선 안 되는 것을 즐기는 사람으로 추락하고 말 것이기 때문이다.

게임업계에서는 이 법의 제정을 즉각 중단하라고 촉구하고 있다. 아직 학문적으로나 의학적으로 게임이 중독물이라는 사살이 검증되지 않은 상태에서 법을 제정하는 것은 말도 안 된다는 것이다. 외국에서도 게임이 폭력과 과몰입, 사행성을 조장한다는 것에 대해 명확한 법적인 규정을 하지 못하고 있는데 우리나라에서만 이를 중독물로 규정하는 것은 무리라는 논리다.

그러나 반대편에서는 청소년의 학업에 막대한 지장을 줄 뿐만 아니라 성인들에게 도 심각한 피해를 주는 게임을 조속히 중독물로 규정해서 관리하는 것이 필요하다는 주장을 펴고 있다.

정치권에서도 이 문제는 첨예한 이슈로 부각되고 있다. 다만 현재의 정치상황이 6.4 지방선거를 앞두고 있어 현안에서는 밀리고 있지만 여당 일부 의원들은 이 법안이 반드시 필요하다는 입장이다. 그러나 야당측에서는 이 법안에 대해 필요 없다는 입장을 고수하고 있어 귀추가 주목된다.

중요한 것은 이 문제가 산업의 존폐를 걸고 있는 긴요한 사안인 만큼 신중하게 다뤄져야 한다는 점이다. 따라서 졸속으로 법 제정이 이루어져선 절대 안 된다. 물론 공청회도 필요하고 학문적인 연구와 의학적인 판단도 뒤따라야 함은 두말할 나위 없다.

이러한 과정을 무시한 채 정치적인 논리나 사회의 '마녀사냥'식 여론몰이로 법이 제정된다면 두고두고 후회할 것이 분명하다. 게임업계에도 한마디 하겠다. 온라인 서명운동도 중요하지만 사회가 수긍할 수 있는 연구과제를 서두르라는 것이다.

2014. 02. 17

게임산업 선순환 구조 시급하다

게임산업 생태계가 황폐해지고 있다. 겉모습은 화려하고 날로 발전해 가는 듯 하지만 속을 들여다보면 뿌리라고 할 수 있는 벤처기업들을 찾아보기 어렵다. 그나마 최근 붐을 이루고 모바일게임 개발업체들이 대부분을 차지하고 있다.

하지만 모바일게임 시장도 그다지 전망이 밝지 않다. 언제 어떻게 변화될지 아무도 장담할 수 없는 상황이기 때문이다. 벌써부터 모바일게임 거품이 사라지고 있다는 비관적인 전망이 나오고 있는 상황이다.

이같은 분위기로 인해 벤처게임업체나 중소업체들에 대한 투자가 꽁꽁 얼어붙고 있다. 끊임없는 재투자를 통해 새로운 작품들이 계속 만들어지고 이를 통해 산업이 더욱 성장해 나가는 '선순환 구조'가 만들어지지 못하고 있는 것이다.

정부나 업계에서 게임산업 미래를 위해 펀드를 조성하고 투자를 약속하고 있지만 이같은 노력이 얼마만큼의 효과를 거둘 것인가는 아직 미지수라고 할 수 있다.

정부에서는 올해 모태펀드 문화계정을 통해 2000억 원 규모의 '위풍당당 콘텐츠 코리아 펀드'를 조성키로 했다. 이에 따라 '애니메이션 · 캐릭터 · 만화 펀드'(250억/정부출자 150억)와 '게임펀드'(250억/정부출자 125억)가 조성될 예정이다.

정부와는 별도로 게임업계에서도 중소업체들과의 협력을 위해 크고 작은 투자를 계속하고 있다. 그러나 이같은 정부와 업계의 노력에도 불구하고 현장에서는 돈이 돌지 않는다고 아우성을 치고 있다. 이는 가능성을 보고 투자하는 것이 아니라 이미 검증된 작품에 투자하는 안전한 방식이 대부분이기 때문이다.

자금은 햇빛과 비와 같은 것이다. 햇빛과 비가 없다는 그 어떤 생물도 살아남을 수 없다. 그 때문에 골고루 해가 비치고 비가 내려야 식물과 동물이 자리를 잡고 살아가게 된다. 지금의 게임시장은 몇몇 곳에 집중적으로 투자되는 양상을 보이고 있다. 이렇게 가다가는 곧 생태계가 무너질 수밖에 없다.

바로 바로 성과가 나오길 바라거나 생색내기 위한 투자는 지양돼야 한다. 보다 먼 안목에서 모두에게 고루 혜택이 갈 수 있도록 정부와 대기업들이 함께 노력한다면 척박해진 토양도 다시 윤기가 흐르고 생명력이 넘치는 땅으로 변할 것이다.

2014. 03. 26

중국 게임자본 유입 경계령

최근 중국 게임자본이 무서운 기세로 국내에 유입되고 있다. 외국 자본이 국내에 유입되는 것을 굳이 막을 필요는 없다. 정부의 재정이 견실하면 오히려 많이 들어오는 게 이득이다. 지금도 선진국에선 외국 자본을 자국으로 끌어 들이는 데 혈안이 돼 있다.

하지만 재정의 이니세이티브를 누가 쥐느냐의 문제는 또 다른 사안이다. 이를테면 외국자본이 들어왔다 해서 그 외국자본을 끌어들인 해당 국가로부터 중심을 잃을 정도로 휘둘리면 곤란하다는 것이다. 이미 중국의 위안화는 달러와 엔화 다음으로 우리나라 경제에 큰 영향을 미치고 있다.

농산물의 경우 중국산이 없으면 식탁이나 식당에 올릴 반찬을 만들 수 없을 정도가 됐다. 경공업의 경우도 마찬가지다. 그리고 이러한 분야는 중국 업체와의 경쟁력에 밀려 국내 업체들은 찾아보기 힘든 지경이 됐다.

그런데 이러한 일이 게임산업에서도 벌어진다면 얘기는 또 달라진다. 게임의 경우 문화 상품이다. 발전 가능성 또한 매우 클 뿐만 아니라 언어와 국경을 초월해 세계 어디에도 판매할 수 있는 게 문화콘텐츠다. 또 컴퓨터 프로그램과 그래픽, 서버기술 등 첨단 IT기술의 집합체가 다름아닌 게임이다.

이러한 핵심 산업이 중국 자본의 지배 아래 놓이게 된다면 경공업 제품의 경쟁력 상실과는 또 다른 차원에서 고민을 해봐야 한다. 기계로 마구 찍어내는 공산품이 아니라 정신을 담보해야 하는 문화상품이기 때문이다.

이 때문에 중국 게임자본의 국내 유입을 경계할 수 밖에 없는 것이다. 위험수위는 아니지만 경계할 만한 선에는 올라있다는 게 업계 주변의 이야기인 거 보면 조금은 게임업계 관계자들도 긴장해야 하지 않겠느냐는 것이다.

문화는 자존심이다. 시장원리에 의해 자본이 오고 가는 것이야 뭐라 할 수 없지만 자본이 있는 곳에 큰 목소리가 있다는 사실을 결코 잊지 말아야 한다는 점이다. 중국의 업체들이 자본 투자를 통해 목소리를 키운다면 우리의 문화 지킴은 상당히 버거워 질 수 밖에 없다. 그것은 시장을 잃은 것보다 더 손실이고 우리의 자존감과 얼을 지킬 수 없는 문화적 손실로 다가오기 때문이다.

2014. 04. 22

진흥원의 나주시대

서울 상암동의 한국콘텐츠진흥원이 나주로 이전하게 됐다. 게임업계의 입장에서는 참으로 아쉬운 일이 아닐 수 없다. 특히 진흥원으로부터 여러 가지 정책 지원과 도움을 받았던 중소 게임업체들의 경우 대부분이 수도권에 밀집해 있기에 그 아쉬움은 더 클 수밖에 없다.

하지만 정부의 지방화 정책 및 균형적 발전을 위해 기획하고 결정한 일을 되돌리는 것은 이미 오래 전에 불가능한 일이 됐다. 그렇다면 이전으로 인해 발생할 수 있는 문제점을 적극적으로 해결하고 보완하는 것이 더 현실적인 대안이다. 게임업계에서도 이 점에 대해서는 어느 정도 공감을 하고 있다고 보여진다.

그러나 정부에서 아무리 최선을 다해 준비하고 노력한다고 해도 한계가 있을 수 밖에 없다. 가장 쉽게 드러나는 것이 거리상의 문제다. 진흥원이 서울에 있을 때는 적어도 40~50분이면 쉽게 찾아갈 수 있었다. 하지만 이제는 아무리 빨라야 네 다섯 시간이 걸릴 수 밖에 없다.

서류상의 할 수 있는 일들은 모두 인터넷을 통해 처리한다고 해도 직접 얼굴을 맞대고 논의하고 협의하는 것과 같다 할 수 없다. 이러한 일들까지 인터넷으로 처리하는 것은 분명 한계가 있다. 이 문제는 근본적인 해결이 불가능한 것이다.

이러한 점을 어떻게 해결할 것인가에 대해 진흥원은 더 고민하고 방안을 찾는 노력을 기울여야 할 것이다. 당장은 수도권에 글로벌허브센터가 남아있으니 큰 문제는 없을 것으로 보여진다. 그렇다고 해도 전체적인 행정지원은 과거에 비해 약해질 수 밖에 없을 것으로 보인다.

아직 나주에서의 업무가 시작되기 전이니 표면적으로 문제점이 드러나지는 않았다고 볼 수 있다. 하지만 이제부터가 더욱 중요하다. 문제가 발생할 때마다 신속하게 대응하고 업계의 입장에서 고민해 해결해주는 의지가 필요한 것이다.

여기에 진흥원을 책임지고 있는 홍상표 원장의 부지런함도 필요하다. 주요 업무는 비록 나주에서 처리해야 하겠지만 최대한 많은 시간을 할애해서 서울과 수도권에 밀집한 게임업체들과 접촉하며 현장의 목소리를 들어줬으면 한다. 그가 솔선수범한다면 그 아래 임직원들에 대해서는 두말할 게 있겠는가? 모든 임직원들이 변화된다면 시공의 먼 거리는 더 이상 문제가 되지 않을 터이다.

2014. 05. 13

수출만이 살 길이다

온라인게임 종주국을 자랑하던 우리 게임업계에 갈수록 치열해지고 있는 글로벌경쟁으로 인해 위기감이 고조되고 있다. 온라인게임의 성장세가 둔화되고 있는가 하면 중국 등 경쟁국들이 무서운 속도로 우리를 뒤쫓고 있기 때문이다. 하지만 아직까지도 한국산 온라인게임의 위력을 결코 작다고 할 수 없다. 그리고 이제는 모바일게임시장도 온라인에 못지않게 급속히 커지면서 영향력을 키워가고 있다.

안타깝게도 아직 우리나라 모바일게임이 세계시장에서 큰 힘을 발휘하지 못하고 있는 것이 현실이다. 하지만 작품성과 운영 노하우 등 경쟁력만큼은 세계 어느 나라와 비교해 보아도 뒤처지지 않는다. 특히 독창적인 아이디어와 탄탄한 스토리를 갖춘 업체들이 늘어나고 있는 것도 반가운 소식이다.

최근 문화체육관광부가 마련한 '잇츠게임2014'는 그런 의미에서 국내외 업체들에는 많은 기회를 주고 있다. 중소업체들이 중심이 된 이 행사는 우리나라 중소업체들이 개발한 온라인과 모바일 게임을 전세계 바이어들에게 소개하는 자리다.

올해는 역대 최대 규모로 많은 국내외업체가 참가해 열띤 상담의 장을 마련했다. 그리고 성과도 그 어느 때보다 컸다. 한두 작품의 수출을 통해 대박을 터뜨리던 시대도 있었지만 이제는 그러한 일을 만들어내기가 쉽지 않게 됐다. 그 대신 작은 작품들이 세계 곳곳으로 수출되며 파이를 키우는 일은 가능하다.

이같은 일은 자금과 인력이 부족한 중소기업들에는 큰 부담이 될 수 밖에 없다. 이 때문에 정부의 적절한 정책지원은 요긴하다. 지금까지 정부가 중소기업들의 수출을 위해 많은 노력을 해 왔고 성과도 있었다.

WTO(국제 무역기구) 환경에서 직접적인 정부의 지원은 한계가 있다. 하지만 정책적 지원은 피해갈 수 있다. 따라서 더욱 체계적인 정부의 정책개발 지원방안은 중기에 힘과 에너지가 될 수 있다 할 것이다. 포화상태에 달한 국내시장을 넘어 세계 시장에서 활짝 나래를 펼 수 있도록 세심한 수출 촉진책 수립이 절실한 시점이다.

2014. 07. 02

게임업계의 사회공헌

게임업계는 그동안 여러 가지 방식을 통해 사회공헌 활동을 펼쳐 왔다. 겨울이면 불우이웃을 위해 연탄배달을 하는가 하면 김장 김치 담아 주기, 어린이놀이터 만들어주기, 벽화 그려주기 등 소소한 활동에서부터 게임문화재단을 만들어 조직적인 활동을 하기도 했다.

하지만 이러한 활동에도 불구하고 게임에 대한 일반인들과 정치인 등 사회의 시선은 여전히 부정적이기만 하다. 그들은 '손때 묻은 청소년들의 돈을 빨아들이기 위해 자극적으로 게임을 만들고 있으며 사회활동 또한 마케팅 연장선상에서 추진하고 있다'고 비난하고 있다.

이로 인해 게임업계는 '아무리 노력해도 알아주지 않는다'며 하소연하고 있다. 그래서 더욱 사기가 위축된다는 것이다. 왜 이런 일이 벌어지고 있는 것일까? 본지는 올해 첫 연중기획으로 '사회와 함께 하는 게임'이라는 타이틀로 지난 6개월간 게임업계의 사회공헌활동의 상황을 점검하고 바람직한 모델을 제시하려 했다. 그리고 마지막 순서로 학계와 시민단체 전문가들을 초청해 좌담회를 가졌다.

이날 좌담회에서는 많은 애기들이 나왔지만 공통적으로 지적된 건 게임업계의 특성을 살릴 수 있는 독창적인 사회공헌을 하라는 것이었다. 남들이 다 하는 활동을 해서는 사회의 따가운 시선을 바꿔놓을 수 없다는 것이다.

그렇다면 게임업계가 집중해야 할 사회공헌은 어떤 것인가? 그것은 다름 아니라 게임으로 인해 빚어지고 있는 과몰입 현상에 대한 집중적인 연구와 치료활동이 필요하다는 것이다. 또 게임박물관을 만들어 국민들에게 게임의 참모습을 알릴 필요도 있다. 다음으로 '게임의 날'을 만들어 함께 즐기고 공유할 수 있도록 해야 한다는 것이다.

지금까지 협회나 게임 문화재단에서 이같은 활동을 해오긴 했지만 부족하고 효과 또한 적었다는 것이 전문가들의 공통된 지적이다. 그렇다면 이제는 집중적이면서도 체계적인 사회공헌이 이뤄져야 할 것이란 점이다. 그래야만 사회의 부정적인 시선도 바꿀 수 있고 게임인들도 자부심을 느낄 수 있게 될 것이란 것이다.

2014. 07. 15

황 부총리에 대한 우려

새 사회부총리 겸 교육부 장관에 황우여 의원이 임명됐다. 여당인 새누리당의 대표까지 역임했던 황 부총리는 화려한 경력을 자랑한다. 엘리트 코스를 두루 밟으며 이제는 부총리의 자리에 까지 올랐으니 그의 능력과 영향력이 막강하다는 것을 쉽게 알 수 있을 것이다.

그러나 게임업계는 황 부총리가 교육부를 맡게 된 것을 걱정스런 눈초리로 지켜보고 있다. 그 이유는 여당 대표 시절에 그가 보여준 게임에 대한 강한 '거부감' 때문이다. 그는 국회 교섭단체 대표연설을 통해 게임을 '4대 악'으로 규정, 척결해야 한다는 강성 발언을 한 바 있다.

업계에서는 황 부총리가 국회의원이었던 때와 똑 같이 게임을 부정적인 시각으로 보고 학생 보호 차원에서 강력한 게임 규제안을 내놓을 수 있다는 점을 가장 크게 걱정하고 있다. 물론 의원과 부총리의 신분과 자리는 엄격히 다르다. 정치인의 경우 법을 입안하고 잘못된 정책을 지적하며 국민의 편에서 감시하는 역할이 중요하다. 하지만 부총리라는 자리는 행정부처를 책임지는 자리이며 국가정책을 수립하고 추진해야 한다. 입장이 달라지는 것이다.

황 부총리도 이 점을 분명히 인식하고 있겠지만 혹시라도 과거 의원시절 행했던 발언과 정책들을 부총리가 되어서도 그대로 밀고 나가려 한다면 이는 분명 자기 모순이 될 수 밖에 없다.

한 부처를 책임지는 장관이라는 자리와 사회 관련 부처를 함께 통솔해야 할 부총리라는 직책은 결코 가볍지도 않고 단 시일 내에 결과를 만들어 낼 수 있는 것도 아니다. 또 그는 우리나라의 100년 대계를 책임질 인재들을 길러내야 할 막중한 책임을 맡고 있다.

물론 게임과 교육이 전혀 무관한 것은 아니다. 청소년 대부분이 게임을 즐기고 있고 이를 통해 친구들과 유대관계를 맺기 때문이다. 정치인에서 행정가로 변한 황 부총리가 이번 기회에 교육 현장을 찾아 학생과 학부모들의 목소리를 들으며 게임에 대해 보다 이해도를 높일 수 있었으면 한다.

이를 통해 게임을 무조건 나쁜 것으로 몰아붙일 것이 아니라 보다 교육적인 방향으로 게임과 학업을 병행할 수 있는 방법을 찾아보는 것이 오히려 현명한 해결책이 될 수 있다 할 것이다.

2014. 08. 12

'지스타' 방향성 놓고 고민해야

국내 유일의 국제게임전시회인 '지스타'가 두 달여 앞으로 성큼 다가 왔다. 예전 같으면 지금쯤 수많은 온라인게임 업체들이 전시회에서 보여줄 작품을 단장하고 부스 디자인을 고민하는 등 축제 분위기로 들떠 있을 법 하다. 하지만 올해는 축제 분위기 보다는 당장의 앞날을 걱정하며 고군분투하는 업체들의 모습들이 역력하다. 일부 잘 나가는 몇몇 업체들을 제외하고는 다들 허리가 굽어있다.

이러한 분위기를 반영하듯 최근 게임산업협회(K-iDEA)가 발표한 지스타 중간 보고를 보면 썰렁한 분위기가 그대로 감지된다. 물론 전시장 규모가 늘어나고 엔씨소프트와 넥슨 등 대형업체들이 참가키로 하는 등 긍정적인 조짐이 없는 것은 아니다. 하지만 전반적인 분위기는 예전만 못하다는 것이 업계의 전반적인 반응이다.

협회는 이 기회에 '지스타'의 방향성에 대해 심각한 고민을 해 봐야 하지 않겠는가 싶다. 그저 상황이 변하는 데로 따라가는 것이 아니라 분명한 지향점을 갖고 전시회를 운영해 나가는 것이 필요하다. 지금의 모습은 그저 애매 모호하고 그때 그때 처방하는 땜질 식 전시회일 뿐이다.

더군다나 그동안 시장을 주도해 온 온라인게임 업체의 경우 새롭게 선보일 작품이 마땅치 않아 고민하고 있다. 그나마 모바일 업체들은 사정이 나은 편이지만 모바일 게임 특성상 전시회를 통해 보여줄 수 있는 것이 마땅치 않다는 데 그들의 또 다른 고민이 있다는 점에서 이마저도 녹록치 않은 형편이다.

전시회라고 하면 업계의 축제라고 할 수 있다. 그런데 최근의 분위기는 B2C보다 B2B가 강조되고 있는 듯하다. 물론 B2B가 산업에 있어서 중요한 역할을 하는 것이 사실이다. 하지만 유저들을 위한 자리도 분명 필요하다. 유저가 있어야 시장이 있는 것이고 그들이 외면할 때 시장은 위축될 수 밖에 없기 때문이다.

올해로 10회를 맞는 '지스타'가 향후 10년, 그리고 다시 10년을 계속 이어가기 위해서는 지금이라도 새로운 방향성을 정립할 필요가 있다 하겠다. 한 때 잘 나가던 글로벌 전시회가 소리 소문 없이 사라진 예는 적지 않다. 지스타 전시회 관계자들은 이를 반면교사로 삼아야 할 것이다. 지스타, 이젠 변해야 한다.

2014. 09. 29

변죽만 울린 국감

게임을 바라보는 정치인들의 시각은 크게 두 가지로 나뉜다. 하나는 건전한 사회를 좀 먹는 유해물질로 보는 것이고 다른 하나는 미래 먹거리를 책임질 유망 콘텐츠 산업이라는 것이다.

그런데 아직까지 대부분의 정치인들이 게임을 부정적인 시각으로 보고 있는 것이 사실이다. 이로 인해 신의진 의원(새누리당)의 경우 게임을 술, 도박, 마약 등과 같이 중독물질로 보고 관리해야 한다는 법을 상정하기도 했다. 또 정부에서도 청소년들의 심야시간 게임이용을 막기 위해 유례가 없는 '셧다운제'를 도입, 시행하고 있기도 하다.

그 반대편에 있는 정치인도 소수이긴 하지만 존재한다. 대표적인 인물이 현 남경필 경기도지사다. 그는 국회의원이던 지난 해 게임산업협회(K-iDEA) 회장직을 맡으며 주변 의원들의 손가락질을 받기도 했다. 또 전병헌 의원(새정치민주연합)도 한국e스포츠협회장과 국제e스포츠연맹회장을 맡는 등 적극적인 게임사랑 활동을 해오고 있다.

그리고 최근에는 박주선 의원(새정치민주연합)이 국내 게임산업을 보호하기 위해 정부의 역차별 문제를 지적하는 등 긍정적인 관심을 보여주기도 했다. 박주선 의원은 국정감사 직전에 보도자료 등을 통해 "모든 게임이 심의를 받고 있는 국산게임과 달리, '스팀'과 같은 해외 업체는 절반 이상의 콘텐츠들이 심의를 받지 않은 채 유저에게 노출되고 있다"며 심의 역차별 논란을 지적했다. 그러나 이러한 지적은 사실이 아닌 것으로 드러났다.

그런데 문제는 게임에 부정적인 정치인뿐만 아니라 게임에 긍정적인 정치인들조차도 게임을 정확히 이해하지 못하고 있다는 것이다. 이로 인해 이번 국감도 게임산업 문제의 핵심을 찌르는 것이 아니라 변죽만 울리고 사회적 이슈만 만들어내는 데 그칠 것으로 보인다.

정치권이 게임시장의 변화 속도를 제대로 따라가지 못하고 있다면 이는 심각한 문제가 아닐 수 없다. 외국의 경우 국회의원은 최고의 전문가로 인정받는다. 이는 저절로 이뤄지는 것이 아니라 철저한 연구화 치열한 현장학습을 통해 얻어지는 것이다. 과연 우리나라의 국회의원들은 얼마나 산업을 이해하고 현장을 파고들었는지 반성해봐야 할 것이다.

국회의원이라는 권위를 앞세울 것이 아니라 그들이 알고 있는 정확한 지식과 핵심을 찌르는 문제의식이 필요한 것이다.

2014. 10. 22

게임과몰입 연구하려면 제대로 하라

정부가 게임과몰입이 우리 뇌에 미치는 영향에 대한 연구를 지원키로 했다고 한다. 이는 게임이 뇌에 미치는 영향에 대한 과학적 연구가 그동안 거의 없었다는 것을 생각한다면 매우 반가운 소식이 아닐 수 없다. 그럼에도 이같은 연구과제에 대해 게임업계가 여러 가지 문제를 제기하고 나서는 등 복잡한 심경을 드러내고 있어 배경에 관심이 모아지고 있다.

이 과제는 미래창조과학부와 문화체육관광부, 보건복지부, 산업통상자원부, 여성가족부 총 다섯 개의 관련 부처가 참여하는 범정부사업이다. 과제명은 '인터넷·게임중독의 뇌과학적 원인규명 및 진단/예방 기술(이하 과몰입연구과제)'로 돼 있다.

그런데 업계가 뭔가 석연찮다는 반응인 것이다. 먼저 게임을 중독물질로 인정하고 들어가는 과제명이다. 게임이 중독물질이라는 증거는 세계 어디에서도 제시된 바 없다. 그럼에도 버젓이 '중독'이라는 이름을 과제명으로 채택함으로써 정부에서 '게임=중독물질'을 인정한 꼴이 됐다. 그렇다면 자칫 결론을 이미 내놓고 거기에다 결과를 짜맞추는 꼴이 될 수 있다는 점에서 과제명은 반드시 바뀌어야 한다는 것이다.

다음으로는 사업 추진 주체가 가톨릭대학교란 점이다. 과거 게임에 대해 아주 부정적인 입장을 보였던 이 대학에서 연구가 이뤄지는 만큼 공정하고 중립적인 연구결과를 기대할 수 있을 지 의문이라는 게 게임계 안팎의 정서다.

마지막으로 227억이라는 사업비에 대한 논란이다. 이같은 규모는 결코 많다고도 그렇다고 작다고도 할 수 없다. 더군다나 5년이란 기간 진행되는 중기 과제다. 하지만 명시적인 사업 방안이 뚜렷하지 않다. 그럼에도 일각에서는 연구예산을 더 늘려서라도 확실한 답을 얻어야 한다고 주장하고 있다. 업계가 우려하는 것은 바로 이점 때문이다. 연구 절차를 위한 사전 연구 과제를 수행해 보지도 않고 바로 본 연구 과제를 진행하는 게 다른 의도가 있어 그런 게 아니냐는 것이다. 그 결과로 나온 금액이 227억이라는 설명이다.

모처럼 기획한 정부 프로젝트가 이쪽저쪽의 오해를 사 국고를 낭비하는 일이 없었으면 한다. 그렇다면 명칭부터 재검토하는 작업이 먼저 선행돼야 한다고 본다. 그리고 공청회도 필요하다면 열어야 한다. 왜냐하면 오얏나무 아래선 갓끈 매는 것도 삼가기 때문이다.

2014. 11. 11

부산시의 1000억 투자약속

서병수 부산시장이 '게임산업 육성 5개년 계획'을 수립, 시행에 들어간다고 밝혀 관심을 끌고 있다. 이번 5개년 계획의 비전은 '2018년 게임산업 중심 도시 실현'이다.

부산시는 국내의 메이저 글로벌 연구개발(R&D)센터 유치와 지역 게임업체의 중견기업으로 도약을 위해 2018년까지 1000억 원을 투입하고, 이를 통해 일자리 1000개를 만든다는 목표를 세웠다.

게임업계는 서 시장이 게임산업 육성을 위해 적지 않은 예산을 투자하겠다는 데 대해 일단은 환영하는 분위기다. 중앙정부와 일부 국회의원들이 게임을 규제하고 억제하려 하고 있는 가운데 지방자치단체 가운데 그것도 존재감이 있는 부산시가 나서서 1000억 원이라는 예산을 지원해 주겠다니 반갑지 않을 수 없는 것이다.

그럼에도 불구하고 우려의 목소리도 적지 않다. 서 시장이 정치인으로서 표를 의식한 선심행정을 하려는 것 아니냐는 것이다. 그 이유는 그가 시장에 당선되기 전에는 게임에 대해 매우 부정적인 입장을 보였던 '안티맨'이었다는 사실에서 기인한다. 서 시장은 국회의원 시절 일명 '손인춘법' 등 게임악법을 발의하는데 함께 나선 이력이 있다. 이 때문에 업계에서는 부산에서 열리는 '지스타'를 보이콧하겠다는 말까지 나오기도 했다.

그랬던 서 시장이 부산시장에 당선된 이후 180도 달라진 모습을 보이고 있는 것이다. 그는 시장에 당선되자마자 부산이 아닌 성남시 판교테크노밸리를 찾아가 주요 게임업계 대표들을 만나기도 했다. 수도권에 밀집해 있는 게임업체를 부산으로 유치하기 위한 행보로 풀이된다.

그리고 이번에 다시 한 번 게임업체들을 향해 러브콜을 보냈다. 정치인과 행정가는 분명히 다르다. 서 시장이 과거 정치인으로 있을 때는 게임산업을 제대로 인식하지 못했을 수도 있다. 하지만 시장으로 당선된 이후 지역경제를 생각하다 보니 게임산업의 중요성을 새삼스럽게 깨닫게 됐을 수도 있다. 그렇게 됐다면 참으로 다행스런 일이 아닐 수 없다.

다만 염려스런 것은 서 시장의 게임산업 육성정책이 즉흥적으로 나온 것이어서는 안 된다는 사실이다. 또 '지스타' 개최지 중간평가를 앞두고 유리한 점수를 따기 위해 나온 것이란 인상도 강하게 주고 있다.

이 때문에 부산시의 게임산업 육성정책이 용두사미로 끝나지 않도록 서 시장이 재임기간 동안 확고한 신념을 갖고 이 사업을 밀고 나갈 것을 당부한다.

2014. 11. 25

게임위 출범 1주년에 부쳐

지난 해 12월 출범한 게임물관리위원회가 1주년을 맞았다. 게임위는 2012년 '게임산업진흥에 관한 법률 개정안'이 시행되면서 기존 게임물등급위원회를 폐지하고 새롭게 만든 조직이다. 1년이라는 짧은 기간 동안 게임위는 참 많은 이슈의 중심에 섰다. 그런데 좋은 일 보다는 부정적인 이미지로 많이 알려지면서 조속한 조직정비와 전문성 확보 등이 요구되고 있다.

객관적으로 게임위의 1년 공과를 따져본다면 청소년 대상 게임의 심의를 민간에 이양한 것과 사행성 게임 단속 및 관리, 웹보드 게임 규제 강화 안착 등을 성과로 꼽아볼 수 있다. 하지만 이와 반대로 성추행 및 배임 논란, 웹보드 게임 개정안과 관련된 업계와의 갈등, 개인 개발자 및 해외 개발사에 대한 심의문제 등 크고 작은 잡음들이 끊이지 않고 있다.

특히 본업도 그것이지만 업무 외적인 일로 자주 세인들의 구설에 오르고, 또 이러한 일이 한두 번이 아닌 상황이라면 이는 분명 조직에 문제가 있다는 점을 지적하지 않을 수 없다. 한마디로 설기환 위원장이 조직을 제대로 장악하지 못했거나 새로 출범하면서 기강이 무너졌다고 밖에 할 수 없다.

게임위는 업계와 사회의 여과 기능을 담당한다는 측면에서 무엇보다 도덕성이 담보돼야 한다는 것이다. 또 객관적이고 이성적이어야 한다는 점에서 여타 기관보다 더 모범적이어야 함엔 두말할 나위 없다.

예컨대 그런 것들을 상실했을 때는 설득력을 잃게 되고 수용자들에게는 불공정의 색안경으로 보게 되는 원인을 제공할 수 있게 된다는 것이다. 그런 차원에서 사내 교육을 더욱 강화해야 한다는 점을 강조하고 싶다. 과거 김기만 전 게임물 등급위원장은 매주 포럼을 열어 직원들의 눈높이를 재조정하는 등 업계와의 소통을 추진하기도 했다.

게임위가 출범 1주년을 맞아 서비스 기관이 아니라 업계 위에 군림하려 했던 것이 아닌지, 또는 공무원 조직에 익숙한 타성에 젖어 그저 그런 행정만 펴 온 것이 아닌지 스스로 자문해 볼 일이다. 해서 무엇보다 환골탈태하는 게임위의 모습을 보여줘야 할 것이다.

2014. 12. 15

정부의 게임중장기계획의 성패

정부는 지난 2003년부터 지금까지 두 차례에 걸쳐 게임산업 진흥 중장기 계획을 수립해 시행한 바 있다. 5년을 주기로 한 이 중장기계획은 정부가 게임산업에 집중해 다양한 발전전략을 수립, 지원에 나선다는 점에서 업계의 큰 주목을 끌었다.

그리고 정부는 최근 세 번째 중장기계획을 발표했다. 이 계획안에 따르면 정부는 향후 5년간 ▲차세대 게임산업 신영역 창출 ▲게임산업 재도약 기반 마련 ▲게임인식 제고를 통한 가치의 재발견 등 3대 전략을 중점 추진키로 했다.

이같은 내용은 과거와 비교했을 때 획기적인 내용을 담고 있다기보다는 연속선상에서 보다 구체화한 느낌이 강하다. 그도 그럴 것이 게임산업이 이제는 성숙기에 접어들었고 우리업체들의 경쟁력도 세계 어느 나라와 비교해도 손색이 없을 정도로 성장했기 때문에 정부가 할 수 있는 역할이 크게 줄어든 탓도 있다. 그러나 업계에서는 이번 중장기계획에 대해 크게 환영하는 분위기라기보다는 기대할 것이 그다지 없다는 반응이다.

이는 두 가지 측면에서 해석해볼 수 있다. 하나는 정부의 중장기계획에 대한 불신이다. 정부는 오래 전부터 우리나라를 세계 3대 게임강국으로 만들겠다고 큰소리 쳐왔다. 그런데 오늘의 현실은 3대 강국은커녕 어떻게 하면 살아남을 수 있을 것인가를 걱정해야 할 처지가 됐다. 이는 중소업체뿐만 아니라 대기업들도 마찬가지다.

또 다른 하나는 정부의 지원책이 이제는 달라져야 한다는 것이다. 과거 업계의 규모가 작고 전문가가 적었을 때는 정부의 자금이나 정책방향 제시가 큰 도움이 됐다. 하지만 이제는 규모도 커졌고 전문가들도 적지 않다.

반면 정부의 각종 규제와 부정적인 인식으로 인해 산업의 뿌리가 흔들리고 있다는 점이 현재의 가장 큰 문제라고 할 수 있다. 일부에서는 정부가 '시계를 거꾸로 돌리고 있다'는 말이 나올 정도로 게임에 대한 규제와 간섭을 더 강화하고 있다. 또 게임을 폭력과 선정성, 사행성 등으로 몰아가는 분위기는 더 견고해 지고 있다.

이렇게 해선 곤란하다. 정부의 중장기계획과 2300억 원에 달하는 자금을 지원해 주는 것도 중요하지만 더욱 우선해야 할 것은 이러한 게임에 대한 인식의 전환이다.

물론 이번 3차 중장기계획에서 이 부분을 중요하게 다루고 있지만 형식적으로 생색내기에 그쳐선 안 된다. 정부가 제시한 3대 사업전략 중에서도 가장 역점을 두고 시행해야 한다. 그래야 나머지 사업들도 탄탄한 기반 위에서 새롭게 도약할 수 있는 힘을 얻을 수 있을 것이기 때문이다.

2014. 12. 23

제2 판교테크노밸리에 대하여

미래창조과학부와 국토교통부는 최근 판교에 창조경제 산업을 육성하기 위한 '제2 테크노 밸리'를 오는 2017년까지 조성한다는 계획을 발표했다. 이 사업은 미래부의 '경제혁신 3개년 계획'의 지역별 특화형 거점 구축 계획 중 하나로, 판교에 게임산업을 주축으로 한 '창조경제밸리'를 조성하고, '게임산업 클러스터'로 육성한다는 것이다.

이번 창조경제 밸리 조성계획과 관련해 업계에서는 대체적으로 환영하는 분위기다. 1차 판교테크노밸리에 많은 게임업체들이 입주해 어느 정도 자리를 잡았을 뿐 아니라 정부가 게임산업을 적극 육성한다는 취지도 업계에 힘을 실어줄 것으로 기대되기 때문이다.

그러나 사전에 풀어야 할 과제도 적지 않다. 우선 창조경제밸리의 실질적인 규모가 기존 판교 테크노밸리보다 작음에도 불구하고 입주 대상 업종은 창조경제를 대표하는 콘텐츠산업 전체로 함으로써 집중력을 떨어뜨리고 있다는 것이다.

또 판교테크노밸리에 입주한 많은 게임업체들이 겪고 있는 어려움이 제2 판교테크노밸리에서 그대로 재현되는 것을 사전에 막아야 한다는 점을 지적하지 않을 수 없다. 현재 판교에는 엔씨소프트, NHN엔터테인먼트, 네오위즈게임즈, 넥슨 등 대형 게임업체들이 대거 입주해 있다. 중소업체들이 가기에는 여러 면에서 어려움이 예상된다.

판교테크노밸리의 높은 분양가와 지리적으로 경기도 성남 외곽에 위치하는 등의 요인으로 인해 입주 초기 많은 업체들이 어려움을 겪었다. 또 일부 업체들은 사옥을 지어놓고도 입주하지 않고 그대로 서울에 남은 경우도 있었다.

이는 지리적인 문제도 있지만 생활할 수 있는 기반 인프라가 제대로 갖춰지지 못한 것이 결정적이다 할 수 있다. 직장인들에게는 거주할 주택과 출퇴근 시간 등 편의 생활공간이 중요하다. 그런데 판교테크노밸리는 이런 점에서 치명적인 약점을 지니고 있다.

현재 판교테크노밸리에는 대형 게임업체들이 대부분 입주해 있고 전체 게임 매출의 80% 이상이 이곳에서 만들어지고 있다. 그렇다면 제2 판교테크노밸리는 좀더 다른 방향에서 접근해야 할 것이란 점이다. 중소업체들이 입주할 수 있는 저렴하면서도 실험적인 시설이 들어서거나 컨벤션센터 등 판교 테크노밸리 기반 배후시설로의 활용도 검토해야 한다는 것이다. 이를 통해 기존 판교 테크노밸리와 제2 판교 테크노밸리가 유기적으로 연결돼 하나의 거대한 게임산업단지로 거듭날 수 있도록 새로운 그림을 그렸으면 하는 바람을 나타내는 이들이 적지 않다. 이런 점을 유념해 정부가 이번 제 2판교 테크노밸리 설계 때에는 더욱더 세심한 노력을 기울였으면 한다. 2015. 01. 26

한심한 게임산업협회

게임산업협회가 표류하고 있다. 지난 2013년에 이어 올해도 새로운 수장을 찾지 못해 선장 없는 배처럼 떠돌고 있다.

상황은 오히려 더 나빠졌다. 2013년 아무도 회장 자리를 맡지 않으려 하는 바람에 갖은 우여곡절 끝에 당시 국회의원이었던 남경필 회장을 추대했다. 당시 게임업계는 정치적 역량을 갖춘 국회의원을 회장으로 영입함으로써 게임업계에 대한 사회적인 인식이 개선되고 위상도 높아질 것이라며 반겼다.

그럼에도 불구하고 게임계는 지난 2년간 구심점을 찾지 못하고 우왕좌왕하는 모습을 보이며 정치권과 정부, 사회단체의 부정적인 시선에 끌려 다녔다. 고작 한 것이라곤 협회이름만 제멋대로 바꿨을 뿐이다. 그것뿐인가. 최근 보건복지부가 공익광고라며 내 보내고 있는 '게임중독' 광고는 협회가 얼마나 무기력하고 존재감을 드러내지 못하고 있는 가 하는 사실을 단적으로 보여주는 예다.

경쟁업종 단체 같았으면 당장 복지부로 달려가 농성을 벌였겠지만 게임산업협회란 단체는 아무런 행동도 취하지 못했다. 참으로 한심한 일이 아닐 수 없다.

그리고 이제 새 회장을 뽑아야 하는데 2년 전처럼 하겠다는 사람이 아무도 없다고 하니 그대로 손을 놓고 있다. 역사는 안 바뀌는 것인가. 협회는 또다시 외부에서 영입해야 할 탁한 처지에 놓여 있다. 이미 실패로 끝난 정치인 영입은 아니더라도 정부 고위 관료 출신을 불러다 앉혀야 하는 데 이마저도 용이하지 않다.

그렇다면 게임계에서 회장이 나와야 하는데 신통치가 않다. 아니 답이 없다. 그나마 조정역을 맡아온 엔씨소프트와 넥슨이 서로 등을 지고 있기 때문이다. '엎친 데 덮친 격'이다. 회장을 맡겠다는 사람도 없고 외부 영입도 마땅치 않은 상황이다. 그렇다면 문을 닫아야 하는가.

당장이라도 비상체제에 돌입해야 한다. 필요하다면 게임계의 원로들과의 회동의 자리도 마련해야 한다. 도대체 정치력도 없는 협회라는 게 말이 되는가. 그야말로 절체절명의 위기라는 사실을 전혀 의식하지 못하고 있는 것이 아닌가.

시간이 너무 없다. 서둘러야 한다. 이러다가 게임산업협회가 공중 분해되는 게 아닌가 하는 걱정이 비단 일부의 생각이라면 그건 착각이다. 산업이 그만큼 위태위태하다는 것이다. 그런데 협회는 도대체 뭘 하는가.

2015. 02. 07

복지부의 무지와 횡포

게임업계 종사자뿐 아니라 문화계 인사들은 최근 믿을 수 없는 황당한 광고에 당혹감을 감추지 못했다. 그 이유는 보건복지부가 지하철과 인터넷을 통해 '게임중독'을 예방한다는 취지의 TV 광고를 내보낸 때문이다.

이 광고의 내용은 실로 충격적이다. 해당 광고는 '게임 배경음악 소리가 환청처럼 들린 적이 있다' '사물이 게임 캐릭터처럼 보인 적이 있다' '게임을 하지 못하면 불안하다' '가끔 현실과 게임이 구분이 안 된다' 등 부정적인 질문을 던지고, 이들 중 하나라도 해당 하는 사람은 게임중독자 일수 있다고 주장하고 있다.

특히 광고 마지막에는 '게임 중독, 무엇을 상상하든 그 이상을 파괴합니다'라면서, 지나가는 행인을 무차별 적으로 폭행하는 등 마치 게임 유저 모두가 잠재적 범죄자인 것처럼 묘사하고 있는 것이다.

이 광고는 모든 게임인들의 공분을 샀고 보다 못한 일부 게임 단체에서는 성명서를 발표하기에 이르렀다. 이 단체는 성명을 통해 "어느 나라에서도 게임을 중독을 일으키는 물질로 표현하거나 규정하지 않는다"면서 "이번 광고는 게임에 대한 잘못된 인식을 불러일으킬 뿐 아니라 최근 박근혜 정부에서 강조하는 문화콘텐츠산업 육성과 창조경제, 문화융성의 관점과도 배치된다"고 주장했다.

이 광고에 대한 반발이 거세지자 게임 주무부처인 문화체육관광부가 복지부에 강력 항의했고 합의가 이뤄지지 않자 청와대가 중재에 나서 결국 이 광고는 내달 2일까지만 노출하는 선에서 매듭지어진 것으로 알려졌다.

하지만 복지부는 내심 이 광고에 대해 '잘못한 것이 없다'는 입장을 버리지 못하고 있는 듯 하다. 그러나 이는 복지부의 일방적이고 무지한 횡포라 할 수 있다. 어떻게 정부의 이름으로 진행되는 공익 광고를 제작하면서 이해관계에 있는 타 부처의 의견을 전혀 수렴하지 않고 일방적으로 제작할 수 있었던 것인지, 또 문화 콘텐츠의 핵심으로 떠오르고 있는 게임을 국민의 혈세를 써 가며 제멋대로 중독물질로 규정하며 '마녀사냥'을 할 수 있는 지 다시 묻지 않을 수 없다.

또 있다. 복지부는 이번 사안으로 인해 지금까지도 과거 복마전의 부처라는 소리를 지우지 못하고 있는 게 아닌가 하는 의심을 사기에 충분했다. 게임에 대해 중독물질 운운하는 게 또 다른 음흉한 목적을 가지고 접근하는 게 아닌가 하는 게임계의 경계심을 그냥 기우라고 여기기에는 복지부의 의지와 힘이 너무 들어가 있기 때문이다.

문화산업의 총아라고 일컬어지는 게임을 단순히 국민 보건 복지 차원에서 논한다고 한다면 그것은 바둑에서 열의 수를 바라보지 못하고 오로지 자신의 수만 옳다고 믿고 던지는 패착의 수와 다름 아니다.

복지부가 지금 어느 시대에 살고 있는지 다시 헤아려 봤으면 한다. 그것이 과연 공익광고의 대상이라도 될 법 한 일인가. 게임이 문제가 있으면 아무리 살리려 해도 살 수 없고 그렇지 않으면 녹아 들어가는 것이다. 도대체 문화라는 문자를 알고 하는 짓인가.

2015. 02. 24

게임협회장 제대로 뽑아야

게임산업협회(K-iDEA)가 새 회장 선출을 앞두고 또다시 진통을 겪고 있다. 협회는 그동안 오래 전부터 회장을 하겠다는 적임자를 찾지 못해 난산을 거듭해 왔다. 전임 남경필 회장이 선출될 때도 게임업계에서 인물을 찾지 못해 결국 정치권의 도움을 받는 모양세가 됐다.

남 전 회장은 처음엔 의욕적으로 업무를 추진했다. 협회 명칭도 '게임'이라는 단어를 슬그머니 던져 버리고 '한국인터넷디지털엔터테인먼트협회'라는 다소 생뚱맞은 명칭으로 바꿔 버렸다. 하지만 그게 끝이었다. 그가 협회나 업계를 위해 한 일이라곤 기억나지 않을 정도라는 것. 임기 1년여를 남겨 놓은 채 국회의원직을 버리고 경기 도지사 선거전에 뛰어 들었다.

우여곡절 끝에 남 전회장의 임기는 끝났지만 게임업계를 이끌어갈 차기 회장을 하겠다고 나서는 적임자는 없었다. 그래서 꺼내 든 카드가 한때 넥슨 공동대표를 맡았던 강신철씨를 차기 회장 후보로 추대하려는 움직임이 구체화되고 있다고 한다.

아무도 하지 않겠다는 마당에 강 전 대표가 총대를 메겠다고 나서 주는 것만도 고마운 일이 아니냐는 분위기다. 그러나 그가 과연 적임자인가 하는 것은 또 다른 문제라고 본다.

게임계를 이끌고 있는 업체 대표가 한둘이 아닌데 그 많은 이들 중에 회장을 맡겠다는 사람이 하나도 없다는 것은 참담한 일이 아닐 수 없다. 업계 스스로 자신들이 한 일에 대해 책임을 지지 못하겠다는 것과 다르지 않다.

이처럼 업계 스스로 당당한 모습을 보여주지 못하면서 대외적으로 어떻게 자신들의 입장을 대변하겠다는 건지 알다가도 모를 일이다.

게임에 대한 사회의 부정적인 시각은 갈수록 더 심해지고 있다. 일부 정부 부처와 정치권에서도 게임을 옥죄기 위해 혈안이 돼 있다. 따라서 '결사 항쟁'의 자세로 맞서도 모자랄 판에 서로 나몰라 라고만 한다면 게임업계의 미래는 눈을 감고 봐도 뻔하다 할 수 있다.

때 늦었지만 지금이라도 협회는 산업과 업계를 대변할 수 있는 인물을 다시 찾아봐야 한다. 그것은 현직에 있는 오너나 대표가 돼야 함은 물론이다. 시간이 좀 더 걸리더라도 그렇게 하는 것이 진정 게임업계를 위한 일이라고 생각한다.

2015. 03. 18

게임규제 자율에 맡겨야

최근 정우택 의원(새누리당)이 국회 교육문화체육관광위원회에 '확률형 아이템규제'를 골자로 하는 게임산업진흥법개정안'을 발의해 논란이 일고 있다.

이 개정안은 이미 업계에서 자율적으로 실시하고 있는 내용과 별로 다를 게 없을 뿐 아니라 그 기준도 애매모호해 업계에 큰 부담을 줄 것으로 우려되고 있기 때문이다.

정치권에서는 게임산업을 마치 '사회악'인냥 인식하며 기회가 있을 때마다 이를 규제하기 위한 칼날을 휘두르려 한다. 그러나 게임산업은 문화콘텐츠의 핵심 아이콘으로 시장 잠재력이 엄청난 유망 분야다. 그럼에도 끄떡하면 트집을 잡고 발목을 묶고 있다. 게임업계에서는 정부와 정치권에서 아무런 관심도 갖지 않았던 20여년 전이 오히려 지금보다 사업하기가 좋은 환경이었다고 한다. 그 당시에는 지원은 없었지만 지금처럼 차가운 규제는 덜했다는 것이다.

그런데 오늘날 게임산업에 대한 규제와 간섭은 금도를 넘어서고 있다는 느낌을 지울 수 없다. 너무 세세한 부문까지 정부나 정치권에서 참견하려 든다면 그 범위는 끝도 없다 할 것이다. 하지만 게임산업 환경은 하루가 다르게 변하고 있으며 우리 업체들은 큰 벽이라고 느낄 만큼 쟁쟁한 글로벌기업들과 경쟁을 벌여야 한다. 이 때문에 법의 틀에서 게임산업을 옥죄려 한다면 그것은 곧 기업의 경쟁력의 저하로 밖에 이어질 수 없다.

업계 스스로 조율하고 자정해 나가는 분위기와 풍토를 조성하는 게 긴요하다. 스스로 제어할 수 있는 능력을 배양하고 이를 통해 경쟁하면서 발전하도록 하는 것이 기업 환경을 마련하는 지름길이다. 큰 틀에서 게임의 방향타를 조율하는 것은 필요하겠지만 너무 세세한 것까지 법으로 정하고 제약하려 한다면 창의적인 발상과 그에 따른 작품을 기대할 수 없다.

지금 우리 게임계는 중국과 일본 등 경쟁국들과 힘겨운 샅바 싸움을 벌이고 있다. 자칫하면 판을 내줄 수 있는 위급한 상황이다. 이같은 열악한 환경에서도 꿋꿋하게 버텨 나가는 게임계에 격려를 해주지 못할망정 또다시 법의 울타리를 운운하는 것은 격을 생각하는 선량의 태도 또한 아니며, 경제를 살리겠다는 정부 여당의 정책과도 역행하는 처사라 아니할 수 없다. 법의 규제에 걸리고 사회의 부정적인 인식에 치이는 일이 더 이상 반복되는 일이 있어선 안되겠다. 그런 일들이 반복된다면 우리 게임산업은 오랜만에 잡을 수 있었던 큰 시장을 놓쳤다는 통한의 아픔에서 결코 쉽게 벗어나지 못할 것이다. 언필칭 정치권, 특히 국회의 게임에 대한 인식 전환이 절실한 시점이다.

2015. 03. 24

강 회장 후보 추대

게임산업협회(K-iDEA)가 새로운 회장 후보로 넥슨 공동대표를 역임한 강신철씨를 추대했다고 한다. 남경필 전 회장이 사실상 협회 일에서 손을 뗀 이후 1년여 만에 새 회장을 뽑는 것이다.

강 회장 후보가 나오기까지 진통도 많았다. 하겠다고 나서는 사람도 없고 남 전회장은 게임과는 전혀 무관한 디자인 전문가를 회장 후보로 추천하는 웃지 못할 해프닝도 있었다. 이런 와중에 회장 자리를 장기간 공석으로 둘 수 없다는 위기의식에서 나온 카드가 강신철 회장 추대 방안이다.

어느 단체나 마찬가지겠지만 회장이란 자리는 막중한 책임감과 함께 영예스런 자리다. 특히 업종을 대표하는 단체의 장은 더 그럴 수 밖에 없다. 이 때문에 일부에서는 과열 경선이 빚어져 말썽을 빚기도 한다. 그런데 게임업계에는 이런 경쟁이 없다. 오히려 뒷짐만 지거나 떠넘기기 식으로, 큰 업체들이 돌아가면서 총대를 메는 방식으로 진행되고 있다.

그나마 초대회장을 맡았던 김범수 회장(다음카카오 의장)과 2대 김영만 회장(전 한빛소프트 대표)은 달랐다. 그들은 산업을 위해 봉사하겠다고 나선 인물들이다. 이후 게임협회장 자리는 이른바 떠넘기기 식으로 돌아갔다. 김기영 한빛소프트 대표만이 자발적으로 회장직을 맡겠다고 나선 유일한 경우다.

그리고 끝내는 외인 부대를 불러 들였다. 당시 임기를 마친 최관호 전회장은 마땅한 적임자를 찾지 못하자 눈 여겨 본 남경필 새누리당 의원을 강력 추천, 남 회장 체제를 만들었다.

문제는 전임 회장들 대부분이 그랬지만 오너가 아니고서는 마치 모래알 같은 협회 회원사들을 뭉치게 하는 데는 한계를 보이고 말았다는 점이다. 정치권에서 컸고 친화력 또한 뛰어나다는 남 전 회장조차 맥을 못 췄다. 그 이전 회장들은 강력한 리더십도 존재감도 드러내지 못한 채 임기만 채우기에 급급했다. 이런 과정이 반복되면서 협회의 공신력과 추진 동력은 크게 훼손되고 말았다.

그럼에도 협회 집행부는 강신철씨를 새 회장으로 추대하겠다는 것이다. 넥슨 공동대표 출신인 그는 현재 네오플 고문 자리를 맡고 있다. 게임계를 완전히 떠났다고는 할 수 없지만 현업에서 한발 물러서 있는 형편이다.

그런 처지의 강 후보가 과연 얼마나 빼어난 리더십을 발휘할 것인가에 대해서는 여러 의견이 나오고 있다. 그의 인격과 성품 역량 문제는 그의 리더십과는 또 다른 문제다.

본지는 앞선 사설을 통해 강 회장 후보

옹립 움직임에 대해 여론 수렴 등 절차상의 과정이 절실하다는 입장을 밝혔다. 행정적인 절차도 그것이지만 정통성을 확고히 인정받으려면 적어도 그런 과정이 필요하다고 본 것이다. 또 그래야 떠맡는 식의 회장이지만 권위를 부여 받고 또 한편으론 회원사들로부터 담보할 수 있는 건 담보할 수 있겠다는 취지에서다.

그리고 무엇보다 강 회장 후보가 친 넥슨계이지만 그렇다고 넥슨을 대표해서 결코 일을 하지 않는다는 모습을 대내외적으로 보여줘야 명실상부한 대표성을 인정받지 않겠느냐는 점도 작용했다.

작금의 게임계는 상당히 위기국면에 처해 있다. 밖으로는 중국 일본 등 경쟁국이 우리 턱 앞까지 치고 올라왔고 안으로는 사행과 과몰입 문제로 옴짝달싹도 못하고 있다. 또 시장판은 온라인과 모바일이 첨예하게 경쟁하고 있는 모습을 보이고 있다. 산업 발전을 위한 로드맵은 몇 년째 잠을 자고 있다.

총회 인준 절차가 아직 남아 있지만 특별한 변수가 생기지 않는 한 강 회장 체제의 출범은 명약관화한 일로 보여진다.

그렇다면 강회장 후보는 적어도 취임에 앞서 회원사들에 대해 협회의 새 비전을 제시하는 등 과거 떠맡는 식의 회장들과는 다른 모습을 보여줘야 한다는 것이다. 특히 협회 내 괴상한 조직인 운영위원회에 자신의 운명을 떠맡긴 채 끌려 다니는 일만큼은 하지 않겠다는 대내외적인 선언은 해야 마땅하지 않겠느냐는 것이다.

적어도 그렇게 해야 회장으로서 체면은 서겠다는 생각에서다.

2015. 04. 02

여명숙 위원장의 선임

한동안 정부 고위 공직자 출신들이 산하 기관장으로 임명되는 이른바 '관피아' 문제가 큰 이슈가 됐었다. 이로 인해 최근 문화체육관광부 1급 출신들이 줄줄이 옷을 벗었을 때 아무도 산하 기관으로 가질 못했다.

이러한 분위기 때문인지 최근 게임물관리위원회 신임 위원장에 포항공대 교수 출신인 여명숙 위원장이 선출됐다. 이렇게 되자 최근 박근혜 정부가 들어선 이후, 그리고 문화체육관광부 김종덕 장관이 임명된 이후 교수출신 기관장을 너무 선호하는 것 아니냐는 불만의 소리가 이쪽저쪽서 터져 나오고 있다.

물론 교수라고 해서 행정 능력이 모자란다거나 조직을 장악하는 리더십이 부족하다는 얘기가 아니다. 하지만 '관피아'를 피하려고 '교피아'를 만들어 내는 것 아니냐는 일부의 지적은 그냥 가볍게 넘어갈 사안은 아닌 것 같다.

게임계와 관련해서는 초대 한국콘텐츠진흥원장을 지낸 이재웅 원장이 동의대 교수 출신이었다. 그는 한때 국회의원을 역임하기도 했지만 오랫동안 교편생활을 해 왔다. 그리고 최근 문체부 장관으로 임명된 김종덕 장관도 교수 출신이다. 김 장관에 대한 평가는 아직 이렇다 저렇다 언급하기엔 다소 이른감이 없지 않다.

이 전 원장의 경우 초대 원장으로서 큰 의욕을 보이긴 했지만 게임계에서는 현장을 모르는 정책들을 많이 내놓았다는 평가를 받았다. 그는 조직 재편을 통해 컨버전스(융합)시대에 맞는 조직으로 탈바꿈 시키겠다고 의욕을 보였으나 내부 조직 갈등만 야기한 채 실패하고 말았다. 이러한 문제점은 다음 원장대에 가서 다시 바로 잡긴 했지만 이에 대한 논란은 끊이지 않았다.

이같은 정책 실패는 현장보다는 이론에 치중하고, 실리보다는 교과서적인 목소리를 강조한 데 따른 것이라는 데 이의가 없다. 한마디로 산업에 대한 이해도가 떨어지고 현장의 목소리를 듣는데 미흡하다는 지적인 것이다.

이번에 새 위원장으로 선출된 여명숙 위원장에 대한 세평이 그다지 곱지 않다. 일각에서는 새 위원장이 여성이란 점을 감안, 세심한 행정을 펼쳐 나갈 것이라는 기대감을 나타내고 있지만 다른 한편에서는 그의 산업적 인지도가 어느 정도인지 가늠할 수 없다며 부정적인 견해를 보이는 이들이 적지 않다.

위원회의 처지를 들여다보면 해야 할 일이 산적한 상태다. 이완된 조직을 추슬러야 하고 직원 재교육 등 각종 현안 문제 등도 붕 떠 있는 상황이다. 또 위원회의 재정 자립도에 대한 우려의 목소리가 나온 지는 이미 한참 전의 일이다.

이러한 현안들을 위원회가 어떻게 슬기롭게 헤쳐 나갈 것인가는 순전히 여 위원장에 달려있다 할 것이다.

이같은 문제점들은 이론만 가지고서는 해결되는 일이 아니다. 정치권과 열린 대화가 이뤄져야 하고 정부와도 끊임없는 정책협의를 진행해야 한다. 내부조직은 또 나름대로 사내교육을 통해 업그레이드 시켜야 한다. 이런 일은 교수보다는 행정가의 몫이라 할 수 있다.

따라서 이같은 우려를 불식시키기 위해서는 여 위원장이 위원회 최초의 여성이라는 수식어를 떼어 내고 위원회의 수장으로서 또 그 조직의 행정가로서 거듭나야 할 것이란 점이다. 또 그래야 낙하산에 의한 '교피아'라는 소리를 듣지 않을 것이다. 그의 진화하는 리더십을 지켜보고 싶다.

2015. 4. 13

박근혜 정부의 게임정책 과제

박근혜 대통령이 취임한 지 2년이 지나 절반을 향해 가고 있다. 이쯤에서 게임산업에 대한 박근혜 정부의 정책을 중간 평가해 본다면 다소 실망스럽다는 것이다. 기대가 워낙 컸기 때문이었는지 모르겠지만 지날수록 실망스러움만 안기고 있다는 데 대해 업계가 대체로 공감하는 듯 해 보인다.

박 대통령은 대선 후보였던 시절부터 꾸준히 게임에 대한 관심을 보여 왔다. 특히 지난 2012년 새누리당 대통령 후보 때에는 부산에서 열린 '지스타' 현장을 방문하는 등 게임 문화 전반에 걸쳐 큰 관심을 나타냈다.

그가 대통령에 당선된 이후에도 게임을 미래 먹거리를 책임질 '창조경제 5대 킬러 콘텐츠' 중 하나로 언급하는 등 적극적인 움직임을 보이기도 했다. 하지만 박 대통령의 이같은 의지는 서서히 꺾이는 듯 흔들리기 시작했다. 말직에 까지 대통령의 의지가 제대로 전달되지 않았고 정치권의 게임규제 움직임도 끊이지 않았다.

대표적인 사례가 최근 게임계를 발칵 뒤집어 놓았던 보건복지부의 '게임중독 광고' 사건이다. 복지부는 지하철과 인터넷을 통해 검증되지 못한 일방적인 내용을 '게임중독' 광고란 미명아래 대대적으로 알렸다.

이 사건을 계기로 정부 부처 내에 안티게임맨들이 얼마나 많이 존재하고 있으며 게임에 대해 몰상식한 '아이돌 놀이'로 깎아내리는 이들이 얼마나 많은지를 여실히 보여 줬다는 점에서 게임 산업에 대한 정부의 새로운 인식이 과제가 되고 있다 할 것이다. 또 그런 측면에서 이번 사건을 가볍게 보아 넘겨선 안될 사안이라고 생각한다.

규제의 못을 뽑아 버리는 것도 중요 하지만 그것 못지않게 인식에 대한 전환이 절실한 것은 바로 이 때문이다. 박근혜 정부의 남은 과제는 그래서 게임에 대한 인식 전환에 힘을 기울여야 할 것이란 점이다. 게임을 오로지 수출 효자산업으로만 부추길 것이 아니라 당당한 문화콘텐츠산업의 중심이라는 점을 모두가 인식할 수 있도록 해야 한다는 것이다. 이같은 과제는 결코 짧은 시간에 이뤄질 수는 없겠지만 마치 잔비에 옷이 젖어들 듯 지속적이고도 꾸준한 노력이 뒷받침된다면 그렇게 어려운 일도 아니라는 것이다.

박근혜 정부가 새로운 게임육성 정책도 그것이지만 이같은 점을 유념해 제도권내에 게임에 대한 전반적인 인식이 개선 되도록 힘을 기울이는데 보다 역점을 두었으면 하는 바람이 크다.

2015. 04. 20

넷마블의 눈부신 변신

넷마블게임즈는 우리나라 온라인 게임의 역사를 연 1세대 게임업체다. 이 회사는 캐주얼게임을 중심으로 한 게임포털 '넷마블'을 론칭하며 초창기 '한게임' '피망'과 함께 게임포털 3인방으로 시장을 이끌었다.

그러다가 웹보드 게임뿐만 아니라 '서든 어택' 등 온라인게임을 서비스하며 빅3로 자리를 잡는 등 성장을 거듭해 왔다. 그러다가 창업주인 방준혁 의장이 CJ그룹에 회사를 매각하면서 새로운 국면을 맞았다.

온라인게임시장에 위기가 찾아왔을 때 방 의장은 다시 넷마블로 컴백해 모바일이라는 새로운 시장에 도전장을 던졌다. 그리고 이 도전은 멋지게 성공했다. 이제 넷마블이란 기업에 대해 온라인게임만 하는 업체라고 말하는 사람은 그다지 많지 않다.

최근 선보인 '레이븐'을 비롯해 '모두의 마블' '다함께 차차차' '몬스터길들이기' 등이 다 넷마블 손에 의해 공급됐다. 이 회사는 최근 글로벌 모바일 앱 통계 분석 사이트 '앱 애니'가 발표한 전세계 모바일 게임 4월 매출 순위에서 글로벌 매출 퍼블리셔 5위를 차지했다.

국내 게임업체 중 10위권 안에 이름을 올린 기업은 넷마블 뿐이다. 구글 플레이 기록 만으로만 보면 핀란드 게임회사인 수퍼셀에 이어 두 번째다.

중요한 것은 이러한 넷마블의 도전이 지금부터 시작이라는 것이다. 넷마블은 웹보드 게임에서 온라인게임으로, 그리고 다시 모바일게임으로 기업의 역량을 집중하며 성공적인 기업 변신을 꾀해 왔다.

하지만 넷마블 주변을 살펴보면 아직도 갈 길이 멀다는 느낌이다. 국내 게임기업 중 넷마블이 그나마 하고 있다고 할 수 있을 뿐, 넷마블이 세계 톱 반열에 올라섰다고 평가하기에는 이른 감이 없지 않기 때문이다.

그러기 위해서는 자만에 빠지지 말고 초심을 잃지 않도록 해야 한다. 지금처럼 긴장을 늦추지 않고 한다면 세계 톱 게임 기업으로 발돋움하는 일도 그리 어려운 일만은 아니다 할 것이다. 넷마블의 새로운 도전사를 또 보고 싶다.

2015. 05. 29

금융쪽만 쳐다보는 게임계

얼마 전까지만 해도 코스닥시장에서 귀한 대접을 받던 게임 주식들이 최근 힘을 잃고 있다. 모바일게임 시장의 폭발적인 성장과 글로벌시장의 성과에 힘입어 20만 원대에 육박했던 컴투스의 경우 12만 원 대로 주저 앉았고 데브시스터즈, 선데이토즈 등 '카카오 게임하기'의 열풍에 힘입어 한 몸값을 한다는 기업들의 주식들도 반토막 이하로 떨어졌다.

상황이 이렇게 되자 기업을 상장한 게임 업체들이 주가 급락으로 몸살을 앓고 있다. 증권가뿐 아니다. 이들은 금융권에도 마치 '을'인양 '갑'의 위치에 서 있는 그들의 눈치를 보며 전전긍긍 하고 있다.

주식시장에 상장한다는 것은 기업을 공개한다는 것이다. 따라서 주주들의 이익과 사회의 공익을 함께 담보하는 것이라고 봐야 한다. 즉 이윤을 추구하면서도 사회적 책임을 다해야 한다는 뜻이다. 그런 측면에서 1차적인 기업의 의무는 주주들의 가치를 제고하는 일이라고 할 수 있다.

하지만 그것으로 다 했다면 절반의 성공에 불과한 것이다. 사회를 위한 역할과 의무까지 다해야 비로소 제 몫을 했다고 할 수 있다.

최근 경제 상황이 안 좋아 지자 너나 할 것 없이 주식시장과 금융계만 쳐다보고 있다. 특히 게임계의 경우 사회적 역할은 거의

손을 놓고 있는 처지인데 더 뒷짐만 지고 있는 모습이다.

기업의 가치 제고와 사회 공헌의 의무는 마치 독수리의 양 날개와 같아서 한쪽만 가지고서는 높고 멀리 비상할 수 없다. 두 개의 날개를 균형 있게 펼쳐 보여야 보다 안정적인 비행이 가능하다는 뜻이다.

게임계를 바라보는 사회의 시선은 여전히 따갑다. 강력 사건이나 사행문제가 터져 나오면 모든 화살이 게임계로 돌아온다. 분명 왜곡된 시각이지만 이를 '아니다'라고 할 만큼 사회에 잘한 것 또한 없다.

산업에 대한 인식이 달라지는 것은 하루 아침에 이뤄질 사안이 아니다. 지속적이고 적극적인 노력이 선행될 때 비로소 느낌이 오는 것이다. 게임계의 금융계에 대한 러브콜은 정말 애처롭기 까지 하다. 지금이라도 좀 당당해 질 순 없을까. 좀 없어도 속 편한 게 좋다. 가슴을 사회로 모아볼 수는 없을까.

2015. 06. 16

공사(公私) 구분도 못하는 게임위

그동안 직원들의 비리와 조직 기강 해이 등으로 여러 차례 여론의 뭇매를 맞아온 게임물관리위원회가 또다시 어처구니 없는 행태를 보여 구설에 오르고 있다.

이번에는 한 업체가 게임위의 규정을 어기며 사업을 잘못 운용하고 있다는 사실을 인지하고도 이를 마치 임의 단체에서나 있을 법하게 구두로 코치짓을 하며 슬그머니 얼버무리려 했다는 것이다.

이 일을 규정대로 처리한다면 해당 게임에 대한 조치는 등급 취소 또는 경고 처분이 내려져야 했지만 위원회의 친절한 조언으로 해당 업체는 처벌을 피해갈 수 있었다. 하지만 이같은 일은 결코 있을 수도 있어서도 안되는 일이다.

이같은 행위는 이미 남의 물건을 훔쳐 형사 사범이 된 도둑에게 물건을 제자리로 돌려놓으면 그런 일이 없었던 것으로 치겠다며 그 죄를 덮어준 것과 다름 아니다 할 것이다.

더군다나 이같은 일에 게임위의 고위 관계자들과 정부부처 공무원이 깊이 관여됐다고 하니 어안이 벙벙할 따름이다. 게임위는 대한민국의 사회 규범을 여과시키는 최후의 보루다. 따라서 법과 규정을 어느 곳보다 잘 지켜야 함은 두말할 나위 없다. 이를 덧붙이면 나라로부터 권한과 지위를 넘겨받아 이를 행사하는 기관이란 뜻이다. 그런 기관의 고위 관계자들이 개인적인 일을 처리하듯 공적인 일을 스스럼 없이 사적으로 처리했다는 건 있을 수 없는 일이다.

여기에 정부부처의 관계자까지 합세했다면 뭔가를 잘못 생각해도 한참을 잘못 생각한 것 같다. 게임위 관계자나 주무부처 공무원들이 업체들과 접촉하게 되면 불가피하게 친분이 쌓일 수 있고 굳이 법의 잣대를 갖다 대지 않아도 될 일이 있다. 충분히 이해할 수 있는 부분이다. 그러나 그건 어디까지나 여기까지다. 이미 범법을 저질렀을 땐 얘기는 다르다.

이번 사안은 예비 범죄 단계에서 적발된 게 아니라 버젓이 법을 어기다가 드러난 범법 행위에 해당된다. 그렇다면 사적으로 처리할 게 아니라 공적으로 처리해야 옳았다. 예컨대 정식으로 공문을 보내 공문으로 답을 받는 게 순리였고 그것이 쥐꼬리만한 친분관계에 있었다면 친절한 배려였다고 본다. 친분 관계가 쌓이다 보니 결국 '봐주기'가 돼 버린 것이다. 그러나 그것이 더 발전하게 되면 '비리'로 이어지고, 그로 인해 조직에 큰 폐를 끼칠 수 있다는 점을 결코 잊어선 곤란하다. 문체부와 게임위도 이 같이 공사 구분을 못하는 어정쩡한 일 처리가 두 번 다시 생기지 않도록 해당 직원에 대한 일벌백계의 징계와 함께 직원들의 근무 기강을 새롭게 다져 나가야 할 것이다.

2015. 07. 28

포항공대의 게임 '셧다운제'에 대해

지난 3월에 이어 또다시 포항공대에서 게임 '셧다운제'가 큰 이슈가 되고 있다. 이 대학은 지난 3월부터 학생들이 밤늦은 시간에 게임에 접속하지 못하도록 하는 이른바 '셧다운제'를 시행해 왔다.

당시에도 많은 학생과 게임산업 관계자들이 성인인 대학생을 상대로 게임접속을 원천적으로 차단하는 데 대해 자율권과 창의성을 무시하는 것이라고 강하게 반발했지만 대학 당국은 이를 무시한 채 그대로 강행했다.

그러자 학생들은 학교측의 게임접속 차단에 맞서 VPN을 통해 우회적으로 접속하는 방법으로 게임을 계속 즐겼다. 이같은 사실이 뒤늦게 알려지자 대학 당국은 이번에 약 3억 원의 예산을 들여 이러한 우회접속까지 막겠다고 나섰다. 학생들이 크게 반발하고 나섰음은 물론이다.

대학당국의 입장을 들어보면 충분히 이해할 수 있다. 아니, 이해하고도 남는다 할 것이다. 학생들이 학내에서 학업이 아닌 놀이만을 위해 매일 컴퓨터에 접속한다면 이보다 더 속상하고 한심한 일이 또 어디 있겠는가. 상아탑을 쌓는 대학 정신을 강조하기에도 불편하고 학생은 학생대로 본분을 저버리는 일이 아닐 수 없다.

그렇지만 그 같은 학생을 막겠다고 원천적으로 게임을 차단하겠다는 대학당국의 방침 또한 딱해 보이긴 마찬가지다. 대학은 학문을 연구하는 기관이기도 하지만 사회에 진출하려는 예비 사회인을 만들고 육성하는 곳이기도 하다. 그런 측면에서 자유와 방종 그리고 자율과 규제는 분명히 구분돼야 하고, 그러한 데 대한 책임 또한 학생 스스로 느끼게 끔 하는 것이 교육의 현장이자 교육의 목적이라고 믿는다.

셧다운제는 기본적으로 자율적인 것이 아니라 규제의 성격이 강하다. 하지 말라 하는 강제성이 부여된 제도인 것이다. 최근 청소년을 대상으로 한 강제적 셧다운제 조차 '부모선택제'로 바뀌고 있다. 강제의 효율이 자율의 느슨함보다 못하다는 결론이 난 사안이다.

그런 측면에서 대학당국에 대해 이 제도의 도입 문제를 놓고 좀 더 심사 숙고했으면 하는 당부의 말씀을 드리고자 한다. 예컨대 대학의 참 진리 탐구는 길들여진 학생보다는 다듬어지지 않은 학생에 의해 이뤄져 왔다는 원로 교수들의 목소리는 다름아닌 이 문제를 풀어가는 바로미터라고 할 수 있겠다.

규제보다는 자율이 낫다는 것이다.

2015. 08. 17

이젠 규제가 아니라 자율의 시대다

정부가 지난 해 2월부터 시행에 들어간 온라인 웹보드 게임에 대한 규제를 완화하겠다는 입장을 최근 밝혔다. 정부가 2년 마다 규제안에 대해 다시 심사를 진행해서 잘 이행하고 있다고 평가되면 이를 다소 완화해 주는, 이른 바 '일몰제' 시행을 웹보드 게임 규제 완화에도 적용하겠다는 것이다.

이 소식에 게임업계는 모처럼 반가운 일이라고 일단 환영하는 분위기다. 최근 온라인 게임계의 상황은 최악이라고 할 정도로 어렵다. 이런 가운데 그나마 숨통을 트여줄 수 있는 일이 생긴 것이다. 물론 웹보드 게임에 대한 규제가 완화된다고 해서 온라인게임 시장이 다시 되살아 나는 것은 아니다.

그렇다 해도 정부가 웹보드 게임을 '사행'으로 바라 보고 규제를 강화해 왔던 기조에서 사회의 건전한 성인놀이 문화로 바라보고 이를 유연하게 대처해 나가겠다고 한 데 대해서는 긍정적인 움직임이자 바람직한 방향으로 정책의 물꼬를 튼 것으로 평가할 수 있다.

더 나간다면 이를 통해 게임을 바라보는 국민들의 인식과 눈 높이 수준도 조금은 긍정적인 쪽으로 쏠렸으면 하는 바람이 크다. 웹 보드 게임 규제는 업계에 대한 좋지 못한 인식을 심어 준다는, 그런 지엽적인 문제에 그치지 않는다.

경쟁 업종과 산업에 대해서는 각종 규제를 철폐하고 자율적으로 운용하도록 하면서 유독 게임에 대해서 만큼은 조자룡의 청룡도를 휘두르겠다는 것은 어딘가 모르게 어색한 일이라고 아니할 수 없다. 더군다나 그 흔한 잣대인 형평성에도 어긋나는 것이다.

웹보드 게임은 성인들의 놀이 문화 가운데 하나라고 생각한다. 이를 막게 되면 음지로 숨어 들어가는 건 당연한 이치다. 하수구가 없다면 그 집은 오염된 물로 넘쳐 날게 뻔하다. 암암리에 운용되고 있는 불법 게임 사이트가 그 대표적인 사례다. 이같은 사이트에서 운용되는 음성 자금이 얼추 30조 원에서 50조 원에 이른다고 하니 입이 다물어지지 않는다. 하수구가 절대 필요하다는 것이다.

그런 관점에서 성인들이 즐기는 웹보드 게임을 업계 자율에 맡기고, 이용자 스스로 선택할 수 있도록 하는 것은 매우 의미 있는 일이라고 할 수 있다.

이번 기회에 정부가 웹보드 게임에 대한 규제를 완화하기 보다는 아예 손을 떼고 업계 자율에 맡기는 것이 보다 앞선 행정이라고 생각한다. 정부가 쥐고 있으므로 백해 무익한 것은 규제의 보도라는 사실을 결코 잊지 말아야 한다.

2015. 09. 14

지스타, 과연 이대로 좋은 것인가

세계 3대 게임쇼로 발돋움하겠다며 야심차게 출범한 '지스타'가 올해로 11회째를 맞이하게 된다. 내달 12일부터 15일까지 나흘간 부산 해운대 벡스코 전시장에서 열리는 '지스타'는 현재까지 B2C관 1154 부스, B2B관 916 부스 등 총 2070여 전시 부스가 주인을 찾은 것으로 나타났다. 이같은 추세라면 지난해와 비슷한 규모로 대회를 치를 수 있을 것으로 전망된다.

하지만 내막을 들여다 보면 예전과 다르다는 점을 쉽게 발견하게 된다. 먼저 겉으로 보기에는 그럭저럭 평년작이 될만하다. 앞서 언급했지만 주최측이 마련한 부스는 특별한 일이 없는 한 성원이 이루어질 전망이다.

그러나 B2C관에 참가하는 업체들의 면면을 보면 얘기는 달라진다. 메이저군이라고 해 봤자 고작 엔씨소프트, 넥슨에 불과하고 소니, 모나와 등이 겨우 얼굴을 드러낼 뿐이다. 업계의 맏형이라 할 수 있는 엔씨소프트와 넥슨이 참가하는 것은 그나마 다행스러운 일이지만 나머지 중견업체들의 모습을 찾아볼 수 없다.

이렇게 된 데는 최근 급성장하고 있는 모바일 게임업체들의 대회 참가 외면이 큰 몫을 차지한다고 볼 수 있다. 온 오프라인에서 유저들과 만남을 갖는다는 그 자체의 상징성만으로도 충분히 전시회에 참가할 목적과 의미가 있다 할 수 있겠지만 이들은 하나같이 이를 마다했다. 잘 나간다는 메이저급 업체들도 B2C가 아니라 B2B에 참가하겠다는 것이 다 일 뿐이다.

사정이 이렇게 되다 보니 잔칫집이 돼야 할 전시회의 장이 마치 '김 빠진 맥주'의 경연장으로 전락할 처지에 놓이게 됐다. 그렇다면 이 시점에서 우리는 지스타의 발전적 방향을 위한 진지한 고민과 연구가 뒤따라야 하지 않겠느냐는 점을 강조하고자 한다.

이런 식으로 대회가 계속 이어진다면 내년의 지스타도 내후년의 지스타도 달라질 게 하나도 없을 것이라고 단언한다. 조직위는 대회 참가를 유도하기 위해 업체들을 상대로 애걸복걸 아닌 애걸복걸을 해야 하고, 빈 전시 공간을 채우기 위해 머리를 싸맨 채 고민을 할게 뻔하다. 한마디로 대회의 외화내빈, 바로 그것인 것이다.

언필칭, 선택은 보다 분명하다 하겠다. 대회의 화려함을 걷어내고 누구나 참여하고 참가할 수 있는 문턱 낮은 대회로 '지스타'를 개최하는 것이다. 말 그대로 유저와 게임업체들이 오프라인에서 함께 즐기는 축제의 장으로 대회를 치르는 방식이다.

그게 싫다면 과감히 거품을 거둬내고 실속만을 위한 대회로 지스타를 여는 방식이다. 예컨대 B2B 중심으로 대회 성격을 완전히 개편하는 것이다. 지금처럼 이도 저도 아닌 상태로 대회를 계속 치른다면 중국과 일본, 그리고 유럽의 '차이나조이' '도쿄게임쇼' '게임스컴' 등에 밀려 3류 전시회로 전락할 개연성도 없지 않다.

지스타는 게임계가 애지중지 키워온 산업인프라 가운데 하나다. 지난 10여년간 많은 게임인들은 이를 위해 피와 땀을 흘려 왔다. 하지만 변해야 할 때라면 변해야 한다.

그리고 시대에 걸맞지 않는다면 과감히 그것을 벗어 던져 버려야 한다는 사실이다. 그래야만 살 수 있다. 다시 한번 강조하지만 정부와 조직위 그리고 업계가 이번 지스타 개최를 계기로 새롭게 거듭날 수 있는 지스타 발전방안을 내놔야 할 것이다.

2015. 10. 06

중국시장 커지는데 우린 뭐하나

한 때 우리의 안마당처럼 여겨지던 중국 시장이 이제는 단일 국가 세계 최대의 게임시장으로 성장해 버렸다. 정보통신산업진흥원이 발간한 '트렌드 리포트 제1호 게임편'에 따르면 올 상반기 중국 게임시장은 605억 위안(한화 약 11조 424억 6000만 원)으로 전년 동기 대비 29.1% 증가했다.

이 가운데 온라인게임 시장은 267억 위안(한화 약 4조 8732억 8400만 원)으로 전체의 44%를 차지했고 모바일게임 역시 전체의 35%에 달하는 209억 위안(한화 약 3조 8146억 6800만 원)으로 세계 최대 시장으로 자리잡았다.

이처럼 중국 게임시장이 무섭게 성장하고 있는 데 대해 무엇보다 13억에 이르는 인구를 바탕으로 경제가 꾸준히 신장하고 있는 것이 가장 큰 요인으로 꼽혔다. 또 정부 차원에서 철저히 시장을 관리하는 등 게임업계가 성장해 나갈 수 있도록 튼실한 토양을 만들어 준 것이 지금의 세계 최대 시장을 만들어 나간 원동력이 됐다고 전문가들은 보고 있다.

이에 반해 우리나라 게임시장은 폭풍 앞의 등잔불처럼 위태 위태하다. 한국경제연구원에 따르면 지난 2007년부터 2012년까지 국내 게임시장은 연평균 13.7%의 성장세를 이어 오다가 2013년부터는 전년대비 0.3% 감소에 이어 2014년에도 또다시 1.8% 줄어든 것으로 조사됐다.

중국정부와 달리 우리나라는 정부와 국회가 짝짜꿍으로 나서 끄떡하면 게임계에 대못을 박았다. '셧다운제', 웹보드게임 규제 강화 등 각종 네거티브 정책을 펴면서 날개를 꺾었다. 이같은 열악한 상황 속에서 게임업체들이 중국 시장을 뛰어 넘어 다시 도약하기를 바란다는 것은 어불성설이다.

게임은 전세계, 어느 시장에서도 통할 수 있는 콘텐츠다. 그래서 문화 할인율이 가장 높다는 평을 듣고 있다. 해서 킬러 콘텐츠라고도 한다. 그런데 이같은 샤이닝 산업을 방치한 채 그냥 내버려 두거나 옥죄는 것은 다음 후세들에게 큰 죄를 짓는 일이다. 이런 추세로 간다면 엔터테인먼트 산업 가운데 가장 앞서가던 게임의 장르가 하루 아침에 외국기업에 종속되지 않는다고 누가 장담할 수 있겠는가.

이 시점의 바람은 정부와 국회가 정신을 바짝 차렸으면 한다는 것이다. 어떻게 청년들의 일거리를 고민하는 정부와 국회가 이처럼 게임산업을 홀대할 수 있는지 알다가도 모르겠다.

2015. 10. 12

킹코리아 저작권 승소 의미

그동안 끊임없이 제기돼 온 게임 표절 시비가 결국 법원의 판결을 통해 명백한 사실로 가려졌다. 그러나 표절 시비는 법적인 문제에 앞서 도덕적인 측면에서 결코 바람직하지도 않고, 있어서는 안 된다는 점에서 이번 법원의 결정은 저작권 침해에 있어 업계에 경종을 울리는 첫 사례가 될 것으로 보여진다.

서울지방법원은 최근 킹 코리아가 아보카도 엔터테인먼드를 상대로 제기한 저작권 침해 소송 선고공판에서 피고측에 '포레스트 매니아'에 대한 서비스를 즉시 중단하고 손해배상금 11억 6811만 원을 지급하라고 판결했다. 이번 판결로 그동안 아무런 거리낌 없이 이뤄져 온 '카피 캣' 관행에도 급제동이 걸릴 것으로 보인다. 특히 게임계에 만연해 온 '일단 베끼고 보자'는 식의 안이하고도 막가파식의 태도에 충격파를 안겨준 사례가 될 전망이다.

그동안 게임계에는 크고 작은 저작권 침해 논란이 끊이지 않았다. 하지만 게임의 특성상 저작권 침해를 증명하는 것이 쉽지 않아 흐지부지 끝나는 경우가 부지기수 였다.

하지만 이번에는 킹 코리아가 정식으로 법원에 이 문제를 제기한 것이다. 이에 따라 업계에서는 과연 어떤 결과가 나올지 관심이 모아져 왔다. 결국 1년 여 간의 공방 끝에 아보카도 측이 킹 코리아의 저작권을 침해한 것으로 결론이 난 것이다.

킹코리아는 "우리는 게임계의 발전과 공정한 경쟁을 통한 창의적인 개발 환경을 지향해 왔다"며 "이번 사례의 경우 독창적인 저작권을 침해하며 부정 경쟁 행위를 한 데 대한 법적 조치 취하려 했던 것"이라고 밝혔다. 공정한 경쟁을 위해서는 더 이상 카피캣을 용납해서는 안 된다는 논리가 법원에서 받아들여진 것이다.

하지만 그렇다고 게임계에 만연해 있는 저작권 침해 사례가 쉽게 사그러 들지는 않을 게 분명하다. 오히려 더욱 교묘하고 치밀하게 바뀔 수도 있다. 하지만 분명한 것은 법의 판단에 앞서 이용자들이 먼저 이러한 사실을 알고 있을 것이라는 점이다.

너무 쉽게 돈을 벌려 하고, 너무 쉽게 작품을 만들려 하다 보니 이러한 일들이 마치 일상화된 듯해 입맛이 개운치 않다. 지금 우리 게임계에 닥친 위기는 우리 스스로 불러 온 것이라고도 할 수 있다. 이번 판결을 계기로 우리 게임계가 저작권에 대한 중요성과 인식을 새롭게 했으면 한다. 실례로 월트 디즈니가 지금도 콘텐츠 시장에서 큰 목소리를 내는 배경에는 그들이 소유하고 있는 저작권과 그로 비롯되는 저작권의 힘이 뒤에서 받쳐 주고 있기 때문이라는 사실을 게임계가 상기했으면 싶다.

2015. 11. 02

정부 게임 정책 다시 짜라

산업계는 '못살겠다'고 아우성인데 정부는 '문제가 없다'고 한다. 마치 각자 자기 갈 길만 걸어 가는 모습이다. 이같은 시각 차 때문에 산업계의 동정과 정부의 정책이 따로 도는 상황이 연출되고 있는 게 아닌가 한다.

국내 게임산업은 온라인 게임의 등장과 함께 가파른 성장세를 보이며 성장해 왔다. 그러던 것이 플랫폼 변화와 시장 침체기 등이 맞물리면서 위기를 맞고 있는 것이다. 이같은 요인 외에도 정부의 과도한 규제정책과 실효성 없는 진흥책이 게임계를 더 어렵게 하고 있다는 지적도 적지 않다.

현 시장 상황에 대한 업계의 큰 우려의 시각과는 달리 정부는 여유 있는 모습이다. 주무부처인 문화체육관광부는 플랫폼의 변화로 인한 일시적 현상일 뿐 그 이상도 이하도 아니라는 견해를 보이고 있는 것이다.

그렇다면 양측의 체감 온도가 상당하다는 것인데 과연 어느 쪽의 입장이 더 시장 상황에 걸맞은 것이냐는 것이다. 특히 상당수 업계 전문가들은 현재의 시장 환경에 대해 긍정적인 재료보다는 부정적인 재료가 더 많다는 입장을 보이고 있다는 점을 주목할 필요가 있다.

무엇보다 손발이 맞지 않는 규제책을 업계는 우려를 나타내고 있다. 더욱이 보건 복지부나 여성가족부 등 게임과는 전혀 관련이 없는 부처마저 산업을 규제하려 드는 상황을 어떻게 이해할 수 있다는 것인가.

안타까운 점은 이에 대한 반론을 제기하거나 산업 중흥을 구체적으로 언급할 수 있는 이론적 토대를 마련해 주는 기관마저 공중분해됐다. 이명박 정부가 때 아니게 기관 통폐합을 단행, 지난 2009년 게임산업진흥원이 한국콘텐츠진흥원에 흡수 합병된 것이다. 당시 이명박 정부는 게임을 방송과 만화, 출판 애니메이션 등과 같이 한 데로 묶어 육성해도 된다고 판단했지만 결과론적으로 보면 실패했다는 게 전문가들의 일치된 견해다.

게임은 외형적으로 보면 문화 콘텐츠 범위 안에 들지만 몸통의 실체를 보면 정보통신을 기반으로 하는 체질을 지니고 있다. 따라서 오프라인 정책도 그것이지만 인터넷과 통신 정책에 더 무게를 두고 숨을 쉬고 있다고 봐야 한다. 몸은 하나인데 둘의 실체를 두고 있다는 뜻이다. 그런 게임을 콘텐츠진흥원에서 업무를 관장하는 건 한 몸통을 내려놓는 것이나 다름없다.

글로벌 게임시장은 급성장하고 있다. 가까운 이웃 일본은 침체기에서 벗어나 경기 부활의 조짐을 보이고 있다. 중국은 아예 중화의 본질을 게임에서 찾으려 혈안이 돼 있다. 이런 형편에 산업계와 정부가 호흡이 맞지 않고 있다는 건 뭔가 처방전에 문제가 있다는 뜻이다. 혹 게임산업을 포함한 디지털 콘텐츠 분야에 정부의 컨트롤 타워가 없기 때문인가.

　너무 비관적이어서도 안되겠지만 근거도 없는 산업 낙관론도 위험하긴 마찬가지다. 지금 정부 당국은 너무 낙관론에 빠져 있다. 그렇기 때문에 산업에서 엇박자로 인한 삐걱 소리가 나는 것이다. 새로운 정책 입안이 필요한 시점이다. 지금 판이 싹 바뀌어 있는데 예전에 일구던 구닥다리 기구로 그 밭을 갈 수 있겠는가. 산업 로드맵을 새롭게 그려야 할 것이다.

2015. 11. 12

게임 학회에 바란다

최근 8대 한국게임학회장에 이재홍 숭실대학교 문예창작학과 교수가 선출됐다. 7대 회장을 역임했던 그가 또다시 회장을 맡게 됐다. 게임 산하 기관 및 단체들이 아무도 회장을 맡겠다는 사람이 없어 외부에서 정치인을 영입하는 등 전전긍긍하던 모습과 비교하면 그나마 다행스런 일이다.

학회나 협회의 장이라는 것이 얻는 것 없이 바쁘기만 하고 잘하면 당연한 것이고 잘못하면 모두가 네 탓으로 돌리는 게임계의 분위기에 선뜻 하겠다고 나서는 사람이 없는 실정이다. 그런데 그런 자리를 다시 맡겠다고 나선 그의 용기가 대단하다고 할 수 밖에 없다.

그동안 게임학회가 보여준 행보는 말 그대로 학회 생존을 위한 안간힘의 그 모습, 그리고 그 이상도 이하도 아니었다. 게임계의 풍토 때문인지 존재감조차 드러내지 못했다. 그나마 다행스러운 것은 이 회장이 학회를 맡고 나선 이후부터 변화의 조짐이 일기 시작했다는 것이다. 학회란 학문에 종사하는 학자와 그 관계자들이 각자의 연구 결과를 발표하고, 이에 대한 근거와 논거를 찾고 토론을 벌이는 단체라 할 수 있다. 특히 게임학회는 게임 개발 이론은 물론 게임으로 빚어지는 사회 현상과 산업적 가치에 대한 천착에 동떨어져 있지 않다는 점에서 그 책무 또한 가볍다 할 수 없을 것이다.

하지만 게임학회는 그간 있을 곳에 있지 않았으며, 목소리를 내야 할 곳에 목소리를 내지 않았다. 산업이 동쪽으로 가야 한다면 당당히 자신들의 목소리를 내야 했지만 그러질 못했다. 학회 활동의 현실적인 어려움과 성상이 짧은 연륜 탓이라고 할 수 있겠지만 그 족적은 실로 미미했다. 한마디로 학술지와 저술 활동을 지원하는 일도 그것이지만, 게임계와 정부를 위한 학계의 시시비비 목소리를 더 내고 전달해야 한다는 것이다.

여기서 게임학회에 그런 역할까지 당부하는 것은 게임계에 처한 현실이 너무나 막막하고 안타깝기 때문이다. 지금 게임계는 주인이 없다고 할 만큼 혼돈 속에 헤매고 있고 이를 지키는 파수꾼들 마저 손을 놔야 할 지경에 놓여 있다. 막말로 이렇게 가다가는 게임계의 판은 선장 없는 배처럼 표류하거나 침몰하고 말 것이라는 것이다.

게임학회가 게임 개발 분야의 연구 실적도 그것이지만 문화 경제 사회 관점에서의 게임에 대한 논거를 더 많이 발표했으면 하는 바람은 바로 여기서 비롯되고 있는 것이다. 그런 측면에서 새로 출발하는 게임학회가 심기일전해 달라진 학회의 모습과 위상을 세워주길 바란다. 이 것 또한 산업의 밑거름이 될 것이라고 믿기 때문이다. 끝으로 이재홍 회장의 연임을 다시 한번 축하한다.

2015. 11. 16

복지부의 때아닌 게임중독 광고

보건복지부가 지난 1월에 이어 또다시 '게임중독 예방' 광고를 제작, 방영하고 나섰다. 지난 1월에는 게임을 하면 주변 사람들이 몬스터로 보인다는 등의 내용을 담았는데, 이번에는 '게임을 하면 인생에서 진다'라는 줄거리의 광고 카피다. 이 영상은 '2015년 복지부 게임 중독폐해 예방 캠페인 광고'란 이름으로 총 30초짜리와 40초짜리 두 개로 만들어졌다. 내용만으로 보면 첫 게임중독 광고 때보다 표현수위가 한층 세련돼 있다.

복지부도 게임계를 의식한 때문인지 영상 안에 '중독폐해 예방을 위한 광고'라는 글귀를 삽입하는 등 게임을 즐기는 단순 마니아층이 아니라 게임 중독자를 대상으로 하고 있음을 밝히고 있다. 그렇다 하더라도 이 광고는 어두 컴컴하고 비위생적인 공간을 배경으로 하고 있다는 점과 '게임=중독'이라는 인식을 크게 강조하고 있다는 점에서 과거의 사례와 달라 진 바가 전혀 없다.

더군다나 광고를 내 보내는 시기 또한 매우 생뚱맞다. 특별한 이슈 거리도 없고 게임중독 문제를 새롭게 언급할 시기도 아닌데 이같은 게임 광고 영상을 제작해 방영하고 있는 것이다. 이에 따라 일각에서는 복지부가 내년 예산 확보를 위해 올해 예산으로 이미 확보해 놓은 자금을 연내 소진하려는 목적에서 뜬금없이 게임 중독 예방 광고를 급조해 방영하고 있는 게 아니냐는 지적을 하고 있다.

지금 게임계는 상당한 위기 상황에 처해 있다. 안으로는 시장 침체로 허덕이고 있고 밖으로는 중국 일본 미국 업체들의 공세에 시달리고 있다. 예컨대 우리 게임계만 문을 닫으면 상황이 종료되는 것이 아니라면 장기적이고도 국익적인 차원에서 규제 정책 수위를 고민해야 한다는 것이다. 더욱이 게임수급 정책은 이미 상당한 완급 조절이 이루어지고 있는 것 또한 사실이다.

이러한 마당에 복지부가 때 아니게 불쑥 게임 중독을 문제 삼아 게임계를 트집잡는 광고를 내보는 것은 결코 바람직하지도, 경제 산업 발전에도 도움이 되지 않는다는 점이다.

그렇다면 답은 뻔하다. 복지부는 시의 적절치 못한 게임중독 광고를 즉각 중단하고 시장 추이를 더 지켜보는 게 순서이고 맞는 조치라고 생각한다. 특히 복지부가 아무리 경제 부처가 아니다 할 지라도 나라 경제를 생각하는 센스조차 없다면 큰 일이다.

지금이 어느땐가. 소비의 양태를 신경쓰기 보다는 경제와 산업에 불을 붙여 꿈틀대고 활성화 시키는 게 급선무다. 그것이 대통령의 경제 부양정책을 도우는 일이다.

2015. 11. 25

안방극장 점령한 게임광고

사회의 부정적인 이미지로 인해 몸을 사려온 게임계가 최근 이에 아랑곳하지 않은 채 안방 극장에 맨 몸을 드러내자 너무 나가고 있는 게 아닌가 하는 우려의 목소리가 커지고 있다. 이같은 염려의 시각은 모바일게임 업체들의 지나친 TV광고를 두고 하는 말이다.

가족들이 모여 TV를 시청하는 7시부터 9시까지 이르는 두 시간은 이른바 황금시간대로 불린다. 해서 광고비 또한 상대적으로 비싼 편이다. 또 주말 인기 연예방송이나 드라마가 방영되는 시간대도 다른 시간에 비해 광고비가 훨씬 고가다. 그런데 이 황금시간대에 게임 광고가 넘쳐나고 있다.

황금시간대의 서너 개 광고 중 두 개 이상이 게임 광고라고 할 정도다.

이런 추세라면 이동통신 광고에 버금가는 게 게임광고라고 해야 할 것 같다. TV광고의 주류를 이루고 있는 통신과 자동차와 어깨를 나란히 할 정도라고 하면 맞다. 양적으로는 그렇지 않겠지만 시각적으로 느끼기에는 더 그렇다.

이 정도면 가뜩이나 게임에 대해 부정적인 견해를 보이고 있는 시민 단체 등 안티 게임맨들의 우려를 사기에 딱 맞다 할 것이다. 정부 일각에서도 이런 분위기를 감지한 것인지, 게임 TV 광고에 대한 규제 방안을 논의중이라고 들려 온다. 예컨대 평일과 주말 저녁 9시 이전에는 게임 광고를 할 수 없도록 하는 방안을 협의중이라고 한다.

정말 안타깝다 하겠다. 게임계 사람들 둘 셋만 모이면 너도나도 '산업 위기론'을 이야기 하며 근심 어린 표정으로 앞날을 걱정하는 마당에 TV를 보면 이러한 '위기론'은 남의 나라 이야기인 듯하니 이를 어찌하란 말인가.

그러면서 시장 침체라고 아우성이다. 돈이 안 돈다는 것이다. 이러한 게임계의 처지를 보다 못해 재정 지원 등을 모색하는 등 팔을 걷어붙인 친 게임계 성향의 관료들에게 이젠 할 말도 없게 됐다. 늘 이런 식의 엇박자이니 게임계가 그 모양이란 소리를 듣는 게 아닌가.

지금은 게임에 대한 직접 광고보다는 이미지 또는 공익적 성격의 간접 광고가 더 필요한 시점이다. 저 혼자 살겠다고 게임광고를 퍼부을 때가 아니라는 것이다. 계속 이런 식이면 이 다음에 닥쳐올 후폭풍은 그 누가 감당하고 책임질 것인가.

더 늦기 전에 자제를 당부한다. 지금은 그렇게 게임광고를 퍼부을 시기가 아니라는 사실이다. 마치 맨살을 드러내듯 퍼부어 대니 기다렸다는 듯 이쪽저쪽에서 게임광고 문제 있다 하지 않는가.

2015. 12. 01

내년도 게임예산 집행은 속도감 있게

정부가 내년도 게임 예산을 올해보다 67% 증가한 351억 원으로 책정했다. 증액된 예산은 주로 신규 플랫폼 육성 및 지역 기반 조성 사업을 위한 자금으로 쓰여지게 될 전망이다.

게임산업이 전반적으로 위기 상황에 직면해 있는 가운데 정부가 게임산업 육성을 위해 전년대비 67%나 늘어난 예산을 책정한 것은 환영할 만한 일이다. 문화콘텐츠의 핵심으로 국내외에서 위상을 높여가고 있는 게임산업이 지금 안팎으로 어려움을 겪고 있는 처지에서 한 푼이 아쉬운 마당에 정부가 게임 예산을 늘린 것은 매우 고무적인 일이라고 생각한다.

물론 351억 원이란 예산이 결코 많다고 할 수 없고 업계 모두를 충족시킬 만한 규모는 아니다 할 것이다. 하지만 적은 예산이라도 알차게 사용한다면, 그리고 이 자금을 종자돈으로 해서 더 큰 비전을 만들어내는 것이 산업계 종사자나 실무자들의 몫이라면 자금 규모의 많고 적음을 따질 계재는 아니라고 본다.

이번 예산에서 가장 눈에 띄는 것은 수도권에 집중해 있는 게임산업의 균형 발전을 위해 총 130억 원이 투입된다는 것이다. 이는 올해보다 60억 원이 더 늘어난 것으로 게임산업 인프라가 취약한 지역에 큰 힘이 될 것으로 보인다.

대상 지역은 기존 대구. 경북권, 부산. 경남권, 전북권 등 기존 3개 권역에, 광주. 전남권, 대전. 충청권, 경기권 등 3개 권역이 추가돼 총 6개 권역으로 늘어난다.

정부는 또 '첨단 융복합 게임콘텐츠 활성화 지원사업'을 신설해 총 42억 원을 내년에 투입키로 했다.

이 두 사업 외에도 그동안 추진해온 사업들이 올해도 지속적으로 이뤄질 예정이다. 주요 사업으로는 글로벌 게임산업 육성, 모바일 게임산업 육성, 기능성게임 활성화 등 건전 게임문화 조성, 및 게임 국제교류 활성화 등 게임산업 경쟁력 강화, 이스포츠 활성화 등이 포함돼 있다.

비록 많은 예산은 아니지만 중소업체들에는 가뭄의 단비 같은 역할을 할 수 있다는 점에서 정부는 시행 초반에 예산을 집중적으로 쓰이도록 해야 할 것이다. 청와대도 내년 전체 예산의 60% 이상을 상반기에 집행토록 하는 등 경기 부양을 위해 초법적인 예산 집행을 주문하고 있는 만큼 게임산업 지원도 이의 연장선상에서 적재적소에 예산이 잘 배정되고 쓰여지도록 관심과 귀를 기울여 나가기를 바란다.

2015. 12. 08

김병관 의장의 현실 정치 참여

김병관 웹젠 이사회 의장이 더불어민주당 (이하 더민주당)에 입당했다. 김 의장의 경우 더민주당이 전략적으로 추진하고 있는 외부 인사 영입의 두 번째 케이스로 발탁돼 정치권에 입문한 셈이 됐다.

그러나 그가 NHN과 웹젠을 통해 게임 산업의 토양을 다지고 막후에서 적지 않은 역할을 해 온 것이 사실이지만 정치권에 들어가 게임계의 입장을 제대로 대변할 수 있을 것인지에 대해서는 아직 속단키 어렵다.

김 의장 이전에도 몇몇 게임계 인사들이 정치권에 발을 들인 적이 있었으나 그 흔적 찾기란 강에 돌 던지기 수준에 그쳐 왔다는 점에서 김 의장에 대한 기대감을 표명하기에는 왠지 모르게 한 참을 앞서 가고 있다는 느낌을 지울 수 없다.

알려진 바 대로 윤상규 전 네오위즈게임즈 대표가 박근혜 대통령 당선 이후 청년특별위원회 인수위원으로 임명돼 활동을 벌이기도 했으나 그의 족적을 발견키 어렵고, 게임업체 N사 출신인 A씨가 비례대표를 통해 19대 국회에 진출하려 시도했지만 순위에 밀려 뜻을 이루지 못한 경우도 있었다.

최근에는 문용식 전 나우콤(현 아프리카 TV) 대표가 더민주당 고양시 덕양(을) 지역위원장과 디지털소통위원장을 맡으며 여의도 입성을 꾀하고 있어 주목을 끌고 있다.

이런 가운데 불쑥 등장한 김 의장의 더민주당 입당 선언은 기대감 보다는 우려의 시선이 더 많은 듯 해 보인다. 앞서 언급한 대로 게임계의 인사들의 족적이란 것이 일발성 화제 기사로 반짝 빛나고 끝나는 경우가 많았기 때문이다.

더욱이 김 의장의 경우 NHN게임즈와 웹젠에서 나름 수완을 보여주긴 했지만 게임계에서의 존재감에 대해서는 그다지 높은 점수를 줄 수 없다는 점에서 과연 그를 게임계를 대표하는 인물로 볼 수 있느냐에 대한 논란도 빚어질 수 있다. 예컨대 게임계의 판도 제대로 들여다 보지 않은 사람이 그 험난한 정치의 판을 들여다 보며 민심을 반영할 수 있겠느냐는 것이다.

그런 측면에서 그는 게임계의 직능 대표가 아니라 성공한 기업인으로서 지역을 기반으로 한 정치에 나설 가능성이 높다 하겠다. 어쨌든 김 의장이 정치를 하겠다고 나선 이상 게임계에서 날개를 단 것처럼 성공하는 정치인으로 성장하길 바란다. 특히 나 몰라라 식의 게임판에도 큰 관심과 애정을 보여줬으면 한다. 김의장의 장도에 빛과 소금이 풍성하기를.

2016. 01. 04

'이터널 클래시 사태'를 지켜보며

네시삼십삼분이 서비스하고 있는 '이터널 클래시'에 일간베스트(일베) 내용이 포함되면서 여론의 거센 뭇매를 맞는 등 파문이 점차 확대되고 있다. 이 작품은 챕터명 일부에 4.19 혁명과 5.18 광주 민주화 운동을 '폭동'과 '반란 진압'이라는 단어를 사용한 것으로 알려지고 있다. 여기에 노무현 전 대통령의 서거일을 비하하거나 역사교과서 국정화를 연상시키는 로딩 메시지를 보여주는 등 정치적으로 민감한 내용을 담아 논란을 일으키고 있다.

이같은 일로 인해 개발사인 벌키트리의 대표가 물러났고 서비스업체인 네시삼십삼분은 두 차례의 사과와 함께 모든 마케팅 활동을 중지하겠다고 밝혔다.

그럼에도 불구하고 개발사와 퍼블리셔의 사과에 대해 진정성이 전혀 느껴지지 않는 이유는 뭘까. 한마디로 진정성을 담은 반성이라고 보여지지 않는데다 그 재발 방지책이란 것도 사태 수습을 위한 미봉책에 그치고 있기 때문이라고 할 수 있다.

양사는 이번 사태에 대해 깊이 사과한다고 했지만 그 사과의 형식에도 문제가 있었다고 본다. 만의 하나, 진정성을 담은 사과였다면 자신들이 운영하고 있는 홈페이지 카페에 사과문을 게재할 게 아니라 해당 게임에 대한 마케팅으로 노출된 온라인과 지면 등을 빌어 사과문을 발표하는 것이 순서이고 상식이었다는 생각이다. 또 더 나아가서는 대외적인 공신력을 인정 받는 매체를 통해 사과문을 게재했어야 옳았다.

이같은 자가 당착식 사과의 행태는 비단 네시삼십삼분에만 해당되는 건 아니다. 대부분의 게임업체들이 이같은 황당한 사과 방식에 익숙해 있는 것이다.

기업을 운용하다 보면 뜻하지 않은 곳에서 사고가 터지는 경우가 없지 않다. 이러한 일들이 안 생기면 좋겠지만 현실은 그렇지가 않은 것이다. 그렇다면 이를 대비한 메뉴얼 뿐 아니라 사후 처리 과정까지를 세세히 담은 프레임이 필요하다고 본다. 게임계도 예외는 아니라는 것이다.

네시삼십삼분은 극도로 어려운 환경 속에서 만개의 꽃을 피운 몇 안 되는 모바일 게임 기업 중 하나이다. 앞날 또한 창창한 기업이다. 따라서 이번의 실수는 더 크게 성장하기 위한 성장통이자 병가지 상사라 할 수 있다.

실수를 덮기보다는 이를 인정하고 당당히 나갈 때 회사의 더 큰 미래를 담보할 수 있다는 점에서 네시삼십삼분의 이번 사태의 처리 방식은 긴요하고 시사하는 바가 크다 하겠다.

2016. 01. 11

게임 TV광고, 더 이상은 안 된다

모바일게임 시장이 갈수록 치열해지고 있다. 특히 TV 광고를 놓고 벌이고 있는 업계의 노출 경쟁은 거의 위험수위에 도달했다는 지적이 적지 않다.

수년 전만 해도 지상파 TV를 통해 게임 광고를 접하는 일은 매우 드문 현상이었다. 외산 게임인 '클래시오브클랜'이 TV광고를 처음 실시했을 때만 해도 '돈 많은 외국회사가 이름을 알리기 위해 무리수를 둔다'는 반응이 많았다.

그런데 이 무리수가 시장에서 먹혀 들었다. 이 작품은 TV광고의 후광을 업고 단 시일 내에 구글 등 게임마켓을 점령하더니 급기야 최고매출 1위를 차지해 버렸다.

이렇게 TV광고의 힘이 증명된 이후 모바일 게임업체들은 너도 나도 TV광고에 열을 올리기 시작했고, 한해 약 1000억 원대에 이르는 마케팅 비용을 TV광고비로 쓰고 있다.

이 과정에서 정부 일각에서는 모바일게임의 TV광고를 황금 시간대에 내보내는 데 대해 매우 적절치 않다는 방침아래 시간 규제안을 적극 검토해 왔다. 하지만 TV 광고 시장이 위축되면서 게임TV 광고는 지상파 방송과 케이블 TV의 새로운 수익원으로 자리하게 됐다. 이렇게 되자 정부가 방송사 눈치를 보면서 이러지도 저러지도 못하는 진퇴양난에 빠져 버렸다.

이 틈을 타 게임TV 광고는 지상파 방송사와 케이블TV방송사에 빼 놓을 수 없는 수익원이 돼 버렸고 게임업체들은 그들의 주요 광고주로 떠오르게 됐다.

사정이 이렇게 전개되자 TV광고비도 천정부지로 치솟기 시작했다. 업계 관계자들에 따르면 불과 1년 전만 해도 골든 타임 TV 광고가 10억 원 정도면 가능했는데, 최근에는 20~30억 원은 줘야 가능하게 됐다고 입을 모으고 있다.

이 정도의 막대한 자금을 쏟아 부을 수 있는 업체는 사실 손가락에 꼽을 정도다. 이뿐만이 아니다. 모바일게임의 유통 구조상, 구글과 애플 등 플랫폼 업체에 30%의 수수료를 기본으로 떼 주도록 돼 있기 때문에 여기에 TV광고비를 추가로 덧붙이고 나면 그야말로 남는 게 없는 '속빈 강정'이 돼 버리는 것. 안타까운 점은 그럼에도 불구하고 게임업계에 뾰족한 마케팅 수단이 없다는 점이다.

울며 겨자 먹기 식으로 TV광고에 매달릴 수는 없다. 이대로 가다가는 게임업계는 말라 죽고 플랫폼업체와 방송사만 배를 불리는 꼴이 되고 말 것이다.

게임 TV광고를 접하는 유저들 시선 또한 과거와 많이 달라지고 있다. 예전에는 '신선하다'는 느낌을 줬지만 지금은 '또 게임이야?'할 정도로 시큰둥한 반응이 우세하다. 이로 인해 효과도 반감하고 있다는 게 전문가들의 공통된 지적이다.

그런 측면에서 비용을 줄이고, 채산성을 확보할 수 있는 대안을 서둘러 마련해야 할 것이다. 예컨대 업계가 자율적으로 TV광고의 수급을 일면 조절하는 것도 하나의 방안이 될 수 있다고 본다. 지금 일부 업체들이 진행하고 있는 TV광고 경쟁은 시장원리에 게임을 맡기자는 게 아니라 부익부 빈익빈에 판을 싹쓸이 해보겠다는, 아주 천박한 천민자본주의의 사고가 밑에 깔려 있는 게 아닌가 의심스럽다. 더이상의 게임 TV광고 물량은 곤란하다.

2016. 04. 18

정부가 뒷짐지고 있을 때인가

모바일 게임산업의 성장 속도가 놀라울 정도다. 불과 4~5년 전만 해도 PC 온라인게임에 밀려 듣기 민망한 소리를 들어온 모바일 게임산업이 초고속 성장을 거듭하더니 급기야 올해는 PC 온라인게임과 같은 시장 규모를 형성할 것이란 전망이 나오고 있다. 더욱이 내년부터는 PC 온라인 게임을 추월해 사실상의 최강자의 자리를 차지할 것으로 보여진다.

최근 게임시장 분석 기관이 발표한 자료에 따르면 올해 세계 게임시장 규모는 약 996억 달러(한화 약 114조 6145억 원)에 달할 것으로 예측됐다. 특히 모바일게임 비중은 PC 온라인게임과 같은 27%에 이를 것으로 전망됐다.

이 보고서는 내년에는 모바일게임 비중이 30%에 달해 26%에 그친 PC 온라인게임을 앞지를 것으로 예상했는데 이같은 격차는 점차 벌어져 이듬해인 2018년에는 모바일과 PC 시장 비중이 각각 32%, 26%를 기록할 것으로 이 보고서는 내다 봤다.

놀라운 변화가 아닐 수 없다. 모바일게임이 이처럼 무섭게 성장하고 있는 것은 다름 아닌 스마트폰의 폭발적인 보급에 기인한다. 과거 피처폰 시절에는 작은 화면에 조악한 그래픽이 전부였다면 이제는 큰 화면에서 PC와 버금가는 성능을 보여주고 있다. 인터넷과 동영상, 게임 등 모든 콘텐츠를 한눈에 바라볼 수 있게 된 것이다.

그러나 우리가 모바일 게임시장의 큰 변화를 그저 한가로운 눈으로만 바라볼 수 없는 처지에 있다는 점은 안타까운 현실이다. 왜냐하면 우리가 그동안 히트 상품이라고 세계 시장을 향해 큰 소리를 쳐온 PC 온라인게임 시장이 예상외로 빠르게 위축되고 있는 데 반해 우리가 절대 강자라 할 수 없는 모바일게임 산업은 하루가 다르게 수직성장하고 있기 때문이다.

더욱이 유럽과 일본, 중국 등 경쟁국 게임 기업들은 발 빠르게 세계 시장을 누비고 있다. 그런데 우리는 그들만 쳐다보며 그들의 뒤만 따라가는 처지라면 얘기는 매우 심각해 진다.

다행스러운 것은 스타트업 기업들의 잇단 출현이다. 한번 멋지게 해보겠다는 것이다. 그런데 이들마저도 수요자금 부족으로 허덕이고 있다. 또 한번 해 보려 해도 각종 제 법령은 달리고 싶은 이들의 발길을 가둬두고 있는 실정이다. 또 글로벌 시장으로 나가려고 해도 현지 정보에 어두워 갈팡질팡하는 스타트업 기업들이 수두룩 하다.

정부가 그동안 여러 차례 모바일게임 육성 방안을 내놓았다. 그러나 이 것만으론 부족하다. 실질적이고도 모바일 게임업체들이 체감할 수 있는 실천적 육성 방안이 서둘러 만들어져야 한다는 것이다. 예컨대 떡잎이 훤히 보인다면 원스톱 행정을 통해 개발 자금에서 작품 출시까지를 모두 담보할 수 있는, 그런 제작 시스템이 필요한 시점이다.

산업 육성을 위한 골든 타임을 놓쳐선 아무 것도 할 수 없다. 지금이라도 관련 부처는 머리를 맞대고 새로운 모바일 게임산업 육성을 위한 로드맵을 그려내야 한다. 생색 행정이 아니라 산업 육성을 위한 실천 방안이 나와야 한다는 것이다. 차세대 성장동력이자 우리 경제의 먹거리는 모바일 게임이다.

2016. 04. 26

중국 텐센트의 이상한 행보

중국 게임업계의 공룡기업 텐센트가 또다시 국내 게임 업체와의 서비스 계약을 해지했다. 이 회사는 최근 네시삼십삼분과 체결한 '블레이드'에 대한 중국 서비스 계약을 양사 합의 하에 파기하기로 한 것으로 알려졌다.

이번 계약 해지의 표면적인 이유는 작품 현지화를 놓고 텐센트와 네시삼십삼분 간에 이견이 있었고, 끝내 이 차이를 좁히지 못함에 따라 결국 서비스를 하지 않기로 양측이 합의했다는 것이다.

이를 액면 그대로 받아 들인다면 현지화에 대한 양사의 입장 차이로 인해 서비스 계약이 파기됐다는 것인데 이러한 일은 실제 비즈니스에서 종종 발생한다는 점에서 그렇게 큰 의미를 부여할 사안은 아니라고 판단된다.

하지만 텐센트가 막강한 우월적 지위를 앞세워 한국 업체에 대해 집요하게 무리한 요구를 해 왔고 이를 견디다 못해 결국 손을 들고 만 것이라면 얘기는 상당히 심각해 진다. 이것은 다름아닌 요즘 유행하는 말로 '갑질'이 아닐 수 없기 때문이다.

이번 계약 해지는 특히 텐센트가 라인과 함께 네시삼십삼분에 1300억 원을 투자한 이후 벌어졌다는 점에서 또 다른 배경이 숨어 있는 게 아니냐는 의구심을 사기에 충분하다. 이를테면 텐센트 투자의 진정성에 의심이 간다는 것이다.

다행스럽게도 일상적인 비즈니스 과정에서 빚어진 일회성 해프닝일 수도 있다. 이에 대한 추측성의 향배는 좀 더 시간을 두고 지켜보면 드러날 일이긴 하지만 텐센트가 한국기업을 상대로 갑질을 하고 있는 게 아니냐는 의구심은 쉽게 가시지 않고 있다는 점이다.

텐센트는 이번 네시삼십삼분과의 계약 해지 이전에도 한빛소프트와 'FC 매니저'를 놓고 의견차를 보인 끝에 중국 서비스 계약을 해지하기도 했다. 텐센트는 한국 게임업체에 수천억 원이나 되는 거금을 투자하는 우군이라고 볼 수 있다. 하지만 우월적인 지위와 자신의 힘만을 과시한다면 진정한 친구라 할 수 없다. 텐센트가 결코 그렇다고 생각하고 싶지 않지만 혹여 이이제이(以夷制夷)란 해괴 망측한 발상에서 대한 투자를 진행한 것이라면 하루 빨리 그 자금을 거둬들이기 바란다.

우리 게임계도 이번 기회에 외국 자본 유입이란 것이 얼마나 자국 산업에 무거운 하중으로 작용하는지를 깨달았으면 한다. 아무리 글로벌 경제 시대라고 하지만 피보다 진한 물은 없기 때문이다.

2016. 05. 03

VR 게임 성패는 부처 이기주의 극복에 달려

최근 미래창조과학부가 가상현실(VR) 업체 대표들과 만나 간담회를 갖고 VR를 비롯한 신성장 산업에 80조 원의 정책 금융을 지원하겠다고 밝혔다. 이에 따라 드래곤플라이와 한빛소프트 등 VR 게임 개발에 적극 나서고 있는 몇몇 게임업체들의 수혜가 예상되는 등 VR게임에 높은 관심이 모아지고 있다.

지금과 같은 분위기라면 머지않아 VR게임 시장이 활짝 개황하면서 새로운 블루오션을 창출할 것 같은 느낌이다. 하지만 과연 그럴까. 이럴 때 일수록 더 냉정하게 시장 여건 등 주변 상황을 살펴봐야 한다는 것이다.

VR가 화두가 되기 이전 3D TV 열풍이 분 적이 있다. 업체들은 마치 기존 TV 시장은 다 사라지고 3DTV가 시장을 장악할 것처럼 경쟁적으로 제품을 쏟아냈다. 하지만 얼마 지나지 않아 이 열풍은 싸늘하게 식어버렸다. 이렇게 된 데에는 여러 가지 원인이 있겠지만 무엇보다 시장 수요를 제대로 예측하지 못한 것이 가장 큰 원인이 됐다.

VR산업과 게임도 이같은 사례의 전철을 밟을 가능성이 없지 않다고 일부 전문가들은 우려하고 있다.

그동안 주변기기를 통해 메인 산업이 발전한 사례는 거의 찾아보기 어렵다. 산업 자체가 흥하는 것이 우선이라는 것이다. 또 새로운 주변기기가 등장했을 때는 신중하게 검증 작업을 거쳐야 한다. 서두른다고 해서 능사가 아니다는 것이다.

여기서 덧붙이고 싶은 것은 미래부가 VR 하드웨어 개발에만 열을 올리지 말고 VR 게임 등 콘텐츠 개발에도 눈을 돌렸으면 하는 바람인 것이다. 그것은 산업 육성을 위한 전략적인 측면에서도 결코 나쁘지 않다. 지금 게임업계는 안팎으로 전선이 확대되고 있는 양상이다. 예컨대 탄알(자금)이 바닥이 났는데 VR 게임까지 개발하라는 건 억지나 다름이 아니다.

그렇다면 미래부가 VR산업 육성을 위한 총체적인 그림을 그려 나가고 문화체육관광부가 이의 백업 요원을 담당하는 역할 분장도 결코 나쁘지 않다고 본다. 언필칭, 자금이 풍족한 미래부의 역할론이 절대적으로 필요한 시점이라는 것이다.

지금 글로벌 경제는 미래 먹거리산업 발굴에 경쟁적으로 나서고 있다. 그런 판국에 내 밥그릇 네 밥그릇이 어디 따로 있겠는가. 지금 판은 그리 만들어져야 한다는 것이다. 새 산업을 일궈 내려 한다면 적어도 그 정도의 손 발은 맞아 떨어져야 하는게 아닌가.

2016. 05. 09

김병관 당선자의 경우

김병관 웹젠 이사회 의장이 곧 국민을 대표하는 신분으로 바뀌게 된다. 내달 6월 20대 국회가 개원하게 되면 그는 게임계가 배출한 최초의 민선 의원이 된다. 김 의장은 그 때문인지 자신의 게임과 벤처란 두 개의 전공을 살려 의정 활동도 관련 상임위에서 하기를 원하는 것으로 알려지고 있다.

문제는 김 의장의 바람대로 되려면 여러 난관을 이겨내야 한다. 먼저 원내 대표단의 상임위 배정이다. 김 의장 희망대로라면 교육문화체육관광위에 적을 둬야 한다. 하지만 교문위는 이른바 상임위 가운데 인기 상임위라고 불리는 곳이다. 또 배정을 받더라도 끝나는 게 아니다. 자신의 이력과 관계 있는 분야와 청산을 해야 한다. 예컨대 교문위에서 활동하려면 먼저 자신이 보유하고 있는 웹젠 지분 모두를 백지신탁하거나 매각해야 하기 때문이다.

물론 이 문제는 그가 속한 더민주당과 본인이 심사숙고해서 결정해야 할 일이다. 지분을 포기하고서라도 교문위에서 정치적 역량을 키워보고 싶다면 그렇게 헤야 할 것이고 그렇지 않다면 다른 상임위 배정을 요청할 수 있다.

하지만 게임계 입장에서는 게임과 벤처 분야에서 이력을 쌓아온 그가 지분 문제 때문에 자신의 전공과 무관한 상임위에서 활동해야 한다면 그것은 시대에 역행하는 새로운 역차별이라고 생각할 수 밖에 없다 할 것이다.

공직자 윤리법 및 국회법 등에 따르면 이 제도의 취지는 선량의 사사로운 이익을 추구할 수 없도록 하기 위함이다. 따라서 의원 신분으로 있는 이에 대한 지분 백지신탁 또는 매각을 명령하고 있는 것은 충분히 납득할 수 있는 일이라고 본다.

하지만 게임 벤처기업가로서 자수성가한 김 당선자에 대해 동일한 잣대를 들이대고 있는 것은 다소 무리라는 생각이다. 이를테면 예외 조항을 둬 전문가 집단의 지혜를 소관위에서 발휘하도록 하는 게 대의에 더 맞지 않느냐는 것이다.

예전에도 벤처 창업으로 성공한 한 기업가가 중소기업청장에 내정됐지만 공직자가 될 경우 주식을 모두 처분해야 한다는 공직자 윤리법에 의해 자리를 마다한 사례도 있다. 물론 선출직인 국회의원과는 다르지만 비슷한 맥락으로 이해할 수 있는 사안이다.

지금 세계 각국은 경제 전쟁을 치르고 있다. 오늘의 일등국가가 내일에도 일등국가가 된다는 보장이 없다고 할 정도다. 이런 상황에서 산업 최 일선의 경험은 무엇을 주고도 바꿀 수 없는 것이라고 할 수 있을 것이다.

그렇다면 그런 경험을 지닌 사람에게 자리를 활짝 펼쳐 줘도 시원찮을 마당에 오로지 형평성이란 이름으로 가볍게 단도질 하려 든다면 그게 말이 되는 소리인가.

현대의 사회는 더욱 다양화되고 전문화되고 있다. 따라서 현장에서 얻어진 전문 지식과 경험은 마치 실물경제를 바라보고 파악하는 데 지름길이라고 해도 부족함이 없다 할 수 있다. 언필칭, 이럴 경우 적재적소에 배정해 더 많은 일을 할 수 있도록 하는 것이 국민과 나라를 위해 옳은 길이라고 생각한다. 그런 의미에서 게임을 포함한 콘텐츠 기업을 창업하고 경영해온 사람들에 대해서는 예외 조항을 만들어 적용시키는 것도 나쁘지 않다고 본다.

그런 측면에서 김병관 의장에 대해서는 지분 매각 등 불이익이 돌아감이 없이 전공대로 일을 할 수 있도록 하는 게 20대 국회상과 맞지 않나 싶다.

2016. 05. 19

황당한 게임 사업자 선정 기준

정부가 '평창 동계올림픽'을 홍보하기 위한 가상현실(VR)게임제작 지원사업자로 비게임업체를 다수 선정해 논란을 빚고 있다. VR게임을 개발하는 공모사업에 게임업체는 1개사에 불과하고 나머지 2개사는 광고와 전시를 주로 하는 업체들이 선정됐다는 것이다.

한국콘텐츠진흥원은 이번 사업자 선정 기준에 대해 VR 시뮬레이터(체험장치) 제공 능력을 주요 선발 기준으로 삼았다고 한다. 게임개발 능력뿐 아니라 VR 기기 보유 여부에 대해서도 선정 기준의 중요한 잣대로 본 것이다.

현재 VR콘텐츠는 게임보다 영상이 주로 제작되고 있다. 게임의 경우 유저와의 상호작용이 필요하기 때문에 더 많은 노력과 시간이 필요하다. 또 장시간 이용했을 때 피로감이 덜어져야 하는 VR 게임의 특질을 고려해야 한다.

하지만 영상의 경우는 다르다. 유저가 조작할 필요 없이 그냥 360도 영상을 위아래, 좌우로 둘러보면서 감상하면 그 뿐이다. 이 때문에 게임보다 광고나 전시용 VR콘텐츠를 만들기가 쉽고 상대적으로 더 많이 상용화되고 있는 게 사실이다.

이번에 VR게임 개발 사업자로 광고업체와 전시업체가 선정된 것도 그러한 배경의 연장선상에서 바라보면 쉽게 이해된다. 이들이 VR 장비를 갖추고 영상 중심의 콘텐츠를 줄곧 만들어 왔을 터이기 때문이다.

그러나 VR 게임은 단순 영상 제작 방식과는 다르다. 유저와 실시간으로 상호 작용을 하면서 변화할 수 있는 시스템을 갖춰야 하는 것이다. 그렇다면 그런 콘텐츠를 개발하고 만들어 본 업체가 잘 할 수 밖에 없다.

그럼에도 이번에 게임업계 입장에서 보면 다소 황당한 결과가 나온 것은 한콘진이 마련한 심사 기준이 얼추 잘못됐거나 심사위원들이 뭔가를 간과한 게 아닌가 하는 지적을 하지 않을 수 없다.

따라서 이번 기회에 VR 게임에 대한 종합적인 발전 프레임을 만들어 이를 기준으로 심사를 진행하는 방안을 검토해야 하지 않겠나 싶다. 그렇지 않으면 그렇잖아도 기댈 데 없어 허덕이는 게임업계에 맥이 빠지는 일만 만들 수 있겠다는 생각에서다.

이를 놓고 잠시 상념이 오고 갔다. 문화체육관광부의 경쟁부처인 미래창조과학부에서도 과연 이같은 결과를 답이라고 내놓을 수 있을까. 그것이 가능해도 결코 그리하지 않을 것이란 판단은 미래부의 산업적 마인드를 상대적으로 높이 평가하는 이유 때문일까.

2016. 05. 26

20대 국회에 거는 기대

20대 국회가 문을 연 지 벌써 20여일이 지났다. 지난 19대 국회는 여야가 소모적인 정치적 이슈를 놓고 첨예하게 대립하는 경우가 많아 각종 민생 법안들이 회기를 넘겨 결국 폐기된 경우가 허다했다.

게임 관련 법안들도 마찬가지였다. 그중에서도 대표적인 규제 법안으로 꼽혀온 '셧다운제'를 '부모시간 선택제'로 개선하는 내용의 '청소년보호법 개정안'도 포함돼 있었다. 이 개정안은 19대 국회의 문턱을 넘지 못하고 끝내 폐기되는 운명을 맞았다. 이에 따라 여성가족부가 20대 국회에 이 개정안을 다시 상정하기 위한 준비 작업에 들어갔다는 소식이다.

그나마 다행스런 일이다. 여가부와 문화체육관광부의 조율 과정을 통해 만들어진 법안인 만큼 국회도 전향적인 실천력을 보여줄 것으로 업계는 기대하고 있다.

그러나 이 개정안이 통과된다고 해도 게임에 대한 규제안이 끝났다고 생각하면 오산이다. 국회와 제도권의 인식이 바뀌지 않는 한 제2, 제3의 셧다운제 도입 등 규제의 도입이 끊이지 않을 수 있기 때문이다.

특히 일부 시민단체들의 인식이 과거에 머물러 있는 한, 그리고 이를 제도화하는 국회의 눈높이가 교정되지 않는 한 규제와의 전쟁은 결코 끝나지 않을 것이라는 것이다.

지금 글로벌 시장은 게임뿐만 아니라 IT와 인공지능 등 미래 먹거리 수종 산업을 둘러싼 치열한 경쟁이 벌어지고 있다. 더욱이 게임은 콘텐츠 중 으뜸인 킬러 콘텐츠다. 이런 상황에서 오로지 예전의 잣대로 게임을 재단하려는 것은 앞서가는 선진법 제정이 아니라 구태에 의한 뒤처진 법만을 양산하는 행위일 뿐이다.

그러기 위해서는 게임에 대한 관심이 높은 의원들이나, 또는 게임에 대한 부정적인 시각을 갖고 있는 의원들을 상대로 한 현장 방문 및 세미나 등을 주기적으로 마련하는 것도 게임업계가 할 일이라고 생각한다. 그래야 게임에 대해 또 다른 놀이의 문화로, 엔터테인먼트 산업의 한 지류로 당당히 인정하고 평가 받을 수 있다.

산업을 우선시 하는 풍토가 만들어지지 않는 한 게임업계의 앞날은 험난할 수 밖에 없다. 따라서 그 첫걸음은 국회에서 먼저 맡아 줬으면 하는 바람이 크다. 20대 국회는 과거 19대 국회처럼 게임업계에 대해 딴지 놀이만 하지 않았으면 한다. 왜냐하면 지금 게임계는 글로벌 진출은 커녕 내수시장 지켜내기도 벅찬 실정이기 때문이다.

2016. 06. 23

게임사전 발간의 의미

엔씨소프트 문화재단이 게임 용어에 대한 학술적, 문화적 가치를 체계적으로 정립한 게임 사전을 완성, 발간했다. 게임사전의 발간은 그동안 폄하된 게임에 대한 인식을 인문학적, 학술적 관점에서 새롭게 정립했다는 점에서 큰 의미를 갖는다고 할 수 있다. 게임은 단순한 놀이가 아니라 컴퓨터 프로그램과 그래픽기술, 그리고 기획과 서버운영 등 그야말로 최첨단 IT 기술이 결합된 문화콘텐츠의 총아라고 할 수 있다.

그러나 기성세대나 정치인들은 이러한 게임의 가치를 배격하고 하대하는 등 제대로 된 평가를 하지 않았다. 이러한 배경에는 게임에 대한 무지와 편견이 크게 작용했다고 볼 수 있다.

게임사전은 기성 세대들의 이러한 무지와 편견을 교정하고 희석시키는 데 일조할 것으로 기대를 모으고 있다. 또 이 사전이 만들어짐으로써 게임에 대한 명실상부한 '역사성'와 '적통'을 부여 받게 됐다고도 할 수 있다.

그동안 게임에 사용되는 용어들은 생소한 것들이 대부분으로, 마치 어원도 불분명한 뒷골목의 은어와 같은 취급을 받아왔다. 하지만 전문가들의 손에 의해 그 의미와 출처가 명확해짐으로써 이제는 어둠 속에서 나와 당당히 또 하나 문화의 줄기로서 평가받게 됐다.

그런 의미에서 게임사전의 발간은 우리 게임사에 큰 획을 긋는 사업이라 하지 않을 수 없다. 그리고 이러한 작업들이 하나 둘 쌓이다 보면 흐릿한 게임인들의 역사 의식도, 게임에 대해서만큼은 한 점의 배려도 없이 뾰족한 날을 드러내는 사회의 그릇된 게임에 대한 인식도 서서히 바뀔 것이라고 믿어 의심치 않는다.

이런 큰 사업을 산업계의 맏형이라 할 수 있는 엔씨소프트가 문화재단을 통해 차곡차곡 진행한 데 대해 또 다른 관점에서 칭찬을 해주고 싶다. 게임계의 사회 공헌은 어려운 게 아니다. 돈 버는데 돈을 쓰는 것이 아니라, 어둡고 드러나지 않는 데를 찾아, 위로하고 안아 주고 보살펴 주는 것이다. 또 산업계를 위해 꼭 필요하다고 판단되는 곳이라면 아낌없이 투자를 하는 것도 사회공헌의 일환이라 할 수 있다.

이번 일은 겨우 시작에 불과하다. 이를 계기로 엔씨소프트 뿐만 아니라 더 많은 게임업체들이 비즈니스뿐 아니라 문화 사업에도 관심을 갖게 되는, 그리고 균형감을 갖춘 기업으로 성장하는 새로운 게임계의 분기점이 됐으면 하는 바람이 크다. 그래야 게임산업이 바로 서게 된다는 것이다. 지금은 한쪽에만 쏠려 있는 기형적인 산업구조를 지니고 있다고 해도 과언이 아닌 탓이다.

2016. 07. 01

WHO 입장과 게임계의 딜레마

세계보건기구(WHO)가 게임 과몰입에 대해 질병 여부를 결정짓기 위한 작업에 착수, 논란이 빚어지고 있다. WHO는 게임 과몰입에 대한 현장 적용연구를 시작한다고 최근 밝혔다.

WHO에 앞서 우리나라에서도 보건 복지부 '정신건강 종합대책'을 통해 인터넷 중독에 대한 질병 코드를 신설하겠다고 밝힌 바 있다. 복지부는 특히 이를 통해 인터넷 중독자 중 치료가 필요한 대상을 찾아내되, 게임, 스마트폰 등 관련 산업을 고려해 정책의 우선 순위를 정해 나가겠다는 방침을 천명하기도 했다.

게임업계는 그간 이같은 정부 정책에 대해 강하게 반발해 왔다. 예컨대 복지부가 너무 편향적인 시각으로 무책임한 정책을 추진하고 있다는 것이었다. 따라서 이번에 WHO의 등재 여부에 대한 게임업계의 입장 표명도 복지부의 방침에 맞선 그 모습과 별반 다를 바 없다 하겠다.

하지만 안타깝게도 이에 맞서는 게임업계의 힘과 역량은 너무나 부족하고 조직적이지 못하다는 점이다. WHO가 게임과몰입에 대해 질병코드로 등재한다면 우리나라 정부도 이를 근거로 종전의 주장을 반복하며 정책을 밀어 붙일 게 뻔하다. 이렇게 될 경우 게임업계는 '셧다운제'보다 더 큰 어려움을 겪게 될 게 분명하다.

게임업계가 힘을 키우지 못하고 응집력을 보여주지 못한 것은 너나 할 것 없이 오로지 돈 벌이에만 혈안이 돼 왔기 때문이라는데 이론의 여지가 없다. 또 업계에 맡겨진 자율과 제도권과의 끊임없는 대화 등 나름, 균형미를 갖추는 노력을 기울여 왔다면 이러한 차별적 수모는 당하지 않았을 터이다.

결론적으로 말하면 이미 공은 던져졌다고 봐야 한다. 그렇다고 그저 하늘의 처분만 바라보고 있을 것인가. 아니라고 본다. 이제라도 게임관련 국제적 민간 기관과 단체들이 힘을 합쳐 게임중독이 결코 정신적 허물로 빚어진 현상이 아니라는 점을 보여주고 증명해야 할 것이란 점이다. 이와 함께 돈은 안되지만 정신적 신체적 치유의 결과가 뛰어난 기능성 게임 등을 적극 개발해 선보이는 등 게임업계의 다른 면모를 제도권에 보여줘야 할 것이라는 것이다.

결국, 치열한 투쟁을 해야 한다는 것이고, 이를 통해 얻어내야 한다는 것이다. 후속적인 조치로 성장해 온 저작권 시장이 그렇고, 새로운 업종들의 제도권 진입 안착이 그런 식으로 이뤄져 왔다는 점을 잊지 말았으면 한다.

2016. 07. 07

기로에 선 '지스타'

우리나라를 대표하는 게임전시회 '지스타'가 다가오는 11월 17일부터 20일까지 나흘간 부산 벡스코에서 개최된다. 이 전시회는 한 때 '온라인게임 종주국'이라는 위상에 걸맞게 많은 업체들이 참가, 화려하고 참신한 모습을 보여주기도 했다. 하지만 게임 시장의 흐름이 온라인에서 모바일로 주도권이 바뀌면서 외형은 커졌을지 모르지만 내용면에서는 '볼 게 없다'는 관람객들의 불만이 커지기 시작했다.

작년에도 관람객들이 주로 찾는 B2C관에는 대작 게임을 찾아보기가 쉽지 않았다. 이같은 현상은 올해 더욱 두드러질 전망이다. 그렇다고 모바일게임으로 B2C관을 채우는 것도 쉽지 않아 보인다.

모바일게임의 특성상 미리 보여줄 수 없는 보안상의 문제가 있고, 한번에 수십 개의 작품을 늘어놓는다면 관람객 입장에서도 무엇에 집중해야 할 지 알 수 없게 된다. 이렇다 보니 모바일게임 중심으로 전시관을 꾸미는 것도 무리다.

그야말로 '지스타'가 이제는 기로에 서게 된 것이다. 무언가 새로운 방향을 설정하거나 찾지 않고서는 내일을 예측할 수 없는 상황이 됐다.

'지스타'는 그동안 게임업체들이 오프라인에서 유저들을 만날 수 있는 유일한 창구 역할을 해 왔다. 게임별로 유저간담회라는 자리를 만들기도 하지만 특정 마니아층을 대상으로 한다는 측면에서 행사의 의미가 똑같다 할 수 없다.

그렇다면 지금까지 그래 왔고, 앞으로도 '지스타'가 유일하게 대표성을 지닌 오프라인 창구 역을 맡아줄 수 밖에 없다는 점에서 '지스타'를 포기할 수 없다는 것이다.

또 '보여줄 것이 없다'며 오로지 빠져 나갈 구멍만 찾는 온라인 게임업체들의 태도는 온당치 않다.

중요한 것은 지금까지 '지스타'를 개최해 온 부산시나 새롭게 도전하는 성남시 등 대회 개최지가 어디가 됐든 '지스타'가 시대의 흐름에 맞도록 변신하고 새로워 져야 한다는 건 두말할 것도 없는 시대적 소명이라 할 수 있다.

그런 측면에서 게임인 스스로 가 더 많은 애정과 지원을 통해 '지스타'를 키워 나가야 한다는 것이다. 조금만 어긋나거나 세인들의 중심에 서 있지 않으면 단숨에 내던져 버리려는 습성은 역사의 소중함을 모르는 이들이 흔히 하는 짓거리일 뿐이다. '지스타'는 또 하나의 역사의 현장이다.

2016. 07. 21

'게임의 날' 제정, 안 하나 못하나?

게임계 사람들은 어디 가서 떳떳하게 "난 게임 업종에 종사하고 있다"는 말을 쉽게 꺼내지 못한다. 게임에 대한 제도권의 인식이 그만큼 나쁘기 때문이다. 용기를 내서 직업을 말하면 마치 불법 도박물을 취급하거나 청소년들을 나쁜 데로 끌어들이는 마수를 대하듯 다시 한 번 쳐다본다.

반대로 "난 영화계에 있다"거나 "난 음악계에 있다"고 하면 "아~ 그러시냐"고 고개를 끄덕인다. 부러운 눈으로 또는 호기심 어린 눈으로 말이다. 이것이 우리 게임계가 처한 현실이다. 이런 부정적인 시각을 하루 아침에 바꿀 수는 없겠지만 게임에 대해 있는 그대로 정확하게 알려줄 필요는 있다고 본다.

이를 위해 가장 먼저 해야 할 일 중 하나가 '게임의 날'을 제정하는 일이다. '영화 주간' 또는 '영화인의 날'도 있는데 '게임의 날'이 없다는 것은 그만큼 게임인들을 무시하거나 하대하는 태도다. 물론 100년이 훌쩍 넘은 영화계의 역사와 비교할 순 없겠지만 게임의 역사 또한 그에 버금간다. 내년이면 60주기를 맞이하게 된다. 더군다나 게임은 콘텐츠 가운데 핵심 코어다. 시대가 바뀌고 있고 엔터테인먼트 산업의 중심이 변하고 있는 것이다.

과거 영화를 보면서 친구들과 어울렸다면 이제는 게임을 하면서 친구들과 어울리고 사회적 관계를 익힌다. 이미 우리의 환경은 게임을 통해 이어지고 있고 게임을 통해 즐거움을 누리며, 게임을 통해 친구들과 소통하는 시대가 됐다.

'게임의 날'이 제정된다면 그 효과는 경제적인 것뿐만 아니라 게임인들의 사기 진작에도 큰 도움이 될 게 분명하다. 또 게임 업계와 오프라인 유저간 소통이 이루어짐으로써 문화 사회적 파급효과 또한 적지 않을 전망이다. 특히 또 하나의 축제마당이 생겨남으로써 게임계는 물론 게임에 대한 부정적인 시각을 가지고 있는 제도권에 인식전환의 계기가 될 게 확실하다 하겠다.

정부는 게임계에 대해 기회가 주어질 때마다 수출 산업 전사로서 큰 몫을 담당하고 있다며 칭찬을 아끼지 않는다. 그러나 게임계에 자긍심을 안겨주고 명실상부한 산업인으로 자리매김하는데는 인색하다. 그렇다면 진정 이 시점에서 게임계에 필요한 것이 무엇인가를 곰곰히 생각해 봤으면 한다. 그것은 다름아닌 '게임의 날'을 제정하는 일이라고 감히 말할 수 있다 할 것이다.

정부의 힘있는 결단을 기다려 본다.

2016. 07. 28

이빨 빠진 게임강국

최근 한 중 관계가 사드 배치 문제로 급속도로 냉각되고 있다. 정치적 사안이 경제 분야로 확대되는 모습이다. 한국인에 대한 중국 상용비자 발급 지연도 그 연장선상에서 업계는 이해하고 있다. 이같은 현상은 과거와는 크게 달라진 풍경이다. 굳이 갑을 관계를 언급하긴 그렇지만 과거에는 볼 수 없었던 일들 임엔 분명하다.

국내 게임업체들이 '차이나조이' 이후 비즈니스를 진행하려 하는데 여행사를 통한 상용(복수)비자 발급을 중국 정부가 미루고 있다는 소식은 냉혹한 국제정세의 흐름을 그대로 보여주는 대목이라 아니 할 수 없다.

국내 게임업체들이 과거의 영화를 지금도 누리고 있다면 과연 중국 정부가 저처럼 무례한 행동을 할 수 있었을까. 자격지심이 아니냐고 하면 할 말이 없겠으나 그만큼 한 중 게임 세력구도는 지금 중국으로 쏠려 있다고 해도 과언이 아니다.

한 때 세계 최고의 '온라인게임 강국'이라는 이름으로 불릴 때가 있었다. 이같은 명성은 점차 퇴색되고 있지만 그래도 아시아 지역에선 단연 톱 클래스였다. 그러던 산업적 지위가 어느 날 갑자기 떨어지기 시작하더니 지금은 더 이상 한국 게임 기업들을 최고라고 떠받들지 않는다는 것이다.

특히 중국 게임기업의 게임공급원은 단연코 한국 게임기업들이었다. 한국 게임을 가져오면 사는 것이고 그렇지 않으면 죽는 것이다. 그 선택의 기로에서 한국 게임을 마다할 기업은 없었다. 하지만 지금은 사정이 그렇지가 않다.

한국게임이 이젠 더 이상의 변수가 되지 않는 현실이 됐다. 그나마 종속변수로라도 남아 있고, 지금까지도 존재감을 드러내고 있다면 다행인데, 상당수 국내 게임업체들의 처지를 보면 그렇지가 못하다는 것이다.

경제는 냉혹한 것이다. 특히 글로벌 경제에서는 더 그렇다. 힘이 없으면 그대로 도태되는 것이다. 특히 나라경제, 국력을 바탕으로 한 국가간 역학 구도에서는 더 이상 말할 필요가 없다. 나라의 힘, 경제의 힘이 지배하는 것이다.

국내 게임업계의 힘이 풀썩 빠져 있음을 그들이 먼저 알고 달려드는 것이다. 여기서 차별을 당했다거나 억울하다 할 필요가 없다. 오로지 한가지다 힘, 경쟁력을 갖춰야 한다는 것이다. 기업도 나라도 경쟁력을 갖추지 못할 땐 수모를 당할 수 밖에 없다.

옛 가요 가사가 생각났다. 억울하면 출세하라는 것이다. 최근 한중 관계를 지켜보면 더 절실히 느껴진다.

2016. 08. 04

아케이드게임산업, 이대로 둘 것인가

대법원은 최근 게임 점수를 '멤버십 카드'에 적립하는 성인용 아케이드 게임업체들의 업태에 대해 '게임산업진흥법'에서 금지하는 사행 행위에 해당하는 것이라며 게임장 업주 이모(63)씨에 벌금 500만 원을 선고한 원심 판결을 최종 확정했다.

대법원의 이같은 결정은 아케이드 게임에서 획득한 점수를 멤버십 카드 등에 입력해선 안 된다는 것이고, 이는 또 다른 사행 행위를 야기할 수 있다는 정부측의 주장을 상급법원인 대법원에서도 받아들인 것으로 보여진다.

대법원의 이같은 결정을 지켜보면서 사회 정서와 법원의 정서가 얼마나 멀게 맞서 있느냐는 점을 다시 한번 되돌아보게 된다. 대법원은 하급 법원의 법리적 측면만을 살펴보는 게 일반적인 원칙이다. 예컨대 법률대로 판결을 했느냐의 여부를 가리는 것이다. 따라서 법률대로 판단했다면 문제될 게 없다.

그러나 법률에 앞서 국민 정서적인 측면도 고려해야 하는 곳이 대법원의 또 다른 역할이자 의무라고 생각한다. 기계적인 판단과 결정으로만 이뤄진다면 굳이 재판을 판사나 대법관에게 맡길 필요가 없다 할 것이다.

사행 행위에 대해 어디까지가 법에 저촉되고 그렇지 않은지를 확실히 가늠할 수 없지만 이제는 이를 놓고 소비적인 싸움은 그만 했으면 하는 바람이다. 결론적으로 말하면 사회적 규범에 크게 어긋나지 않는다면 이젠 이 문을 열어줄 때가 됐다고 본다.

불법 도박 사이트로 흘러 들어가는 돈이 한해 무려 수십 조 원에 이른다는 사실은 비단 어제 오늘의 얘기가 아니다. 분명한 것은 현상이 있는데도 이를 덮으려는 것은 어리석은 짓이라는 것이다. 막말로 손바닥으로 하늘을 가릴 순 없는 일이다. 그렇다면 이를 제도권으로 끌어들이고 흡수하려는 노력을 기울여야 한다는 것이다.

아케이드 게임업계가 성인용 게임을 가지고 도박을 유도하는 그런 곳은 아니다. 아동용 게임을 개발하는 곳도 적지 않다. 아케이드 게임업계가 주장하는 것은 성인을 위한 놀이문화는 적어도 보장해 줘야 하는 게 아니냐는 지적이다. 온라인에서는 되는데, 오프라인에서는 안 된다는 건 한마디로 넌센스다.

전세계적으로 아케이드 게임시장은 콘솔시장과 함께 양대진영을 이루며 성장해 왔다. 지금도 중국게임시장에서는 아케이드 게임 장르가 상당한 비중을 차지하고 있다. 최근 화제를 일으키고 있는 증강 현실(AR) 게임 '포켓 몬 GO'도 실은 아케이드 게임이란 기저를 지니고 탄생했다고 봐야 한다.

지난 2006년 '바다이야기 사태' 이후 성

인용 아케이드 게임시장은 그야말로 초토화되다시피 했다. 더 이상 아케이드게임 부활을 위해 정책 입안자 어느 누구 한 사람이 고양이 목에 방울을 달려고 하지 않는다.

여기서 우리는 미국의 포르노 극장의 쇠퇴를 반면 교사의 교훈으로 삼을 필요가 있다 하겠다. 즉 현상이 있다면 굳이 막지 않겠다는 게 당시 미국 정부의 정책 기조였다. 일례로 막지는 않겠지만 재미를 보게는 하지 않겠다는 것이다.

또 그렇게 함으로써 또 한편으론 제도권에 흡수하는 효과를 노렸다. 미국의 포르노 극장은 미디어 흐름 변화 때문도 그렇지만 더 이상 세인들에게 관심을 끄는 '명소'가 아닌 게 됐다.

게임시장의 트렌드가 변하고 있지만 아케이드게임 시장은 여전히 세계적으로 적지 않은 영향력을 발휘하고 있다. 온라인과 모바일게임의 등장으로 위축될 것이라 여겨졌던 콘솔게임도 여전히 건재한 모습을 보여주고 있다.

이런 상황에서 정부가 아케이드 게임산업에 대해 형평성에도 어긋나는 규제를 마구 양산해 낸다면 이를 과연 누가 감당하고 이겨낼 수 있겠는가. 더군다나 시대가 어느 때인가. 지금 세계 게임시장은 선진제국들의 격전장이 되고 있다. 아케이드 게임도 예외는 아니다.

지구촌 절반 이상의 인구가 아케이드 게임을 즐기고 있다. 그런데 그런 시장을 버리고 가상현실(VR)게임 등 첨단 게임만 개발하고 매달리는 게 과연 혁신이고 미래 수종 사업인가.

정부 정책 입안자들은 잊지 말아야 할 게 있다. 그보다 중요한 것은 민생과 국민 민원에 귀를 기울이라는 것이다. 그렇다면 아케이드 게임에 대한 규제완화 문제는 더 이상 미룰 과제가 아니라고 본다. 지금은 전향적인 조치가 필요한 때다.

2016. 08. 16

박근혜 정부의 장관 인사

박근혜 대통령이 문화체육관광부 장관에 조윤선 전 정무수석을 내정하는 등 집권 후반기 국정 운영을 위한 3개 부처에 대한 개각을 최근 단행했다. 이 가운데 단연 눈길을 끄는 이는 조 장관 내정자다. 그는 박 대통령의 대표적인 측근 인사로 알려져 있다.

정치권은 이번 인사에 대해 박 대통령의 인사스타일을 그대로 드러낸 것이라고 아쉬움을 나타내고 있다. 한 나라의 문화정책을 책임지는 문체부 장관 자리는 결코 가볍지 않은 곳이다. 그런데 그런 자리를 법조인에다 정치권 출신인 조 내정자를 발탁한 것이다.

조 내정자 이전에도 김종덕 문체부 장관이 외부 발탁 인사라는 형식을 통해 부처 수장을 맡아왔다. 그가 재임한 기간 동안 많은 일을 했다 하지만 산업계의 반응은 아주 냉랭하다. 일만 벌려 놓고 갔다는 것이다.

이런 연유로 비 관료 출신 장관이 왔다가면 그 다음에는 전문 관료(테크노크라트)가 수장을 맡아 흐트러진 조직을 재정비하는 게 그동안의 관례처럼 이어져 왔다. 이 때문에 김 장관 후임에는 전문관료가 임명돼 조직을 추스르지 않겠냐는 전망이 우세했지만 결과는 또 빗나갔다.

문체부는 그동안 문화 부처이면서도 산업 부처로 변신하기 위한 노력에 몸부림쳐 왔다. 산업 관련 업무를 수립하는 다른 전담 부처에서 산업 진흥 정책을 제대로 알지 못한다는 비아냥을 사 왔기 때문이다. 그 까닭에 문체부는 박지원 전 장관 이후 그동안 문화 산업 전담 인재 양성에 박차를 가해 왔다고 해도 과언이 아니다.

그런데 어느 날 부터인가 문체부에 전문 관료를 찾아보기 힘들다는 말들이 흘러 나왔다. 잇따른 인사에다 조직의 형평성 또는 수평적 인사란 명목으로 조직을 마구 뒤흔들어 놓아 전문집단이란 용어가 무색하게 됐다.

지금 세계는 문화 전쟁을 치르고 있다. 우리 역시 이 전쟁에서 예외는 아니다. 이러한 점을 박근혜 정부가 모를 리가 없다. 그럼에도 이같이 회전문 인사로 일관한다면 문화정책의 내일은 암담할 수 밖에 없다 할 것이다.

장관이 바뀌었으니까 또 인사를 할 것이고 또 조직을 섞어 놓을 게 뻔하지 않은가. 이런 인사로 인해 멍드는 건 부처 내 조직뿐이 아니다. 그로 인해 흔들리는 건 다름아닌 산업인이고 더 나아가 국민이란 사실을 박근혜 정부는 잊지 말아야 할 것이다.

2016. 08. 18

게임예산 630억, 어찌 쓸 것인가

내년 게임 예산이 크게 늘어났다. 기획재정부는 청년 일자리 창출을 위해 주무부처인 문화체육관광부와 협의를 거쳐 총 635억원의 예산을 편성했다. 이는 전년도 예산의 451억에 비해 무려 40.79% 증액된 금액이다.

정부가 이처럼 게임예산을 크게 늘린 것은 게임이 청년 고용에 적합하고 새로운 일자리를 창출해 어려워지고 있는 국가 경제에 도움을 주기 위함이다. 게임은 정보통신(IT)와 문화가 결합된 융복합산업의 대표적인 모델이라고 할 수 있다.

이 때문에 게임강국은 하나같이 모두 선진국들이다. 미국과 일본, 유럽 등이 게임시장을 주도하고 있는 것만 봐도 알 수 있다. 그리고 우리도 뒤늦게 온라인게임을 통해 게임시장의 주역으로 등장했다.

하지만 우리의 강점으로 작용했던 온라인시장이 위축되고 중국이라는 강력한 라이벌이 등장하면서 우리 게임산업은 지금 위기국면을 맞고 있다. 이런 상황에서 정부가 청년 창업을 늘리고 이들에게 일자리를 제공하기 위해 게임산업에 대해 상대적으로 증액된 예산을 편성, 집행하겠다는 것은 반가운 일이자 때늦은 감이 없지 않다는 것이다.

정부가 의도한 대로 청년 창업과 일자리 창출은 그리 쉬운 일은 아니다. 게임시장은 이미 오래 전에 치열한 레드오션으로 바뀌었고 과거처럼 몇몇 소수가 모여 아이디어 하나로 대박을 터뜨리는 시대가 지났기 때문이다.

그래서 정부가 게임산업을 적극 지원해서 일자리를 창출하고자 한다면 새로운 일자리를 만드는 것도 중요하지만 기존에 있는 일자리를 더욱 튼튼히 만들어주는 일도 중요하다는 것을 인식해야 한다는 점이다. 다시 말해 균형과 조화를 갖출 필요가 있다는 것이다.

그런 측면에서 이미 게임산업에 진출해 있는 많은 게임 벤처와 스타트업들에 대한 지원 또한 아끼지 말아야 할 것이란 점을 강조하고 싶다. 이들 또한 청년 고용과 일자리 창출에 지대한 역할을 하고 있으며 또 다른 기회를 잡고자 몸부림치는 청년기업이라는 사실이다.

2016. 09. 01

대한민국 게임계의 현실

우리나라 게임산업은 '온라인게임 종주국'이란 소리를 들으며 승승 장구해 왔다. 중국 시장은 안마당처럼 들락거렸다. 모바일게임 역시 중국의 그것보다 한 수 위란 소리를 들으며 기술력을 과시해 왔다.

그런데 이제는 더 이상 '온라인게임 종주국'이란 말도, 모바일게임 선진국이란 말도 들을 수 없는 처지가 됐다. 정부 발표 자료에 따르면 최근 중국 게임업체들의 국내 투자가 우회상장이나 인기 판권(IP) 확보를 제외하곤 거의 이뤄지지 않고 있는 것으로 드러났다.

중국 최대 게임업체인 텐센트의 경우 한때 넷마블을 비롯한 국내 주요 게임업체들의 큰 손이었지만 지난 2014년 10월 카본아이드에 대한 100억 규모의 투자를 끝으로 그 손길이 자취를 감췄다.

텐센트는 그러나 잘 나간다는 게임업체들에 대한 투자는 계속하고 있다. 지난 4월 무려 86억 달러(한화 약 9조 4729억)를 투자해 슈퍼셀을 인수한 데 이어 5월에는 2000만 달러(한화 약 220억 3000만 원)를 주고 패러독스의 지분 5%를 확보했다.

텐센트와 경쟁을 벌이고 있는 자이언트의 움직임도 심상치가 않다. 자이언트는 소셜 카지노 업체 플레이티카 인수에 이어 모종의 투자계획을 진행중에 있는 것으로 알려지고 있다.

세계 게임시장의 빅브라더로 성장한 중국 게임업체들이 이제는 한물간 대한민국 게임업계를 외면하고 더 매력적인 해외업체를 향해 손짓을 하고 있는 것이다. 어찌하다 우리 게임계가 이 지경에 이른 것인가. 한마디로 대한민국 게임계가 투자에 매력적이지 않다는 뜻이다. 재미를 보지 못하는데 투자를 하겠다는 기업은 없다.

이러다가 정말 대한민국 게임계가 중국 게임계의 하청업체로 전락하는 게 아닌지 염려스럽다. 특히 온라인 게임이며 모바일게임이며 시장에서 되는 게 하나도 없다는 업계 관계자들의 솔직한 심정 소리를 듣다 보면 게임계의 앞날이 훤히 들여다 보인다고 아니할 수 없겠다.

이렇게 하나 둘씩 무너져 내리다 보면 보가 터질 수 밖에 없다. 쌓기는 어려워도 무너지는 것은 한 순간인 것이다. 그렇다면 지금이라도 정신을 차리고 허리띠를 졸라매야 하지 않겠는가. 지금 대한민국 게임계는 풍전등화의 형국이다. 그런데도 위정자들과 게임 메이저들은 왜 그런 현실을 직시하지 않는지 알 수가 없다.

2016. 09. 22

문화계의 차모씨는 또 뭔가

문화계가 K스포츠와 미르 충격에 이어 CF 감독 출신인 차 모씨로 인해 또다시 소용돌이에 휘말리고 있다. 한 매체에 따르면 차 모씨는 박근혜 대통령의 지인으로, 정치권과 경제계에 막강한 영향력을 행사해 온 것으로 알려진 최순실씨와도 절친 사이라는 것이다. 이같은 배경을 업고 그는 문화계의 황태자로 불려 왔다는 게 이 매체의 보도 내용이다.

이번 사안은 아직 정확한 실상이 밝혀지지 않은 상태지만 상당히 개연성을 갖고 있다는 점에서 향후 큰 파장이 적지 않을 전망이다. 문화산업계는 다른 산업보다 더 전문성이 요구되는 분야다. 이 때문에 게임뿐만 아니라 산업과 문화를 잘 아우르는 인물이 아니면 정책을 수립하기도, 또 그 정책을 추진해 나가는 데 곧 잘 한계를 드러낸다.

더욱이 게임계는 시장 트렌드의 변화와 외산 게임의 영향력 확대, 글로벌시장 경쟁의 격화 등으로 풍전등화의 처지에 놓여있다는 점에서 절실한 처방전이 요구되고 있다. 이럴 때일수록 강력한 리더십과 전문지식을 두루 갖춘 컨트롤타워가 필요하다는 뜻이다.

문화산업 육성을 위한 컨트롤 타워에 문제가 있는 것 아니냐는 지적은 그동안 산업계 중심으로 꾸준히 제기돼 왔다. 그런 와중에 이런 일이 빚어진 것이다. 중요한 것은 몇몇 정권 실세와 연결된 인물들이 자신들 취향에 맞춰 문화계를 쥐락펴락했다면 큰 일이라 아니할 수 없다.

지금은 물러났지만 전임 문체부 장관과 콘텐츠 관련 기관장인 S씨 등이 차모씨와의 연으로 고위직에 올랐다는 설은 더이상의 비밀이 아닐 정도다. 특히 문체부 내부에서조차 디자인 전공 또는 이 분야에 관심을 보이는 인물들이 대거 중용되면서 이를 차모씨와 연관 지어 해석하는 이들이 적지 않았다.

이렇다 보니 산업 육성책은 온데간데 없고 전시적 문화 행정만 넘나 드는 등 산업 생태계에 구멍이 생긴 게 아니냐는 말까지 등장한 게 아닌가 하는 것이다. 문화는 대중의 흐름이어서 잠시 트렌드를 놓쳐도 용인되지만, 문화산업은 그렇지가 않다. 잠시 한눈을 팔다 가는 한 순간 시장을 잃어버릴 수 있기 때문이다.

최근 게임계를 비롯한 문화산업계가 외화내빈의 현상으로 몸살을 앓고 있는 게 이같은 '우리가 남이가' 식의 '끼리끼리' 행정 때문에 비롯된 게 아닌지 묻지 않을 수 없다. 문화는 잘 모르겠으나 문화산업에 살을 찌우려면 진정한 컨트롤 타워의 확립이 필요하고 그들의 활약이 절실히 요구되고 있다는 것이다.

2016. 10. 07

문체부가 디자인판 된 이유가

최순실 국정 개입 파문으로 전국이 들썩이고 있다. 그가 박근혜 대통령의 연설문 수정뿐만 아니라 국가의 극비자료까지 미리 받아 봤다는 의혹이 제기되면서 그동안 최순실과는 관계가 없다며 일정거리를 둬 온 박근혜 정부를 곤경에 빠뜨리고 있다.

이런 가운데 그 소용돌이의 가장 중심에 머물고 있는 곳은 다름아닌 문화체육관광부다. 논란을 불러 일으키고 있는 미르재단과 K스포츠의 자금을 마련하기 위해 사전 정지작업의 일환으로 문체부의 고위급 공무원들을 무더기로 정리했다는 것이다. 또 문체부의 현 고위급 인사는 최순실과의 밀착 관계로 연일 언론 지상에 오르내리고 있다.

김종덕 전 장관을 비롯한 문체부와 산하 기관장들이 대거 디자인 광고 쪽 인사들로 채워지고, 반대로 문체부 전문가 집단(테크노 크라트)에 속하는 인사들이 때 아니게 조직의 활성화를 위한 수평 이동이란 이름 아래 자신의 전공과 관련이 없는 변방으로 좌천된 것도 어찌 보면 인사의 원칙도, 우연의 일치도 아니었던 것이다.

김 전 장관 부임 이후 문체부에는 전문가 집단이 거의 사라졌다 할 만큼 쑥대밭이 됐다. 문화 산업 전문 관료들이 관광이나 체육 쪽으로 밀려났고, 아무개 인사는 한번도 경험해 보지 못한 박물관 업무를 맡아 봐야 했다. 반면 문화산업 분야는 문화산업계에도 낯선 비 전문가들이 차지했다. 산하기관장 인사도 예외는 아니었다.

문제는 그 다음이다. 테크노크라트들이 산업 현장에서 밀려나면서 제대로 된 해법과 처방전을 내 놓지 못하고 있는 것이다. 마치 지금의 형국은 위기 상황의 처치법을 제대로 숙지 못한 관리들이 갈지자로 차를 모는 격이다.

작금의 글로벌 시장은 총성이 없는 문화전쟁을 치르고 있다. 선진 7개국은 아예 드러내 놓고 문화산업화에 매진하고 있다. 더욱이 게임장르는 미국, 일본, 중국이 사활을 걸 만큼 전략적으로 투자에 열을 올리고 있다.

갈길 바쁜 문체부가 안타깝게도 최순실의 국정 농단으로 지금 사경을 헤매고 있다. 특히 시대의 키워드로 문화융성 및 창조 경제 문화를 거창하게 내걸었지만 이젠 헛것이 돼 버리게 됐다.

그래서 인사는 만사라 하지 않았던가. 최순실과 그 추종자들 때문에 문체부가 잃은 게 너무나 많다. 앞으로 어찌할 것인가.

2016. 10. 27

최순실-차은택 사업들은 폐기해야

박근혜 대통령과의 사적인 인연을 악용해 국정을 농단해 온 최순실과 그의 측근인 차은택이 문화계에 뿌려놓은 수많은 사업들이 전면 재심사를 받게 됐다.

이들에 대한 국민들의 비난이 쏟아지자 문화체육관광부는 정관주 제1차관을 팀장으로 하는 특별전담팀(TF)을 구성해 사업 점검 작업에 착수했다 한다. 그러나 이러한 점검과 검증작업이 얼마나 객관적이고 실효성 있게 진행될 것인가는 좀 더 두고 봐야 할 것이다.

정치권에 따르면 내년도 예산 가운데 최순실·차은택 관련 사업 예산 규모가 무려 4200억 원에 달하는 것으로 알려지고 있다.

특히 내년에 신규로 추진되는 문화창조융합벨트 글로벌 허브화(168억 원)와 지역거점형 문화창조벤처단지 조성(98억 원), 문화창조융합벨트 전시관 건립(36억 원), 콘텐츠 멀티 유즈랩 구축(16억 원) 등의 사업은 최순실과 차순택이 기획한 것으로 업계는 보고 있다.

보다 자세한 내용은 검찰 수사나 정부의 조사를 통해 밝혀지겠지만 4200억 원 중 적지 않은 금액이 두 사람의 사적인 이득을 위해 기획된 것으로 밝혀진다면 모든 것을 원점에서 다시 재검토하고 새롭게 판을 짜야 할 것이다.

앞서 언급했지만 이들이 기획하고 만들어 낸 프로젝트의 대부분은 산업에 절실하고 업계에 필요한 인프라 성격의 사업들이 아니다. 한마디로 전시성 성격이 짙은 것들 뿐이다. 따라서 이들 사업의 폐기 또는 재검토가 불가피하다는 게 업계의 중론이다.

더욱이 이들이 요구한 4200억 원 규모의 자금이면 4200개의 스타트업을 양성하거나 조성할 수 있는 막대한 금액이다. 그런 자금이 지원 가능하다면 이 시점에서 새로운 사용처를 찾는 게 순서라고 본다.

끝으로, 권력에 약한 것이 공무원이라고 하지만 이번 사태는 그 정도가 심해도 너무 심했다. 이번 기회에 문체부는 관련자들을 철저히 가려내서 다시는 이런 일이 재발하지 않도록 해야 한다. 특히 그들이 정부 돈을 맘대로 주무를 수 있도록 눈을 감아 주거나 앞장서서 일을 꾸민 자들에 대한 강력한 처벌이 뒤따라야 함은 물론이다 하겠다.

2016. 11. 03

아이템 확률 조작은 있을 수 없다

최근 '데스티니 차일드'의 아이템 확률 조작 의혹이 사실로 드러나 업계에 충격을 주고 있다. 넥스트플로어는 그간 5성 차일드에 대한 획득 확률이 1.44%라고 밝혔지만, 사실은 이보다 훨씬 미치지 못하는 0.7%에 불과한 것으로 드러났다.

이에 따라 이 회사의 김민규 대표는 직접 유저들에 나서 사과하고 무조건 환불을 실시키로 하는 등 진화에 나섰지만 넥스트플로어에 대한 유저들의 배신감은 쉽게 사그러 들지 않는 모습이다.

게임 아이템 획득 확률은 매출에 상당부문 영향을 미치는 것으로 알려지고 있다. 때문에 이를 어떻게 구성하느냐가 게임 비즈니스의 핵심이 되기도 한다. 때문에 많은 사람들이 확률형 아이템에 대해 사행성을 조장하는 장치라는 비난을 서슴치 않고 있다.

이에 따라 업계는 자율적으로 특정 아이템에 대한 확률을 따로 공개하고 있다. 그러나 이같은 약속이 제대로 지켜지지 않는 경우가 종종 있다. 이번 '데스티니 차일드' 의 사례가 바로 그것이다.

이로 말미암아 국회에서도 게임의 확률형 아이템을 규제해야 한다는 목소리가 커지고 있다. 심지어는 확률형 아이템을 사용하는 게임에 대해서는 무조건 청소년 이용 불가 등급을 내려야 한다는 지적도 적지 않다.

그러나 이를 법으로 다스리는 것보다는 업계 자율에 의해 운용되는 것이 맞다는 의견이 더 많은 것 같다. 업계의 안이한 대처가 일단 큰 문제라 할 수 있지만 아직까지는 자율적으로 확률분을 정하고 이를 지키려는 업체들이 적지 않다는 사실이다. 이는 극단적으로 표현하면 유저들의 돈을 도둑질하는 것과 마찬가지라는 생각에서다.

끝으로 이번 논란의 중심에 선 넥스트플로어는 유저사과뿐 아니라 재발 방지 약속을 반드시 지켜야 한다는 것이다. 이는 개별 기업의 실수가 게임업계 전체에 미치는 영향이 지대하다는 측면에서 특히 그렇다. 그렇다면 이를 감시 감독하는 사내 시스템이 더 강력히 작동돼야 할 것이라고 본다.

2016. 11. 11

올 지스타, 과연 제대로 했나

게임업계의 큰 잔치 가운데 하나인 지스타가 최근 막을 내렸다. 주최측은 이번 행사 성과에 대해 규모 면에서나 관람객 동원에서 역대 최대를 기록하는 등 성공적이었다고 자평했다. 겉으로 드러난 결과로만 놓고 비교 평가한다면 그렇게 분석할 수도 있다 싶다.

하지만 실질적인 내용을 들여다 보면 오늘보다는 내일이, 지금보다는 미래가 더 불안하다는 것이다. 일단 양적인 성장부터 빨간불이 들어왔다. 지스타는 지난 2013년 18만 8707명의 관람객 동원에 이어 2014년에는 20만 509명의 관람객이 다녀가 6.25%의 신장률을 기록했다. 그러나 2015년에는 4.5% 증가한 20만 9566명에 그치더니 올해에는 22만여명의 관람객을 불러 모았다. 겨우 전년대비 4.6% 증가하는데 그쳤다.

중국에서 열리는 차이나조이가 매년 두 자릿수의 신장률을 기록하고 있는 것과 비교해보면 초라한 성적이라 아니할 수 없다. 온라인게임 시장은 규모 면에서 이미 오래 전에 중국에 세계 1위 자리를 내줬다. 하지만 전시회마저도 중국보다 못할 줄은 꿈에도 몰랐다.

한때 미국의 E3와 일본의 도쿄게임쇼 등과 어깨를 나란히 하는 세계 3대 게임쇼로 키우겠다던 정부와 업계의 기대감은 이제 더 이상 의미가 없게 됐다. 이제 명맥조차 유지하는데 급급한 처지가 됐다.

이처럼 지스타가 위기를 맞게 된 데 대해서는 여러 가지 원인을 지적할 수 있다. 우선 무엇보다 게임에 대한 사회의 부정적인 시각이 가장 큰 문제점이라고 꼽을 수 있겠다. 게임에 대해 주홍글씨를 써 놓고 관람객을 모은다는 일은 쉬운 일이 아니다. 그러나 그 못지 않게 대회 개최 장소의 문제점은 없었는지에 대해서도 심도있게 고민을 해 봐야 한다.

지스타는 그간 8회차에 걸쳐 부산에서 열려 왔다. 이는 지스타 개최의 취지와도 맞지 않는 것이다. 당초 정부는 지스타 개최를 결정하면서 지방화 촉진 및 게임에 대한 이해의 폭을 높인다는 방침 아래, 지방 순환 개최를 원칙으로 삼았다. 그런데 어느 날부터 부산시가 지스타를 마치 자기 지역에서 열리는 연례 행사처럼 못을 박아 낚아채 버렸다.

문제는 그럼으로써 대회 개최 등의 효과가 커야 하는데 그렇지가 못하고 탄력을 받아야 하는데 오히려 반감돼 왔다는 것이다. 그렇다면 대회 개최지를 바꿔야 할 때가 된 게 아니냐는 일각의 지적에 대해 정부와 협회는 깊은 고민을 해야 하지 않을까.

무턱대고 지스타의 부산 개최를 깎아 내리기 위한 목소리라고 밀어 붙이기엔 이젠 한계를 드러내고 있다고 봐야 한다. 이번 전시회는 또 일부 업체로 크게 쏠린 전시 공간도 논란을 빚었다. 한마디로 부적절했다는 것이다. 주최측 입장에서 보면 불가피한 사정이 있었겠지만, 정부 자금 지원 등으로 열리는 사실상의 정부측 행사에 마치 특정기업 몰아주기로 비춰진 전시 공간 배치는 아무리 좋게 보려 해도 무리수였다.

이밖에 온라인에서 모바일로 변화하는 시장 트렌드에 적극 대응하지 못했고, 전시회의 부대행사 역시 예년과 크게 다르지 않다는 점에서 전시회 기획 리포트에 한계를 드러낸 게 아니냐는 비판을 면키 어렵게 됐다.

지스타는 게임계의 빅 이벤트다. 업체들의 참여도가 낮아 그럴 수 밖에 없다는 건 변명이라고 할 수 밖에 없다. 이같은 안타까움의 지적은 자칫 지스타가 목표하는 세계적인 전시회가 아닌 이류 전시회로 전락할 수 있다는 우려감 때문이다.

그렇다면 정부와 지스타 조직위는 현실을 냉정하게 내다 보고 초심으로 돌아가 대회 개최지 변경을 고민 해 봐야 한다. 좋은 게 좋다는 식이나, 어제도 그랬으니까 오늘도 그랬음 하는 바람은 발전을 위한 제언이라기 보다는 퇴보하는 길의 지름길일 뿐이다.

2016. 11. 24

창조경제 게임사업 차질 없어야

최순실 게이트로 대통령이 탄핵을 받느냐 아니면 사퇴하느냐를 놓고 정치권이 연일 뜨거운 공방을 펼치고 있다. 안타깝게도 이로 인해 경제가 휘청거리고 있다는 것이다. 특히 게임계의 형편도 그다지 다르지 않다.

단도직입적으로 말하면 이른바 '창조 경제'란 이름 때문에 게임 스타트업들이 큰 몸살을 앓고 있는 것이다. 최순실-차은택이 주도한 창조경제 혁신센터에 대한 부정적인 시각으로 인해 그 센터의 지원 사업 예산을 지자체에서 대거 삭감하거나 보류하고 있기 때문이다.

정부와 지자체에서 운영 중인 창조경제 혁신 센터는 무려 17개다. 그런데 이들의 주요 예산들이 대거 보류되고 있다는 것이다. 이미 서울시는 창조경제센터 지원예산 20억 원을 전액 철회했고, 전남도의회 역시 운영 지원비 10억 원을 삭감했다.

문제는 이 곳에 입주해 있거나 이 곳으로부터 과제 수주를 통해 자금을 지원받기로 했던 게임스타트업들이 길거리에 나 앉거나 사업을 진행할 수 없게 됐다는 점이다.

솔직한 말로 창조경제와 문화융성이란 단어는 차은택 개인의 '전유물'이 아니다. 이미 오래 전부터 이와 같은 사업의 필요성이 강조돼 왔고 정부의 지원도 있어 왔다. 차은택은 거기다 그냥 자신의 먹거리를 걸어놓고 채택한 것 뿐이다.

그렇다면 이 사업을 완전 백지화하기 보다는 잘못된 점을 보완하고 보다 철저히 운영하는 것이 이치에 맞다. 정 걸린다면 명칭 변경도 필요하다고 본다. 그러나 그 근본인 벤처와 스타트업을 키우는 일과 목적은 바꾸지 말자는 것이다.

쉽게 말하면 완급을 조절하며 센터를 운용하는 것도 또 다른 요령이자 방법론이 될 수 있다는 점을 강조하고 싶다. 더욱이 많은 게임 스타트업들이 여기서 둥지를 틀고 있고 자금을 바라보고 있다는 사실이다. 이들에게 자금을 줘서 용기를 북돋아줘도 시원찮을 판에 그간 추진해 온 사업마저 중단시키고, 센터 가동을 막아 이들을 내쫓겠다면 이들의 희망과 내일의 대한민국의 비전은 눈을 감고 뻔하다 할 것이다.

버릴 것은 버리고 취할 것은 취하는 용기가 필요한 시점이다. 감정적으로 대응할 것이 아니라 보다 냉철한 가슴으로 창조경제혁신센터와 그 사업을 들여다 볼 필요가 있다. 중국의 정치 지도자 덩 샤오핑의 '흑묘백묘'론이 떠오른다. 흑고양이든 백고양이든 어떤가. 쥐만 잘 잡으면 될 일이 아니던가. 지금 대한민국 게임계의 처지가 그렇고 대한민국 경제가 그렇다는 점을 잊지 말아야 할 것이다.

2016. 12. 01

전경련과 게임계

최순실 게이트와 관련해 전국경제인연합회가 비난의 화살의 중심으로 떠오르고 있다. 박근혜 대통령이 전경련을 통해 미르스포츠와 K재단 등을 지원해달라고 했다는 의혹이 제기되면서 파문이 일고 있기 때문이다.

이같은 비난을 의식했는지 최근 열렸던 국회 청문회에서는 재벌 총수들이 잇달아 전경련을 탈퇴하겠다고 밝혔다. 전경련이 출범이래 최대의 위기를 맞게 된 것이다.

전경련은 우리나라 경제를 이끌어온 대표적인 이익 단체다. 아무나 이곳에 들어갈 수도 없고 또 들어간다고 해도 경제 발전을 위해 일정 부분 역할을 해야 가입할 수 있는 곳이 바로 전경련이다.

이 단체와 게임계는 그동안 일정한 거리를 유지해 왔다. 그런데 전경련에서 엔씨소프트와 NHN, 네이버 등을 대상으로 전경련 가입을 적극 권유를 했던 것으로 알려지고 있다.

결과적으로 게임업체들은 전경련의 요청을 받아들이지 않았고, 지금에 와서는 아주 잘된 일이 됐다. 하지만 전경련이란 단체가 게임업체에 대해 러브콜을 보냈다는 사실 하나만으로도 게임계의 위상이 달라졌음을 알 수 있다. 어떤 경위에서 가입 요청이 있었고, 결국엔 가입하지 않게 됐는지에 대해 정확히 알려진 바는 없다.

그러나 이를 계기로 다시 한 번 생각해 봐야 할 것이 있다. 게임업체들도 이제는 게임산업협회라는 좁은 우물 안에 머물 게 아니라 보다 더 큰 바다로 나가야 한다는 것이다.

물론 지금까지 게임업체들이 사회를 위해 크고 작은 일들을 많이 해 온 것은 부인할 수 없는 사실이다. 그러나 연말에 불우이웃 돕기에 연탄 배달을 하고 불우 청소년들을 돕는 활동 등은 누구나 할 수 있는 일이다. 그 보다는 산업규모에 맞는 일을 찾고 이를 실천해야 한다는 것이다.

그러기 위해서는 게임업체들이 먼저 제도권 안에 들어가 손짓을 하는 노력을 기울여야 한다. 특히 게임업계의 리딩기업인 메이저들이 그 주어진 몫을 실천해야 한다고 본다. 그래야 제도권 안에서의 게임계의 입지가 더 넓어질 수 있다.

지금은 열린 커뮤니티 시대이고, 이를 뒷받침하지 않고선 살아 남을 수 없다는 점을 명심해야 한다.

2016. 12. 15

글로벌 도약 나서는 넷마블

글로벌 시장 공략을 위한 넷마블게임즈의 원대한 계획이 첫 단추를 꿰었다. 이 회사는 그동안 글로벌 시장에서 확실한 입지 마련을 위해 다각적인 방안을 타진해 왔다. 그 중 하나가 유명 게임업체 인수를 통한 브랜드 파워 키우기였다. 그런데 이같은 계획은 번번히 좌절됐다. 인수경쟁전이 치열해 지면서 터무니 없는 인수가를 제시하는 사례가 적지 않았기 때문이다.

이번 카밤의 밴쿠버 스튜디오 인수는 이같은 넷마블의 의지의 발로에서 시작된 것으로 이해할 수 있다. 넷마블은 이로써 미주 유럽 지역에 의미 있는 현지 교두보 확보는 물론 이를 통한 MMG(다중접속 역할분담게임) 등 다양한 장르의 게임 개발에 한층 탄력을 받을 수 있게 됐다. 특히 브랜드 파워 제고에도 큰 도움을 줄 것으로 기대된다.

우리나라의 게임업체가 외국 기업을 인수한 사례는 그동안 몇 차례 있었다. 하지만 그 규모나 영향력 면에서 이번 벤쿠버스튜디오 인수 규모와는 비교할 수 없다 할 것이다. 무엇보다 국내시장을 넘어서 글로벌시장으로 도약하려는 넷마블의 의지를 읽어볼 수 있다는 데 그 의미가 있다 할 수 있겠다.

또 한가지는, 우리가 만든 게임을 북미나 유럽에다 론칭하는 일이 그렇게 쉬운 것은 아니라는 것이다. 문화와 풍습이 다를 뿐아니라 현지 사정도 파악하지 못할 때도 많

다. 하지만 현지에 자국 기업이나 계열사 있을 경우 상황은 다르다. 이번에 넷마블은 북미와 유럽지역에 확실한 교두보를 마련한 것으로 평가할 수 있다. 이에 따라 수출규모도 달라질 것으로 예상된다.

마지막으론, 넷마블이 내년 기업 공개를 앞두고 있다는 것이다. 그런 측면에서 이번 카밤 벤쿠버 스튜디오 인수는 그 연장선상에서도 이해할 수 있다. 시장에서는 내수만 주력으로 하면 불안해 한다. 더군다나 국내 모바일 게임 시장의 이점은 이미 사라진 지 오래됐다. 그런 측면에서 보면 넷마블은 이번 유명 게임업체 인수를 통해 수익성에 관한 한 포트폴리오를 확실히 해 놓았다고 할 수 있겠다.

그렇다면 넷마블에 필요한 앞으로의 과제는 더욱 더 확실한 글로벌 경영이라고 할 것이다. 그러기 위해서는 투명한 경영과 함께 사회에 공헌하면서 앞으로 나가는 길이다. 더욱이 기업의 사회공헌은 이제 기업의 덕목 가운데 하나가 아니라 국제 사회에서 기업 경영의 중요한 변수로 평가 받는다는 점에서 특히 그렇다.

넷마블의 새로운 기업 역사를 지켜보고자 한다.

2016. 12. 27

인디게임은 산업의 잔디

인디게임 개발자들의 오랜 바람이 드디어 해결됐다. 정부가 사업자 등록증이 없는 인디게임 개발자들에 대해서도 등급 분류를 받을 수 있도록 길을 열어준 것이다.

게임물 관리위원회는 최근 개인 게임 개발자들도 등급분류 신청이 가능하도록 시스템을 새롭게 구축, 운영에 들어갔다. 인디게임 개발자들이 무려 7년여에 걸쳐 요구해온 등급 심의 절차 개선 요구가 이제야 반영이 된 것이다. 늦기는 했지만 그나마 다행이라 하겠다. 지금 글로벌시장은 가히 별들의 전쟁이라고 표현하는 게 맞다. 과거에는 나라 안과 밖이 뚜렷이 구분돼 국내 시장을 잘 지키기만 하면 됐다.

하지만 이제는 국경의 의미가 사라져 버렸다. 우리 게임이 밖으로 나갈 수 있는 기회이자 반대로 외국산 게임의 국내 유입도 용인해야 한다는 뜻이다. 한마디로, 위기이자 또 다른 기회라 할 수 있다.

그렇다면 개발의 눈높이도 바뀌어야 함은 두말할 나위 없다. 지금과 같은 수요 환경에서 붕어빵처럼 똑같은 게임을 만들어서는 승부를 예측할 수 없다. 남들과 다른 독특하고 신선한 게임을 만들어야 한다는 것이다. 그런 의미에서 인디 게임 개발을 활성화시키겠다는 정부의 방침과 게임위의 결정은 시의 적절한 조치라고 본다.

여기서 더 나간다면 인디게임개발사들이 요구하는 또 한 가지의 요구도 받아 들여줬으면 하는 바람이다. 예컨대 등급심의료가 턱없이 비싸다는 게 이들의 하소연이다.

인디게임 업체들의 처지에 맞게 심의료를 조정하는 게 맞다. 게임위는 현재 게임 심의료에 대해 최소 35만 원에서 최대 210만 원까지의 수수료율을 정해 놓고 있다. 그러나 인디게임의 예상 매출이 50만 원에서 300만 원 선에 불과하다는 점을 고려하면 너무 비싸다는 인디 게임 개발사들의 주장은 설득력이 있다.

당장의 매출을 기대할 수 없는 인디게임 개발자들에 대해 수십만 원의 심사비를 요구하는 것은 무리이자 큰 부담이다.

인디 게임업체들은 제도권에 있는 게임산업의 잔디라 할 수 있다. 그들이 폭넓게 뿌리를 내리고 있어야 산이 푸르고 홍수에 견딜 수 있다. 막말로 게임업체들에 대해 더 수수료를 얹히더라도 이들의 수수료율은 내려줘야 한다. 그건 비용을 전가시키는 게 아니라 인디 게임업체들의 실험 정신을 기꺼이 사는 대가라 생각하며, 그런 분담의 노력은 필요하다는 판단에서다.

2016. 12. 29

정부의 특단의 대책이 있어야 한다

새해, 정초임에도 게임업계의 표정이 그리 밝지 못하다. 고단한 한 해가 될 것이라는 예후가 이쪽 저쪽에서 나타나고 있기 때문이다. 지금 우리 게임업계는 그 어느 때보다 어려운 시기를 보내고 있다. 내수는 흔들리고, 수출시장은 해를 거듭할수록 힘겨워 지고 있는 상황이다. 게임 시장의 주류가 온라인게임에서 모바일게임으로 넘어오면서 수익성은 갈수록 악화되고 있다.

온라인게임의 경우 수익의 대부분이 개발업체의 몫이었다. 하지만 모바일시장에서는 사정이 달라졌다. 개발업체가 있고 퍼블리셔가 있으며, 모바일 플랫폼 사업자가 있다. 이렇다 보니 전체 매출의 70~80%를 떼이는 경우가 태반이다. 개발업체도, 퍼블리셔도 이러다간 아무 것도 못할 것이라며 난리다. 이 와중에 짭짤한 수익을 올리는 것은 구글과 애플 등 플랫폼 사업자들이다.

또 모바일게임 활성화로 인해 오픈마켓이 커지면서 국경 없는 전쟁이 벌어지고 있다. 중국과 일본, 유럽 등 세계 각지에서 만들어진 게임들이 국내 시장을 휩쓸고 있다. 이런 와중에 우리가 살아날 길은 수출시장을 넓히는 것뿐인데 이마저도 녹록치가 않다. 세계 일류 기업들과 경쟁해야 하기 때문이다.

정부의 지원도 예전만 못하다는 게 업계의 하소연이다. 게임산업진흥원이 통폐합된 이후 게임업체에 대한 정부의 지원도 갈피를 잡지 못하고 있다. 이 때문에 콘텐츠진흥원에서 게임을 떼어내야 한다는 목소리마저 나오고 있다.

위기에 처한 게임산업을 살리기 위해선 특단의 대책이 만들어져야 한다. 그렇지 않으면 애써서 일궈온 우리의 게임산업 기반이 송두리 째 무너져 내릴 수 있다. 더게임스가 원단기획을 통해 글로벌 시장 진출의 중요성을 강조한 것도 이 때문이다.

언필칭, 이런 식으로 가다가는 수출은커녕, 내수시장 지키기에도 벅찰 게 분명하다 하겠다. 이를 이겨내기 위해서는 민관이 새로운 출발의 의미를 다져야 할 때라 할 수 있다. 특히 정부는 게임 육성을 위한 3.0의 시스템을 제시해야 한다.

2017. 01. 05

한콘진 원장 선임 서두를 때

게임 정책을 입안하고 구체적 실무 플랜을 수행하는 한국콘텐츠진흥원이 표류하고 있다. 송성각 전 원장이 '최순실 게이트'에 연루돼 구속된 이후 한콘진은 현재 부원장에 의한 대행체제로 운영되고 있다. 하지만 대행은 대행일 뿐 원장을 대신할 수 없다는 것이다.

이로 인해 가뜩이나 어려운 처지의 게임계가 노심초사하고 있다. 정부나 한콘진측은 이에 대해 당장 큰 문제는 없을 것이라고 말하고 있다. 그러나 위계질서 등 규율에 엄격한 공무원 사회에서 아무리 원장 대행이라고 하지만 그 직책을 가지고 정책의 향배를 결정할 수 있는 건 아무 것도 없다.

결론적으로 말하면 원장 선임을 더 미뤄선 곤란하다는 점이다. 그렇다고 해서 예전처럼 형식적인 공모 절차를 통해 위에서 찍어 내리듯 원장을 선임하란 것도 아니다. 이번 만큼은 제대로 된 원장을 선출하란 것이다. 게임뿐 아니라 방송, 음악, 애니메이션 등에 대해서도 박식한 인물을 발굴한다면 금상첨화라 하겠다.

그동안 한콘진의 원장직은 국회의원을 지낸 대학 교수나 언론인, 방송 광고 출신 등이 맡아 왔다. 엄밀하게 말하면 방송계 관련 인사들이 한콘진을 장악해 온 것이라고 봐도 무방할 정도다. 그렇다면 이번만큼은 방송계 출신이 아닌 다른 경쟁 업종에서 인사를 찾아내 기용하는 것도 나쁘지 않다고 본다. 그게 다름아닌 통합 한콘진의 시대적 정신이요, 물리적 결합의 첩경이라고 생각한다.

콘텐츠 분야는 한마디로 무기 없는 전쟁터로 불릴 만큼 선진 각국들의 경쟁이 치열해지고 있다. 부가가치가 뛰어나고 공해가 없는 데다 특별한 자본이 필요 없는 지식산업의 요체로 불리기 때문이다. 안타깝게도 우리나라는 앞선 대중 문화를 무기로 덤벼드는 미국과 중국, 일본 등 3국에 둘러싸여 있는 처지다.

그나마 경쟁력을 갖춘 게임과 K-팝이 이들의 도전과 무역 규제로 어려움을 겪고 있다. 한콘진 같은 전략적 요충지가 그래서 더 필요하고, 그래서 더욱 요구되는 것이다.

한콘진의 새 수장 임명을 미뤄선 곤란하다. 최 순실 국정농단 사태로 정부의 처지가 딱하긴 하지만 그렇다고 마냥 미룰 일은 아니라고 생각한다. 오히려 이런 시기가 학연과 지연 등 정실에 얽매이지 않고 능력있는 인물을 발탁할 수 있는 절호의 기회가 되지 않겠는가.

2017. 01. 19

게임 근무환경 어떻게 볼 것인가

최근 넷마블게임즈가 야근 및 주말근무를 없애고 탄력 근무제를 도입키로 하는 등 근무여건을 전면 조정하겠다고 밝혀 관심을 끌고 있다. 이 회사는 지난 2015년 매출 1조 원을 넘어선데 이어 2016년에는 1조 5000억 원을 돌파하는 등 가파른 상승세를 이어왔다. 이렇다 보니 주변에서 직원들의 근무 시간이 많은 게 아니냐는 지적이 있었고, 최근 이런 말들이 잇달아 쏟아지자 아예 공식적으로 전 계열사에 대해 야근과 주말 근무 시간을 없애기로 한 것이다.

업계 선두를 달리고 있는 기업이 이처럼 야근과 주말근무 중단을 선언한 것은 일단 근로 환경 개선에 긍정적 신호로 받아들일 만 한 일이라 할 수 있겠다.

그러나 한편으로는 게임업계 종사자들을 일반 노동자와 같은 입장에서 바라본다는 것이 어딘지 모르게 어색하다는 느낌을 지울 수 없다는 것 또한 사실이다.

게임은 대표적인 문화산업이다. 게임은 또 예술의 한 장르로 꼽히고 있다. 게임 개발자들은 스스로를 장인이라고 칭할 만큼 큰 자부심을 갖고 있다. 그러나 대기업에 소속돼 톱니바퀴처럼 맞물려 일 하다 보면 예술 보다는 일의 성과에 얽매일 수밖에 없다는 측면에서 그들의 노동의 강도를 이해하지 못하는 바는 아니다 할 것이다.

하지만 이러한 일들이 게임업계의 모두의 현안이 되고 있는가에 대한 소회는 없지 않다. 상당수 게임업체 종사자들에게는 이같은 근무시간 단축이니 휴일 보장이란 말들이 한마디로 호사로만 비춰질 수 있기 때문이다.

게임업체 중 약 90% 이상이 벤처기업의 범주에 속해 있다. 그들 대부분은 상당히 열악한 환경 속에서 일하고 있다. 오로지 자신의 미래를 위해 투자를 하고 있는 것이다. 그렇다면 이들의 이같은 노동의 강도를 어떻게 이해할 것인가. 야근과 주말 근무를 금지한다는 것 자체가 그들에겐 어쩌면 동화 속에 나오는 얘기로만 들리지 않을까 싶다.

양 극단을 달리고 있는 게임업계의 근무환경을 어떻게 바라보고 이해할 것인가. 또 그 해법은 어떻게 내 놓고 풀어갈 것인가. 결론 내리기가 쉽지 않을 터이다. 엉뚱한 얘기 같지만 작은 곳에서 일하면 예술가이고, 더 큰 곳에서 일하면 공산품을 양산하는 노동자가 되는 것이라면 이해의 폭이 더 넓어지겠다는 생각이 든다.

2017. 02. 09

확률형 아이템의 자율규제 방향

게임산업협회는 유저들의 가장 불만의 요소로 꼽아온 확률형 아이템에 대한 자율규제 대상을 7월부터 확대키로 하는 등 게임 문화조성에 앞장 설 예정이라고 최근 밝혔다. 또 희귀 아이템도 대상에 추가하기로 했다.

확률형 아이템은 온라인게임에서 먼저 등장했고 이후 모바일게임에도 도입되면서 지금은 거의 모든 게임에 이같은 시스템이 들어가 있다고 볼 수 있다. 그만큼 대중화된 게임방식인 것이다.

그런데 이 확률형 아이템이 재미를 주는 것에서 한참 벗어나 사행성을 조장한다는 비난을 받는 원인이 됐다. 게임업체들이 지나치게 확률을 낮게 하거나 유저들에게 밝힌 것과 달리 확률을 조작한다는 것이다. 이 때문에 좋은 아이템을 얻기 위해 무리하게 현금결제를 하는 경우가 생기는 등 문제점을 드러내기도 했다.

이러한 지적이 잇따르자 정치권에서는 강력한 확률형 아이템 규제 법안의 필요성을 제기하는 등 게임업계를 압박해 왔다. 이에 따라 협회 관계자와 학계 전문가, 소비자 단체, 정부기관, 유저 등이 참여하는 정책 협의체가 출범했고, 최근 이같은 내용의 자율 규제안을 발표한 것이다.

이번 자율 규제안을 놓고 일각에서는 업계의 의지가 잘 반영됐다는 평가가 나오고 있지만 다른 한편에서는 예전과의 차이가 과연 무엇인지 알 수 없다며 불만을 나타내고 있다.

확률형 아이템은 게임의 재미를 높여주는 장치로 자주 사용돼 왔다. 또 한편으로는 게임업체의 중요한 수익원으로 자리하기도 했다. 이렇다 보니 재미 보다는 수익에 더 비중을 두는 경우가 적지 않았다. 솔직히 이러한 의도를 숨기기 위해 적당히 넘어가는 사례 또한 없지 않았다.

이같은 일들이 또다시 재발한다면 이번 자율 개선안은 말 그대로 공염불에 그치고 말 것이다. 유저들이 한번 등을 지게 되면 그 같은 태도를 다시 돌려 놓기란 낙타가 바늘구멍 통과하기만큼 힘들다. 무엇보다 유저들의 신뢰 회복이 급선무란 것이다.

확률형 아이템의 자율규제안은 그런 측면에서 양날을 지닌 검이라고도 할 수 있겠다. 지키면 게임업계의 효자의 도구가 되겠지만, 그렇지 않게 되면 그 부메랑 현상으로 게임계에 씻을 수 없는 상처를 안겨줄 수도 있기 때문이다. 철저한 관리와 실천만이 게임업계에 주는 해답이다 할 것이다.

2017. 02. 16

다시 찾은 '게임산업협회'

게임산업협회가 이름을 되찾았다. 지난 2013년 7월 15일 남경필 회장이 '한국인터넷디지털엔터테인먼트협회'로 이름을 바꾼 지 4년여 만의 일이다. 당시, 남 회장은 명칭 변경과 관련해 '게임에만 한정된 소극적 이미지를 탈피함과 동시에 국민적 여가로 격상되고 있는 게임의 문화적 위상을 드높이기 위한 것'이라고 설명했다. 그는 또 "협회 명칭 변경을 계기로 '자율, 공헌, 성장'의 목표 달성을 위한 노력에 박차를 가할 것"이라고 다짐하기도 했다.

그러나 이같은 거창한 명분은 제대로 실현되지 못했다. 게임계에 새 바람을 불어넣을 것으로 기대됐던 남 회장은 임기를 다 채우지도 못한 채 경기도지사에 출마하며 업무에서 손을 놓았다. 애초 정치인 협회장에 대한 기대와 우려가 공존했지만 결과적으로 득보다는 실이 컸던 것이다.

그 중에서도 협회의 명칭을 바꾼 것이 아주 치명적인 패착이 됐다. 외국의 경우 게임이란 단어를 넣지 않는다고 하지만 우리와는 사정이 다르다. 우리는 온라인 게임을 통해 게임 산업을 일구었고 '게임'이란 단어가 주는 상징성은 매우 크다고 봐야 한다. 오히려 불모지에서 게임산업을 일군 게임인 스스로에 대해 자부심을 안겨줄 만 했는데 이를 부끄럽다 하여 내 던져 버린 것이다.

협회가 지금이라도 자신의 이름을 되찾은 것은 때 늦은 감이 있지만 다행스런 일이라 아니할 수 없다. 여기서 중요한 사실은 우리 스스로 게임이란 단어를 터부시 하면 안될 것이란 점이다. 우리가 우리의 텃밭인 게임을 박대한다면 누가 게임계를 쳐다 보겠는가. 게임에 대해 사시적인 시각을 보이는 제도권마저 웃을 일이다.

이번 협회 명칭 변경을 계기로 업계도 달라져야 한다. 집단 이기주의에 빠지지 말고 비지니스도 잘하면서 사회 밝히기에도 힘을 쏟는 그런 단체로 탈바꿈해야 한다는 것이다. 그래야만 게임이란 단어를 우리 가슴에 당당히 새길 수 있다. 손으로 가린다고 가려지는가. 덩치만큼 해야 게임계의 사회적 위상도 그만큼 달라진다는 사실을 잊지 말았으면 한다.

2017. 03. 02

게임에 대한 우리사회의 몰이해

"게임이 이용자들의 폭력성을 높인다거나, 사행성을 조장한다거나, 중독성을 갖고 있다는 등의 선입견은 아무런 과학적 근거가 없다. 그리고 이같은 주장을 하는 시민단체들의 논리는 일방적인 편견에 지나지 않는다"

이같은 사실은 최근 독일의 한 대학에서 발표한 연구결과 보고서의 내용이다. 독일 하노버 의과대학은 '폭력적인 게임은 개인의 폭력성에 영향을 미치지 않는다'는 내용의 연구 결과를 발표했다. 이번 연구는 하노버 의과대학의 정신과 강의를 담당하는 그레고르 치식 박사 연구팀에서 담당했다.

이번 연구는 게임이 장시간 동안 사람의 심리에 미치는 영향을 분석했다. 이를 위해 연구팀은 게임 플레이 이후 참가자의 심리 상태를 묻는 설문조사와 뇌 활성화를 살펴보기 위한 MRI 스캔을 실시했다. 그 결과 연구팀은 게이머와 비 게이머의 공격성에 큰 차이점을 발견할 수 없었다고 밝혔다.

연구를 담당한 그레고르 박사는 "무조건 부정적인 방향으로 게임을 볼 것이 아니라 명확한 판단 기준이 될 수 있는 구체적인 연구가 더 필요하다"고 말했다.

이처럼 외국에서는 게임에 대한 오해와 편견을 버릴 수 있도록 하는 연구가 적지 않게 이뤄지고 있다. 그러나 국내에서는 이러한 체계적이고 과학적인 연구가 제대로 이뤄지지 않고 있다. 미래부가 게임 과몰입에 대한 연구를 진행하고 있지만 그 과정이 제한적이고 다소 편향적이라는 지적이 적지 않다.

게임에 대해 과학적이고 객관적인 근거 없이 그 특질만 가지고 게임을 매도하는 경우가 적지 않았다. 그간 의학계 등에서 게임에 대해 문제가 있다는 논리적 준거를 가져다 댄 적은 단 한차례도 없었다. 그럼에도 제도권에서 게임에 대해 사행성과 폭력성과 중독성을 대표하는 '잡기' 정도로 운운하는 것은 게임이란 원래의 성격과 놀이 문화를 잘못 이해하고 있는 데서 비롯된 것으로 봐야 할 것이다.

게임은 그저 놀이일 뿐이다. 요한 호이징아는 그의 저서 '호모 루덴서'를 통해 인간은 유희를 즐기는 동물이며, 놀이는 인간 문명의 원동력이 됐다고 주장했다. 놀이가 인류의 문명을 발전시켜 나갔다는 것이다. 게임도 그 놀이 문화의 한 지류일 뿐이다. 그 이상도 그 이하도 아니라는 것이다. 이젠 게임의 특질을 제대로 봐 주고 인식할 때도 되지 않았다 싶다.

2017. 03. 16

이젠 중국 게임에도 뒤지나

최근 중국산 모바일게임들이 구글 플레이 등 오픈마켓에서 매출부문 상위권을 기록하는 등 강세를 보이고 있다. 불과 수년 전만해도 중국산 모바일게임은 '퀄리티가 떨어지고 유치하다'는 평가를 받으며 유저들에게 외면당해 왔다.

그러던 것이 지금은 국산 게임과 어깨를 나란히 할 정도다. 어떤 경우에는 중국산 모바일게임이 오히려 국산 게임의 그것보다 낫다는 평도 나오고 있다. 게임 강국을 자부해 온 우리나라 게임계의 현실이 어쩌다가 이런 지경에까지 처하게 됐을까.

전문가들은 그 배경을 정부와 업계가 얼마나 혼연일치 돼 한길을 팠느냐의 여부에서 찾고 있다. 중국의 경우 온라인게임 개발이 늦은 대신 모바일게임 개발에 올인하며 철저히 준비를 해왔다. 그들은 넓은 대륙에 온라인망을 설치하는 것보다 무선 인터넷망을 보급하는 것이 더 수월했다. 스마트폰의 보급이 폭발적으로 늘어난 것도 이런 이유에서다.

스마트폰이 늘어나면 당연히 스마트폰을 통해 사용하는 콘텐츠의 수요도 급증할 수밖에 없다. 그리고 가장 큰 비중을 차지하는 킬러콘텐츠는 바로 게임이다. 이러한 흐름을 내다봤던 중국 정부와 게임업체들은 모바일게임이 향후 게임 시장을 주도할 것으로 보고 이 분야에 대한 투자를 아끼지 않았다.

반면 우리 정부와 업체들은 온라인게임의 성공에 안주하다 못해 조금 잘 나간다고 하니까 규제의 칼을 마구 들이댔다.

모바일게임에 투자할 여력도 남겨두지 않았다. 물론 넷마블게임즈 등 몇몇 게임 업체들은 사업전환을 통해 성공을 거두긴 했지만 이는 극소수에 불과하다.

문제는 작금의 현실이다. 막대한 자본과 기술력으로 무장한 중국산 모바일게임들의 공세는 더욱 거세질 것이 뻔하다. 정부와 산업계가 지금이라도 머리를 맞대고 고민해야 한다. 무엇보다 업계에 돌아갈 자금이 절실한 시점이다. 이와 함께 백화점식 규제는 이젠 거둬들여야 한다. 그 같은 규제는 이미 녹슨 칼이 됐다. 언제까지 국민들을 향해 계도하고 가르치려 드는가.

그렇게 여유를 부리다간 더는 회복할 수 없는 지경에 빠질 수 있음을 정부 정책 입안자들은 알아야 할 것이다. 그리고 필요하다면 중국 정부의 정책도 벤치마킹해 활용할 필요도 있다. 쥐를 잡는데 흰 고양이면 어떻고, 검은 고양이면 어떤가. 잘 나가던 산업이 이 지경인데 말이다.

2017. 03. 24

정부 게임예산 제대로 쓰여야 한다

정부가 올해 게임산업 육성을 위해 총 642억 원을 지원하기로 했다. 이는 지난해 보다 55.3%가 증가한 것이다. 자금 규모로만 본다면 여전히 아쉬움이 크다. 특히 풍족한 업종이니까 정부가 지원을 하지 않아도 된다는, 과거와 다른 게임계에 대한 인식변화 움직임은 나름 긍정적이라고 할 수 있다.

게임계의 작금의 현실을 보면 매우 우려되는 상황이다. 개발과 투자, 서비스로 이어지는 시스템이 제대로 가동되지 않고 있다. 한마디로 선순환 구조가 와해된 것이다. 더욱이 게임 펀드의 경우 과거와 다르게 개발과 퍼블리싱 보다는 게임 기업투자에 집중되는 양상을 띠고 있다. 이는 생산적인 자금 펀드라고 할 수 없다. 자금 수요적인 측면에서는 모르겠으나 산업 육성 차원에서는 다소 거리가 있는 자금이라고 할 수 있다.

문화체육관광부가 이번에 게임 자금 규모를 늘린 것도 이같은 돈줄기의 흐름을 고려하지 않았나 하는 분석이 가능하다. 문체부는 올해 첨단 융복합 기술 분야와 글로벌 게임 육성에 자금을 집중하겠다는 입장을 밝히고 있다.

최근 게임 개발 기술 추이는 단순 코딩 기술 등에만 머물지 않고 있다. 타업종과의 협업이 가능한 기술 전수가 절실한 시점이다. 지난해부터 주목 받기 시작한 증강(AR)게임이나 VR(가상현실)게임 등은 융복합화 개념을 이해하지 않고서는 엄두를 낼 수 없는 첨단 게임 장르들이다. 문제는 이같은 수요가 계속 증가할 것이란 점이다. 정부가 이를 지원하기 위한 개발 자금으로 120여억 원을 조성키로 한 것은 그런 측면에서 긍정적인 조치로 풀이된다.

문체부가 또 올 예산 가운데 '글로벌 게임 육성' 자금으로 전체 예산의 3분의 1에 해당하는 221억 원을 책정한 것도 시의 적절한 예산 배정으로 보여진다.

글로벌 게임 개발은 이제 시대적 명제가 됐다. 모바일 게임 시대에 진입하면서 내수만 가지고서는 채산성을 맞출 수 없는 게 현실이 됐다. 현재 상당수 모바일 게임업체들이 자금난에 허덕이고 있다. 내수시장만 내다 본 결과다.

문체부는 이와 함께 올해 게임 수출 촉진을 위해 해외 게임전시회 참가, 네트워크 구축, 해외 유통·배급 및 현지화 등에 정부 예산을 집중 지원키로 했다. 글로벌 인프라의 확보와 이같은 움직임을 확대하기 위한 것으로 보여진다.

아쉬운 점은 게임 문화 예산이 보이지 않는다는 것이다. 이젠 게임문화 부문에 대한 예산도 일정 부분 확보해야 할 필요성이 있다 하겠다. 게임의 태생적 문제점을 보완하고, 게임계에서 놓치고 있는 것이 너무나 많기 때문이다. 이 문제를 민간 기업에만 맡길 수 없는 것이 게임업체들의 문화 예산이란 게 사실상 제로 베이스에 가깝기 때문이다.

관건은 앞으로의 자금 집행 과정인데, 한마디로 집중과 선택이 제대로 됐다면 이를 추진하고 관철하기 위한 노력 역시 게을리 해서는 안 된다는 것이다.

지난해 문화산업계는 최순실 사태로 인한 큰 홍역을 치른 바 있다. 최순실 사태는 문체부의 예산을 자신의 개인 용도로 쓰겠다고 덤벼들다 미수에 그친 것이 사건의 골자다. 이같은 일들이 또다시 되풀이 돼선 곤란할 뿐 아니라 두 번 다시 이같은 일이 벌어져선 안 된다는 것이다.

그러기 위해서는 예산이 제대로 쓰여지고 있는지, 또 제 때 자금이 집행됐는지의 여부를 철저히 감시하고 지켜보는 일 또한 손을 놓고 봐선 곤란하다는 점을 강조하고 싶다. 정부의 자금이란 게 나랏 돈이자 국민의 혈세에서 나오는 돈이란 점에서 특히 그렇다 할 것이다.

2017. 04. 06

게임 경진대회 수상취소로 끝낼 일 아니다

한국콘텐츠진흥원이 지난해 말 게임개발자협회와 공동 주최한 '2016 글로벌 인디 게임 제작 경진대회'에서 대상을 차지한 팀이맥의 '스타 라이트'에 대해 수상 취소를 결정했다고 밝혔다.

하지만 게임 표절이란 도덕성 문제와 함께 대회를 먹칠하게 한 수상자에 대한 징벌로는 너무 가볍다는 의견이 적지 않다. 한콘진은 표절 시비를 일으킨 팀이맥의 구성원이 일단 청소년이란 점에서 훈육차원의 수상취소만을 결정했다고 밝히고 있다. 그런 측면에서 주최측의 징벌 수위는 그렇게 흥하다고 보여지지 않는다. 그러나 그들 뒤에는 아버지이자 멘토역할을 해 온 아주대 A교수가 있었다는 점이 거북스럽다.

현재까지 표절에 대한 직접적인 간여의 정황은 나타나고 있지 않다고 진흥원측은 밝히고 있으나 그것은 어디까지나 진흥원측의 판단일 뿐이다. 그에 대한 사실 여부를 가리는 것은 수사기관의 몫이다. 한콘진은 이에 대해 아무런 언급이 없다.

그동안 게임업계는 수많은 표절 시비로 얼룩져 왔다. 비슷한 작품들이 숱하게 쏟아져 나왔지만, 그럼에도 불구하고 그럴 수 있는 게 아니냐며 관대한 모습을 보여 왔다. 하지만 표절은 남의 물건을 훔치는 도적질이나 다름 아니다. 그게 그럴 수 있는 게 아니라 그래선 안된 일이라는 것이다. 안타깝게도 이같은 관대한 관행이 이번 청소년 공모전에도 그대로 옮겨져 온 것 같아 입 맛이 씁쓸하기만 하다.

그런 측면에서 이번 사건을 대하는 한콘진의 태도는 너무 미온적이라 할 수 있겠다. 수상 취소에 그치는 게 아니라 대회를 파행으로 이끈 책임을 물어 A교수를 업무방해혐의로 형사 고발을 해야 했다. 이같은 결심은 두 번 다시 이런 일이 일어나지 않도록 하는 일벌백계의 심정으로 하는 것이다. 또 표절의 부도덕성을 업계에 널리 알리는 계기가 될 수 있다는 경종의 의미로서 필요한 조치라고 생각한다.

또 여기서 덧붙이면 논란의 중심에 서 있는 A교수에 대해서는 한콘진측이 특별 관리를 해야 한다고 본다. A교수의 경우 게임업계에 상당한 영향력을 행사해 온 것으로 알려져 왔고, 그런 힘의 원천을 한콘진에서의 역할에서 찾아 왔다는 점에서 일정 거리를 두는 조치가 필요하다는 판단이다.

한콘진의 후속 조치를 지켜 보고자 한다.

2017. 04. 13

여가부의 '셧다운제' 연장 유감

여성가족부가 밤 12시 이후 오전 6시까지 청소년들의 게임접속을 강제로 차단하는 '셧다운제'를 2019년까지 2년 더 연장키로 했다. 여가부는 최근 고시를 통해 온라인게임은 종전과 마찬가지로 현행 체제를 그대로 유지하고 모바일게임과 콘솔게임은 2년간 셧다운제 적용을 유예키로 결정했다.

이 규제 법안은 지난 2011년 여가부에서 도입한 것으로, 16세 미만 청소년을 대상으로 심야 시간대에 인터넷 게임 제공을 제한하는 내용을 골자로 하고 있다. 또 여가부는 청소년 보호법에 따라 매 2년마다 강제적 셧다운제에 대한 지속 여부와 범위를 지정하고 있다.

이에 대해 게임계는 강력히 반발하고 있다. 게임 주무부처인 문화체육관광부와 '셧다운제'를 대신할 '부모시간 선택제' 시행에 합의, 법 개정을 추진하면서 굳이 이 제도를 강제 시행하겠다는 데 대해 이해가 되지 않는다는 것이다.

물론 부모시간 선택제가 아직 국회에 통과하지 못하고 계류중인 상황에서 '셧다운제'를 중단하는 것이 부담스러울 수는 있다. 차후 부모시간 선택제가 시행될 경우 셧다운제를 폐지해도 늦지 않다는 것이다.

이같은 여가부의 입장이 이해되지 않은 것은 아니다. 하지만 문체부와 이에 대한 합의를 해 놓고도 국회에 계류중이라는 이유로 슬그머니 셧다운제를 연장시킨 것은 한마디로 웃기는 일이라고 할 수 밖에 없다.

셧다운제는 이미 사문화된 규제안이다. 그동안 여러 차례 그 효과에 대한 조사가 있었지만 청소년 게임 과몰입에 아무런 영향도 주지 못하고 있다는 것이 드러난 바 있다.

하지만 그로 인해 게임계는 청소년들에게 해만 끼치는 집단처럼 비춰졌고, 그게 게임계에는 '주홍글씨'가 됐다. 셧다운제가 실질적인 효과는 없으면서 게임계에 대해서는 부정적인 이미지만 심어준 꼴이 됐다.

지금 게임계는 그 어느 때보다 어려운 시기를 보내고 있다. 더이상 게임계를 부정적인 시선으로 보는 그런 제도는 만들어지지 않았음 한다. 그런 제도를 만들겠다면 적어도 과학적인 준거나 합리성을 갖춰져야 한다고 본다. 그렇지 않으면 그건 오로지 마녀 사냥일 뿐이다. 이로 인해 얻어진 게 무엇인가. 끝내는 미국 일본에 이어 중국에도 밀려나고 있지 않은가.

2017. 04. 28

문재인 정부의 게임정책

문재인 대통령이 10일 취임식을 갖고 민주정부의 출범을 선언했다. 더욱이 게임산업에 대해 긍정적인 입장을 보여온 문재인 정부라는 점에서 게임계의 관심 역시 어느 때보다 뜨겁다 할 것이다.

문 대통령은 정책 공약을 통해 과거 '포지티브' 정책에서 방향을 선회, '네거티브 정책'으로의 전환을 분명히 밝혀 산업계의 새 바람을 예고해 주고 있다. 대한민국 게임계는 그 어느 때보다 어려운 시기를 보내고 있다. 지난 10년을 돌이켜보면 질곡의 역사였다. 산업 진흥을 위한 당근은 사라졌고, 규제와 압박의 청룡도만 난무했다. 마약과도 비교됐으며, 사회의 4대악 가운데 하나란 오명도 뒤집어 썼다.

'셧다운제'는 여전히 게임계의 주홍글씨로 가슴에 새겨져 있다. 그 실효성 없는 제도를 언제까지 시행할 것인지 알다가도 모르겠다. 게임인들에게 망신을 주겠다는 의도가 아니면 그 제도의 시행을 그렇게 고집할 수 없다.

특히 아케이드 게임에 대한 정부의 보다 큰 용단이 필요한 시점이다 하겠다. 아케이드 게임은 온라인이나 모바일보다 관리 측면에서 보면 훨씬 용이하다. 그렇다면 더이상 미적거리고 있을 게 아니라 긍정적인 답을 내놓을 때도 됐다.

한국콘텐츠진흥원의 위상 재정립도 서둘러 검토돼야 한다. 그런 측면에서 과거 한 콘진으로 통합한 게임산업진흥원의 분리를 적극 추진해야 할 때라고 본다. 게임은 방송과 애니메이션 등 경쟁 콘텐츠와 성격이 다르다. 이른바 컨버전스(융합)란 이름으로 단순히 묶여질 성질의 것이 아니라는 것이다.

이와 함께 중소기업, 벤처, 스타트업들의 자금 지원을 돕기 위한 펀드 조성에 정부가 앞장 서 줘야 하겠다는 것이다. 게임업계의 선순환 구조는 사실상 붕괴됐다. 이로 인해 많은 중소게임업체들이 아우성치고 있다. 게임 메이저라 불리는 기업들은 오로지 뒷짐만 지고 있다. 방법이 없는 실정이다.

문재인 정부는 청년 실업을 크게 고민하고 있다. 그렇다면 게임산업 육성의 길 밖에는 없다고 감히 말할 수 있다. 산업 고용률이 가장 뛰어난 데다 국경의 장벽이 없고, 언어를 극복할 수 있는 시장 아이템은 오로지 게임뿐이기 때문이다. 지원은 하되 간섭만 하지 않으면 넉넉히 해낼 수 있다는 것을 새 정부가 믿어줬음 하는 바람이 크다.

2017. 05. 11

자율규제 시행에 대한 유감

게임업계가 확률형 아이템에 대한 자율규제를 다가오는 7월부터 시행키로 해 주목을 받고 있다. 게임산업협회는 최근 확률형 아이템을 판매하는 모든 플랫폼에 자율적인 사업 추진이 가능토록 하는 한편, 이를 구체화하기 위한 참여사의 의무 사항으로 각 아이템에 대한 정보(명칭, 등급, 제공 수, 제공 기간, 구성 비율 등)를 즉시 제공하도록 하는 내용의 자율 시행 방안을 지난 18일 발표했다.

이에 따라 확률형 아이템을 기획할 때 결과물 목록에 없는 아이템을 얻을 수 있는 것처럼 표시하거나, 단 한번, 오늘 하루만 등 제한적인 조건 하에 아이템을 판매할 것처럼 표시한 후, 동일 구성으로 이를 재판매하는 행위는 할 수 없게 됐다. 또 특정 조건(지역,레벨,등급,기간 등)에서만 사용할 수 있는 아이템에 대해서는 구체화된 설명을 반드시 부연 설명하도록 했다.

업계가 이처럼 확률형 아이템에 대한 자율규제를 실시키로 한 것은 그동안 이를 두고 유저들의 불만이 워낙 커왔기 때문이다. 이같은 민원이 계속되지 업계는 이 확률형 아이템의 정확한 확률을 유저에게 알리도록 하고, 상품 기획 기준도 나름 설정키로 한 것으로 풀이된다.

그러나 이를 지켜보면서, 업계가 모여 중점 사업으로 고민하고 추진하는 것이 하필이면 확률형 아이템에 대한 자율규제 방안이냐는 것이다. 지금 게임계는 풍전등화의 위기에 처해 있다고 해도 과언이 아니다. 안팎으로 게임계가 어렵다며 큰 우려를 나타내고 있다. 안타깝게도 이같은 위기 상황은 업계 스스로가 자초했다고 봐도 무방하다. 그 이유는 지나치게 매출 달성에만 매달려 왔고, 차기 수종사업에는 눈을 감고 왔기 때문이다.

그동안 확률형 아이템은 유저들로부터 많은 불만을 사 왔다. 따라서 어떤 식으로든 손을 봐야 한다는 여론이 많았다. 하지만 자율규제를 선언하면서, 제일 먼저 손을 본다는 게 왜 하필이면 돈과 밀접한 것이냐는 지적이다. 이러한 모습으로 인해 게임업계가 항상 돈에만 집착한다는 오해를 받고 있는 게 아닐까.

오얏나무 아래선 갓끈도 매지 말라는 속담이 있다. 괜한 오해를 사서 오랜만에 게임계의 호기로 불리는 자율규제의 흐름에 찬물을 끼얹지 않았으면 한다. 그런데, 게임산업협회는 왜 늘 그렇게 경박한가. 돌아갈 때는 바쁘더라도 돌아가야 하는 것이다.

2017. 05. 18

아이템 거래 게임 성인등급은 적절

게임물관리위원회가 게임아이템 거래 중개 사이트를 모사한 13개 모바일게임에 대해 성인등급(18세 이용가) 신청을 권고해 주목을 끌고 있다. 게임위는 유료 재화를 이용해 이용자간 아이템을 거래하는 시스템이 청소년들에게 사행심을 조장하고, 과소비 등을 유발할 수 있다는 판단아래 이같은 권고안을 제시한 것이다. 오히려 늦은 감이 없지 않지만 적절한 조치라고 판단된다.

그동안 모바일게임은 자율등급이라는 게임 수용 환경 속에서 청소년들의 정서에 긍정적이지 못한 모습을 보이고 있다는 지적이 없지 않았다. 그 중 사행성 논란의 중심에 서게 된 것이 게임 거래소 시스템이다.

게임거래소 시스템은 유저간 경쟁을 부추기는 부작용을 가져 온다는 치명적 결함을 지니고 있다. 더 좋은 아이템을 얻기 위해 무리하게 게임 시간을 늘리거나 돈을 주고 사는 현상이 빚어지는 것이다.

이 때문에 청소년이 주로 즐기는 게임의 경우 이같은 시스템은 철저히 관리하는 것이 맞다고 본다. 최근 모바일게임은 많은 시간이 소요되는 MMORPG 장르의 게임들이 인기를 끌고 있다. 스마트폰의 사양이 PC에 버금갈 정도로 향상되고, 무선 네트워크 역시 빨라지면서 과거 PC에서나 가능했던 MMORPG 장르의 게임들이 이제는 모바일에서도 문제 없이 플레이 할 수 있게 됐

기 때문이다.

그런데 MMORPG의 특징은 수많은 유저들이 함께 모여 전쟁을 벌이고, 영지를 관리하는 등 캐주얼 게임과는 격이 다르다 할 수 있다. 이 때문에 아이템을 누가 어떻게 갖고 있느냐는 게임 향배를 가르는 중요한 요소가 되고 있다.

성인이라면 스스로 결정한 부문에 대해서는 본인이 책임을 질 수 있다 할 수 있겠으나, 청소년들은 다르다 할 것이다. 아이템을 얻기 위해 장시간 플레이 하거나, 아이템 거래를 통해 이를 사고 파는 행위는 문제가 있다고 본다. 게임에 대한 자율규제 논의가 잇따르고 있는 가운데, 이같은 게임위의 권고안은 게임업계를 부끄럽게 만든다. 게임위의 권고가 나오기 전에 업계가 자발적으로 등급을 정하거나 다소 어렵다 하더라도 아이템 시스템을 축소하거나 이를 삭제할 수는 없었을까.

그러니까 게임업계에 대해 규제는 완화해야 하겠지만, 완전 자율은 곤란하다는 여론이 형성되는 것이다. 게임위의 권고안은 그런 측면에서 사회 안전망을 위한 보루는 있어야 하지 않겠나 하는 여론에 부합하는 시의 적절한 조치라 할 수 있겠다.

2017. 05. 26

게임업계 자율규제 왜 서두르나

지금 게임시장은 위기와 기회를 동시에 맞고 있다. 시장 규모는 답보 상태인 위기에 처해 있지만, 과거와 달리 다양한 연령층이 게임을 즐기면서 대중화가 확대되고 있다는 것은 분명한 기회다.

온라인게임의 경우, 개발과 서비스를 모두 게임업체들이 담당했다. 그래서 이 과정에서 나오는 매출은 모두 게임업계로 돌아가 재투자되면서 선순환구조를 만들 수 있었다. 하지만 지금은 구글과 애플이라는 모바일 오픈 마켓 운영자들이 매출의 30%를 가져가고, 또 중간에 카카오와 같은 플랫폼에서 21%를 수수료로 떼어간다. 게임업체에 돌아가는 것은 49%에 불과하다. 모바일 게임시장 규모는 커졌지만 수익구조는 더 악화됐다고 보는 게 맞다.

또 일본과 북미에서 제작된 모바일게임뿐만 아니라 중국 모바일게임의 공세가 이어지면서 국내 업체들의 입지가 갈수록 줄어들고 있다. 최근 게임업계가 자율규제를 시행한다는 명분 아래 확률형 아이템 문제를 유저 중심으로 전면 쇄신하겠다는 입장을 밝혔다. 그 같은 움직임은 바람직하다고 볼 수 있다. 이 문제는 업계와 유저간 갈등의 불씨였고 합리적이지도 않다는 지적을 받아왔기 때문이다.

그러나 이 문제 풀이 만으로 자율규제를 본격화 하겠다는 것은 너무 성급한 결정이라고 아니할 수 없다. 제도권에서는 게임업계가 또 조급하게 움직인다고 입을 모으고 있다. 게임수요 환경이란 게임문화를 이루는 기본적인 요소다. 그 어떤 것도 없는 척박한 땅에, 그저 자신들의 돈 버는 방식만 조금 손을 대고 난 후 자율규제를 시행하겠다는 건 어불성설이다.

급히 먹는 떡이 체한다는 말이 있다. 업계의 자율규제는 그런 측면에서 한 단계씩 밟아가는 절차로 진행되는 게 맞다고 본다. 이를테면 중기 계획으로 해서 게임 문화를 먼저 조성하고 난 이후, 그 다음 단계에 업계의 현안을 풀어가는 식이 옳다고 본다. 또 업계의 자율 규제 역시 기업 평점에 따라 차등 시행하고 메이저보다는 스타트업들에게 먼저 기회를 주는 방식이 연구돼야 한다는 것이다.

하지만 지금은 그런 게 아무 것도 없다. 그냥 이용자들의 편의 분석 등 여전히 게임업계 중심의 시각만으로 자율규제를 입안하고 추진하겠다는 것이다. 이해할 수 없는 대목이다. 게임업계가 너무 조급하게 이익을 좇는 등 소탐대실하는 일이 없었으면 한다.

2017. 06. 02

게임 주무부처 조정이 어려운 일인가

그간 게임을 담당해 온 정부부처는 문화체육관광부였다. 이는 게임을 산업적 차원보다는 문화적 관심에서 이해한 데서 비롯된 것이다. 이같은 시각에 대해 틀렸다 할 수는 없지만 그렇다고 맞다고도 할 수 없다. 중요한 포인트는 문화부가 산업적인 정책 수립에 익숙한 부처가 아니라는 점이다. 그렇다보니 산업적 특성을 이해하지 못하고 수요자 중심 편에 서는 경우가 종종 있어 왔다.

물론 게임산업지원센터 설립을 시작으로 게임산업진흥원을 만드는 등 여러 가지 정책적 지원을 해 온 것도 사실이다. 이를 통해 초창기 온라인게임업체들이 둥지를 틀 수 있었고, 이를 통해 산업의 토양을 만들어 낼 수 있었다는 점을 부인키 어렵다.

하지만 시간이 흐르면서 수요자 편에 서는 일이 잦아졌다. 규제가 강화되기 시작한 것이다. 2006년 '바다이야기 사태'가 결정적인 계기가 됐다. 이를 통해 게임은 우리나라 전 국민을 사행의 구렁텅이에 빠뜨리는 괴물이 됐고, 아케이드 게임뿐만 아니라 경쟁 장르인 온라인게임도 덤터기의 고통을 당해야 했다.

이때부터 게임의 주무부처를 미래부로 바꿔야 하는 게 아니냐는 목소리가 나오기 시작했다. 미래부는 처음부터 산업적인 마인드로 출발한 부처다. 게임을 바라보는 관점도 접근방식도 문화부의 그것과는 달랐다.

하지만 위정자들은 쉽게 이 문제를 정리해 주지 못했다. 말 그대로 부처 이기주의에 위정자들도 손을 들어 버린 것이다. 그러나 시대가 변하면 정책도 따라 변해야 한다는 사실이다. 산업 육성책과 함께 규제책을 동시에 처방한다는 것은 말처럼 쉬운 일이 아니다. 그런 측면에서 문화부의 어려운 처지도 이해할 만 하다. 마치 비 온 날 우산을 팔아야 하는 자식과 개인 날 짚신을 팔아야 하는 두 자식의 부모 처지인 셈이다.

그러나 백 번 양보한다 해도 문화부에 산업 자금이 태부족하다는 것은 업계의 입장에서 보면 치명적인 약점이다.

민주 정부가 새롭게 출범했다. 새 정부의 선결과제는 일자리 창출과 경제 살리기다. 그렇다면 부처 이기주의부터 걷어내고 부처간 얽히고 설켜있는 문제들을 먼저 정리해야 한다고 본다. 쥐를 잡는데 검은 고양이면 어떻고 흰 고양이면 어떠한가. 대한민국 경제가 지금 그렇게 한가하지 않고,

게임산업이 그리 녹록치 않다는 사실이다. 예컨대 때가 되면 또다시 돌려 놓으면 되는 일이 아니던가. 2017. 06. 09

포괄임금 금지, 게임업계 특수성 고려해야

정부가 '포괄임금제' 시행을 금지하는 방안을 광범위하게 추진하기로 하자 게임업계가 크게 긴장하고 있다. 대부분의 게임업체들이 포괄임금제를 기반으로 한 근로 계약으로 직원들을 고용해 왔다는 점에서 적지 않은 파장이 예상된다.

고용노동부는 최근 국정기획자문의원회가 100대 국정과제에 포괄임금제 금지를 포함시키기로 함에 따라 이에 대한 세부 지침을 마련 중에 있는 것으로 알려지고 있다.

포괄임금제는 실제 근로시간을 측정하지 않고 매월 일정한 금액의 시간 외 근로수당을 기본임금에 포함해 지급하는 임금체계다. 현재 전체 사업장의 40.6%가 포괄임금제를 적용하고 있으며 게임업계도 대부분 이 제도를 기본으로 하고 있다. 예외 대상은 근로기준법상 특례로 분류되는 농림·축산·수산업 업종과 대법원에서 포괄임금제의 필요성을 인정한 아파트 경비원, 고속·시외버스 운전사 등이다. 현재 게임은 여기에서 제외돼 있다.

근로자들이 많은 시간, 일을 하고도 제대로 된 보상을 받지 못하는 현실을 개선하려는 노동부의 노력은 어찌 보면 당연한 일이라 할 수 있다. 그러나 법 적용에는 예외가 있는 법이다. 게임산업도 이러한 예외 조항에 해당되는지의 여부를 보다 면밀히 검토해야 하는 까닭은 단순히 근로 또는 노동이란 이름으로 정리돼야 할 업종이 아니기 때문이다. 더욱이 게임은 예술의 장르에 속해 있다. 예컨대 하루 종일 고민하다가 새벽에 일을 시작했다 해서 그 시간을 계산해 특근 수당을 준다는 건 모순이다.

또 기업 규모에 상관 없이 모든 업체에 이를 일괄 적용하는 것 역시 또 다른 의미에서 형평성을 벗어나는 일이라 할 수 있다. 수천 명의 직원을 거느린 대기업과 불과 대여섯 명이 고작인 영세업체에 대해 똑같이 임금 테이블을 적용하는 건 옳지 않다.

그렇다면 포괄임금제의 전면금지 시행에 앞서 먼저 고민해야 할 것들이 있다는 것이다. 탄력근무제의 시행 확대와 경직된 임금체계의 개편 등을 먼저 검토한 이후 도입 여부를 결정하는 게 맞다고 사료된다.

근로자들을 장시간 현장에서 일하도록 해 놓고 임금을 제대로 주지 않으려는 악덕 고용주들이 없다고 할 수 없다. 하지만 대부분의 고용주들은 치열한 경쟁 속에서 살아남기 위해 몸부림을 치고 있다. 게임업계는 아주 절박할 정도다.

정부가 포괄임금제의 금지를 전면적으로 시행하기에 앞서 기업들의 고충도 진지하게 청취하기 바란다. 덧붙이면 정부는 가이드 라인만 정하는 게 맞다고 본다. 세세한 부분은 정부 역할이 아니라 기업과 근로자들의 몫이라는 것이다. 2017. 06. 16

'셧다운제' 이젠 폐지하는 게 맞다

정현백 여성가족부장관 후보자가 '셧다운제' 시행에 대해 청소년들을 위해 필요하며, 효과적이기 때문에 계속 유지해야 한다는 입장을 밝혀 논란이 일고 있다.

정 장관 후보자는 최근 국회 여성가족위원회에서 열린 인사청문회 자리에서 셧다운제 폐지 여부에 대한 후보자의 입장을 묻는 의원들의 질의에 대해 이같은 발언을 해 주목을 끌었다.

그는 셧다운제 시행에 대해 "초기에는 반발이 많았지만, 지금은 정착 단계라고 생각한다"며 "문화체육관광부와는 이견이 있긴 하지만 이젠 안정화에 노력하는 것이 더 중요하다고 판단하고 있다"고 말했다.

이같은 정 장관 후보자의 입장 표명은 일단 일관성 있는 부처 정책을 옹호하기 위한 원론적인 언급이라고 할 수 있겠지만, 게임계의 입장에서 보면 상황이 그렇게 단순하지 않다는 데 문제의 심각성이 있다 할 것이다.

게임계는 그간 무엇보다 셧다운제 폐지를 강력히 주장해 왔다. 이는 셧다운제 시행이란 제도의 운용 측면보다 이의 도입에 따른 사회적 파장이 예상보다 큰 충격파로 다가왔기 때문이다.

문화부도 이같은 점을 고려해 셧다운제의 시행을 개선 또는 폐지하겠다고 약속했지만, 여가부가 그때마다 번번히 제동을 걸어 왔다. 이번에도 그렇게 될 개연성이 없지 않다. 정 장관 후보자의 입지가 부처 내에서 그렇게 튼실하지 않다는 점에서 특히 그렇다. 게임계는 일단 부모시간 선택제 도입 이후 완전 폐지 쪽인, 여가부가 이를 그대로 수용해 줄 지의 여부는 아직 미지수다.

셧다운제의 시행은 산업에 부정적인 영향을 미치는 것과 별개로 게임인들의 사기에 막대한 영향을 줘 왔다. 게임을 마치 마약이나 알콜과 같은 중독물질로 보고 규제하려는 것과 시간을 정해 게임을 하지 못하도록 하는 셧다운제의 태생적 환경이 모두 게임에 대한 매우 저급한 사고방식에서 비롯됐기 때문이다.

그러나 게임은 한마디로 놀이 문화이자 엔터테인먼트의 지류일 뿐이다. 선진 외국에서는 게임을 영화와 같은 종합예술로 평가하고 있다. 그럼에도 국내에서는 게임에 대해 그렇게 긍정적이지 못하다. 그렇다 보니 근거도 없는 게임 깎아 내리기의 사례는 수도 없이 많다. 하다 하다 안되니까 의학적인 근거까지 가져다 댔으나 그마저도 사실과 다르다는 것이 학계지를 통해 드러나기도 했다.

우월적 지위를 드러내려는 사회의 고정적 편견이 미래의 우리 먹거리가 될 수 있는 게임을 지금 멍들게 하고 있는 게 아닌지 묻지 않을 수 없다. 문명의 이기에 대한 경계심이 지나치면 그 기기는 쓸모가 없게 된다. 우리가 지금 게임에 대해 그렇게 적개심을 드러냄으로써 일류 게임국가에서 이류 게임 국가로 전락한 게 아닌지 진지한 고민을 해 봐야 할 시점이라고 생각한다.

게임을 단순히 경제논리로만 보는 것도 그렇지만 부정적인 시각의 색안경을 끼고 바라 보는 것도 큰 문제가 아닐 수 없다.

언필칭, 셧다운제의 시행은 이제 멈춰 세워야 한다. 또 중기적인 관점에서 서둘러 폐지하는 것이 맞는 방향이라고 본다. 그것 이 답이라고 생각한다. 왜냐하면 제도 시행 에 따른 형편없는 실효성은 말할 것도 없고, 전시성 행정으로 면피의 방벽을 쌓기에는 시대가 워낙 변해 버렸기 때문이다.

2017. 07. 07

한콘진 정상화 지금도 늦었다

지난 해 송성각 전 원장의 구속으로 파행적으로 운영돼 온 한국콘텐츠진흥원에 대한 정부의 정상화 방안이 속도를 내고 있다. 문화부는 늦어도 9월말 이전까지 새 이사진 구성, 경영진 구성을 마무리한다는 방침인 것으로 알려지고 있다.

반가운 소식이다. 그러나 이마저도 늦었다는 것이 업계의 반응인 듯 하다.

이미 원장뿐 아니라 부원장의 임기도 끝났고, 비상임 이사 가운데 상당수도 임기만료인 상태라는 점에서 한콘진은 그동안 사실상 식물인간처럼 호흡기에만 의존한 채 생명만 유지해 왔다고 해도 과언이 아니기 때문이다.

지금 게임업계를 포함한 문화 콘텐츠업계는 해외시장뿐 아니라 내수 지키기에도 헉헉거리고 있다. 한콘진은 그런 측면에서 문화콘텐츠업계의 전략적 지휘소나 마찬가지다. 필요한 곳에 물을 공급하고 자양분을 조성하며 숲을 조성해야 한다. 그러기 위해서는 생태계의 변화를 꿰뚫고 있어야 함은 물론이다. 때에 따라서는 나무를 베기도 하는 등 정지 작업의 역할도 맡아줘야 하고, 시기에 따라 비료를 구해 뿌려주기도 해야 한다.

그런 역할의 컨트롤 타워는 두말할 것도 없이 기관을 책임지고 있는 원장이란 자리라 할 것이다. 그런 직분의 자리를 무려 10개월이나 비워뒀다. 무슨 배짱이란 말인가.

이렇게 된 데는 주무부처인 문화부 등 정치권의 책임이 무엇보다 크다. 솔직히 문화부 상층부가 초토화되고, 그 배경의 중심이 한콘진이라는 기관이 자리하고 있다는 점에서 더이상 할 말을 없게 만든다. 안타까운 점은 과거, 한콘진이 정치권에 흔들리긴 했으나 휘둘리진 않았다는 점에서 큰 충격이다.

지금이라도 한콘진이 바로 서게 할 때라고 본다. 특히 방송계 출신 일변도의 비상임 이사 구성은 소담스러운 일이 아니다. 그렇잖아도 한콘진을 빗대어 신 방송 진흥원으로 불리고 있는 마당에 그런 식의 인적 구성은 타 업종에 대한 예우도, 인사도 아니라고 본다.

지난 20일 문재인 정부의 조직 구성도 사실상 마무리 됐다. 일본 속담에 좋은 일은 서두를수록 좋다고 한다. 한콘진의 정상화는 시대적 명제이자 우리 문화 산업계의 최우선의 과제라 할 수 있다. 9월까지 기한을 둘 필요가 있는가. 이젠 더이상 미루지 말았으면 한다. 한콘진은 무엇보다 문화산업계의 둘도 없는 큰 자산이기 때문이다.

2017. 07. 21

게임은 특례 지정이 안 된단 말인가

여야 정치권이 '근로시간 특례 업종'을 대폭적으로 축소키로 합의했다.

여야는 그동안 26개 업종에 적용됐던 근로시간 특례 혜택을 앞으로는 10개 업종으로 줄이기로 했다. 이에 따라 특례 업종을 축소해야 한다는 여론의 도화선을 제공한 버스 운송업자들은 근로자들의 법정 근로시간을 반드시 준수해야 한다.

이같은 법 정비가 이뤄지면 살인적인 연속 근무로 졸음을 피하지 못해 사고가 발생하는 일은 크게 줄어들 것으로 기대되고 있다. 특히 그간 대형 버스와 트럭 운전자의 졸음 운전으로 인해 억울하게 목숨을 잃은 사람들이 많았다는 점에서 이같은 조치는 매우 환영할 만한 일이라고 본다.

조심스러운 지적은 예외를 인정받는 업종은 있어야 한다는 것이다. 업종 특성상 출퇴근이 불분명하고, 대국민 차원에서 공공의 이익에 더 부합한 업종에 대해서는 예외를 인정해도 무방하다는 게 노동계 일각과 해당 업계의 주장이다. 이번에 특례를 인정받은 10개 업종이 바로 그것이다.

이번에도 방송업과 영상오디오기록물제작배급업등은 그대로 특례업종으로 인정됐다. 방송업의 경우 얼마 전 케이블TV의 한 PD가 사망한 사건으로 이슈가 되기도 했지만, 특례를 그대로 인정받았다.

그런데 게임업종의 경우 방송이나 영상과 근무환경이 유사하다 할 수 있다. 게임은 디지털종합예술의 꽃이라고 말하기도 한다. 그런데 게임은 아예 처음부터 특례 혜택을 받지 못했다.

그 원인을 살펴보면 게임산업의 역사가 매우 짧다는 데에서 찾아볼 수 있다. 영화 등 영상물의 역사는 이미 100년을 넘어섰다. 그런데 국내 게임산업은 이제 겨우 20여 년에 불과하다. 그러나 여기서 업종의 역사를 대입해 특례 업종이 지정되는 게 아니라면 이것은 정부와 정치권 등으로부터 게임 업종이 푸대접을 받고 있는 것이나 다름 아니다 할 것이다.

게임은 4차 산업혁명의 핵심 분야로 주목 받고 있다. 향후 발전 속도는 영상과 방송을 압도할 것이 분명하다. 그럼에도 불구하고 근무환경의 특수성을 인정받지 못한 채 마치 천덕꾸러기로 돌려지고 있는 것이다.

또 이렇게 된 데는 게임업계의 책임도 없지 않다. 시장 활성화를 위한 제도 정비에는 눈을 부릅뜨고 달려들면서, 산업 인프라 관련 법령 정비에는 거의 나 몰라라 할 정도로 뒷짐을 지고 있었기 때문이다. 그러니까 산업이 제대로 굴러가지 못하고 갈지자 걸음을 걷고 있는 것이다. 산업이 균형 발전을 이루지 못하니까 게임 산업에 대해 제도권의 안티한 시각이 지워지지 않는 게 아닌지 한번 생각해 볼 일이다.

지금이라도 늦지 않았다. 업계가 제도정비를 통해 사회로부터 받을 수 있는 혜택을 받는 건 흉이 아니다. 그 만큼 받고 돌려주면 되는 일이다. 혹, 이같은 일에도 업종보다는 개인, 업체 등 자사 이기주의가 발동해 손을 놓고 있었다면 큰 일이다. 산업 인프라 관련 제도 정비에도 게임계가 적극 나서야 할 때라고 본다.

2017. 08. 04

민관합동 게임협의체에 부쳐

정부가 17일 '민관 합동 게임제도 개선 협의체'를 출범시켰다. 앞으로 이 단체는 게임과 관련한 제도 개선과 규제 완화 문제를 심도 있게 논의, 정부에 개선책 등을 건의하게 된다. 그런 측면에서 보면 민관이라기 보다는 민간 협의체가 맞다 할 것이다.

이같은 협의체 구성은 문화부가 자율 규제를 위해 짜낸, 나름의 고육책이라고 보여진다. 규제 완화를 위해서는 절차와 협의가 필요하다는 점, 그러기 위해서는 이용자 반응을 살펴봐야 한다는 점 등을 염두에 두고 협의체의 위원을 구성한 것부터가 그렇다.

따라서 이번에 출범한 민관 협의체에서는 주로 게임 규제 개선 등 제도 완화에 초점을 맞춰 논의가 이뤄질 것으로 예상된다. 이 때문인지 게임산업 협회장과 모바일게임산업협회장, 게임학회장 등 업계에 비중 있는 인사들이 대거 위원으로 선임됐고, 이용자 편에서는 시민단체 임원들이 참여해 이 단체의 무게감을 보여주고 있다.

그러나 안타까운 사실은 명실상부한 게임제도 개선 협의체를 구성하면서 어떻게 아케이드 게임 인사 및 PC방 인사들은 제외했느냐는 것이다. 실제로 15명의 위원 가운데 아케이드 게임 및 PC방 관련 인사는 단 한 명도 없다. 이들 업종에 대해 나름 입장을 표명할 수 있는 인사는 고작 이재홍 학회장 정도뿐이다. 더욱이 아케이드 게임 인사를 제외했다는 점은 매우 충격적이다.

이는 아케이드 게임산업을 제도권에서 인정하지 않거나, 아주 홀대하고 있다는 아케이드 게임업체들의 주장을 그대로 반증하는 것이나 다름 아니기 때문이다.

이에 대해 문화부는 아케이드 게임의 경우, 온라인, 모바일과 업태의 성격이 다르고, 별건의 현안으로 다뤄야 할 만큼 사업 영역이 다르기 때문에 별도의 협의체를 구성, 협의해 나가겠다는 입장이지만, 이미 정부와 아케이드 게임업계가 합의해 만든 상생 협의체 마저 유명무실하다는 점에서 이같은 주장은 설득력이 없어 보인다.

여기서 지적하고 싶은 것은 문화부가 왜 덧셈의 셈법을 구하려 하지 않고, 뺄셈의 편의주의에 빠져 산업을 이끄려 하는 것이냐는 점이다. 아케이드 게임산업은 말 그대로 사양시장인가. 그렇지가 않다. 전세계 시장 규모만 놓고 보더라도 온라인게임 시장규모에 버금간다. 또 판권(IP)의 활용도 역시 적지 않다.

그럼에도 그들이 세련되지 않고, 다소 귀찮게 하는 존재라 하여 따로 관리하겠다는 것은 정부가 그 산업을 왕따 시키겠다는 것과 뭐가 다르다 할 수 있겠는가.

언필칭, 대한민국 게임산업을 있게 한 플랫폼은 다름아닌 아케이드 게임산업이다. 플랫폼의 흐름 때문이 아니다. 그들이 외면

하지 않고 품어준 덕에 오늘날의 온라인게임의 토양이 마련됐다. 또 그 기반 위에 모바일게임이 자리한 것이 대한민국 게임의 역사다.

그런데 그 중요도가 떨어진다고, 말썽만 피운다고 이제 와서 정부가 왕따를 시킨다는 게 말이 되는가.

비록 늦었지만 지금이라도 아케이드 게임업계와 PC방 업계의 인사를 포함시켜 함께 논의하는 협의체의 장이 됐으면 한다. 그게 대내외적으로도 소담스러운 모습으로 비춰질 것임엔 두말할 나위 없다 할 것이다.

2017. 08. 18

대기업이 된 넥슨의 과제

공정거래위원회가 최근 넥슨을 공시대상 기업집단(준대기업 집단)에 새롭게 지정했다. 이 회사의 네오플 등 주요 계열사 매출이 5조 원을 넘어섰기 때문이다. 이에 따라 김정주 NXC 회장이 총수(동일인)로 지정되게 됐다.

넥슨은 그동안 계열사 넥슨지티 외에는 국내 상장되지 않는 구조였기 때문에, 정보 공시 의무가 없었다. 그러나 이번 기업집단 지정에 따라 넥슨은 계열사 현황, 거래내역 등을 자세히 공개해야 한다.

넥슨의 공시 대상 기업집단 지정에 대해 게임업계는 올 것이 왔다는 반응이다. 넥슨뿐만 아니라 넷마블게임즈와 엔씨소프트 등 기업 규모가 상대적으로 큰 게임기업들이 적지 않기 때문이다.

하지만 전문가들은 게임업체들도 이제는 과거와 달리 보다 투명한 경영과 지분구조를 대외적으로 알려야 할 때도 됐다고 지적한다. 이전에는 역사도 길지 않고, 기업규모 역시 그다지 크지 않아 제도권으로 부터 주목 받지 못했지만, 이제는 국내뿐만 아니라 세계적으로도 이름을 알리는 등 그 역할이 매우 긴요해 졌기 때문이다.

김정주 회장의 경우에도 경영에 대해서는 전문가에게 맡기고, 자신은 막후에서 조언만 하는 등 큰 사안 외는 경영에 간여하지 않는 것으로 알려지고 있다. 하지만 치열한 글로벌 경쟁이 벌어지고 있는 작금의 상황에서 뒤에서만 서 있는다는 게 설득력이 있겠는가.

언필칭, 게임 대기업들이 이를 계기로 일정부문 역할을 맡아주어야 한다는 점을 강조하고 싶다. 사회적 공기능의 몫뿐만 아니라 산업계의 컨센서스를 위해 선도적 기능을 수행해야 할 때도 됐다. 산업규모가 커졌다고 하니까 엉뚱한 곳만 쳐다 보며, 그곳에만 매진할 게 아니라 먼저 자신들의 주변을 살펴보는 일이 급선무란 뜻이다.

기업규모로 보면 월트 디즈니, 워너브라더스, 액티비젼블리자드, 닌텐도, 샨다 등 콘텐츠 기업들의 외형은 상상을 초월할 정도다. 문제는 기업 규모가 아니라 불투명한 회계와 기업집단의 자사 이기주의에 있다 할 것이다.

넥슨의 이번 공시대상 업체 지정을 계기로 게임업계가 산업과 사회의 일원으로서, 그 역할과 책임을 다했으면 한다. 그것이 게임계가 사회와 어깨를 나란히 하는 것이며, 업계의 위상을 드높이는 길이라 믿는다.

2017. 09. 08

'올드보이'들의 선전

온라인게임에 이어 모바일게임 시장도 올드보이들의 위세가 수그러들지 않고 있다.

먼저 온라인게임 흥행시장이 그렇다. 신작이 상위권을 차지하는 것은 그야말로 가뭄에 콩 나듯 쉽지 않은 일이 돼 버렸다. 정상을 차지하고 있는 '리그오브레전드'는 8년이 넘은 작품이고 10위권 안에 포진한 게임 대부분이 5년을 넘은 올드보이 작품들이다.

그나마 '오버워치'가 지난 해 5월 론칭 이후 가파른 상승세를 보이며 2위자리를 차지했고, 올 3월 등장한 국산 '배틀그라운드'가 최근 두각을 나타내며 2~3위를 넘나들고 있을 뿐이다.

모바일 게임시장도 그렇게 처지가 다르지 않다. 지난해 론칭된 '리니지2 레볼루션'과 지난 6월 말 론칭된 '리니지M' 등이 1~2위를 차지하고 있지만, 10위권 내 작품들은 다 올드보이들이다.

온라인게임의 경우 개발기간도 많이 소요되고, 충성유저가 생기면 오래 간다는 특성이 있으므로 이해할 만 하지만 모바일게임시장에서도 올드보이들이 그것도 3~4년간 상위권을 차지하는 것은 이해하기 힘든 상황이다.

이같은 흐름의 배경에는 모바일게임의 장르가 종전의 캐주얼게임에서 액션이나 MMORPG로 바뀐 것도 큰 영향을 줬겠지만 더 깊이 파고들면 결국 '소재의 빈곤' 때문이 아니냐는 게 전문가들의 분석이다. 모험보다는 안전한 성공을 바라다보니 올드보이에 대한 업데이트에 공을 들이고 새로운 도전은 기피하게 됐다는 것이다.

또 게임업체들이 이처럼 소극적이 된 데는 모바일게임 유통시장의 구조적인 문제도 큰 역할을 했다. 구글과 애플, 또 카카오 등 유통 플랫폼에 수수료를 떼주고 나면 매출의 절반도 남지 않는 상황에서 모험을 감행하기가 쉽지 않다는 것이다. 실제로 올해 국내 모바일게임업체들이 구글에 지불한 수수료는 1조 원을 넘어설 것으로 전망된다.

이처럼 치열하고 척박한 시장 환경 속에서 뉴페이스가 살아 남기는 점점 더 어려워지고 있다. 그렇다고 언제까지 이대로 주저앉아 있을 것인가. 안타까운 점은 나름의 묘수가 그다지 보이지 않고 있다는 사실이다. 최근 돌풍을 일으키고 있는 '배틀그라운드'의 성공 사례라도 제대로 공부해 봐야 하지 않을까.

2017. 09. 15

대한민국 게임포럼에 부쳐

얼마 전 여야 4당 국회의원 12명과 게임업계 산하 단체 기관들이 참여하는 대한민국 게임포럼이 결성됐다. 이번 포럼은 그동안 만들어졌던 비슷한 포럼들과 그 양과 질적인 면에서 다른 면모를 보여주고 있다. 여야를 아우른 4당의 친 게임인사들이 모두 함께 했다는 점과 게임 단체 기관들이 뜻을 모았다는 점에서 그렇다.

그동안 국회에서는 몇몇 의원들이 세미나를 개최하거나 토론회를 갖는 등 관심을 보여왔다. 하지만 이같은 움직임은 잠시 관심을 끄는데 그쳤고, 지속적이고 강력한 영향력을 발휘하지는 못했다.

의원들이 정치 일정에 바빠 소홀히 하기도 했지만, 반대편에 선 의원들이 많다 보니 자연히 동력이 떨어질 수 밖에 없었다.

다행스럽게도 20대 국회 들어서면서 이같은 분위기가 달라지고 있다. 그렇다고 게임을 바라보는 보수 정치인들이 모두 변한 것은 아니다. 여전히 갈 길이 멀다고 할 수 있다. 그러므로 호들갑을 떨 것이 아니라 차분하면서도 지속적으로 포럼을 운영해 나가는 노력이 필요하다.

이를 통해 정치권뿐만 아니라 유관 부처들도 게임에 대한 인식이 변하게 해야 할 것이다. 대표적인 곳이 여성가족부인데, 여전히 '셧다운제'의 필요성을 주장하고 있다. 여가부가 아직도 이 제도의 존속 필요성을 강조하고 있는 것은 거의 자신들의 면피를 위한 것으로 밖에 이해가 되지 않지만 이런 사례들을 부처 내에서 찾아보면 의외로 수두룩하다는 것이다.

대한민국게임 포럼이 첫술에 배부른 단체가 되지 않기를 바란다. 또 젊은이들을 겨냥한 전시적 모임 형태로 진행돼서도 곤란하다. 오롯이 대한민국 게임산업 육성을 위한 포럼으로 자리매김하는 모임이었으면 한다.

2017. 09. 22

일개 국회 비서관이 게임계를 농락했다?

여명숙 게임물 관리위원장이 최근 열린 문화체육관광부 국정감사에서 게임업계를 농단하는 세력이 있다고 발언해 파문이 일고 있다.

여 위원장은 국감에서 게임계에 게임농단 세력이 있다며 이들의 직책과 이름을 조목조목 언급했다. 그가 언급한 인물 가운데는 청와대 고위 관계자와 전직 국회의원 비서관 A 씨, 모대학 B 교수, 게임 매체 C 사 등이 망라돼 있다.

그런데 특히 충격적인 내용은 정부 직책으로 따지면 불과 5급직인 국회의원 비서관이라는 인물이 정부 부처와 산하기관을 마음대로 주물럭거렸다는 것이다. 이에 대한 사실 여부는 따져봐야 알겠지만 상식적으로 이해가 되지 않는 대목이다.

만의 하나, 이같은 주장이 사실이라면 비서관이라는 인물보다는 그를 뒤에서 받쳐주는 거물급이 있었기 때문에 가능하지 않았겠느냐는 추측이 가능하다. 이 역시 철저히 조사하고 진상을 규명해야 할 문제다.

게임계에서는 이번 일이 사실로 드러난다면 '게임계의 최순실 사태'가 될 것이라고 촉각을 곤두세우고 있다. 또 여명숙 게임위원장의 발언에 대해 지나친 감이 없지 않지만 '아니 땐 굴뚝에 연기 나겠냐'는 반응도 없지 않다. 그동안 게임계의 어른 역할을 하는 인사들이 잇달아 이선으로 물러나면서 업계에 비상식적인 일들이 적지 않게 빚어져 왔던 것은 사실이다.

그렇다면 이번 기회에 여 위원장의 발언에 등장하는 인물들과 그들이 게임계에 어떤 영향을 미쳤는지, 그리고 그 뒤에 청와대의 고위 인사가 어떻게 개입돼 있는 것인지를 철저히 따져봐야 한다.

이같은 주장이 사실무근이라면 여 위원장은 자신의 발언에 대한 법적, 도덕적 책임을 져야 할 것이지만, 그렇지 않다면 이번에 언급된 당사자와 그 주변에 있는 사람들은 응분의 책임을 져야 할 것이다.

2017. 11. 03

한콘진 원장을 낙하산 인사로 한다고?

1년 여 자리를 비워 온 한국콘텐츠진흥원장을 뽑기 위한 공모 절차가 진행되고 있다. 이를 지켜보면서 만시지탄이란 느낌을 지울 수 없다. 어떻게 1년이 넘도록 기관장 자리를 비워둘 수 있는지 무심해도 너무 했다는 생각을 지울 수 없다.

또 공모 절차가 막바지로 진행되면서 원장 내정설이 난무하고 있다. 이 가운데는 현 정권과 밀접한 인물들이 적지 않게 오르내리고 있다. 이에 따라 전문성이나 능력 보다 정권과의 유착 관계로 원장 발탁이 이뤄지는 게 아니냐는 우려의 목소리가 커지고 있다.

한콘진은 게임은 물론 방송 영상과 음악 등 콘텐츠산업 전체를 아우르는 종합 육성 지원기관이다. 때문에 적어도 한두가지 이상의 콘텐츠 산업에 대한 오랜 경험과 축적된 지식, 그리고 폭넓은 안목 등 상당한 자격이 요구된다고 할 수 있다.

그런 의미에서 오랜 기간 자리를 비워온 신임 원장을 뽑는 데는 그만큼 신중하고 또 신중해야 할 것이다. 현 정부와 코드가 맞는다고 자격에 어울리지 않는 인물을 쓰려 한다면 과거의 정부와 다를 바가 없다고 할 수 있다. 과거, 한콘진 원장들의 면면을 보면 능력과 전문성을 고루 갖춘 인물도 있었지만, 불명예스럽게 물러난 송성각 전 원장을 포함해 그러지 못한 경우도 없지 않았다는

것이다.

아직 원장 선임 절차가 진행중인 상황이므로 시간은 남아 있다고 볼 수 있다. 업계의 의견을 반영하고, 역량 있는 적임자를 찾아내야 할 것이다. 공모과정이 단지 원장 선임을 위한 절차에 그치는 것이라면, 그건 이 정권에서 가장 경계하며 정리대상으로 삼고 있는 또다른 적폐라 아니할 수 없다.

한콘진은 다양한 분야에서 실력을 쌓아온 인재들의 집단이다. 그로 인한 자부심 역시 매우 크다. 말 그대로 인격과 실력을 갖추지 못하면 다루기가 까다로운 조직이라고 할 수 있다. 최근 산업계 안팎에서 하마평에 오르고 있는 이들을 보면 과연 이들이 한콘진을 진두 지휘할 수 있을지 의문이 먼저 앞선다. 능력은 있는데 같은 진영 사람이라는 이름으로 불이익을 당해선 곤란하겠지만, 산업계 안팎에서 하마평에 오르내리는 이들 인사들의 면면을 보면 한마디로 함량 미달이다.

어쨌든 또다시 낙하산 인사가 있어선 안되겠다. 불가피하게 전략적 측면을 고려한다 하더라도 그것 역시도 산업적 관점과 시각에 의한 육성차원의 전략이 돼야 한다는 점을 정부 관계자들은 명심해야 할 것이다.

2017. 11. 10

지스타는 유저와 소통하는 통로

국제 게임 전시회 지스타가 16일 부산 벡스코 전시장에서 3박 4일간의 일정으로 막을 올렸다. 올해는 일찌감치 참가 신청이 몰리면서 지난해 규모를 넘어섰다. 특히 B2C관은 1655 부스를 넘어서는 등 신청이 조기 마감됐고 B2B관도 1103 부스에 달했다.

최근 몇 년 간 지스타는 온라인 게임이 급감하면서 쏠림 현상에 대한 우려가 적지 않았다. 그러나 올해는 넥슨, 블루홀, KOG 전통의 온라인 게임업체들이 신작을 발표하는 등 분위기 반전을 꾀하고 있다. 모바일 게임 전문업체로 돌아선 넷마블게임즈는 '테라M' '세븐나이츠2' '이카루스M' 등을 선보이며 기세를 이어가고 있다.

또 액토즈소프트가 e스포츠 대회 '월드 e스포츠 게임&리그(WEGL)'를 개최키로 함에 따라 올해 열리는 지스타는 과거와 좀더 다른 모습을 연출하게 될 것으로 보인다. 특히 엠게임, HTC 등이 선보이는 가상현실(VR) 게임들은 관람객들의 감성을 그대로 자극할 것으로 기대된다.

이를 종합하면 양적으로는 성공적이라고 할 수 있겠다. 그러나 질적인 측면에서 보면 아쉬움이 없지 않다. B2C 부스는 전보다 더 넓어졌지만, 참가업체 수는 오히려 줄어들었다. 또 명색이 글로벌 게임 전시회인데 글로벌 게임업체는 찾아볼 수가 없다.

지스타를 비즈니스 경연 장으로 활용하는 것은 당연한 일이긴 하지만, 비즈니스만을 위해 유저와의 만남을 소홀히 한다면 반쪽 전시회라고 밖에 할 수 없다 할 것이다. 그런 측면에서 지스타는 게임업체와 유저와의 만남이 이뤄지는 축제의 마당이 돼야 한다는 점을 강조하고 싶다.

온라인 게임업체들뿐만 아니라 모바일 게임업체들도 이와 같은 기회의 장을 통해 직접 유저들과 직접 호흡하는 등 소통의 시간을 갖는 게 필요하다. B2B도 중요하지만 B2C가 새롭게 강조되고 있는 것은 일방통행식 게임 개발사가 만들어 주는 게임이 아니라 유저와 대화하고 만든 소통의 게임을 이루기 위함이다.

유저의 눈높이를 맞추지 못하면 살아남을 수 없다. 최근 흥행시장에서 두각을 나타내고 게임들의 공통점은 하나같이 유저들과 소통하고 있는 게임들이란 사실이다. 게임 전시회인만큼 유저와 밀접하게 대화를 나눌 수 있는 장이 또 있을까. 일부 게임업체들이 이를 간과하고 있는 게 안타깝다.

2017. 11. 17

사행 게임을 포함 성인장르 인정할 때다

e스포츠협회가 이래저래 논란을 일으키고 있다. 유력 정치인의 비서관을 지낸 윤 모 씨가 게임업계를 주물렀고, 그 과정에서 e스포츠협회를 마치 자신의 사유물처럼 이용한 것이다.

윤 전 비서관이 이처럼 e스포츠협회와 게임업계를 마음대로 휘어잡을 수 있었던 데는 그를 봐주는 뒷배경이 있었고 '확률형 아이템'이라는 게임업계의 아킬레스건이 도사리고 있었다고 봐야 한다. 이 '확률형 아이템'에 대해 많은 사람들이 사행성 요소가 강하다고 비난하고 있다. 특히 이들은 그렇기 때문에 정부가 확률형 아이템을 엄격히 규제해야 한다고 주장하고 있다.

반면 업계는 이를 게임 요소 가운데 하나로 인식하고 있다. 이를 너무 상업적으로 이용하는 것이 문제일 뿐, 그렇지 않다면 게임의 한 부분으로 바라볼 필요가 있다는 게 업계의 시각이다.

어느 쪽 주장이 맞느냐의 여부는 여기서 중요치 않다. 이런 문제는 공론화 과정을 거쳐 사회적 합의를 이끄는 게 더 긴요하다고 본다. 논란의 핵심은 사행 게임을 베이스로 한 성인게임을 언제까지 정부가 가로막고 서 있을 것인가 하는 점이다.

주지하고 있는 사실이지만, 가까운 일본과 경쟁국 중국은 성인 게임에 대해 대한민국 정부처럼 그렇게 부정적이지 않다. 다소 경직된 시각을 보이는 중국 정부 조차도 일정한 사행 범위는 인정하고 있다. 그럼에도 우리 정부는 지나치게 엄격하다.

윤 전 비서관은 이 점을 노렸고, 그는 이를 철저히 활용하며 게임계를 농단했다. 어찌보면 e스포츠협회도 그의 노리개였지 않았을까 하는 의구심을 감출 수 없다.

다시 한번 강조하지만, 이젠 이같이 어처구니없는 일이 빚어지지 않았으면 한다. 그러기 위해서는 사행게임을 포함한 성인게임의 장르를 새롭게 열어야 한다는 것이다. 언제까지 그 문을 걸어 잠그고 있을 것인가. 해외를 근거지로 한 불법 도박 사이트는 거의 범람 수준이고 이를 통해 오가는 불법 자금은 거의 수십조 원에 이른다는 사실은 더 이상 비밀이 아닌 셈이 됐다.

이러한 규제로 인해 아케이드 게임산업은 거의 초토화돼 버렸다. 아케이드 게임이 엉뚱하게 성인게임 장르로 구분되는 것도 사행은 무조건 안된다는 정부와 일부 시민단체의 그릇된 시각에서 나온 편견이다. 아케이드 게임이 무슨 성인 장르의 플랫폼인가.

말이 나와서 하는 말이지만 언제까지 아케이드 게임만 닭 잡듯 하고 있을 것이냐는 것이다. 그들이 원하는 정보 표시 장치는 중국의 그것과 비교하면 거의 하늘과 땅의 수준이다. 중국 아케이드 게임업체들은 고객 유치를 위해 카드사용까지 인정하고 있다.

시대가 변하고 있다. 과거에는 다수자들을 위한 정책이 옳았지만 지금은 그렇지가 않다. 단 한사람이 원한다면 그것을 위해 고민하는 게 다름아닌 선진 행정이다. 안타까운 것은 왜 게임산업에만 그렇게 엄격한 잣대를 가져다 대려는 것이냐는 점이다.

이젠 손바닥으로 하늘을 가릴 때가 아니라고 본다. 수요가 있는 데 공급을 막을 순 없다. 막말로 그것이 사회의 암적인 존재라고 한다면 이를 최소화하려는 사회적 합의와 노력이 뒤따라야 하지 이를 원천 봉쇄하는 건 맞지 않다. 더군다나 게임이 사회의 악이던가.

사행 게임을 포함한 성인 게임의 장르를 여는 방안을 신중히 검토해야 한다. 언제까지 성인들에게 밥은 이렇게 먹고 잠은 저렇게 자느냐는 식으로 계도할 것인가. 정부의 획기적인 정책 발상 전환이 요구되는 시점이다.

2017. 12. 01

게임 시장의 양극화 현상, 이대로 보고만 있을 것인가

올해 게임 시장 규모가 12조 1000억 원에 달할 전망이다. 이에 따라 전체 콘텐츠 산업 가운데 게임 시장은 출판과 방송, 광고, 지식 정보에 이어 다섯 번째 자리를 차지할 전망이다.

또 올해 콘텐츠 시장 전체 규모는 총 110조 4000억 원으로, 전년대비 4.5% 성장할 것으로 예측됐다. 지난 5년간 연평균 성장률 4.9%에 비하면 다소 처지는 실적이지만, 지난해 100조 원 돌파 이후 지속적으로 성장하고 있다는 점에서 고무적이라고 할 수 있다.

게임시장을 장르별로 보면 그동안 하락세를 이어왔던 온라인 게임 시장은 '검은사막'과 '배틀그라운드' 등 두 작품의 글로벌 흥행에 힘입어 소폭 성장세로 돌아섰다.

그러나 게임업체들의 부익부 빈익빈 현상은 갈수록 심화되고 있다. 실제로 넥슨과 넷마블게임즈, 엔씨소프트 등 '빅3' 게임업체의 매출은 전체의 45%에 달하고 있다.

그렇다면 이와 같은 양극화 현상에 의해 붕괴되고 있는 시장 구조를 건설적으로 바로 세울 수는 없을까. 예를 들어 대형 업체의 우산 아래 여러 스튜디오가 편성되는 미 영화산업 구조는 게임계가 벤치마킹해 볼 수 있는 방안 중 하나다. 이럴 경우 흥행작 위주로 작품이 개발돼 다양한 장르의 작품들이 소멸될 수 있다는 단점이 있지만, 메이저사들의 역할과 기능을 제대로 감시만 한다면 그렇게 큰 문제가 되지 않는다는 게 전문가들의 견해이다.

과거, 게임업계도 퍼블리셔와 개발사간 협업이 없었던 것은 아니다. 하지만 그 때는 제도적으로도 자리를 잡지 못했던 상황이었던 점을 감안하면 절반의 실패이자 절반의 성공이었다고도 할 수 있다. 문제는 승자 독식시스템이 바로 그것인데, 그같은 병폐만 제대로 관리한다면 대형 업체와 개발사 또는 스타트업들이 서로 협업하는 계기로도 작용하지 않을까 싶은 것이다.

특히 이 시점에서 놓쳐선 안 될 것은 과거와 달리 공룡기업이 독자적으로 움직이기에는 시장 환경 등 제도적 장치가 이를 뒷받침해 주지 않는다는 사실이다.

결국 묘목과 잔디를 동시에 키워야 한다는 것인데, 말처럼 쉬운 일은 아니다. 따라서 시장 양극화 현상을 극복할 수 있는 대안 마련에 업계뿐만 아니라 정부 학계가 함께 나서줘야 할 것이라는 점이다. 이 문제를 제대로 처방하지 못하면 산업의 뿌리마저 흔들려 산업 공동화 현상을 불러올 수 있다는 점에서 신속한 처방전이 필요하다 하겠다.

2017. 12. 22

글로벌 업체들의 한국 시장 경시풍토

우리나라 국민 대다수는 IT강국 또는 게임 강국이라고 생각하지만, 글로벌 기업들이 우리를 바라보는 시각은 그렇지가 않다. 특히 구글과 닌텐도, 그리고 마이크로소프트 등 글로벌 기업들의 행태를 보면 자존심이 상할 지경이다.

구글은 아직도 한국 정부에 세금을 내지 않고 있고, 닌텐도는 한국에 지사를 두고서도 게임업계와는 일정한 거리를 두고 있다. MS 역시 현지 생산규모만을 탓하며, 신형 콘솔게임기 'X박스원X'의 한국 출고 물량을 조절하고 있다.

그러면서도 거둬 가는 것은 악착같다. 개도국 마케팅 전략은 한국에서 쓰였던 방식이 바로미터가 되고 있다.

구글이 지난해 벌어들인 수입은 약 3조 4000억 원에 달한다. 이 가운데 게임을 통해 얻은 수입은 전체 매출의 약 80%에 이른다. 하지만 한국 정부에 내는 세금은 쥐꼬리만큼도 없다. 닌텐도와 MS의 경우도 차이를 발견할 수 없다. 세금 문제는 조금 벗어나 있지만 그들의 영업 행태는 구글의 그것과 다르지 않다.

그들이 이처럼 콧대를 세우고 있는 배경을 굳이 언급하고 싶지 않다. 하지만 법과 제도를 탓하기에 앞서 우리의 조급증과 누가 하면 한다는 따라하기가 한 몫을 하고 있지 않나 싶은 것이다. 비싸고 텃새를 부리면

안 사거나 외면하는 것이다. 또 물량이 없다고 하면 지근하게 기다리는 것도 요령이다. 여기서 더 나간다면 제품 불매 운동도 그 한 방법이라 할 수 있겠다.

그러나 안타까운 점은 글로벌 기업이라면 그 나라 풍토에 걸맞게 좀 더 현지화 하는 등 보다 성숙된 기업의 모습의 보여줘야 하는데 그렇지가 못하다는 것이다.

그들이 진정코 한국 시장에 뿌리를 내리고자 한다면 지금부터라도 한국기업과의 접점을 늘려야 할 것이라는 것이다. 구글과 닌텐도는 그 하찮은 것을 내세워 늘상 고압적인 태도를 보여왔다. 그들이 한국에 진출한 이후 이같은 행태는 계속돼 왔다고 해도 과언이 아니다. 당연히 업계와의, 정부와의 소통이 제대로 이뤄질 리가 없는 것이다.

그 소통의 방법이 무엇인가에 대해서는 누구보다 그들이 잘 알고 있을 것이라고 믿어 의심치 않는다. 그렇다면 지금부터라도 실천해야 한다. 세금을 안내려 하고, 물량 탓만 하며, 일정한 거리를 두고 맴돌고 있는 행태는 한마디로 구상유치하고 소싯적 방법이라는 뜻이다.

2018. 01. 19

웹보드 게임을 어찌 볼 것인가

정부가 웹보드 게임의 사행성을 뿌리뽑겠다며 지난 2014년 강력한 규제의 칼을 꺼내들었다. 이와 같은 조치로 인해 업계의 웹보드 게임 매출은 반토막이 났다. 강력한 행정 제재 조치가 먹히는 듯 했다. 하지만 그 뿐이었다. 그로 인한 풍선 효과로 불법 도박장이 전국적으로 성행했고, 인터넷 불법 토토 사이트는 규모를 감 잡을 수 없을 만큼 확대되는 등 부작용을 낳기도 했다.

정부는 그동안 웹보드게임에 대한 규제 방안을 2년마다 한번씩 점검해 수요의 흐름을 살펴보는 등 강온 전략을 써 왔다. 분위기가 쏠리는 듯 하면 조이고, 그렇지 않으면 다소 규제책을 완화하는 방식의 일몰제를 시행해 왔다. 이에따라 2016년에는 규제안이 다소 완화됐고, 웹보드 게임 시장은 조금씩 살아났다.

그리고 다시 2년이 흘렀다. 이에 따라 웹보드 게임에 대한 새로운 정책 운영 기준이 제시될 전망이다. 이를 위해 민관 합동의 게임제도 개선 협의체에서는 최근 잇단 회의를 갖는 등 지난 2년의 정책 방향을 평가하고, 새로운 정책 기준 및 방안을 제시할 것으로 알려졌다.

그러나 여기서 놓쳐선 안 될 것은 웹보드 게임에 대해 사행이란 색안경을 끼고 들여 다 봐선 곤란하다는 점이다. 요행이 숨었다는 측면에서 사행성이 없는 것은 아니지만, 그렇기 때문에 결국, 사행이 아니냐는 논리에는 동의할 수 없다. 많은 성인들이 웹보드게임을 즐기고 있다. 그 곳에는 돈을 따려는 이보다 점수를 따려는 이들이 훨씬 많다는 것이다. 그것이 사행 심리를 부추키는 것이라고 한다면 할 수 없겠지만, 성인들은 적어도 그것을 놀이라고 하지, 사행이라고까지는 말하지 않는다.

그렇다. 웹보드 게임의 존재는 성인 놀이 문화의 출발점으로 이해해야 한다는 점을 강조하고 싶다. 외국에서는 우리나라의 웹보드 게임 규제 정책에 대해 매우 낯선 눈으로 바라본다. 청소년이 아닌 성인들을 대상으로 하는 것인데, 정부가 너무 이래라 저래라 하면서 간섭을 하고 있다는 것이다.

지난 2006년 '바다이야기' 사태 이후, 사행에 관해서 만큼은 유독 민감한 반응을 보이고 있는 정부의 태도를 모르는 바 아니다. 하지만 당시 빚어진 '바다이야기' 사태의 본질은 게임의 사행이 아니라 상품권 남발에 의한 것으로써, 정책 실패로 인한 것으로 봐야 옳다. 그 때 제대로 시행이 이뤄졌다면 성인을 위한 게임 놀이 문화는 훨씬 앞당겨 자리를 잡았을 게 분명하다.

더욱이 이 시대는 정부가 간섭하거나 또는 그러지 말아야 할 부문이 적나라하게 드러나 있다. 놀이 문화의 출발은 사적인 영역에서 출발한다. 이와 같은 영역에 정부가 개입하겠다는 것은 역사의 시계 추를 60~70년대로 돌려놓자는 것과 다름이 아니라고 본다. 특히 결과가 나쁘면 결국 정부를 비난할 게 아니냐는 두려움에, 국민과의 눈높이에 맞춘 정책 진행 속도를 늦춘다면 그건 아니라고 본다.

솔직히, 대한민국이란 나라에는 성인들을 위한 놀이문화가 거의 존재하지 않는다고 해도 과언이 아니다. 술 마시고 노래하고 집으로 돌아가면 끝이다. 이렇게 성인 문화의 층을 좁혀 놓아서는 안 된다. 이제는 상위 문화 융성을 위한 노력뿐만 아니라 하위

문화의 창출과 육성도 절실한 시점이다. 여기에다 덧붙이면 웹보드 게임은 건전한 게임 개발을 위한 종잣돈의 역할도 크게 하고 있다. 그것을 단순히 사행이란 이름으로 단죄하고 구속하려고만 든다면 그건 아니라는 생각이다.

이젠, 웹보드 게임에 대한 정책과 운용은 성인들의 놀이 문화 확충 차원에서 고민해야 한다는 것이다. 그것이 시대에 걸맞는 길이자 나가야 할 방향이라고 본다.

2018. 01. 26

게임 스타트업을 위한 육성책 시급하다

몇 년 전 스마트폰의 보급으로 모바일 게임이 한껏 주가를 올릴 당시, 모바일 게임을 개발하겠다며 달려드는 스타트업들의 수는 예상을 훨씬 웃도는 수준이었다.

하지만, 모바일 게임 시장이 레드 오션으로 변하고, 몇몇 대기업들에 의해 시장이 균점되는 구조로 바뀌자 게임을 개발하겠다고 나서는 스타트업을 찾아보기가 쉽지 않게 됐다. 그나마 있던 스타트업마저 하나둘씩 문을 닫고 게임업계를 떠나고 있는 게 현실이 됐다.

이러한 현상은 정부와 기업들의 스타트업 지원 현황을 통해서도 목도하게 된다. 경기도 소재 스타트업 투자 유치 규모가 늘어나면서 지난 2016년 그 유치금액이 3000억 원대를 돌파하는 등 급증했으나, 게임 분야는 우선 순위에 밀려 투자 금액 유치 금액 순위에도 들지 못한 것으로 드러났다.

실제로 경기콘텐츠진흥원이 최근 공개한 '스타트업 투자 현황' 보고서에 따르면 지난 2016년 경기도 스타트업의 투자 유치 금액은 전년 대비 무려 311% 증가한 3444억 원에 달했으나, 대부분의 투자는 전자상거래, 이미지 및 영상처리, 사물인터넷 순으로 이뤄진 것으로 나타났다. 게임은 그 다음 순이었다. 투자유치 금액도 불과 10건, 136억 원에 그쳤다. 케이큐브벤처스도 지난해 약 760억 원 규모의 'KIF-카카오 우리은행 기술금융투자펀드' 결성을 완료했는데, 투자 대상이 인공지능(AI), 사물인터넷(IoT), 빅데이터 등 핵심 기술력을 지닌 스타트업들이었다. 게임업체들이 투자하는 스타트업도 다르지 않다. 게임이 주를 이루지만 비게임 스타트업에 대한 투자가 더 많다.

이렇다 보니 상당수 스타트업들이 수년간 투자를 받지 못해 경영난에 허덕이는 등 큰 어려움을 겪고 있다. 게임을 개발하겠다고 나서는 스타트업들이 내동댕이 쳐지고 투자자들이 외면하는데 그런 풍토에서 버틸 수 있는 기업은 사실상 없다 할 것이다. 문제는 이러한 스타트업 기업이 산업의 잔디가 되고 큰 나무가 된다는 점이다. 그럼에도 이들이 제대로 성장하지 못한 채 주저앉아 버린다면 그 산업의 미래는 눈을 감고 봐도 훤하다 할 것이다. 게임산업의 현실이 지금 그 모양이고 그렇게 돼 가고 있다.

이와 같은 현실에 대해 정부와 산업계 관계자들은 고민하고, 대책을 세워야 마땅하다고 본다. 대기업들에 스타트업 육성을 위한 의무 할당제를 실시하는 방안도 한 가지 방법일 수 있다. 이대로 뒤선 게임산업의 미래를 담보할 수 없다. 스타트업은 미래 게임산업의 잔가지란 측면에서 밑가지의 역할을 담당할 산업계와 제도권의 정책 대안이 시급하다 하겠다.

2018. 02. 02

빅3 기업의 작년 실적을 보면서

넷마블게임즈, 엔씨소프트, 넥슨 등 이른바 빅3 게임업체들의 작년 매출 총액이 약 6조 5000억 원에 이르는 것으로 집계됐다. 넷마블과 넥슨은 2조 원을 넘어섰고, 엔씨소프트도 1조 7500억 원에 달해 2조 원 클럽 가입을 눈 앞에 두고 있다.

이들 업체가 이같은 어닝 서프라이즈를 이룰 수 있었던 것은 바로 모바일 게임 시장의 폭발적인 성장과 함께 이들이 내놓은 작품들이 시장을 석권했기 때문이다.

넷마블게임즈는 2016년 12월 출시한 '리니지2 레볼루션' 한 작품으로 무려 1조 원을 넘게 벌어 들였다. 엔씨소프트는 지난해 6월 출시한 '리니지M' 한 작품으로 전체 매출의 절반 이상을 달성한 것으로 추산되고 있다.

넥슨은 온라인 게임 비중이 상대적으로 높긴 하지만, 모바일 게임 매출 비중이 계속 증가세를 보이고 있어 곧 온라인과 모바일의 매출 비중이 역전될 것으로 전망된다.

게임의 주류가 모바일로 바뀐 모습이다. 이에따라 시장 구조도 과거와 달리 많이 바뀌었다. 피처폰이 주로 사용되던 과거에는 수십개 업체들이 파이를 골고루 나눌 수 있었다. 시장 규모가 약 2000억 원대에 그치던 시절이다. 하지만 스마트폰으로 수요 환경이 바뀌면서 양극화 현상이 심해지기 시작했고, 대기업들이 수요를 이끄는 판으로 들어서게 됐다.

여기서 놓치지 말아야 할 것은 내수 시장이 지금처럼 지속적으로 성장하지는 않을 것이란 점이다. 이에 대해 업계 전문가들 역시, 대부분 동의하고 있다. 다시 말하면 이제는 글로벌 시장으로 눈을 돌려야 할 때라는 것이다.

그러나 안타깝게도 지금까지 국내업체들이 보여준 성공작들 대부분은 국내 유저들에게 잘 알려져 있는 판권(IP) 활용 작품들뿐이다. 대표적인 것이 '리니지'와 '뮤' IP 등이다. 이와 같은 게임이 글로벌 시장에서도 쉽게 먹힐 수 있을 것이란 기대는 너무 안이한 판단이다. 기가 막히게도 맞아떨어진 것이지 더도 덜도 아니다. 이를 역설적으로 해석하면 창작보다는 저작권 활용에만 매달려 왔다고도 볼 수 있다.

그렇다면 답은 명확하다. 지금의 성공에 안주해서는 안된다는 것이고, 그러기 위해서는 새로운 게임 개발에 눈을 돌리는 한편 시장을 다각화해 나가야 할 것이란 점이다. 특히 빅3 기업에 당부하고 싶다. 내수도 중요하지만 글로벌 유통망 개척에 힘을 보태달라는 것이다. 그런 노력이 중소 벤처기업, 스타트업들에 대한 사회 환원책의 일환이라고 믿고 싶다.

2018. 02. 09

미뤄지는 중국 판호 문제 더 방치해선 안된다

중국 게임 시장은 10여년 전만 해도 국내 업체들의 가장 중요한 수출 무대였다. 지금도 높은 수출 비중을 차지하고 있다. 하지만 10여년 만에 상황은 완전히 반대로 뒤바뀌었다.

중국 게임시장에 불을 지핀 게임은 한국 게임이었다. '미르의 전설'을 시작으로 '크로스파이어'와 '던전앤파이터'는 지금도 중국 게임 시장에서 큰 영향력을 발휘하며 승승장구하고 있다. 세계 최고의 콘텐츠 기업으로 떠오른 텐센트와 샨다는 한국산 게임을 바탕으로 성장했다.

'권불십년'이라고 했던가. 안타깝게도 이와 같은 한중 게임 수급 구조는 불과 10년만에 역전되고 말았다. 한국산 게임은 중국 정부의 판호(서비스권)라는 장벽에 막혀서 지난 1년간 단 한 작품도 중국 게임 시장에 올리지 못했다. 반대로, 중국산 웹 게임과 모바일 게임들은 아무런 제약 없이 한국 시장을 누비고 있다.

이에따라 업계 일각에서는 중국산 게임에 대해서도 수입을 규제해야 한다며 강력한 목소리가 나오고 있다. 이와 같은 주장은 감정적인 측면도 있지만 일면 타당성도 있다 할 것이다. 그 정도로 중국의 한국산 게임 배척 움직임은 도를 넘고 있다.

문제는 이와 같은 중국 정부의 배타적인 태도에 우리 정부가 뒷짐만 지고 있다는 것이다. 업계 일각에선 다른 통상 현안에 밀려 제대로 중국 정부에 항의조차 하지 못하고 있는 게 아니냐는 지적까지 나오고 있다.

이에 대해 정부도 할 말이 없는 것이 아니다. 판호 문제도 그것이지만 난무하고 있는 중국의 불법 저작물 단속도 시급한 과제가 되고 있다는 것이다. 예컨대 되로 받고 말로 되돌려 줄 수 있는 협상은 할 수 없다는 게 정부측의 계산인 것 같다. 이에따라 정부는 3월 예정된 한중 FTA 후속 협상을 통해 판호 문제 해결을 촉구하는 등 한중 통상 현안의 실타래를 풀어 나가겠다는 입장을 밝히고 있다. 하지만 중국정부가 호락호락하며 우리의 주장을 액면 그대로 받아줄지에 대해서는 의문이다.

정부의 고민을 모르는 게 아니다. 판호 문제를 먼저 푸는 것이 소탐대실의 결과를 초래할 수도 있다는 우려는 설득력이 있다. 하지만 지금 게임업계의 처한 사정이 그리 녹록치 않다는 데 있다. 그렇다면 일괄타결의 방안도 찾아 나서야 한다는 것이다.

더 이상 협상 시한을 미뤄선 곤란하다. 내달 열릴 3월 양자 협상에서는 어떤 방식으로든 마무리를 했으면 한다. 우리 정부의 강력한 판호 협상의지를 지켜보고 싶다.

2018. 02. 23

WHO의 게임 장애 분류 계획은 철회돼야

세계 보건기구(WHO)가 게임 장애 분류 계획을 발표했다. WHO의 이같은 방침은 게임을 새로운 질병 대상으로 관리하겠다는 뜻으로, 전세계 게임업계 관계자들을 경악케 하고 있다.

WHO는 이와 관련, 매우 조심스러운 움직임을 보이며 진행하고 있는 것으로 알려졌다. 하지만 장애 분류 계획은 법안 절차를 마치고 사실상 입법 예고하는 것과 같은 성격을 지니고 있다는 점에서 전세계 게임인들의 강력한 반발을 살 것으로 예상된다.

결론적으로 말하면, 그 같은 조치는 한 마디로 불가하다는 것이다. WHO의 질병 대상으로 지정되면 유통에 있어 각종 규제가 뒤따르는 등 이를 두고 비즈니스를 할 수 없다. 국제 의료계 쪽에서도 WHO의 방침에 대해 다소 성급한 측면이 있다며 경계하는 모습이다. 특히 질병 대상으로 규제를 하기 위해선 먼저 과학적으로 이를 입증해야 하는 데 그렇지가 못한 데다 게임 중독이란 개념조차 명확히 정립되지 않았다는 점을 그 근거로 제시하고 있다.

정신 건강분야 전문가 및 사회과학자들도 WHO 방침에 대해 수용하지 못하겠다는 입장이다 이 분야의 권위적인 인물 36인은 최근 성명서를 내는 등 반대 입장을 분명히 하고, 이를 반증할 수 있는 논문을 곧 발표할 계획인 것으로 알려졌다.

과거에도 WHO는 이와 같은 내용의 계획을 밝힌 적이 있었다. 하지만 당시에도 의료계와 게임업계의 반발로 실행되지 못했다. WHO는 그러나 이번에는 좀더 구체화하는 단계에서 이를 발표했다. 따라서 이를 막지 못하면 새로운 분류체계(IDC-11)에 의한 질병관리는 내년부터 본격 시행하게 된다. 업계가 빠르게 움직이고 있는 건 바로 이 때문이다.

미국, 캐나다, 브라질, 호주 뉴질랜드 등 전세계 18개국 게임단체들이 WHO의 방침에 대해 수용할 수 없다는 내용을 담은 성명서를 최근 발표한 데 이어 1일 한국게임산업협회도 성명서를 발표했다. 그러나 이 정도의 입장 표명만으로는 문제의 해결로 가는 길이 될 수 없다. 좀 더 과학적인 자료 제시와 함께 체계적인 게임업계의 입장을 WHO에 전달해야 할 것이란 점이다. 특히 정부도 이 문제를 심도 있게 고민해야 한다고 본다.

언필칭, 게임 중독이란 건 정신 장애의 문제가 아니라 단순 과몰입이라는 게임업계의 입장엔 변함이 없다. 그런 측면에서 WHO의 게임 장애 분류 계획은 마땅히 철회되고 폐기돼야 할 것이다.

2018. 03. 02

웹보드 게임에 박힌 규제의 대못, 또 그대로인가

웹보드 게임에 대한 정부의 각종 규제들이 또다시 그대로 유지되게 됐다.

한마디로 현행 제도를 그대로 유지하게 한 주연급의 배우는 국무총리실 산하 규제개혁위원회이고, 그 결정을 그대로 받아들이고 이를 확정한 문화체육관광부는 조연배우의 역할을 한 셈이 됐다.

이번 결과를 놓고 게임계는 큰 실망감을 감추지 못하고 있다. 웹보드 게임에 대한 규제가 시행된 이후 성인들의 놀이로, 또는 국민게임으로 불리며 인기를 끌었던 고스톱과 포커 게임의 매출은 반토막 났다. 게임계가 실망하는 것은 이러한 경제적 손실 때문이 아니다.

게임에 대한 정부와 제도권의 부정적인 시각이 너무 확고하다 못해, 신념처럼 굳어진 것이 아니냐는 생각 때문이다. 예를 들어 인터넷 개인방송만 하더라도 하루에 최대 수천만 원까지 별풍선을 통해 돈을 쓸 수 있도록 하고 있다. 논란이 빚어지자 업계 자율로 100만 원선으로 하향 조정됐지만, 100만 원이라는 한도 금액도 게임과는 큰 격차를 보인다. 게임의 하루 결제 한도는 고작 10만 원이다. 한달간 총 50만 원 이상을 결제할 수 없다. 이 정도면 차이를 보여도 너무 보이는 게 아니냐는 소리가 절로 터져 나오게 됐다.

게임업계를 더 실망스럽게 만드는 것은 한달에 50만 원 이상을 결제하지 못하도록 하고 있음에도, 하루 10만 원이란 한도를 따로 정해 놓고 있는 점이다. 도대체 거미줄을 쳐도 이 정도가 되면 게임계를 아주 못 믿겠다는 것과 다름 아닌가. 차라리 시장에서 나가라 하든지, 이런 식은 절대 아니라는 생각이 든다. 그러니, 해도해도 너무하다는 소리가 게임업계 이쪽저쪽에서 터져 나오는 것이 아닌가.

정부와 제도권에서 여전히 산을 보지 못한 채 손가락만 보고 있다는 생각이다. 무늬만 가지고 판단하고, 색안경만 끼고 바라보고 판단하는 것은 과거 정부의 속성이다. 이제는 속내와 속성을 정확히 들여다 보고 판단해야 한다는 것이다. 특히 문화체육관광부는 이제 '바다이야기 사태'의 트라우마에서 벗어날 때가 됐다. 언제까지 국민의 정서를 정부가 쥐락펴락할 수 있다고 보는 것인가. 적어도 국민에게 맡길 건 믿고 맡겨야 한다는 사실이다.

그것은 건전한 성인 놀이 문화를 조성하는 노력이 그 첫 길이라고 믿는다. 그런 차원에서 웹보드 게임을 사행 게임이 아니라 국민게임으로 이젠 돌려주어야 한다는 것이다. 그런 노력 없이는 성인 놀이 문화 조성은커녕, 인터넷으로 번지는 도박 사이트를 가로 막을 방법이 없다는 사실을 정책 당국자들이 알았으면 한다.

2018. 03. 16

게임위원장 업무공백 있어선 안 돼

여명숙 게임물관리위원장의 임기가 24일부로 끝이 난다. 하지만 정부의 인선 작업은 오리무중인 상태다. 정부는 적합한 인물을 찾기 위해 노력하고 있다고 밝히고 있으나 이는 핑계로 밖에 들리지 않는다. 게임위원장의 임기는 이미 법으로 정해져 있고, 그동안 준비할 시간은 충분하고도 넘쳤다고 볼 수 있기 때문이다.

현재 게임심의를 맡고 있는 정부 산하 기관은 게임물관리위원회가 유일하다. 특히 게임위의 경우 진흥보다는 규제 쪽에 더 무게 중심이 쏠려 있어 누가 위원장이 되느냐에 따라 업계의 체감온도는 클 수밖에 없다. 게임을 잘 아는 인물이 발탁된다면 실타래처럼 얽혀있는 현안들을 지혜롭게 풀어갈 수 있겠지만 게임의 특성을 잘 이해하지 못하는 인물이 오게 된다면 얘기는 달라진다.

그럼에도 불구하고, 아직까지 유력한 후보자가 나오지 않고 있다는 것은 정부가 그만큼 신경을 쓰지 않고 있었다거나, 다른 곳의 눈치를 보고 있었다는 말 밖에는 되지 않는다. 또 이도 저도 아니면 이쪽 저쪽에서 말도 많고, 탈도 많으니 대충 버무려서 넘어가면 된다는 생각을 하고 있는 게 아닌지 묻지 않을 수 없다.

당장 위원장의 임기가 끝났다 해서 게임 심의 행정이 올스톱되는 것은 아니다. 하지만 정부가 게임위의 업무 공백에 따른 문제점을 고민하고 생각했다면 이런 식으로 후임 인사를 놓고 미적거리지는 않았을 게 분명하다.

이 즈음에서 또 안타까운 사실은 정부의 문화산업 인재풀이 제대로 있고, 작동하고 있느냐는 점이다. 최근 하마평에 오르내리는 인사들의 면면을 보면 그 밥에 그 나물이라고 할 만큼 게임계의 단골 식객이다. 물론, 그러한 분들도 용처에 따라 발탁해 쓸 수 있다. 하지만 지금 게임위의 처지를 살펴보면, 과연 그런 인물들이 적합하느냐는 것이다. 그렇다면 더더욱 후임 위원장 선임을 위한 고민을 진작에 했어야 했고, 그 작업을 사전 진행했어야 옳았다.

다시 언급하지만 늦었다고 생각될 때가 가장 빠른 때라는 말도 있다. 이미 타이밍을 놓쳤다면, 지금이라도 좀더 조밀한 인선 작업을 진행, 위원장 부재에 따른 업무공백을 최소화했으면 한다. 정치권에 기웃거리며, 자리를 탐하는 인사들은 제외하고, 오로지 게임산업의 건강한 발전을 위해 헌신할 수 있는 인물을 발탁했으면 한다. 그리고 이제 더이상 늦춰지는 게임업계의 기관 인사를 보고 싶지 않다는 것이다.

2018. 03. 23

확률형 아이템, 유저 신뢰 회복이 과제

넥슨 등 3개 게임업체들이 최근 공정거래위원회로부터 확률형 아이템에 대한 불공정 행위로 적발돼, 약 10억 원가량의 과징금 및 과태료 처분을 받게 됐다.

이에 대해 넥슨 측은 사안의 해석 차이가 있다며 대응 방안을 검토하겠다는 입장이다. 이를테면 공정위의 과징금 부과에 대해 입장 차이가 있다는 주장을 하고 나선 것이다. 이 문제는 양측의 견해가 다르고, 이에 대한 게임업계와 제도권의 온도 차이가 분명히 존재해 왔다는 점에서 다툼의 여지가 있다고 할 수 있다.

이렇게 될 경우 이번에 공정위에서 부과한 과징금 규모에 대한 적절성 여부보다는, 공정위에서 제기한 확률형 아이템에 대한 불공정 기준선이 어디에 맞춰졌는지를 살펴볼 수 있는 계기가 될 수도 있을 것으로 예상된다.

그러나 이 시점에서 놓쳐서는 안될 것은 그간 확률형 아이템에 대한 유저들의 불만이 쌓일 만큼 쌓여 왔다는 점이다. 공정위가 할 일 없이 게임업계로 눈을 돌려, 때 아니게 과징금을 물린 것이 아니라는 것이다. 게임업계 일각에서는 이미 이로 인해 업계가 한바탕 된서리를 맞게 될 것이라는 우려가 적지 않게 팽배해 있을 만큼 확률형 아이템 운용에 대한 문제점을 잇달아 제기해 왔다. 결국 이번 일로 인해 게임업체들은 확률형 아이템에 대한 유저들의 신뢰를 잃게 됐다.

'혹시나 했더니 역시나였다'는 말이 통하게 된 것이다.

외국의 경우 사행에 관해서는 더욱 철저히 관리하는 편이다. 미국 카지노 산업이 고객들 사이에서 신뢰성을 회복하며 자리매김할 수 있었던 것은 순전히 업계의 노력 덕분이었다. 스스로 철저히 관리했으며, 확실한 셈법을 고객에게 자세히 설명하고 오픈한 것이다.

국내 게임업체들은 그간 다양한 게임 수익모델을 만들어 왔다. 그 가운데 확률형 아이템 판매는 부분 유료화 이후 가장 빼어난 게임 수익 모델로 꼽히고 있다. 그런 측면에서 긍정적인 기능으로 이 상품이 자리를 잡았으면 한다. 그렇다면 무엇보다 그에 대한 신뢰성을 확보하는데 힘을 기울였어야 한다는 것이다. 스스로 확률을 정했다 하더라도 그 원칙에 의해 철저히 지키고, 그 확률을 상황에 따라 흔들지 말아야 유저들의 신뢰성을 담보할 수 있다는 점이다.

지금처럼 주먹구구식으로 하다가는 유저들의 신뢰를 얻기는커녕, 회복하는 데도 많은 시일이 소요될 전망이다. 게임업계가 스스로 노력하지 않으면 아무 것도 얻을 수 없다. 예컨대 유저들과의 직접적인 관계에 있는 사안에 대해서는 더 철저히, 원칙에 따라 완벽하게 해야 한다는 것이다.

2018. 04. 06

근로 시간 단축제 시행, 시기 조절이 필요하다

게임업계가 7월부터 시행되는 근로 시간 단축 문제로 깊은 시름에 잠긴 모습이다. 정부와 노동계의 강력한 실천 의지에 따라 근로 시간 단축제의 시행은 불가피할 것으로 예상된다. 이렇게 되면 게임계를 비롯한 문화 산업계의 근무 환경은 크게 개선될 수 있겠지만, 상당수가 벤처, 영세 기업들이라는 점에서 인력 운용에 큰 어려움이 예상된다.

게임계에는 '크런치 모드'라는 관행이 있다. 새 작품을 론칭하기 앞서 수개월 동안 집중적으로 일을 한다는 뜻이다. 근로 환경으로만 보면 아주 열악한 조건이다. 이같은 관행이 노동계 입장에서 보면 매우 부정적이지만, 개발사 및 제작사의 입장에선 작품을 제대로 완성하고 론칭하기 위해서는 불가피하다는 의견도 적지 않다.

더욱이 문화 예술분야의 창작자들의 활동과 움직임을 단순 노동시간으로만 가늠하고 측정할 수 있느냐의 시각도 업계에 공존하고 있는 실정이다. 이럴 땐 예술 활동이고 저럴 땐 근무 시간이냐는 것이다. 그러나 그와 못지않게 중요한 것은 이젠 근로 환경도 바뀔 때가 됐다는 점이다. 예술을 하기 때문에 배고파도 된다는 말은 이제 옛말이 됐다. 근로자들의 노력하는 대가에 상응하는 고용주의 노력은 절대적으로 필요하다. 그럼에도 놓칠 수 없는 것은 유저 등 팬들 과의 약속이다.

예술, 특히 문화예술 분야는 팬들의 사랑으로 먹고 산다. 하지만 그들에게 보여지는 작품은 공산품처럼 기계적으로 찍어 나오는 게 아니다. 아무리 정확한 시간을 예측해도 맞아 떨어지지 않는 경우가 허다하다. '크런치 모드'의 관행을 옹호하자는 것이 아니라 그래서 그런 관행이 나오고 만들어진 것이 아니겠나 미뤄 짐작하는 것이다.

이에 따라 정부 일각에선 탄력 근무제의 도입과 함께 시행 시기를 업종별로 조정하는 방안을 검토 중이라고 한다. 매우 적절한 검토이고, 맞는 조치라고 생각한다. 이젠 정부 정책도 포괄적이고 획일적인 모습에서 벗어날 때도 됐다. 형평성의 원칙이 이쪽에서 시행하니까 무조건 저쪽에서 시행하는 것이 아니라 형편을 고려하고, 처지를 살펴 시기를 조절하는 것이 형평에 더 맞는 공정성의 행정이라고 믿고 싶다.

지금 이 시간에도 밤을 지새우며 게임 등 콘텐츠를 개발하는 이들이 수두룩하다. 그렇다면 그들은 노동 착취에 시달리고 있는 것인가. 이런 문제들은 새로운 제도를 시행하기에 앞서 한번 생각해 봐야 한다는 것이다. 여기서 정보통신 강국이라는 대한 민국에서 왜 이런 것들을 세밀히 조밀하게 만들고 시행하지 못하는 지 알 수 없다. 막말로 그 모든 데이터를 훤히 다 들여다보면서 업종 별 기업 규모별 연착륙 정책을 왜 세우지 못하느냐는 것이다.

근로 시간 단축제의 시행은 시대적으로 역행할 수 없는 제도라고 생각한다. 하지만 정부가 부처 한건주의 또는 노동계의 처지를 도와주기 위해 전 업종에 대해 무조건 7월부터 시행하겠다는데 대해서는 동의할 수 없다. 이로 인해 파생되는 문제점을 사전에 스크린하고, 조율하는 게 보다 선진화된 행정이라 믿고 싶다. 그런 차원에서 게임업계를 비롯한 콘텐츠업계에 대한 일률적이고도 기업 경영 부담이 큰 근로 시간 단축제 시행은 시기를 재조율 하는 등 탄력적으로 적용돼야 할 것이다.

2018. 04. 13

공정위 구글 조사 철저히 해야

공정거래위원위가 최근 모바일 게임업체들을 상대로 압력 행사를 했다는 의혹을 받고 있는 구글에 대해 실태 조사에 들어갔다. 이와 같은 움직임은 공정위가 구글이란 공룡기업을 향해 칼을 빼든 것으로 볼 수 있는데, 그것도 다름아닌 게임 비즈니스를 놓고 팔을 걷어붙이고 있다는 점에서 다소 의외로 받아들여지고 있다.

결론적으로 말하면 의심스러운 대목이 없는 것은 아니다. 구글에서는 매출 선두권을 달리는 인기 게임들이 국산 토종인 원스토어에서는 아예 서비스되지 않고 있다는 점이 그것이다. 이는 구글이 국내 게임업체들에 대해 우월적 지위를 앞세워 독점적 서비스를 강요한 게 아니냐는 의심을 사는 부문이다.

그러나 그렇게 볼 수 없을 수도 있다. 이를 테면 양쪽 마켓을 견주어 보다가, 괜히 구글에 밉상으로 찍히는 게 아닌가 하는 국내 게임업체들의 몸사림으로도 볼 수 있기 때문이다. 특히 그간 일부 국내 게임업체들의 행태를 보면 그럴 개연성을 완전히 배제할 수 없다.

따라서 구글이 국내 게임업체와 원스토어를 대상으로 불공정 행위를 했는지의 여부는 좀더 지켜봐야 할 것 같다. 하지만 구글이 국내 게임업체를 상대로 압력을 가했을 것이라는 의심스런 정황이 없는 것은 아니다. 또 자발적으로 그렇게 했다고 치더라도 구글의 절대적인 갑이란 위치의 위력을 업체들이 감내하지 못해 스스로 그렇게 할 수 있었다면 공정위는 이와 같은 구조를 다시한번 살펴봐야 할 것이란 점이다.

글로벌 기업들의 우월적 지위를 앞세운 영업 횡포는 비단 어제 오늘의 일만이 아니다. 오히려 더 교묘해지고, 미꾸라지처럼 법규를 잘 빠져 나가는 특징을 보여준다 할 것이다. 과거 퀄컴이 그랬고 MS가 그랬고, 닌텐도가 그랬다. 그런 측면에서 이번 공정위의 실태 조사는 더욱 철저하게, 문제가 되고 있는 모바일 게임 유통의 기형적인 구조를 살펴보는 계기가 됐으면 하는 바람인 것이다.

공정위의 이성적이고 냉철한 실태 조사를 기대하며, 이를 지켜보고자 한다.

2018. 04. 20

텐센트의 통 큰 투자

텐센트가 또다시 국내 업체에 통 큰 투자를 진행한다는 소식이다. 이 회사는 5000억 원을 투자해 블루홀의 지분 10%가량을 인수키로 했다 한다. 이와 같은 투자가 앞으로 블루홀에 독이 될지 약이 될지는 알 수 없다. 그러나 분명한 것은 텐센트의 통 큰 투자가 늘 게임계의 토픽 뉴스가 되고 있다는 사실이다.

텐센트는 벤처캐피털들의 보유지분 일부를 약 5000억 원에 인수키로 했는데, 이는 블루홀 주식의 장외시장 전체 거래가격을 웃도는 수준이다. 또 텐센트가 작년에 투자한 700억 원을 합치게 되면 총 투자 규모는 6000억 원에 이를 것으로 보인다.

이 회사는 블루홀 뿐만 아니라 국내 유력 게임업체에 대한 투자를 끊임없이 진행해 왔다. 그 목적은 경영권을 가지려는 것이 아니라 투자에 따른 열매뿐이라고 늘 강조한다고 한다. 그동안 텐센트가 인수한 글로벌 게임업체들은 꽤 된다. 하지만 텐센트 계열에 묶어 두지 않고 독자적 경영을 보장해 주고 있다.

'리그 오브 레전드'의 개발사인 라이엇 게임즈가 대표적인 사례라 할 수 있다. 물론 라이엇의 경영상태가 매우 양호하기도 한 때문이기도 하지만 그런 원칙은 지키고 있다는 게 텐센트 측의 설명이다. 하지만 경영이 어려워져도 그처럼 일정 거리를 두고 관리할 것이란 기대는 너무 앞서가는 바람이다. 한마디로 절대 그리 할 수 없다.

어쨌든, 외국 기업의 국내 투자를 부정적으로 볼 필요는 없다는 것이다. 과거와 달리 이젠 내수만이 아니라 글로벌 시장을 내다봐야 하고, 고용과 시장 기반 구축에 외국 기업 투자 자금이 큰 역할을 한다는 측면에서 오히려 투자 유치를 유도해 나가야 한다는 의견이 우세하다.

여기서 우리는 텐센트의 통큰 투자 보면서 국내 대기업들의 투자 현황을 반추해 보고자 한다. 한마디로 규모가 초라하기 그지없다. 오죽했으면 과거, 엔씨소프트와 넥슨이 전략적 제휴를 맺고 투자 자금을 모았겠는가 싶다. 정부가 해외 기업 투자 제도에 여러 제 조건을 까다롭게 붙여 국내 기업들의 해외 투자를 위축시키고 있는 게 아닌지 생각해 볼 일이다.

혹, 그래서 넷마블이 주저앉고 엔씨소프트가 해외 투자 사업계획서를 접어 버렸다면, 그건 낭패 아닌 낭패라 아니할 수 없다. 통 크게 쏠땐 크게 쏘고, 거둬들일 땐 또 확실히 거둬들이는 게 콘텐츠 비즈니스의 요체다. 텐센트의 그런 통 큰 투자가 부럽기만 하다.

2018. 05. 04

가정의 달, 게임업계 유감

5월은 가정의 달이다. 게임 시장으로 보면 성수철이다. 그럼에도 바깥 분위기와는 달리 너무 조용하다. 여름, 겨울방학 시즌과 함께 게임 성수철로 불리는 가정의 달 5월이 왜 이처럼 썰렁하기만 한 것일까.

우선 게임 시장의 트렌드가 변했기 때문이라고 할 수 있다. 과거 청소년들이 게임의 주 소비층이었을 때는 콘솔게임이나 휴대용 게임기가 인기리에 팔렸지만, 지금은 온라인 게임과 모바일 게임이 시장을 주도하고 있는 것이다. 그 때문인지 몇몇 게임 업체들의 이벤트가 열리기는 했으나 예전만 못하다는 게 업계의 평가다.

또 과거처럼 가족이 함께 모여 즐길만한 게임이 크게 부족해 진 점도 한 요인으로 꼽을 수 있다.

그러나 무엇보다 게임 시장이 침체된 원인이 성수철인 5월임에도 조용한 까닭의 배경으로 꼽을 수 있겠다. 솔직히 몇몇 대기업을 제외하곤 채산성을 맞추는 기업이 그렇게 많지 않다. 그렇다 보니 여유 있게 다양한 장르의 게임 개발에 힘을 쏟을 여력이 사라진 것이다. 전체 이용가 게임이 상대적으로 줄고, 가족이 함께 즐길 수 있는 게임이 크게 감소한 결정적인 요인이다.

언필칭, 시장 붐업의 책임은 대기업의 몫이다. 스타트업 또는 중소기업과 같은 반열에서 시장을 바라봐선 곤란하다. 그것은,

이를 테면 메이저라 불리는 대기업들의 맡아줘야 한다는 것이다. 그럼에도 모두 뒷짐만 지고 강 건너 불 보듯 했다. 시장도, 게임 개발도 오로지 자신들의 시계추에만 맞춰 움직인 까닭이다.

또다시 지적하지만 대기업은 시장의 균형을 잡아주는 지휘자다. 대박 게임을 만들어 시장을 흔든 만큼, 그에 걸맞은 소박한 게임을 만들어 팬들과 인류에 봉사하는 자세를 지녀야 한다는 것이다. 시장이 침체의 늪에서 허덕인다면 불을 지펴 온도를 끌어올리는 것도 대기업의 책임이다. 그렇게 해야 선순환 구조가 이뤄지는 것이다.

5월 가정의 달의 모습처럼 게임 시장의 움직임이 가라앉거나 무뎌지면 곤란하다. 그 이유는 무엇보다 우리에게 주어진 삶의 터전을 우리 스스로 내던짐으로써 황폐하게 만드는 꼴이나 다름 아니기 때문이다. 절기를 만든 것이 선조들이기도 하기만 그 상당수는 상술에 의해 만들어졌음을 상기할 필요가 있다. 그런 측면에서 5월 가정의 달은 우리 게임업계의 또다른 삶의 터전임을 잊지 말아야 할 것이다.

2018. 05. 11

e스포츠 종목, 아시안게임에 꼭 참가하도록 해야

최근 에픽게임즈가 '포트나이트'라는 게임을 놓고 벌이는 국제 대회를 위해 총 1억달러를 쓸 것이라고 발표했다. 상금과 대회를 위한 모든 경비를 포함한 것이라고 해도 그동안 볼 수 없었던 엄청난 금액이라는 점에서 놀라움을 금할 수 없다.

e스포츠 종주국이라고 자부해 온 우리나라에서도 이같은 규모의 대회 개최는 엄두도 내지 못한다. 고작 몇 억 원 정도의 상금이 고작이다. 에픽게임즈뿐만 아니라 중국의 게임업체인 텐센트도 e스포츠계를 위해 5년간 16조 원의 자금을 쏟아 붓겠다고 발표하기도 했다. 우리 입장에서 보면 마냥 부럽다고만 할 수 없는 처지가 됐다.

더욱 안타까운 것은 다가오는 8월 인도네시아에서 열리는 '2018 자카르타-팔렘방 아시안게임' e스포츠 종목에 국가 대표팀을 파견하지 못할 가능성이 커지고 있다는 것이다. 이유는 단 한가지. 선수단 가입 조건을 갖추지 못하고 있기 때문이다. 다행스러운 것은 대전시 지회에서 e스포츠협회를 회원단체로 가입시키는 데 적극적인 모습을 보이고 있다는 것인데 결과는 더 지켜봐야 할 것으로 보인다.

만에 하나 e스포츠협회가 체육회 가입을 못해 아시안게임에 출전하지 못하게 된다면 국내외적으로 체면이 말이 아닌 셈이 될게 눈을 감고 봐도 뻔하다 할 것이다. 더군다나

e스포츠 종주국이라고 자처해 온 한국 e스포츠계의 국제 위상은 급전직하, 바닥에서 헤어나지 못할 게 분명하다. 어쩌다가 이 지경에 이르게 됐는지 참담한 심정을 감출 수 없다.

또 e스포츠협회가 이 지경에 이른데 대해 정부의 무관심 또한 지적하지 않을 수 없다. 예컨대, 문화체육관광부가 전병헌 전 회장의 퇴진 이후 적극적으로 개입, 협회를 새롭게 정비했어야 했다. 하지만 그렇지가 못했다. 정부의 민간단체 개입 여지가 쉽지 않다는 점을 감안하더라도 그건 거의 방치에 가까운 것이라고 밖에 이해 할 수 없다. 이는 중국 정부의 e스포츠를 위한 발 빠른 움직임과는 크게 대조된다는 점에서 아쉬움이 적지 않다.

이제부터라도 협회와 정부가 결단을 내려야 한다고 본다. 무엇보다 아시안 게임 e스포츠 종목에 국가 대표팀이 참가할 수 있도록 대책을 마련해야 한다. 마치 강 건너 불을 보듯 할 때가 아니다. 꼬덕하면 금메달 획득 수를 언급하는 정부가 금메달 딸 확률이 거의 1백%에 가까운 e스포츠 종목에 대해 손을 놓고 있는 것이 혹시 게임에 대한 부정적인 시각에서 그런 것이라면 대단히 우려스럽다는 지적을 하지 않을 수 없다.

e스포츠 종주국에 먹칠하고 산업 역사에 오점을 남기지 않기 위해 정부와 민간단체

가 이제라도 지혜를 모아야 한다. 정말 시간
이 촉박하다.

2018. 05. 25

불법복제의 현실, 그것은 뒤로 가는 길

최근 닌텐도의 하이브리드 게임기인 '닌텐도 스위치'가 해킹 당했다는 뉴스가 심심치 않게 나오고 있다. 이 소식을 접한 콘솔 게임업계는 바짝 긴장하고 있다. 불법복제가 만연될 경우 시장이 이내 경색될 수 있기 때문이다.

우리나라는 과거 콘솔 게임에 관한한 '불법 복제 천국'이라는 오명을 듣기도 했다. 외국산 유명 타이틀이 들어오면 순식간에 불법 복제물이 시장에 나돌았던 것. 이 때문에 우리나라는 소니, 닌텐도 등 콘솔업체들이 제품을 론칭할 때 늘 후 순위로 밀리는 수모를 당해 왔다. 사정이 이렇다 보니 국내에서 콘솔 게임 타이틀을 개발하는 업체는 거의 찾아볼 수 없을 정도가 됐다.

그러나 글로벌 콘솔 게임은 게임 플랫폼 가운데 가장 큰 시장이다. 쉽게 포기할 수 있는 장르가 아닌 것이다.

게임 유저들도 과거와 많이 달라져 이제는 '게임은 돈을 내고 하는 것'이라고 생각하고 있다. 하지만 여전히 불법 복제를 즐기는 일부 유저들이 있다. 이들이 다시 판을 친다면 최근 자리 잡은 콘솔 시장이 다시 척박해질 수밖에 없다.

현재 '닌텐도 스위치'의 보안 문제는 메인 칩셋인 엔비디아의 테그라 칩의 취약점을 이용해 해킹하는 것으로 알려졌다. 아직은 하드웨어 해킹 사례만 나왔으나 곧 게임을 구동 시킬 수 있는 에뮬레이터가 만들어진다면 불법 복제는 걷잡을 수 없이 확산될 가능성이 높다.

설사 불법 에뮬레이터가 만들어진다 해도 유저들이 이를 외면한다면 불법복제는 발을 붙일 수 없게 된다. 이는 단순히 닌텐도를 위한 것이 아니다. 콘솔 게임뿐만 아니라 산업 전체를 위해서도 그렇게 해야 한다.

게임시장은 국경이 없다. 그 때문에 게임 메이저들도 글로벌화를 꾀하고 있다. 외국산 게임을 해킹한다면 우리 게임도 그렇게 당할 수 있다는 점에서 경계해야 할 사안이다.

일부 몰지각한 유저들로 인해 괜한 오해를 받지 않았으면 한다. 불법 복제를 단단히 차단하는 것이 글로벌로 가는 길이라고 믿는다. 예컨대 그런 문제로 대한민국 게임계가 글로벌 비즈니스의 후 순위로 밀려나는 수모를 겪지 않았으면 하는 것이다. 불법복제는 한마디로 죄악이다.

2018. 06. 01

근로시간 단축, 기업 경쟁력 약화로 이어지면 곤란하다

정부에서 기업 근로 시간을 주 52시간으로 줄이기로 함에 따라 게임 기업들이 대책 마련에 부심하고 있다.

당장, 7월 1일부터 300인 이상의 기업들이 대상이 되는데, 게임업계에선 넷마블과 엔씨소프트, 넥슨 등 10여 개사가 이에 해당된다. 이들은 근로 시간 단축에 맞춰 새로운 근무 체계를 도입해야 한다. 이에 따라 게임 기업들은 제도 근간에 맞춰 근로 체계를 개선하고는 있지만 현실적인 어려움으로 전전 긍긍하고 있다.

게임은 제조업의 그것과 달라서 24시간 서버를 운영하는 등 상시 서비스가 불가피한 실정이다. 또 게임 수출이 이뤄질 경우 시차로 인해 언제, 무슨 일이 생길지 알 수 없기 때문에 장시간 대기하는 경우가 적지 않다. 게임 비즈니스의 특수성은 이뿐만 아니다. 게임 론칭이 가까워질 경우 업무 효율을 꾀한다는 게 현실적으로 어렵다. 이쪽에선 '노가다'라고 불릴 만큼 업무량이 급증한다.

이와 같은 게임업계의 근무 환경을 외면한 채, 정부가 무조건 근로시간 단축을 시행하라고 하는 것은 맞지도 않는 옷에 억지로 몸을 맞추라는 것과 다름아니다 할 것이다.

정부도 이와 같은 산업계의 처지를 감안해 예외 업종을 두겠다고 밝히고는 있으나 아직까지 구체적인 내용은 알려지지 않고 있다. 일각에선 일부 정보통신(IT)분야에 대해 정부가 예외를 인정하기로 했다는 정도로만이 전해지고 있을 뿐이다.

주지하다시피 게임은 고부가 산업이며 청정산업으로 꼽히는 미래 산업이다. 전세계적으로 보면 반도체시장 규모를 능가하거나 버금간다. 그같은 핵심코어 산업을 정부가 정책적으로 지원하지 않고 외면한다면 대한민국 미래의 경제는 불을 보듯 하다 할 것이다.

국내 게임산업은 안팎으로 어려움을 겪고 있다. 안으로는 각종 규제로 인한 수요 감소로 어려움을 겪고 있고, 밖으로는 중국 일본 등 경쟁국들의 파고가 갈수록 높아가고 있기 때문이다.

근로 시간단축 적용 범위와 대상을 탄력적으로 적용해야 하는 이유가 바로 여기에 있다. 그렇게 하지 않는다면 국내 게임산업의 대외 경쟁력은 급격히 악화될 게 분명하다.

정부의 근로 시간 단축 방침과 시행은 시대적 흐름을 반영한 불가피한 조치로 보여진다. 하지만 획일적이고도 규격화된 잣대로 일방적으로 알리는 통고식의 시행은 아니라는 생각이다. 정부의 산업 이해도가 절실히 요구 되는 시점이다 할 것이다.

2018. 06. 29

확률형 아이템 자율화, 지금은 숨 고를 때

게임업계의 수익 모델로 불리는 확률형 아이템에 대한 유저들의 불만의 목소리가 커지고 있다. 이에 따라 정치권 일각에선 이같은 비즈니스 모델을 갖고 있는 게임에 대해 성인용으로 분리해 다뤄야 한다는 지적이 나오고 있다.

확률형 아이템이란 게임 비즈니스 모델은 우리나라에서 만들어져 전세계로 퍼져나갔다. 게임업체들이 온라인게임의 정액제 부담을 덜어주기 위해 도입한 부분유료화 모델에서 파생된 것이다. 내용을 알 수 없는 아이템 박스를 사서 클릭하면 꽝이 나올 수도, 반대로 대박 아이템이 나올 수 있는 게 확률형 아이템이다. 이렇게 하자 유저들이 대거 몰려 들었다. 이같은 확률형 아이템은 성인들을 대상으로 한 게임에서 이루어진다면 큰 문제가 없겠지만, 청소년 게임 내에서도 무분별하게 이뤄지고 있다는 데 문제의 심각성이 있다 하겠다.

이러한 논란이 빚어지고 있는 마당에, 업계를 대표한다는 게임산업협회가 확률형 아이템에 대한 자율 규제를 강화하겠다고 발표하자, 제도권과 시민단체에서는 이를 확률형 아이템에 대한 자율화 확대책으로 보고 크게 반발할 움직임을 보이고 있다. 특히 게임업계 일각에서도 협회의 행보가 고속화 도로를 달리듯 너무 빠르다며 숨 고르기를 주문하고 있을 정도다.

확률형 아이템이 업계에 필요한 비즈니스 툴이라는 것에 대해서는 이론의 여지가 없다. 하지만 협회가 내놓은 가이드라인 정도만 가지고서는 곤란하다는 것이다. 일각에선 방송과 신문에 확률형 아이템에 대한 광고를 내보낸 이후, 자율화를 확대하겠다는 입장을 발표한 협회에 대해 꼼수를 부린 것이라는 지적이 나오기도 했다. 도대체 그게 뭔가. 그 발상이 아이들 수준이다.

언필칭, 이를 빌미로 확률형 아이템 운용을 확대해 논란이 일고, 사태가 빚어질 경우, 과연 누가 이에 대한 책임을 질 것이냐는 것이다. 지금은 자율화를 확대하는 것이 목표가 돼선 곤란하다. 예컨대 확률형 아이템에 대한 운용상의 문제점이 무엇인지, 그렇다면 그러한 문제점을 최소화할 수 있는 방안이 무엇인지를 더 고민하고 고민한 이후 확대해도 늦지 않다는 것이다.

지금은 그런데 신경 쓸 일이 아니라, 후발 게임국가인 중국에도 밀리고 있는 국내 모바일 게임에 대한 경쟁력 제고 방안을 마련하는 데 더 고민해야 할 때라고 본다.

2018 .07. 13

게임법 재개정안 지나침은 없는지

게임 산업은 '수출효자 종목'으로 불린다. 하지만 또 한편으로는 '청소년 유해물'로 치부되거나 '사행'의 근거지란 지탄을 받곤 한다. 이 때문에 '게임산업진흥법'의 주요 기조는 이름과 걸맞지 않게 규제쪽에 가깝다는 지적이 많다.

현재 국회에서 논의 중이거나 계류중인 게임법 개정안을 보면 진흥보다는 규제를 다룬 법률안이 많다. 현재 계류중인 개정 법률안을 보면 이동섭 의원(바른미래당)이 발의한 '게임 핵 처벌 강화'를 내용으로 한 법률안과 민경욱 의원(자유한국당)이 '게임물 광고의 사전 확인'을 의무화한 게임법 개정안 등이 포함돼 있다.

그러나 두 법안 모두, 의견 취합 단계인 공청회를 위한 일정조차 잡지 못하고 있어, 입법화까지는 다소 많은 시간이 소요될 전망이다.

하지만 여기서 놓치지 말아야 할 것은 사회적으로 조금만 논란이 빚어지면 입법화의 무기를 들이대는 국회 입법 만능주의의 허상이다. 국민의 민원과 불편을 덜어주기 위해 마련한 각종 법률이 되레 국민의 원성을 사고, 산업에 부정적 영향을 끼친다면 말 그대로, 안 한 것만 못한 셈이 되는 것이다.

게임 산업이 겉으로 보기에는 매년 큰 폭의 성장을 거듭하며 잘 나가는 듯하지만, 속을 들여다보면 몇몇 업체들만 수혜를 입고 있을 뿐, 대다수 게임업체들이 위태 위태한 실정이다. 근로시간 단축 문제도 큰 부담으로 다가오고 있다. 하지만 산업의 구조적인 문제점과 어려움을 들여 보고 그같은 프레임을 걷어내 보겠다는 의원들은 찾아볼 수 없다. 그저 그들은 가리키는 손가락만 바라보고 있을 뿐이다.

법이 무겁고, 그 법이 거미줄처럼 주렁주렁 늘어지게 되면 그때부터 국민들은 피로감을 느끼기 시작한다. 산업 관계법도 마찬가지다. 끄덕하면 법을 제 개정하면서 누더기 법률을 만들어 버리면 이내 그 산업은 시름시름 앓게 된다. 대다수 산업 관계법이 규제법으로 불리는 까닭도 바로 이 때문이다.

국회의 입법 활동을 뭐라 할 수 없다. 그것은 당연한 의무이자 책무라고 생각한다. 그러나 과연 누구를 위한 입법 활동인지에 대해서는 깊이 고민해 봐야 하지 않겠냐는 것이다. 무엇보다 중요한 것은 시장의 자정 기능에 맡기는 것이 가장 소담스러운 일이다. 대못을 박는 규제 법안을 만드는 일은 쉽지만 이를 뽑아내는 의원 활동은 아주 어렵다고 한다. 혹여, 최근 입법화를 앞두고 있는 게임 법률안들이 전자에 속한다면 스스로 거둬들이는 게 상식에 맞지 않겠는가. 쓸데없이 남발되는 규제법을 더이상 보고 싶지 않다.

2018. 07. 20

빅3의 화려한 실적과 그만큼의 어둔 그림자

넷마블, 넥슨, 엔씨소프트 등 이른바 '빅3'의 상반기 총 매출이 3조 원을 넘어섰다. 넷마블과 넥슨이 나란히 누적 매출 1조 원을 돌파했으며, 엔씨소프트도 1조 원에 육박하는 등 괄목 성장을 거듭하고 있다. 3사의 상반기 매출은 전년동기 대비 11.05%의 증가율을 나타냈다. 이같은 매출 증가율은 '리니지M' 흥행에 따른 엔씨소프트가 사실상 주도하고 있는 것으로 분석되고 있다. 그러나 중견업체의 처지는 사뭇 다르다. 웹젠, 컴투스, 펄어비스, 위메이드 등 4개사의 상반기 누적 매출 액은 5929억 원에 그쳐 빅3의 18% 수준에 머물고 있다. 벤처 업체들의 살림은 더욱 어려지고 있다. 메이저 업체와 그 집단에 속하지 않는 나머지 업체들 간의 격차가 갈수록 심화되고 확대되고 있는 것이다.

이렇다 보니 양극화를 우려하는 목소리도 커지고 있다. 더 고민스러운 것은 양극화를 막을 수 있는 방안이 마땅치 않다는 것이다. 솔직히 빅3가 국내에선 대기업 대접을 받고 있지만 글로벌 기준으로 놓고 보면 아직도 멀었다. 더 키워야 한다. 다행스러운 점은 그들이 스스로 헤쳐 나갈 수 있는 전략과 정보와 자금력이 있다는 것이다. 그런 측면에서 중견, 벤처업체들의 활로를 열어주는 특단의 대책이 더 절실하다 하겠다.

빅3의 매출을 억지로 끌어내려 양극화를 좁히는 방법은 양 진영에게 부담을 안겨줄 수 있다는 점에서 바람직한 부양안이라고 할 수 없다. 중기 벤처에 대해서는 오픈마켓 수수료율을 조정하거나, 정부가 일정 금액을 보조하는 방안을 연구해 볼 수도 있겠다. 또 정부의 중기 육성 자금 지원 대상을 확대, 게임업체에 대해 문호를 개방하는 방안도 실질적인 지원 방안이 될 수 있지 않겠나 싶다. 한마디로, 자금의 흐름이 원활해야 하는데 지금 게임계엔 선순환 구조가 붕괴된 모습을 보이고 있다. 이런 것은 민간보다는 정부가 잘하는 것이고, 이런 걸 정부가 맡아서 처리해 줘야 한다.

그러기 위해서는 문화체육관광부 단독으로 추진하는 정책 프로세스가 아니라 관련 부처가 모두 참여하는 형태의 지원 육성책이 절실하다는 것이다. 현재는 오로지 산업만으로 구분해, 그것도 모자라 각 부처끼리 블록화 하여 업체들을 지원하고 있다. 그렇다 보니 기업규모와 업태에 따른 지원이 제대로 이루어지지 않고 있다.

시장의 흐름은 결국 유저(소비자)들의 몫이고 일정 부분 대기업의 책임이긴 하지만 그 그릇(산업)의 모양과 그 속에 담겨있는 그릇의 토양은 정부의 몫이 아닐 수 없다. 지금 게임 시장은 그 그릇을 보호하고 지키기 위해 범 부처 차원의 지원이 절실히 요구되는 시점에 서 있다 할 것이다.

2018. 08. 17

게임업계 첫 노조의 설립

넥슨에 이어 스마일게이트가 노동조합을 결성하는 등 게임업계에도 본격적인 노조시대가 열리게 됐다.

전국화학섬유식품산업노동조합 넥슨지회가 3일 노동조합을 출범시킨 데 이어 5일에는 스마일게이트에서도 노조가 결성됐다 이들은 선언문을 통해 게임업계에 만연한 '크런치 모드'를 '워라밸'로 바꿀 것임을 다짐했다.

또 불합리한 업무를 개선하고 정당한 노동의 대가와 안정적인 일자리 보장을 위해 노력하겠다고 주장했다. 또 게임을 사랑하는 게이머들과 게임업계 노동자를 위해 혼신의 힘을 다하겠다고 선언했다. 양 기업은 상대적으로 많은 계열사를 거느리고 있는 등 게임업계를 대표하는 기업이란 점에서 그 파급력 또한 적지 않을 것으로 예상된다.

그동안 게임산업은 육체 노동보다는 정신노동이 중심으로 이루어지는 까닭에 노동자라는 인식보다는 창작자라는 인식이 강했다. 이 때문에 타 산업에 비해 상대적으로 노조 설립이 늦은 감이 있다. 하지만 철옹성 같았던 삼성그룹에서도 노조가 만들어지는 등 노동 조합에 대한 시대의 인식과 흐름이 크게 바뀌고 있다.

게임업계도 그런 측면에서 더 이상 노동조합의 설립을 피할 수 없는 상황이 됐다 할 것이다. 노동자를 단순히 고용인에게 채용돼 노동력을 제공하고 그에 해당하는 임금을 받는 계층으로만 해석하는 잣대는 낡고 지난 시대의 프레임이다. 마땅히 노동자들도 경영의 한 축을 맡고 있다고 봐야 할 것이다. 따라서 경영에 대한 과실 여부의 한 축도 마땅히 노동자가 져야 하고, 그 책임의 범위 또한 과거와 크게 다르다는 점을 주목하고자 한다.

게임업계에 널리 퍼져 있는 '크런치 모드'가 노동자의 삶과 질을 해치는 일이라면 마땅히 지양해야 할 것이다. 예컨대 그것은 노동조합 설립과는 별개로 기업의 도덕성 문제를 제기하지 않을 수 없는 사안이란 점 때문이다.

주요 게임업체들의 노동조합 설립을 계기로 기대하는 것은 이같은 과거 시대에나 있을 법한 노동 문제 제기에서 벗어나, 산업의 구조적인 문제점을 짚어 보는 등 이 시대가 요구하는 패러다임을 제시하는 새로운 프레임을 제시했으면 하는 바람이 크다. 노사의 갈등을 푸는 실타래의 역할뿐만 아니라 산업이 당면하고 있는 현안과 과제들을 노동조합 출범을 통해 하나씩 풀어갔으면 하는 것이다.

특히 사내 투쟁과 노사간의 갈등만을 야기하게 될 것이라는 일부 고용주들의 조합에 대한 부정적인 시각을 게임 노동조합들이 대화와 협력의 장 마련을 통해 새로운 기업 문화를 조성하고 열어가는 기폭제가 됐으면 한다.

이와 같은 바람은 게임계의 노사 문제뿐 아니라 글로벌 경쟁을 벌이고 있는 대한민국 게임업계의 처지가 너무나 아슬아슬하게 풍전등화처럼 깜빡 대는데다, 노사의 격한 대립으로 돌이킬 수 없는 강을 건넌 기업들의 사례가 적지 않았기 때문이다.

이번 넥슨과 스마일게이트의 노동조합 설립과 출범을 계기로, 노사간의 새로운 대화 채널이 확실히 구축됐으면 한다.

2018. 09. 07

중국의 '반(反)게임 정책'과 우리의 대응

중국 정부가 최근 게임에 대해 부정적인 인식을 드러내며 강도높은 규제책을 쏟아내고 있다. 이와 같은 움직임은 그동안 중국 정부가 추진해온 육성 정책과는 상당히 거리가 먼 모습이라는 데 주목할 필요가 있겠다.

무엇보다 중국 게임시장은 우리의 가장 큰 수출시장이다. 지난 2016년 전체 수출의 40%를 차지할 만큼 중국 수출 비중이 높다. 한마디로 한국 게임들의 중국 진출에 먹구름이 꼈다고 할 수 있다.

사드 문제로 수년간 한국 게임에 대해 판호를 내 주지 않던 중국 정부가 이번엔 자국 게임업체들을 상대로 '몽니'를 부리고 있는 것이다. 중국 최대의 게임업체인 텐센트가 사상 처음으로 실적 부진을 기록한 것도 이와 같은 중국 정부의 태도와 무관치 않다는 분석은 그런 측면에서 설득력이 없지 않다.

중국 정부는 최근 글로벌 게임 인터넷 방송 플랫폼인 트위치에 대해 중국 접속을 차단했다. 매우 이례적인 조치다. 전문가들은 이에 대해 중국 정부의 게임 규제 움직임의 연장선상에서 이해하고 있다. 중국 정부의 이와 같은 일련의 조치들에 대한 배경은 알려지지 않고 있다. 다만 청소년 보호 정책의 일환으로만 전해지고 있다. 하지만 일각에선 시진핑 체제 강화를 위한 정지 작업이 아니냐는 관측도 있다. 이를테면 청소년 보호란 명분을 달고, 여론의 향배를 쥐고 있는 게임을 단속하려 하고 있다는 것이다.

중국 정부의 정책 향방에 따라 한국 경제가 요동치는 모습은 이제 더이상 새로운 현상은 아니라고 할 수 있겠다. 하지만, 게임의 경우 더 심화되는 양상을 보이고 있다는 점은 매우 우려되는 일이다. 특히 한국 게임업체들만 바라보던 그들이 이젠 게임 수급을 조정하고, 트렌드를 주도하고 있는 실정이고 보면 더 이상 할 말이 없다 할 것이다.

하지만 이같은 위기를 또다른 기회의 장으로 삼을 필요가 있다. 중국 정부의 태도 변화만 기대하며 먼 산만 바라보고 있을 게 아니라 산업을 재정비하고 시장을 다각화하는 등 대한민국 게임계가 반등할 수 있는 재기의 불씨를 지필 때라는 것이다. 특히 방벽을 살피고 허물어진 곳이 있으면 다시 세우고 일으켜 나가야 한다.

대한민국 게임계가 지금 넋 놓고 있을 때가 아니라는 것이다. 오히려 이 기회를 잘 활용하면 한단계 도약할 수 있는 전기로 작용할 것이 확실하다 하겠다.

2018. 09. 28

국정감사도 이젠 달라져야 할 때

올 국정감사가 다가오는 10일부터 시작된다. 이번 국감에서는 몇몇 게임 업체 대표들이 증인으로 채택되는데 김택진 엔씨소프트 대표와 장병규 블루홀 이사회 의장, 민경환 구글 한국 총괄 상무 등 3명이다.

이들에 대한 세부 질의 내용은 아직 공개되지 않았으나, 확률형 아이템과 구글의 오픈마켓 독과점, 게임산업에 대한 전반적인 현황과 문제점 등에 대한 질의가 있을 것으로 예상된다.

국감에 꼭 필요한 증인이라면 불러서 그의 말을 들어야 함은 마땅하다 하겠다. 하지만 20대 국회에서 벌어지고 있는 행태를 들여 보면 국감 증인 채택이 정쟁의 도구로 전락한 느낌을 지울 수 없다. 굳이 증인으로 채택해서 국감장으로 부를 이유가 없는 인사들까지 여야 할 것 없이 마구잡이식으로 불러들이고 있는 것이다.

하지만 국감장으로 불려 나가는 당사자들에겐 큰 부담이 아닐 수 없다. 일방적인 호통이 난무하고, 제대로 된 답변조차 외면하는 등 정쟁에 가까운 전시성 질의에 망신만 당하고 돌아오기 때문이다.

수년전 모 게임산업협회장이 증인 자격으로 국감장에 참석한 일이 있었다. 업계 결집에 의욕도 있었고, 산업에 대한 자긍심도 있는 그런 인물이었다. 하지만 국감장에 불려 나간 이후 그는 불과 몇 달 만에 회장직에서 물러났다. 그리고 얼마 후 업계를 완전히 떠났다. 후일담이지만 그는 국회가 그렇게 수준이 낮은 지 처음 알았다 했다. 호통은 기본이고 인격 모독은 예사로웠다 했다. 업계 입장은 구차한 변명으로 변질되고, 자신의 발언은 의원들의 목소리에 사그라들었다 한다. 왜 자신을 국감 증인으로 채택했는지 알 수 없었다 했다. 마치 큰 죄를 지은 죄인취급을 한 셈이다.

올해의 국감장에서는 이런 모습을 보고 싶지 않다는 것이다. 증인을 불러 문제점을 제기하고 개선책을 요구하기 보다는 호통을 치고 자존심을 상하게 하는 것으로 선량의 역할을 다했다고 생각한다면 큰 오산이다. 그것은 국회의 권위를 무너뜨리고 선량의 자질을 의심케 하는 것이다. 이젠 이런 구태에서 벗어날 때가 됐다.

국민들이 공감하는 정책 질의와 대안을 제시하는 국감의 질의를 보고 싶다. 그래서 국감에 참석하는 증인들도 당당히 자신들의 입장을 표명하고, 현장의 분위기를 통해 놓쳤던 부문을 발견케 하는 정책 대안의 장이 됐으면 한다. 그것이 증인을 부르고 따지는 국감의 성격과 맞다 할 것이다.

2018. 10. 05

정부의 경품지급기준 상향 조정 조치에 대해

정부가 최근 입법 예고를 통해 인형뽑기방의 경품 지급 기준을 종전 5000원에서 1만원으로 상향 조정할 계획이라고 발표했다. 업계로부터 논란의 불씨로 꼽혀온 경품 지급 기준이 어느 정도 물가 수준을 반영하는 등 현실화가 이뤄지게 됐다. 하지만 업계는 여전히 미흡하다는 반응이다. 이 기회에 경품 지급 기준을 업계 자율로 맡겨야 한다는 것이다.

한 때 잘 나가던 국내 아케이드게임산업은 지난 2006년 '바다이야기 사태'로 인해 그야말로 초토화됐다. 게임기를 만들 수도 없었고, 만들어도 유통하는 것은 더 어려웠다. 이렇다 보니 중국 등 경쟁국이 글로벌 시장을 공략하고 있을 때 우리는 손을 놓고 바라봐야 했다. 이후 10여년이 넘도록 아케이드게임산업은 암흑기에 접어들었다. 인형뽑기방이 청소년들로부터 인기를 끌면서 아케이드 게임시장도 활기를 되찾기 시작했다. 하지만 성인용 아케이드 게임에 대해서는 여전히 강력한 규제가 적용되고 있는 것이 현실이다.

정부가 아케이드 산업에 대해 부정적인 시선을 거두지 못하는 것은 '사행성' 때문이다. 이를 원천적으로 막아버리겠다는 것이다. 그러나 그같은 정책이 효율적일 수는 있겠지만, 과연 이성적이며 합리적이냐 하는 것에 대해서는 동의할 수 없다.

아케이드 게임과 경쟁 관계에 있는 플랫폼에 대해서는 상대적으로 규제를 완화하려는 정부 정책의 흐름도 석연찮다. 이에 대해 학계 등에서는 오히려 정부 정책이 반대로 가고 있다고 지적한다. 오프라인에 대해서는 상대적으로 규제를 풀고, 온라인에 대해서는 더 강력한 감시가 이뤄져야 한다는 것이다. 아케이드 게임업계 입장에서 보면 억울할 수밖에 없는 일이다.

종국적으로, 사행 게임에 대해서도 당당히 한 장르로 인정해 줄 때가 됐다고 본다. 안팎을 살펴보면 불법적인 도박 사이트가 우후죽순, 독버섯처럼 번져 있다. 그 불법적인 도박 시장 규모가 최대 수백조에 이른다는 것이 업계의 통설이다. 이를 통제하겠다는 건 손바닥으로 하늘을 가리는 것과 똑같다 할 것이다.

정부가 경품 지급 기준을 현실화 하겠다는 의지를 표명한 것은 그나마 다행스런 조치라고 생각한다. 이젠 업계 자율에 맡기는 정부의 용단이 필요한 시점이라고 강조하고 싶다. 언제까지 정부가 성인을 대상으로 통제하고 관리할 것인가. 이젠 업계 자율에 맡길 것은 과감히 맡겨야 한다. 정부가 할 일은 정도에서 벗어나는 일탈자를 감시하고, 제도와 규범에 어긋나는 이들을 솎아내 퇴출시키는 것이다.

2018. 10. 12

'지스타' 이젠 새 옷으로 단장할 때

게임 전시회인 '지스타'의 개막이 한 달 앞으로 성큼 다가왔다. 올해는 B2C관이 조기 마감되는 등 초반 분위기는 그다지 나쁘지 않다. 특히 B2C관에 참가하는 주요 게임업체들은 예년보다 더 신경을 곤두세우는 등 바짝 긴장하는 듯한 모습이다.

B2B관 역시 참가업체들의 열기로 부스가 다 채워졌다. B2B관은 비즈니스 성격이 강하다는 점에서 수출 주력 업체들에는 해외 진출 현장으로 꼽혀 왔다.

하지만 아쉬운 점도 없지 않다. 이번 전시회에 중견 게임업체들의 참가가 눈에 띄게 줄었고, 화제를 모으는 신작도 찾기 어렵다는 것이다. 또 글로벌게임쇼라는 대회 타이틀에 걸맞은 외국 기업들이 보이지 않는다는 점은 이 전시회의 커다란 흠이다.

10년 이상의 성상을 쌓았다는 국제 전시회라고 하기엔 너무나 부끄러운 민낯이다. 이는 대한민국 게임계가 세계 시장의 트렌드를 주도하지 못하고 있기 때문일 수도 있지만 시기적으로 경쟁국 전시회의 시기와 맞지 않기 때문일 수도 있다는 판단이다. 또 전시회의 성격을 명확히 하지 못함으로써 전시회 참가 가능 업체들을 제대로 유치하지 못하고 있는 것이 아닌가 하는 문제점을 제기할 수 있겠다.

중국의 '차이나 조이'와 독일의 '게임스컴'은 규모나 내용면에서 매년 일취월장 하고 있다. 그것은 다른 무엇보다 전시회의 성격을 보다 더 명확히 규정함으로써 여타 전시회와의 차별화를 꾀한 덕분이다.

지스타를 우리끼리 즐기는, 그저 동네잔치 정도로 여겨선 곤란하다. 그렇게 전시회를 치르기엔 비용이 너무 많이 드는 등 가성비가 크게 떨어진다. 또 한국 경제와 지역 살림을 위해서도 그렇게 대회를 열어서는 안 된다. 게임 전시회는 선진 각국이 저마다 선점 경쟁을 벌이고 있는 컨벤션 산업의 또 다른 핵심이기도 하기 때문이다.

세계 게임인들이 함께하는 장으로 만들어 나가야 한다. 그렇다면 이번 전시회 개최를 계기로 환골탈태의 변화를 꾀해야 한다는 것이다. 그러기 위해서는 과감히 버릴 것은 버리고 받아들여야 할 것은 기꺼이 수용해야 할 것이다. 결코 그렇지 않겠지만 주최 측이 매년 여는 것이니까 연다는 식은 한마디로 직무유기다.

지스타를 새롭게 단장할 새로운 묘수를 찾아 나서야 할 때다. 그것이 옳은 일이고 거듭나는 길이라면 다 버릴 수 있어야 한다. 개최 시기와 개최지, 대회 성격 등 지스타의 대승적 발전을 위한 것이라면 이 모든 것을 다 풀어 헤치고 새롭게 포석을 깔아야 한다. 그래야 지스타가 거듭나고, 산업이 꿈틀대며, 경제가 살아난다.

2018. 10. 19

대한체육회장의 e스포츠에 대한 인식

이기흥 대한체육회장이 최근 e스포츠는 스포츠가 아니라 단순 게임이라고 말해 논란을 빚고 있다.

이 회장은 문화체육관광위원회 국정감사에서 이동섭 의원(바른미래당)이 e스포츠에 대한 체육회장의 입장을 묻자 이같이 현실과 상당히 거리가 먼 답변을 한 것이다. e스포츠에 대한 체육회의 입장을 질의한 이 의원도 이같은 이 회장의 답변이 황당했던지 그의 왜곡된 e스포츠에 대한 시선을 지적하는 등 당황한 빛이 역력했다.

이기흥 회장은 체육 산하단체장을 역임하는 등 활발한 대외 활동으로 체육계의 거물로 통하는 인물이다. 올 초 폐막한 평창 동계 올림픽을 무난히 치름으로써 이 정부에서도 인정받는 체육인의 한 사람으로 꼽히고 있다. 그러나 그의 주변엔 구설이 끊이지 않았다. 최근에는 골프 접대 문제로 논란의 중심에 서더니, 이번엔 e스포츠에 대해 게임일 뿐이라며 국민들의 보편적인 상식을 뒤집었다. 공인인 그가 그것도 국회에서 개인의 입장이라는 이름 아래 그렇게 쉽게 e스포츠를 정의할 수 있다는 게 그저 황당할 뿐이다.

이같은 소식이 알려지자 e스포츠계는 체육 산하 단체를 총괄하는 대한체육회의 수장의 현실 인식에 대해 매우 우려하는 반응을 보이고 있다. 특히 그의 그동안의 행적이 특정한 곳으로 쏠리는 듯한 움직임을 보여왔다는 점에서 그의 자질 문제까지 거론되고 있다. 적어도 자신이 선 자리가 민의를 대변하는 국회였다면 이날 질의에 대한 답변은 진중했어야 했다는 것이다.

문제는 그의 e스포츠에 대한 기본 인식도 그것이지만 그 같은 시각이 엘리트 스포츠를 추구해 온 상당수 체육인들의 시선을 그대로 드러냈다는 점이다. 시대가 변하고 있고, 스포츠에 대한 개념과 범위가 크게 확대되고 있음에도 그들은 오로지 오프라인 체육에 함몰돼 '콜로세움' 지키기에만 혈안이 돼 있는 것이다. 더욱이 스포츠는 국력이라고 불릴 정도로 국가간 힘겨루기도 치열하다.

e스포츠는 새롭게 떠오르는 신흥 스포츠다. 특히 중국은 e스포츠에 대한 이니셔티브를 잡기 위해 안간힘을 쏟고 있다. 우리 정부도 이같은 움직임을 알고 e스포츠의 종주국이라는 점을 강조하는 등 종가의 프리미엄을 얻기 위해 다양한 방안을 모색하고 있다. 이런 가운데 터져 나온 체육회 수장의 발언은 그의 자리 무게만큼 무거워야 했음에도 너무 엉뚱했고, 거의 망언에 가까운 언급이었다고 아니할 수 없다.

이와는 별개로 e스포츠계 일각에서는 이 회장의 발언만 놓고 성토할 게재는 아니라는 지적도 없지 않다. e스포츠에 대한 제도권의 인식을 이처럼 형편없게 만든 e스포츠계 주요 인사들은 자성해야 한다는 것이다. 이를 계기로 마케팅 툴로서 역할을 기대하는 e스포츠로는 곤란하다는 목소리도 나오고 있다. 이젠 그 단계를 뛰어 넘어야 한다는 것이다.

이 회장의 발언은 그런 측면에서 여러모로 아쉬움이 크다 하겠다. 하지만 그의 발언을 놓고 e스포츠계가 지금 일희일비 할 때가 아니라고 본다. 제도 정비에 힘을 기울일 때다. e스포츠에 대한 체계적인 히스토리를 완성하는 한편, e스포츠가 명실공히 체육 종목으로 인정받을 수 있도록 e스포츠계 인사들이 힘을 모아야 한다. 그렇게 해야 두 번 다시 그같이 엉뚱한 발언이 나오지 않을 터이기 때문이다.

2018. 10. 26

'강서PC방 살인사건' 또 마녀사냥인가

최근 벌어진 '강서PC방 살인사건'을 놓고 게임에 대한 마녀사냥이 다시 시작된 듯하다. PC방에서 불미스러운 사건이 발생할 때마다 게임은 단골메뉴처럼 그 원인으로 지목되며 비난의 대상이 되고 있다. 이번에도 마찬가지다.

한 국회의원은 얼마전 있었던 국정감사장에서 강서구 PC방 살인사건의 원인으로 게임을 지목하며 질타했으며, 청와대 국민청원 게시판에는 사건 발생 이후 게임을 강력히 규제해야 한다는 청원이 이어지고 있다.

그러나 전문가들은 게임과 각종 범죄와의 직접적인 연관성을 과학적으로 증명하는 길은 아직 없다고 지적하고 있다. 이번 사건 역시 마찬가지다. 게임을 통해 폭력성이 커져서 살인까지 이어졌다는 것은 매우 작위적이며 지나친 끼워 맞추기 수사라는 것이다. 게임이 살인에 영향을 미쳤다기 보다는 그의 성장 과정 등을 더 면밀히 살펴봐야 한다. 도리어 사회에 적응하지 못해 피해 망상에 몸부림치고 있던 그에게 게임은 위안의 도피처가 되지 않았을까 하는 점이다.

따라서 그를 분노케 한 여러 요인을 살펴봐야지, 단순히 PC방에서 게임을 했다는 이유만으로 게임을 그 사건의 주 원인으로 찾는 것은 상당한 비약이자 허술한 주장이라고 아니할 수 없다. 또 그런 식으로 주장하게 되면 한쪽에서는 게임의 긍정적인 효과를 무시한, 기성세대들의 몰이해와 무지에서 게임을 바라본 결과라는 비난을 살 게 불을 보듯 뻔하다.

게임은 청소년 뿐 아니라 성인들도 즐기는 대중 문화로 자리매김하고 있다. 그런데, 사회적 논란을 불러 일으키는 사건들이 터질 때 마다 그 책임을 게임에 돌리는 것은 지나친 비약이자 억지논리다.

수많은 강력사건 뒤에는 여러가지 배경을 안고 있다. 단순 사건도 없지 않으나 대부분 복잡하게 얽혀 있는 경우가 많다. 그럴 때 마다 그 원인 가운데 하나로 게임을 지목한다면 과연 설득력이 있겠는가. 말 그대로 극단적 판단은 다름아닌 마녀사냥이라고 생각한다. 안타까운 점은 또다시 그런 조짐이 보이고 있다는 것이다.

만의 하나, 그 사건이 게임 중독에 의한 것이라고 한다면 그에 필요한 적절한 치료를 받도록 하는 등 대책을 마련하면 된다. 하지만 역대 큰 사건 가운데 게임 중독에 의한 사건은 하나도 없었다. 지난 2007년 무려 20여 명의 사상자를 낸 미국 버지니아 공대 총기 난동 사건의 배경을 두고 일각에선 사건의 주범 조승희에 대해 당시 FPS 게임인 '카운터 스트라이크'의 마니아이자 중독자라고 몰아 세웠지만, 정작 조승희는 게임을 즐기는 이가 아니었던 것으로 미 FBI는 결론을 내렸다.

밀레니엄 시대의 사회상은 아주 복잡 미묘해지고 있다. 이에 따라 빚어지는 각종 사건, 사고는 그렇게 단순하지 않다. 예컨대 남녀의 성별 조차도 둘이 아니라 넷 또는 여섯으로 나눠야 한다고 주장하는 이들도 없지 않다. 다시 강조하지만 게임에 대한 마녀사냥은 이제 그만하자는 것이다. 따라서 초미의 관심사로 떠오르고 있는 이 사건에 대한 경찰 수사를 더 지켜보는 게 맞다 할 것이다. 그 다음의 일은 그때 얘기하는 것이 순서다. 지금은 너무 앞서가고 있다.

2018. 11. 02

對中 게임 수급 불균형, 그게 말이 되는가

우리나라와 중국간 게임 수급 불균형 현상이 장기간 지속되고 있다. '사드 사태' 이후 중국이 한국산 게임에 대한 판호를 하나도 내주지 않고 있는 상황에서 중국산 게임들은 국내에 봇물처럼 밀려 들어와 시장을 마구 휘젓고 다니고 있기 때문이다.

그럼에도 우리 정부는 중국 당국에 이렇다할 항의조차 못하고 있다. 이에 따라 중국에서의 한국산 게임의 영향력은 갈수록 떨어지고 있다. 반면 국내 게임시장은 중국산 게임들의 파상 공세로 인해 국산 게임들의 입지가 크게 좁아지는 등 혼미를 거듭하고 있다. 이같은 현상이 계속된다면 한국 게임시장은 때 아니게 밀려 들어온 중국 게임업체들의 앞마당 또는 놀이터로 전락할 가능성을 배제할 수 없다 하겠다.

안타까운 사실은, 이같인 처지임에도 우리 정부가 중국 당국에 고개를 숙이고 있는 듯한 인상을 주고 있다는 것이다. 우리 외교부도 이 문제에 대해 매우 심각하게 생각하고 있다고는 밝히고 있으나 더 이상의 액션은 취하지 못하고 있다. 실제로 우리 정부는 지난 6월 서울에서 열린 한중 무역 실무자 협의회를 통해 이같은 문제점을 지적하기도 했으나, 이렇다할 중국 정부 측의 입장을 듣지 못한 것으로 알려지고 있다.

이에 따라 일각에선 우리 정부가 K-팝과 한국 드라마의 중국 수출 등을 전제로, 시진핑 중국 국가 주석이 문제점을 제기하고 있는 게임에 대한 중국 수입 규제를 일부 용인한 것이 아니냐는 관측이 나오고 있다.

그렇다면, 막말로 수출은 그들이 막겠다고 하니까 그렇다 치더라도, 내수 시장은 어찌할 것이냐는 것이다. 우리에게는 그럴 방법이 없다는 게 고민이다. 중국 당국은 판호라는 장벽을 만들어 시행하고 있는데, 우리에겐 그런 방벽이 없다. 또 게임을 가지고 들어오면 구글이란 게임 시장이 워낙 잘 발달돼서 오픈 마켓에 좌판 깔기란 말 그대로 식은 죽 먹기인 셈이다.

불과 수년 전만 해도 중국산 게임은 국내에서 찬밥 신세를 면치 못했다. 국산 게임에 비해 조잡하고 퀄리티가 매우 떨어졌기 때문이다. 그러나 이제는 상황이 그렇지가 않다. 우리와 대등한 수준이거나, 특정 장르에선 우리 게임의 그것보다 앞선 것으로 평가받고 있다. 국내 주요 메이저들의 매출이 상대적으로 위축된 것도 이같은 현상과 무관하지 않다고 보는 게 맞다.

무역 불균형 해소를 위해서는 민간이 아니라 정부가 나서 주어야 한다는 것이다. 중국 당국은 꼬떡하면 자유 무역을 지향한다 하면서도 다른 한 손으론 규제의 칼을 쉴 새 없이 휘둘러 왔다는 점을 유념해야 한다. 따라서 필요하다면 세계 무역기구(WTO)에 제소하는 방안도 적극 검토해야 할 것이다. 그리고, 어떻게 한국 게임에 대해 한 건도 수입을 허용하지 않았던 것인지, 중국 당국에 당당히 물어봐야 한다. 그리고 그것이 세계 무역 질서에 위배된다면 그에 상응한 보복 조치를 취해야 한다.

그렇지 않고, 어정쩡하게 시간만 보내다 내수 시장은 물론 수출 전선에도 짙은 먹구름이 낄 것이란 점을 우리 정부 당국은 심각하게 인식해야 할 것이다.

2018. 11. 09

성인을 위한 게임 문화 정책 실종

정부가 지난달 일명 '인형 뽑기' 게임기에 대한 경품제공 한도액을 종전 5000원에서 1만 원으로 상향 조정했다. 그동안 줄기차게 묶어 온 아케이드 게임기에 대한 경품 제공 한도액을 다소 현실화한 것이다. 이에 대해 업계는 큰 반응을 보이지 않고 있다. 이 시장의 흐름이 예전과 달리 하향세를 보이는 등 내리막 조짐을 나타내고 있기 때문이다.

따라서 이같은 방안이 좀 더 일찍 나왔더라면 소비자 니즈에 맞춘 제품을 공급하는 등 보다 나은 수요 환경을 제공할 수 있었을 것이라는 점에서 정부의 정책 처방에 대한 타이밍의 아쉬움이 크다 하겠다.

이와는 별개의 사안이긴 하지만 정부 정책이 요지부동인 게 또 있다. 바로 웹보드 게임에 대한 규제조치다. 웹보드 게임은 성인 놀이문화의 대표적인 장르이다. 게임 머니를 현금화할 수 없다는 점에서 이미 게임 학계와 법조계에서도 웹보드 게임을 사행 게임으로 볼 수 없다는 입장이다. 그럼에도 정부는 이에 대한 규제조치를 풀지 않고 있다.

여기서 놓치지 말아야 할 중요한 사실은 정부의 성인 문화 정책이 전무하다는 것이다. 이로 말미암아 성인들을 위한 놀이 문화는 주류 및 유흥이 전부일 지경이다. 그렇다보니 오로지 규제 정책만 남발하고 있다. 정부가 국민을 상대로 고작 하지말라는 말만 쏟아내고 있는 것이다. 성인들을 향해 이래라저래라 하는 것은 한마디로 후진적인 발상이다.

웹보드 게임에 대한 규제 정책은 이같은 성인 문화정책의 연장선상에서 논의되고 수립돼야 한다는 점을 지적하고 싶다. 정부는 앞서 웹보드 게임 규제를 위해 일몰제를 도입, 시행하고 있다. 웹보드게임에 대한 일몰제는 이 게임을 서비스하는 업체들의 2년간의 매출 추이 등을 종합 분석해 규제 축소 및 확대 여부를 결정하는 방식이다.

2016년부터 적용하기 시작했으니까 올 초 이에 대한 축소 및 확대 여부를 결정지어야 했다. 하지만 정부는 일언지하의 입장도 없다. 규제를 더 강화하겠다는 것인지, 아니면 축소하겠다는 것인지 도무지 알 수 없다는 게 업계의 반응이다.

최근 부산 벡스코에서 열린 웹보드 게임 세미나에서는 여러 얘기들이 오갔다. 이날 참석한 발제자들은 한결같이 웹보드 게임에 대한 정부의 규제정책이 적절하지 못하다는 지적을 했다. 점잖은 표현으로 적절치 못하다고 한 것이긴 하지만, 행간을 살펴보면 정부가 정책을 잘못 유도하고 있다는 것이다.

업계는 일단 기존 안을 유지하는 것으로 이해하고 있으나, 정부의 이같은 복지부동의 태도에 대해서는 상당히 못마땅하다는 입장이다. 또 부처 간의 입장차에 따라 정책의 온도 차이가 어떻게 이처럼 벌어지느냐는 형평성 논란도 없지 않다. 예컨대 방송통신위원회에서 정하는 모바일게임 및 동영상 서비스에 대한 금액 이용 한도액과 웹보드 게임의 그것을 비교해 보면 가히 하늘과 땅의 차이라는 것이다.

이같은 현상은 한마디로 정부에 성인들을 위한 문화정책이 전혀 수립되지 않고 있기 때문이다. 따라서 주무부처인 문화부를 비롯한 관계 부처가 일관성 있게 성인 정책을 펼쳐 나갈 수 있도록 하는, 성인들을 위한 문화 정책 수립이 절실하다 하겠다. 이는 통제와 간섭을 하자는 것이 아니라 성인들

이 즐길 수 있는 놀이 문화의 근거를 마련하고, 이를 통해 성숙한 민주사회 건전한 자본주의 사회의 모습을 그려 나가자는 것이다.

따라서 웹보드 게임에 대한 규제 여부도 이같은 큰 그림을 완성하기 위한 밑그림 차원에서 논의되고 고민해야 한다는 점을 강조하고 싶다. 특히 웹보드 게임에 대해 사행 게임이란 이름으로 규제하는 건 사회 구조적 환경과도 맞지 않다는 점을 지적하고자 한다.

2018. 11. 23

2020년 개교하는 게임마이스터고

정부가 다가오는 2020년 국내에선 처음으로 게임마이스터고등학교를 개설, 운영에 들어간다. 교육부는 이를 위해 최근 경기도 안양시에 위치한 경기글로벌통상고를 게임 분야 마이스터고로 지정하고 2020학년도부터 신입생을 모집할 수 있도록 했다.

게임마이스터고는 게임 주무부처인 문화체육관광부의 예산 지원과 지자체의 지원을 바탕으로 기획력을 갖춘 게임개발 인력을 양성하게 된다.

게임마이스터고의 설립은 오랜 전부터 업계가 꾸준히 요구해 온 숙원 사업이었다는 점에서 때늦은 감이 없지 않다 할 것이다. 그러나 이제라도 설립이 확정된 것은 반가운 일이 아닐 수 없다. 이 학교의 위치가 안양시에 있다는 것도 긍정적이다. 서울 시내의 고등학교가 아닌 점은 다소 아쉽지만 수도권에 위치해 학생들이 졸업 후 바로 취업을 할 수 있는 기업들이 그 지역 주변에 많다는 점을 고려한 듯하다.

최근 5년간 마이스터고의 취업률은 90%가 넘는다. 이는 산업 현장에서 마이스터고 졸업자들을 선호하고 있기 때문인데, 그만큼 현업에서 바로 쓸 수 있는 기술을 전수하고 있다는 뜻이다. 물론 게임을 개발하는 것이 쉬운 일은 아니다. 대학원을 나온 고학력자들도 이론과 실제의 틈바구니 속에서 어려움을 겪기도 한다. 또 게임을 비롯한 엔터테인먼트 장르의 인재들이 조기 교육을 통해 일찌기 현장에 나서고 있다는 점에서 게임마이스터고 진학을 희망하는 학생들에겐 유리한 측면으로 작용할 가능성이 크다.

게임은 흔히 종합 예술이라고 불린다. 시나리오와 영상과 그래픽, 프로그램, 기획 등을 집대성해 완성한다는 점에서 영화 장르와 닮아 있다. 이를 다시 말하면 상당히 전문성이 요구된다는 뜻이다. 그러기 위해서는 우수한 학생 유치뿐 아니라 자질 있는 교사와 소명감을 높일 수 있는 커리큘럼은 필수라고 본다. 특히 게임 개발 기술만 가르칠 것이 아니라 게임산업의 역사 및 문화 교양 과목을 넓힘으로써 게임 전문 학원과의 차별화를 시도해야 할 것이다.

글로벌 게임시장은 지금 산업의 주도권을 잡기 위한 경쟁이 치열하게 전개되고 있다. 이같은 경쟁에서 살아남기 위해서는 우수한 자원 확보의 노력은 매우 긴요한 요소라 할 수 있다. 게임마이스터고의 설립은 그런 의미에서 게임 산업사에 새로운 좌표가 될 것으로 믿어 의심치 않는다. 개교에 앞서 세세한 준비 작업을 진행중인 학교 당국과 정부의 노고를 치하하며, 새로운 출발을 준비 중인 게임 마이스터고의 순조로운 미래를 기대해 본다.

2018. 11. 30

4차산업혁명위의 엉뚱한 결정

우리나라의 미래 먹거리를 창출키 위해 만들어진 4차산업혁명위원회가 최근 게임 장르에 대해 논의 대상에서 제외키로 해 논란을 빚고 있다.

이같은 논란은 최근 장병규 위원장이 2기 위원회 출범식과 함께 가진 기자 간담회에서 "청와대와 논의하고, 2기 위원들과 얘기를 나눴지만, 게임에 대한 별다른 의견이 나오지 않았다"면서 "특히 게임을 놓고 두 번 정도 위원회에서 의견을 나눴지만, 특별한 의견이 없어 위원회에서는 더이상 이 문제를 다루지 않는 것으로 결정했다"고 밝힌 이후다.

게임계는 이에 대해 4차산업혁명의 핵심 아이콘인 게임을 빼놓고 미래 먹거리를 논하겠다는 위원회의 태도에 대해 이해할 수 없다는 반응을 보이고 있다. 더욱이 가상현실과 증강현실을 비롯해 인공지능과 블록체인 등 미래 기술이 총결집하고, 이의 성과물이 될 수 있는 게임을 위원회에서 논의 대상에서 제외하겠다는 데 대해 놀라움과 함께 그 저의를 의심케 하고 있다.

위원회의 이같은 결정은 게임의 근간을 이루고 있는 관련 시장이 이미 궤도에 진입, 더 이상 정부의 재정적 지원이 필요 없다고 판단한 때문일 수 있다. 이미 건장한 청년으로 성장했다는 것이다. 하지만 업계는 이같은 위원회의 태도에 대해 매우 잘못된 판단이라고 우려하고 있다.

예컨대 게임은 새로운 기술을 끊임없이 받아들이고, 이 기술을 통해 재무장해야 한다는 측면에서 상당히 고난도의 산업이라는 것이다. 이에따라 미국 영국 일본 등 주요 선진국들은 게임을 전략 산업으로 지정해 육성하는 등 국가 미래의 사활을 걸고 매달릴 정도라는 게 업계의 주장이다. 이 같이 위중한 상황임에도 위원회에서는 이제 겨우 청년기에 진입한 게임산업을 청년으로 치켜세우며, 마치 스스로 지평을 열어가라는 식으로 논의 대상 제외를 언급하는 것은 한마디로 어불성설이라는 것이 업계의 지적이다.

위원회의 입장에서 보면 논의해야 할 대상이 적지 않은데 반해 시간은 제한적이라는, 다소 현실적인 어려움이 없지 않음을 이해하지 못하는 바는 아니다. 하지만 게임의 상징적 가치와 미래 잠재 가치 등을 들여다 보면 위원회의 논의 대상 제외는 다소 성급한 결정이 아니냐는 게 대체적인 업계의 반응이다.

결코, 그럴 것이라 생각하지 않지만 혹여 게임에 대한 사회의 부정적인 시선을 의식해서 위원회가 그같은 결정을 내린 것이라면 더욱 더 받아들일 수 없다는 것이 본지의 판단이다.

어떤 산업이든 동전의 양면과 같은 빛과

그림자의 모습을 지니고 있다. 게임은 태생적으로 사행과 폭력, 과몰입 등의 구조적인 문제점을 지니고 있지만, 산업적인 특성은 지식 아이템에다, 공해가 없는 청정 산업이며 뛰어난 고부가를 자랑하는 미래 산업이란 점을 꼽을 수 있다. 따라서 이같은 양면의 날을 어떻게 경제와 사회에 접목하고 안착하는가 여부는 정책 당국의 책임이자 몫이지 위원회가 판단하고 결정해야 할 대상은 아니라고 생각한다.

게임업계 입장에선 이제 시작하고 있다는 심정이다. 이런 처지에서 위원회가 손을 놓겠다는 것은 다시 일으켜 세워 보려는 게임업계의 새로운 의지에 찬물을 끼얹는 격이나 다름 아니다. 위원회가 업계의 반응 등 사안의 중대성을 감안해 신중히 재고해 주기 바란다. 게임계에 대해 명실공한 산업으로 발돋움할 수 있는 명분과 기회는 줘야 하지 않겠는가. 그렇게 하지 않으면 게임 산업의 미래는 아무도 장담할 수 없다는 것이다.

2018. 12. 14

중국의 판호 심사 재개에 즈음하여

중국 정부가 외산 게임에 대한 유통 허가(내자 판호) 심사를 재개하기로 했다는 소식이다. 중국 정부가 올해 직제 개편을 통해 판호 발급과 관리 기관을 기존 신문출판광전총국에서 중앙선전부로 이관한 이후 판호 발급업무를 사실상 중단해 왔다. 이로 인해 한국 등 주요 게임 공급 업체들의 중국 진출이 뒤로 미뤄지는 등 현지 게임업계가 적잖은 어려움을 겪어왔다.

중국 정부가 뒤늦게 판호 심사를 재개하겠다고 하니까 그나마 다행스럽다는 생각은 들지만, 언제 또 그들이 태도를 바꿔 문을 가둬 잠궈 버릴 지 아무도 알 수 없다는 데 그 고민이 있다. 자신들의 정책이 그러하니, 따르든 말든 알아서 하라는 식으로 밀어붙이는, 마구잡이식 시장 경제 체제에서는 어찌할 바가 없기 때문이다.

현지에서는 이에 대해 중국 공산당의 목소리가 갈수록 커지고 있는 데 따른 중국 정부의 정책 혼선 때문이란 분석이 없지 않다. 한쪽에선 자유 시장경제를 말하면서, 다른 한쪽에선 보호무역 정책을 언급하고 있는 식이다.

게임의 경우엔 더 복잡하다. 중국 정부가 직제 개편을 통해 게임의 관할 부서를 중앙선전부로 이관한 것도 이같은 복잡한 중국 당국의 속내를 볼 수 있는 대목이다. 어쨌든 외산 게임뿐만 아니라 중국 내 게임 유통 자체가 과거와는 다르게 아주 빡빡하게 돌아갈 수밖에 없을 것이란 관측이 지배적이다.

그렇다 하더라도, 자신들의 시장 문은 갈수록 걸어 잠그면서 남의 집 대문에 대해선 활짝 열어 달라고 하는 중국 정부의 교역 정책 방향은 한마디로 어처구니가 없다 할 것이다. 이것은 상호 선린 관계를 고려하더라도 말이 되지 않는 처사다.

한국 게임시장은 지금, 밀물처럼 쏟아져 들어오는 중국 모바일 게임들로 인해 몸살을 앓고 있다. 마치 공장에서 찍어내는 엄청난 양의 중국산 모바일게임은 올해 한국 게임시장의 한 축을 이룰 정도가 됐다. 문제는 이들 중국산 모바일게임들의 숫자가 앞으로 줄지 않고 더욱 더 늘어날 것이란 전망이 우세하다.

이같은 게임시장 흐름에도, 우리 정부는 이렇다할 말을 하지 못하고 있다. 어찌 보면 아끼고 있다고 할 수 있겠지만, 그럴 때가 절대 아니라는 것이다. 이는 상호 호혜주의 정신은 커녕, 불공정 무역 관행만 남기는 꼴이다. 중국 당국이 풀면 풀리는 것이고, 닫으면 닫는 구조를 우리 정부가 그대로 방치해선 곤란하다. 이것은 점잖은 외교가 아니라 그들에게 끌려 다니는 굴욕 외교다.

따라서 우리는 이 시점을 계기로 한국 중국 간 게임 협의체의 구성을 제안하고자 한다. 이 협의체를 통해 판호 허가 문제 등을 논의할 수 있도록 하자는 것이다. 이런 제도적 장치 없이는 그들에게 항시 끌려 다닐 수 밖에 없다.

그렇기 위해선 무엇보다 우리 정부의 게임에 대한 산업적 태도부터 바꿔야 할 것이다. 게임에 대한 보편적 문화 가치뿐만 아니라 산업적 위상 등에 대한 진지한 고민이 있어야 할 것이란 점이다. 팔짱을 끼고 서서 문화 수출 규모를 늘릴 수 있다는 생각은 착각이다. 세계는 지금 문화전쟁을 벌이고 있다.

판호 심사를 재개한 중국 정부의 태도 변화를 기점으로 우리 정부가 게임에 대한 인식을 새롭게 하는 계기가 됐으면 한다.

2018. 12. 28

텐센트의 대한(對韓) 지배력 확대 우려에 대한 시각

넷마블이 중국의 텐센트, 그리고 MBK 파트너스와 컨소시엄을 구성해 넥슨 인수전에 참여키로 결정하자, 업계 일각에서는 텐센트의 대한(對韓) 지배력 확대 우려에 대한 목소리가 커지고 있다.

중국 최대의 게임업체인 텐센트가 막강한 자금력을 바탕으로 넥슨까지 자신들의 손아귀에 집어 넣게 된다면 국내 게임업체들의 중국 종속화 속도 역시 의외로 가파르게 전개될 수 있을 것이란 주장인 것이다. 하지만 결론적으로 말하면 그런 시각은 기우에 불과하다고 할 수 있다.

텐센트가 그동안 역외 투자를 진행한 프로젝트는 수없이 많다. 그 가운데 〈LOL〉 게임으로 잘 알려진 라이엇게임즈 인수와 세계적인 모바일 게임업체 슈퍼셀을 천문학적인 금액을 제시해 인수한 것은 대표적인 사례로 꼽히고 있다.

한국 투자에도 적극적이다. 국내 최대 모바일 게임업체인 넷마블에 수천억 원을 투자, 주요 주주사로 부상했고, 와신상담 중인 카카오에 대해 대규모 투자를 단행하기도 했다. 또 모바일 전문업체인 네시삼십삼분에 대해서도 일정 투자를 진행했고, 요즘 잘 나간다는 '배틀 그라운드'의 크래프톤(구 블루홀)의 주요 주주사이기도 하다.

하지만 이같은 대규모의 투자를 진행하면서도 마치 금도처럼 지켜 온 원칙은 투자는 하되 경영에는 간섭치 않는다는 것이다. 자신들이 절대적 지분을 갖고 있는 기업에 대해서도 특별한 이유를 달아 경영 리포트를 요구하지 않는다는 것은 이미 업계에서는 잘 알려져 있는 사실이다. 텐센트에 대해 마치 투자에 대한 이윤과 일정 성과만 겨냥하는 투자 회사와 같다는 설명은 그만큼 텐센트가 경영에 개입하거나 간섭하지 않는다는 반증이라고 할 수 있다.

텐센트가 이번에 넥슨 인수전 참여를 넷마블과 함께 진행키로 한 것도 중국에서 서비스되고 있는 넥슨의 게임 '던전 앤 파이터' 등에 대한 안정적인 서비스권을 확보하기 위한 차원의 일환으로 추진되고 있는 것으로 알려지고 있다. 한국 게임 '크로스파이어'를 통해 일약 스타덤에 오른 텐센트의 입장에서 보면 매우 현실적인 판단을 한 것으로도 볼 수 있다.

텐센트가 그렇다고 해서 그들의 원칙과 입장만 믿고 경계를 늦춰선 안되겠지만, 텐센트가 투자를 거두거나 지분 철수를 단행한다 해도 큰 실익이 없다는 측면에서 투자 환경을 위축시킬 필요는 없다는 것이다. 예컨대 외국 자본의 국내 유치는 더 활성화되고 활발해 져야 한다고 믿기 때문이다. 특히 콘텐츠에 대한 외국 자본 유치 노력은 지금보다 강도높게 진행될 필요가 있다 할 것이다.

그것은 기업의 활성화와 고용 촉진이라는 두 마리 토끼를 잡는 경제 툴이라는 점에서 더 그렇다. 한국에 투자하겠다는 기업에 대해 괜한 국수적인 시각의 엄한 잣대를 가져다 대며 일을 그르치지나 않을 까 걱정된다. 그같은 관점과 사고는 업계의 정서뿐 아니라 글로벌 경제의 흐름과도 맞지 않다는 점을 강조하고자 한다.

2019. 02. 15

스타트업, 중소기업들이 힘들다 아우성이다

우리나라의 가장 큰 수출 효자 상품인 반도체가 새해 들어 급감세를 보이는 등 경제 전반에 빨간 불이 켜지고 있다. 내수 시장도 여의치가 않은 실정이다. 특히 산업의 줄기를 받쳐주고 있던 중소기업들이 크게 위축되면서 산업 생산 동향 또한 다소 기형적인 모습을 보여주고 있다.

게임산업의 처지도 그렇게 달라 보이지 않는다. 이대로 가며 산업이 뿌리 채 흔들리는 게 아니냐는 우려의 목소리가 이쪽 저쪽에서 터져 나오고 있다.

정부의 특단의 대책이 요구되는 상황이다. 일각에서는 스타트업뿐 아니라 산업의 중간 허리 역할을 해 온 중소기업들이 마치 아무것도 할 수 없다는 듯, 손을 놓고 있는 데 대해 정부의 미온적인 처방전 때문이라는 지적이 없지 않다. 이러다가 게임 시장을 경쟁국인 미국 일본 중국 기업에 모두 넘겨주는 건 아닌지 모르겠다는 탄식의 목소리는 그만큼 업계의 위기의식이 팽배해지고 있다는 뜻이다.

무엇보다 정부의 각종 규제책이 업계의 발목을 잡고 있다. 무엇을 해 보려고 하면 막아 버린다. 그런 움직임은 플랫폼 사업자들까지도 정부와 닮았다. 새로운 장르가 생기면 그 모습 그대로 담는 그릇을 새롭게 만들어줘야 하는 데, 종전 것과 다르면 그것을 담으려 하지 않거나 퇴출해 버린다. 애플과 구글에는 성인들이 즐길 수 있는 게임들이 발을 못 디딜 정도로 빡빡하다.

최근 논란을 빚고 있는 A작품의 경우 지나친 선정성으로 퇴출을 당했다. 하지만 퇴출할 게 아니라 별도의 장터를 마련하는 게 순서였다. 이같은 조치는 중소기업들에 대해 차 포 떼고 게임을 개발하라고 것과 다를 바 아니다. 이같은 사례는 비단 성인 장르의 모바일 게임뿐 아니다. 아케이드게임도 마찬가지다. 조금만 의심되면 심의를 내주지 않는 것이다. 하지만 아케이드 게임은 오프라인에서 이뤄지는 게임이다. 오히려 심사 기준을 더 완화시켜야 한다. 그런데 현실은 반대로 가고 있다.

아케이드 게임업체들이 사경을 헤매고 있는 것도 이같이 엉뚱한 규제로 인한 것이다. 그런데 이번엔 모바일 게임업체로 이같은 규제가 확대되고 있다. 스타트 업, 중소기업들이 어려움을 호소하는 처지를 충분히 알 수 있겠다 할 것이다.

정부의 규제 완화 못지않게 중요한 것은 대기업과의 상생 협업체제 구축이라고 본다. 예컨대 메이저와 중소기업, 또는 메이저와 스타트업이 상호 협력해서 완성하는 게임 개발 및 퍼블리싱 작업이 필요하다는 것이다. 더욱이 중소기업들은 메이저에서 시도할 수 없는 특화된 장르 및 소재 발굴에 빼어난 능력을 보인다는 점이다. 따라서 이러한 일련의 작업들이 유기적으로 돌아갈 수 있도록 정부가 이같은 사례들에 대해 근로 관련 인센티브제를 도입하는 등 제도적인 뒷받침을 검토해 볼만 하다 하겠다.

스타트업과 중소기업은 쉽게 큰 산의 잔디 또는 묘목에 비유된다. 잔디가 없으면 숲이 만들어질 수 없고, 묘목들이 받쳐주지 않고 크지 않으면 큰 산은 이내 민둥산이 되고 만다. 이들이 어려운 처지를 나 몰라라 해선

미래의 게임 산업을 담보할 수 없다. 정부와 시장 활성화에 일정부문을 책임져야 하는 메이저들이 머리를 맞대어 중기 상생방안을 내놓아야 한다. 더이상 게임시장을 외세에 넘기지 않으려면 스타트업, 중소기업을 살릴 수 있는 방안을 내놓아야 한다. 그래야 산업이 튼실해 질 수 있다.

2019. 03. 15

어색하기만 한 정부의 게임 질병코드 대응책

세계보건기구(WHO)의 총회가 내달로 다가오면서 때 아니게 총회에 관심을 쏟고 있는 곳은 다름 아닌 게임업계다. 이번 WHO의 핵심 의제 중 하나가 게임에 대한 질병코드 도입 여부이고, 이번 총회 결과에 따라 전세계 게임업계에 적지 않은 파장을 던져 줄 수도 있기 때문이다. 이같은 긴요한 문제가 대두됨에 따라 각국의 게임계는 촉각을 곤두세우고 있음은 물론 정부간 협의도 구체화하는 등 발 빠른 대응을 하고 있는 것으로 알려졌다.

문제는 유독, 우리 정부만이 게임 질병코드 도입 여부 및 시행 문제를 놓고 갈팡질팡하는 모습을 보이고 있다는 것이다.

WHO는 국제질병분류(ICD) 코드 도입을 위한 제11차 개정안에 게임을 장애로 규정하는 안을 내놓고 회원 국가들의 의견을 청취할 예정이다. 5월 열리는 총회에서 이같은 방안이 통과될 경우 게임은 새로운 질병코드로 등재되고, 각국에서는 총회 결의를 받아들여 2022년부터 새로운 트랙에 의한 질병코드 정책을 시행해야 한다.

이같은 WHO의 움직임에 대해 전세계 게임계에서는 질병 분류를 위한 의학적 근거가 부족할 뿐 아니라, 게임의 부정적인 영향을 확대 해석하는 조치로, 받아들일 수 없다는 강경한 입장을 보이고 있다. 특히 게임업계는 WHO의 일련의 지난 행동들에 대해 신경 정신과 분야에 새로운 먹거리를 제공하기 위한 획책이 아니냐는 의구심을 떨쳐 버리지 못하고 있다. 한마디로 그들의 행동이 순수하지 않다는 것이다.

이에따라 일부 외신에서는 WHO의 게임 질병코드 도입 추진은 좌초될 것이란 전망도 나오고 있고, 일각에서는 본회의 상정이 쉽지 않을 수도 있다는 매우 신중한 반응도 제기되고 있다.

전후 안팎의 사정이 이러한데, 우리 정부는 대응책은커녕, 부처 이기주의에 의한 목소리만 쏟아내는 등 엇박자만 드러내고 있다는 것이다. 보건복지부는 WHO의 등재 결정도 나오기 전에 게임 질병코드 도입 문제를 긍정적으로 검토하겠다고 밝힌데 이어 주무부처인 문화체육관광부는 복지부의 이같은 방침에 대해 터무니없는 주장이라고 일축하는 등 난타전을 벌였다.

여기서 우리가 지적하고 싶은 것은 WHO의 결의에 따른 정부의 후속 조치가 아니라, WHO의 방침에 따른 정부의 입장과 대응책은 무엇이냐 하는 점이다. 지금까지 이에 대한 찬반 여부를 말하는 정부 측 관계자는 단 한 사람도 없었다. 이 문제는 게임산업의 존폐 여부가 달려있는 핵심 사안이자 전세계적으로 보면 국제 현안 가운데 하나가 되고 있다.

그럼에도 정부는 이에 대해 이렇다 할

말을 하지 않고 있다. 입장이 없는 것인지, 아니면 말을 아끼는 것인지 알 수는 없으나 어딘가 어색하다는 건 분명해 보인다. 예컨대 만의 하나, 그렇다고 한다면 게임업계를 설득시키든지, 그것이 아니면 가까운 우방국과 협력을 통해 WHO의 획책을 저지해야 한다고 본다. 이도 저도 아니면서, 오로지 부처간 난타전만을 벌이는 것은 본말이 전도된 것이다.

정부는 지금이라도 WHO의 움직임에 대한 입장을 표명해야 한다고 본다. 그렇다고 한다면 '그렇다' 하고, 그것이 아니라고 한다면 '아니다'는 명확한 태도를 보이는 것이 게임강국 대한민국의 정부가 보여줄 자세라고 생각한다. 시간이 얼마 남지 않았다. 지금이라도 그것이 아니라고 한다면 부처 뒤에 숨어 있지 말고, 정부의 확실한 입장을 밝혀야 한다. 그것이 책임 있는 우리정부의 태도이자 자세라고 믿고 싶다.

2019. 04. 05

일부 게임업체들의 모럴 해저드 논란

게임 개발 및 유통사업에 주력해 온 손오공의 창립자 최신규 회장이 회삿돈을 사적인 용도로 사용했다는 의혹이 제기됨에 따라 게임업계 오너들의 모럴 해저드(도덕적 해이) 문제가 또다시 부각되고 있다.

최 회장은 학연을 중시하는 우리사회에서 초등학교 학력이 전부였을 만큼 단출한 이력서를 가지고 성공의 가도를 달려온 입지전적인 인물로 통해 왔다. 그런 그가 손오공 대표, 초이락게임즈 대주주로 재직할 당시 자신의 어머니 백수연 행사에 초이락게임즈의 회삿돈 1억 원가량을 불법적으로 사용하고, 이 행사를 위해 회사 직원들을 강제 동원하는 등 갑질을 해 와 논란을 빚고 있다. 그는 또 자녀들의 외제차 구입 비용을 법인 돈으로 처리하는 등 회사 자금까지 유용했다는 의혹까지 받고 있다.

최 회장의 경우 완구 제작 사업으로 기업을 일궈 왔다는 점에서 게임계와는 다소 거리가 있는 게 사실이다. 하지만 그의 행태가 일부 게임업체들의 그것과 상당히 닮아 있다는 점에서 그냥 남의 일처럼 넘길 사안은 아니라는 지적이 없지 않다. 그간 일부 게임업체들의 모럴 해저드에 대한 논란은 업계에서 끊임없이 회자돼 온 뒷담화 형태의 얘깃거리였다.

그중 몇 사례를 살펴보면 아무개 작품 하나로 성공한 A사의 오너는 업계에서 자취를 감춘 지 아주 오래 됐지만, 지금도 그는 대표로 자리하고 있다. 알고 봤더니 그의 거주지는 미국으로 옮긴 지 오래됐다는 것. 그러면서 그는 주요 회의 때면 출장 나오듯 한국으로 돌아오고 있다는 게 회사측 직원들의 주장이다.

B사의 창업주는 도에 넘치는 사치로 논란을 빚고 있는 케이스에 해당된다. 그가 소유하고 있는 고급 외제차는 몇 대가 된다고 한다. 그는 그러면서도 한 번도 좋은 일에 자신의 돈을 쓰는 일이 없다고 한다. 이 회사는 직원들의 임금이 업계에서 바닥이라고 할 만큼 인색하기로 소문이 자자하다. C사의 창업주는 이사회에만 자신의 이름을 올려 놓고, 막후에서는 회사돈을 자신의 사금고처럼 마음대로 주무르고 있다는 평을 듣고 있는 인물이다. 그런 그는 밤의 황제로까지 불리고 있다고 한다.

그런데 안타까운 현실은 이같은 이들의 행태가 여전히 세상에는 드러나지 않은 채 은밀한 곳에 더 깊숙이 숨어들어가 게임계의 시한폭탄처럼 자리하고 있다는 것이다.

벤처에서 성공을 거둬 부를 누리는 일이 나쁘다 할 수는 없다. 어쩌면 그것은 젊은이들의 꿈과 야망이라고도 할 수 있다. 문제는 법의 한계를 넘어서는 비상식적인 일들과 부도덕한 행위다. 특히 게임 비즈니스는 태생적으로 사회와 대척점에 서 있을 수밖에 없다. 그렇다면 적어도 자신이 축적한 부를 나누려는 도덕적 잣대는 있어야 한다. 성공의 열매를 독식하는 게 아니라 같이 함께 동고동락해 온 직원들과 이웃, 그리고 자신이 속한 사회와 나누려는 모습을 보여야 한다는 것이다. 그럼에도 일부 몰지각한 인사들이 산업계에 이같이 먹칠을 하고 있다.

이 기회에, 게임업계에 대한 제도권의 시선이 왜 그렇게 좋지 않은지에 대해 고민해 봤으면 한다. 또 아주 일부이지만, 그들이 게임계의 평판과 풍토를 그르칠 수 있다는 점을 잊지 말아야 한다. 미꾸라지 한 마리가 물을 흐려 놓는다는 말처럼 그들에 대한 경계를 늦추지 말아야 한다는 것이다.

최 회장의 몰지각한 행태는 법에 의해 가려지겠지만, 게임업계 역시 이번 사례를 반면교사로 삼아 게임업계에서 나돌고 있는 여러 부끄러운 일들이 두 번 다시 뒷담화처럼 회자되는 일들이 없었으면 한다. 그런 측면에서 업계에 감춰진 시한폭탄은 서둘러 제거돼야 할 것이다.

2019. 04. 12

게임업계 1분기 실적을 보면서

여기저기에서 경제가 어렵다고 아우성이다. 우리나라 경제를 이끌어 왔던 반도체와 자동차 수출에도 빨간 불이 켜졌다. 특히 서민들은 빈부의 격차가 더욱 커졌다고 한숨이며, 버스기사들도 주 52시간 근무제 도입으로 오히려 수입이 줄었다고 아우성이다.

경제가 어려울 때, 엔터테인먼트 산업 특히 게임산업은 역으로 호황을 누려 왔다. 큰 돈을 쓰기 보다는 적은 돈으로도 여가를 즐길 수 있는 게임에 사람들이 몰렸기 때문이다. 그런데 이러한 현상이 언젠가부터 흐지부지되고 있다. 경기가 어려우면 게임산업도 함께 어려워지는 동조현상이 빚어지고 있는 것이다.

지난 8일부터 주요 게임업체들이 1분기 실적을 발표하고 있다. 예상대로 성장세를 보인 업체가 거의 없다. 업계 맏형인 엔씨소프트를 비롯해 최근 가장 두각을 나타냈던 펄어비스까지 대다수의 업체들이 매출 감소 및 영업 이익 감소를 기록했다.

이처럼 1분기 실적이 예상외로 부진했던 것은 신작 출시 일정이 대거 미뤄지면서 기존 작품 등으로 시장 수요를 견인했기 때문이다. 어찌 보면 당연한 결과다. 또 새 시장으로 주목을 받아온 가상현실(VR)과 증강현실(AR) 게임들이 꽃을 피우지 못한 채 걸음마 단계에 있는 것도 한 요인으로 풀이되고 있다.

이대로 가면 올해 시장 성장률이 예상보다 더 낮아질 수 있다는 우려가 커지고 있는 것도 다 이 때문이다. 뭔가 특단의 대책이 필요한 시점이 아닌가 하는 업계의 요구도 적지 않은 듯하다. 하지만 뾰족한 수가 없다는 것이 고민이다. 그렇다고 긴 목만 내밀고 하늘만 우러러볼 수도 없지 않겠는가. 그렇다면 먼저 무엇이든 시도를 해 보는 것이다.

전통적으로 1분기는 겨울방학이 끼어 있는 기간으로, 업계로서는 가장 큰 성수기라 할 수 있다. 그런데도 이렇게 부진한 성적표를 받아 들었다면 사업 탄력을 위한 궤도 수정이 불가피하다 하겠다.

곧 다가올 여름 성수기 수요에 맞춰 대비책을 강구해 나가야 한다. 이마저 놓쳐선 정말 곤란하다. 장르를 넘나드는 블록버스터 작품 개발은 물론 유저들이 공감할 수 있는 선진 마케팅으로 새 시장, 새 수요를 창출해 가야 할 것이다. 어쨌든 게임시장은 무엇보다 눈길을 끄는 상품과 그 상품의 선도에 의해 좌지우지되기 때문이다.

2019. 05. 10

새로운 가능성 보여준 '플레이엑스포'

경기도가 주최한 '2019 플레이엑스포'가 최근 막을 내렸다. 온라인 게임과 모바일 게임이 주인공인 '지스타'와 달리 아케이드 게임과 콘솔 게임 등이 주류를 이룬 올해 플레이엑스포는 행사 규모도 전년에 비해 확대됐을 뿐 아니라 참관 인원도 대폭적(전년대비 29% 상승)으로 증가하는 등 그 가능성을 보여줬다.

특히 유니아나, 펫스원, 비주얼라이트 등 국내 업체는 물론 소니, 세가, 반다이남코 등 글로벌 게임업체들이 대거 참가해 신작 및 신기술을 선보여 주목을 끌기도 했다. 또 중소기업 게임 시연 및 각종 e스포츠 대회가 열려 관람객들의 손길을 즐겁게 했고, 공식 스트리밍 채널로 참가한 트위치는 관람객들과 유명 크리에이터와의 만남의 시간을 가져 또다른 재미를 주기도 했다.

수출 상담회는 국내외 293개 기업이 참가해 상반기 최대 글로벌 게임 비즈니스 플랫폼으로서 입지를 다졌다는 평가를 받았다. 태국의 일렉트로닉스 익스트림, 베트남의 VTC온라인 등 동남아 6개국에서 국가관을 개설해 이틀간 비즈니스 상담을 진행하는 등 게임을 통한 동서무역의 가능성을 제시하기도 했다.

관심을 끈 대목은 많은 관람객들이 대회를 거듭할수록 문전성시를 이뤘다는 점이다. 전시회가 열리는 일산 킨텍스가 상대적으로 접근성이 떨어진다는 평가를 받았지만 이를 극복하기 위해 주최 측은 다양한 교통수단을 지원, 관람객 동원에 성공했다. 업계에서는 향후 일산과 서울을 잇는 수도권 광역철도(GTX)가 완공되게 되면 킨텍스가 새로운 전시 컨벤션 센터로 자리매김할 것으로 내다보고 있다.

이번 전시회를 통해 또다시 확인한 것은 아케이드 게임에 대한 규제가 너무 심하다는 것이다. 그러나 이는 전세계적인 게임 등급 매김과도 동 떨어진 조치일 뿐 아니라 시대의 흐름과도 역행하는 것이다. 더욱이 오프라인에서 이뤄지는 게임에 대해 온라인 게임보다 규제를 강화하는 것은 온당치 못하다는 게 전문가들의 공통된 지적이다.

여기서 놓칠 수 없는 것은, 시대가 급변하면서 아케이드 게임을 찾는 세대들이 증가하고 있다는 점도 아케이드 게임에 대한 정부의 인식이 바뀔 시점에 서 있지 않느냐는 주문도 가능하다. 과거 사행 게임으로 불린 '바다 이야기'란 게임기도 실은 그 게임 내에 도박성이 짙었기 보다는 상품권 남발이란 정책 운용 미스로 사단이 났다는 점을 게임의 역사를 통해 알고 있다.

지금, 일본 중국 대만 등 경쟁국들은 온 가족이 즐길 수 있는 장르의 게임이 다름 아닌 아케이드 게임이라며 경쟁적으로 게임 개발 지원에 나서고 있다. 우리 정부도 게임 장르에 대한 편견을 버리고 특정 장르에 쏠린 모습에서 이젠 변해야 한다는 것이다. 그렇지 않아도 자원이 부족한데 있는 것조차 버린다는 게 말이 되는가. 플레이엑스포는 이같이 쓰레기장에 던져 버릴 뻔한 아케이드 게임을 살리고 재기의 가능성을 보여준 대회라고 아니할 수 없다.

그런 측면에서 올해 열린 플레이엑스포는 참가 업체 규모를 보다 더 늘리고 유저 행사를 좀 더 다각화할 경우 매년 11월 부산에서 열리는 '지스타'와 좋은 경쟁 관계로 자리매김할 것이란 점을 보여줬다는 것이다. 이번 대회를 준비하고 진행한 플레이엑스포 관계자 및 참가 기업들에 감사와 노고의 박수를 보내고자 한다.

2019. 05. 17

WHO 질병코드 도입에 대비해야

게임 중독 현상을 질병코드로 분류하려는 세계보건기구(WHO)의 총회가 20일 열려, 폐막 이틀을 앞두고 있다. 현지 관계자들은 WHO 총회가 이처럼 안팎의 관심을 끌기는 이번이 처음일 것이라고 입을 모으고 있다. 게임 중독 문제를 새 질병코드로 도입하려는 의료계와 터무니없는 주장이라는 게임업계의 입장이 대립하면서 열리는 총회라는 점 때문이다.

한국 정부와 게임업계, 그리고 미국 등 일부 국가에서 반대 의사 표명을 나타내고 있긴 하지만 중독이란 아젠다 류의 문제에다 그로인한 피해층이 주로 청소년이라는 점에서 각국의 고민의 모습을 엿볼 수 있다 하겠다. 그러나 게임 과몰입 현상이 게임중독으로 명명돼 질병코드로 분류될 경우, 그 파장은 예상을 뛰어 넘어 산업의 존폐 문제로 비화될 가능성도 없지 않을 것이란 우려다. 무엇보다 산업에 대한 사회의 시선이 왜곡되고, 이로 인한 게임에 대한 부정적인 인식으로 인재 육성 등 산업 인프라가 붕괴될 것이 뻔하다.

누차 강조하지만 게임은 게임일 뿐이다. 게임으로 인해 논란을 빚는 사례들이 적지 않았던 점도 부인키 어렵다. 하지만 게임으로 인해 문제를 일으켰다는 인과 관계를 입증한 논문은 지금까지 한 편도 없었다. 과학적으로, 의학적으로도 합리적이지 못하다는

것이다. 그럼에도 그 길을 가는 모습이라면 손을 놓고 있어서는 곤란하다. 무엇보다 정부가 대책 마련에 나서야 한다는 것이다.

새로운 코드 분류체계가 나오더라도 세계보건기구 권고사항일 뿐이다. 그렇다면 몇년간의 유예 기간을 통해 게임업계의 연착륙을 추진하도록 해야 한다. 세제 혜택 등과 같은 직접적인 지원책뿐만 아니라 게임에 대한 문화 사회적 의미를 정리해 순화 운동을 펼치는, 이른바 게임에 대한 계도 사업 등도 절실하다 할 것이다. 또 게임이 질병코드로 지정되게 되면 이와 관련된 유통세를 부과하는 등 조세 형평에 어긋나는 일들이 발생하지 않겠냐는 일각의 우려의 시각에 대해서도 불식시켜야 한다.

지금까지 확실한 게 하나도 없는데, 괜히 소란을 떠는 것이 아니냐 할 수 있겠지만, 사전에 철저한 준비를 통해 추진된 정책이 실패한 사례는 없었다. 폭풍전야의 풍전 등화와 같이 처지에 놓여 있긴 하지만, 정신만 놓지 않고 있으면 살 수 있다. 막말로 다시 시작하면 된다. 그런 심정으로 이번 WHO의 결정을 지켜보고자 한다.

적어도 게임을 절판하라는 결정이 아니라면 이겨낼 수 있다는 자신감이 절실한 시점이라는 것이다.

2019. 05. 24

감정적 대응으론 풀리지 않는다

결국 우려했던 일이 현실화되고 말았다. 세계보건기구(WHO)가 끝내는 게임중독을 질병으로 규정하고 분류 코드를 도입키로 한 것이다. 이같은 WHO의 결정에 대해 게임업계가 강력히 반발하고 있다.

이렇게 되자 주무부처인 문화체육관광부는 즉각 성명서를 발표하고 WHO에 대해 이의를 제기하겠다고 나섰다. 하지만 이 문제를 다른 각도로 보고 있는 보건복지부 등 사회 부처에서는 즉각 수용이라는 입장을 밝히면서 양측의 신경전은 점입가경인 양상이다. 이를 보다 못한 총리가 양측에 자제를 당부하는 등 질책을 하자 이 문제는 수면 아래로 다소 가라앉는 모습이지만, 총리가 한마디 했다 해서 쉽게 끝날 사안은 아니라는 데 문제의 심각성이 있다 하겠다.

더군다나 이번 게임 질병코드 도입 결정에 대해 오히려 상당수 국민들이 긍정적으로 호응하고 있다는 점은 게임업계 입장에서 보면 뼈아픈 부문이다. 게임이 그만큼 국민 생활 속에 깊숙이 파고든 부담스러운 문화 장르로 자리매김했다는 뜻도 되겠지만, 다른 한편으론 게임업계가 그간 수출시장의 효자라는 닉네임에 빠져 너무 안이한 대응을 해 오지 않았나 하는 의문을 지울 수 없다.

사회구성원의 평가는 아주 냉정한 것이다. 아무리 고부가가치가 높은 산업일지라도, 사회에 조금이라도 민폐가 된다면 아주 차갑게 등을 돌리는 게 제도권의 보편적 정서다.

게임의 완성은 몰입도에서 좌우한다. 아무리 뛰어난 캐릭터와 스토리가 있을지라도 몰입도가 떨어지는 게임은 생명력을 유지할 수 없다. 지금 WHO에서는 이를 트집잡고 있는 것이다. 몰입도는 그러나 거기서 그치는 게 아니라 또다른 문제를 야기할 수 있는 병리적 증후군을 나타낸다는 것이다. 이같은 문제점은 게임업계 관계자들이면 누구나 다 아는 내용이다.

하지만 이 문제를 놓고 사회와 진중한 논의와 고민 해결을 위한 노력을 기울이지 않았다는 것이다. 손을 놓고 간과해 왔으며 방심해 왔다. 결국 이게 사단이 됐다.

최근 WHO의 결정에 대해 게임계가 조종을 알리는 게임 영정을 마련해 주위사람들을 안타깝게 하고 있다. 하지만 감정적으로 대응해선 아무것도 얻을 게 없다는 것이다. 합리적이고 이성적인 방법으로 WHO의 궤설을 극복해 나가야 한다. 특히 등을 돌리고 있는 상당수 국민들의 정서를 되돌릴 수 있는 방안을 중장기적으로 마련해 추진했으면 한다. 예컨대 당장 게임 중독 코드가 분류되는 것도 아니지 않는가. 그 문제는 차후의 문제다. 아직도 게임업계엔 5년이란 준비기간이 주어져 있으며, 이 기간은 국민들을 설득하는 데 충분한 기간이라고 믿어 의심치 않는다.

게임업계가 이젠 달라져야 한다. 과거의 그것은 다 던져 버리고 새롭게 시작하자. 게임 중독 코드 도입 저지의 첫 걸음은 감정적 대응이 아니다. 이성적이고 합리적인 주장이 있어야 하며, 이를 바탕으로 국민 한사람 한사람을 설득해 나가는 것이다. 그것이 게임을 우리 사회의 놀이 문화로 안착시키는 밑걸음이 될 것이라는 데 이론의 여지가 없다.

2019. 05. 31

우리정부 중국 판호에 특단의 대책을

중국 당국이 대한민국 게임업계에 계속 몽니를 부리고 있다. 중국 현지에서 게임 서비스를 위해서는 반드시 게임 판호를 받아야 하는데, 지금까지 수년동안 한국산 게임에 대해서는 단 한 건도 허용하지 않고 있는 것이다. 그러면서도 한국을 제외한 경쟁국 작품들에 대해서는 판호를 내 주는 등 이중적인 태도를 보이고 있다. 참으로 고약한 짓이라고 아니할 수 없다.

정부가 이같은 불합리한 중국 문화 교역 태도에 대해 문제점을 제기하고 회의 개최 등을 요구하고 있지만, 중국 당국은 미꾸라지처럼 요리조리 빠져나가려고 할 뿐 어떠한 시그널도 주지 않고 있다. 오히려 더 만만디 전략을 쓰고 있는 실정이다. 이렇게 되자 우리 국회 외교통일위원장이 주한 중국 대사와의 면담장에서 이 문제를 제기하는 등 해법을 요청하기도 한 것으로 알려졌다. 그러나 중국 당국은 마치 조선시대 제후국에서 보이는 생떼 정도로만 생각하는지 요지부동이다.

지금 중국은 미국과의 무역 분쟁을 벌이면서 주변 국가들에게 끊임없는 협박과 시위를 벌이고 있다. 게임 판호 문제뿐 아니다. 한국 주요 기업들에 대해 미국 편을 들지 말고 자국의 손을 잡아 달라면서 겁박을 서슴지 않고 있다. 안타까운 사실은 시진핑 중국 국가주석이 체제를 장악하면서 이같은 불공정한 무역 관행과 무례한 외교 행태들이 점차 늘고 있다는 점이다.

우리 정부가 막하자고 달려드는 중국 정부의 움직임에 미지근한 태도를 보여선 곤란하다. 교역측면에서 보면 엄청난 파장을 맞을 수도 있겠으나 중국 정부의 어처구니 없는 무역 행태에 대해 단호한 입장을 보여야 한다. 국제 무역의 대원칙은 눈에는 눈이에는 이 인 것이다. 말 그대로 호혜주의가 원칙이다. 언제까지 저들의 말도 안 되는 무역 행태를 말없이 지켜보며 따를 수는 없다는 것이다.

특단의 대책을 마련해야 한다. 저들이 게임 판호라는 것으로 울타리를 치고 있다면 우리 정부도 상응한 보복조치를 취해야 한다. 중국 게임에 대해 수입 규제 품목으로 지정해 일정기간 국내에서 서비스를 할 수 없도록 하는 것이다. 중국 게임 수출은 감소하는데 반해 중국 게임의 대한 진출이 활발해지면서 대 중국 콘텐츠 무역 수지가 크게 악화되고 있다. 더이상 이를 지켜보고 있어서는 곤란하다. 이젠 밀어붙여야 한다. 그래야 저들이 마지못해 협상테이블에 앉을 터이니 말이다.

우리 정부의 보다 강력한 대응책이 필요한 시점이다.

2019. 06. 14

대통령도 거들고 나선 e스포츠

게임에 대해 개방적인 인식과 적극적인 관심을 보여 온 문재인 대통령이 이번에는 역대 대통령으로는 처음으로 e스포츠 경기를 직접 관람했다. 비록 스웨덴을 국빈 방문한 자리에서 열린 친선 교류전이지만, 대통령이 e스포츠 경기를 관람했다는 것만으로도 그 의미와 시사점은 매우 남다르다 할 것이다.

문 대통령은 지난 14일 스웨덴 스톡홀름 에릭슨 스튜디오에서 열린 '한국-스웨덴 e스포츠 친선 교류전'을 칼 구스타프 16세 국왕, 그리고 함께 순방중인 게임업계 인사들과 관람했다. 문 대통령은 경기 관람 후 "빠른 판단과 전략적인 요소가 처음 보는 경기임에도 불구, 박진감이 넘쳐 나는 듯했다"며 e스포츠 재미에 대한 호평을 쏟아냈다. 문 대통령은 이날 e스포츠 경기 관람 이유에 대해 양국 젊은이들이 함께 어울리는 모습을 보고 싶었기 때문이라고 덧붙이기도 했다.

문 대통령의 이번 e스포츠 경기 관람이 성사되기까지는 여러 요인이 참작됐겠지만, 최근 세계보건기구(WHO)에서 게임 중독 문제를 질병 코드로 분류키로 결정한 이후 전격적으로 이루어졌다는 점에서 그 의미는 새롭다 해야 할 것이다. 청와대측은 이에 대해 확대 해석은 하지말아 달라고 언급하고 있지만, WHO의 성급한 판단에 대해 큰 아쉬움을 표명한 것은 분명하다. 더욱이 과학적인 근거도 없이 카더라 식의 논의를 통해 게임 중독을 질병으로 규정한 WHO의 입장과 태도에 대해 청와대측에서는 드러내 놓고 말은 하지 않고 있으나, 매우 못마땅하다는 식의 반응은 여러 곳에서 읽혀 왔다.

문 대통령의 이번 e스포츠 경기 관람은 또 e스포츠가 젊은이들을 중심으로 새로운 문화 스포츠 장르로 자리 잡아가고 있음을 국제사회에 확실히 각인시킨 것으로도 평가할 수 있다. 특히 그러면서, e스포츠 주도권을 둘러싼 주변국들의 경쟁을 의식한 듯, e스포츠에 대한 애정과 관심을 과시하는 등 e스포츠 종주국인 한국의 위상을 강조하기도 했다.

대통령의 순방은 여러가지 뜻을 가지고 진행한다. 그 가운데 정치, 외교적인 목적이 가장 컸던 시절이 있었다. 하지만 지금은 그렇지가 않다. 경제가 최우선이 되고 있고, 문화 교류가 그 못지 않게 중요시 되고 있다. e스포츠계는 이번 문 대통령의 광폭 외교에 대해 전혀 예상치 못했던 움직임이라며 크게 환영하고 있다. 몇 주 사이, WHO의 해괴 망측한 결정으로 실의의 모습을 보여 온 게임계에 훈훈한 소식이 들려온 셈이다. 대통령의 책무가 뭐 따로 있겠는가. 열심히 일하는 국민들에게 꿈과 희망을 안겨 주는 것이 대통령의 일이 아니겠는가.

2019. 06. 21

성인 게임 결제한도 폐지 추진은 옳은 방향이다

우리나라는 유독 게임에 대해 부정적이다. 청소년을 대상으로 한 게임뿐 아니라 성인용 게임에 대해서도 그렇다. 오로지 규제라는 무기밖에 사용할 줄 모른다. 하지만 게임은 게임일 뿐이다. 그 자체가 나쁜 것이 아니라 너무 과하거나 잘못 이용될 때 문제를 일으킨다. 이같은 현상은 문명의 이기라고 하는 것엔 다 있는 문제점이다.

그럼에도 불구, 제도권에서는 게임에 대해 엄격한 잣대를 갖다 대 왔다. 청소년뿐 아니라 성인들에게도 사행 산업의 그것과 같이 일정 룰을 만들어 이를 지키도록 했다. 이는 게임에 대해 사시적인 시각 보다는 무지에서 비롯됐다고 봐야 할 것이다. 애주가 및 끽연가들의 그런 모습과는 사뭇 다르다 해야 할 것이다. 그럼에도 그 규제의 원칙은 바뀌지 않았다. 정확히 말하면 그냥 그리 해 왔으니까 눈을 감아 온 것이다.

다행스럽게도 문재인 정부에서 용단을 내리는 것 같다. 그 한가지는 셧다운제 개선 방안이며 다른 하나는 성인 게임에 대한 결제 한도 폐지 추진이다. 특히 여기서 주목하고자 하는 것은 성인 게임에 대한 결제 한도를 폐지하겠다는 정부의 정책 변화다.

솔직히, 대한민국에는 성인 대중 문화라는 것이 거의 없다 해야 옳을 것이다. 음주 가무에서 만들어진 것들이 고작이다. 그래서 밝은 것 보다는 어두운 성향을 보이는 게 특징이다. 그나마 PC방 세대들이 문화를 주도하면서 조금씩 달라지기 시작했다. 그러나 여기에도 족쇄가 따라 붙었다. 인터넷 TV 방송 등 다른 경쟁 장르와는 다르게 유독 성인 게임에 대해서만 월간 사용 한도를 달아 놓은 것이다.

본지는 그간 사설을 통해 정부의 대중문화정책이 포지티브 방식에서 네거티브 방식으로 전환돼야 한다고 줄곧 지적해 왔다. 예컨대 이것 저것 나열하는 포지티브 방식으로는 다양한 형태의 문화를 수용할 수 없다는 것이다. 따라서 이 것들 외는 모두 할 수 있다는 네거티브 방식의 문화정책이 새 시대의 문화 조류를 이끄는데 바람직하다는 주장을 펴 왔다. 게임도 그래야 한다는 것이다.

정부의 성인 게임 결제 한도 폐지 결정은 그같은 노력의 첫걸음이라고 본다. 성인들의 문화 향유는 성인들이 스스로 결정하고, 그렇게 만들어져야 문화의 꽃을 피울 수 있다는 것이다.

이를 계기로 성인 대중 문화의 폭이 넓어지고, 성인 게임에 대한 인식이 변화되는 등 새 지평의 문이 열렸으면 하는 바람이 크다.

2019. 06. 29

인디게임, 이대로 방치할 것인가

최근 게임 시장은 수백억 원대의 개발비가 투입되는 대작이 중심이다. 이렇다 보니 예전처럼 참신한 아이디어와 창의성을 갖춘 작품을 만나보는 것이 더욱 어려워졌다. 대작을 기획하다 보면 먼저 보편성을 띨 수 밖에 없고, 유저들이 좋아하는 부분을 모아 집대성해야 하기 때문이다. 그렇다고 천편일률적이라고 할 순 없지만, 그 범주에서 벗어나기가 쉽지 않다. 유저들의 식상함과 그로 인한 시장 정체가 그래서 나타나는 것이다.

그런 의미에서 다양한 소재와 스토리로 무장한 인디게임들의 중요성은 새삼 강조해도 지나침이 없다 하겠다. 게임 생태계를 풍요롭게 한다는 측면뿐 아니라 게임계의 자양분으로 작용하는 게 다름아닌 인디게임인 것이다. 주류 게임들도 과거에는 인디게임에서 출발한 사례가 적지 않다. '앵그리버드'나 '마인크래프트' 같은 작품들은 소수의 개발자에 의해 만들어진 글로벌 히트작들이다. 게임 수요 환경이 급변하면서 막대한 자금이 투입되는 대작 중심으로 게임 시장이 변하고 있지만, 인디게임은 여전히 게임 생태계를 떠받치고 있는 풀뿌리 역할을 하고 있다. 그럼에도 인디게임의 환경은 안타깝게도 갈수록 열악해 지고 있다. 제도권의 무관심으로 인디게임 기반마저 흔들리고 있다는 것이다.

그나마 구글에서 매년 우수 인디게임을 발굴해 시상하는 사업이 인디게임 업체들에 단비 역할을 해주고 있다고 한다. 올해도 20개 작품들이 참가해 경합을 펼쳤고, 구글에서는 이들 작품이 우선적으로 유저들이 접할 수 있도록 지원을 아끼지 않았다는 것이다.

게임인재단도 인디게임 개발자들을 위한 시상 제도를 2017년 말에 중단하기는 했으나 타 기관과의 연계를 통한 지원으로 방향을 전환, 지원 대상을 확대하는 방안을 모색 중이라고 한다.

인디게임 개발 등 지원 사업은 당장 돌아오는 실익으로 기대하긴 어려운 과제다. 하지만 게임 생태계를 보다 풍요롭고 한다는 점, 또 그 기반을 통해 제도권의 기업들이 경쟁력을 갖추고 새로운 수요를 만들어갈 수 있다는 점에서 다양한 지원 방안이 검토되고 이뤄져야 한다는 것이다.

게임 대기업들이 제도적인 인디게임 지원 방안을 마련해 시행하는 것도 하나의 해결방안이 될 수 있다 할 것이다. 게임 생태계가 흔들린다면 그것은 인디게임업체들이 위태롭다는 뜻이다. 인디게임업체들을 키워야 한다. 그런 측면에서 올해만큼은 인디 게임업체들을 위한 전향적인 발전 방안이 민관협의를 통해 입안됐으면 한다. 그래야 인디게임이 살고, 그들이 산다.

2019. 07. 05

게임업계에 또다시 돌을 던진 국회와 정부

게임업계의 오랜 숙원인 '문화예술진흥법 개정안'이 끝내 이번 회기에서도 처리되지 못했다. 이번 개정안은 게임인들에게 예술인의 자격을 주느냐 마느냐 하는 문제가 걸려있어 업계 관계자들의 초미의 관심을 끌었다. 하지만 끝내는 법안 계류가 결정됐다. 특별한 변수가 생기지 않는 한 이 법안은 20대 국회에서 폐기된다.

이번에 법안 개정이 무산된 데는 여러 요인이 있었지만, 그 가운데 '예술인복지법'과 상충된다는 것이 가장 큰 이유였다 한다. 하지만 이 법이 만들어진 것은 2011년이다. 무려 20여년을 기다려온 게임인들에게 불과 8년 전에 만들어진 법으로 인해 분노와 좌절감을 안겨준 것이다. 이는 게임에 대한 창작성과 예술성은 인정하지 않고 오로지 산업 하나만 바라보겠다는 것인데, 그렇다면 이 기회에 게임 주무 부처를 문화체육관광부에서 과학기술정보통신부나 산업통상자원부로 옮기는 게 맞다. 문화부에서 게임을 맡고 육성해야 할 명분이 하나도 없지 않은가.

미국과 일본 등 선진국에서는 일찌감치 게임인들을 문화예술인으로 대접해 왔다. 그들은 개발자들에 대해 크리에이터라는 명칭을 쓰며 존경심을 나타내며 그와 상응하는 예우를 해 주고 있다. 그런데 유독 우리나라에서만 그렇지가 않다. 아웃사이더란 인식이 강하고, 여전히 '아이돌 문화'라며 낮춰 부르고 있다.

게임은 종합예술이다. 특히 그것을 즐기는 유저들은 직접 스토리에 개입해 또다른 스토리를 만들어 내기도 한다. 이 만큼 쌍방향의 예술 장르가 지금 어디에 있는가. 문화부가 굳이 게임산업을 과기부나 산자부에 넘기지 않고 붙잡고 있었던 것도 다 이런 문화적 특성과 파급력 때문이고, 예술적 평가 역시 무시할 수 없었기 때문이다. 그럼에도 엉뚱하게 예술인 복지법이란 걸 들먹이며 배척해 버렸다. 언제까지 문화부의 헛발질을 지켜만 보고 있으란 말인가.

우리 게임인들은 다시 시작할 것이다. 필요하다면 문화예술진흥법 개정안 관철을 위해 투쟁도 불사할 것이다. 그것은 게임이란 장르를 한단계 끌어 올리는 계기가 될 뿐 아니라 게임계와 사회와의 접점을 더 좁힐 수 있는 지렛대가 될 것이란 소명감 때문이다. 이 기회에 몇몇 국회의원들의 편협한 사고에 대해서도 유감을 표명하지 않을 수 없다. 당신들은 게임에 대해 좀 아는가? 그러지도 못하면서 콩놔라팥놔라 하니까 의원들의 함량 얘기가 나오는 것이다.

게임이란 장르를 반드시 예술의 반열 위에 올려 놔야 한다.

2019. 07. 19

게임 민관협의체 구성, 이대론 안된다

게임 질병코드 도입에 따른 대책을 논의하기 위한 민관협의체가 최근 출범했다. 하지만 이 협의체가 과연 정부와 업계의 의견을 잘 조율해 모범 답안을 낼 수 있을 것인가에 대한 의문이 다각도로 번지고 있다.

민간협의체는 최근 1차 회의를 가진 것으로 알려졌다. 그러나 협의체 구성과 성격에 대한 정부의 사전 브리핑은 전혀 없었다. 그저, 총리실에서 협의체를 만들어 게임 질병코드 도입 문제를 협의해 보라고 하니까 마지못해 문을 열었다는 인상을 주고 있는 것이다.

그러다 보니 협의체 내에 게임과 산업을 잘 알고 있는 전문가는 온데 간데없고, 오히려 비전문가들만이 다수를 차지하는 비대칭적 구조를 띠게 됐다는 것이다. 이 협의체에는 김정욱 넥슨코리아 부사장, 이경민 서울대학교 신경과학교실 교수, 한덕현 중앙대학교 정신건강의학과 교수 등을 포함해 총 22명의 위원으로 구성됐다. 국조실에서는 이 협의체를 통해 △질병코드 국내 도입 여부 △시기와 방법 등에 대해 논의를 해 나간다는 방침인 것으로 알려졌다.

게임업계는 그러나 인적 구성부터 먼저 잘못됐다는 주장을 펴고 있다. 한국게임학회, 한국게임산업협회, 한국게임개발자협회 등 국내 주요 협의단체 56곳과 33개의 대학이 참여해 구성된 게임 질병코드 도입 반대를 위한 공동대책 위원회(공대위)는 이에 대해 민간협의체에 게임 주요 협단체들은 배제된 반면, 게임에 부정적인 인식을 갖고 있는 반게임 인사들에 대해서는 이번 협의체에 대거 문호를 개방해 놓았다는 것이다. 또 협의체의 회의 역시 투명하고 공개적으로 이뤄져야 하는데, 전혀 그렇지가 않다며 지난 1차 회의를 마친 이후의 협의체의 태도를 문제 삼았다. 예컨대 민관협의체가 제대로 된 역할을 하기 위해서는 매 회의 때마다 회의 내용에 대한 결과 설명 등 향후 계획 등을 알려주고 해야 하는 데, 상당히 베일에 가려진듯한 인상을 주고 있다는 것이다.

이를 두고 업계에서는 게임 질병코드 도입 시기 및 대책을 진지하게 논의하기 위한 협의체가 아니라 업계 여론 무마용 또는 여론 빨아들이기를 위한 전시용 협의체를 구성한 게 아니냐는 볼멘 목소리가 나오고 있는 실정이다. 실제로 게임 질병 코드 도입에 대해 매우 부정적인 의견을 피력하는 인사들이 이번 협의체 구성에서 대거 제외됐다는 점은 향후 이 협의체에서 제시하는 프레임과 일정 제시에 치명적 부담으로 작용할 가능성도 배제할 수 없다 할 것이다.

게임 질병코드 도입 문제는 게임업계 입장에선 또다른 주홍글씨를 새겨 넣는 것이기 때문에 아주 예민한 문제일 수밖에 없다. 또 그렇기 때문에 민관협의체에 기대하는 바람이 어느 때보다 더 클 수 밖에 없다. 그 같은 업계의 처지를 배려해 출범한 협의체가 첫 걸음을 제대로 딛기는커녕, 구성원 문제로 논란을 빚는다면 그건 아니라는 생각이다.

협의체의 인적 구성을 재구성하는 등 업계의 의견을 반영하는 방안이 필요하다고 본다. 또 투명하고 공개적인 협의체 논의와 결과를 알리기 위한 방안으로 대변인제를 도입해 운영하는 방안도 검토해 볼 필요가 있다 할 것이다. 그렇지 않으면 협의체의 제대로 된 논의와 바람은커녕, 게임업계의 강한 반발만 살 것이 뻔하다. 정부의 진지한 재검토의 고민이 있었으면 한다. 이대론 곤란하다.

2019. 08. 02

블록버스터 히트작이 절실하다

엔씨소프트 등 주요 게임업체들의 상반기 실적이 기대치를 크게 밑돌고 있다. 시장의 트렌드가 변한 것이 아니냐는 섣부른 분석도 없지 않지만 보다 근본적인 원인은 블록버스터 작품이 없었다는 게 결정적이다.

한국콘텐츠진흥원은 최근 게임 이용자 실태 보고서를 통해 유튜브 등 동영상 서비스가 급속히 늘어나면서 국민들(만15세~65세)의 게임 이용시간도 계속 줄고 있다고 분석했다. 이 보고서에 따르면 올해 전체 국민 게임 이용률은 전년대비 1.5% 포인트(p) 감소한 65.7%를 기록했다. 이는 지난 2015년 74.5%에서 크게 떨어진 수치다.

이처럼 게임 이용률이 지속적으로 감소하고 있는 것은 국민 여가 문화생활을 즐기는 방식이 점차 변하고 있기 때문이다. 게임 이외 여가 활동 비율이 늘어나면서 게임 이용 시간이 줄고 있는 것이다.

게임 유저의 경우 대부분(2019년 기준 90%)은 스마트폰을 통해 게임을 즐기는데, 이 플랫폼에서 게임 외 여가활동 비율이 크게 늘어나고 있다. 실제 지난해 스마트폰을 통한 여가활동(중복응답) 중 동영상은 73.6%, 전자책은 21.3%를 기록했으나 올해에는 각각 75.2%, 26%로 증가했다.

이같은 분석은 모바일 게임이 시장을 주도하고 있는 가운데, 스마트폰을 통해 게임을 즐기는 유저들의 관심은 유튜브 등 동영상 서비스로 옮겨가고 있다는 것을 보여준다. 그러나 게임이용시간이 줄고 있는 보다 근본적인 원인은 유저들에게 어필할 수 있는 강력한 작품이 없었기 때문이라고 보는 견해가 우세하다. 게임 시장이 부진한 원인이 외부에 있는 것이 아니라 내부에 있다는 지적인 것이다.

국내 게임 시장은 한계에 도달했다며 모두가 손을 놓고 있을 때 변화의 바람이 일었다. 바람이 바람을 재우는 식이다. 그 중심엔 늘 블록버스터 작품이 있었다.

그저 그런 작품으론 유저들의 새로운 바람의 요구에 대응할 수 없다. 끊임없이 변화하고 새로움을 추구해야 한다. 그 선봉엔 두말할 것 없이 메이저가 나서야 한다. 그래야 시장이 꿈틀거리고 산업이 산다. 지금 이 시점에서 절실히 요구되는 작품은 유저들의 니즈를 잘 읽고 반영한 새로운 형태의 게임이다.

2019. 08. 09

'지스타'에 특단의 대책이 필요하다

스마트폰 게임의 영향력이 갈수록 커지면서 이른바 세계 3대 게임쇼라 불리는 'E3' '도쿄게임쇼' '게임스컴' 등의 파워가 갈수록 약화되고 있다. 또 후발 주자로 급성장해 온 중국의 '차이나조이'나 프랑스의 '파리 게임위크' 등도 예전만 못하다는 평가를 받고 있다.

세계 3대 게임쇼의 자리를 차지하겠다며 야심차게 출범한 우리나라의 '지스타'도 이같은 흐름과 무관하지 않아 보인다. 참가 업체들이 계속 줄면서 해외 유명 업체들은 찾아볼 수 없게 됐다. 말 그대로 국제 게임쇼라는 이름이 무색해진 상황이 됐다. 급기야, 엔씨소프트에 이어 넥슨도 올해 행사 불참을 선언하는 등 '앙꼬 없는 찐빵'으로 전락하게 됐다.

넥슨의 불참 선언은 과거 엔씨소프트와 넷마블의 그것과는 의미가 다르다 할 것이다. 게임산업협회의 회장사라 할 수 있는 위치에 있기 때문이다. 현 강신철 회장은 넥슨 출신으로 벌써 3연임을 하며 협회를 이끌고 있다. 협회가 지스타의 운영을 맡아온 이후 최대의 위기를 맞고 있는 셈이다.

이제는 어떤 식으로든 구조조정이 이뤄져야 한다. 모바일게임의 급성장 속에서 온라인이나 콘솔 중심의 전시회는 한계를 맞을 수 밖에 없다. 그렇다면 유저들과 함께 호흡하고 새로운 콘텐츠를 전면에 내세울 수

있는 과감한 결단이 필요하다.

전시회 참가 기업에 대한 혜택도 보다 늘려줘야 한다. 영세한 스타트업들에겐 더 파격적인 비용을 제시하고, 가상현실(VR)과 증강현실(AR) 등 새로운 플랫폼을 전면에 내세우는 등 유저들의 눈길을 선도할 수 있는 방안을 찾아내야 한다.

특히 이번 기회에 전시회의 성격에 대한 정의도 새롭게 내려야 한다고 본다. 시장은 변하는데 지스타는 변하지 않는다면 그 결과는 눈을 감고 봐도 뻔한 것이다.

전시 컨벤션 산업이 전반적으로 위축되고 있는 것은 분명하다. 그렇다면 현재의 전시회의 성격을 고수해서는 어렵다 할 것이다. 더욱이 흥행을 담보할 수 없는 전시회에 막대한 자금을 들여 참가하려는 업체가 더 이상하지 않겠는가. 새로운 돌파구가 필요하다. 그것이 무엇이 됐든 현재의 전시회 성격으로는 흥행 가능성이 낮아지고 있다는 점에서 특단의 대책이 절실하다. 그렇지 않으면 한해한해 어렵게 가꾸어 온 지스타에 대한 무용론이 대두될지도 모를 일이다.

2019. 08. 16

폭증하는 마케팅비용, 제대로 쓰고 있는가

시장 선점을 둘러싼 경쟁이 치열해지면서 게임업체들의 마케팅 비용도 크게 증가하고 있다. 이는 곧 영업 이익 감소를 의미하는 것으로, 게임 비즈니스에서는 그 비용이 고스란히 유저들에게 전가된다는 점에서 긍정적이지 못한 현상이다. 그러나 이같은 시도조차 못하는 중소업체나 영세업체들의 입장에서 보면 마치 별나라 얘기처럼 들릴 수 있다는 것이다. 그만큼 양극화 현상이 심화되고 있는 곳이 다름아닌 작금의 국내 게임 시장이다.

일반 제조업과 달리 게임 비즈니스에서는 인건비 및 마케팅 비용이 상대적으로 높은 비중을 차지한다. 영업 비용을 최대한 줄이고 매출을 극대화하는 것이 답이지만 현실은 그렇지가 못하다.

온라인 게임이 아닌 모바일 게임이 주력 상품으로 떠오른 게임시장이지만, 게임 개발 기간은 그다지 줄지 않고 있다. 오히려 일부 작품들은 더 늘어나고 있다. 제작비가 증가하고 있다는 뜻이다. 또 과거와 달리 마케팅 비중은 갈수록 증대되고 있으며, 바이럴(구전) 마케팅은 사라지고 신문 방송 등을 통한 마케팅이 사실상 주류를 이루고 있다. 그럼으로써 불과 몇 년 사이, 마케팅 비용은 천정부지로 치솟고 있다. 잘 알려진 A작품의 경우 이같은 마케팅 비용으로 기백억 원을 썼다는 것은 이미 업계의 정설이 되다시피 하고 있다. 수요 환경이 과거와 크게 달라졌다고는 하지만, 과한 비용인 것만은 부인할 수 없다.

항간에는, 공들여 만든 작품을 뒷받침하지 못해 흥행에 실패했다는 개발자들과 유저들의 니즈를 제대로 읽지 못해 그렇게 된 거시 아니냐는 영업부서 사이에서 마케터들이 면피성으로 마케팅 비용을 활용하고 있는 게 아니냐는 지적이 나올 만큼 과한 측면이 없지 없다. 그들은 또 100을 쓰면 100 이상은 벌어들인다는 논리인데, 그러다 보니 마케팅 비용은 더 더욱 증가할 수밖에 없는 기형적 시장 구조가 만들어지고 있는 것이다. 안타까운 점은 게임 메이저들이야 그렇게 해서 흥행에 성공하면 좋고, 참패한다 하더라도 버틸 여력이 있지만, 그렇지 않은 중소, 영세 게임업체들은 가히 치명적이랄 수밖에 없다.

게임 비즈니스는 돈 놓고 돈 먹는 노름판이 아니다. 그런데, 현재의 시장 유통 구조는 마치 그런 식이 돼 가고 있다. 게임비즈니스가 실종되면서 시장은 파행의 늪으로 빠져 들고 있다. 도대체 게임계의 자금원을 어떻게 그런 식으로 낭비하는 것인가. 이는 한마디로 국부 유출과 같은 산업계 자금 유출이다. 더군다나 지상파 방송과 케이블 TV에 무슨 돈을 그렇게 퍼붓고 있는지 알다가도 모를 일이다. 그 돈을 합리적으로 조정해

산업 인프라 조성을 위해 쓸 수는 없는가.

홍행을 위해 마케팅 비용을 퍼붓는 거시 능사가 아니다. 좋은 작품은 유저들이 더 잘 안다. 적어도 쓰려거든 제대로 쓰라는 것이고, 그 규모도 적정선에서 벗어나지 말아야 한다는 것이다. 예컨대 홍행작과 작품성은 있지만 홍행 가능성이 떨어지는 작품을 묶어 콜라보레이션 마케팅을 시도하거나, 스타트업들의 마케팅을 지원하는 식이 바로 그것이다.

치열한 경쟁 속에서 살아남기 위해 마케팅에 사활을 걸고 나서는 게임업계의 어려움을 이해하지 못하는 것은 아니다. 그러나 돈 놓고 돈 먹기 식의 마케팅은 안된다는 것이다. 다시 말하지만 그건 게임비즈니스가 아니다. 꼭 필요한 곳에, 그리고 과하지 않게 해 나가는 지혜가 절실한 시점이다. 영업이익을 좀 먹게 하는 퍼대는 마케팅은 지양해야 마땅하다 할 것이다.

2019. 08. 23

김경진 의원이 발의한 결제 한도 부활 법안

온라인 게임에 대한 결제한도 폐지가 이뤄진 지 불과 석달 만에 또다시 이를 다시 부활시키려는 움직임으로 논란을 빚고 있다.

김경진 의원(무소속)이 대표 발의한 게임법 개정안이 바로 그것이다. 이 법안은 게임 과몰입 및 중독 예방조치 차원에서 결제금액 한도 설정이 필요하다는 전제 아래 유저들이 일정 금액 이상을 결제하지 못하도록 하는 것을 골자로 하고 있다.

이같은 소식이 알려지자 업계는 크게 당혹스러우며 다른 한편으론 다소 황당하다는 반응이다. 불과 3개월 전인 지난 6월 성인들에 대해 온라인 게임 결제 한도를 폐지했기 때문이다. 더군다나 온라인 게임에 대해서만 결제 한도를 적용한다는 것이 형평성에도 맞지 않을 뿐 아니라, 분별력이 있는 성인들에게까지 이를 적용한다는 것이 과연 시대 흐름에 맞느냐의 논란도 적지 않았기 때문이다. 한마디로 닫힌 사회로 돌아가자는 다소 구시대적 발상이란 것이었다. 그러나 이번에는 온라인을 넘어 정보통신망을 통해 제공되는 모든 게임에 대해 결제한도를 만들어 규제하겠다는 게 이 법안을 대표발의한 김 의원 측의 설명이다.

결론적으로 말하면 시대에 역행하는 법률이자, 국민을 여전히 자신들의 아래에 두고 훈수를 두고 가르치려는 구시대적 발상에서 나온 어이없는 법률이라고 아니할 수 없다. 이 법안은 따라서 상임위에도 상정되지 않고 폐기될 게 거의 확실하다.

어떻게 제도 개선이란 이름 아래 폐기된 내용을 불과 3개월만에 부활시키겠다고 법안 개정에 나선 것인지 알 수가 없는 노릇이다. 막말로 1년 정도 시행해 봤는데 역시나 문제가 있다고 하면 법안 개정을 검토해 볼 수 있다. 하지만 불과 3개월 전 폐기된 내용을 마치 자신의 소신처럼 법안 개정이란 이름으로 슬그머니 대못을 박으려 하고 있는 것이다. 이게 뭐 하자는 건가. 불과 3개월 앞조차도 내다 보지를 못했단 말인가. 이러니까 국회가 욕을 먹는게 아닌가.

김경진 의원에게 당부하고자 한다. 법안 취지에 대해서는 공감하지만 시대에 맞지 않는 것이라는 점을 상기했으면 한다는 것이다. 이번에 제출한 게임법 개정안은 70년대에나 맞을 법한 옷이다. 박정희 독재 정권에서나 나올 법안을 시계추를 돌려 지금 김 의원이 다름 아닌 그 길로 인도하고자 하는 것이다. 대한민국 성인들은 그렇게 어리석지 않다는 점을 유념해 주었으면 한다

2019. 10. 04

성큼 다가온 게임국감, 어찌볼 것인가

매년 이 때쯤 어김없이 찾아오는 국정 감사가 시작됐다. 조국 법무부 장관의 거취 문제를 놓고 여야가 첨예하게 대립하면서 다른 현안들에 대한 관심이 상대적으로 멀어지고 있다. 그 때문인지 일각에선 벌써부터 반쪽 국감이 되는 게 아니냐는 우려를 나타내고 있다. 다행히 게임 산업의 경우 이렇다할 이슈도 없고 정치적인 연관성도 없다는 점에서 이번 국감에서는 큰 주목을 받지 않을 것으로 예상된다.

또 인기에 영합한 한탕주의나 망신주기 관행까지 사라지면 좋겠으나, 안타깝게도 국회 분위기를 보면 기대했던 그 방향으로는 흘러 가는 것 같지는 않다. 더불어민주당과 자유한국당, 바른미래당 등 여야가 주요 게임업체들의 대표들을 이달 하순께 국감장으로 불러낼 움직임을 보이고 있기 때문이다.

이같은 방침은 과거에도 있어 왔고, 게임산업에 대한 비중이 점차 높아지면서 더 잦은 모습을 보이고 있다는 점에서 새삼스럽다 할 수 없을 것이다. 문제는 게임업계 인사를 불러 놓고 제대로 된 국감 증인으로서 의견을 구하는 것이 아니라 마치 훈계하듯, 죄인 다루듯 고압적인 태도로 이들을 다룬다는 것이다.

실제로, 과거 게임산업협회장을 역임한 김 모 사장은 국감장을 다녀온 이후, 그 트라우마로 인해 사직했고, 또다른 김 모 회장도 국회를 다녀온 이후 회장직에서 물러났다. 지난해 국감장에 불려간 김택진 사장은 그나마 국회에서 예우를 갖춘 케이스에 속한다는 평이 나왔다.

국회에서 게임산업에 대해 관심을 기울이는 것은 매우 반가운 일이다. 게임계의 현안이 대부분 법제화를 앞두고 있다는 점이 그렇고, 그만큼 게임에 대한 사회의 비중이 점차 증대되고 있음을 보여주는 대목일 수 있기 때문이다.

그러나 경험적으로 보면 한번도 좋은 일로 불려 나간 적이 없다는 것이다. 또 국감 증인들을 마치 죄인 다루듯 호통치고 훈계하는 일은 거의 다반사가 됐다.

이젠 국회도 달라져야 한다고 본다. 특히 국감장의 모습을 보면 과거의 그것과 많이 달라졌다고 하지만, 구태는 여전하다는 게 국민들의 생각이다.

산업의 역사가 아직 일천한 게임산업계에 대해 마치 제도권의 그것처럼 한꺼번에 많은 것을 요구하는 것은 형평성에도 어긋날 뿐 아니라 가당치도 않았다는 점을 유념했으면 한다. 특히 선량들의 한건주의에 의해 기업인들이 불려 다니는 일이 없었으면 한다. 게임업계는 그냥 그대로 놔두는 것이 제도권에서 도와주는 일이다.

2019. 10. 11

한국게임 판금 조치한 중국을 어찌볼 것인가

중국의 한국 게임 판금 문제가 국회 도마 위에 올랐다. 오늘날의 중국 게임계를 있게 한 한국 게임업계에 대해 매몰차게 돌아선 중국 당국에 강력한 항의 조치를 취해야 한다는 게 국감의 분위기였다.

조경태 의원(자유한국당)은 최근 국회 문화체육관광위원회 감사에서 지난 2년여 동안 한국 게임업체들이 중국에서 판호를 단 한 건도 발급받지 못했다며 문제점을 지적했다. 조 의원은 그러면서 이같은 문제점을 해결하기 위해 정부가 세계무역기구(WTO)에 제소할 의향이 없냐며 강한 논조로 물었다.

이에 대해 박양우 문화장관은 "중국측에 우리정부의 의견을 전달한 바 있다"며 "문화 수출입을 관리하는 주무부처로서 WTO 제소 문제는 종합적으로 검토할 문제"라고 답했다. 우리 국회로 넘어간 중국 판호 불허 문제는 단순히 역차별 문제로 해석해서 볼 일 아니다. 한국 게임 판금 수준으로 봐야 한다. 시진핑 주석이 입으로는 자유무역을 지향한다 하면서도 철저히 중국화를 요구하고 있고, 그렇지 않으면 도태시키려 하고 있는 정책과 무관하지 않다.

국내 게임 시장은 중국산 모바일 게임들의 파상적인 공세로 몸살을 앓고 있다. 이를 놓고 일각에서는 정부가 중국 게임에 대해 강력한 수입 규제 조치를 취해야 한다고 지적하고 있지만, 현지로 나가 있는 한국 게임 업체들에 불이익이 돌아갈까 이러지도 저러지도 못한 채 속앓이를 하고 있다.

그러나 우리 앞마당은 활짝 열어 놓고, 중국 당국의 한국 게임 판금 조치에 대해서는 좀더 지켜보자는 태도는 무역 불공정 행위란 양자간의 문제를 떠나 대한민국 정부의 자존심을 구기는 것이나 다름 아니다. 이러한 일은 비단 게임과 경제뿐 아니다. 정치 분야도 마찬가지다. 아닌 것은 아니라고 해야 국제간 신뢰가 쌓인다. 우리 정부가 중국 당국의 태도를 더 지켜보겠다는 것은 결코 아니라고 본다.

WTO에 제소함과 동시에 중국 게임의 수입을 불허해야 한다. 중국 게임에 대한 수입 문제를 사전 심의제로 돌려 엄격한 규제가 이뤄지도록 해야 한다. 특히 중국 당국이 취하고 있는 정책이 한국게임에 대해 판호를 내주고 안 내주고 하는 문제가 아니라 사실상의 판매금지 수준인데, 정부가 판호 허용 여부 문제로 축소해 바라보는 시선에 대해서는 단호히 배격하고자 한다. 민관차원의 대책이 서둘러 마련돼야 함은 두말할 나위 없다 할 것이다.

2019. 10. 25

지스타는 게임계의 역사의 현장이다

국제 게임 전시회인 '지스타'가 올해로 15주년을 맞이한다.

대한민국 온라인 게임 전성기 때와 함께 문을 연 지스타는 우리나라 게임 산업의 위상을 세계에 알려 오는 등 게임을 통한 국제 교류의 장으로 큰 역할을 해 왔다. 특히 외적 성장과 동시에 내실을 다지면서 국내 컨벤션 산업의 새로운 가능성을 제시하기도 했다.

하지만 게임 시장의 흐름이 온라인에서 모바일로 쏠리면서 지스타도 위기를 맞기 시작했다. 올해에는 출범 이후 단 한 번도 전시회에서 빠져본 적이 없는 메이저 넥슨이 불참을 선언했고, 매년 참가해 온 몇몇 중견 업체들의 빈 공간도 여러 곳 발견돼 아쉬움을 안겨주고 있다. 사정을 들어보면 기업 활동이 여의치 않다는 것이 주된 이유인데, 지스타라는 오프라인 공간에서 작품을 접하거나 그들을 기다려온 많은 팬들은 서운한 기색을 감추지 않고 있다.

문제는 이같은 오프라인 전시회가 해를 거듭할수록 위축되고 있다는 점이다. 지스타 뿐만 아니라 중국에서 열리는 '차이나 조이'나 독일 게임전시회 인 '게임스컴' 일본의 '도쿄 게임쇼' 등도 참가업체 외면 등으로 전시회 규모를 축소하는 등 몸살을 앓고 있다. 그만큼 글로벌 시장의 게임 업황이 좋지 않다는 것이다.

그렇다고 전시회를 관두고 역사속으로 돌려 놓을 것인가. 그것은 극단을 향한 최악의 수라고 아니할 수 없다. 덮기는 쉬워도 만들기는 쉽지 않는 법이다. 국제 게임 전시회를 개최하는 등 이를 만들어 가는 과정은 쉬운 일이 아니다. 기존 대회를 유치하는 것 조차도 힘든 마당에 대회를 개최하고 주관하는 일이란 흔한 말처럼 돈만으로도 되는 게 아니다. 기반 시설 등 전시회 인프라를 갖춰야 하고, 관객들의 호응이 있어야 하며, 참가업체들의 하고자 하는 의지가 따라야 한다.

지스타의 위상이 예전만 못하다는 것은 분명하다. 전반적인 시대 흐름과 무관해 보이지 않는다고 여겨진다. 그러나 그렇다고 해서 지스타에 대한 대폭적인 수술을 가하자는 일각의 목소리에 대해서는 동의할 수 없다. 지스타는 게임계에 몇 안되는 유형의 자산이자 역사의 현장이다. 그 과정이 아무리 지루하고 어렵다 하더라도 견뎌야 할 것은 견디는 것이다. 역사는 그렇게 만들어지는 것이라고 믿고 싶다. 그러한 전제아래 지스타의 새로운 비전이 제시됐으면 한다.

14일부터 열리는 올해의 지스타가 좋은 성과를 거두기를 바란다.

2019. 11. 08

게임법 전면 개정, 방향이 중요하다

박양우 문화체육관광부 장관이 최근 부산의 한 모임에서 게임 산업 재도약을 위한 방안 가운데 하나로 게임산업진흥법을 전면적으로 개정하겠다는 입장을 밝혀 관심이 모아지고 있다. 박 장관은 특히 "불필요한 규제가 있다면 게임계의 시각에서 재검토하고, 게임이용자를 보호하기 위한 다양한 제도 역시 법령에 담아가겠다"면서 "이를 위한 구체 방안으로 게임법 개정안을 산업 중장기 계획에 포함시켜 추진하겠다"는 일정을 밝히기도 했다.

10년만에 전면적인 개정이란 운명을 앞두고 있는 게임진흥법은 겉으로는 산업 진흥을 표방했지만 실제로는 산업을 옥죄는 조항들이 많아 '게임규제법'이라는 업계의 비아냥을 사왔다. 더욱이 일각에선 게임산업진흥법에 대한 무용론이 제기되는 등 업계의 불신의 진원지로 지목되기도 했다.

박 장관의 이같은 입장표명에 대해 게임업계는 일단 지켜보자며 다소 신중한 반응을 보이고는 있으나, 정부의 전면적인 법개정 방침이 알려지면서 크게 고무된 모습이다.

문제는 법안 개정 방향이다. 게임진흥법은 한마디로 규제법에 더 가깝다. 그런데 시대가 바뀌었다고 해서 법 제정 취지에 어긋난 법안을 만들 수는 없다. 업계 일각에서 제기되고 있는 별도의 진흥법 제정 또는 현재의 게임진흥법의 완전 폐기 의견이 나오고 있는 것은 그런 측면에서 설득력이 없지 않다. 특히 제작과 유통에 관한 법률 조항들이 시대의 흐름을 전혀 반영하지 못하고 있는데다, 게임 산업 환경과도 아주 동떨어져 있다는 점에서 새로운 법안 제정이 요구되고 있는 것이다.

예컨대 기본 골격은 그대로 두고 몇가지 곁가지만 쳐 내는 식의 법안 개정을 고민하고 있다면 차라리 그대로 방치하는 등 사문화되도록 하는 것이 더 낫다 할 수 있다. 다시 말하면 이도 저도 아닌 어정쩡한 법안 개정은 불가하다는 것이다.

정부가 게임 진흥법 개정을 전면적으로 단행한다면 이같은 시대적 흐름과 산업적 환경 그리고 문화적 특성을 적극 반영해야 할 것이다. 또 이용자 측면 역시 고려해야 할 대상이라면서 이쪽저쪽에다 대못을 박겠다는 마음은 추호도 갖지 않았으면 한다. 그것은 선진문화로 가는 길이 아니라 시계 바늘 방향을 과거로 돌려 놓는 길이기 때문이다. 기왕에 하고자 했다면 제대로 된 게임진흥법을 만들었으면 한다. 법안 개정 방향이 무엇보다 중요하다 할 것이다.

2019. 11. 15

시장 변화를 주도하는 여성 유저 파워

남성들의 전유물로 여겨져 왔던 모바일 게임 유저들이 최근 여성 중심으로 바뀌고 있으며, 특히 30대 여성들의 유저 비중은 갈수록 확대되고 있는 것으로 나타나 주목을 끌고 있다.

최근 발표된 모바일 게임 이용 데이터 분석에 따르면 안드로이드 기준 모바일게임 유저는 1730만 명으로, 이 가운데 남녀 성비는 50.3%대 49.7%로 거의 유사하게 나났다. 그러나 30~60대 연령층에서는 여성 유저층이 남성 유저층을 압도하며 모바일 게임을 즐기는 것으로 조사됐다.

이같은 조사 결과는 그간 남성 중심으로 이끌어져 온 온라인 게임 시장이 고개를 숙이면서 모바일 게임 시장으로 판이 바뀌었는데, 그 게임의 무게가 온라인 게임의 그것보다는 상대적으로 가벼워진데다, 누구나 쉽게 접근할 수 있는 장르의 게임들이 쏟아져 나오면서 여성 유저들이 대거 모바일 게임 시장으로 유입됐기 때문으로 보인다. 특히 인기있는 A사의 B게임의 경우 충성도 높은 유저 상당수가 여성 유저들이었던 것으로 나타나는 등 여초 현상을 빚어내기도 했다.

그러나 이같은 유저 변화에 대한 전조 현상은 훨씬 이전부터 나타나기 시작했다는 것이 업계의 중론이다. 지난 2016년 한 게임업체 직원이 페미니즘 커뮤니티인 '메갈리아'를 후원하는 티셔츠 착용 사진을 게임 커뮤니티에 올렸다는 이유로 전격 퇴출되자 유저들로부터 거센 반발을 산 사건은 여성 유저들이 게임내에서 소수가 아님을 보여준 대표적인 사례라는 것. 이후 이 문제는 사회적으로도 큰 파장을 일으키는 계기가 되기도 했으며, 일각에서는 젠더 문제로도 비화되기도 했다. 남성 중심의 스토리텔링을 이끌어온 게임계가 깜짝 놀란 사건이자, 여성 유저들의 맹렬한 파워를 생각하지 않을 수 없는 정곡점의 전기가 됐다.

안타까운 점은 여성 유저 파워가 갈수록 증대되고 있음에도 불구, 게임 개발 장르는 여전히 MMORPG에 몰려 있다는 것이다. 이들을 수요로 이끄는 한편, 심화, 발전시킴으로써 건전한 게임 유저로 자리매김할 수 있도록 노력을 기울이지 않고 있는 것은 해마다 수요 감소로 어려움을 겪고 있는 게임 시장의 실정에 비춰보면 매우 유감스러운 일이라고 아니할 수 없다. 더욱이 시장 파이를 더 키울 수 있는데, 이들의 파워를 간과하고 있었다는 것은 어찌 보면 직무유기라고도 할 수 있다.

우리나라 영화의 중흥기를 이끈 1990년대의 주요 작품들은 대부분 젊은 층 및 여성층의 감정을 사로잡는 코믹 영화였다. '나의 사랑 나의신부' '미스터 맘마' '접속' 등은 특히 그런 장르의 작품에 속했다. 그 이전엔 이같은 장르의 작품을 기획하지도, 그 가능성을 예측하지도 못했다. 하지만 젊은 감독들과 신예 작가들이 중심이 된 뉴 페이스들은 대담하게 그 도전에 임했다. 이들의 이같은 기획 의도는 예상대로 시장에서 먹혀 대박을 터트렸고, 극심한 수요 부진으로 침체에 허덕이던 대한민국 영화계를 르네상스로 이끌었다.

새로운 장르의 개발도 중요하지만 새로 유입되는 유저들의 성향과 트렌드를 살펴보는 것도 중요한 마켓 포인트를 찾는 일이라 할 수 있다. 특히 여성 유저들의 점증 추세는 침체의 늪에서 몸부림치고 있는 게임 판매시장에 새로운 돌파구로 작용할 수 있는 전환점이 될 수 있다는 측면에서 시사하는 바가 크다 할 것이다. 이를 통해 대한민국 게임업계의 제2의 부흥기를 기대하는 것은 너무 섣부른 바람일까. 어찌됐든 고무적인 현상임엔 분명한 사실이라고 하겠다.

2019. 11. 22

중국 게임들의 선정적 광고 … 대책은 없나

중국 게임업체들이 한국 내수 시장을 마구 휘젓고 있다. 더욱 더 가관인 것은 중국 당국이 한국 게임업체들에 대한 판호 거부 등 제 멋대로의 행정을 펼쳐 보이고 있는 가운데 선정적이고 저질 광고를 앞세워 시장 질서를 혼탁케 하고 있는 것이다. 결국, 게임업계 스스로 시장을 한번 바로 세워 보겠다며 자정 노력을 기울인 것들이 이들에 의해 허사가 될 처지에 놓이게 됐다는 점이다.

한국 게임업체들은 자율 규제라는 이름 아래 여러 제약을 받고 있다. 아이템 판매에서 광고에 이르기까지 제도권의 규범에 어긋나지 않도록 자율적인 기준을 마련해 이를 지켜가고 있다. 하지만 중국 게임업체들은 다르다.

대표적인 사례는 중국 37게임즈의 '왕비의 맛'이란 모바일 게임이다. 이 회사는 이 게임을 홍보하면서 선정적인 내용을 담은 광고를 유튜브, 페이스북 등에 대거 노출시키고 있다. 이 광고는 여성의 성을 상품화하고 있다는 점에서 업계에서 논란이 빚어지기도 했는데, 이 업체는 이에 아랑곳하지 않고 계속 광고를 내 보내고 있다. 이 게임은 현재 구글 플레이에서 15세 이용가로 서비스되고 있다.

문제는 이같은 중국산 게임들의 선정적이고 자극적인 광고가 처음이 아니라는 사실이다. 그러나 더 큰 문제는 이같은 사달에도 불구, 이들을 규제하거나 제어할 수 있는 마땅한 법적인 장치가 없다는 것이다.

지난 9월 한국게임정책자율기구에서 게임광고자율규제위원회를 발족시켰지만 뾰족한 대책을 내놓지 못하고 있다. 또 이들을 강제하기 위해서는 법인 또는 기업이 한국에 위치해 있어야 하는 데, 이들은 자국에서 한국 대행사를 통하거나 제3 기업을 통해 게임을 론칭시키는 편법을 일삼고 있어 단속조차 어려운 실정이다. 말 그대로 법의 사각지대에서 영업행위를 하고 있는 것이다.

게임은 이미 국경이 사라진지 오래됐다. 그렇다고 해서 영업 활동까지 무제한 허용된 것은 아니다. 특히 로마에 왔으면 로마법을 따라야 함은 두말할 나위 없다. 이들을 제어 또는 통제할 수 있는 특단의 대책을 마련해야 한다. 국내 게임업체들만으로는 게임 유통질서를 바로 잡을 수 없다는 측면에서 특히 그렇다. 조속한 대책마련을 추진해야 한다.

이들의 이같은 행태를 그대로 방치하면 과거, 우리 선현들이 우스갯소리로 즐겨 했던 재주는 곰이 부리고 돈은 X놈이 가져 간다는 소리를 지구인이 화성을 달려 간다 하는 이 시대에 또다시 그대로 듣게 될지도 모를 일이다.

2019. 11. 29

자동 사냥 등 불법 프로그램은 초기에 뿌리뽑아야

블리자드가 최근 온라인 게임 '오버워치'에서 불법적인 프로그램을 사용해 물의를 빚은 1300여 개의 계정에 대해 영구 제명이라는 초강경 조치를 단행했다. 이들은 '허용되지 않은 제3자 외부 프로그램'을 사용한 것으로 드러났는데, 일반적으로 핵이라 불리는 비인가 프로그램이다. 이런 프로그램은 조준 보정, 위치 노출 등 비정상적인 플레이가 가능, 유저 입장에선 경계의 대상이자 골칫거리 가운데 하나가 되고 있다.

게임 개발사 입장에서는 완성도를 높이고 유저들의 니즈를 반영하는 일이 무엇보다 중요하다. 또 서비스 이후 작품의 밸런스를 맞춰 나가는 일 역시 간과할 수 없는 과제다. 어렵사리 작품을 완성해 선보였는데, 밸런스 문제 때문에 흥행 전선에 먹구름이 끼거나 유저들이 떠나간다면 이보다 더 답답할 노릇은 없다 할 것이다.

특히 게임 밸런스가 망가지고, 이로 인해 유저들의 불만을 사 끝내는 서비스 중단이란 극단의 결정을 내리고 흥행 시장에서 철수한 사례들을 종종 볼 수 있었다는 점에서 핵과 자동 사냥 등과 같은 불법적인 프로그램들은 게임 주변에서 반드시 퇴출해야 함은 두말할 나위 없다.

이에 따라 게임업체들은 24시간 감시체제를 가동하는 등 불법 프로그램들과 전쟁 아닌 전쟁을 벌이고 있지만, 이를 막는 일

또한 쉬운 것이 아니다. 열사람이 한 도둑을 지키지 못한다고 사후 약방문식으로 끝나는 경우가 허다하다. 어찌 보면 이들 프로그램 특성상 사전 조치가 쉽지 않다는 점도 고민거리다. 그래서 사태가 터진 이후, 관련자들을 색출해 그 계정을 영구 제명하는 등 제재 조치를 내놓곤 하는데, 이 역시 시간이 지나면 또 다른 불법프로그램이 등장한다. 한마디로 지키려는 자의 방패와 이를 뚫고 들어가려는 자의 창이 경연을 벌이는 모순의 연속인 것이다.

이 문제는 완벽한 게임 시스템 구축도 중요하지만, 무엇보다 유저들의 인식 개선과 이를 위한 업계의 지속적인 근절 캠페인 등 유저 자정 노력이 급선무라 할 것이다. 이 기회에 게임 전문 언론과의 유기적인 협력 방안과 함께 게임 유관 단체와의 연대도 모색해 봄 직 하다. 이와 함께 불법 프로그램을 양산하는 등 자신의 능력을 과시해 보려는 일부 몰지각한 유저들의 기술력을 완전 퇴치하려는, 게임업체들의 쾌적한 게임 환경 조성 노력도 절실하다고 본다. 그렇게 해야 소중한 자산을 지킬 수 있고, 보다 흥미로운 게임을 유저들에게 제공할 수 있기 때문이다. 핵과 같은 불법 프로그램 등은 반드시 초기에 색출해 걸어내야 할 것이다.

2019. 12. 20

경기도에 2% 부족한 게임 산업 정책

경기도는 전국에서 가장 많은 1300만 명의 주민이 사는 지자체다. 또 주요 대기업들이 대부분 경기도에 밀집해 있다. 게임업계도 판교 테크노밸리를 중심으로 규모가 큰 기업들이 이곳에서 둥지를 틀고 있다. 대한민국 게임 산업의 메카가 바로 경기도에 속해 있는 것이다.

그 때문인지 경기도에서는 오래 전부터 이를 지원하기 위해 산하기관을 두고 운영해 왔다. 그 대표적인 기관이 경기문화콘텐츠진흥원과 성남산업진흥원 등이다.

그러나 경기도의 지원책을 보면 그렇게 특별한 것이 없다. 입주 업체에 대한 임대 지원 및 전시회 지원 등이 고작이다. 그나마 최근 들어 e스포츠 육성 사업을 확대하고 경기게임문화센터(가칭)를 설립키로 한 것 등은 다행이라 하겠다.

경기도는 지난해 중소 게임업체 지원과 e스포츠 육성사업을 위해 2022년까지 533억 원을 투자하는 내용의 '게임 산업 육성 추진계획'을 발표했다.

또 건전 게임 문화 확산을 위한 경기게임문화센터(가칭) 설립도 추진키로 했다. 센터는 게임 과몰입이라는 사후적 현상에 접근해 상담·치료에 중점을 두기보다 적절히 게임을 즐길 수 있도록 사전 예방 방식으로 운영한다는 방침이다.

이를 종합해 보면 경기도가 과거와 다른 게임 정책 행보를 보이고 있는 것이 분명한 것 같다. 그간 경기도의 게임 정책은 선제적인 조치보다는 정부 정책에 발 맞추는 정도의 후순위 성격이 짙었다. 업계가 아쉬움을 드러낸 것은 바로 이 점이다. 게임의 메카를 둘러싸고 있는 도에서 정부와 차별화된 정책을 수립하는 등 주도적인 역할을 해야 함에도 정부의 뒷모습만 보고 따라가는 장면만 연출해 왔다는 것이다.

그렇다. 경기도가 이젠 명실상부한 게임 산업의 본산을 업고 있는 지자체로서 면모를 보여줘야 한다. 그러기 위해서는 형식적이고도 체면치레성 정책 지원에서 벗어나, 보다 창의적이고 적극적인 정책 개발 및 발굴에 힘써야 할 것이다. 이를 위해 정책 자문기구 등을 신설해 도가 추진하려는 게임 산업 지원책을 사전 조율해 보는 것도 필요하다 하겠다.

경기도가 경자년 새해, 새롭게 거듭나는 게임 산업 정책을 발굴, 지원했으면 하는 바람이 크다.

2020. 01. 31

게임계 중국 성금 모금은 한 통로로 일원화해야

중국이 신종 코로나 바이러스 처리 문제를 놓고 체면이 말이 아닌 꼴이 됐다. 벌써 수만 명이 이 바이러스에 감염됐고, 사망자 수 또한 하루에도 수십명씩 늘어는 등 전 세계를 공포의 도가니 속으로 몰아 넣고 있다. 우리나라 정부도 중국에서 입국하는 모든 여행객들에 대해 공항에서부터 철저한 검역 검사를 실시하는 등 국내 바이러스 확산을 막기 위해 총력을 기울이고 있다.

중국이 이같은 어려운 처지에 빠지자 각국의 중국 돕기 움직임도 빨라지고 있다. 특히 중국 기업들과 밀접한 관계를 맺고 있는 국내 게임업체들의 구호 지원 및 물품 지원 활동도 활발해 지는 모습이다. 중국에서 '크로스파이어'로 매년 1조 원 가까운 수익을 올리고 있는 스마일게이트와 '미르의 전설'로 현지에서 튼튼한 입지를 다져온 위메이드는 각각 17억 원과 1억 7000만 원의 성금을 내놓기도 했다. 또 넥슨 등 국내 게임 메이저들도 심각해지고 있는 중국 현지 사정을 고려해 구호 물품 지원을 검토중인 것으로 알려졌다.

이웃집의 이같은 어려움을 십시일반의 마음으로 도우려는 것은 인지상정이자 우리 국민들의 보편적인 정서다. 중국은 지금 신종 코로나 바이러스로 인해 국가적 위기에 처해 있다. 따라서 이들을 돕고자 하는 것은 어찌 보면 당연하다 하겠다. 정부가 나서 우리 국민들의 마음을 담아 성금을 전달하는 구호 지원 방식이 대표적이다.

그러나 이와는 별개로, 기업들이 직접 나서 성금이나 구호 물품을 전달하려는 데 대해 나쁘다 할 순 없지만 소담스럽다고는 말할 수 없다. 지금 처지를 따질 때이냐고 물을 수 있겠으나 그렇다고 중국이 아주 위태한 지경에 놓인 상황은 아니라는 것이다. 그렇다면 업종 단체에서 이 문제를 고민하고 나섰으면 어땠을까 하는 생각이 든다. 성금 지원 규모를 놓고 이 기업은 얼마를 냈느니 어땠느니 하는 이상한 오해를 살 수 있을 뿐 아니라, 기업들간 눈치보기로 인해 규모의 경쟁을 치를 수도 있기 때문이다.

그런 측면에서 한국게임산업협회에 유감을 표시하지 않을 수 없다. 협회는 그저 회원사들의 일정 회비만을 받고 회원사들의 단순 민원만을 해결하는 곳이 아니라는 것이다. 고도의 정치력을 보여줘야 하고, 필요할 경우 협회가 앞장서 솔루션을 제공해야 함은 두말할 나위 없다. 또 업계의 불편한 진실을 얘기하고 그로 인해 쏟아지는 여론의 뭇매를 대신 감당하는 곳 역시 협회가 돼야 한다는 것이다.

그런데, 이럼에도 불구, 아무런 움직임이 없었다는 것은 협회가 현실 감각이 뒤떨어지거나, 사태에 대한 이해도가 아주 부족한 때문이 아닌가 하고 묻지 않을 수 없다.

오죽하면 단체의 성격과 역할이 다른 게임 학회에서 업계의 성금을 걷겠다고 나섰겠는가. 이 모습 또한 한참을 빗나간 것이긴 하지만, 이같은 해프닝이 벌어지기 전에 협회가 나서야 했다는 것이다.

좋은 일은 모양새도 예뻐야 한다. 그래야 나중에 탈이 없고 선의가 선의로 받아 들여진다. 그렇지 않으면 때 아니게 말들만 양산하게 된다. 지금이라도 늦지않았다. 협회가 나서 회원사들의 성금을 모아 중국 측에 전달했으면 한다. 그게 진정한 마음의 표시이며, 중국과의 관시를 나타내는 징표라고 생각한다.

2020. 02. 07

게임진흥법 '개악'이 돼선 곤란하다

정부가 산업 환경을 제대로 반영하지 못하고 있다는 지적을 받아온 '게임산업진흥에 관한 법률'(게임산업진흥법) 법안을 전면적으로 개정하겠다고 밝혔다. 업계에선 그간 게임산업진흥법에 대해 명칭은 '진흥'인데 그 내용을 들여다 보면 온통 '규제'로 이뤄져 있다며 비판의 목소리를 감추지 않아왔다. 역설적으로 이 법안 제정 이전이 더 활기차고 사업하기가 좋았다는 것이다.

이같은 문제점을 인식한 문화체육관광부가 올해 게임산업진흥법을 대대적으로 개정해 새로운 시장 환경에서 분위기를 띄우고 있는 업계의 생태계를 제도권 차원에서 돕겠다고 나선 것은 매우 긍정적인 움직임이라고 이해하고 싶다. 그러나 막상 법안 개정안 방향이 잡히고, 그 결과물에 대한 윤곽이 드러나자 업계에서는 기대보다는 우려의 목소리가 더 크게 나오고 있다.

무엇보다 법안 성격이 여전히 후진국 형인 포지티브 방식에서 벗어나지 못하고 있다는 것이다. 특히 일각에선 진흥보다는 오히려 규제를 더 강화한 것이 아니냐는 지적도 나오고 있다.

먼저, 법안의 명칭을 산업이니 진흥이니 하는 수식어를 다 털어내고 '사업법'으로 바꾸겠다는 것인데, 게임계는 문화부 소관 66개 법률안 가운데 사업법이란 명칭을 쓰는 법이 하나도 없을 뿐 아니라, 사업이란 이름

이 들어간 타 부처 법안들의 성격을 살펴보면 주로 규제법에서 이뤄지고 있다는 점에서 동의할 수 없다는 입장이다. 그러나 김상태 순천향대 교수는 조문을 재배치하고 분산된 구조를 체계적으로 정비하기 위해선 불가피하다는 반응이다. 이에 따라 진흥과 산업이란 조항 삽입 여부를 둘러싸고 상당한 진통이 예상된다.

업계는 또 법안 제4조(게임사업자의 책무)와 제34조(사행성 확인), 제63조(결격사유), 제68조(게임사업자의 준수사항), 제75조(게임과몰입 예방조치) 등 게임 사업자의 의무와 관련된 내용들이 선언적 조항으로 구성됐다는 점에서 문제가 있는 조항들이라고 지적하고 있다. 이를 테면 이를 근거로 향후 새로운 규제 도입의 근거로 활용될 수 있다는 것이다.

이와 함께 대다수 조항들이 대통령령 위임(96개 조항 중 86개 조항)으로 법안을 구성함으로써 사업자들에게 불확실성을 증대해 자유로운 영업 활동을 침해하고 창작 활동을 제한할 가능성을 높이고 있는 점도 논란을 일으키고 있다. 이렇게 될 경우 사회 분위기 등 시류에 흘러 규제 조항이 늘어날 수밖에 없을 것이란 게 전문가들의 지적이다.

이밖에 청소년의 연령을 만 19세 미만으로 정의하고 있는 것도 다소 시대 흐름과 거리가 먼 조항으로 업계는 보고 있다. 예컨대

영화, 비디오 등 타 콘텐츠 산업은 청소년 나이를 만 18세로 정의하고 있는데, 굳이 게임만 19세를 고집하는 것이 이해할 수 없다는 게 업계의 중론이다. 자칫 게임만 역차별을 받을 수 있다는 것이다.

그러나 사행성·중독·도박 등 부정적인 단어들이 빠지고, 게임에 대한 정확한 규정을 위해 기존 용어인 '게임물'을 '게임'으로 변경한 것 등은 시대흐름을 읽는 긍정적인 시그널로 이해할 수 있겠다.

법안 개정은 시대에 걸맞은 방향 뿐 아니라 국민 정서를 잘 반영해서 이뤄져야 한다고 본다. 더욱이 산업 관련 법안은 정부의 입장도 그것이지만, 업계의 환경과 업계의 의견을 반영하고 이를 통해 미래를 가늠하게끔 다듬고 만들어져야 한다고 믿고 싶다. 그렇다면 이번 게임산업진흥법 개정안은 좀더 업계의 입장을 반영해서 완성돼야 하지 않을까. 필요하다면, 개정안 확정에 앞서 공청회를 한 두차례 더 열어 업계의 여론을 수렴하라고 주문하고 싶다. 그래야 누더기 법안이 되지 않는다. 그렇다고 서두를 일은 아니다. 어차피 법안 개정을 결정했다면 좀더 심도 있게 차분히 법안 조항들을 살펴보는 것도 나쁘지 않다고 본다.

2020. 02. 21

카카오게임즈의 새로운 위상을 기대하며

카카오게임즈가 1세대 게임 개발자인 송재경이 설립한 엑스엘게임즈를 전격 인수했다. 이 회사는 최근 엑스엘게임즈의 지분 약 53%를 취득하고 경영권을 가져왔다.

카카오게임즈는 이번 인수를 통해 검증된 개발력과 게임 판권(IP)을 확보해 포트폴리오에 다양성을 부여하고 경쟁력을 강화한다는 포석이다. 반대로 엑스엘게임즈는 PC 온라인과 모바일 전략 타이틀 개발에 필요한 자금을 확보하고 집중할 수 있는 든든한 배경이 생겼다. 양사 모두 윈윈할 수 있는 모델이 만들어진 것이다.

엑스엘게임즈는 '바람의나라' '리니지' 등을 개발한 송 대표가 지난 2003년 설립한 업체다. 그동안 온라인 MMORPG '아키에이지'와 작년 대한민국 게임대상 최우수상을 받은 모바일 MMORPG '달빛조각사' 등 다수의 게임을 개발해 왔다.

양사의 관계는 이미 수년 전부터 긴밀하게 연결돼 왔다. 카카오게임즈는 2018년 8월 엑스엘게임즈에 100억 원을 투자하며 전략적 파트너십을 맺기도 했고, 지난 해 10월에는 첫 협업 프로젝트인 모바일 게임 '달빛조각사'를 시장에 론칭해 280만 이상의 누적 다운로드를 기록하기도 했다. 그러나 썩 만족스러운 결과는 아니다.

카카오게임즈가 이번에 전격적으로 엑스엘게임즈의 인수를 결정하고 나선 것은 이같은 양사의 느슨한 전략적 관계로는 더 이상의 시너지 효과를 기대할 수 없겠다는 판단에서다. 특히 카카오게임즈의 입장에선 아직도 갈 길이 먼 형편이다. 더욱이 모 기업인 카카오는 지난해 수익 개선을 통해 매출 3조 원 시대를 열었지만, 게임 부문은 도리어 시즌을 역행하는 부진한 성적표(전년대비 5% 감소한 3973억 원)를 받아 쥐고 말았다. 충격 요법이 필요한 시점에 서있는 것이다.

카카오게임즈는 이번 엑스엘게임즈 인수를 계기로 새로운 포트폴리오를 짜야 할 것이다. 또 그 위치에 맞는 업계의 위상을 다시금 정립해야 한다고 본다. 카카오 그늘에서도 벗어나려는 노력을 기울여야 함은 두말할 나위 없다. 그러기 위해선 독자적인 행보도 보여줘야 한다. 카카오게임즈는 그럴 역량이 충분하다.

엔씨소프트, 넷마블, 넥슨 등에 이어 업계의 든든한 퍼블리셔 역할을 수행해 주길 바란다. 특히 빅 브라더로서 새로운 게임 역사를 기록하기를 기대해 본다.

2020. 02. 24

류호정 정의당 후보에 대해

지난 2014년 '리그 오브 레전드(LoL)' 게임 계정을 지인과 함께 공유한 사실이 드러나면서 논란을 빚어온 류호정 정의당 비례대표 후보가 최근 기자회견을 갖고 자신의 대리게임 행위에 대해 사과했다.

류 후보는 "6년 전 몇몇 지인과 게임 계정을 공유했다"며 "사회생활 시작과 '하스스톤'이라는 또 다른 게임을 하면서 대회 출전까지 생각하고 있었다. 별생각 없이 계정을 공유했지만 이는 게임 생태계를 저해한 잘못된 행동이었다. 국민 여러분께 사과 드린다"고 말했다. 류 후보는 그러나 당시 게임 등급이 너무 많이 오른 것을 알고 잘못됐음을 인지해 새로운 계정을 만들었으며, 해당 계정을 통해 이득을 취한 바는 없다고 해명했다.

류 후보가 비록 과거, 자신의 대리게임에 대해 사과를 했다고는 하지만, 깨끗한 정치를 지향하는 정의당의 비례대표 후보감으로는 체면을 구긴 셈이 됐다.

게이머들 사이에서 대리게임은 별다른 죄책감 없이 공공연히 이뤄져 왔던 게 사실이다. 때로는 부모가, 때로는 친구와 지인들이 함께 계정을 공유하는 일이 비일비재했다. 그러나 이같은 행위는 룰을 어긴 반칙인 것이다. 그것이 오락을 즐기기 위한 흔한 일로 치부될 수도 있겠지만, 그렇다고 해서 그것이 룰에 의한 정상적인 일이라고 할 수 없다.

류 후보가 비록 뒤늦게 이 문제를 놓고 사과를 해서 다행스럽긴 하지만, 그렇다고 해서 정치권에서 이 문제를 가볍게 보고 넘어갈 사안은 아니라고 본다. 일각에선 그것이 무슨 대수냐고 하겠지만, 정치권을 통해 바늘 도둑이 소도둑이 되는 사례를 너무나 무수히 봐 온 터이기에, 이러한 문제에 대해서는 보다 더 엄격한 잣대가 필요하다는 것이다.

류 후보는 20대의 약관이다. 이제 사회에 눈을 뜨고 준비할 나이다. 그의 말대로 철없던 시절에 생각없이 저지른 일일 수 있다. 그렇지만 그것이 어린 나이였기 때문에 용인되고 지워지는 것은 아니다. 더욱이 다른 곳도 아닌 정치권의 출사다. 도덕적으로 흠집이 없어야 한다는 것이다. 류 후보는 그런 측면에서 우리 사회, 우리 게임계로부터 일정한 부채를 안고 출발하는 것으로도 이해할 수 있다.

따라서 앞으로 류 후보의 정치활동과 그의 여의도 이력을 누구보다 더 자세히 지켜볼 것이란 점을 이 자리를 통해 밝히고자 한다. 특히 반칙이 난무하지 않는 사회, 정의와 민주주의가 실현되는 사회를 만들기 위해 열심히 일하는 류 후보의 의정 활동을 기대해 본다. 그것이 시작도 하기전에 논란을 일으킨 자신에 대한 솔직한 사과이자 국민들 앞에선 진정한 반성이라고 생각한다.

2020. 03. 20

코로나19로 알게된 게임의 순기능

전세계가 코로나19 바이러스 창궐로 공포에 휩싸이고 있다. 연일 수천명이 사망하는가 하면, 이탈리아, 이란에 이어 미국도 급격히 환자 수가 늘어나고 있다.

이에 따라 우리나라를 비롯해 대부분의 국가들이 초중고교 학생들의 개학을 연기하는 등 코로나19 확산을 막기 위해 안간힘을 쓰고 있다. 그러나 청소년들에게 집에만 머무르면서 공부만 하라고 강요하는 것은 참 어려운 일이다. 이렇다 보니 유럽 일부 국가에서는 코로나19의 확산 경고에도 불구하고 청소년들이 거리를 활보하고 다닌다며 큰 우려를 나타내고 있다.

그들을 집 안에 붙잡아둘 수 있는, 그 몇 안 되는 놀이가 바로 게임이다. 인터넷이 발달한 요즘, 게임은 혼자가 아니라 친구들과 또는 이웃들과 소통할 수 있는 유일한 놀이문화로 꼽히고 있다.

특히 청소년기를 질풍노도의 시기라고 한다. 그만큼 통제가 어렵다는 것이며, 반대로 어느 누구와 소통이 절실한 시기라는 뜻이다. 그런 그들에게 주변 친구들과 거리를 두라고 하는 것은 그렇게 말처럼 쉬운 일이 아니다. 오죽하면 게임에 대해 질병이라고 규정하고 이를 철저히 관리하겠다고 선언했던 테드로스 아드하놈 게브레예수스 세계보건기구(WHO) 사무총장이 코로나19 확산 방지와 예방을 위한 '사회적 거리두기' 운동의 일환으로 게임을 하는 것이 바람직하다는 입장을 밝혔겠는가.

우리는 여기서 그간 제도권에서 게임에 대해 너무 부정적인 면을 강조하며 억제책을 써 오지 않았나 하는 점을 지적하지 않을 수 없다. 게임의 산업적 평가는 이미 끝이 났다. 아주 뛰어난 고부가 문화상품에다, 공해가 없는 청정 아이템이며 청년들이 도전하기에 딱 맞는 미래 수종 산업이란 점이 바로 그것이다.

그런데, 게임에 대한 문화적인 평가는 아주 야박하다. 제도권의 의학계의 반응은 더 고약하다. 과학적인 근거도 없이 게임을 질병코드로 지정해 관리하겠다는 것이다. 우리는 그러나 이같은 제도권의 시선에 대해 동의할 수 없다는 것이다. 일부, 그것도 아주 극소수의 청소년들의 문제점을 현상화하고 객관화 시켰다는 점에서 그렇다. 굳이 마녀사냥이라는 표현까지 쓰고 싶지 않다. 안타까운 사실은 게임의 순기능과 역기능을 동시에 보지 못하고 한쪽의 눈으로만 바라보고 있다는 것이다.

아이러니컬하게도 코로나19 바이러스 때문에 게임의 순기능 가운데 하나를 제도권에서 긍정적인 요인으로 끄집어냈다는 점이다. 그러나 게임의 순기능은 그로 그치지 않는다. 사회를 배우고, 경제를 알아가며, 도덕성을 깨우쳐 가는 것이 오로지 학교 교과서에서만 있다는 시각은 편견이다. 게임을 살펴보면 이같은 교육용, 학습용 시리어스 게임들이 무수히 많다.

이번 기회에 게임을 사시화하며, 일정한 거리를 둬 온 학부모들에게 자녀들과 함께 게임을 한번 해 보라고 권면하고 싶다. 이를 통해 자녀들이 지금 무엇을 갈망하며, 무엇 때문에 그처럼 몸부림치는 지를 알 수 있게 된다면 게임에 대한 이해의 폭도 의외로 커질 것이라고 자신한다. 게임은 소통의 예술이다.

추신의 성격으로 잠시 언급한다면 게임 메이저들에 대한 당부다. 게임 엔터테인먼트사의 당면 과제는 흥행이다. 상업성을 배제한다는 것은 있을 수 없다. 그러나 거기에만 함몰되면 장사꾼으로 남을 뿐이다. 빼어난 기능성(시리어스) 게임도 개발하고 교육용 게임에 대한 투자도 확대했으면 한다. 바로 지금 이같은 난국에 적절한 대안이 이보다 더한 것이 있을까 싶은 것이다. 준비한 자만이 얻을 수 있다. 영화 '로마의 휴일'의 여주인공 오드리 헵번의 얘기다.

2020. 03. 27

중국의 게임 규제의 흐름을 어찌 볼 것인가

중국 정부의 게임 규제가 갈수록 심화되는 듯한 모습이다. 특히 청소년들을 향한 게임 이용 규제는 다소 이해하기 어렵다고 할 만큼 강화되고 있다. 그러나 중국 당국의 이같은 움직임에 대해 업계는 특별한 반응을 보이지 않고 있다. 사회주의 국가의 특징이라고 할 수도 있겠으나, 업계의 침묵의 시간이 의외로 길어지고 있다.

현지 외신은 시진핑 1인체제 강화 방침 이후, 유독 게임을 비롯한 정보통신(IT)업계가 된서리를 맞고 있다고 보도하고 있다. 현지에서는 마윈 알리바바 창업주가 전격적으로 퇴임한 데 이어 세계 최대 게임업체로 불리는 텐센트의 마화텅 회장 역시 존재감을 보이지 못하고 있는 것 등을 그 대표적인 사례로 꼽고 있다.

게임업체들의 자발적인 움직임도 잇따르고 있다. 중국게임업체들은 최근 청소년 게임 이용 제한 및 결제한도의 가이드 라인을 크게 강화하는 조치를 취하는 등 정부 당국의 정책에 적극 호응하는 모습을 보이고 있는 것이다. 이에 따라 HTML5게임까지 규제가 이뤄지는 등 과거와 다른 엄격함을 보여주고 있다.

텐센트는 더 나아가 '가정보호 미니 응용프로그램'을 통해 학부모가 자녀의 게임 접속 시간, 결제 내역, 소비 패턴 등을 직접 확인할 수 있도록 허용했다. 또 최근 메신저 기반 게임 서비스 '위챗 미니게임'의 미성년자 보호 기능을 강화하겠다고 발표하기도 했다. 이는 우리나라에서 시행하는 청소년 보호 조치보다 더 강력한 규제 툴이다.

여기서 우리가 주목하고자 하는 것은 중국 당국이 왜 갑자기 이렇게 게임과 IT분야를 압박하고 나서느냐는 것이다. 또 그것도 시진핑 1인체제를 강화하고 나서면서 이뤄지고 있다는 점에서 그 배경에 관심이 쏠리고 있다. 현지에서는 시진핑의 업적과 치적을 고려한 조치가 아니냐는 반응이 지배적이다.

시진핑 주석이 최고 권좌에 오르면서 보여준 지도력은 그렇게 고 평가되지 않고 있다. 미국과의 경제 문제를 둘러싼 협상 테이블이 매일같이 삐그덕대 왔고, 유럽과의 관계도 그렇게 매끄럽지 못한 처지다. 아시아 정책도 홍콩 총독 임면 문제로 치명타를 입었고, 대만과의 관계도 제대로 조율하지 못하고 있다. 그럼에도 '일대일로' 정책을 통해 동서로 남하, 논란을 빚기도 했다.

현지에서는 이같은 시진핑의 입지가 쉽게 굳혀지지 않고 있는데도 불구, 체제를 강화하면서 그의 업적과 치적이 필요했다는 것이다. 그것이 다름아닌 청소년 보호 및 육성책이었는데, 이를 두드러지게 실적으로 보여줄 수 있었던 게 게임이었다는 지적이다. 그러나 IT분야에 대한 옥죄임은 여론을 통제해야 하는 사회주의 체제 특성상 불가피할 수 밖에 없어 현지에서도 그렇게 낯설게 보는 것 같지는 않다. 다만 마윈 퇴출에 대한 논란은 지금도 계속되고 있는 듯하다.

결국, 중국 당국의 게임에 대한 규제 강화는 표면적으로는 청소년 보호를 위해 진행된 것이긴 하지만, 실제로는 시진핑 체제를 강화하기 위한 목적물이자 희생물을 찾기 위한 몸부림에서 잉태된 것이었다는 데 이론의 여지가 없다 할 것이다.

하지만 안타까운 점은 중국의 이같은 내정 문제로 인해 게임의 거대시장인 중국 시장이 크게 움츠리게 됐다는 점이다. 따라서 우리도 지붕만 쳐다보며 혀만 차고 있을 게 아니라, 다른 닭을 찾아 잡을 궁리를 해야 하며, 지금이라도 기울어진 외양간을 다시 고쳐 잡아, 집에 있는 소만이라도 잘 키워나갈 고민을 해야 할 것이다.

이를 통해 중국이 오로지 답이 아니라는 것을 우리 업계가 지금이라도 깨달았으면 한다.

2020. 04. 10

게임업계를 향한 새 국회의 정치풍향은 …

21대 총선이 여당의 압도적인 승리로 막을 내린 가운데 관심을 모아온 친 게임계 후보들이 대거 낙선하면서 향후 게임계의 정치 사회적 부담이 적지 않아질 전망이다.

더욱이 게임업계 대표 주자격인 성남 분당구갑 더불어민주당 김병관 후보가 앵커출신 미래통합당의 김은혜 후보에게 고배를 마신데 이어, 막후에서 게임업계를 적극 지원해 온 부산진구갑 더불어민주당 김영춘 후보 역시 부산 시장 출신의 서병수 미래통합당 후보에게 밀려 낙마함에 따라 게임업계의 국회 대화 채널이 사실상 와해된 게 아니냐는 지적이 없지 않다.

주지하다시피 게임계의 정치권 인맥이라고 하는 것을 보면 아주 일천하기 그지없다. 주로 초선 의원이거나 젊은 의원들이 주류를 이루다 보니, 무게감 역시 주지 않는다는 평이다. 정치력을 갖춘 남경필 전 의원과 전병헌 전 의원 등이 게임단체장을 맡아 잠시 활약한 것을 빼고는 중진급 의원은 거의 찾아볼 수 없을 정도다.

그렇다 보니, 정치권 바람에 쏠리는 일이 많아졌다. 특히 국회의 사회 문화 등 각 분야의 목소리가 커짐도 친 게임계의 인사의 필요성을 절감케 한 요인이 됐다. 산하단체장의 초치는 물론이고, 재계 쪽에서는 거의 불가능한 일들을 게임계에 대해서는 일사천리로 요구되기도 했다.

그럼에도 불구하고, 일각에선 게임업계의 국회 채널이 왜 필요하느냐고 묻기도 한다. 그 질문에 대한 답은 아주 간단하다. 몰상식을 상식처럼 몰아가는 일부 의원들의 못 된 정치 행태 때문이다. 마치 게임을 통해 한 건 해 보겠다는 의원들 또한 적지 않고, 게임에 대해 애초부터 부정적인 시선으로 접근하는 이들 역시 많다는 것이다. 그러나 무엇보다 게임에 대한 국회 비중이 해마다 급증함에 따라 이같은 민원을 해결키 위한 국회 채널이 절실하게 됐다고 할 수 있다.

내달 21대 국회가 개원되면 당장에 게임산업진흥법 개정안 심의안이 상정되게 된다. 또 중기적으로는 새로운 게임 산업 로드맵을 완성해야 하고 산업계의 절대 숙원 과제인 대중문화예술 진흥법 개정을 통해 게임을 문화의 한 장르로 인정받아야 하는 과제를 풀어 나가야 한다. 이와 함께 세계 보건기구(WHO)의 게임질병 코드 도입 결정에 따라 절차 법안이 곧 추진되게 되는 등 게임계의 현안들이 대거 쏟아질 전망이다. 한마디로 이들 과제는 손을 놓으면 절대 안 되는 주요 의제들인 것이다.

그나마 다행스러운 것은 이번에 압승을 거둔 여당인 더불어민주당이 게임 프렌들리 정책을 펴고 있고, 21대 국회에도 등원하게 될 도종환 의원(민주당)과 미래통합당 서병수 의원 등 상당히 게임업계를 잘 아는 인물들이 포진하고 있다는 점이다.

　따라서 게임계가 친게임계 의원들이 대거 낙마했다고 해서 의기소침하고 있을 때가 아니라 도리어 새로운 마음을 다지는 심기일전의 계기로 삼을 필요가 있다. 예컨대 게임업계에 대한 인식 제고 등 이제부터라도 정치력을 발휘해 볼 때라는 것이다. 또

필요하다면 미국과 일본처럼 전략적으로 친게임계 인사를 만들기 위해 의원들의 돈우기와 지원방안을 검토해 볼 때도 됐다고 본다. 언필칭, 제도권에 게임업계가 더이상 구상유치한 집단이 아님을 보여줘야 한다는 것이다.

2020. 04. 17

정부 판교 문화 특구 지정 서둘러야

성남시가 게임업계의 본산인 판교 지역을 문화특구로 지정하는 방안을 타진 중이어서 관심을 모으고 있다.

이를 위해 최근 '(가칭)판교권역 게임콘텐츠 문화 특구 기본계획 수립을 위해 한국종합경제연구원에 연구용역을 의뢰했다. 성남시는 이를 바탕으로 판교 1·2밸리 및 백현지구 등을 게임콘텐츠 문화특구로 지정, 육성해 나간다는 방침이다.

성남시의 이같은 사업계획의 인허가권은 중소벤처기업부가 쥐고 있다. 중소벤처기업부도 특별한 하자가 발견되지 않는 한 성남시의 의견을 존중하겠다는 입장이어서 판교 문화 특구 지정 방안은 곧 구체화될 전망이다.

판교가 문화특구로 지정되게 되면 무엇보다 '규제 특례법'이 적용됨으로써 입주기업들에 각종 혜택이 주어진다. 외국인 직원들에 대해서는 체류 기간 연장 및 사증 발급 절차 완화 등이 가능하게 되고, 투자 심사에 대한 절차 완화 등 사업 간소화 등이 이루어짐으로써 신속한 의사 결정이 용이해 진다. 각종 축제 행사가 가능하도록 도로 점용 및 주변 차량 통제 및 옥외광고물에 대한 규제 완화 등의 혜택도 주어진다.

판교지역은 국내 게임콘텐츠 기업의 최대 밀집지역으로서, 관련 산업의 핵심적 역할을 맡고 있다고 해도 과언이 아니다. 더욱이 이 지역이 문화 특구로 지정되게 되면 판교 권역의 인프라를 활용해 사업 효율성을 극대화할 수 있을 것으로 업계는 기대하고 있다.

특히 경기 e스포츠전용경기장 건립과 판교 콘텐츠거리조성, 성남 e스포츠 페스티벌, 백현 마이스 단지 조성 사업 등과의 연계도 가능하다는 점에서 이번 판교 문화특구 지정 추진 계획은 반드시 수용돼야 한다는 게 문화 산업 전문가들의 지적이다.

그간 판교 지역은 대한민국의 게임메카라는 이름으로 불렸지만, 정부의 직접적인 지원은 거의 없었다. 이번에 문화 특구로 지정된다면 명실상부한 게임메카로 역할을 톡톡히 할 수 있을 것으로 업계는 내다보고 있다.

오랜만에 지역 육성 방안을 내놓은 성남시도 그렇지만, 중소벤처부에서도 4차산업의 핵심인 게임업종이 문화산업으로 자리매김하고 발돋움할 수 있도록 문화 특구 지정을 위한 법적 후속 조치를 빠르게 진행했으면 한다. 판교가 기지개를 켜야 대한민국 디지털콘텐츠 산업이 날아오를 수 있기 때문이다.

2020. 05. 01

게임계 포스트 코로나 시대를 대비해야

중국을 시작으로 전세계를 공포의 도가니에 몰아넣은 코로나19의 파장은 세계 보건 환경에 엄청난 변화를 가져왔을 뿐 아니라 글로벌 경제에도 치명적인 영향을 미치고 있다. 특히 세계경제는 1930년대 몰아 닥친 대공황 이후, 또는 중동 석유 파동 이후 최악의 수준으로 침체될 것이라는 전망이 지배적이다.

이러한 와중에 유일하게 성장세를 이끈 것이 바로 게임 산업이다. 모든 시장들이 마이너스 성장을 기록하고 있는 상황에서 게임 시장은 독보적인 존재처럼 성장세를 달성했다. 중국의 최대 게임기업인 텐센트는 지난 1분기 사상 최대의 매출을 달성하기도 했다. 국내 게임 기업들의 실적도 텐센트의 그것과 별반 다르지 않은 것 같다.

업계가 게임의 태생적 특질인 비대면의 효과를 톡톡히 본 것이다. 또 경기 불황에는 게임 등 엔터테인먼트 산업이 호황이란 말을 이번에도 다시 한번 입증해 보였다. 하지만 코로나 바이러스 특성 탓에 밀폐된 공간을 벗어날 수 없는 영화 및 공연 부문은 크게 고전했다.

이에 따라 일각에선 게임계가 코로나19 팬데믹 현상을 계기로 대기업 위주의 시장 재편이 더욱 빠르게 진행되는 것이 아니냐는 전망도 나오고 있다. 미국 영화계가 메이저 중심으로 크게 재편된 것은 1930년대에 불어온 대공황이 결정적으로 작용했다. 월트디즈니, 워너브라더스, 파라마운트, 20세기 폭스 등 잘 나가는 영화사들이 영세한 영화사들을 잇달아 자사의 스튜디오로 편입하면서 메이저로 불리기 시작한 것이다.

게임 메이저 및 중견 게임업체들은 호조를 보이고 있지만, 중소 게임업체들은 그렇지가 못하다. 오히려 이전보다 더 어렵다고 하소연하는 벤처 게임업체들이 적지않다. 유저들의 관심이 한쪽으로 몰리는 부익부빈익빈 현상이 더욱 가속화하는 모습을 보이고 있기 때문이다. 설상가상, 중국 게임업체들의 파상적인 공세가 이어지면서 설 땅이 좁아지고 있다.

거센 태풍이 몰아치고 나면 곧 수습 단계에 들어간다. 산업의 기상도 역시 엇비슷하다. 문제는 게임계에 지각변동의 요소가 더욱 더 늘어나고 있다는 것이다. 미국 영화계처럼 그렇게 재편할 것인가. 그렇게 한다 하더라도 잔디와 묘목이 있어야 숲이 산다. 큰 나무들이 있다고 해서 숲이 푸르러지는 것은 아니라는 것이다. 포스트 코로나 시대를 고민해야 한다. 죽이 되든 밥이 되든 이대로 갈 것인가, 아니면 잔디와 묘목을 심고 다듬어 갈 것인가. 그것은 순전히 게임계의 의지에 달려있다 할 것이다.

2020. 05. 15

'차이나조이' 개최 결정은 무리수

코로나19 팬데믹으로 전세계가 큰 몸살을 앓고 있는 가운데 중국이 게임 전시회인 '차이나조이'를 예정대로 7월 말 개최키로 해 또 다시 논란이 빚어지고 있다.

최근 차이나조이 조직위원회는 다가오는 7월 31일부터 8월 3일까지 나흘간 상하이 뉴 인터내셔널 엑스포 센터에서 전시회를 정상 개최키로 했다고 밝혔다. 이같은 조직위 측의 결정은 미국의 'E3'와 일본의 '도쿄게임쇼', 독일의 '게임스컴' 등 대표적인 글로벌 게임쇼들이 코로나19 팬데믹으로 대거 취소된 것과는 자못 대비되는 행보라는 점에서 주목을 끌고 있다.

결론적으로 말하면 매우 우려스럽고 무책임한 결정이라고 아니할 수 없다. 중국은 코로나19의 발원지이자 피해가 엄청났던 곳이다. 지금도 그 후폭풍이 만만치 않다. 그럼에도 차이나조이 조직위측은 대회 개최를 결정했다니, 상식적으로 납득이 되질 않는다. 그러나 여기엔 중국 당국이 대회 개최 여부를 두고 어느정도 조직위 측에 영향력을 행사하지 않았냐는 분석도 가능하다. 중국은 공산당이 이끄는 사회주의 국가다. 당국의 협조 없이는 대회 개최가 사실상 불가능하다.

무엇보다 전시회 참관을 위해 중국을 방문하게 되는 외국 참관객들의 검역을 어찌 감당해 낼 것인가 하는 문제다. 중국 의료계 수준으로는 해 낼 수도 없고, 결과적으로 또 다시 전세계 지구촌에 민폐를 끼칠 수 있다는 것이다.

중국 당국이 차이나 조이 등 국제 게임 전시회 등 컨벤션 산업을 통해 코로나19 사태에서 완전히 벗어났다는 자국의 국제적 위상을 다시 한번 과시해 보려 했는지도 모를 일이다. 하지만 매우 위험한 발상이자 도전이라는 생각이다.

코로나19 백신이 개발되지 않는 한 지구촌은 과거 우리 생활 습관으로 다시 돌아갈 수 없다는 어느 의료인의 지적이 크게 가슴에 다가온다. 그런 측면에서 차이나조이 주최측의 대회 개최 결정은 재고돼야 마땅하다 하겠다. 그것 보다는 중국 당국이 한국 등 외국 기업에 대해 게임 판호부터 내주려는 노력이 더 먼저라고 본다.

첨언이다. 이러한 와중에 혹시라도 국내 업체들이 차이나조이에 참가하거나 기웃거리는 모습을 보여주지 않았으면 한다. 이럴 때일수록 더 품위를 지키려는 노력이 중요하다. 이는 돈벌이에 급급해 오로지 자신들의 이득만 생각하는 중국에 없는 우리의 소중한 정신적 유산이다.

2020. 05. 22

포스트 코로나 시대를 준비할 때

최근 정부가 포스트 코로나 시대에 대비, 발빠른 행보를 보이고 있다. 이 가운데 중소벤처기업부에서 주요 게임업체 및 게임 스타트업, 벤처캐피털(VC) 기업들이 참석하는 게임 스타트업 성장 생태계 구축을 간담회를 가진 것이 대표적인 사례다.

이날 간담회에서 정부와 메이저 게임업체 및 스타트업, VC 등이 함께 협업 상생 지원할 수 있는 방안이 집중 논의됐으며, 필요하다면 정기적 모임을 통해 협업 방안을 구체화하기로 한 것으로 알려졌다.

관심을 모으는 대목은 이날 참석한 게임업체들의 면면이다. 이날 간담회에는 넷마블, 엔씨소프트, 카카오 게임즈, 크래프톤 등 주요 게임업체들의 임원급 관계자들이 대거 참석했는데, 중기부는 형식적인 간담회 자리가 되지 않도록 하기 위해 이같은 임원 참석을 권유했다는 것이다.

이날 간담회는 문화체육관광부의 '게임산업 진흥 종합계획'에 이어 중기부가 포스트 코로나 시대에 대비해 스타트업을 위한 별도의 게임 육성책이란 점에서 귀추가 주목된다.

포스트 코로나 시대를 대비한 민간기업들의 움직임도 빨라지고 있다. 넥슨은 최근 1조 8000억의 자금을 조성해 글로벌 엔터테인먼트 기업에 투자할 계획이라고 밝혔다. 이 자금은 넥슨이 그간 관계사를 통해 꾸준히 차입금을 조달해 와 논란을 불러 일으키기도 한 자금의 일부인 것으로 알려졌다. 그동안 금융권과 업계에서는 넥슨이 대규모의 기업 자금을 조성하고 있는데 대해 궁금증을 나타내는 등 큰 관심을 보여 왔다.

넥슨 측은 이에 대해 "투자 대상 기업은 게임 및 엔터테인먼트 회사로 생각하고 있다"면서 "특히 포스트 코로나 시대를 대비해 주요 IP 포트폴리오 확보 차원의 투자를 고려 중에 있다"고 밝혔다.

포스트 코로나 시대에 대비해 대규모의 투자를 검토중인 게임업체는 이 밖에도 엔씨소프트와 넷마블 등 주요 게임업체들이 대거 망라돼 있는 것으로 알려지고 있다.

정부와 게임 기업들의 이같은 움직임은 코로나19 팬데믹(대유행)으로 게임에 대한 인식이 크게 바뀐데다, 미래의 대한민국 먹거리 산업으로 게임 이외는 더 이상의 것이 없다는 판단에 따른 것이다.

실제로 게임 산업은 고부가 아이템에다 환경 공해가 전혀 없고, 지식산업의 보고라는 점에서 높이 평가받고 있다. 정부가 포스트 코로나 시대에 대비해 게임 산업을 지목하고 나선 것도 이같은 게임에 대한 높은 경제 및 사회의 파생가치를 고려한 것으로 풀이된다.

미래의 시장을 단숨에 내다볼 수는 없다. 그러나 분명한 것은 코로나19로 인한 경제 참상이 미래의 시대에 다시 오지 않을 것이라고 아무도 장담할 수 없다는 것이다. 따라서 비대면의 산업을 전략적으로 키우려는 경제 구휼 처방 정책은 옳다고 본다.

정부와 민간기업이 함께 힘을 모아 포스트 코로나 시대에 대비하는 경제 로드맵을 새롭게 완성했으면 한다. 여기에는 게임 산업이 마땅히 대우를 받는 예우책도 포함됐으면 한다.

2020. 06. 05

시총 20조 원에 오른 엔씨소프트

엔씨소프트가 최근 시가총액 20조 원을 돌파했다. 이 회사에 앞서 지난 5월 넥슨의 시총이 20조 원을 넘어섰지만 본사가 일본에 있다는 점을 감안하면 국내에서 시총 20조 원을 넘어선 것은 엔씨소프트가 처음이다.

엔씨소프트의 코스피 시총 순위는 SK를 바짝 따라 붙으며 13위를 기록하고 있다. 이미 LG생활건강, 현대모비스, 포스코 등은 따돌렸다. 이름만 들어도 알만한 쟁쟁한 대기업들을 뛰어 넘었다는 점에서 그 의미가 남다르다 할 것이다.

엔씨소프트의 시총이 20조 원을 넘어설 당시, 이 회사의 주가는 92만 원이었다. 하지만 전문가들은 연말까지 100만 원대 진입이 가능할 것으로 예측하고 있다. 그렇게 될 경우 국내 시총 순위 톱10 진입도 어려운 일이 아닐 것으로 예상된다. 한마디로 게임주에 대한 평가가 수직 상승할 것이란 전망이다.

이같은 엔씨소프트의 승승장구 움직임에 대해 게임업계도 긍정적인 일이 일어나고 있다며 반기고 있다. 엔씨소프트라는 한 회사의 위상 제고뿐만 아니라 전체 게임업체들의 위상이 함께 상승하는 효과가 기대되기 때문이다.

이처럼 게임업체들에 대한 증권가의 관심이 커진 것은 코로나19 여파로 전 산업의 주가가 요동을 치고 있는 가운데 유독 게임만이 선전하고 있기 때문이란 평가다. 또 비대면인 것과 동시에 엔터테인먼트와 커뮤니케이션을 동시에 즐길 수 있는 유일한 장르라는 점도 큰 점수를 얻고 있다.

특히 엔씨소프트에 대한 관심이 뜨거운 것은 첫째, 이 회사에서 서비스하고 있는 작품들이 완성도가 높고 흥행성을 고루 갖추고 있다는 점이다. 또 회사에 대한 로열티도 무시못한다. 엔씨소프트하면 바로 게임 대표 기업이란 이미지를 안고 가는 것이다.

마지막으로는 김택진 사장이 이선에 있지 않고 직접 현장을 진두지휘하고 있다는 것인데, 이는 현장의 변화와 흐름을 실시간으로 파악해 시장에서 요구하는 게임을 만들고 공급하는데 최적의 위치를 지키고 있다고 봐야 할 것이다.

이 회사의 주가가 앞으로 어느 선까지 치솟을 지에 대해서는 아무도 예측하거나 장담할 수 없다. 그러나 분명한 것은 게임업체로서 품위를 잃지 않고, 김택진 사장의 지휘 아래 또 다시 새로운 게임들이 만들어지고 서비스될 것이란 사실이다.

2020. 06. 26

문화콘텐츠 수출 100억 달러시대와 게임

지난해 콘텐츠 수출이 전년 대비 8.1% 증가한 약 103억 9000만 달러(한화 약 12조 3918억 원)에 이른 것으로 집계됐다. 이는 우리나라가 지난 1977년 100억 달러 수출 시대를 연 이후 40여년만에 콘텐츠 산업계도 100억 달러 수출 시대를 연 것이다.

특히 11개 콘텐츠 분야 중 게임이 전체의 67%를 차지하며 성장세를 견인했다. 게임 수출은 전년 대비 8.9% 증가한 69억 8183만 달러(한화 약 8조 3270억 원)를 기록했다.

게임이 대한민국 콘텐츠 산업계의 주축이 된 것은 이미 오래 전 일이다. 영화와 음악이 한류, K팝이라는 이름으로 바람을 일으키기 이전부터 게임은 중요한 문화 상품으로 자리잡아 왔다. 더욱이 이러한 성장세는 코로나19로 비롯된 언택트의 수요가 늘어나면서 가속화되는 추세를 보이고 있다.

그러다 보니 우리나라를 비롯한 중국, 일본, 미국 등 게임강국들의 글로벌경쟁이 어느때보다 치열해지고 있다. 정부가 관심을 갖고 지켜봐야 하는 중요한 이유다. 따라서 정책 지원과 새로운 비전 제시 등이 어느때보다 절실한 시기라고 아니할 수 없다.

다행스럽게도 게임에 대한 화급성을 고려한 국회와 정치인들이 최근 이를 위한 문화 콘텐츠 포럼을 발족한 것은 아주 시의적절한 움직임이라고 본다. 정청래 의원(더불어민주당) 등 여야 의원 19명이 참여해 만든 이 문화 콘텐츠 포럼은 앞으로 다양한 정책 개발 및 지원 방안을 마련해 나갈 방침이란 게 이날 총회를 이끈 조승래 대표 의원의 첫 일성이다.

정부와 정치권에서 게임을 4차 산업의 핵심 아이템으로 인식하고 있는 것과는 달리 대다수 국민들은 아직도 게임에 대한 이해도가 크게 떨어지는 편이다. 단순히 아이들 놀이 문화정도로 인식하며 과몰입과 사행, 폭력성만을 나무라고 있다. 이를테면 그것이 또다른 문화예술의 형태라는 사실을 믿고 싶지 않은 것이다.

그러나 게임은 청정 아이템에다 고부가가치 상품이며 미래지향적인 대중 장르라는 점이다. 또 문화 수출의 최일선을 맡고 있는 것이 다름아닌 게임이란 사실이다.

제도권, 특히 정치권에서 포럼을 발족하며 문화 콘텐츠 산업을 지원하겠다고 나선다고 하니 하는 말이다. 무엇보다 게임을 대중문화예술의 한 장르로 인정하고, 그와 같은 예우를 해달라는 것이다. 그것이 그 어떤 정책지원보다 효과적이며 힘이 될 것이란 점이다. 21대 국회 개원을 계기로 게임을 문화예술 범위에 포함시키는 법안 개정이 반드시 이뤄졌으면 한다. 게임업계는 이같은 정치권의 노력이 콘텐츠 수출 500억 달러 시대를 활짝 펼쳐 보이는 전초이자 자양분이 될 것이라며 한 목소리로 주문하고 있다.

2020. 07. 10

한국판 뉴딜 정책을 새 기회의 장으로

코로나19 사태로 인해 세계 경제가 휘청거리고 있는 상황에서 문재인 대통령이 한국판 뉴딜을 발표하며 선도 국가로 도약하기 위한 '대한민국 대전환'을 선언했다. 한국판 뉴딜을 통해 새로운 100년을 설계하겠다는 것이다.

정부는 한국판 뉴딜 정책을 위해 전례 없는 투자를 약속했다. 2025년까지 국고 114조 원을 직접 투자하고, 민간과 지자체까지 포함하면 약 160조 원이 투입되게 된다.

또 이를 위한 간판 사업이 될 10대 대표 사업과제도 선정됐다. 데이터 댐, 인공지능 정부, 스마트 의료 인프라, 그린 리모델링, 그린 에너지, 친환경 미래 모빌리티, 그린 스마트 스쿨, 디지털 트윈, SOC 디지털화, 스마트 그린산단 등이다.

10대 과제에 게임이 직접 언급된 것은 아니지만, 서너 개 대표사업 과제에 직간접적으로 연결돼 있다는 점에서 의미를 축소해서 볼 수 없다 할 것이다.

미국은 1930년대 대공황 상태로 빠져들자 강력한 뉴딜정책을 추진했다. 이를 통해 경제가 되살아났고, 그 대표적인 수혜주는 바로 영화였다. 이때를 기점으로 기라성 같은 메이저 영화사들이 탄생했고, 할리우드는 전세계 영화계를 주름잡는 메카로 성장했다.

우리가 놓치지 않고 지켜보고자 하는 것도 정부의 뉴딜정책을 통해 가장 큰 수혜를 받을 수 있는 분야가 게임을 비롯한 디지털 엔터테인먼트 산업이 될 것이란 기대감 때문이다. 특히 우리 게임업계는 이 기회를 잘 활용해야 함은 두말할 나위 없다 할 것이다.

한 세기 동안, 올까 말까 할 기회가 코로나19 사태로 인해 때 아니게 우리에게 다가오고 있다. 새로운 경제 패러다임을 열어가려는 정부의 한국판 뉴딜 정책은 그런 측면에서 긍정적이라고 평가하고 싶다.

그렇다면 게임업계 역시 새 도약을 위한 정부의 한국판 뉴딜 판에 적극 참여, 또 다른 장을 열어가는 계기로 삼았으면 하는 바람이 크다 할 것이다.

2020. 07. 17

올드보이 IP의 선전과 그 그늘폭

넥슨의 모바일 게임 '바람의나라: 연'이란 작품이 최근 구글 플레이 최고 매출 2위를 달리고 있다. 수년간 이어져 온 '리니지' 형제의 장기 집권 체제를 깼다는 것과 함께 무려 20여년 전 온라인 게임의 감성을 재현하고도 빅히트를 기록했다는 점에서 업계의 관심이 쏠리고 있다.

이에 대해 업계는 성공 요인으로 세가지를 꼽고 있다. 하나는 '바람의 나라'라는 상징적인 판권(IP)의 힘이다. 1세대 온라인 게임으로 새 시대를 열었고, 당시 수많은 '청춘'들이 이 작품에 열광했다는 것이다. 다음은 유저들의 욕구를 정확히 겨냥한 게임 시스템이다. 수많은 시행 착오를 거치면서 넥슨이 찾아낸 여러 흥행요소들이 지금 빛을 발하고 있다는 것이다. 마지막은 게임뿐만 아니라 우리 문화 전반에 걸쳐 불고 있는 레트로(복고주의) 열풍도 한 몫을 했다고 볼 수 있다.

이 작품 외에도 최근 선보인 '라그나로크 오리진'도 큰 인기를 끌고 있다. 또 최상위권에 확고히 자리를 잡은 '리니지 M'과 '리니지 2M', '리니지2 레볼루션'과 함께 '뮤' '카트라이더' 등 올드보이 작품들이 대거 구글 플레이 최고 매출 톱 10에 들어가 있다. 그렇게 보니까 무려 7개 올드보이 IP가 톱10을 점유하고 있는 것이다.

문화 콘텐츠는 원소스멀티유즈(OSMU)를 통해 영역을 확장해 나간다. 그런 의미에서 보면 온라인 게임 IP를 활용한 모바일 게임 개발 움직임에 대해 나쁘다 할 수 없다.

문제는 그와 더불어 새로운 유형의 작품과 장르가 눈에 띄어야 하는 데 그렇지가 않다는 데 있다. 옛 IP를 사용했다고 해서 과거를 그대로 옮겨놓은 것은 물론 아니다. 그것도 재 창작의 범주에 넣어야 할 것이다. 그러나 그것은 거기까지다. 새로운 소재의 작품들이 함께 동화돼 작용해야 하지만 한쪽으로만 흘러가고 있다. 바람직한 시장 흐름이라고 말할 수 없다.

시장은 수레바퀴에 잘 비유된다. 균형 속에 발전해 나가야 한다는 것이다. 대작 IP와 창작 IP가 서로 치열하게 겨루며 경쟁을 벌일 때 시장은 비로소 제기능을 발휘하게 된다.

대작 IP들의 장기 집권이 나쁘다는 것이 아니라 새로운 희망의 새싹들이 동시에 움직이고 작동해야 하는데 그렇지 않다는 아쉬움의 토로인 것이다. 그런 풍토를 '올드보이' 작품의 주인들이 앞장서 조성해 줘야 하지 않을까. 이런 식으로 가면 게임 창작이란 강물은 이내 고갈되고, 끝내는 시장 기능이 제기능을 발휘하지 못해 엉뚱하게 흘러들어갈 수 있다는 점을 잊지 말아야 할 것이다.

2020. 07. 24

K-뉴딜지수 포함된 게임업체들

한국거래소가 한국판 뉴딜 사업을 선도하는 업체들을 중심으로 'BBIG K-뉴딜지수' 5개를 새롭게 만들었다. 배터리·바이오·인터넷·게임(BBIG) 등 최근 들어 급부상하고 있는 분야를 아이템 종목으로 선정했다.

눈길을 끄는 종목은 단연 게임이다. 이는 그만큼 주식시장에서 게임의 비중이 높아지고 있다는 것을 뜻한다. 이 지수에 포함된 게임업체는 엔씨소프트, 넷마블, 펄어비스 등이며 4개 업종 12개 업체의 주가 흐름이 지수로 완성돼 발표된다.

거래소는 또 각 산업별로 10개 종목으로 구성된 ▲KRX 2차전지 K-뉴딜지수 ▲KRX 바이오 K-뉴딜지수 ▲KRX 인터넷 K-뉴딜지수 ▲KRX 게임 K-뉴딜지수 등 업종별 지수도 만들었다.

이번 뉴딜지수 선정 결정에 따라 게임주에 대한 관심은 더욱 높아질 전망이다. 때늦은 감도 없지 않지만 자부심을 느낄만한 일이라고 할 수 있다.

다만 우려되는 것은 그렇지 않아도 게임업계의 시선이 증권가 등 자금 시장 쪽으로만 고정됨으로써 오로지 매출과 영업이익만을 챙기는데 급급하고 있는데, 그 움직임이 더욱 확대되고 심화되지 않을까 하는 점이다.

게임 등 엔터테인먼트 산업은 이윤 내는 것 못지않게 이를 사회로 돌려야 한다는 대명제를 안고 있다. 그런데 자금시장은 이를 용납하지 않는다. 그들은 기업의 이윤에 대해 오직 자신들과 나눠야 한다고 믿고 있는 것이다.

그러나 게임 등 엔터테인먼트 산업은 사회와 병립하지 않으면 존재의 이유도 시장을 지킬 수도 없다. 이것은 사회의 요구이자 팬들의 바람이기도 하다. 산업 특성상 사회적 현상과 흐름에 매우 민감한데다, 그같은 파고를 함께 하지 않으면 자칫 일탈로 보여지기 십상이기 때문이다.

따라서 이같은 점을 보완해 나가야 함은 두말할 나위 없다. 예컨대 기업 상장을 심사할 때 적정 경영의 데이터뿐 아니라 기업 윤리 등 사회적 지수 등을 함께 따져 평가해야 할 것이란 점이다. 이런 것들이 함께 작동해야 선의의 투자 피해자들을 만들지 않을 수 있다.

이번 주요 게임업체들의 뉴딜지수 편입을 계기로 게임계가 더욱 투명하고 활발한 움직임을 보였으면 한다. 당연히 자금 시장에서도 게임계에 대한 긍정적인 평가가 나오길 기대한다.

2020. 09. 11

어려울 때 메이저급 기업들이 미들맨 역을 맡아줘야

민족 최대의 명절인 추석이 코앞으로 다가 왔다. 예년 같았으면 고향을 찾아가 온가족 이 모여 따뜻하고 즐거운 시간을 보내겠지 만, 올해에는 코로나19 사태로 인해 그런 형 편이 되지 못할 것 같다.

경제 상황은 더 심각하다. 특히 중소, 소 상공인들의 어려움은 더욱 가중되고 있다. 비대면의 게임업계는 그나마 나은 처지라고 하지만, 게임업계의 입장도 자세히 들여 보 면 그렇게 녹록치 않다.

대기업군에 속하는 메이저들은 쾌속 질 주하고 있지만, 스타트업이나 중소 게임업 체들은 채산성 악화로 몸부림치고 있다. 실 적이 예전만 못한데 다 고정비는 계속적으 로 증가하고 있기 때문이다. 부익부 빈익빈 현상이 더욱 확대되고 있으며, 햇빛을 받는 수혜기업 역시 갈수록 제한되고 있는 실정 이다. 일부 중소기업들은 자금난으로 숨이 막힐 지경이라고 토로하기도 한다.

큰 숲에는 큰 나무들만 존재하는 게 아니 다. 풀과 잔디가 고르게 받쳐줘야 새들이 찾 아오고 숲이 우거진다. 그러한 모습들이 자 연스럽게 조성되면 좋겠지만, 그렇게 안 될 때는 인위적으로 숲을 조성하기도 한다. 촘 촘한 나무들을 옮겨 심거나 거름을 자주 주 는 식이다.

정부가 그런 역할을 수행한다. 경제 회생 을 위해 자금을 푸는 것도 바로 그같은 움직

임의 일환이다. 그러나 이같은 정부의 역할 도 중요하지만, 해당산업을 보호하고 경제 를 살리기 위한 가장 좋은 처방은 그 산업계 의 큰 형 뻘에 해당하는 기업들이 나름의 역 할을 맡아서 제 몫을 해주는 것이다.

메이저들이 '자기들만의 잔치'에 취해 있 기 보다는 어려움에 처한 동종업계의 중소 기업들과 상생 방안을 마련하고, 지원군의 역할을 맡아준다면 이 보다 더 좋을 순 없다 할 것이다. 그 같은 방식이 같이 사는 길이 다. 최근 카카오게임즈 등이 코로나19 사태 로 극심한 경영난을 겪고 있는 PC방 업주들 을 돕기로 한 것 등도 그 연장선상에서 이해 할 수 있겠다. 그러나 대부분이 뒷짐만 쥐고 있거나 눈길을 주려 하지 않는다.

사정이 이러하니, 산업 인프라 역을 맡 고 있는 기업들의 피폐는 이루 말할 수 없을 지경이다. 특히 일부 전문 게임매체들의 경 영난은 아주 심각한 상황이라고 한다. 제대 로 된 메이저라고 한다면 이같은 부문까지 도 꼼꼼히 살펴볼 줄 알아야 한다. 그런 것 이 정부가 놓치고 있는 부문을 대기업들이 대신하는 것이다. 미들맨의 역할이 바로 그 런 것이다.

하지만 작금의 대기업들의 모습은 그저 자신들의 잔치에 푹 젖어 있는 듯한 모습이 다. 오로지 창고에 재물을 잔뜩 쌓아 두려고 만 하는 것이다. 그러니까 형님 노릇을 제대

로 못한다는 지적을 받는 것이다.

엔씨소프트, 넥슨, 넷마블, 크래프톤, 펄어비스, 스마일게이트 등 주요 기업들은 정부의 손길이 닿지 않는 부문에 대해 맡은 몫을 해 주어야 한다. 그것이 현 상황을 타개해 나갈 수 있는 메이저의 역할이자 몫이다. 주식시장에 상장돼 있는 게임업체들도 예외일 수 없다, 증권가 등 투자 시장에만 신경쓰지 말란 것이다.

이 난국에 메이저들이 솔선수범의 모습을 보여줬으면 한다. 그래야 산업의 토양이 기름지고 풍요롭게 우거진다.

정부와 함께 대기업들이 산업 미들맨의 역할을 제대로 수행한다면 코로나19 사태로 어려움에 처한 중소 스타트업들이, 그리고 산업 인프라를 구축하고 있는 기업들의 숨통이 시원하게 뚫리지 않을까 싶다. 경제는 그렇게 굴러 가는 것이다.

2020. 09. 25

웹보드 게임 또다시 규제할 건가

국회에서 또다시 웹보드 게임에 대한 사행 문제를 들고 나왔다. 특히 일부 국회의원은 웹보드 게임과 스포츠 베팅 게임의 불법환전을 문제 삼으며 정부의 보다 강력한 규제 정책을 요구하고 나섰다. 결론적으로 말하면 집안에 이가 돌아다닌다며 초가삼간을 태워버리자는 것이다. 아주 전근대적인 사고다.

임오경 의원(더불어민주당) 같은 이는 정부의 무관심 속에 규제를 우회한 웹보드 게임들이 기승을 부리면서 유저들의 피해가 속출하고 있다고 지적했다. 이를테면 무료 재화를 사용하는 웹보드 게임은 게임법상의 규제를 받지 않기 때문에 유저들의 사행적 이용을 부추기는 요인이 되고 있다는 것이다.

이같은 임 의원의 지적이 틀렸다고는 할 수 없지만 그렇다고 맞다고 할 수 없다. 무엇보다 웹보드 게임은 성인장르다. 성인이 즐기는 게임이라는 것이다. 그렇다면 적어도 그 정도만큼은 우리 사회가 거를 수 있다는 믿음을 가지고 기다려 줘야 한다. 그런데 그 사이를 견디지 못하고 호들갑이다. 만의 하나, 한 유저가 이를 통해 재산을 탕진했다고 치자. 그렇다면 그것은 당연히 그의 책임인 것이다. 개인사를 두고 왜 국회와 정부가 야단들인가. 그런 것은 아주 케케묵은 과거 방식이다.

이상헌 의원은 기존 스포츠 베팅 게임을 대상으로 한 불법 환전 시장이 확인되고 있다며 우려를 나타냈다. 더욱이 다수의 스포츠 베팅 게임 마다 게임머니의 불법 환전상이 존재한다며 정부에 근절책을 요구하고 나섰다.

불법적인 스포츠 베팅 게임이 난무한다는 건 매우 우려스러운 일이다. 또 그 옆에 붙어 불법 환전상들까지 활동하고 있다는 건 상당히 조직적이고 활발히 시장을 형성하고 있다는 것을 반영한 것이다.

이 문제 역시 과거형으로 뿌리를 뽑을 수 없다. 차라리 제도권으로 끌어 들여 관리를 하는 게 타당하다. 그것이 독버섯처럼 번지는 것을 막을 수 있다. 스포츠 베팅 게임은 아직까지 제도권 밖에 있다. 국회와 정부가 이를 구체화할 수 있는 방안을 놓고 장고했으면 한다.

다시 한번 강조하지만, 오늘날의 선진 행정은 제도적으로 막는 거싱 아니라, 열어 놓고 관리하는 것이다. 수요가 있는데 공급을 막겠다는 것, 시장은 형성돼 있는데 이를 인정치 않겠다는 것은 아주 구시대적인 행정이자 발상이다. 예컨대 단 한 사람의 수요가 있더라도 이를 인정해야 한다는 것이다.

여기서 재차 얘기하고자 하는 것은 이젠 성인들의 놀이 문화를 인정하고, 필요하다면 사회적 비용도 감내해야 할 때가 됐다는 점을 강조하고자 한다. 지금까지 성인들에게 청소년 놀이문화에 끼어서 그 문화를 기웃거리도록 하는 것은 시대적으로도, 관습적으로도 그들에게 맞지 않다는 것이다. 그렇다면 그들의 문화를 키우고 그들의 삶을 향유 할 수 있도록 길을 열어줄 때도 됐다 할 것이다. 그럼에도 끄떡하면 사회의 어두운 구석만을 드러내며 그들의 삶과 놀이를 제약하려 들고 있다.

이젠 처방전이 확 달라져야 할 것이다. 이를테면 과거형이 오로지 단속과 규제 일변도였다면, 이젠 이를 받아들이고 관리하는 식이다. 바로 그것이 문화를 번성케 하는 길이며, 또 한편으로는 성인들의 시름을 조금이라도 위로하는 길이라고 생각한다.

2020. 10. 09

비대면으로 열리는 '지스타' 성공 바란다

그동안 한 번도 경험한 적이 없는 코로나19 사태로 인해 사회 전반에 걸쳐 변화의 바람이 일고 있다. 게임인들의 축제마당인 '지스타'도 예외는 아니어서 올해에는 때 아니게 비대면 방식으로 치르게 됐다는 소식이다.

각종 전시회가 코로나19 사태로 취소되는 마당에 그나마 온라인이라는 새로운 방식으로 열리게 돼 다행스럽긴 하지만, 그런 전시회를 치러야 하는 주최측과 업계의 마음은 그렇게 가볍지만은 않다.

솔직히 너무 많은 장애물이 깔려 있을 것으로 예상돼 성공적인 대회 개최를 장담할 수는 없다. 그러나 매년 11월 중순이면 열리는 대회를 손꼽아 기다리는 해외 바이어와 유저들을 생각하면 열지 않을 수 없었다는 것이 주최 측의 설명이다.

다행스럽게도 비대면의 전시회임에도 참가하겠다는 업체들이 늘고 있는 것은 고무적인 일이다. 현재까지 참여 의사를 밝힌 기업은 넥슨, 크래프톤, 네오위즈 정도. 그러나 그 수는 더 늘어날 것으로 예상된다. 이에따라 조직위에서는 행사 한달 여 전부터 유튜브 방송을 실시하는 등 유저들과의 소통에 나서는 등 대회 분위기를 띄워 나간다는 방침이다.

언필칭, 기업이 살아 남기 위해서는 시장 환경 변화에 능동적으로 대처해야 한다는 것이다. 그에 맞춰 적응해 나가는 등 도전 정신을 발휘해야 한다는 뜻이다.

주목할 것은 지스타에 앞서 치러진 해외 게임 전시회다. 당초 이들 전시회 개최에 대해 전시회 전문가들은 매우 회의적인 반응을 보였다. 하지만 예상을 뒤엎고 큰 반향을 일으켰다.

코로나19 사태로 인해 시기적으로 녹록치 않은 상황이다. 그러나 업계의 한마당이라고 할 수 있는 지스타는 논란 속에 카운트다운에 들어갔다. 열리지 않는다면 몰라도 조직위에서 개최하기로 결정했다면 업계가 함께 하는 것이다. 그 어려운 난관속에서도 시장을 일구고 산업을 일으킨 선배들의 정신을 타고 올라서는 것이다. 올해 열리는 비대면의 지스타가 반드시 성공해야 하는 이유다.

사상 초유의 사태임에도 불구, 열리는 지스타가 보다 인상적이고, 보다 창의적인 대회로 치러졌으면 하는 바람이 크다 하겠다.

2020. 10. 16

위기 상황에도 그저 손놓고 있는 게임업계

올해 초 터진 '코로나19' 사태로 인해 국민 생활뿐 아니라 산업계도 막대한 영향을 받고 있다. 일부 비대면 시장을 제외하고는 상당수 업종들이 내수 침체로 고전을 면치 못하고 있다. 엔터테인먼트 산업도 예외는 아니어서 영화, 무대공연 시장이 큰 어려움을 겪고 있다.

다행스럽게도 태생적으로 비대면인 게임은 때 아니게 호황기를 맞이하고 있다. 모바일 시장은 물론, 온라인 게임 시장도 쾌속질주를 하고 있다. 업계에서는 사상 최대의 실적을 기록할 것이란 장밋빛 전망이 벌써부터 쏟아져 나오고 있다.

그러나 이같은 전망에 대해 업계 일각에선 한쪽 면만 바라본 섣부른 예단이란 지적도 없지 않다. 재미를 보고 있는 곳은 메이저 게임업체들일 뿐, 상당수 게임업체들과 게임 관련 업체들은 큰 어려움을 겪고 있다는 것이다.

대표적인 곳이 PC방 사업자들이다. 정부 통계에서도 드러났듯이 시장에서 퇴출된 소상공인 가운데 PC방 업종이 가장 많았다. 중소 게임업체, 스타트업들은 말할 것 없고, 게임 관련업종 업체들의 경영난은 아주 심각한 수준에 있는 것으로 알려지고 있다.

게임업계의 빛과 그림자가 뚜렷하게 드러나고 있는 것이다. 그렇다면 양지에 있는 기업들이 일정 부분 역할을 해야 한다는 것

이다. 그런데도 이들 선택된 기업들의 움직임은 거의 없다. 거의 없는 정도가 아니라 아주 고요하다 해야 할 정도이다. 가만히 있는데도 배가 목표를 향해 떠 가는데, 굳이 엔진을 켜고 달릴 필요가 없다는 것이다.

도대체 뭐하자는 건지 모르겠다. 산업계의 그림자가 짙어지고 그 범위가 넓어지면 그 피해는 중소 스타트업 뿐 아니라 빛에 서 있는 그 업체까지 미친다는 건 만고의 진리다. 산업이 위축되고, 그 영향으로 인프라가 엷어지게 돼 있다. 산업의 기초 체력이 약해진다는 뜻이다.

그럼에도 상관없다고 하면 할 말은 없겠으나 그같은 기업들과 함께 장단을 맞추고 호흡을 한다는 것은 한마디로 비극이다. 요즘 몇몇 잘 나가는 업체들의 행태를 보면 그같은 우려를 사기에 충분할 정도로 홀로 뒷짐만 지고 있다.

그렇게 해선 게임산업의 미래를 내다볼 수 없다. 모래알의 특성이란 게임계의 성향이 그렇다고 치더라도 지금은 위기국면이다. 함께 고민하고 공동의 대처가 절실한 상황이다. 유유자적해선 안 된다는 것이다.

게임인들의 축제인 '지스타'의 개막일도 불과 한달 남짓으로 다가왔다. 그럼에도 분위기는 냉랭하기 그지없다. 지스타 뿐만 아니다. 오직 제 살길만 내다 보고 있는 것 같다. 하지만 그건 중소, 스타트업들의 모습이

어야 한다. 명색이 기업 공개를 단행하고 업계에선 대기업이란 평을 듣고 있는 기업들이 그런 행태를 보인다면 타산업계 사람들이 아주 추하다고 할 것이다.

빛 가운데 서 있는 기업들이라면 자신들이 먼저 앞장서 게임업계의 신명난 일들을 만들고 연출해 주었으면 한다. 그게 이 어려운 코로나19 사태를 이겨내는 길이며 경기를 살리는 방법이다. 그런데 지금 하는 행태는 너무나 조용하다고 해야 할 것이다. 도대체 뭐하자는 건가.

2020. 10. 23

돈 잘버는 기업과 존경받는 기업

최근 한 취업 사이트에서 구직자들을 대상으로 가장 취업하고 싶은 게임업체를 설문조사한 결과 넥슨이 1위로 꼽혔다.

게임업체 취업을 준비중인 구직자 614명 중 51.5%가 이 회사를 선택한 것이다. 넥슨은 2년 연속 구직자들이 가장 취업하고 싶은 업체로 꼽혔다. 다음으로는 카카오게임즈, 엔씨소프트가 뒤를 이었다.

구직자들이 가장 중요하게 생각하는 선택기준은 '직원 복지제도'가 53.7%로 가장 높게 나타났다. 그 뒤로 '연봉(30.6%)' '재미(21.2%)' '그 기업의 게임을 좋아해서(18.2%)' '성장 가능성(16.3%)' 등이었다.

게임업체는 전체 산업군 가운데서도 복지와 연봉이 상대적으로 높은 것으로 잘 알려져 있다. IT 기업들이 직원 복지에 많은 신경을 쓰고 있지만 게임업체들의 그것과는 비교가 되지 않는다.

물론 모든 업체가 다 그런 것은 아니다. 중소 게임업체와 스타트업의 경우 열악한 근무환경 등으로 큰 어려움을 겪고 있다.

사회의 천덕꾸러기였던 게임업체들이 이제는 어엿한 기업군에 진입하는 등 예우를 받고 있다. 연봉 등 직원 복지는 경쟁업종 뿐 아니라 대기업 수준에 버금갈 정도다. 실제로 직원들의 자녀 건강과 교육을 지원하기 위해 유치원과 병원을 지정, 운영하는 업체들까지 등장하고 있다.

게임계에 대해 제도권에서 가장 못마땅하게 생각하는 것 중 하나는 사회적 비용을 엄청나게 발생시키는 이들이 이익을 창출하게 되면 이를 사회에 벌충할 생각은 하지 않고 호의호식에 쓰고 있다는 것이었다. 즉, 소외되고 가난한 이웃을 살펴보는 등 기업 이윤을 사회에 환원을 해야 하는 데 그렇지가 않다는 것이다.

기업이 직원들의 복지 향상을 위해 노력하는 것은 아주 고무적인 일이다. 그러나 주변 동종업체들의 처지는 생각치 않고 자신만이 앞서가는 직원 복지는 위화감을 조성하고 이질감만 안겨줄 뿐이다. 그것도 중요하지만 주변을 한 번 더 살펴보는 등 사회 환원의 노력 또한 기업의 긴요한 테제라 할 수 있다.

외국의 유명 학자들이 연구한 바에 따르면 50년 이상 장수 기업들의 특징은 뛰어난 기술력이나 자본력이 아니라 사람들로부터 존경을 받는 기업이었다. 우리 게임업체들도 내일을 내다보는 지혜가 필요한 시점이다.

2020. 10. 30

김택진 사장의 서울시장 후보론에 대해

김택진 엔씨소프트 사장에 대한 정치권의 관심이 또 다시 이슈가 되고 있다. 21대 국회의원 선거에 이어 내년 4월에 치러지는 서울시장 선거에 김 사장을 후보로 내세우려는 정치권의 움직임이 고조되기 때문이다. 김 사장은 이같은 정치권의 러브콜에 대해 '관심 없다'는 입장을 표명하고 있지만, 그 여진은 여전히 가라앉지 않은 채 그의 시장 후보론이 회자되고 있다.

게임 사업을 성공적으로 일군 게임인에 대한 정치권의 관심은 그간 여러차례 있어 왔다. 특히 선거철이 되거나 정권이 바뀔 때면 어김없이 영입 1순위로 거론됐고 또 정치권에 몸을 담는 사례도 있었다.

정치권에서 이처럼 게임업체 CEO들에 대해 큰 관심을 표명하고 나서는 것은 무엇보다 게임이 미래 4차 산업의 대표적인 업종인 데다 젊은이들의 정서를 누구보다 잘 읽을 수 있는 안목이 빼어나다고 판단하는 때문이다. 그러나 무엇보다 놓칠 수 없는 매력은 자수성가한 인물이 대부분이란 점이다. 유명 게임인들의 대부분이 금수저 출신보다는 흙수저 출신에 가깝다는 것이다.

게임인들에게 높은 점수를 주고 관심을 갖는 정치권의 동향과 흐름에 대해 나쁘다고는 할 수 없지만 그렇다고 좋다고도 말 할 수 없는 고민이 있다. 게임인들에 대한 높아진 몸값은 분명히 환영할 일이다. 하지만 선거철 또는 필요 시기에만 접점이 이뤄지는, 일회성에 머물고 있다는 점은 짚고 넘어가야 할 문제다.

김병관 전 의원(웹젠 이사회 의장)의 경우 20대 국회에서 공천을 받고 판교에서 출마해 예상외로 선전하며 승리했다. 다소 보수적인 성향이 강한 판교에서 승리를 이끈 그에 대해 당에선 미래를 기대해 볼 수 있는 인물을 발탁했다며 비상한 관심을 표명하기도 했다. 하지만 21대 국회에서 의외의 고배를 마셨다.

이에 대해 선거 분석가들은 김 의원의 재선 실패 원인으로 그의 역량을 당에서 제대로 활용하지 못했기 때문으로 분석했다. 예컨대 정치 신인인 그를 참신한 정책 개발 등에 투입하거나 활용해야 했는데, 오로지 선수만 따지며 제대로 된 역할을 주지 않았다는 것이다. 전략적으로 영입한 인재를 적재적소에 쓰지 못한 것이다.

정치권의 생리를 정확히 들여다보지는 못하지만, 승자 독식으로 이뤄지는 정치권의 비정함은 우리 국민들이라면 누구나 다 아는 그 쪽 정서다. 대충보면 기업 생리와 비슷한 것 같지만 그렇지 않은 게 바로 그 부분이다. 더군다나 선거철에만 쓰이는 일회성이라면 누구도 반기지 않을 게 분명하다.

김택진 사장이 정치권과 일정한 거리를 두겠다는 것도 이와 무관하지 않을 것으로 보인다. 또 권모술수를 넘나들어야 하는 정치권의 풍토 역시 기업인으로서 감당키 어려웠던 게 아닌가 싶다.

정치권에서 정말 게임업계 인사를 영입해 새로운 활력을 불어넣고 싶다면 먼저 이러한 토양부터 바꿔 놓아야 한다. 하지만 그건 비현실적일 뿐 아니라 거의 불가능에 가깝다.

김 사장을 서울시장 후보로 영입하려는 정치권의 시도는 그런 측면에서 매우 성급한 움직임이 아니었을까. 그것은 되는 일이 아니었다. 김택진 사장을 그냥 그 자리에 그대로 두는 게 국익에 도움이 된다고 생각한다.

2020. 11. 06

중국의 때늦은 판호발급, 더욱 확대돼야

한국 게임에 대한 중국의 판호가 무려 4년 만에 나왔다. 지난 2017년 사드 갈등 이후 중국 수출길이 막혔던 한국 게임이 비로소 중국 현지에서 서비스가 가능하게 됐다. 이번에 중국 당국으로부터 판호를 받은 작품은 컴투스의 '서머너즈 워: 천공의 아레나'다.

중국 당국은 그간 '한국 게임에 대한 정책적인 판호 발급 중단은 없다'는 입장을 고수해 왔다. 하지만 경쟁국 게임들에 대해서는 판호를 내 주면서 유독 한국 게임 판호에 대해서는 아주 보기 싫을 만큼 미적거렸다. 무려 48개월간 그리해 왔다.

중국 당국의 이같은 정책 변화에 대해 여러 분석들이 쏟아져 나오고 있다. 무엇보다 이를 계기로 한국게임에 대한 문호가 완전히 열리게 될 것이란 전망이 우세한 것 같다.

최근 왕이 중국 외교부장이 방한하면서 이같은 예상은 정치권 안팎에서 조심스럽게 제기돼 오기도 했다. 미국 대선 및 트럼프 정권 이양 등 시기적으로 예민한 시점에서 이뤄진 그의 방한인데다, 이번 방한에서는 양국의 외교 현안을 논의하기 보다는 문화 협력 증진 방안에 대해 논의를 하는 것이 더 자연스러울 수 있다는 양국의 이해 관계가 맞아 떨어지면서 중국의 판호 허용 문제가 자연스럽게 제기돼 온 것은 사실이다.

문제는 '서머너즈 워' 판호 허용 이후의 일이다. 중국이 한국 게임에 대해 계속 판호를 내 줄 것인가 하는 점이다. 업계 일각에선 이에 대해 중국 당국이 또 다시 4년전으로 돌아갈 수는 없을 것이란 긍정적인 전망을 내놓고 있다. 예컨대 코로나19로 인해 방한이 늦어지고 있는 시진핑 국가주석의 방한 분위기를 이끌기 위해서라도 문화 채널에 대한 빗장은 바람직하지 않다는 게 양국 관계자들의 공통된 지적이란 것이다.

이에 반해 과거처럼 그렇게 쉽게 문을 완전히 열어주지는 않을 것이란 분석도 있다. 정책의 향배를 쥐고 있는 시진핑 주석이 게임에 대해 매우 부정적인 시선을 나타내고 있는데다 한국 게임을 틀어막고 있다 보니 의외의 반향을 일으켜 외교적 실리도 꽤 많다는 점도 작용하고 있다는 것. 이를테면 자신들의 한국 게임에 대한 '만만디 전략'이 여러모로 효과를 거두고 있다는 것이다.

하지만 예전만큼은 아니지만 과거처럼 아주 문을 가둬 잠그는 회귀 정책은 펴지 못할 것이란 전망이 지배적이다. 시진핑의 보호 무역주의 철폐를 주장하는 목소리와 거리가 있고, 한국 게임에 대해서만 유독 판호를 내주지 않는 것도 대외적인 명분으로도 있을 수 없는 일이기 때문이다.

분명한 것은 이번에 4년만에 첫 물꼬가 트였다는 점이다. 긍정적으로 해석하면 시작이 반이라고 했는데, 시작의 문이 열렸으니 반은 열어 제친 셈이다.

모바일 게임 플랫폼으로 변화하기 이전엔 한국 온라인 게임이 중국 시장을 장악해왔다. 그러나 지금은 상황이 그렇게 녹록치 못하다. 중국 게임들이 한국 모바일게임시장을 유린하고 있는 실정이다. 한중 게임 문화 수출에서 중국으로의 역조까지는 아니지만 그렇게 좋은 상황은 아니다. 뒤집어보면 중국당국이 한국게임을 가둘 이유가 없어졌다고 봐야 할 것이다.

그런 측면에서 이번 한국 게임에 대한 중국 당국의 판호 발급은 전략적인 측면이 매우 강하다 할 수 있지만 우리에겐 가뭄속에 단비이자 사필귀정이라고 해야 할 것이다. 이번 일을 계기로 한국 게임들이 판호 발급 지연으로 중국시장 진출에 어려움을 겪는 일이 없었으면 한다.

한국 게임에 대한 중국의 판호 발급은 앞으로 더욱 확대되고 지속적으로 이뤄져야 함은 두말할 나위 없다 할 것이다

2020. 12. 04

게임진흥원 독립, 아이디어 차원이 아니다

지난 2009년 5월 게임과 방송영상, 만화, 대중음악 등 지원기관을 통폐합해 출범한 한국콘텐츠진흥원이 통합 10년째를 넘어섰다. 당시에는 문화 콘텐츠의 융복합화의 필요성이 강조되면서 서로 성격이 다른 게임산업진흥원 등 5개 지원기관이 하나로 통폐합됐다. 하지만 게임업계의 불만은 적지 않았다.

이를테면 방송영상과 대중음악, 만화 등 이른바 전통적인 문화 콘텐츠와 게임 장르와의 통폐합에 대해 물리적 결합은 가능하겠지만, 화학적인 결합은 현실적으로 어렵다고 본 것이다.

무엇보다 태생적인 배경부터 수요 환경조차 다르다. 한쪽은 전통적인 대중문화라고 한다면 다른 한쪽은 디지털 대중문화의 선봉이라는 점에서 뚜렷한 차이를 보인다. 또 한쪽은 오프라인 무대 문화의 성질을 지니고 있다고 본다면 게임은 언택트의 아이템이다. 달라도 너무 다른 것이다.

이처럼 서로 성격이 다른 장르를 한 곳에 모아 놓았으니, 전시적인 계속 사업은 몰라도 미래를 내다보는 선제적 전략 사업 추진 계획 수립에는 늘 한계를 보여 왔다. 특히 방송영상 중심의 진흥원 운영에 대해 불만의 소리도 적지 않았다. 게임산업에 대한 컨트롤 타워의 역할이 사실상 전무, 진흥원 최고위층에 대한 불신과 비판의 강도는 예

상을 뛰어넘을 만큼 강경했다.

이에 따라 정부와 산업계 일각에선 게임 장르를 전략화 하기 위해서는 따로 아이템을 떼어 육성하는 방안이 필요하다는 게임산업 진흥원 부활론이 제기되기 시작했고, 문화부 내부에서도 진흥원의 과거 역할을 긍정적으로 평가하며 조심스럽게 게임산업진흥원 부활론에 힘을 실어주기에 이르렀다.

그러나 이같은 논의 움직임도 잠시 수면 아래로 잠기는 듯 잦아들었다. 이렇게 되자 산업계에서는 문화체육관광부와 한콘진이 게임산업 진흥원의 별도 독립 출범에 입단속 등 제동을 걸고 나온 것이 아니냐는 지적이 제기됐다.

이러한 가운데 최근 '국회 문화 콘텐츠 포럼'에서는 이 문제가 또다시 언급됐다. 게임산업 육성을 위해서는 전문 진흥기관 설립이 필요하다는 것이다. 이날 포럼에 패널로 참석한 한 전문가는 "날로 치열해지는 글로벌 게임시장에 능동적으로 대처하기 위해서는 '게임진흥원'과 같은 전담기관의 설립이 절실하다"고 주장했다.

그렇다면 게임산업진흥원 부활론은 그저 아이디어 차원에서 업계에서 회자되는 얘기가 아니라 업계의 현안이자 과제로 논의돼야 한다는 점이다.

따라서 정부도 이 문제에 대해 차일피일

미루고 있을 게 아니라 업계 원로 및 전문가들의 의견을 청취하는 등 이를 위한 구체적 논의 및 프레임 마련에 고민해야 할 것이라는 것이다.

이 기회에 다시 언급하지만 애초부터 기관 통폐합을 통한 콘진원의 출범은 잘못된 것이었다. 이명박 정부 정책 입안자들이 예산 관리의 편의성 등 아주 평이한 생각으로 기관 통폐합을 단행했던 것인데, 결과적으로 보면 아주 평범한 면을 짜는 면직공장을 만들어 버린 것이다.

게임 장르는 방송영상 등 고전적인 문화 콘텐츠와는 달리 정보통신(ICT)을 기반으로 하는 디지털 산업이다. 서로 섞일 수 없는 물과 기름이라는 것이다. 그렇다면 지금이라도 바로잡는 것이 옳다 하겠다.

게임산업진흥원의 부활과 그같은 행보를 위한 노력은 지금이라도 더 가시적으로 이뤄져야 한다고 본다. 예컨대 이에 대한 공력과 시도는 늦추면 늦출 수록 산업계엔 손해로 돌아온다는 것이다.

2020. 12. 11

중국 업체들의 뻔뻔한 도용, 강력히 대응해야

국내 게임업체 스마트조이의 모바일 게임 '라스트 오리진' 캐릭터 일러스트가 중국 게임업체에 의해 무단 도용돼 물의를 빚고 있다. 이들의 행태를 보면 비슷하게 만든 정도가 아니라, 얼굴이나 의상, 아이템까지 모든 것을 그대로 복사해서 썼다. 누가 봐도 '할 테면 해 봐라'는 식의 뻔뻔함을 그대로 드러내고 있는 것이다.

중국 게임업체들의 한국 게임 도용은 비단 어제 오늘만의 일이 아니다. 또 한 두 업체에서 자행되는 것도 아니기 때문에 언제 누가 그리 했는지 알아내는 일도 가늠하기가 쉽지 않다. 이번에 문제를 일으킨 게임의 경우 판호 문제로 4년 동안 중국에 진출하지 못하고 있는 상황에서 만들어 졌다는 점에서 더 큰 공분을 사고 있다. 업계에 따르면 이 작품은 중국 스타링 게임의 'Z걸즈5'로 알려지고 있다.

다시 한번 강조하지만 지적재산권(IP)을 지키는 문제는 소극적으로 대응해서는 절대 해결할 수 없다는 것이다. 저작권 등 지재권에 관한 것은 아직도 친고죄에 해당되기 때문에 당사자가 직접 나서지 않는 한 법적인 제재를 가할 수 없다. 따라서 정부의 역할도 매우 제한적이다. 법적 소송을 제기하지 않는 한 피해 보상을 받을 수 없는 것이다.

저작권 침해가 빈번한 중국에서 선전을 거듭하고 있는 위메이드의 사례는 좋은 본보기다. 이 회사는 '미르의 전설' IP를 지키기 위해 수년간 침해 사례 자료를 수집하고 소송을 제기하는 등 많은 노력을 기울였고, 그 결과 중국 법원으로부터 손해 배상을 받아들이게 하는 승소를 이끌어 내는 성과를 거둬왔다.

저작권에 대한 권리는 보통 투쟁의 역사와 비례하며 그 투쟁의 산물이라고 말한다. 저작권자들의 피나는 투쟁이 없었다면 그 결과물도 없었다는 뜻이다. 대기업과 달리 중소업체에서 소송을 제기하는 일은 말처럼 쉬운 것이 아니다. 많은 시간과 비용이 소요되는 반면, 그 결과물에 대한 예측은 그리 쉬운 일이 아니기 때문이다.

피해업체인 스마트조이 측에서는 게임 유통사인 구글에 대해 게시 중지를 요청하는 등 곧 법적 대응에 나설 것이라고 한다.

어렵게 만들어진 게임들이 불법 도용으로 인해 빛도 보지 못한 채 지는 일이 빚어져선 곤란하다 하겠다. 특히 이번 기회에 최근 친고죄가 폐지된 특허권 등 산업 재산권처럼 저작권에 대한 친고죄를 폐지하는 방향으로 법적인 조치가 강화됐으면 하는 바람이 크다.

2020. 12. 18

II
온라인게임

베일에 덮인 블리자드와 닌텐도

블리자드 한국지사인 '블리자드엔터테인먼트코리아'의 지사장이었던 오진호씨가 퇴임하고 한정원 블리자드 AP사장이 한국지사까지 총괄하게 된 것으로 뒤늦게 알려졌다.

블리자드코리아가 본사나 AP의 원격 컨트롤을 받는 지사이고 유한회사란 점을 감안하더라도 대표격이었던 인물의 보직이 바뀌고 그 자리가 비었음에도 이렇다 할 공식적인 보도자료 하나 내놓지 않는 것은 한국적 정서에선 도무지 이해가 가질 않는다.

블리자드코리아는 단순히 외국계 지사라고만 볼 수는 없다. 'WOW' 하나만으로 연간 1천억 안팎의 자금을 미국으로 송출하고 게임시장에서 막강한 영향력을 행사하는 기업이다. 그런 기업 치고는 이런 인사와 홍보 행태는 상식 밖의 일이다.

물론 모든 기업이 내부의 일을 외부에 다 알려야 할 의무가 있는 것은 아니다. 하지만, 마치 '크레믈린'을 연상케 하듯 베일에 가려진 블리자드의 그간 행태를 오버랩해보면 해도 너무 한다는 생각이 든다.

여느 기업과 달리 블리자드는 기업 비밀이 많다. 한 해에 얼마를 버는지, 어디에 얼마나 쓰는지, 사용자는 얼마나 되는지, 일절 공개하기를 거부한다. 그래서 블리자드에 관한한 추정과 소문에 의한 데이터만 만연하고 있다.

그럼에도 블리자드는 소비자 정책에 관한한 지극히 철저하다. 절대로 손해 볼 일은 안 한다. 작년에 문제가 됐던 불공정 배틀넷 약관이 이를 상징적으로 웅변한다.

베일 속에 가려진 것으로 얘기하자면 닌텐도도 블리자드에 못지않다. 닌텐도코리아는 철저히 외부와의 소통을 거부하고 있다.

대부분 일본인들로 채워져 있으며 몇몇 한국인 직원조차 '회사방침'이라는 이유로 좀처럼 입을 열지 않는다. 문화적 이질감으로 차부하기엔 정도가 너무 심하다. 최소한의 소통마저 거부하는 기업이 도대체 투명하고 공정한 기업활동을 한다고 어찌 감히 말할 수 있겠는가.

'로마에 가면 로마법을 따르라'란 격언처럼 적어도 한국에서 기업 활동을 하는 것이라면 한국 정서에 맞추기 위한 최소한의 노력은 기울여야 한다. 법보다 앞서는 게 상식이자 관습이다. 블리자드코리아와 닌텐도코리아 모두 이젠 베일을 벗어 낼 때가 됐다. 답답하지도 않은가.

2010. 01. 29

블리자드측의 주장은 억지다

블리자드의 '스타크래프트2' 출시가 얼마 남지 않은 것 같다. 베타 테스트를 거쳐 오는 6월경 출시할 것이란 얘기가 파다하다. 그런데도 블리자드와 e스포츠계의 '스타크2' 저작권 문제의 시각 차이는 좀처럼 좁혀질 기미를 보이지 않고 있다. 블리자드는 베틀넷 약관대로 '스타크2'를 e스포츠로 사용하려면 자신들에게 일일이 허락을 받고 그에 상응하는 대가를 지불하라는 입장을 고수하고 있다.

반대로 e스포츠협회는 그런 마인드라면 아예 '스타크2' 없이 e스포츠를 끌고 가겠다는 방침을 정할 정도로 강경하다. 최근 블리자드가 프로구단을 상대로 베타 테스트를 요청했음에도 '협회에 알아보라'고 묵살한 것이 이를 방증한다. 협회 측도 비공식적으로 '블리자드에게 먼저 고개를 숙이고 들어가는 일은 결코 없을 것'이라 잘라 말한다.

법리적으로만 해석하면 블리자드의 주장이 틀렸다고는 할 수 없다. 타인(타기업)의 저작권을 이용해 어떤 식으로든 수익을 거둔다면 저작권자로서 그 권리를 행사하는 것은 당연한 것이다.

하지만 '스타크2'의 e스포츠화는 꼭 법리적으로만 풀 문제가 아니다. e스포츠는 이제 제도권에서도 인정하기 시작했다. '스타크'는 누가 뭐래도 e스포츠의 간판 종목이다. 그래서 저작권 행사에 앞서 다수의 이익을 우선시 해야 옳다.

시장 관점에서 보면 '스타크2'는 엄연히 수익을 좇아야 할 상품이다. 비즈니스 논리로 접근한다 해서 왈가왈부할 사안이 못 된다. 그러나 스포츠 관점에서 보면 '스타크'는 게임이기 이전에 e스포츠 종목이다. '스타크2' 역시 그럴 가능성이 높다.

'스타크2'로 수익을 낼 곳이 있다고 해서 스포츠로 가는 길 자체마저 원천봉쇄하겠다는 것은 억지다. 그것은 또 e스포츠 팬은 물론 블리자드 팬들에게도 지나친 처사다.

'스타크'를 세계적 IP로 만든게 다름아닌 대한민국 e스포츠계란 점에서 블리자드의 지나친 상술은 더 설득력이 약하다. 저작권 행사도 중요하겠지만, '스타크'를 e스포츠로 만들어 국민게임 반열에 올려놓은 대한민국 팬들과 e스포츠계의 공을 폄하해서는 곤란하다.

2010. 03. 08

'마영전'의 大賞 수상을 축하하며

본지는 매년 3월이면 '그 해의 최고' 게임을 선정, 시상한다. 지난 2006년 처음 시작한 'TG(더게임스)어워드'는 선정 시점과 대상 작품, 심사 방법 등에서 기존의 시상제도와 다르다.

본지 창간 기념 행사의 일환으로 진행하다 보니 그 기준 시점이 3월1일이다. 공동 개발이나 IP 라이선스를 포함함 모든 외산은 제외된다. 심사방법도 독특해 기획, 사운드, 시나리오, 그래픽 분야의 전문가들로 구성된 심사위원들이 개별적으로 부여하는 점수를 합산하는 방식이다.

요약하면 순수 국산 게임 중에서 전문가의 시각으로 최고의 게임을 가려 시상하는 제도다. 상금과 무관하게 게임 개발자나 개발사들 사이에서 'TG어워드'가 '최고 권위'를 인정받는 이유다.

5회째를 맞이한 올해의 TG어워드에서도 이변은 일어 났다. 넥슨의 액션 MORPG '마비노기 영웅전(이하 마영전)'이 강력한 후보작으로 여겼던 'C9'을 제치고 영예의 대상을 차지했다.

전문가들의 평가 결과 '마영전'은 기획이면 기획, 시나리오면 시나리오, 그래픽이면 그래픽 등 무엇 하나 크게 빠지지 않았다. 사운드 측면이 다소 부족하다는 평이 있었지만 전 부문에 걸쳐 최고 수준의 작품이라는 평을 얻었다. 지난해 대한민국게임대상을 석권한 'C9'도 '마비노기 영웅전'을 넘어서지 못했다. 출시시점이 조금만 빨랐으면 'C9'의 6관왕은 꿈도 못 꿨을 정도다.

심사위원들은 '마영전'에 대해 "직관적인 액션성과 주변 사물을 이용한 전투 등 리얼리티를 극대화한 기획 콘셉트가 잘 살아 있고 다채로운 재미요소들의 추가로 라이트 유저와 코어 유저 모두 즐길 수 있는 작품"이라고 평했다.

이 작품을 개발한 넥슨의 데브캣 스튜디오에 축하와 함께 감사의 뜻도 보낸다. 잘 만들어진 한 작품이 온라인 게임의 종주국 위상을 한껏 높여 주기 때문이다. 앞으로 운영과 콘텐츠 보강 등에 만전을 기해 작품성, 대중성, 완성도 측면에서 모두 성공하는, '3관왕'의 작품으로 기록되길 당부한다.

아울러 더게임스도 TG어워드가 국내 최고 권위의 게임상이 되도록 물심양면의 노력을 기울일 것을 약속 드린다. 또한 올해 TG어워드에 관심과 애정을 보여준 관계자들과 독자 여러분께 감사의 말씀을 드리고자 한다.

2010. 03. 09

게임하이 海外매각은 곤란하다

게임하이의 매각이 급물살을 타고 있다. 최대주주인 김건일 회장이 보유지분 및 경영권 매각을 거의 공식화한 가운데 1차 후보였던 CJ인터넷에 이어 국내 대형 투자사인 스틱이 유력한 인수 후보로 떠오르고 있다.

특히 최근엔 중국의 메이저기업까지 인수전에 가세한 것으로 전해졌다. 현재로선 '던전앤파이터' 등 게임투자로 대박을 잇따라 터트린 스틱이 가장 강력한 인수자로 부상한 상태지만, 해외 매각 가능성을 배제할 수 없다.

그러나, 결론부터 말하자면 게임하이의 해외 매각은 곤란하다. 대한민국 게임산업의 또 하나의 추진 동력을 잃을 수 있다는 점에서 걱정이 앞선다. 그라비티(일본)와 액토즈소프트(중국)의 사례에서 보듯, 알토란 같은 중견기업의 해외 매각은 득보다 실이 많다.

대한민국이 자랑하는 게임 IP와 보유기술, 노하우 등이 고스란히 해외로 빠져나갈 수 밖에 없다. 게임하이는 '서든어택'이란 작품으로 FPS를 온라인 시장의 빼놓을 수 없는 한 축으로 키워놓은 주역이다.

글로벌 경제 시대에 국적은 중요한 사안이 아닐 수 있다. 다국적 기업이 판을 치는 마당에 인수사의 국적 논란은 전근대적 발상이란 얘기를 할 수도 있다. 하지만 콘텐츠산업, 이머징 산업의 경우는 좀 사정이 다르다. 기업의 매각은 기술 유출로 이어지고, 이는 결국 국가 경쟁력을 약화시키는 부메랑이 되어 돌아올 수 있기 때문이다.

아무리 자유경제 체제라 해도 기업주가 경영권을 어디에 매각하느냐는 단순히 개인적인 문제에 그치지 않는다. '내 지분인데 내 맘대로 하면 어떠냐'는 발상은 상당히 무책임한 처사다. 지분과 경영권을 파는 것은 최대주주의 권리일지 몰라도 누구에게 어떻게 넘기느냐는 것은 사회적 책임이다.

좁게는 주주와 직원의 이익에 직결되며 넓게는 관련산업과 국익에 영향을 미친다. 많은 선진국들이 특정 분야의 상징기업이나 상징물을 경쟁국에 팔아 넘기는 것에 매우 민감하게 반응하며 부정적 여론이 조성되는 것과 같은 맥락이다. '먹튀'를 해도 도는 있어야 한다.

2010. 03. 30

'크파'가 거둔 대박 神話의 의미

스마일게이트(대표 권혁빈)가 개발한 FPS '크로스파이어(이하 크파)가 중국에서 대박 신화를 이어 가고 있다. '크파'의 퍼블리셔인 네오위즈게임즈는 이 작품이 중국 현지에서 동시접속자 180만 명을 돌파했다고 밝혔다. 이같은 수치는 국내 FPS 게임으로는 처음이라는 분석이다. 국내 온라인 게임 역사를 통틀어 볼 때에도 국내 게임으로는 '던전앤파이터' 이후 두 번째다.

전문가들은 이 게임의 평균 ARPU(객당가, 2만 6000원)나 1분기 네오위즈의 해외 매출 등을 감안하면 분기당 최소 1000억 원 이상을 벌어들이는 것으로 분석하고 있다. 또한 '크파'가 가파른 상승세를 타고 있는 점을 감안하면 올해 말 '크파'는 중국에서만 최소한 5000억 원 이상의 매출을 올리는 대박 게임으로 자리 잡게 된다.

'크파'의 상승세는 당장 국내 퍼블리셔인 네오위즈게임즈의 가치를 높여 놓고 있다. 많은 애널리스트들은 네오위즈의 1분기 매출액과 영업이익이 지난해 같은 기간보다 각각 25% 이상 상승할 것으로 보고 있다. 물론 '크파'의 성공이 가장 큰 모멘텀으로 제시하고 있다.

산업계가 크파 성공에 주목하는 것은 스마일게이트와 네오위즈 등 국내 업체에 제공하는 금전적 보상 이상의 의미가 있기 때문이다. 무엇보다도 중소 개발사, 국내 퍼블리셔, 해외 파트너사 등으로 이어지는 해외 비즈니스 모델의 베스트 레퍼런스를 보여주기 때문이다.

단순하게 말하면 중소 업체인 스마일게이트는 좋은 게임을 개발했고, 국내 퍼블리셔인 네오위즈는 중국 파트너사인 텐센트와 협력해 '크파'를 중국의 최고 인기 게임 중 하나로 만들어 냈다. 내수 시장은 포화 상태에 달했고, 해외 시장에 눈을 돌려 봐도 돌파구 마련이 만만치 않은 중소 개발사 입장에서 '크파'의 성공 모델은 시사하는 바가 많다.

중소 개발사는 물론 문화부와 한국콘텐츠진흥원 등 관련 기관과 단체들이 블리자드나 '스타크래프' 대신에 '크파'와 네오위즈의 성공 요인을 벤치마킹해야 하는 이유다. 국내 온라인 게임 역사의 한 페이지를 장식한 대기록이 현재 국내 게임 산업을 뒤흔들고 있는 과몰입 이슈에 가려 그냥 묻혀 사라져 버릴까 아쉽다.

2010. 04. 05

김건일 會長에게 바란다

우량 게임업체인 게임하이의 경영권 매각이 진행되고 있는 이유는 순전히 최대주주인 김건일 회장이 MGM 테마파크사업 추진을 위한 현금 확보의 필요성 때문이란 설이 가장 유력하다.

김 회장은 오래 전부터 대규모 자본이 투입되는 테마파크 사업을 추진해왔으며, 이를 위해 계열사를 순차적으로 매각해왔다. 현재까지 알려진 대로라면 게임하이 매각대금은 가볍게 1천억 원을 넘어설 것이 확실하다.

시가총액이 2천억이 넘는 게임하이의 58% 정도의 지분을 보유하고 있기 때문이다. 여기에 경영권 프리미엄까지 더해진다면 1500억 원이 넘을 것이란 전망도 나온다.

김 회장 개인적으로는 게임사업을 통해 엄청난 부를 창조한 셈이지만, 이번 매각 자금이 게임사업 쪽에 재투자될 개연성은 낮다. 투자가 이뤄진다해도 그 규모는 크지 않을 전망이다.

김 회장이 2000년대 초반 '프리스톤테일' 개발사를 예당에 매각, 거금을 확보한 뒤 다시 게임하이에 재투자할 때와 지금은 상황이 판이하기 때문이다. 업계 일각에서 또 하나의 '먹튀' 탄생을 우려하는 것도 이런 맥락에서다.

게임계는 유달리 '먹튀'가 많았다. 게임 투자로 대박을 터트린 사람중에 게임계를 떠난 사례가 부지기수다. 이종현(액토즈소프트) 김정률(그라비티) 허민(네오플) 등 게임업체를 매각하며 수 천억 원을 벌어들였으나 주로 부동산쪽에 자금을 쏟아 부었다.

방준혁(넷마블) 김범수(NHN) 김영만(한빛소프트) 등 여전히 게임 관련 분야에서 사업을 영위하는 사람도 적지 않지만, 대개는 회사 매각과 함께 미련 없이 게임판을 떠났다.

자유 경제 체제 아래서 M&A는 최대주주의 권한이며, 자신의 지분을 팔아 어떤 용도로 쓰느냐도 개인적 문제다. "게임으로 부를 창조했으니, 일정 부분 산업을 위해 재투자하라"고 누가 강요하겠는가.

그러나, 게임이 산업으로 제대로 대우받지 못하고, 게임인들이 수출역군으로 인정받지 못하는 이유가 몇몇 '먹튀'들의 탓이 크다는 점에선 아쉬움이 남는다. 김건일 회장만큼은 부디 후배 게임인들에게 좋은 선례를 남기길 기대한다.

2010. 04. 06

블리자드 이젠 생각을 바꿔라

'스타크래프트2'가 게임물등급위원회로부터 '청소년이용 불가' 판정을 받았다. '12세등급'을 고집해 온 블리자드로선 충격에 휩싸였을 것이다. 재심의 신청 등 동원 가능한 모든 수단을 동원해 등급하향 조정에 사력을 다하겠지만, 만에 하나 등급 조정이 불가하다면 블리자드는 치명상을 받을게 뻔하다. 올 최고 기대작 중 하나로 손꼽혔던 '스타크2' 판매량과 유저수가 기대에 크게 못 미칠 것이 명약관화하기 때문이다.

게임물 이용자의 등급을 판정하는 것은 게임위의 고유 권한이자 기본적인 규정에 의한 것이다. 그러나 따지고 보면 이번 판정은 블리자드가 자초한 일이라 할 수 있다. 게임위가 내세우는 표면적인 '청불' 등급 판정의 기준은 과도한 폭력성이다.

지난번에 문제가 됐던 흡연 장면은 삭제했지만, 선혈이 낭자한 분위기와 폭력 장면은 특별한 수정을 가하지 않아 결국 게임위원들을 자극한 셈이 됐다. 미국에선 '13세등급'을 받은 작품이 한국에선 왜 최고 등급인 '청불'을 받았을까.

블리자드는 바로 등급 판정의 이면을 냉정하게 곱씹어봐야 한다. 게임 등급의 결정은 국가별 사회적 정서와 일맥 상통한다. 다른 모든 나라에서 된다고 한국에서도 되란 법은 없다. 시대적 상황과도 무관치 않다. 최근 국내에선 사행성 · 중독 · 폭력성 등 게임의 역기능에 대한 여론이 곱지 않다. 그런데도 문제가 된 내용의 별다른 수정 없이 버젓이 '12세등급'을 고집한 블리자드의 오만이 화를 부른 것이다.

게임이 청소년들의 정신건강에 영향을 주는 문화콘텐츠인 이상 등급결정의 가이드라인은 결코 작품의 내용에만 국한해선 안된다. 기업문화나 행태, 그리고 얼마나 사회적 책임을 다하고 사회에 기여하느냐도 작품 못지않은 잣대가 돼야 옳다.

그래야 게임은 물론 게임산업에 대한 인식이 바뀌고 건강한 게임 문화를 만들 수 있다. 그 동안 불공정 약관 문제를 시작으로 국내 유저와 사회를 외면한 채 고압적 자세로 일관해온 블리자드로선 이제 원초적인 생각부터 바꿔야 한다. 로마에 가면 로마법을 따라야 하는 게 이치다.

2010. 04. 19

블리자드, 계속 담만 쌓을 건가

'스타크래프트2' 이용등급을 놓고 게임물등급위원회와 마찰을 빚고 있는 블리자드가 e스포츠계와의 지적재산권 협상까지 중단하며 막다른 골목을 향해 치닫고 있다.

저작권을 내세워 그 동안 e스포츠협회(KeSPA)를 옥박질러왔던 블리자드가 '스타크2' 출시가 목전에 다다른 상황에서 대화를 중단하겠다는 것을 보면 그 배짱이 이제 도를 넘어선 듯하다. KeSPA측도 '스타크2' 없이도 리그를 강행하겠다'는 방침을 고수하고 있어 이젠 양측의 기싸움 양상으로 전개될 것 같다.

블리자드의 판단은 KeSPA측이 협상의 본질적 문제인 지재권을 인정하지 않는다는 게 표면적 이유일 텐데, 법리적 해석에 앞서 국민 정서에 크게 반하는 현실을 고려하면 무리수임에 틀림없다.

전작인 '스타크' 인기를 견인한 게 다름 아닌 대한민국 e스포츠란 것은 주지의 사실이다. 지금의 블리자드를 만든 일등 공신 중 하나가 게임을 스포츠로 이미지 메이킹한 e스포츠계라해도 과언은 아닐 것이다. e스포츠계 입장에서 보면 특혜를 줘도 시원찮은 마당에 '수퍼갑' 입장에서 협상을 밀어붙이는 블리자드의 행태가 못마땅한 것은 당연지사다.

등급 문제도 그렇지만, KeSPA와의 협상 테이블에 더 이상 앉지 않겠다는 블리자드의 강수는 전략적 선택으로 보인다. '스타크2'가 출시도 안된 상황에 e스포츠 지재권 협상을 서둘러 조금이라도 손해를 볼 이유가 없다는 판단을 했을 법하다.

만약 스타크2가 이슈 몰이를 계속, 기존 스타크 리그의 인기가 떨어지면 마음이 급한 쪽은 결국 KeSPA측이라는 자의적 해석이란 얘기다. 끝내 KeSPA에 머리를 숙이지 않는다면 독자 리그를 강행할 것이란 설이 공공연히 나오는 것도 같은 맥락이다.

KeSPA가 아니어도 얼마든지 리그가 가능하다는 점을 내세워 계속 옥죄겠다는 속셈인데, 또 한번 블리자드의 자충수가 되지 않을까 걱정된다. 대한민국이 10여년간 쌓아 올린 e스포츠 인프라를 과소평가하다 자칫 '스타크2' 판매에 치명상을 받을 수 있다. '스타크'가 아니면 안 된다'는 것은 지난 얘기다. 이렇게 계속 담만 쌓는다고 그 아성이 지켜지는 것이 아니다.

2010. 05. 06

M&A 역풍을 경계한다

M&A 빅뱅이 게임계를 강타하고 있다. '공룡' 넥슨이 엔도어즈에 이어 게임하이까지 인수하며 포문을 열자, '거함' 엔씨소프트와 CJ인터넷 등 메이저업체들이 맞불을 놓을 태세다. NHN과 고공비행을 계속 중인 네오위즈게임즈도 호시탐탐 기회를 엿보고 있다. 위메이드를 비롯해 자금력이 풍부한 메이저급 기업까지 가세하며 그야말로 전쟁을 방불케 한다.

자본 시장에서 M&A는 매우 자연스런 현상이다. 자본이 풍부한 기업이 전도 유망한 작은 기업을 인수해 새 성장 모멘텀을 만드는 것은 해당 기업은 물론 산업의 파이를 키우는데도 효과가 작지 않다.

그러나 빛이 있으면 그림자가 있는 법이다. 메이저 기업들의 경쟁적인 M&A로 인한 후폭풍을 걱정하지 않을 수 없다. 무엇보다 M&A 시장의 '먹잇감'으로 떠오르는 중견 개발사들의 몸값이 껑충 뛰면서 게임 시장의 또 다른 버블이 우려된다는 사실이다.

수요가 공급을 초과하면 버블은 불가피하다. 또 이 버블은 결국 부메랑이 되어 게임 시장과 산업의 버블로 이어질 개연성이 충분하다.

풍부한 자본력을 바탕으로 메이저 기업들이 유망 개발사를 싹쓸이하면서 산업과 시장의 양극화, 좋은 콘텐츠의 '쏠림현상'이 가속화할 수 밖에 없다는 점도 대단히 우려되는 부분이다.

국제 경쟁력 강화를 위해선 국내기업들이 덩치를 키워야 한다는 점엔 공감하지만, 양극화로 그 밸런스가 무너진다면 산업의 미래를 담보할 수 없다. 게다가 메이저 기업들이 M&A에만 자본을 집중함으로써 영세한 중소 개발사나 스튜디오들이 투자를 받기 어려운 환경이 조성된다면, 빈곤의 악순환이 불가피할 것이다.

M&A가 시대적 조류인 것은 분명하지만, 이젠 그 역풍을 경계해야 할 시점이 됐다. 자기 자본으로 유망한 기업을 인수하는 것을 제도권의 힘으로 막을 수는 없다. 그러나, 특정 기업의 사세 확장이란 명목아래 해당 산업의 균형적인 발전이 철저히 무시돼선 곤란하다.

단기적인 시장 지배력보다는 중장기적 시장 파이를 키우는 일이 보다 중요하기 때문이다. 거세게 불어 닥친 M&A 바람의 후폭풍에 대해 업계와 정부, 그리고 게임인 모두가 진지하게 고민해봐야 할 일이다.

2010. 05. 19

액토즈의 이상 氣流 우려된다

'미르의전설2'로 국내는 물론 중국에서 잘 알려진 액토즈소프트(사장 김강, 이하 액토즈)에서 이상 현상이 감지되고 있다. 액토즈가 핵심인력인 개발팀들을 정리하고 있다는 정황이 곳곳에서 포착된다. 본지가 확인한 바로는 그 동안 '라제스카'를 개발해온 조직에 대해 해체 수순을 밟고 있다. 이미 이 프로젝트의 주요 개발 인력들은 퇴사한 것으로 알려지고 있다.

개발 프로젝트의 성공 여부에 따라 관련 개발 팀을 해체하는 것은 게임 산업의 특성상 특이할 것이 없다. 하지만 산업계에서는 이번 라제스카 개발팀 해체 수순이 중국 샨다게임즈 차원에서 이뤄지는 구조 조정의 신호탄으로 보고 있다.

산업계는 액토즈가 아직까지 와일드 플래닛, 오즈 페스티벌 등 3~4개의 개발팀을 운영하고 있지만 곧 개발팀을 축소할 것으로 내다보고 있다. 실제로 액토즈를 퇴사한 인력들의 대부분은 "회사 임원진들이 게임을 개발하려는 의지가 전혀 없었다"고 분위기를 전했다.

여기서 한 걸음 더 나아가 산업계는 액토즈가 중국에는 '미르의전설2'의 라이선스만을 관리하는 중계 업체로 전락하지 않느냐는 우려를 제기하고 있다.

산업계의 이같은 관측과 우려는 액토즈와 모 회사인 중국 샨다게임즈, 위메이드엔터테인먼트 등과의 특수한 관계에 기인한다. 샨다게임즈 입장에서 캐시카우인 '미르의전설2'만을 생각한다면 굳이 액토즈에 개발 인력을 둘 필요는 없다.

이 작품의 업데이트 등 개발지원은 위메이드엔터테인먼트에서 맡고 있기 때문이다. 이 과정에서 액토즈의 역할은 '미르의전설2' 등의 한국 로열티가 거쳐 가는 통로 역할에 머물고 있다. 바로 이 점 때문에 액토즈의 개발 인력 축소는 항상 논란의 대상이 돼 왔다.

액토즈의 개발팀 축소가 일시적인 사업조정 차원인지 아니면 샨다게임즈의 정리 방침에 따른 구조조정의 신호탄인지는 시간이 지나면 알게 될 것이다. 앞으로 샨다게임즈가 액토즈 인수를 통해 연간 1200억 원에 달하는 국내 로열티만 확보하고 한때 잘나가던 국내 개발사를 페이퍼 컴퍼니로 만들지 지켜 볼일이다.

또한 이 과정에서 김강 사장을 비롯한 국내 경영진들이 어떤 역할을 하는지 이 역시 면밀히 살펴 볼 일이다.

2010. 06. 09

엠게임 · 드래곤 新 협업모델 '환영'

중견 온라인게임업체인 엠게임과 드래곤플라이가 전략적으로 손을 잡은 것은 매우 시의적절하면서도 현명한 판단인 것 같다. '스페셜포스2'를 비롯한 드래곤의 차기작을 유저풀이 많은 엠게임에서 체계적으로 프로모션 하겠다는 얘기인데, 서로의 가려운 곳을 긁어줄 새로운 협업(協業)모델로 주목 받기에 충분하다. 사실 엠게임과 드래곤의 이번 전략적 제휴는 최근 게임시장에서 핫이슈로 부상한 메이저들의 M&A경쟁에 대응한 중견기업식 대응의 일환이란 점에서도 특히 주목할 필요가 있다.

넥슨을 시작으로 수 천억 원대의 현금을 보유한 메이저기업들이 경쟁적인 M&A를 통해 유망 개발사를 싹쓸이 해가면서 중견기업들의 입지는 갈수록 좁아지고 있는 게 현실이다. 상대적으로 자본력이 달리는 중견기업들로선 위기감을 가질 수 밖에 없다. 수수방관하자니 선발기업과의 격차는 갈수록 벌어지고 있으며, M&A경쟁에 동참하자니 자본이 부담스럽다. 이런 점에 비춰 엠게임과 드래곤의 이번 협업모델은 중견기업이 입지를 돈독히 할 수 있는 매우 바람직한 대안이 될 수 있다.

엠게임과 드래곤같은 중견기업들은 게임시장에서 매우 중요한 역할을 하는 존재다. 굳이 축구에 비유하자면 공격과 수비를 적절히 조율하며 승리를 이끌어내는 미드필더와 유사하다. 허리가 튼튼해야 몸이 건강한 것처럼 중견기업들의 입지가 흔들리지 말아야 산업이 튼실한 법이다. 중견기업군이 이대로 무너진다면 게임산업의 양적 · 질적 성장 모두 한계에 봉착할 것이 자명하다.

결코 공격적인 M&A를 통해 몸집을 무한대로 키우는 몇몇 메이저기업들이 게임산업의 발전을 책임지지는 못한다. 하천이 모여 강이 되고 강이 바다로 모이듯 산업의 이치도 중소기업-중견기업대기업이 균형을 잡아야 안정적인 성장을 이루게 마련이다. 이런 점에서 엠게임과 드래곤의 이번 협업모델은 위기상황에 직면한 중소 · 중견기업들의 새로운 활로로서 그 가치가 충분하다고 하겠다. '나만 잘 먹고 잘살면 된다'는 기존의 이기주의는 이제 과감히 버려야 무한경쟁에서 살아남을 수 있다.

2010. 06. 17

블리자드 한국 유저에 사과 먼저 해라

공정거래위원회(위원장 정효열)가 '블리자드 엔터테인먼트의 배틀넷 이용약관에 대해 전면 개정에 준하는 시정 조치를 내렸다는 소식이다. 공정위는 지난해 9월부터 블리자드의 배틀넷 이용약관에 위법 소지가 있는 것으로 판단하고 조사를 벌였으며 이번에 총 17개 항에 대해 수정 또는 삭제토록 명령을 내렸다.

공정위가 시정 조치한 내용에 따르면 배틀넷 통합계정 이용약관은 ▲고객의 이용권리 ▲계정정보의 관리 ▲이용자 계정의 제재 ▲이용 요금 임의변경 ▲사생활 침해 ▲사업자 면책 등 거의 전 부분에 걸쳐 한결같이 블리자드에게 유리하게 만들어졌다.

블리자드는 엄연히 소비자의 몫으로 돌려 줘야 할 콘텐츠의 2차 저작권 등을 인정하지 않고 게임과 관련된 모든 저작권은 블리자드의 소유라고 억지 주장을 펴왔던 것으로 드러났다. 또한 게임 계정과 콘텐츠에 대한 이용자의 권리도 무시했다.

서비스 중단에 따른 피해 보상 등에 있어서도 사업자의 면책 조건을 광범위하게 규정했다. 서비스 중단 등의 문제가 발생할 경우에도 환불 등 소비자의 권리를 보호하기보다 오히려 광범위한 면책사유를 근거로 그 책임을 소비자에게 일방적으로 떠넘겼다는 비난을 면키 어렵게 됐다.

한마디로 말하면 블리자드가 위법과 악용될 소지가 많은 조항들을 약관으로 명문화해 한국 유저들을 우롱해 왔음이 드러내 보인 것이다. 다행히 이번에 공정위가 나서서 시정 조치를 내림에 따라 한국 유저들은 뒤 늦게나마 소비자의 권리를 되찾게 됐다.

당연히 블리자드는 공정위의 시정 명령을 따라야 할 것이다. 그 이전에 블리자드는 그동안 한국 소비자를 봉으로 알고 무시해 온 것에 대해 먼저 사과해야 한다. 최소한 사이트에 한정원 지사장 명의의 공개 사과 서한이라도 올리는 것이 글로벌 스탠더드를 중요하게 여기는 블리자드의 한국 지사다운 모습일 것이다.

2010. 06. 21

온라인게임 新種 사행 행위 우려된다

일부 온라인 게임을 악용한 사행 행위가 또 다시 극성을 부려 문제다. 그동안 온라인 게임을 불법적으로 개·변조해 사행 행위를 해온 것이 어제 오늘의 일은 아니다. 하지만 최근 문제가 되고 있는 사례는 철저히 합법을 가장하고 있고, 사실상 관계 당국이 속수무책일 수 밖에 없다는 점에서 큰 우려를 낳고 있다.

본지가 단독 취재한 바(더게임스 318호 참조)에 따르면 최근들어 일부 PC방을 중심으로 게임의 경험치나 포인트 등을 즉석에서 현금으로 환전해주는 신종 사행 행위가 무섭게 확산되고 있다.

현재 가장 널리 알려진 A, S 등과 같은 게임의 경우 슈팅 게임 등을 플레이한 결과 얻은 점수를 현금으로 돌려주고 있다. 문제는 이같은 게임이 게임물등급위원회의 심의를 받은 게임이라는 점이다. 물론 게임의 결과물을 환전하는 과정에서 일부 불법이 끼여들 소지가 있지만 현금 아이템 거래 자체를 인정하고 있는 상황에서 이 역시 명확히 불법이라 판단하기도 쉽지 않은 상황이다.

온라인 게임에 대한 사후 관리를 1차적으로 맡고 있는 게임위가 속수무책인 이유다. 불법인지 여부도 명확하지 않은데다가 PC방 단위로 폐쇄적인 네트워크를 바탕으로 서비스하기 때문에 현황 파악 자체도 쉽지 않은 상황이다.

이런 까닭인지 현장을 취재한 본지 기자는 가장 널리 알려진 S, A 게임의 경우 각각 200여 개 이상의 PC방에 깔려 사용되고 있는 것으로 파악하고 있다. 여기에 심의 신청 중인 것을 포함하면 이같은 게임이 10여종을 넘을 것이란 관측이다. 앞으로 더욱 빠르게 확산될 것은 불 보듯 뻔하다.

뒤늦었지만 최근 게임위가 유형 파악과 함께 사후 관리를 통해 걸러낼 수 있는 방안 마련에 나서고 있다. 등급을 신청할 때 기재하는 '사용목적' 등과 다른 경우 사후관리를 통해 적발해 내겠다는 것이다. 손 놓고 있는 것보다는 낫지만 전체 8명뿐인 게임위 사후 관리 인력으로는 턱도 없는 일이다.

또한 관습상 명백한 편법 도박행위임에도 불구하고 '심의 신청 내용과 다르다'는 행정조치만으로는 미봉책이 될 수밖에 없다. 온라인판 '바다 이야기'로 번져 산업계는 물론 사회 문제로 비화되기 전에 문화부가 근본적인 대책을 조속히 내놓아야 한다.

2010. 07. 07

넥슨의 '독식'은 得보다 失이 많다

세계적인 MMORPG 명가로 자리매김한 엔씨소프트가 캐주얼 시장에 드라이브를 걸고 있다. 리니지 · 리니지2 · 아이온으로 이어지는 '황금 트리오'를 형성하며 하드코어 부문에서 독보적인 위상을 정립한 엔씨로선 새로운 도전인 셈이다. 다른 관점에서 보면, 캐주얼 시장은 영원한 라이벌 넥슨이 탄탄한 아성을 구축하고 있는 분야란 점에서 넥슨에 대한 엔씨의 또 다른 도전이기도 하다.

영화나 음악이 그렇듯, 게임 제작사 역시 특유의 색깔을 지니고 있으며, 그것은 장점이자 단점이 된다. 그만큼 비강점 분야에 대한 도전은 쉽지 않은 일이다. 막강 자본력과 맨 파워, 그리고 브랜드파워를 자랑하는 엔씨가 그 동안 여러 차례에 걸쳐 캐주얼 시장에 도전장을 냈지만 큰 성과를 거두지 못한 것이 이를 상징적으로 설명한다. 반대로 캐주얼 시장에 강점을 지니고 있는 넥슨이 엔씨가 난공불락의 아성을 구축한 하드코어 MMORPG 시장에서 번번히 고배를 마신 것도 같은 맥락이다.

업종을 망라하고 특정 기업이 시장을 독식하는 것은 해당 기업을 위해서나 관련 산업을 위해서나 득보다는 실이 많다. 창의적인 콘텐츠가 자리를 잡기 어려운 탓에 결과적으론 소비자들에게도 마이너스다. 유달리 쏠림 현상이 강한 인터넷 시장이라 해서 다르지 않다. 선의의 경쟁자가 없이는 기본적으로 산업의 발전이 더딘 법이다. 일본과 대만을 제치고 세계 LCD시장을 완벽하게 제패한 것도 삼성과 LG의 경쟁시스템이 없이는 불가능했을 것이다.

그래서 엔씨의 캐주얼 시장 도전 결과는 엔씨 자체만의 문제는 아니다. 엔씨와 넥슨이 캐주얼 시장에서 보다 건전한 라이벌 관계를 구축한다면, 수 많은 관련 게임 개발자들에게 문호가 더욱 활짝 열릴 것이다. 이렇게 되면 게임 시장의 파이도 커지고 산업도 발전할 수 있을 것이라 확신한다. 넥슨이 독식하고 있는 캐주얼 시장에 다시 한번 출사표를 던진 엔씨의 선전을 기대하는 이유다.

2010. 07. 20

블리자드의 이중 잣대

블리자드코리아가 '스타크래프트2'의 판매량을 적극적으로 알리는 홍보에 나서고 있어 의외다. 최근 들어 일부 언론에서 블리자드코리아의 소스를 인용해 스타크래프트2의 판매량을 전하는 기사를 자주 접하게 된다. 지난주에도 한 매체는 "스타크래프트2가 발매 1개월 만에 전 세계 300만장 이상의 판매고를 기록했다"고 블리자드코리아發로 전했다.

블리자드코리아는 자사 타이틀의 판매량이나 온라인 게임의 동시 접속자 수 등과 같은 구체적인 자료를 밝히지 않는 것으로 악명이 높다. 그래서 국내 언론계에서 블리자드코리아는 크레물린으로 통한다. 구체적인 숫자는 물론 민감한 사안을 물어보면 "공식적으로 답해 줄 것이 없다"는 상투적인 답변이 돌아 오곤 한다.

이와는 다른 이야기지만 한정원 블리자드코리아 대표의 경질 여부가 이슈가 된 적이 있다. 블리자드의 내부 사정 등을 종합해 보면 한정원 대표가 스타크2 국내 성과 부진 때문에 물러 났다는 관측이 제기됐다.

본지를 포함한 많은 언론이 블리자드코리아에게 질의했지만 역시 대답은 모르쇠였다. 지난주 마이크 모하임 블라자드 대표가 방한했을 때도 마찬가지였다. 문화관광부와 지재권 협상 여부, 한국지사장의 선임 등 이슈거리를 물어봤지만 역시 '밝힐 수 없다'는 것이 공식적인 답변이었다.

블리자드코리아의 홍보 마인드 부족은 어제 오늘 일은 아니지만 철저하게 자사에 유리하다고 판단한 것만을 알리는 태도를 또 한번 접하니 어이가 없다. 잔비에 옷 젖고 잔매에 장사 없다는 속담이 있다.

블리자드코리아의 얼굴이요 대외 창구인 홍보 관계자가 스스로 언론과 담을 쌓는 한국에서 스타크2가 잘되기를 기대하는 것은 어불성설이다. 이번에 방한했던 모하임 대표에게 꼭 들려주고 싶은 말이었다.

2010. 09. 06

플레이엔씨의 변신이 주는 의미

'리니지' '아이온' 등 20여 개 게임이 서비스되는 엔씨소프트의 포털 '플레이엔씨'가 2년여 만에 대대적인 개편을 단행하면서 업계의 이목을 집중시키고 있다. 이번 개편을 통해 플레이엔씨는 웹라이트 게임포털을 표방하며 보다 쉽고 직관적인 메인 페이지로 거듭나게 됐다. 지난 2008년에도 한차례 게임포털을 새 단장했던 엔씨는 이번 개편을 통해 PC뿐만 아니라 최근 확산되고 있는 스마트 기기에서도 이용할 수 있도록 최적화시켰다.

김택진 엔씨소프트 사장은 최근 공식석상에서 "게임이 하드코어한 방향으로 흘러가는 것이 싫다"며 "엔씨의 게임은 보다 많은 사람들이 접할 수 있도록 더 쉽게 만들어지고 있다"고 언급한 바 있다. 지금까지 많은 게임들이 하드코어한 방향으로 만들어졌다면 앞으로는 누구나 쉽고 편하게 즐길 수 있도록 해 나가겠다는 것이다. 이번 플레이엔씨의 개편은 이런 맥락에서 이뤄진 것으로 볼 수 있다.

타 기업들이 유망 개발사 인수를 통한 덩치불리기에 적극 나선데 비해 엔씨는 그동안 자체적으로 세계적인 기술력을 닦으며 시장을 주도하는 작품 개발에 주력하는 등 독자행보를 유지해 왔다. 이러한 과정에서 실패도 있었지만 하나 둘 성과가 나타나고 있는 것이다.

이번 플레이엔씨의 개편도 엔씨의 의지가 분명히 드러난 것으로 보인다. 모바일 디바이스에서도 구동할 수 있는 홈페이지를 만들면서 향후 이 시장을 공략해 나가겠다는 것이다. 게임은 과거에 안주해선 안 된다. 늘 새로운 시장을 만들고 그 흐름을 주도해야 세계에서 먹힐 작품을 만들어 낼 수 있는 것이다. 지금까지는 개발사가 시장을 주도해 왔다면 앞으로는 소비자인 유저들이 시장을 주도해 나갈 것으로 전망된다. 우리 업체들도 이러한 흐름을 놓치지 않기 위해서는 서둘러 변신하고 준비하는 자세가 필요하다.

2010. 12. 09

엔씨의 신선한 도전에 박수를

게임업계의 맏형인 엔씨소프트가 지난 22일 한국야구위원회(KBO)에 창원을 연고지로 하는 아홉 번 째 구단 창단 의향서를 전격 제출했다. 이에 따라 KBO와 야구계의 숙원인 양대리그 체제 출범을 위한 작업이 급물살을 타며 프로야구 재도약의 전기가 마련될 것으로 기대된다. 현재 롯데자이언츠를 제외한 7개 구단과 KBO가 즉각 환영 의사를 표명, 강력한 대기업의 가세와 같은 특별한 이변이 없는 한 엔씨의 프로야구단 창단 꿈은 이루어질 것으로 보인다.

엔씨가 제 9 구단의 구단주가 된다면 게임계로서는 그야말로 경사가 아닐 수 없다. 그 동안 게임업계가 사회로부터 받아야 했던 설움을 한꺼번에 날려주기에 충분한 일이기 때문이다.

엔씨의 야구구단 창단은 가장 먼저 게임업계의 위상을 단번에 도약시킬 것이다. 현재 게임구단을 운영하고 있는 기업체들의 면면을 보면 삼성을 비롯해 현대와 LG, 롯데 등 한국을 대표하는 굴지의 그룹들이 대다수를 이루고 있다. 게임을 모태로 한 엔씨가 이들과 함께 어깨를 나란히 하고 선다는 것 자체가 업계의 위상을 단번에 끌어올릴 것이란 사실은 자명하다.

또 게임이라면 폭력성과 과몰입 등 부정적인 시각으로만 보아 왔던 기성세대들에게 새로운 인식을 심어주기에도 충분할 것이다. 엔씨는 그동안 사회공헌에 많은 관심을 기울여 왔다. 해마다 청소년들을 대상으로 한 국토대장정을 벌이는가 하면 불우이웃 돕기와 각종 자선사업에도 발 벗고 나서왔지만 이러한 활동은 국민들의 눈에 띄지 않았다. 하지만 국민 스포츠라 할 수 있는 야구의 발전을 위해 나서는 것은 차원이 다르다. 그동안 음지에서 하던 일이 양지로 나오는 것이라고 볼 수 있다.

그러나 일부에서 엔씨의 구단 창단에 대해 부정적인 반응을 보이고 있다는 소식이 들린다. 이는 참으로 안타까운 일이 아닐 수 없다. 게임을 천박하고 부정적인 시각으로만 보는 것은 곤란하다. 편견 없이 있는 그대로 구단을 운영할 만한 재력과 실력을 갖추고 있는가를 평가해야 할 것이다. 그래서 충분한 능력이 있다고 판단될 경우 이를 승인해야 한다. 여기에 일각의 부정적 인식이 대의에 영향을 미쳐서는 안될 것이다.

2010. 12. 27

블록버스터 '테라'의 성공을 바라는 이유

NHN이 야심차게 내놓은 블록버스터 MMORPG '테라'가 11일 본격 공개 서비스에 돌입, 게임 시장이 술렁이고 있다. 엔씨소프트 '아이온' 이후 최고 대작인데다가 400억 원이 넘는 막대한 개발비가 투입, 올 게임 시장 최고의 관심사로 떠오르는 게 당연한 일이다. 작품의 성공 여부는 시장의 냉정한 판단에 의해 갈라지겠지만, '테라'의 흥행 여부는 비단 개발사인 블루홀과 퍼블리셔인 NHN 만의 문제에 국한할 수 없는 특별한 상징성을 갖고 있다. 그만큼 성공여부의 향배가 게임시장과 산업에 미치는 영향이 크다는 것을 의미한다.

'테라'는 지금까지 국내에서 개발된 온라인게임과는 비교하기 어려울 정도의 막대한 자금이 투입됐다. 투자비만 놓고 보면 거의 공룡기업인 블리자드급이라 해도 과언이 아니다. 국내서 개발된 블록버스터 영화나 드라마와 비교해도 어마어마한 규모이다. 특히 산업자본, 벤처캐피털, 엔젤투자자 자금이 어우러진 국내 최초의 블록버스터 게임 프로젝트이다. '테라'가 만약 시장 진입에 실패한다면 온라인 게임 시장의 거품 논란과 함께 후발 게임업체들의 투자 유치에 치명적인 영향을 끼칠 수 밖에 없다.

온라인 게임 시장의 저변을 넓힐 수 있는 여지가 남아 있느냐는 관점에서 봐도 '테라'의 성적표는 매우 중요하다. 국내 온라인 게임 시장은 수 년 전부터 포화기로 접어들어 신작들의 연착륙을 쉽게 허락하지 않고 있다. '아이온' 이후에 2년여 동안 흥행에 성공한 작품이 거의 전무하다. '아이온'이 그랬던 것처럼 '테라'는 기존 온라인 게임과는 차별화된 컨셉트를 무기로 새로운 시장 창출에 도전하고 있다. 블루홀측 역시 기존 게임과의 경쟁 보다는 '테라'만의 시장 개척에 더 많은 주안점을 두고 있다고 밝혔다. 이제 주사위는 던져졌다.

모든 판단은 게이머들의 몫이다. 누구도 그들의 선택을 강요할 수는 없다. 다만, '아이온'의 성공이 추락하던 '종주국' 위상을 되살리는데 톡톡히 기여했듯이 '테라'가 보란 듯이 성공, 다시 한번 대한민국 게임산업의 자존심을 지켜주길 기대한다.

2011. 01. 11

김기영 사장의 승부수

김기영 한빛소프트 사장이 절치부심 끝에 내놓은 '삼국지천'이 오픈 베타 테스트 이후 유저들의 좋은 반응을 얻고 있다. 이 작품은 초기 10대의 서버가 모두 차면서 최소 3만 명에서 최대 5만 명의 동시접속자를 기록한 것으로 추산되고 있다.

이 정도라면 최근 상용화에 돌입한 MMORPG '테라'와 비교할 만 하지는 않지만 여타 게임에 비해서는 상당한 호응도라고 할 수 있다. 더군다나 '아이온'과 '월드 오브워크래프트'에 이어 '테라'까지 가세하며 치열한 경합을 벌이고 있는 시장에서 얻어낸 성과여서 더욱 값진 것으로 평가되고 있다.

하지만 그동안 많은 작품들이 초기에 동접 5만을 넘는 폭발적인 반응을 얻었지만 운영미숙과 업데이트 실패 등 많은 요인으로 인해 인기를 오래 유지하지 못하고 실패한 경우가 허다했다. 한빛의 경우도 이런 뼈아픈 경험을 갖고 있다. 그래서 '삼국지천'을 오픈 하기에 앞서 김 사장은 기자들 앞에서 비장한 각오를 밝히기도 했다.

T3엔터테인먼트라는 개발사를 만든 김 사장은 '오디션'이라는 리듬액션 게임을 개발, 중국 등지에서 대박을 치면서 일약 스타덤에 올랐다. 그리고 마침내 코스닥 상장업체였던 한빛소프트를 인수하며 스포트라이트를 받았다. 그를 잘 아는 사람들은 그를 의리가 있고 뚝심을 가진 개발자라고 평가한다.

그는 어려울 때 함께 고생했던 사람들을 챙기기로 유명했다. 이러한 의리와 책임감이 있었기에 모두가 꺼려하는 게임산업협회장 자리를 맡아 마음고생을 하기도 했다.

하지만 이제는 의리와 책임감도 중요하지만 진짜 실력을 보여줄 때가 됐다. '오디션'이 성공을 거둔 것은 실력과 함께 운도 따랐다고 할 수 있다. 하지만 롱런하는 게임 명가가 되기 위해서는 지속적인 성공작을 만들어 내는 실력을 갖추는 것이 더 중요하다.

김 사장은 이번 작품에 사활을 걸었다. 그만큼 많은 준비를 해 왔다는 뜻이다. 오픈 초기의 반짝 인기에 그치지 않기 위해서는 안정적인 서비스와 업데이트, 그리고 상용화까지 수많은 난관이 남아있다. 이 모든 과정을 잘 마무리해서 김 사장의 또 다른 면모를 보여 주길 기대한다.

2011. 02. 28

열살박이 '게임한류'의 개척자 '미르2'

위메이드가 개발한 온라인 게임 '미르의전설2'(미르2)는 게임한류(韓流)의 상징과 같은 존재다. 불모지나 다름없던 중국에선 '국민게임' 대접을 받는다. '강산이 한번 바뀐다'는 10년 동안 이국 만리 중국 대륙에서 여전히 최정상급 인기를 누리고 있는 '미르2'가 서비스 열돌을 맞았다니, 놀라운 일이다. 그동안 중국에서만 수천억 원의 로열티 수익을 올린 '미르2'의 성공과 서비스 열풍은 한·중 양국에 적지 않은 의미를 지닌다.

IT 후진국이었던 중국은 '미르2'로 시작된 온라인 게임 열기 속에 이젠 세계 최대의 온라인 게임 '생산국'이자 '소비국'으로 올라섰다. 이미 2009년 기준으로 중국은 종주국 대한민국을 넘어 세계 최대 시장으로 우뚝 섰다. '미르2'는 국내 게임산업의 발전에 큰 기여를 했다. 국내 온라인 게임 사상 가장 많은 수익을 올린 엔씨소프트의 '리니지'나 블리자드의 'WOW' 못지않은 큰 족적을 남겼다.

'미르2'는 중국인들의 폭발적인 인기를 한 몸에 받으며 어떤 드라마나, 영화, 음악 못지않은 한류의 첨병 역할을 했다. 대한민국이 글로벌 시장에서 문화강국으로 부상하는데 일등공신 역할을 했다 해도 지나친 말이 아니다.

'미르2'의 성공에 힘입어 국내 많은 게임들이 '차이나드림'을 꿈꿨고, 중국은 이제 한국게임의 수출 전진기지로 발돋움했다. 최근 중국에서 국민게임 대우를 받으며 대박행진을 이어가고 있는 '크로스파이어'와 '던전앤파이터'의 빅히트도 '미르2'가 닦아 놓은 토대 위에서 이뤄진 일이다. 일종의 게임한류의 프론티어인 셈이다.

그러나 척박한 중국땅을 개척하던 10년 전과 지금의 중국은 달라도 너무 달라져 있다. 천양지차(天壤之差)다. 시장은 커졌으나 경쟁은 전쟁터를 방불케 한다. 중국 자체 게임만도 1년에 수 백 편이 쏟아져 나온다. '판호장벽' 막혀 진입 자체에 난관이 많다.

따라서 제 2, 제 3의 '미르2'를 창출하기 위해선 생각부터 바꿔야 한다. 중국시장에 대한 주도면밀한 연구 분석이 없이는 '미르2'는 그저 전설로만 남을 뿐이다.

2011. 03. 23

CJ의 공격적 행보에 거는 기대감

마침내 포문을 연 CJ E&M의 게임부문의 공세가 매섭다. 그룹 산하 6개 엔터테인먼트와 미디어 계열사를 통합, 거대 기업으로 재출범한 만큼 화력이 막강해 보인다. CJ는 지난 5일 서울 상암동 본사에서 공개한 차기작 라인업을 보면 이 회사의 의지가 고스란히 담겨있다. CJ는 일단 자체 개발작 11개와 퍼블리싱작 10개 등 총 21개를 내놓겠다고 공언했다. 통상적으로 메이저 퍼블리셔들이 1년에 서 너 편의 신작을 준비하는 점과 비교하면 놀라운 일이다.

대대적인 물량공세와 함께 CJ는 취약한 해외 사업에 역량을 집중하겠다고 선언했다. CJ 게임즈의 수장 남궁훈 대표는 "향후 2년 이내에 해외 매출 비중을 30%선까지 대폭 늘리겠다"고 말했다. 엔씨소프트, 넥슨, 네오위즈게임즈와 같은 경쟁기업에 비하면 CJ의 해외 매출은 미미하다는 방증이지만, 역설적으로 CJ게임즈의 재도약의 성패는 신작흥행과 해외부문에 전적으로 달려있다.

CJ 게임부문의 이같은 대공세 전환은 실추된 자존심을 회복해야 한다는 절박감에서 비롯된 결과이다. 지난 2004년 넷마블을 인수, 게임사업에 뛰어든 CJ그룹은 잇단 해외 진출 실패와 신작 부진이 겹치면서 횡보를 거듭하다 2009년을 기점으로 네오위즈게임즈에 역전을 허용하며 업계 5위로 밀려났다. 말이 5위이지, 4위 네오위즈게임즈와의 격차는 이미 크게 벌어져있고, '던전앤파이터' 하나의 게임으로 선두권으로 부상한 6위 네오플과 박빙의 차이이니 자존심이 상할 만도 하다.

CJ의 공세 전환은 CJ 자체의 분위기 반전은 물론 중소기업들에게도 한 가닥 희망의 빛을 던져주었다. NHN 넥슨 네오위즈 등 국내 주요 퍼블리셔들의 최근 전략은 '선택'과 '집중'형으로 바뀌고 있다. 될성싶은 게임에 집중하겠다는 뜻이다. 중견기업들의 입지는 더 좁아졌다. 중소 개발사들은 '갈 곳이 없다'며 아우성이다. 이런 상황에 CJ가 신선한 바람을 불어넣은 셈이다. CJ의 공격적인 퍼블리싱이 전체 시장 활성화에 새로운 활력소가 되길 기대한다.

2011. 04. 11

'서든어택'의 중국 출정

온라인게임 종주국으로 세계 1위의 아성을 자랑해 온 우리나라가 불과 수 년 전 이 자리를 중국에 내주고 말았다. 그리고 지금까지 그 자리를 탈환하지 못하고 있다. 우리 인구의 20배가 넘는 13억의 인구를 갖고 있는 중국을 제치고 다시 1위를 차지한다는 것은 거의 불가능해 보인다. 그렇다고 해서 중국 시장을 포기할 수는 없는 노릇이다.

스마일게이트가 개발한 '크로스파이어'는 최근 동접 230만 명을 돌파하는 등 중국에서 가장 잘 나가는 한국 작품이다. 한동안 주춤했던 한류열풍을 다시 일으킨 주인공이기도 하다. 중국 퍼블리셔인 텐센트는 이 작품으로 인해 부동의 1위 자리를 굳건히 지키고 있다.

넥슨의 자회사인 게임하이는 최근 중국에서 샨다를 통한 '서든어택'의 서비스에 본격 나섰다. 이 작품은 한 때 우리나라에서 온라인게임 전체 1위를 차지하며 장기 집권했던 대표적인 FPS 작품이다. 우리나라에서는 대 성공을 거뒀지만 중국에서는 눈에 띄는 성과를 거두지 못했다가 이번에 다시 재도전의 기회를 맞게 됐다. '서든어택'은 '크로스파이어'와 같은 FPS 장르다. 중국에서 한국 FPS 작품들이 맞대결을 펼치게 된 것이다.

중국에서 이 작품을 서비스하는 샨다는 10여년 전 위메이드엔터테인먼트가 개발한 '미르의 전설2'를 론칭, 중국에 온라인게임 열풍을 일으킨 주역이었으나 최근에는 부진한 모습을 보이고 있다. 한번 실패했다가 다시 도전장을 낸 '서든어택'과 1위 자리 탈환을 노리는 샨다가 힘을 합쳐 어떤 결과물을 내놓을지 관심이 모아지고 있다. 이처럼 대한민국 온라인게임들이 중국 시장을 끊임없이 두드리며 도전한다는 것은 매우 고무적인 일이다.

우리가 예전처럼 중국 시장에서 절대적 점유의 우월적 위치를 차지할 수는 없겠지만 상대적 성장과 능력은 충분하다고 본다. '서든어택'이 '미르의 전설2'와 '크로스파이어'의 뒤를 잇는 한류의 주역이 되고 또 다른 작품들이 그 뒤를 이어가 '한류의 불길'이 꺼지지 않도록 했으면 하는 바람이 크다.

2011. 04. 15

엔씨소프트의 멈추지 않는 도전

엔씨소프트가 27일 '블레이드&소울'에 대한 첫 번째 비공개 테스트를 진행, 주목을 끌고 있다. 이 작품은 엔씨가 '리니지', '리니지2', '아이온' 등 MMORPG 트리오의 명성을 이어가겠다는 각오로 만든 작품이다. 이 작품은 무협이라는 동양적 소재를 바탕으로 팬터지 세계관을 절묘하게 조화시킨 것으로 평가되고 있다. 중세 유럽풍의 팬터지물인 리니지 시리즈와 신화적 분위기를 담은 '아이온'과는 전혀 다른 느낌을 주며 게이머들을 들뜨게 하고 있다.

엔씨는 현재 보유하고 있는 3개의 대작만으로도 명실상부한 최고의 게임업체로 인정받고 있다. 그런데 엔씨는 여기서 만족하지 않고 도전을 계속하고 있다. 엔씨는 '아이온'으로 새로운 터닝 포인트를 만들기 전에도 숱한 도전을 해왔다. 대표적인 사례가 '길드워'라는 작품이다.

이 작품은 북미시장에서는 큰 인기를 끌었지만 아쉽게도 국내에서는 큰 재미를 보지 못했다. 결국 국내 서비스를 중단할 수밖에 없었다. 이 외에도 막대한 투자를 단행해 개발한 타블라사도 해외에서 공개 서비스까지 진행했지만 결국 시장 진입에 실패하고 말았다. 이러한 실패를 겪으면서도 엔씨는 포기하지 않고 도전을 계속한 결과 '아이온'이란 작품으로 새 전기를 마련할 수 있었다.

엔씨는 도전과 함께 변화에도 적극 나서고 있다. 게임이라는 우물 안에 머무는 것이 아니라 더 넓은 세상으로 향하기 위한 변화로 야구 제 9구단의 창단에 힘쓰고 있다. 엔씨가 도전을 두려워하고 현실의 성공에 안주했다면 오늘날의 엔씨는 만들어지지 않았을 게 분명하다 하겠다.

게임계가 타산지석으로 삼아야 할 것은 도전과 변화라는 두 개의 역사의 수레바퀴를 멈춰선 안 된다는 사실이다. 엔씨의 새로운 도전인 '블레이드&소울'이 '아이온'의 뒤를 이어 또다시 히트작으로 자리매김할 것인지, 아니면 아쉽게 고배를 마시고 사라져 갈 것인지 아직은 알 수 없다. 한 가지 분명한 것은 실패와 성공을 떠나 어떠한 결과가 나오더라도 도전을 계속하겠다는 분명한 의지와 뜻만 있다면 그것이 바로 성공할 수 있는 지름길이 될 것이라는 점이다. 엔씨의 새로운 도전에 시선이 쏠리는 것은 바로 이 때문이다.

2011. 04. 25

드래곤플라이의 거침없는 질주

드래곤플라이 하면 '카르마'를 필두로 '스페셜포스' 등 쟁쟁한 FPS 명작을 만들어낸 전문기업으로 잘 알려져 있다. 한 마디로 FPS 명가라 할 수 있다. 오늘의 드래곤플라이를 있도록 한 1등 공신은 바로 '스페셜포스'다.

이 작품은 척박했던 국내 FPS 시장을 개척해 인기 장르로 만들었다. 이 작품의 대성공에 힘입어 드래곤플라이는 총망 받는 중견기업으로 자리매김한 데 이어 코스닥에도 이름을 올렸다.

이 작품은 서비스된 지 상당한 시간이 흘러갔음에도 불구하고 아직도 국내뿐 아니라 동남아에서 큰 인기를 끌며 스테디셀러로 확고히 자리매김하고 있다. 여전히 드래곤플라이의 캐시카우역할을 하고 있는 것이다.

이 작품으로 FPS 명가라는 이름을 얻었던 드래곤플라이는 FPS에 머물지 않고 올해도 다양한 장르의 작품을 개발하거나 퍼블리싱 하는 등 새로운 도전을 멈추지 않고 있다. 이른바 5대 메이저의 막강한 힘에 밀려 중견기업들이 갈수록 쪼그라들고 있는 상황에서 드래곤플라이가 적극적으로 매진하는 모습은 우리 산업의 미래를 위해서도 매우 바람직한 현상이다.

드래곤플라이는 개발과 퍼블리싱에 주력하는 것뿐만 아니라 직원들에 대한 대우도 메이저 못지않은 것으로 알려져 있다. 최근 발표된 게임업체들의 임금현황에 따르면 드래곤플라이는 연간 수천억 원의 매출을 올리는 메이저에 뒤지지 않는 임금을 주고 있는 것으로 나타났다. 우리나라 온라인 게임의 역사가 10년을 넘기면서 부익부빈익빈현상이 갈수록 커지고 있는 것은 심각한 문제다. 이같은 상황에서 드래곤플라이 같은 중견기업들이 더 많이 나와야 한다.

중견기업들은 메이저들이 할 수 없는 참신한 기획과 직원들과의 신속한 커뮤니케이션이 가능하다. 이를 통해 대기업들이 할 수 없는 새로운 시장을 창출해 낼 수 있는 것이다. 이 때문에 산업의 허리라 할 수 있는 중견기업들이 광범위하게 포진하는 것이 산업의 미래를 위해 바람직하다.

국내에는 드래곤플라이 외에도 한빛소프트, 엠게임, 위메이드엔터테인먼트 등 적지 않은 중견기업들이 포진해 있지만 최근 이렇다 할 성적을 보여주지 못하고 있다. 보다 많은 중견기업들이 제2, 제3의 히트작을 내놓으며 풍요로운 시장 생태계를 조성해 나가기를 바란다.

2011. 05. 18

CJ E&M 게임부문 심기일전을 기대한다

CJ E&M 게임부문이 심하게 흔들리고 있다. CJ그룹은 지난 3월 엔터테인먼트와 미디어 사업의 시너지 효과 창출 명분아래 6개 계열사를 대거 통폐합했다. 게임 부문에 힘이 실릴 것이란 예상이 지배적이었지만, 3개월이 지난 지금 상황은 정반대이다. 부문 대표를 맡아 대대적인 조직 재정비에 이은 공격적인 퍼블리싱을 선언했던 남궁훈 대표가 조기에 낙마, 핵심 경영진이 대폭 물갈이됐다. 간판작 '서든어택'의 재계약은 끝내 불발에 그쳤다.

당장 3분기부터 걱정이다. 내부 조직 분위기는 흉흉하고, 매출의 20%를 넘는 '서든어택'의 이탈로 적지 않은 실적 하락이 불가피하다. 내년까지 20여편의 신작을 내놓겠다고 공언했던 CJ로선 내우외환(內憂外患)의 위기다. 경쟁기업인 네오위즈게임즈나 한게임(NHN)과의 격차는 더 벌어질 게 자명하다. 엔터테인먼트 시장의 '수퍼 공룡'으로 불리는 CJ로선 몹시 자존심이 상할 일이다.

백척간두(百尺竿頭)의 위기에 빠진 CJ가 방준혁 전 CJ인터넷 대표를 총괄 상임고문으로 영입하고 조영기 대표·권영식 상무 등 관록파들을 '구원투수'로 전격 투입한 것은 불가피한 선택 같다. 원래 기업이 위기에 빠졌을 땐 '기술'보다는'경험'이 더 중요한 법이다. 또 위기는 곧 기회라고 했다. 방 고문과 권 상무는 넷마블 창업에서부터 CJ인터넷의 전성기를 함께한 주역들이다. 위기의 CJ를 되살리기 위해 지금 무엇이 필요한지, 어떻게 해야 하는 지를 누구보다 잘 아는 사람들이다.

CJ는 이제 5대 메이저군에 잔류하기도 버거운 상황으로 내몰리고 있다. 자칫하다간 중견기업군으로 추락할 수 밖에 없는 중차대한 기로에 섰다. 우선 1차적인 묘안은 내부에서 찾아야 한다. 조직력 강화가 무엇보다 시급할 것이다. 흐트러진 조직을 추슬러야 외부 경쟁자를 제대로 상대할 수 있다. CJ의 현재 '포트 폴리오'와 차기작 라인업은 튼실하다. '서든어택' 하나가 떨어져 나간다고 흔들릴 정도는 아니다. 라인업만 놓고 보면 어떤 메이저기업과 견줘도 부족함이 없다. 비온 뒤에는 땅이 굳는다는 말이 있다. 창사 이래 최대 위기를 맞은 CJ의 심기일전(心機一轉)을 기대한다.

2011. 06. 13

블리자드코리아의 '환골탈태'

최근 블리자드 엔터테인먼트코리아의 대표가 교체됐다. 블리자드는 지난해 오진호 전 대표의 갑작스런 사퇴 이후 본사 임원인 길마틴을 대표 대행으로 임명했다. 이후 후임자를 물색해 오다 최근 컨설팅회사 맥킨지 출신의 백영재씨를 대표로 발탁한 것이다.

백 대표는 게임업계에는 잘 알려지지 않은 인물이다. 지금까지 알려진 바로는 서울대 인류학과를 나와 미 예일대에서 박사학위까지 받은 최고의 엘리트라는 정도다.

블리자드는 세계 최고 수준의 게임 개발사다. 국내에서도 '스타크래프트'를 비롯해 '월드오브워크래프트' 등 숱한 히트작을 내놓으며 확고한 자리를 잡았다. 하지만 지난해 '스타크래프트2'를 출시하면서 블리자드의 위상은 크게 휘청거리기 시작했다.

블리자드가 한국시장에서 고전하게 된 데에는 여러 가지 이유가 있겠지만 가장 큰 원인은 바로 소통의 문제였다. 블리자드는 개발사라는 갑의 입장에서 모든 문제를 풀어가려 했고 국내 유저들과 e스포츠 관계자들을 가르치려 들었다. 결과적으로 블리자드의 일방통행식의 주장이 반복되면서 시장과 유저들로부터 외면당하기에 이르렀다.

새로운 사령탑으로 부임한 백 대표는 이러한 사실들을 꼼꼼히 챙겨봐야 한다. '로마에 가서는 로마의 법을 따르라'는 말이 있다. 한국에 와서는 한국의 법도를 따라야 한다는 것은 어찌 보면 당연한 일이다.

백 대표는 합리적이고 성과 중심적인 미국식 교육을 받았고 또 최고의 엘리트만이 갈 수 있는 맥킨지에서 일해 왔기 때문에 그 점이 오히려 걱정스럽다. 아래와 소통하기 보다는 그가 옳다고 주장하는 논리를 가르치려 한다면 과거와 같은 실수가 반복될 것이기 뻔하기 때문이다.

한국시장은 세계적으로도 몇 안 되는 독특한 곳이다. 세계 워드프로세서 시장을 장악한 MS워드도 아래 한글 워드에 밀렸고 세계 최고의 검색 포털인 구글도 네이버라는 토종 검색포털을 넘어서지 못하는 것만 봐도 알 수 있다.

블리자드는 새 대표를 맞아 한국 시장과 유저를 이해하는 기업으로 거듭나야 할 것이다. 필요하다면 환골탈태하는 용기도 있어야 한다. 그래서 함께 원원할 수 있는 블리자드의 새로운 현지화 작업과 기업풍토가 조성 되길 바란다.

2011. 06. 20

김택진 대표의 한마디

김택진 엔씨소프트 대표가 오래간 만에 공식석상에 모습을 드러냈다. 그는 최근 미래기획위원회와 문화체육관광부 등이 주최한 한 토론회'에 참석해 게임산업의 미래를 이야기하며 소회를 피력했다.

게임 1세대로 '리니지'와 '아이온' 등을 연이어 히트시키며 국내 최고의 게임업체로 키워낸 그가 걱정하는 것은 무엇일까.

그는 이날 게임산업과 만화 산업을 비교하며 설명했다. 주지하다시피 만화시장은 사회의 부정적인 인식으로 인해 한때 초토화됐다. 만화책에 비닐커버가 씌어졌고 까다로운 심의절차로 몸살을 앓았다. 이후 만화 산업은 일어나지 못했다.

김 대표는 대외적으로 목소리를 높이는 스타일이 아니다. 앞에 나서기 보다는 뒤에서 묵묵히 자신의 소신을 실천해 나가는 그런 사람이다.

그런 그가 왜 갑자기 공개석상에 나와 게임산업과 현실에 대한 우려의 반응을 나타냈을까? 이는 게임계 안팎의 상황이 그만큼 절박해졌음을 느꼈기 때문일 것이다.

그가 걱정하는 것은 게임산업 하나만이 아니다. 과거 만화와 애니메이션산업이 몰락하면서 국내 콘텐츠 산업은 중대한 위기를 맞았다. 이러한 위기 속에 돌파구를 마련해 준 것이 다름 아닌 게임산업으로 그는 보고 있다.

게임산업은 만화나 애니메이션업계에서 받아주지 못한 인재들을 끌어안았다. 게임은 그야말로 종합예술이자 종합기술의 결정체인 것이다. 그럼에도 불구, 게임에 대해 많은 사람들이 편견을 갖고 일방적으로 매도하고 있다고 김 대표는 보고 있는 것이다.

김 대표는 그러면서 소명을 가지고 끝까지 살아남아야 한다는 각오를 피력하기도 했다. 게임계가 무너지면 게임산업과 유관된 콘텐츠업계가 함께 몰락할 것이란 게 그의 판단이다. 김 대표는 또 그러기 위해서는 정부의 적극적인 지원책이 필요하다고 당부했다.

이날 행사에는 최시중 방송통신위원장, 정병국 문화체육관광부 장관, 곽승준 미래기획위원장 등 정권의 핵심 인물들이 함께 했다. 그들이 게임 1세대인 김택진 대표의 목소리에 얼마나 귀를 기울이며 공감을 표시했는지는 알 수 없지만 이날 김 대표의 언급을 통해 게임에 대한 사시적인 시각만이라도 거둬갔으면 하는 바람이 크다. 그래야 산업으로써 응당한 예우를 해 줄 테니 말이다. 김 대표는 어쩜 그 점을 강조하고 싶었던 게 아닐까?

2011. 06. 27

'서든어택'이 보여준 시너지 효과

넥슨과 CJ E&M이 공동 서비스하는 1인칭 슈팅(FPS)게임 '서든어택'이 온라인 게임시장 부동의 인기 1위인 '아이온'(엔씨소프트)을 제치고 정상을 탈환하며 파란을 일으키고 있다. 퍼블리싱 재계약 과정에서 심한 홍역을 앓은 데다가 공동 퍼블리싱에 나선 직후 크고 작은 시행착오를 겪으며 주춤거렸지만, 다양한 이벤트와 대규모 업데이트로 단숨에 명성회복에 성공한 것이다.

'비온 뒤에 땅이 굳는다'는 말처럼 넥슨과 CJ, 두 메이저 포털이 손잡고 공동 서비스에 나선 '서든어택'의 분위기 반전은 각종 게임차트에 그대로 드러났다. '서든어택'은 게임노트 집계 7월 셋째 주 온라인 게임 순위에서 '아이온'을 밀어내고 1위에 올랐다.

앞서 지난 20일 게임트릭스가 발표하는 PC방 트래픽 랭킹에서 12.75%의 점유율로 무려 130주 동안 1위를 고수하던 '아이온'을 2위로 밀어내는 저력을 과시했다.

DB 이전 문제와 장시간 서비스 중단 등으로 5~6%대까지 점유율이 폭락했던 불과 며칠 전의 상황을 감안하면, 놀라운 일이다. 한번 인기가 떨어지면 이를 되살리기가 매우 어렵다는 온라인 게임 시장의 속설을 '서든어택'이 뒤집은 것은 무엇보다 흔들리는 유저들의 마음을 사로잡았기 때문이다.

넥슨과 CJ는 위기 속에서 조바심을 내지 않고 유저들의 입맛에 맞춘 업데이트와 풍성한 이벤트를 준비하며 때를 기다린 게 주효했다.

위기를 기회로 만든 것이다. 여기에 두 퍼블리셔 간의 묘한 선의의 경쟁심리가 상승 작용을 일으켜 분위기를 급반전시킨 것으로 보인다. 여기에 넥슨의 서비스 참여로 사용자층이 다양해진 것도 성공 요인으로 분석된다.

기존 '넷마블' 유저에 '넥슨닷컴' 유저들이 더해지면서 전체적인 트래픽이 강한 상승세로 돌아선 것이다. 결국 '서든어택'의 부활은 '나 홀로 독식' 마인드가 팽배한 온라인 게임 시장에서 '1+1=2 이상'이라는 시너지 효과의 힘을 제대로 보여준 셈이 됐다.

개발사-퍼블리셔, 분업시스템이 정착된 게임업계에 이번 '서든어택' 사례는 협업의 중요성이 얼마나 큰 지, 좋은 본보기가 될 것이다.

2011. 08. 01

게임계, 과연 해킹 문제서 자유로운가

얼마 전 서울지방경찰청은 북한의 컴퓨터전문가들이 해킹을 통해 엔씨소프트 '리니지'의 서버에 접근해 오토프로그램을 불법으로 제작, 시장에 무분별하게 공급해 엄청난 불법 이익을 취득했다는 조사 결과를 발표 했다. 이 발표로 게임계는 발칵 뒤집혔다. 검찰의 발표가 사실이기 때문이 아니라 상당 부분 잘못 이해하고 있었기 때문이다.

경찰의 발표 직후 엔씨소프트는 반박 자료를 통해 '리니지' 서버는 해킹을 당한 적이 없으며 온라인 게임의 서버를 해킹해서 오토프로그램을 만들었다는 주장도 사실이 아니라고 해명했다.

이번 사건은 결국 검찰 관계자들이 피의자들의 진술을 확인 하지 않고 발표함으로써 벌어진 해프닝으로 마무리됐다. 하지만 게임계가 해킹으로부터 자유로운 것은 아니다.

그동안 게임업체들은 국내뿐 아니라 외국에서 시도되는 수많은 해킹으로 크고 작은 피해를 당해 왔던 것이 사실이다. 이 때문에 규모가 큰 업체의 경우 자체적으로 전문인력을 운용하며 해킹에 대비하고 있지만 중소기업들은 해킹에 취약한 실정이다. 결국 해킹의 피해는 고스란히 유저들에게 전가될 수밖에 없다.

이번 사건에서도 드러났듯이 해킹과 함께 오토프로그램을 통한 불법행위도 심각한 사회문제로 대두되고 있다. 게임을 서비스하는 업체들은 서버 보안문제 보다 작업장이나 개인들이 게임에 악성코드를 설치해 제작하는 오토프로그램이 더 큰 문제라고 지적하고 있다.

더불어 계정도용으로 인한 피해 사례도 점점 늘고 있다. 유저가 PC방이나 여럿이 사용하는 컴퓨터를 이용하고 로그아웃을 하지 않아 다른 사람이 계정을 이용해 피해를 보는 사례가 늘고 있는 것이다. 그리고 해커가 PC방에 악성 해킹 툴을 설치해 그 컴퓨터를 사용하는 모든 PC방 이용자들의 정보를 취득하는 경우도 발생하고 있다.

이같은 보안문제를 해결하지 못한다면 게임시장은 해킹과 불법프로그램이 난무하는 곳이라는 불명예스러운 이미지를 지울 수 없다. '클린 게임'이라는 이미지를 심어주기 위해서는 업체들뿐만 아니라 유저와 PC방 등 게임산업에 몸담고 있는 모든 사람들의 자발적이고 적극적인 노력이 필요하다.

2011. 08. 16

퍼블리셔가 변해야 산다

게임계의 부익부빈익빈 현상이 가속화되고 있는 가운데 중소업체들의 신음소리가 갈수록 깊어지고 있다. 막대한 자본력을 앞세운 대형 퍼블리셔들이 중소개발사들을 외면하고 있기 때문이다.

소위 빅5라 불리는 대형 퍼블리셔들은 최근 M&A를 통해 유망한 개발사들을 다수 거느리게 됐다. 이 때문에 자사의 개발작품을 퍼블리싱 하는 데도 벅찬 상황이다. 관계가 없는 중소업체들은 명함조차 내밀기가 쉽지 않다.

간신히 퍼블리싱에 도달하게 되더라도 터무니없는 수익배분을 요구한다. 중소업체 입장에서는 개발비나 운영비도 건질 수 없을 정도라니 아예 포기하고 만다는 것이다.

중소업체는 산업의 허리요 뿌리와 같다. 중소업체들이 사라지면 그 산업의 미래는 보장할 수 없다. 그런데 지금과 같은 상황이 계속된다면 우리 게임계에 중소업체들의 씨가 마를 수 밖에 없다. 이래선 안 된다. 현재 시장을 주도권을 쥐고 있는 대형 퍼블리셔들의 인식이 변해야 한다.

지금처럼 수익을 최우선으로 하는 퍼블리싱 정책으로는 우리 중소업체들이 살아남을 수 없다. 수익을 위한 퍼블리싱과 미래를 위해 과감히 투자하는 두 개의 날개가 필요하다. 가능성만을 보고 투자하는 엔젤투자의 역할을 대형 퍼블리셔들이 맡아줘야 한다.

지금처럼 '퍼블리싱 지상주의'로 가다가는 열에 하나 나올까 말까 한 참신한 작품이 나올 수 없다. 퍼블리싱과는 별도로 엔젤투자를 전문으로 하는 부서를 만들어야 한다. 이처럼 미래를 준비하고 시장 파이를 키우는 역할은 메이저가 아니면 할 수 없다.

정부도 팔짱만 끼고 앉아 지켜볼 것이 아니라 정책적으로 대형 퍼블리셔와 중소업체들이 손을 잡을 수 있도록 자리를 만들어줘야 한다. 말로 해서 안 된다면 제도를 만들어서라도 중소기업과 퍼블리셔가 협력해서 서로에게 득이 될 수 있는 방안을 찾아내야 미래를 담보할 수 있다.

또 중소업체들이 상대적으로 취약한 개발자금을 지원하고 부족한 기술을 이전해 줄 수 있는 방안도 조속히 마련해야 할 것이다. 이와 함께 국내에서 자리 잡지 못한다면 해외에서라도 자리를 잡을 수 있도록 적극적인 지원을 펼쳐야 할 것이다. 말로만 유망산업이라고 치켜세우는 것 보다는 당장 살아갈 수 있는 기반을 만들어 주는 것이 시급하다.

2011. 08. 25

블리자드 전매특허 '노이즈마케팅'

블리자드가 기대작 '디아블로3' 출시를 앞두고 사행성 논란의 한복판에 서있다. 논란의 핵심은 '경매장'이란 게임속 아이템 현금거래 시스템이다. 현재 온라인게임 아이템 중개 사이트 등을 통해 이뤄지는 아이템 거래를 게임 서비스 주체가 그것도 게임 안에서 직접 중개하겠다는 것인데, 현행법상 논란의 여지가 다분하다. 현재 게임산업진흥법상 아이템 현금 거래를 '업(業)'으로 할 수 없을뿐더러, 게임 서비스업체가 스스로 아이템 거래를 중개하는 것은 유저들의 사행성을 조장할 여지가 높다.

게임등급을 결정하는 게임위측은 당연히 부정적이다. 사행성 조장 시스템에 관한 한 보수적인 잣대를 들이대고 있는 게임위는 이 시스템에 대한 수정이나 폐지가 없이는 등급분류를 거부할 것이란 기조를 유지하고 있다. 게임 서비스 업체 입장에선 등급을 내주지 않는다는 것은 '사형선고'나 마찬가지다. 북미를 비롯해 세계 곳곳에서 출시를 앞둔 '디아블로3'의 등급분류가 결정되며 논란은 증폭되고 있지만, 로마에 가면 로마법을 따르는 게 이치에 합당하다.

급기야 '디아블로3'가 이번 국정감사의 게임 부문의 주 메뉴로 부상했다. 한나라당 심재철 의원은 지난 28일 국감 자료를 통해 게임 내용에 아이템 현금거래 기능이 있다면 사행성 유발 및 조장을 방지하기 위해 등급분류를 거부해야 한다고 지적했다. 한국 법이나 국민정서 등을 감안할 때 '디아블로3'의 아이템 거래 시스템이 그대로 서비스될 가능성은 희박해 보인다. 블리자드측이 이를 모를 리 없으며, 이미 한 발짝 물러설 움직임이 나타나고 있다.

결과에 상관없이 '디아블로3'는 이번 사행성 논란을 통해 다시 한번 전국민적 관심을 끄는 데 성공했다. 국내에서도 워낙 인지도가 높은 게임인데, 여기에 날개를 하나 더 달아준 격이 됐다. 블리자드의 전매특허인 '노이즈마케팅' 효과를 톡톡히 본 셈이다. 블리자드는 '노이즈마케팅'에 숙달된 업체다.

'WOW'와 '스타크래프트2' 론칭 과정에서도 그랬다. 파격적인 사회공헌 계획을 내놓으며 한국 서비스를 준비중인 라이엇게임즈와 너무도 비교된다.

2011. 10. 05

넥슨의 안이한 현실인식

넥슨과 한국PC방문화협회의 갈등이 좀처럼 해결될 기미를 보이지 않고 있다. 이번 문제는 과거 CJE&M에서 단독 서비스하던 '서든어택'을 넥슨이 공동으로 서비스하기 시작하면서 빚어졌다. 넥슨이 종전의 정액제 방식을 정량제로 바꿔 시행키로 한 것이다. 정량제는 특정 시간에 대한 비용을 지불하고 그 시간이 초과하면 다시 결제를 해야 하는 방식이다. 반면 정액제는 일정 기간 동안 아무리 많은 시간을 사용해도 비용은 그대로 유지된다.

PC방 업계는 과거의 정액제에서 정량제로 바뀔 경우 추가로 부담해야 할 비용이 수백억 원에 달한다고 주장하고 있다. 이에 대해 넥슨측은 오히려 비용이 줄어든다며 새로운 요금제를 강행할 뜻을 굽히지 않고 있다.

이들의 주장 중 어느 쪽이 맞느냐 하는 일은 좀더 지켜 봐야 할 것 같다. 그러나 그보다 더 중요한 것은 예전에도 그랬듯이 PC방 업주들과 퍼블리셔간 대화가 서로 일방적으로 진행되고 있다는 점이다.

인문협측은 이 문제와 관련 넥슨측과 만나 허심탄회하게 대화를 해 보자고 수 차례 제의를 했다. 그러나 넥슨측은 아무런 답변도 하지 않고 있다. 이래선 서로 상생할 수 있는 분위기가 만들어질 수 없다.

시장 유통질서의 1차적인 책임은 메이저에 있다 하겠다. 수백 개의 게임이 서비스되고 있지만 정작 PC방에서 수익을 올리는 작품은 5대 메이저의 작품들이 대부분을 차지하고 있다. PC방사업주들이 어렵다고 하소연을 할 만하다. 그중에서도 넥슨의 지위는 거의 절대적이라 할 수 있다.

PC방 사업주들의 주장이 설사 무리가 있다 하더라도 그들과의 대화의 끈을 놓아서는 안 된다. 더욱이 누구보다 PC방들로부터의 도움을 많이 받아왔던 넥슨이라면 그들의 입장에서 귀 기울이고 함께 고민하고 해결책을 찾는 모습을 보여줘야 한다고 본다.

산업의 뿌리라 할 수 있는 PC방업계는 지금 못살겠다고 아우성을 치고 있다. 그런데 이대로 방치하거나 더욱 악화시키는 요금제가 도입될 경우 문을 닫는 업체는 기하급수적으로 늘어날 것이 뻔하다.

시장을 책임지고 있는 메이저라면 그에 걸맞은 모습을 보여주는 게 세상 사람들의 눈에도 좋게 비춰지지 않을까 한다.

2011. 10. 17

넥슨 해킹은 성장주의 탓

게임계뿐만 아니라 전 국민을 깜짝 놀라게 만들었던 넥슨의 '메이플스토리' 해킹 사건이 발생한 지 일주일이 지났다.

이번 해킹은 '바람의 나라'로 시작해 '메이플스토리' '카트라이더' '비앤비' 등 국민 게임으로 회자될 만한 숱한 작품들을 성공시킨 넥슨으로서는 청천벽력과 같은 사건이었다. 더군다나 곧 일본 증시에 상장을 앞두고 있는 상황에서 발생한 해킹은 기업 이미지에도 큰 타격이 예상된다.

처음에는 놀라움을 감추지 못했던 업계 관계자들도 시간이 지나면서 차츰 냉정을 되찾아 가고 있다. 이번 해킹 사건은 넥슨뿐만 아니라 그 어떤 업체라도 대상이 될 수 있다는 점에서 경각심을 불러일으키기에 충분했다. 하지만 이번 사태를 풀어가는 과정에서 보여준 넥슨의 태도는 많은 사람들을 당황스럽게 만든다. 한마디로 아무런 책임도, 문제도 없었다는 것인데, 그렇다면 넥슨의 보안시스템을 하나하나 따져야 할 게 분명하다.

일각에서는 이번 해킹 사태가 '성장 지상주의'를 표방하며 앞만 보고 달려온 넥슨이 결국 허점을 드러냈기 때문에 발생한 것이라는 지적이 우세하다. 브레이크 없이 달려가는 자동차가 결국 충돌을 하고서야 멈추는 것처럼 매출확대와 기업인수 합병 등을 통해 덩치를 키워온 넥슨이 내부 관리시스템의 부실로 이번 사건을 초래했다는 것이다.

이같은 논리는 이번 사태의 전개과정을 돌이켜 보면 상당한 설득력을 갖게 한다. 넥슨은 이번 사건이 벌어지기에 앞서 이미 많은 전조 현상들이 나타났지만 이를 무시했다. 넥슨은 지난 10월 4일 '마비노기' 96시간 서버 점검으로 유저들의 원성을 산 바 있다. 또 같은 달 19일에는 '마비노기' '마비노기영웅전' '카트라이더' '서든어택' 등 15개 게임에 대해 사상 초유의 서버 중단 사태를 겪는 등 서버관리에 취약한 모습을 보였다.

그러나 넥슨은 이같은 게임 서버 중단 사태에 대해 '사설 네트워크 서버의 스위치 불량(기기고장)으로 인해 일부 게임에서 접속 오류가 발생한 '단순사고'라며 가볍게 넘어갔다. 업계에서는 '과도한 주말 이벤트로 인한 서버 노후화'나 '해커 공격' 등의 설이 분분했지만 단순사고로 일축하면서 한 달여 만에 대형사고를 야기하고 말았다.

이렇게 일을 복잡하게 만들어 놓고도 넥슨은 자기반성 보다는 남 탓을 하며 책임을 회피하기에 급급했다. 넥슨은 지난달 28일 긴급 기자회견을 열고 이번 개인정보 유출에 대한 입장과 향후 방안을 발표했다. 서민 넥슨 대표는 이날 개인정보 유출 과정을 자세히 설명하지 않은 채 '죄송하다'는 말만 되풀이했다. 또 해킹의 원인과 피해규모, 보상대책 등에 대해서는 '경찰 수사 중'을 이유로 들며 원론적인 답변만을 반복했다.

이날 내놓은 대책들도 이미 추진하고 있거나 구체적인 내용이 없는 추상적인 내용들이 대부분이었다. 회원들의 피해를 최소화 할 수 있는 주민등록번호 데이터베이스 삭제와 같은 강도 높은 방안에 대해서는 아이템 구매 등으로 개인정보를 수집, 보관해야 하는 상황 때문에 곤란하다는 입장을 나타냈다.

반성하고 근본적으로 문제를 해결하려하기 보다는 당장의 비난을 모면하면서 적당히 뒤로 물러서는 것으로 해결하려는 기색이 역력했다. 금융과 포털업계 못지않게 해커들의 주요 공격 대상이 되는 온라인 게임 업체라면 보다 철저한 대책을 세워야 했지만 그러지 않았다. 네이트 사태가 터진 지불과 약 4개월 만에 비슷한 유형의 공격에 당하고 만 것이다. 연이어 터지고 있는 개인정보 유출 사고에 대해 '강 건너 불구경'식으로 대처했음을 단적으로 보여준다.

넥슨은 내부에서 해킹을 최종적으로 확인한 지난달 24일에도 'PC방 정기 이벤트'를 실시하는 등 내부 커뮤니케이션도 문제가 있음을 드러냈다. 넥슨은 누가 뭐래도 국내 제1위의 게임업체다. 더 이상 덩치 키우기를 하지 않아도, 무리한 마케팅에 나서지 않아도 될 정도의 위치에 있다. 이제는 양적인 팽창보다는 질적인 내실을 꾀하는 게 더 중요한 위치에 서있다.

이번 사건을 겪고도 지금까지 해 왔던 것처럼 성장지상주의를 버리지 않는다면 더 큰 위기가 닥쳐올 수도 있다. 어쩌면 지금의 위기는 '하늘이 준 기회'일지도 모른다. 일본 상장을 앞두고 있는 넥슨에 심기일전의 기회가 됐으면 하는 바람은 굳이 게임계만의 기대만은 아닐 것이다.

2011. 12. 05

넥슨 일본 상장의 빛과 그림자

넥슨이 14일 일본 증권거래 시장에서 거래를 시작했다. 한국 게임업체로는 최초로 자스닥 상장의 꿈을 이룬 넥슨은 상장 금액만으로도 큰 이슈를 불러 모았다. 대주주인 김정주 회장은 단번에 수 조 원을 거머쥐며 갑부의 대열에 올라섰다.

우리 게임계의 입장에서 보면 참으로 경사스러운 일이 아닐 수 없다. 과거 웹젠이 '뮤'의 성공을 기반으로 미국 나스닥에 상장된 이후 오래간 만에 나온 성공신화라 할 수 있다. 넥슨을 바라보는 게임업체들도 부러움과 함께 환영의 뜻을 나타내고 있다. 넥슨의 성공적인 자스닥 상장으로 인해 제2, 제3의 넥슨이 나올 수 있는 기반이 마련됐기 때문이다.

넥슨은 이제 대한민국을 넘어서 세계 시장에서 인정받는 글로벌 기업으로 우뚝 서게 됐다. 그러나 이는 그만큼 책임감도 커졌다는 것을 의미한다. 글로벌 시장은 협소한 국내시장과는 완전히 성격이 다르다.

넥슨은 지금까지 몇몇 온라인게임의 성공을 통해 부를 축적해 왔다. 온라인게임의 특성상 이들 작품은 5년에서 10년 이상 장수하고 있지만 이같은 환경이 언제 바뀔지는 아무도 알 수 없다.

일본 게임계의 공룡 닌텐도도 최근 급변하는 환경에 적응하지 못해 휘청거리고 있다. 넥슨의 미래도 결코 낙관할 수만은 없는 일이다. 삼성그룹의 이건희 회장도 기회가 있을 때마다 '지금은 위기'라며 긴장을 요구하고 있다. 넥슨도 마찬가지다. 자스닥 상장으로 기쁨에 들떠있기 보다는 이제는 더 치열한 정글 속으로 진입했다는 위기의식이 필요한 때다.

웹젠이 나스닥 시장에서 퇴출됨으로써 한국 게임업체에 대한 이미지가 크게 떨어졌듯이 넥슨이 일본 자스닥에서 부진 하다면 한국 게임업체들의 위상도 함께 추락할 게 분명하다. 지금까지 보여준 넥슨의 게임 운영능력은 최고 수준이라고 할 수 있다. 하지만 최근 불거진 해킹 사태를 보면 위기관리에 취약한 모습을 보여줬다. 앞으로는 이래선 안 된다. 글로벌 기업의 위상에 걸맞게 달라져야 한다. 게임운영뿐만 아니라 기업 이미지 관리와 위기해결 능력 등 다방면에서 글로벌 기업으로서의 위상을 키우는데 주력했으면 한다.

2011. 12. 13

운영정보표시장치 족쇄 풀어줘라

지난 해 아케이드게임업계는 운영정보표시장치의 오작동으로 인해 심각한 피해를 입었다. 지난해 상반기 운영정보표시장치 오류로 인해 성인용 아케이드게임기의 90%가 등급 거부를 당했다.

어뮤즈먼트산업협회는 지난해 10월 이 장치가 심각한 오류를 가지고 있어 상반기 성인용 아케이드 게임의 대부분이 등급 거부를 당했다고 주장했다. 게임기에서는 1시간이 넘었는데 운영정보표시장치는 1시간을 인식하지 못하고, 그 미만의 시간으로 처리해 실제 1시간 내에 1만 원 이하의 금액이 투입됐음에도 이를 초과하는 금액이 투입된 결과가 발생, 성인물 아케이드게임의 등급 거부가 빈번히 일어난 것이다.

업계가 강력히 문제제기를 하자 게임물등급위는 뒤 늦게 이 장치를 보완할 수 있는 기능을 추가했다. 그것도 문제가 발생한 지 1년이 지난 최근에서야 보완작업이 마무리됐다. 그동안에 업체들이 본 피해는 그 누구도 보상을 해주지 않고 있다.

이처럼 아케이드 게임업계는 정부기관의 무관심과 늑장행정으로 '미운 오리새끼'가 된 지 오래됐다. 업계는 아케이드게임을 감시하고 관리하는 것은 필요한 일이지만 그 기준이 너무 엄격하고 현실에 맞지 않는 것이 대부분이라고 항변하고 있다.

운영정보표시장치의 문제는 빙산의 일각이라는 것이다. 정부에서 이 산업을 육성하겠다는 의지를 갖기 보다는 어떻게 하면 싹을 띄우지 못하게 밟을 것인가를 고민하고 있다는 주장이다. 이러한 주장이 100% 옳지는 않겠지만 지금까지 정부가 보여준 모습을 보면 수긍할 만한 상황이다.

등급분류 문제만 놓고 봐도 사소한 문제만 있어도 등급을 거부하거나 아무 이유도 없이 심의가 미뤄지는 일이 다반사로 벌어지고 있다고 한다. 정부에서 아케이드게임 산업을 살리기 위해 TF팀까지 구성했다. 이번에는 생색내기에 그치지 말고 제대로 된 부양책을 내놓기를 바란다.

2012. 03. 01

시험대 오른 위메이드의 경영체제

위메이드가 남궁훈 전 CJ E&M 부문대표를 영입하며 새로운 경영체제를 구축했다. 박관호 대표는 이사회 의장으로 물러서고 김남철 사장과 남궁훈 대표가 각자 대표를 맡는다는 것이다.

한 회사에 세 명의 최고경영자가 존재하는 셈이다. 두 명의 각자 대표체제를 갖춘다거나 이사회 의장과 대표 등으로 역할을 분담하는 경우는 많지만 위메이드처럼 오너가 의장으로 물러서며 두 명의 각자대표를 선임하는 경우는 보기 드문 케이스다.

여기에는 개발자인 박 의장의 강력한 의지가 담겨있는 것으로 해석된다. 본인은 개발에 전력을 다하고 글로벌 시대를 맞아 중국과 북미 시장에 정통한 두 명의 대표를 양날개로 해 새로운 도전에 나서겠다는 포석으로 보인다.

위메이드의 경우 온라인게임 1세대 개발사로 '미르의 전설2'를 중국에서 크게 히트시키며 탄탄한 입지를 구축했다. 하지만 이 작품 이외에는 뚜렷한 히트작이 없어 고민해 왔다. 그리고 마침내 올해 야심작 '천룡기'의 서비스에 나선다. 이 작품은 개발단계에서부터 해외시장을 겨냥하고 만들어졌다. 이 때문에 글로벌 퍼블리싱을 염두에 두고 두 명의 대표를 포진시킨 것으로 해석된다.

위메이드는 또 올해 모바일 게임에서 최소 100억 원 이상의 매출을 내고 대작 RPG '천룡기'와 '네드'를 스마트폰 게임으로 출시하는 등 모바일 분야에도 진출할 계획이다. 한 게임을 통해 인터넷과 게임에 대한 이해도가 높은 남궁 대표의 경험도 큰 몫을 할 것으로 예상된다.

위메이드의 성공은 게임계 전체로 봐서도 매우 의미가 크다고 할 수 있다. 몇몇 메이저 중심으로 시장이 재편되는 상황에서 '개발'이라는 초심을 잃지 않고 한 우물을 파고 있는 위메이드와 같은 기업이 성공을 거두는 것이 허리를 튼튼히 하고 산업 경쟁력을 높일 수 있기 때문이다. 이번 경영진 개편을 통해 위메이드가 또 다시 새 역사를 창조해 주길 기대해 본다.

2012. 03. 14

'디아3'가 잘 되려면

지난 해부터 게임 유저들이 애타게 기다려 왔던 블리자드엔터테인먼트의 대작 '디아블로3'의 론칭 일정이 확정된 후 예약판매가 시작됐다. 이 작품은 1, 2편의 시리즈가 2000만장 이상 판매된 초대박 작품이다. '디아블로1'은 지난 96년 미국에서 처음 선보인 작품으로 PC게임으로는 최초로 네트워크 플레이를 구현해 화제를 불러일으켰다. '디아블로'의 후속작인 '디아블로2'는 전작을 기본으로 3D 그래픽과 탁월한 사운드, 방대한 스케일을 더했다. 특히 국내 무대에서의 성공으로 블리자드는 입지를 더욱 탄탄히 했다.

이처럼 전 세계적으로 큰 이슈와 열광적인 반응을 일으켰던 '디아블로'의 세 번째 시리즈가 오는 5월 15일 론칭된다. 블리자드 측은 이 작품이 과거의 영광을 재현할 수 있을 것으로 자신하고 있다. 하지만 일부에서는 이 작품의 성공이 쉽지만은 않을 것이라는 전망도 내놓고 있다. 이는 과거와 크게 달라진 국내 환경과 핵심 시스템이라고 할 수 있는 화폐경매장과 PvP시스템의 부재 때문이다.

일각에서는 블리자드의 꼼꼼한 사업 성격 상 현금경매장과 투기장, 두 콘텐츠가 빠진 상황에서도 성공에는 큰 지장을 주지 않을 것으로 내다보고 있다. 그러나 블리자드의 장담에도 불구하고 성공이 쉽지 않을 것

으로 보는 시각도 적지 않다. 블리자드가 막대한 마케팅 비용을 쏟아 부으며 밀어붙였던 '스타크래프트2'가 신통치 않은 성적을 보여준 것이 이를 방증한다는 것이다.

이 때문에 블리자드가 '디아3'를 성공시키기 위해서는 고압적인 자세나 일방적인 마케팅 보다는 현지 유저들과의 친화적인 자세가 무엇보다 중요하다. 최근 블리자드도 태도도 많이 바뀐 듯 하다.

그러나 겉으로 드러난 형식적인 변화보다는 보다 근본적인 변화가 필요하다. 그것은 한국에서 번 돈을 한국에 재투자하는 등 남이 아닌 우리라는 인식을 심어줘야 한다. 그동안 블리자드는 '부럽지만 얄미운 기업'이라는 이미지가 강했던 것이 사실이다. 이번 기회에 이런 부정적인 이미지를 벗어버릴 수 있기를 기대해 본다.

2012. 04. 04

'메이플스토리' 9주년의 명암

넥슨의 간판 게임이라고 할 수 있는 '메이플스토리'가 최근 서비스 9주년을 맞았다. 이 작품은 넥슨 뿐만 아니라 게임업계에도 많은 의미 있는 기록들을 남겼다.

하지만 산이 높으면 골도 깊은 법이라고 그만큼 부정적인 그늘도 많다. 지나치게 상업적인 서비스와 과몰입을 조장하는 업데이트 등으로 시민단체와 학부모들에게 가장 많은 비난을 받는 게임으로 꼽히기도 한다. 특히 최근에는 해킹 사건으로 대표가 입건되는 등 불미스러운 일도 벌어졌다.

이 작품이 9년이 넘도록 장수하며 여전히 인기게임으로 자리 잡을 수 있었던 것은 단순하면서도 중독성이 강한 작품성에 있다. 한 번 빠져들면 쉽게 벗어나기 힘들도록 다양한 장치가 마련돼 있는 것이다. 대표적인 것이 대규모 업데이트다. 넥슨은 지난 9년 동안 무려 30회 이상의 대규모 업데이트를 단행했다. 게임이 인기가 시들해 질만 하면 전혀 새로운 시스템을 도입하며 '메이플스토리'가 장수할 수 있는 힘을 실어준 것이다.

이로 인해 '메이플스토리'는 청소년들이 주로 즐기는 게임으로 자리 잡으면서 과몰입 등 부작용도 만만치 않아 시민단체와 학부모들이 가장 싫어하는 작품이라는 오명을 얻기도 했다.

과몰입과 함께 '메이플스토리'의 또 다른 문제점은 지나치게 잦은 업데이트와 이벤트로 청소년들의 호주머니를 노린다는 것이다. 이로 인해 셧다운제가 도입되는 계기가 됐는가 하면 최근에는 확률형 아이템 문제가 도마 위에 오르고 있다.

업계에서는 10년을 바라보는 '메이플스토리'가 이제는 누구나 부담 없이 즐길 수 있는 국민게임으로 자리 잡기를 바라고 있다. 수많은 이벤트와 아이템 판매 등으로 돈벌이에만 치중할 것이 아니라 청소년들이 부담 없이 즐길 수 있는 게임으로 돌려줄 때가 됐다. 이제는 '넥슨의 메이플'이 아니라 '청소년들의 메이플'로 거듭나야 할 때다.

2012. 05. 23

'붉은보석' 9주년의 의미

엘엔케이로직스의 '붉은보석'이 서비스 9주년을 맞았다. 우리나라 온라인게임의 역사가 이제 겨우 10년을 조금 넘겼으니 기념할 만한 장수게임이라고 할 수 있다. 이 작품은 더군다나 까다롭기 유명한 일본에서 지난 2005년 이후 7년간이나 변함없는 사랑을 받고 있다. 한국 온라인게임의 위상을 높이는 일이다.

일본에서 '레드스톤'이라는 이름으로 서비스된 '붉은보석'은 당시 자유로운 캐릭터 변신과 2D 기반의 빠른 속도감이 장점으로 꼽혔다. 천상계로부터 떨어진 신비한 '붉은보석'을 찾아 프란델 대륙을 탐험하는 모험가들이 주 스토리를 풀어내고 있는 이 작품은 한 명의 캐릭터가 서로 다른 두 가지 직업으로 게임 상황에 맞게 변신할 수 있는 특징을 갖고 있다. 이러한 요소들은 일본인들의 입맛을 효과적으로 공략하며 인기게임으로 자리 잡을 수 있었다.

이 작품은 2005년부터 지금까지 수많은 상을 휩쓸 정도로 일본 인기 온라인게임으로 인정받고 있다. 이 작품은 지금도 한국과 일본의 게이머들에게 많은 사랑을 받고 있으며 국내 공식 카페는 10만 명에 가까운 회원수를 보유할 정도로 인기가 식지 않고 있다.

눈길을 끄는 것은 지난 2006년부터 2011년까지 6년 연속 '붉은보석'이 일본 웹머니 어워드 시상식에서 베스트 게임상에 뽑히며 녹슬지 않은 인기를 과시하고 있다는 점이다.

이처럼 오랜 시간 인기를 끌기 위해서는 현지에서 피눈물 나는 노력을 했기 때문에 가능했을 것이다. 저절로 얻어지는 명성과 인기란 있을 수 없기 때문이다. 엘엔케이로직스는 많은 중소업체들에 희망의 메시지를 전해주고 있다.

메이저들이 독식하고 있는 시장에서 중소기업도 얼마든지 대박을 낼 수 있다는 사실을 이 회사는 보여주고 있는 것이다. 지금도 '붉은보석'과 같은 신화는 새롭게 만들어지고 있다. 중국에서 최고의 히트게임으로 자리잡은 스마일게이트의 '크로스파이어' 역시 그렇다. 국내에서는 부진했지만 중국시장에 올인한 결과 초대박 게임으로 거듭났다.

엘엔케이의 '붉은보석' 9주년을 다시 한번 축하하며, 제2 제3의 '붉은보석'이 계속 나타나길 기대해 본다.

2012. 06. 21

블리자드의 책임지는 자세

출시와 함께 숱한 화제를 몰고 다니며 순식간에 시장을 장악한 블리자드엔터테인먼트의 '디아블로3'가 한 달여 만에 애물단지로 전락하고 말았다.

출시 직후부터 서버 접속 중단과 렉 등으로 한차례 홍역을 겪은 '디아3'는 최악의 상황이라 할 수 있는 '백섭'까지 발생, 충격을 주고 있다. 여기에 계정 해킹이 광범위하게 발생하면서 유저들의 원성이 하늘을 찌르고 있다.

이를 보다 못한 공정거래위원회와 문화체육관광부 등 정부 기관에서도 블리자드측에 대해 조사를 실시하거나 행정지시를 내리는 등 불편한 심기를 드러내고 있다.

이에 대한 블리자드측은 대응은 매우 당당하다. 자신들은 잘못이 없다는 것이다. 서버접속 불통에 대해서도 '패키지'게임을 팔았지 '온라인게임'을 판 것이 아니라며 한발 뒤로 물러섰다.

또 해킹 문제에 대해서는 '디아3'의 서버는 해킹을 할 수 없는 철저한 보안을 갖추고 있다며 유저들의 부주의가 해킹을 초래했다고 주장한다. 보기에 따라서는 당당한 모습이지만 한편으로 보면 참 오만한 태도다. 설사 잘못이 없더라도 사태가 커지고 유저들의 불만이 폭주한다면 겸허한 태도로 그들의 목소리를 듣고 대책을 세워야 할 것이다.

패키지 게임을 팔았으니 더 이상 관리할 의무가 없다고 항변한다면 할 말은 없다. 패키지 게임은 온라인게임과 달리 한번 구매하면 영구적으로 소유할 수 있다. 매달 이용료를 지불하는 온라인게임과 다른 것이다. 이 때문에 온라인접속이 안 되는 것도 어쩌면 당연한 일일 것이다. 하지만 시대가 바뀌고 있다. 과거 '스타크래프트'나 '스타크래프트2'도 패키지 게임이었지만 온라인접속에 문제는 없었다. 또 이같은 시스템을 자랑하면서 패키지의 가격에 온라인서비스에 대한 비용도 포함시킨 것으로 봐야 한다.

세계적인 온라인게임인 '월드오브워크래프트'를 원활하게 서비스하고 있는 블리자드가 그 작품에 비하면 큰 부담이라고 할 수 없는 '디아3'의 온라인서비스를 제대로 하지 못해 고전하고 있다면 그들이 성의를 다하고 있지 않다고 볼 수 밖에 없을 것이다. 지금이라도 블리자드는 모든 책임을 지겠다는 적극적인 자세를 보여야 할 것이다.

2012. 06. 22

김택진 사장의 해명 그 이후

게임업계에서는 지난 6월 초 김택진 엔씨소프트 사장이 자신의 주식 14.7%의 넥슨에 전격 매각한 이후 많은 사람들이 충격과 후유증을 앓았다.

게임업계에서 '김택진'이라는 이름 석 자가 주는 의미가 얼마나 큰 것인가를 실감할 수 있었다. 많은 사람들이 '게임은 이제 끝났다'며 이 업계를 떠났고 또 다른 곳에서는 일손을 놓고 '왜 여기에 남아 있어야 하나' 고민하는 사람들이 적지 않았다.

이뿐만이 아니었다. 여기저기에서 김 사장이 주식 매각으로 얻은 8000억 원을 어디에 쓸 것인가를 놓고 수많은 억측이 나돌았다. 심지어는 이 돈이 언급하기 민망한 일에 쓰일 것이라는 소문도 나왔다. 김 대표의 이미지에도 큰 손상을 주는 일이었다.

두 달여 동안 수많은 소문에도 침묵해왔던 김 사장은 마침내 최근 제주도에서 열린 한 세미나장에서 주식 매각대금의 사용처에 대해 처음으로 입을 열었다. 그는 이 돈을 넥슨과의 협력을 위해 쓰겠다고 밝혔다. 이로 인해 엔씨에 대한 불확실성은 해소됐으나 보다 구체적인 사용처가 밝혀지지 않음에 따라 시장에서는 아직도 2%가 부족하다는 아쉬움을 나타내고 있다.

김 사장의 이번 발언은 주식 매각 대금을 개인적인 용도나 다른 사업에 투자하지 않겠다는 것만 확실하게 밝힌 셈이다. 이에 따라 업계에서는 언제쯤 그가 보다 구체적인 자금사용처를 밝힐 것인가를 놓고 또다시 다양한 시나리오를 그려보고 있다.

이런 가정을 두고 볼 때 엔씨소프트와 넥슨이 또 다른 이면계약을 갖고 있는 것이 아니냐는 가설을 충분히 제기할 수 있다.

비즈니스 관례 상 민감한 계약에 대해 일일이 대중들에게 알릴 필요는 없을 것이다. 계약 당사자들 둘 만 알아야 할 비밀도 있을 것이고 그만큼 신뢰를 위해 숨겨야 할 일도 있기 때문이다. 그러나 김 대표가 기왕에 주식 매각자금을 넥슨과의 협력을 위해 쓰겠다고 밝힌 이상 보다 구체적인 내용을 설명해 주는 것이 어려운 일은 아니라고 본다. 글로벌 시장을 보다 적극적으로 공략하기 위해 손을 잡았다면 어떤 형태가 될 것인지 어느 정도의 윤곽이라도 보여줄 수 있지 않은가.

그것이 김택진 사장에 대한, 엔씨소프트에 대한 업계의 기대에 부응하는 일일 것이다.

2012. 08. 16

위기극복의 지혜가 필요하다

주요 게임업체들의 상반기 실적은 예상대로 기대 이하였다. 업계의 맏형 엔씨소프트도 마이너스 성장세를 나타냈고 10대 기업 모두 부진한 실적을 기록하는 등 고개를 숙였다.

이처럼 우리 업체들이 최악의 실적을 보인 것은 갈수록 격화되고 있는 글로벌기업들과의 경쟁 때문이다. 지난해 말부터 우리 게임시장은 '리그오브레전드(LOL)'와 '디아블로3' 등 외국산 작품들이 1~2위를 차지하며 맹위를 떨쳤다. 그 결과 시장의 상당부분을 이들이 가져갔고 국내 업체들은 실적부진이라는 홍역을 치러야 했다.

김택진 엔씨소프트 사장도 이러한 위기의식으로 인해 회사의 지분을 넥슨에 매각하며 글로벌시장에 대한 도전의지를 피력할 정도였다.

그러나 지난 상반기 최악의 실적은 역설적으로 우리 업체들에는 새로운 기회가 될 수 있다. 강한 위기의식은 잠들어 있던 경쟁 본능을 자극하고 모든 힘을 한 곳으로 집중할 수 있는 기회를 만들어 주기 때문이다.

이러한 움직임은 곳곳에서 감지되고 있다. 엔씨소프트는 한 우물에 집중한다는 전략 아래 모바일과 스포츠장르 등을 정리하고 MMORPG에 집중키로 했다. NHN과 위메이드엔터테인먼트 등은 새로운 모바일 시장에 승부수를 던졌다.

모바일 시장은 지금 전 세계적으로 가장 뜨거운 이슈를 몰고 오는 시장이다. 우리 기업들도 일찌감치 이 시장을 놓고 고민하며 하나 둘 시험작들을 내놓고 있다. JCE는 '룰더스카이'라는 작품 하나로 대작 온라인 게임 못지않은 매출을 올리고 있다. 컴투스도 모바일 SNG 작품들의 선전에 힘입어 분기매출 200억 원이라는 대기록을 세우기도 했다. 지금 분위기는 최악이라고 할 수 없는 상황이다.

이들의 도전이 과연 성공할 수 있을 것인지에 대해서는 좀 더 두고 봐야 하겠지만 국가를 넘어 전 세계적으로 벌어지고 있는 글로벌 경쟁시대에 살아남기 위해서는 지금 무엇인가를 하지 않으면 안 된다. 성패의 여부는 그 다음이다.

수많은 고비를 지혜롭게 헤쳐 왔던 우리 게임업계가 이번에도 위기상황을 현명하게 극복해 나갈 것임을 믿는다.

2012. 08. 30

'리니지' 15년 게임의 역사

엔씨소프트의 첫 온라인게임 '리니지'가 올해로 15주년을 맞는다. 이 작품은 한마디로 '온라인게임의 역사'라고 해야 할 만큼 숱한 기록과 화제를 뿌려왔다.

'리니지'를 말할 때 언제나 그 앞에 붙는 수식어가 있다. 바로 '최초'와 '최고'라는 최상급의 단어들이다. 그만큼 '리니지'는 숱한 기록을 만들어내며 오늘의 자리까지 올 수 있었다.

'리니지'는 상용 서비스를 시작한 이후 한국을 넘어 전 세계에서 가장 성공한 문화 콘텐츠 중 하나로 인정받고 있다. 무엇보다 '리니지'는 국내 온라인게임 최초로 누적 매출 1조 원을 돌파하는 등 15년이 지난 현재까지도 계속해서 기록을 경신중이다.

'리니지'로 인해 우리나라는 '온라인게임 종주국'이라는 자랑스러운 이름을 얻을 수 있었고 10여년 전만 해도 '게임의 불모지'로 여겨졌던 우리를 무시할 수 없는 존재로 변화시켰다.

그러나 더욱 놀라운 것은 이 작품이 '과거의 영광'에서 멈춘 것이 아니라 15년이 지난 지금도 여전히 발전하는 모습을 보여주고 있다는 것이다.

이 작품은 최근 동시접속자 22만 명이라는 최고기록을 갈아치웠다. 또 지난 해에는 2000억 원이 넘는 매출을 올렸다. 이같은 성적은 첨단 기술로 무장한 최근 작품들도 달성하기 어려운 기록들이다.

'리니지'가 이처럼 누구도 따라올 수 없는 힘을 갖고 있는 것은 무엇 때문일까. 그것은 바로 처음부터 지금까지 초심을 그대로 유지하고 있기 때문이라고 할 수 있다. 엔씨소프트는 이 작품을 통해 콘텐츠 뿐만 아니라 문화를 만들어 냈다.

엔씨소프트가 만든 문화는 고객감동과 커뮤니티 활성화, 함께 성장하는 원원정신 등이었다. 이를 위해 엔씨는 6개월에 한번씩 대규모 업데이트를 해 왔고 유저를 위한 커뮤니티에 정성을 쏟아왔다. 그리고 중요한 인프라를 제공해온 PC방을 위한 마케팅에도 나서고 있다.

따라서 위기를 맞고 있는 게임업계에 엔씨소프트의 '리니지'는 부러움과 열망의 대상이기 보다는 초심을 잃지 않고 오로지 한 길을 향해 달려온 살아있는 전설과 같은 것이라는 점에서 문화적 산업적 유산의 가치 또한 크다 할 것이다.

2013. 04. 19

게임 수출시장에 빨간 등 켜졌다

게임업계는 그동안 '과몰입'이다 '사행성'이다 '폭력성'이다 하면서 수많은 비난을 들어왔다. 이러한 말이 나올 때 마다 업계 관계자들은 고개를 들지 못했다.

하지만 단 하나, 우리나라 문화콘텐츠 가운데 해외에서 가장 많은 돈을 벌어들이는 효자 산업이라는 대목에서는 어깨를 펴고 당당할 수 있었다. 전체 콘텐츠산업 수출을 절반 이상을 차지하고 있을 뿐 아니라 매년 두 자릿수 신장률을 기록하면서 '메이드 인 코리아'의 위상을 한껏 높여왔기 때문이다.

지난 2010년 게임 수출은 전년도에 비해 29.4% 증가한 16억 610만 달러를 달성했다. 지난 2011년은 23억 7800만 달러로 전년대비 48.1%나 늘었으며 지난해 역시 전년 대비 19.9% 늘어난 28억 5000달러에 달할 전망이다.

이처럼 양적으로는 크게 늘어나고 있지만 내용을 들여다보면 심각한 우려를 하지 않을 수 없다. 수출 계약금의 폭락, 신작 진출 부진 등으로 장기적인 관점에서는 이미 빨간불이 켜진 것이다.

특히 '크로스파이어' '던전앤파이터' 등 몇몇 작품이 전체 수출의 상당부분을 차지하는 반면 나머지 작품들은 고전을 면치 못하고 있는 등 양극화 현상이 심화되고 있다.

아직까지는 몇몇 작품들이 선전하고 있어 그나마 다행이지만 앞으로 2~3년만 지나면 수출증가세는 주춤해 질 것이란 게 전문가들의 견해이다.

암울하기 짝이 없는 얘기다. 그렇다고 마냥 손을 놓고 있어서는 안 된다. 지금이라도 세계 시장에서 먹힐 수 있는 차세대 작품들을 개발하거나 현지에 맞도록 개량해야 한다. 그렇지 않다면 우리도 과거 일본 콘솔 업체들이 걸었던 쇠락의 길을 그대로 답습할 수 있다는 점에서 상황은 심각하다.

MMORPG 등 비슷비슷한 장르의 작품을 양산하기 보다는 새로운 아이디어로 무장한 신작개발을 통해 높아진 수출장벽을 뛰어넘어야 한다.

정부도 중소기업들의 수출을 촉진하기 위한 정책적 지원을 강화하고 업체들이 겪고 있는 어려움을 현장에서 바로 바로 해결해 줄 수 있는 방안을 적극 강구하는 등 지원책 마련을 서둘러야 할 것이다.

2013. 04. 30

'메이플스토리' 10周에 부쳐

넥슨의 대표작 '메이플스토리'가 10개의 성상을 쌓았다. 이 작품은 서비스 10년 간 청소년들뿐만 아니라 성인들도 함께 즐기는 국민 게임으로 자리 잡았다. 하지만 인기가 큰 만큼 부작용도 만만치 않아 사회적인 지탄을 받기도 했다.

'메이플스토리'는 '카트라이더'와 함께 넥슨을 글로벌 기업으로 우뚝 설 수 있도록 만든 일등 공신이라고 할 수 있다. 그 만큼 이 작품은 많은 유저들의 사랑을 받았고 그만큼 많은 돈을 벌어준 작품이기도 하다.

이 작품은 아기자기한 캐릭터와 단순한 플레이, 깜찍한 배경, 몰입감 높은 시스템 등으로 청소년뿐만 아니라 성인들도 한 번 빠져들면 쉽게 헤어 나오기 힘들다는 평가를 받았다. 그만큼 잘 만든 게임이라는 평가다.

하지만 많은 유저들의 사랑을 받는 이면에는 어두운 그림자가 생기지 않을 수 없다. 그 대표적인 것이 청소년들의 과몰입과 폭력성 조장 등이다.

학부모와 청소년보호단체에서 가장 문제 삼고 있는 게임을 꼽으라고 하면 '메이플스토리'가 으뜸이다. 특히 전문가들은 이 작품이 부분유료화 모델을 적용 활용함으로써 청소년들이 많은 시간을 투자하도록 한다고 비난해 왔다. 일명 '노가다게임'의 대표적인 작품이라는 것이다. 또 시간을 투자하기 어려우면 돈을 내고 아이템을 살 수 밖에 없는 구조를 갖고 있다.

게임업체 입장에서 보면 참 잘 만든 시스템이지만, 유저 입장에서 보면 분명 얄미운 게임이라고 할 수 있다. 보다 못한 유저들은 이러한 작품을 서비스하는 넥슨을 '돈 슨'이라고까지 비난하며 너무 이익을 밝힌다고 성토한다.

넥슨측도 최근 이러한 비난을 의식해서인지 '메이플스토리'를 새롭게 탈바꿈 시키겠다는 입장을 밝히고 있다.

무엇보다 중요한 것은 게임은 가볍게 즐기는 놀이라는 것과 함께 적당한 수익을 낼 수 있어야 한다는 것이다. 지나치게 수익에 연연하다 보면 무리수를 던질 수밖에 없다. 이제는 국내 1위를 넘어서 글로벌 게임업체로 자리 잡은 넥슨이라면 분명 달라져야 한다. 그런 측면에서 최근 넥슨의 행보는 의미 있는 몸짓이라 할 수 있다 할 것이다.

2013. 06. 03

게임 낙전문제 가볍게 넘겨선 안 된다

온라인 게임이 지나치게 업체 편의적으로 운영돼 이용자 피해가 커지고 있다. 반면 게임업체들은 계정정지와 정액결제에 따른 낙전으로 쏠쏠한 수입을 거두고 있어 제도개선이 시급하다는 지적이다.

소비자문제 연구소 컨슈머리서치가 최근 소비자고발센터에 접수된 온라인게임 관련 민원을 조사한 결과 작년 한 해 동안 접수된 피해 구제 요청 건은 491건, 올해 1분기에 접수된 불만 건수만 174건에 달했다고 한다. 특히 스미싱 피해가 급격히 늘어나고 있는 추세다.

온라인 게임 캐시 사용 등에 있어 매번 지적돼 온 게임업계의 '낙전' 문제가 근본적인 해결이 되지 않은 채 유저의 피해만 커지고 있다.

특히 결제금액이 고정돼 있는 정액 충전의 경우 캐시 충전 후 남은 차액을 환불 받을 수 있는 방법이 사실상 존재하지 않아 게임업계의 차익으로 들어가고 있다.

최근 들어서는 온라인 게임뿐만 아니라 유저가 대폭 증가한 모바일 게임은 물론 온라인 플레이가 대세가 된 콘솔게임 등에서도 캐시 충전 및 결제와 관련된 문제가 지속적으로 터져 나오고 있다. 이같은 문제를 해결하기 위해서는 정액제가 아닌 자유충전방식을 확대하고 억울한 계정정지가 없도록 업계에서 보다 적극적으로 나서야 한다.

게임업체들은 자체 약관을 내세워 유저들의 억울함을 들어주기 보다는 일방적인 계정정지나 아이템 몰수 등 극단적인 처방전을 남발하고 있다. 물론 잘못된 프로그램으로 인해 게임 전체가 망가지는 일을 막기 위해서는 강력한 규제가 필요할 것이다. 그렇다 하더라도 단 한 사람이라도 억울한 유저가 나와서는 안 된다.

또 어쩔 수 없이 정액제결제와 계정압류 등으로 낙전수입이 생겼다면 이를 창고에 쌓아두거나 잡수익으로 챙길 것이 아니라 사회와 게이머들을 위해 쓸 수 있도록 환원하는 방안을 마련 해야 한다. 그렇게 많지도 않은 수입을 거저 먹었다는 비난을 듣기 보다는 의미 있는 일에 사용하고 사회에 돌려주는 일은 당연한 것이다.

이제라도 게임업체들은 낙전수입을 보다 의미 있게 사용하는 방안을 고민해야 시점이라고 강조하고 싶다.

2013. 06. 17

새 둥지 튼 엔씨의 새로운 도전

국내 게임산업의 지도가 바뀌고 있다. 그동안 '게임메카'라는 타이틀을 갖고 있던 강남 테헤란로는 이제 더 이상 그 이름을 쓸 수 없는 상황이다.

테헤란로를 '게임메카'가 되도록 만들었던 주역들이 하나 둘 이곳을 떠나 새로운 곳에 둥지를 틀고 있는 탓이다. 그 중에서도 게임업계의 맏형이라 할 수 있는 엔씨소프트가 8월 초 경기도 성남시 판교로 이전함으로써 '게임메카'라는 이름은 이제 판교에 넘겨줄 수 밖에 없게 됐다.

이미 판교에는 NHN과 위메이드엔터테인먼트, 웹젠 등 여러 업체들이 입주해 있지만 엔씨소프트까지 이곳으로 자리를 옮긴다는 것은 상징적인 의미가 남다르다. 엔씨소프트는 넥슨과 함께 우리나라를 온라인게임 종주국으로 만든 1등 공신이기 때문이다.

엔씨소프트의 판교 이전은 물리적으로 본사의 위치를 옮긴 것으로 끝나지 않는다. 엔씨가 강남에 둥지를 틀었던 15년전 과거와 지금은 산업의 트렌드가 엄청나게 달라졌다. 초기에는 온라인게임 자체가 생소했고 세계 온라인게임의 트렌드를 이끌었을 만큼 우리 업체들의 영향력은 대단했다. 하지만 이제는 스마트폰의 등장으로 인해 새로운 트렌드가 만들어지고 있다. 이러한 변화는 아직도 현재진행형이다.

또 나라와 국경을 구분 짓는 경계도 이제는 더 이상 의미가 없어졌다. 한국 게임업체라거나 중국게임업체라는 경계가 빠르게 허물어지고 있는 것이다.

이 때문에 판교로 사옥을 옮긴 엔씨소프트는 초심으로 돌아가 새롭게 도전의 역사를 써야 하는 과제를 안고 있다고 봐야 할 것이다. 그들이 안고 있는 과제는 글로벌과 모바일, 그리고 크로스플랫폼 등을 들 수 있다. 이중 어느 하나도 소홀히 할 수 없는 중요한 이슈들이다.

김택진 대표는 이미 오래 전부터 글로벌 시장의 중요성을 간파하고 경쟁력을 갖추기 위해 적지 않은 노력을 해 왔다. 이 때문에 엔씨소프트의 판교시대를 바라보는 업계의 시선은 무거울 수 밖에 없다.

그동안 게임업계의 맏형으로써 묵묵히 한 길을 걸어왔던 엔씨소프트가 이번에는 글로벌 시장에서도 통할 수 있는 일등 기업으로 우리 업체들의 이정표를 제시해 주길 또 한번 기대해 본다.

2013. 07. 28

NHN엔터테인먼트의 새 출발

네이버와 한 지붕 아래 둥지를 틀었던 한게임이 12년 만에 각자의 길로 갈라서게 됐다. 최근 새롭게 출범한 NHN엔터테인먼트는 한게임의 새로운 이름이다.

네이버와 한게임이 합쳐진 12년 전과 지금의 경제상황은 크게 달라졌다. 그 때문에 NHN엔터테인먼트는 10년의 성상을 쌓은 기업이면서도 갓 태어난 신생기업일 수밖에 없다.

그래서 초심으로 돌아가 처음부터 다시 시작하는 마음으로 새로운 환경에 적응해야 하는 과제를 안고 있다.

지금까지 NHN엔터테인먼트는 웹보드 게임을 중심으로 게임사업을 해 왔지만 수년 전부터 웹보드 게임의 비중을 줄이는 대신 MMORPG 등 온라인게임과 모바일게임 부문을 강화하는 등 사업을 다각화 해 왔다. 특히 모바일게임 부문에서 두각을 나타내고 있으며 모바일 메신저 '라인'을 통해 영향력을 키워가고 있다.

이 회사가 새롭게 출발한다고 하지만 이미 많은 것들이 준비된 상태에서 재출발을 한다는 점에서 그리 새롭다 할 수 없을 것이다. 기존의 사업부문을 그대로 가져오기 때문이다. 그러나 과거에는 네이버와 함께 한 지붕 아래 있었던 탓에 이런저런 눈치를 볼 수밖에 없었던 것도 사실이다.

그런 측면에서 완전하게 독립한 지금이 NHN엔터테인먼트의 입장에서는 오히려 홀가분하고 더욱 집중할 수 있는 기회가 되는 셈이다.

지금 게임시장은 그야말로 한 치 앞을 내다보기 힘들 치열한 격전지가 되고 있다. 국내 업체들끼리만 경쟁을 했던 과거와 달리 이제는 글로벌 업체들과 경쟁을 벌여야 하는 처지다.

이러한 경쟁에서 살아남기 위해서는 단 한 순간도 긴장을 놓지 않고 철저히 준비하고 실천하는 수밖에 없다. 네이버라는 그늘에서 벗어난 NHN엔터테인먼트는 지금이 기회이자 위기의 순간이다.

하지만 위기를 극복하는 기업만이 새로운 기회를 쥐게 된다. 이은상 대표는 이미 기업경영 능력을 평가 받았다. 그가 이끄는 NHN엔터테인먼트가 새로운 한게임의 신화를 만들어 주길 기대해 본다.

2013. 08. 12

엔씨의 '블소' 중국 서비스 의미 크다

엔씨소프트의 대표작 '블레이드&소울'의 중국 서비스가 코앞으로 다가왔다. 중국에서 이 작품의 퍼블리싱을 맡은 텐센트의 움직임도 빨라지고 있다. 이에 따라 '블소'는 연내에 중국서 서비스되며 다시 한 번 '메이드 인 코리아'의 위상을 드높일 것으로 기대되고 있다.

엔씨소프트는 우리나라를 온라인게임 종주국의 반열에 올려놓은 1등 공신이라고 할 수 있다. 이 회사의 첫 작품인 '리니지'는 15년이 지난 지금도 여전히 맹위를 떨치며 시장을 호령하고 있다. 이 작품에 이어 선보인 '리니지2'와 '아이온' 그리고 '블레이드&소울'에 이르기까지 엔씨소프트는 단 한 번의 실패 없이 성공의 길을 걸어왔다.

하지만 아쉬움도 있다. 국내에서는 따라올 자가 없지만 해외시장 실적을 보면 왠지 부족함을 느껴지기 때문이다. 오히려 많은 업체들이 국내 시장에서는 실패했지만 해외에서는 대박을 치며 승승장구하는 모습과는 대조적이다.

그렇다고 엔씨가 해외시장 개척에 소홀했다는 것이 아니다. 이 회사는 '리니지'를 론칭했을 때부터 계속해서 중국과 일본, 아시아 등 수출시장 개척에 많은 노력을 기울였다. 또 해외 개발사를 인수해 '길드워' '길드워2' 등 쟁쟁한 작품을 만들어 수출시장에 내놓기도 했다.

하지만 국내 시장 경쟁이 갈수록 치열해지고 있는 상황에서 글로벌시장에서 성공한다는 것은 매우 중요한 일이 됐다. 이 때문에 엔씨는 '블소'의 개발 단계서부터 해외시장 진출을 고려해 제작했다. 동양 무협을 소재로 택한 것도 무협에 대한 관심이 높은 중국과 아시아 국가들을 타깃을 한 것이었다.

그런 의미에서 이번 중국 서비스는 의미가 남다르다고 할 수 있다. 엔씨로서는 자존심이 걸려있을 뿐만 아니라 미래 발전 가능성을 점쳐 볼 수 있는 중요한 터닝 포인트로 작용할 수도 있기 때문이다.

현지에서 들려오는 소식으로는 '블소'의 성공가능성은 매우 높아 보인다. 여러 차례 실시한 테스트에서 유저들이 폭발적인 반응을 보였을 뿐만 아니라 중국 현지 최고의 퍼블리셔로 꼽히는 텐센트가 총력을 기울이고 있기 때문이다. 하지만 마지막 순간까지 방심해선 안 된다. 그렇기 때문에 개발사와 현지 퍼블리셔의 긴밀한 협조가 필요한 것이다. 이 작품을 통해 엔씨소프트가 진정한 글로벌 게임업체로 우뚝 서는 모습을 보고 싶다.

2013. 10. 29

엔씨소프트의 해외 도전기

엔씨소프트의 무협 팬터지 게임 '블레이드&소울(중국명:검령)'이 중국에서 큰 반향을 일으키며 센세이션을 일으키고 있다. 이 작품은 지난달 28일 오픈 이후 20여일 만에 동접 200만을 넘어서는 등 무서운 상승세를 보여주고 있다.

이 작품은 초반 흥행에 비해 뒷심이 약할 것이란 우려와 달리 현재 각종 기록들을 갈아치울 태세로 폭발적인 인기를 누리고 있다.

엔씨소프트는 그동안 중국시장을 공략하기 위해 많은 공을 들여 왔다. '리니지'를 비롯해 '아이온' 등을 중국서 서비스했지만 아쉽게도 이렇다 할 실적을 거두지 못했다. 하지만 이번에는 과거와는 달리 초반 분위기뿐만 아니라 향후 서비스 전망도 매우 밝은 편이라는 게 현지 소식통의 전언이다.

퍼블리셔인 텐센트가 중국 최고의 게임업체답게 탄탄한 유통망과 서버운영 능력을 보유하고 있을 뿐 아니라 예상외의 적극적인 마케팅을 보여줘 큰 힘이 되고 있다고 한다.

개발사인 엔씨측은 이에 따라 철저한 현지화 노력과 방대한 콘텐츠를 준비하는 등 이 작품의 성공을 위해 총력전을 벌이고 있다.

전문가들은 현지 반응을 전제로, 이 작품의 성공 가능성과 롱런에 문제가 없을 것이라고 진단하고 있다. 그렇다면 이제는 중국을 넘어서 동남아 시장, 더 나아가 북미와 유럽시장에서 '블소'를 성공시키는 것이 엔씨의 과제가 될 것이다.

물론 이 작품이 동양인의 입맛에 맞게 개발된 작품이어서 서양인의 눈높이에는 적절하지 않을 수 있다. 그렇다고 해도 동양적인 게임에 매력을 느끼는 유저들도 충분히 있다고 가정할 수 있다.

엔씨소프트가 한국이라는 제한된 시장, 그리고 중국을 비롯해 아시아권이라는 틀에 안주해선 안되기 때문이다.

'블소'의 중국 성공에 만족하지 않고 글로벌시장에 대한 도전을 계속한다면 불가능한 일 만은 아닐 것이다. 그것이 대한민국 게임업체 맏형으로써 엔씨소프트가 해야 할 역할이자 의무이다.

2013. 12. 30

게임산업 중심은 온라인이다

한동안 온라인게임업계에서는 '이제는 전성기가 끝났다'는 회의론과 절망론이 크게 번졌다. 아직도 이러한 자포자기한 게임인들이 적지 않다.

그들이 이렇게 고개를 숙이게 된 데는 여러 가지 요인이 복합적으로 작용한 데 기인한다. 가장 먼저 손꼽을 수 있는 것은 모바일게임의 폭발적인 성장이었다. 지난해 갑자기 등장한 '카카오 게임하기'가 돌풍을 일으키면서 하루에 몇 억을 벌어들이고 한 달에 수십억을 버는 작품들이 속속 등장하기 시작했다.

이는 중박급의 온라인게임도 내기 힘든 실적이기 때문에 많은 온라인게임 업체들이 심각한 박탈감을 느꼈을 게 분명하다. 그들은 몇 년씩 적게는 수십억에서 많게는 수백억의 돈을 쏟아 부어 작품을 만들고 있는 데 고작 몇 개월, 몇 억의 돈으로 만든 작품들이 너무도 쉽게 돈을 쓸어 담는 것을 보았기 때문이다.

반면 온라인게임 시장은 외산 게임들의 파상적인 공세가 더욱 거세지고 국산 대작들은 번번이 힘도 한번 못써 보고 주저앉아 버렸다. 이러한 상황에서 온라인게임을 계속 개발한다는 것은 무의미하다는 것을 절감했을 것이다.

그러나 시간이 흐르면서 분명해지고 있는 사실이 있다. 지금 온라인게임 시장이 어려운 것은 결코 모바일게임이나 외산 게임 때문이 아니라는 사실이다. 그것은 국산 온라인업계 내부에 문제가 있다는 것이다.

모바일게임 시장이 커지는 것은 분명하지만 그 때문에 온라인 시장이 위축된다고 볼 수는 없다. 서로의 영역이 분명히 다른 것이다. 또 외산 작품에 밀리는 것은 국산 작품들의 경쟁력이 떨어지기 때문이다.

더 흥미롭고 더 차별화된 작품이 나온다면 충분히 성공할 수 있다. 그것은 지난 게임역사를 돌이켜 봐도 금방 알 수 있다. 더 이상 경쟁자가 없을 것 같았던 대작들도 시간이 지나면서 무대 뒤로 내려왔다. 충분히 노려볼 만 한 것이다.

새로운 온라인 대작들이 성공하고 유저들의 관심이 커지면서 게임시장이 연착륙할 수 있는 환경이 만들어진다면 모두가 원원할 수 있는 산업구조가 만들어질 수 있을 것이다. 지금이 그 때라고 믿는다.

2014. 05. 16

다음 카카오가 풀어야 할 과제

IT업계는 지난 달 말 충격적인 기업인수합병 소식을 접했다. 다음이 카카오를 인수하기로 했다는 빅뉴스였다. 다음은 한때 포털 1위를 달렸다가 네이버에 그 자리를 넘겨준 2인자이며 카카오는 스마트폰의 폭발적인 확대에 힘입어 '카카오톡'이라는 무료 메신저로 돌풍을 일으킨 업체였다. 이 두 업체는 온라인과 모바일을 대표한다고 할 수 있다. 그런 업체들이 하나로 뭉치기로 한 것이다.

이 두 업체가 전격적으로 합병키로 한 것은 최근의 급변하는 IT환경과도 무관치 않을 것이다. 어제의 최강자가 오늘에 이르러서는 3류로 전락해 버리는 일이 비일비재하게 벌어지고 있기 때문이다. 한 시도 방심할 수 없는 상황인 것이다.

다음과 카카오의 합병은 이러한 차원에서 이해할 수 있을 것이다. 온라인과 모바일에서 각각 막강한 파워를 발휘해온 업체들이 시너지를 발휘하기 위해 피를 섞는다는 의미다.

물론 이렇게 물리적으로 하나가 된다고 해서 갑자기 경쟁력이 두 배나 세배로 뛰는 것은 절대 아니다. 경우에 따라서는 전략적 제휴나 인수합병이 결국에는 비극으로 막을 내린 경우도 허다하기 때문이다.

다음과 카카오의 합병이 분명 엄청난 사건이기는 하지만 아직은 '미완의 도전'으로 봐야 하는 것이 그 이유다. 이 때문에 다음과 카카오는 앞으로의 시나리오를 어떻게 가져갈 것인가를 심사숙고하고 현명하게 판단해야 한다.

다음의 경우 모바일시장에 도전하기 위한 SNS 메신저 '마이피플'은 큰 이슈를 끌지 못했다. 또 카카오의 성장동력도 지금은 '카카오게임하기'가 큰 역할을 하고 있지만 갈수록 동력이 떨어지고 있는 모습을 보이고 있다.

양사는 합병이 주는 달콤함에 취해 있기보다는 오히려 초심으로 돌아가서 뼈를 깎고 살을 도려내는 심정으로 다시 시작해야 한다는 것을 명심해주기 바란다. 그래야 새로운 시장도 열리고 업계 전체가 성장할 수 있는 기회가 생길 것이라는 점이다.

2014. 06. 03

'LOL' PC방 1위 100周의 의미

라이엇게임즈의 '리그오브레전드(LOL)'이 100주간 연속 PC방 점유율 1위라는 대기록을 세웠다. 이는 2년 가까운 시간 동안 단 한 번도 1위 자리를 내주지 않았다는 것을 의미한다.

온라인게임의 역사가 비록 20여년에 불과하지만 지금까지 연속 100주 동안 1위를 차지한 게임은 손가락으로 꼽을 정도로 많지 않다. 국산 게임으로는 '아이온'과 '서든어택'이 있을 뿐이다. 그리고 또다시 'LOL'이 새로운 신화를 만들어냈다.

이 작품이 이처럼 시장을 완전히 장악할 수 있었던 힘은 어디에서 비롯된 것일까? 먼저 이 작품 자체가 갖고 있는 나름의 경쟁력을 들 수 있다. 이 작품은 과거 인기를 끌지 못했던 AOS장르의 게임이다.

그러나 이러한 특징만으로 최고의 자리에 오른 것은 아니다. 작품성과 함께 이 작품을 운영하는 정책이 남달랐다. 라이엇게임즈는 이 작품을 론칭하며 PC방을 적극 활용했다. PC방에서 플레이 할 경우 모든 챔피언을 이용할 수 있도록 했고 더 많은 혜택을 줬다. 이러한 원원전략을 작품 론칭 초기부터 엄청난 힘을 발휘했다.

또 유저들에게 경제적 부담을 안기지 않았다. 부분유료화 정책을 택했지만 아이템을 사지 않으면 레벨을 올리기 어려운 다른 게임들과는 차이를 뒀다. 부담 없이 게임을 즐길 수 있도록 한 것이다.

'LOL'은 이처럼 뛰어난 작품성과 파격적인 유통 정책에 힘입어 단 시일 내에 시장을 장악할 수 있었다.

그러나 'LOL'은 커다란 빛과 함께 어두운 그림자도 드리워 놓았다. 그것은 지나친 쏠림 현상으로 인해 시장이 황폐해졌다는 것이다. MMORPG와 캐주얼, 스포츠 등 다양한 장르가 각각의 영역을 차지하며 고르게 발전해 나가야 하는데 'LOL'에 대한 쏠림 현상이 지나치다 보니 아무리 공들여 만든 대작을 내놔도 시장 반응은 썰렁할 수 밖에 없었다. 이로 인해 온라인게임 업체들은 안절부절, 투자자들은 주춤했다.

이는 'LOL'을 서비스하고 있는 라이엇게임즈의 문제라고 할 수는 없지만 어쨌든 시장 전체로 봤을 때는 심각한 불균형 현상을 야기했다고 할 수 있다. 앞으로 남은 과제는 이러한 쏠림 현상을 얼마나 빨리 극복해 나갈 것인가 하는 점이다. 안타깝게도 그런 움직임이 아직까지 감지되지 않고 있다는 사실이다. 'LOL'의 선전을 지켜보면서 한편으로 쏩쏠한 것은 바로 이 때문이다. 국내 온라인게임시장의 부양을 위한 민관의 적극적인 대책이 절실하다 하겠다.

2014. 07. 01

CJ 온라인게임 신작에 거는 기대

대한민국 게임산업을 이끌어왔던 성장 동력인 온라인게임 시장이 크게 흔들이고 있다. 스마트폰의 폭발적인 성장에 힘입어 모바일 게임시장이 팽창함에 따라 상대적으로 온라인게임에 대한 관심이 줄어들고 있기 때문이다.

하지만 전문가들은 온라인게임 시장이 쇠퇴하고 있는 것이 아니라 새로운 트렌드를 창조하지 못해 고전하고 있는 것이라는 의견이 압도적으로 많다. 쉬운 예로 라이엇 게임즈의 '리그오브레전드'라는 작품이 하나의 좋은 사례라는 것이다.

그런 의미에서 최근 CJE&M이 선보인 '파이러츠:트레저헌터'는 침체된 온라인게임 시장에 새로운 활력소를 넣어줄 작품으로 기대를 모으고 있다. 이 작품은 최근 첫 비공개테스트에서 수많은 유저들에게 호평을 받았다. 이 작품이 갖고 있는 특징들이 매우 선명하고 흥미롭다는 이유에서다.

테스트에 참가한 유저들은 일단 몰입도가 뛰어나다는 점을 으뜸으로 꼽았다. 개인방송이나 블로그 등으로 유명세를 탄 게이머들의 호평도 쏟아지고 있다. '파이러츠'가 강조했던 액션이 생각보다 재미있고, '해적'을 내세운 콘셉트와 전투가 흥미롭다는 평가다.

또 주목할 만한 것은 몬스터가 없다는 것이다. '파이러츠'는 몬스터를 배제하고 각 공격로에서 유저와 직접 전투를 벌여야 이득을 얻을 수 있도록 만들어졌다. 이 작품은 비록 우리나라 개발사가 아니라 스페인의 버추얼 토이즈라는 업체지만 국내에서 서비스를 맡은 CJ를 통해 현지화가 되는 만큼 시장에서 성공적으로 데뷔를 하게 된다면 적지 않은 활력소가 될 전망이다. 또 'LOL'이 독식하고 있는 시장에서 경쟁자가 등장하는 만큼 유저들의 관심 또한 높아질 가능성도 배제할 수 없다.

그렇다 해도 방심해서는 안 된다. 유저들이 지속적으로 흥미를 갖고 작품을 즐길 수 있도록 개발사뿐만 아니라 퍼블리셔도 철저한 준비를 해야 할 것이다. 이를 통해 온라인게임 시장이 모처럼 활기를 되찾기를 기대해 본다. 온라인은 게임산업은 대한민국 게임산업의 인프라가 되기 때문이다.

2014. 07. 15

여름방학 특수가 사라졌다

무더위의 시작과 함께 초·중·고교의 여름방학이 시작됐다. 여름방학은 겨울방학과 함께 게임업계의 최대 성수철로 꼽힌다. 올 해도 적지 않은 게임업체들이 여름시장을 겨냥해서 다양한 마케팅을 벌이는 등 분주한 모습을 보이고 있다. 하지만 그 속을 들여다보면 예년하고는 많이 달라진 모습을 볼 수 있다. 규모나 내용 면에서 상당히 위축된 듯 해 보이는 것이 그것이다.

온라인게임이 시장을 주도할 때에는 온·오프라인을 통한 행사들이 적지 않았고 알찬 내용들도 많아 유저들의 눈길을 사로잡곤 했다. 또 이로 인해 게임업계 주변의 홍보 마케팅 업체들도 휘파람을 불었다. 하지만 최근 들어서는 모바일게임이 시장을 주도하게 되면서 상황이 바뀌었다.

모바일업체들은 '카카오 게임하기' 등 몇몇 유통 플랫폼을 통한 마케팅에 올인하는 모습이다. 비용도 만만치 않다고 한다. 제대로 효과를 거두기 위해서는 억 단위의 돈이 든다는 것이다. 이 때문에 자금력이 있는 업체들이나 이러한 툴을 이용할 뿐 영세업체들은 그저 발만 동동 구르고 있을 뿐이다.

반면 온라인게임 업체들은 유저들의 시선을 사로잡기가 힘들어진 상황에서 대대적인 마케팅은 엄두도 내지 못하고 있는 실정이다. 상황이 이렇다 보니 온라인업체들은 여유가 없어서 못하고 모바일게임업체들은 효과가 없다며 피하는 상황이 되고 말았다. 이 때문에 여름방학 성수기가 찾아왔지만 게임시장은 냉랭하기만 하다.

그러나 이럴 때일수록 시장을 살리기 위해서는 메이저를 중심으로 한 리딩업체들이 시장을 붐업시키기 위해 나서야 한다는 것이다. 그래야 중소업체들도 그 그늘에서 함께 열매를 기대할 수 있을 것이기 때문이다. 한두 업체가 할 수 없다면 게임산업협회(K-iDEA)차원에서 여러 업체들이 참여하는 공공마케팅을 벌일 수도 있다.

시장이 어렵다고 손을 놓고 있기 보다는 머리를 짜내고 아이디어를 모아서 어떤 식으로든 돌파구를 마련해야 한다. 지금은 그러한 노력과 지혜가 어느 때보다도 필요한 시점이다.

2014. 07. 29

온라인게임업계 지원 절실하다

온라인 게임업계가 큰 몸살을 앓고 있다. 중소업체들은 '이제 더 이상 버티기 힘들다'고 아우성이다. 시장환경이 급변하면서 온라인 게임에 대한 유저들의 관심이 크게 줄어들었기 때문이다. 또 정부의 지원도, 투자자들의 관심도 갈수록 떨어지고 있어 이대로 가다가는 미래가 안 보인다.

그런데 이 와중에 정부의 지원과 관심조차 온통 모바일 게임업계로 쏠려 있다. 이같은 현상은 정부의 지원사업에서도 여실히 나타난다. 지난해 문화체육관광부가 실시한 게임 관련 지원사업 7개 중 6개가 모바일 업계를 대상으로 했다. 온라인게임에 대한 지원은 글로벌서비스플랫폼(이하 GSP) 사업이 유일했지만, 현행 1년의 지원 기간이 턱없이 부족한 상황이다.

올해도 사정은 마찬가지다. 이로 인해 단 한 푼의 돈이 아쉬운 온라인게임업체들은 정부의 정책방향에 대해 유감을 나타내고 있다. 이를테면 정부의 게임산업육성 방향이 좀 탄력적으로 움직여야 한다는 것이다. 5~6년 전만 해도 모바일 게임에 대한 금융권의 시각은 매우 신중했다. 작품 하나를 개발하는 데 몇 개월이면 충분하고 그런 만큼 매출도 몇 십억 원이면 초대박이라고 여겨졌던 시대였기 때문에 큰 관심거리가 되지 못했다. 이 때문에 투자자들의 관심은 온통 온라인게임 개발업체에 쏠려 있었다.

그런데 사정이 크게 달라졌다. 온라인 게임업체들에 대한 펀드는 거의 사라진 반면 모바일 게임 등 스마트디바이스 분야의 펀드는 크게 증가했다. 여력 있는 온라인 게임업체들은 모바일 게임에 투자를 집중하고 있다.

문제는 중소 온라인게임업체다. 자구 노력을 할 수 없는 이들은 현재 진퇴양난에 빠져 있다 해도 과언이 아니다. 민간기업의 펀드도 이미 실종된 지 오래고, 정부의 지원사업도 가뭄에 콩 나기 수준에 그치고 있다. 나름 의지해 온 대형 게임업체들의 관심도 급격히 모바일로 쏠리는 등 중소 온라인게임업체들은 말 그대로 찬밥 신세로 전락하고 있다.

모바일게임에 대한 지원사업도 중요하지만 그 못지않게 온라인게임 업체에 대한 지원이 강화돼야 한다. 아직도 글로벌 시장에서는 온라인게임이 먹히고 있고, 대한민국의 게임 포트폴리오는 반드시 온라인이 기반이 돼야 한다는 데 이론의 여지가 없기 때문이다. 그러기 위해서는 중소게임업체들을 키워서 세계 곳곳으로 나갈 수 있도록 해야 한다. 민간에서 안 맡겠다고 하면 정부가 그 역할을 수행해야 한다. 지금이 바로 그때이다.

2014. 09. 01

사업다각화의 원칙

게임업체들이 최근 들어 극심한 어려움을 호소하고 있다. 전체적인 시장 파이는 커지고 있지만 온라인게임업체들은 그들대로, 또 모바일게임업체들은 그들대로 어려움이 한두 가지가 아니라는 것이다. 시장의 트렌드가 급변하면서 갈피를 잡지 못하고 우왕좌왕하는 모습이 여기저기에서 목격되기도 한다.

온라인게임업체들은 유저들의 관심이 모바일게임으로 급격히 넘어가면서 신작을 내놓아도 큰 관심을 끌지 못하고 있다고 아우성이다. 모바일게임업체들은 또 시장파이가 커졌지만 구글과 애플, 카카오 등 유통플랫폼에서 50%가 넘는 수수료를 가져가고 나면 남는 것이 없다고 죽는 소리다. 온라인게임의 경우 수익률이 4~50%에 달했다면 모바일은 10%를 건지기도 힘들다는 것이다.

이로 인해 너도나도 게임이 아닌 사업으로 눈을 돌리는 경우가 크게 늘어나고 있다. 이는 중소기업뿐만 아니라 메이저 업체들의 경우에도 마찬가지다. 게임시장의 미래가 불투명해지면서 '달걀을 한 바구니에 담지 말라'는 속담을 실천하고 있는 셈이다.

기업의 입장에서 기존 캐시카우를 두고 새로운 시장을 개척하는 것은 당연한 일이다. 이같은 사업다각화를 하지 않는다면 10년, 20년 장수하기는 쉽지 않다. 우리나라를 대표하는 삼성전자의 예를 보아도 가전에서

반도체, 이동통신 등 끊임없이 새로운 사업을 찾아 나섰고 이를 성공시킴으로써 지속적으로 성장해 나갈 수 있었다.

게임업계 맏형이라 할 수 있는 엔씨소프트도 게임과 함께 여러 가지 사업을 추진하고 있다. 그 중 대표적인 것이 교육용 어플리케이션 '아이액션북' 시리즈를 통한 교육사업이다. 또 드래곤플라이도 유아용 영어교육 어플리케이션 '위클린업'과 '어데이위드대드'를 발표하는 등 지속적인 사업 확장에 나서고 있다. 이밖에 스마일게이트와 NHN엔터테인먼트 등 대부분의 게임업체들이 사업다각화에 적극적인 모습을 보이고 있다.

그런데 사업다각화에도 하나의 원칙은 필요하다. 그것은 게임과 전혀 관련이 없는 분야로 진출하는 것은 바람직하지 않다는 것이다. 그럴 경우 자칫 게임을 통해 축적된 자금이 전혀 엉뚱한 곳에서 허비될 여지가 높다. 또 함께 시너지를 발휘해야 하는 데 이질적인 시스템과 문화로 인해 양쪽 모두 마이너스되는 경우도 발생할 수 있다.

이 때문에 게임업체들의 사업다각화도 신중하게 추진돼야 한다. 게임산업과 연계되면서도 미래 발전가능성이 높은 분야를 찾아내야 한다. 그렇지 못할 경우 자칫 먹튀 논란에 휘말릴 수도 있다.

2014. 10. 27

엔씨-넥슨, 아름답게 갈라서야

넥슨이 엔씨소프트의 경영에 참여하겠다고 선언하면서 게임계가 발칵 뒤집혔다. 넥슨은 양사의 협업을 위해 경영 참여가 필요조건이라고 주장하는 반면 엔씨소프트는 당초 경영에는 관여치 않기로 한 지난 2012년 6월의 '양김 합의'를 뒤집었다고 강력히 반발하고 있다.

이로 인해 양사가 원칙과 합의를 무시한 채 마치 먹으려는 자와 먹히지 않으려는 자의 세계에서나 벌어질 법한 난타전을 벌이고 있다. 한 때 게임산업을 주도하며 양대 산맥으로 업계를 지탱해 왔던 두 업체가 이런 상황에 까지 이르렀다는 것이 게임업계로서는 매우 안타까운 일이 아닐 수 없다.

우리나라 IT기업을 대표하는 삼성전자와 LG전자가 하나의 회사가 된다고 가정해 보자. 당장 기업문화와 뿌리가 다른 두 회사의 갈등이 걸림돌이 될 것이며 시간이 지날수록 부작용은 눈덩이처럼 늘어날 것이다. 두 회사는 각자 세계 최고가 되기 위한 목표를 향해 경쟁하며 발전해 왔다. 그런데 그 경쟁관계가 일순간에 사라져버렸을 때 1 더하기 1이 2가 되는 것이 아니라 오히려 마이너스가 될 수 있다.

이러한 연유로 인해 막대한 자금과 실력을 갖추고 있는 삼성전자나 LG전자가 상대 진영에 대한 예우를 갖추고 경영 현안 등 민감한 사안에 대해서는 갓끈도 매지 않는 것이다.

넥슨은 경영 참여 선언으로 엔씨소프트와의 협업을 강화할 수 있을 것이라고 강조하고 있지만 이는 현실적으로 어려운 일이 아닐 수 없다. 성격이 다른 두 회사가 하나로 합쳐질 수 없을 것은 불을 보듯 뻔하기 때문이다. 사사건건 물과 기름처럼 갈등이 벌어질 것이고 주도권을 잡기 위해 엔씨소프트 진영과 넥슨 진영 간의 힘겨루기가 끊임없이 이어질 것이다.

또 글로벌 시장에서 살아남기 위한 협업 체계 마련이 아니라 경영권 다툼으로 가는 지름길로 이어질 공산이 크다. 내치가 어지러운 나라는 반드시 망한다는 교훈을 우린 역사를 통해 지켜 봐 왔다. 기업도 마찬가지다. 외부의 적을 막기 보다는 내부의 적과 싸운다는 것은 강력한 외부의 적보다 더 무섭고 힘겨운 일이다.

여기서 또 주목할 점은 양측 패밀리들의 성향이다. 엔씨소프트 직원들은 자존감으로 뭉쳐온 이들이다. 그 누구에게 뒤지지 않는 최고라고 생각하는 이들이다. 넥슨 또한 비슷하다. 개발자로서의 능력은 엔씨소프트의 그들에 버금간다고 여긴다. 그렇다면 이들의 만남을 누가 조율할 것인가? 이미 예전에 있었던 협업을 통한 개발 작업은 실패로 끝났다. 그 배경을 보면 여러 요인이 있지만 결정적인 원인은 서로의 입장이 아주 첨예하게 대립한 때문이다.

또 백 번을 양보해 넥슨이 엔씨소프트의 경영에 참여하게 된다 해도 득보다 실이 더 많다 할 수 있다. 이미 양측의 감정은 벌어질 때로 벌어져 있다. 감정으로 기업을 운용하는 게 아니냐고 반론을 제기할 수 있겠지만 기업도 인성과 감성을 가진 사람과도 같다. 감정이 갈 때까지 갔는데 어떻게 아무 일도 없었던 것처럼 협업을 언급하고 얘기

할 수 있겠는가?

지금이라도 넥슨은 엔씨소프트에 대한 경영 참여 방침을 철회해야 한다. 그리고 양측의 아름다운 이별을 위한 수순을 밟아야 한다. 지분을 정리하고 각자의 길을 가야 한다. 그것이 두 회사를 위해서도, 대한민국 게임산업을 위해서도 최선의 길이다.

2015. 05. 02

넥슨의 무감각증 심각하다

얼마전 게임계는 넥슨이 '마비노기영웅전'에서 경쟁사의 일러스트를 버젓이 베껴 쓴 일로 들끓었다. 업계 전문가들은 블리자드의 '디아블로3'에 사용된 것과 유사한 일러스트를 넥슨측이 그대로 가져다 썼다고 지적했다.

표절은 한마디로 도둑질이다. 남이 애써 완성한 작품에 자신의 이름 또는 자신들의 간판을 슬그머니 가져 다 건다는 건 있을 수 없는 일이다. 그래서 대중은 이를 절대로 용서하지 않는다. 따라서 다른 작품을 표절한다는 것은 이미 작가이기를 포기하는 것과 같다.

문화 예술가들이 그 때문에 가장 경계하는 것이 표절 여부다. 혹 유사한 장르 또는 색감이 등장한 적이 있는지, 또는 멜로디가 유명 작곡가의 그것과 비슷한지의 여부에 촉각을 곤두세운다. 특히 의도한 바는 아니었지만 결과적으로 표절 시비에 휘말려 끝내 현업을 떠나는 케이스는 비일비재하다. 그만큼 표절 문제는 엄격한 잣대를 사용하고 있는 것이다.

넥슨은 표절시비가 일자 해당 일러스트를 삭제하고 이에 대해 유감의 뜻을 밝혔다. 하지만 넥슨의 이같은 행태가 '마비노기 영웅전'을 통해 자주 빚어졌다는 점에서 납득이 되지 않는다. 더군다나 넥슨은 국내 게임계의 최고 기업이라는 곳이다. 그 곳에서 영세기업들도 초긴장하는 표절 시비에 휘말렸다는 건 있을 수 없는 일이다. 표절 시비를 불러일으킨 작품은 더군다나 경쟁사 작품인 블리자드의 화제작 '디아블로3'다. 이 작품은 이미 알려질 데로 알려져 게임을 조금만 안다는 사람이라면 일러스트 등 이미지를 금방 알아볼 수 있다. 그런데 이를 알아채지 못했다는 것이다. 납득이 가지 않는 대목이다.

넥슨의 '도덕 불감증'이 이미 도를 넘어섰다는 지적은 비단 어제 오늘 나오는 얘기가 아니다. 넥슨은 과거 '메이플 스토리' 계정을 해킹 당해 수천만 명의 유저정보를 유출한 적이 있다. 대단히 우려스러운 일이 터져 나왔고 유저들에게 큰 잘못을 저질렀지만 넥슨은 그 때에도 해당 게임에 고작 사과 공지문을 띄운 게 전부였다.

표절 문제는 단순히 담당자에게만 책임을 지우는 것으로 끝나면 곤란하다. 그쪽 부문을 담당하는 책임자는 물론 그 윗선까지 인책하는 무거운 책임을 지워야 한다. 또 이같은 일이 두 번 다시 발생하지 않도록 철저한 관리와 재발 방지 교육 프로그램의 도입이 절실하다 하겠다.

이번 사건을 계기로 넥슨은 철저한 자기관리를 통해 부끄럼 없는 게임 기업으로 거듭나야 할 것이다.

2015. 05. 12

'블소' 도전의 역사 3년

지난 2012년 6월 서비스를 시작한 엔씨소프트의 '블레이드&소울'이 3주년을 맞았다. 당시 게임업계에서는 동양 팬터지라는 도전적인 작품이 과연 시장에서 성공할 것인지를 놓고 반신반의하는 분위기였다.

그동안 온라인게임의 팬터지 장르는 서양을 중세를 배경으로 한 것이 대부분이었기 때문에 동양의 무사가 등장하고 동양 무술이 펼쳐지는 팬터지물은 생소할 수 밖에 없었다. 하지만 이 작품은 서비스를 시작하자마자 돌풍을 일으키며 단 시간에 MMORPG 장르 1위를 차지하는 등 지금까지 누구에게도 그 자리를 내주지 않고 있다.

이 작품은 '리니지' '아이온'을 잇는 엔씨소프트의 새로운 도전을 멋지게 성공시키며 이 회사에 '온라인게임 명가'라는 확실한 자리를 각인시켜 줬다.

이 작품은 또 국내에서뿐만 아니라 해외에서도 잇따라 성과를 올리며 엔씨소프트의 글로벌 게임업체로 발돋움시킨 1등 공신이기도 했다.

이 회사는 이 작품의 개발 초기단계부터 중국을 비롯한 글로벌시장을 정 조준했다. 이에 힘입어 이 작품은 그동안 중국을 시작으로 일본, 대만 등 글로벌 시장을 성공적으로 개척해 왔다. 또 올해는 북미 · 유럽까지 진출하며 그 위세를 더할 것이란 전망이 지배적이다.

이뿐만이 아니다. 엔씨소프트는 이 작품을 e스포츠 종목으로써 발전시키기 위해 새로운 도전을 계속하고 있다.

그동안 e스포츠 시장은 '스타크래프트' '리그오브레전드' 등 외산 게임들의 독무대였다. 하지만 엔씨소프트는 이 작품을 e스포츠 종목으로 육성시켜보겠다는 강한 의지를 보여주고 있다. 이같은 노력이 결실을 거둔다면 '블소'는 글로벌 시장에서 또 한번 이름을 알리게 될 것이다.

지금 게임시장이 모바일로 급격히 기울고 있는 것 같지만 아직도 시장의 중심은 온라인게임이라고 할 수 있다. 엔씨소프트 뿐만 아니라 많은 게임 업체들이 지금도 온라인게임 시장을 되살리기 위해 비지땀을 흘리고 있다.

이러한 노력은 다양한 방면에 걸쳐 빛을 발할 것이라고 본다. 도전을 멈추지 않는다면 그 도전에 대한 열매는 반드시 얻게 될 것이다. '블소'는 이러한 도전이 얼마나 멋진 결과를 만들어 내는 것인가를 잘 보여주고 있다 할 것이다.

2015. 06. 22

여름 성수철은 다가오는데, 뭐하나

1년 중 게임 성수철은 여름방학과 겨울방학 시즌을 전후로 한 7~8월과 12~2월이다. 특히 이달 말 초 중 고교가 일제히 방학에 들어가게 되면 본격적인 여름 게임 시즌이 시작된다.

여름 시즌은 게임계의 한해 농사를 가늠해 볼 수 있는 중대 분기점으로 꼽힌다. 수직 상승하는 여름 수요도 그것이지만 겨울 시즌을 대비해 준비해 온 작품을 사전 선보임으로써 분위기를 떠 볼 수 있기 때문이다. 이에 따라 게임계는 7월을 기점으로 대대적인 마케팅을 펼치는 등 유저 바람몰이에 나서는 게 업계 관행처럼 여겨져 왔다.

하지만 올해는 그런 움직임이 전혀 포착되지 않고 있다. 일부 게임업체들이 여름 마케팅을 준비를 하고 있다고는 하지만 그 같은 기류와 조짐은 아주 미미하게 읽혀질 뿐이다. 일각에서는 이를 두고 업계의 정중동 움직임이 아니겠느냐고 애써 분위기를 띄우려 하지만 현실적인 눈으로 보면 솔직히 그럴 처지에 있지 못하다는 데 있다.

최근 게임계의 마케팅을 보면 몇몇 모바일 게임업체들의 TV 광고들만 범람하고 있는 실정이다. 변변한 이벤트나 색다른 유저 유인책을 만들어 내지 못하고 있다. 또 이슈거리도 양산하지 못한다. 그 많은 게임 스토리를 만들어 내면서 눈에 쏙 들어 오는 유저들의 관심사 하나를 제대로 만들어 내지 못한다면 지금 게임계가 뭔가 정신을 턱 놓고 있거나 아니면 시선을 딴 데 팔고 있다는 뜻과 같다.

이렇게 된 데에는 시장의 변화가 가장 큰 역할을 했겠지만 업계가 스스로 동력을 되찾으려는 노력을 제대로 하지 않고 있다는 데 일차적인 책임이 있다 할 것이다. 분위기를 띄우고 시선을 이끌려는 이벤트를 꾸준히 만들어 내야 했지만 오로지 '돈으로 돈을 버는' 마케팅에만 신경을 곤두세워 왔다.

그러다 보니 대한민국 게임 동산이 황폐화되고 있다. 게임계는 지금 겉으로 보기에는 화려하지만 속은 보잘것없는 '외화내빈'의 처지에 있다. 돈 이벤트로 유저들의 관심을 끄는 것은 처음 몇 번은 통할 수 있다. 하지만 이같은 일이 반복되다 보면 먹혀 들지 않게 된다. 그 이후에는 아무리 돈을 쏟아 부어도 무덤덤해 지고 이같은 현상에서 벗어나지 못하게 된다.

분위기를 띠울 방도를 서둘러 세워야 한다. 이렇게 시장을 방치하다가는 우리 대한민국 게임동산이 붕괴될 수도 있다. 덧붙이면 게임산업협회란 단체는 이럴 때 도대체 뭐 하는 지 알 수 없다. 이럴 때 일수록 업계가 똘똘 뭉쳐 한번 해보자는 업계 부양책을 내놓을 수 있도록 해야 하는 게 아닌가.

2015. 07. 02

엔씨소프트 매출의 시사점

최근 게임계의 주요 이슈는 모바일에 관한 것이 대부분이다. 예컨대 어떤 작품이 얼마큼의 다운로드 실적을 기록했는지, 또는 매출을 달성했는지의 여부다.

최근 들어선 중국에서 우리 판권(IP)을 이용해 만든 모바일게임이 대박이 나면서 그 판권을 가진 업체의 주가가 어떻게 얼마나 뛰었는지에 대해서도 예외 없는 관심사가 되고 있다.

하지만 이같은 모바일 게임업체와 다르게 묵묵히 한 길을 걷는 기업들도 없잖다. 그 가운데 온라인게임업체 엔씨소프트는 대표적인 기업이다. 엔씨소프트 역시 트렌드의 흐름을 역류하지 못해 모바일게임 장르에도 눈을 돌리고 있지만 그 무게와 감도는 그 어떤 기업들과도 다르다. 이를테면 한쪽을 버리고 한쪽을 선택하는 것이 아니라 두 곳 모두를 노리는 양수겸장의 포석인 것이다.

그 같은 시도는 매출로도 드러나고 있다. 이 회사의 2분기 매출은 '리니지' 시리즈와 '아이온' 등 주요 작품들의 고른 성장에 힘입어 전분기 대비 16% 늘어난 2175억 원을 달성했다. 또 영업이익과 당기순이익도 671억 원, 579억 원을 각각 기록했다.

이는 전분기대비 매출은 16%, 당기순이익은 63%가 늘어난 것이다. 국내 온라인 게임계를 대표하는 '엔씨니까 당연한 결과'라고 생각할 수 있겠지만 대부분의 온라인게임들이 하향 곡선을 그리고 있는 가운데 나 홀로 성장하고 있다는 것은 그만큼 이 회사가 혼신의 노력을 다하고 있다는 것을 의미한다. 또 모바일 게임시대에 이같은 실적을 기록했다는 것은 역설적이게도 그렇기 때문에 온라인게임도 가능하다는 실적의 반증이라 할 수 있다.

온라인게임 시장이 전체적으로는 규모가 축소되고 있다는 점을 인정하지 않을 수는 없다. 그렇다면 이 시장이 사라질 것인가. 천만의 말씀이다. 지금도 아케이드 시장이 버젓이 살아있고 콘솔시장이 꿈틀대고 있다. 하물며 PC게임 수요마저 살아 있다.

그런 측면에서 모바일게임과 온라인게임의 공동 발전과 수요를 생각해 볼 때가 아닌지 묻고 싶다. 온라인게임시장을 포기하려 드는 건 좀 더 고민을 해봐야 한다. 솔직히 정답이 아니다란 생각이다. 그 때문에 온라인게임에 사활을 걸고 있는 네오위즈에 시선이 모아지는 것인지도 모르겠다. 모바일 뿐 아니라 온라인 게임에 대해서도 손을 놓지 말았으면 한다는 것이다.

2015. 08. 03

'LOL' PC방 1위 신기록의 의미

라이엇게임즈가 서비스하는 '리그오브레전드(LOL)'가 161주 연속 PC방 순위 1위를 기록하며 역대 최장기록을 갈아 치웠다. 이 작품은 지난 24일을 기점으로 161주 1위를 기록해 MMORPG '아이온'이 가지고 있던 160주 1위를 넘어섰다. 이는 지난 2012년 7월을 시작으로 3년이 넘는 기간 동안 1위의 자리를 계속 유지한 셈이다.

특히 'LOL'은 평균 PC방 점유율 30%가 넘는 압도적인 수치를 기반으로 1위를 유지하고 있어 앞으로도 상당 기간 독주체제가 예상된다. 이 작품이 3년이 넘도록 압도적인 점유율로 1위를 지켜 올 수 있었던 것은 우선 작품 자체의 완성도가 뛰어나다는 것을 꼽을 수 있다.

실제로 많은 게임들이 'LOL'의 아성에 도전했으나 탄탄한 게임성을 뛰어넘지 못했다. 대표적인 사례가 넥슨이 서비스한 '도타2'였다. 이 작품은 국내를 제외한 글로벌시장에서 큰 성공을 거뒀지만 우리나라에서는 맥없이 주저 앉았다.

여기에 라이엇측의 친 유저정책과 PC방과 함께 성장해 나가겠다는 상생 정책 등이 큰 역할을 한 것으로 보인다. 이 회사는 유저들이 정액제나 부분유료화 결제를 하지 않더라도 가볍게 게임을 즐길 수 있도록 했다. 또 불편사항이나 문제가 발생하면 즉각적으로 이를 해결하는 등 기업 경영의 제 1목표를 유저들에게 둔 것이다.

또 PC방 만을 위한 수많은 이벤트를 실시해 오면서 저변을 넓혀 나가는 데 주력했다. 이러한 노력으로 인해 PC방 유저 중 30~40%에 달하는 사람들이 이 작품을 즐기도록 만든 것이다.

이러한 성공 요인은 우리 게임업계에도 많은 시사점을 던져주고 있다. 예컨대 작품성도 중요하지만 유저와 PC방업주들과 함께 상생하려는 노력이야 말로 가장 큰 힘을 발휘한다는 사실을 다시한번 입증해 보여준 것이다. 라이엇 게임즈의 'LOL'이 앞으로 새 역사를 어떻게 써 나갈지 좀 더 지켜보고 싶다.

2015. 08. 26

조성원 대표의 새 변신을 지켜보면서

조성원 조이시티 대표가 전문 경영인에서 명실상부한 오너로 탈바꿈했다. 그는 지난 26일 자신이 대표로 있는 엔드림을 통해 스카이레이크와 넥슨이 보유한 자사 지분 12%(약 141만주)를 인수했다. 주당 인수가격은 3만 원, 지분 인수총액은 약 423억 원이다.

조 대표는 이날 "뛰어난 기술력과 서비스 능력을 갖춘 임직원들과 함께 하고 싶은 마음에서 이번 경영권 인수를 추진하게 됐다"며 "조이시티가 큰 성장을 이어 가는 회사가 되도록 최선의 노력을 다하겠다"고 소감을 밝히기도 했다.

조이시티는 원래 김양신 씨가 창업한 제이씨엔터테인먼트를 모태로 하고 있다. 이 회사는 지난 2011년 넥슨에 인수됐다가 후에 넥슨이 스카이레이크에 지분 절반 이상을 매각하면서 어정쩡한 입장에 놓여 왔다.

조 대표가 전문경영인으로써 회사를 어렵게 운영해 왔지만 시장상황이 급변함에 따라 강력한 오너십을 발휘하기 위해 이번 지분 인수를 단행한 것으로 보인다.

이 회사는 간판작이라 할 수 있는 온라인게임 '프리스타일'의 서비스를 양도하는 등 새로운 활로를 찾기 위해 동분서주해 왔다. 하지만 시장이 모바일게임 중심으로 바뀌는 과정에서 이렇다 할 모습을 보여주지 못했다.

지금 게임 시장은 한 치 앞을 내다볼 수 없을 정도로 경영 환경이 어렵고 난해한 것이 사실이다. 하지만 분명한 것은 초심을 잃지 않고 개발력을 키워 나간다면 시장에서 평가되고 인정받을 수 있다는 것이다. 조성원 대표도 이 점을 간과하지 말고 개발력을 키우고 창의성을 높여 나가는 등 내실을 다지는데 힘써야 할 때라는 점을 강조하고 싶다.

또 진정한 오너십은 회사를 성장시키는 것뿐만 아니라 그 위치에 걸맞게 산업의 토양을 기름지게 하는 일이라는 점도 잊지 말아야 한다. 업계와 함께 성장하고 어려운 일을 함께 헤쳐 나가는 모습을 보여준다면 조이시티는 우리나라를 대표하는 글로벌 게임 업체로 성장해 나갈 수 있을 것이라고 확신한다. 조 대표의 건투를 빈다.

2015. 10. 27

'리니지'의 새로운 도전

1세대 온라인게임 '리니지'가 서비스 17주년을 맞았다. 17년이란 세월의 성상은 결코 작지 않다. 특히 게임사적 측면에서 보더라도 17년을 넘게 서비스하고 있는 온라인게임이 그다지 많지 않다는 점에서 그 의미는 남다르다 할 것이다.

더군다나 '올드 보이'로 불려야 할 이 작품이 세월이 흐르면서 기운이 쇠하기 보다는 더욱 힘을 발휘하고 있다는 점이다. '실제로 리니지' 의 올 매출은 대략 2000~3000억 원에 이를 것으로 추산되고 있다. 지금까지 이 작품이 거둔 수익만 해도 수 조 원에 이른다. 어떻게 이런 일이 가능한 것인지 게임계에서도 경이로운 눈으로 지켜보고 있다.

아마 앞으로도 '리니지'를 뛰어넘는 온라인게임이 다시 등장하는 것은 거의 불가능할 지도 모른다. '리니지'가 갖는 전무후무한 기록들은 세계 최초, 세계 최대 등 이루 헤아릴 수 없는 수식어가 따라 다닐 가능성이 커졌다.

이런 가운데 이 작품을 세상에 선보인 김택진 엔씨소프트 사장이 최근 새로운 도전을 선언했다. 그는 "'리니지'의 미래를 38년이나 지난 지금까지 임무를 수행중인 보이저 1호에 빗댈 수 있을 것 같다"며 의미를 부여했다. 그는 특히 "태양계를 넘어 성간 탐사를 떠나게 된 보이저 1호와 같이 '리니지' 역시 더 큰 비상을 준비 중에 있다"며 '리니지'의 새 도전을 시사했다.

그의 선언대로 '리니지'는 현재 모바일게임으로의 변화를 타진 중이다. 온라인게임 시장의 태동을 알렸던 이 작품이 이젠 플랫폼을 달리해 다시 한번 새 역사 창조에 도전을 선언하고 나선 것이다.

엔씨소프트가 '과거의 영광'에 안주하지 않고 '초심'을 간직한 채 도전을 계속하고 있다. 엔씨소프트 자신을 위해 또 산업계와 문화계를 위해 매우 바람직한 일이라고 본다. 이를 통해 누구도 걷지 않는 길을 걸어갔으면 한다. 고난에 직면하고 어려움도 예상할 수 있다. 하지만 이를 극복하고 성장해 나가는 엔씨소프트의 모습을 지켜보는 일이 그렇게 나쁜 일이라고 생각치 않는다.

'리니지'를 통해 새롭게 거듭 나겠다는 엔씨소프트의 변화된 모습을 계속 지켜 보는 일은 다름아닌 즐거운 일이 될 것이기 때문이다.

2015. 12. 15

사라진 겨울 성수철 되돌릴 방안은

겨울 시즌은 1년 중 가장 많은 게임이 등장하는 온라인 게임업계의 성수철이다. 그런데 최근 몇 년 사이 이러한 '겨울 성수철'이라는 말이 무색할 정도로 상황이 달라졌다.

시장의 흐름이 온라인게임 중심에서 모바일게임 중심으로 변한 것도 한 원인이다. 또 '리그오브레전드' '피파온라인3' 등 몇몇 작품들이 장기간 시장을 독식하고 있는 것도 영향을 미치고 있다고 볼 수 있다.

최근 온라인게임 순위를 보면 상당히 오랜 기간 상위 10위권 게임들이 동일한 순위를 유지하고 있다. 그나마 중위권에서 순위 변동이 있긴 했으나 전체 흐름을 바꿀 정도로 큰 움직임은 아니다.

상황이 이렇다 보니 작년 말부터 연말 연시를 노리고 많은 업체들이 대규모 업데이트를 실시하고 게임 아이템 등을 제공하는 이벤트를 갖고 있지만 이렇다 할 성과를 거두지 못하고 있다. 또 효과가 있었다 하더라도 업데이트나 이벤트가 끝나면 곧 관심이 사라지고 예전의 모습으로 돌아가거나 더 나빠지는 사례가 적지 않았다.

이렇다 보니 새롭게 대작 온라인게임을 만들겠다는 업체도 없고 또 시장에 나와도 주목을 받지 못하는 악순환이 계속되고 있다. 그렇다면 온라인 게임업체들도 뭔가 대책을 마련해야 하는 데 그 방안이란게 변변치가 못하다는 것이다. 매번 트렌드가 모바일 중심으로 변해서, 또는 유저들이 온라인게임에 관심이 없어서라고 핑계만을 늘어놓게 아니라 먼저 비슷비슷한 업데이트에 유사한 이벤트를 내놓는 관행부터 고쳤으면 한다.

엔씨소프트가 '리니지2'에서 과거 인기를 모은 바 있는 상황을 재 연출한 복고풍 클래식 서버를 오픈했을 때 사람들은 흥행 여부에 반신반의했지만 결과는 대 성공이었다. 떠나갔던 유저들이 다시 돌아 왔고 많은 유저들이 북적이자 제2, 제3의 클래식 서버가 추가됐다.

시장 상황만 탓할 것이 아니라 과거와는 다른 이벤트나 업데이트를 통해 유저들의 발길을 끌어 들여야 한다는 점을 강조하고 싶다. 그렇다면 그것이 무엇이냐고 묻는다면 '스스로 그 길을 찾으라'고 말해 주고 싶다. 자신들의 게임에 대해서는 누구보다 자신들이 잘 알고 있기 때문이다. 시장 돌파구의 처방전은 여기서부터 시작해야 한다는 본다. 시장 침체는 업계가 이겨낼 수 있는 과제다.

2016. 01. 27

안타까운 소프트맥스의 부진

소프트맥스는 게임 1세대 기업으로 20년의 전통을 갖고 있는 역사 깊은 개발업체다. 이 회사는 20여년 당시 '창세기전'으로 PC패키지 게임 시장에서 이름을 날렸다. 그러나 안타깝게도 온라인게임 시대를 맞이하면서 과거의 유명세를 잇지 못한 채 명맥만을 이어 왔다.

소프트맥스는 이후 온라인게임을 론칭하기도 했지만 시장에서 이렇다 할 성과를 올리지 못했다. 이후 절치부심하며 칼을 갈아 왔고 드디어 지난 달 말, 새로운 온라인게임 '창세기전4'를 시장에 내놨다.

많은 업체들이 온라인게임을 버리고 모바일게임에 올인하고 있는 상황에서 소프트맥스의 이같은 움직임은 뚝심 있는 모습으로 받아 들여지면서 시장에서는 바로 호응했다. 소프트맥스의 주가는 한 때 1만 1000원을 넘어 서기도 했다. 그러나 막상 뚜껑이 열리자 상황은 급반전했다.

여기저기에서 게임 완성도에 대한 문제점이 제기됐고, 이 여파로 판매 시장에서는 맥을 못 추는 꼴이 됐다. 주가가 연일 곤두박질 치며 4일 현재 7750원에 머물고 있다. 특단의 조치가 없다면 한번 떠난 유저들을 다시 불러들이기란 그렇게 쉬운 일이 아니다. 정말 안타까운 상황이 빚어지고 있는 것이다.

그동안 PC 패키지 게임을 만들어 왔던 많은 1세대 개발업체들이 역사 속으로 사라져 갔다. 그 와중에 몇몇 남지 않은 업체 중 하나가 바로 소프트맥스다. 코스닥 상장으로 스타 기업으로 떠올랐지만 이후 히트작을 내놓지 못하면서 지금의 상황까지 내몰린 처지가 됐다.

시장에서 영원한 승자도 패자는 없다고 한다. 한 때 잘 나갔던 닌텐도는 지금 위기론에 휘말려 있고, 휴대폰 시장의 강자 노키아와 스마트폰 선구자였던 블랙베리도 사업 철수를 고민하고 있다. 이같은 현실은 한 번 성공했다고 해서 끝까지 성공할 것이라는 믿음이 얼마나 허황되고 무지한 것인가를 여지없이 보여주는 대목이라 아니할 수 없다.

소프트맥스 역시 과거의 성공에 너무 취해 그간 너무 안주해 온 것이 아닌지 묻고 싶다. 이번 신작의 부진을 거울삼아 새롭게 재출발하는 기폭제이자 전환점이 됐으면 한다. 그러기 위해서는 허리띠를 졸라매고 초심으로 돌아가야 한다고 본다.

소프트맥스가 보란 듯이 재기하는 것도 좋은 게임을 개발해 시장에 기여하는 만큼의 역사의 획을 긋는 일임을 잊지 않았으면 한다.

2016. 04. 04

한빛의 재도약을 바라며

한빛소프트가 김유라 대표 체제 전환과 함께 첫 론칭한 모바일게임 '세계정복 2'의 선전에 힘입어 모처럼 스포트라이트를 받고 있다. 한빛소프트는 PC 게임서부터 시작한 1세대 게임업체로, 그동안 게임 성공 신화의 중심에 서 왔다. 하지만 이후 온라인게임에 주력하면서 막대한 자금을 쏟아 부었지만 작품 흥행에 번번히 실패, 결국 티쓰리엔터테인먼트에 인수되는 비운을 겪기도 했다.

'클럽 오디션'을 통해 국내와 중국에서 큰 성공을 거둔 티쓰리엔터테인먼트는 코스닥업체인 한빛소프트 인수를 계기로 중견기업으로 발돋움했고, 이후 새로운 성장 동력을 찾기 위해 일본과 중국 등 해외 진출을 시도하는 등 발 빠른 움직임을 보여 왔다.

이 과정에서 티쓰리 창업자인 김기영 대표가 개발을 전담하고 당시 부사장이었던 김유라 현 대표가 일본지사를 맡는 등 역할분담을 해 왔다. 하지만 시장 상황은 나아지지 않았고 글로벌 게임 기업들의 경쟁은 갈수록 치열해 졌다.

이즈음에 등장한 카드가 김유라 부사장을 전면에 내세우는 히든 인사 카드였다. 김유라 부사장이 경영을 책임지고, 김기영 대표가 백업을 담당하는 역할 분담 체제였다.

그리고 김유라 대표 취임 이후 첫 선을 보인 작품이 '세계정복 2'였다. 전편의 '세계정복'이 그런대로 시장에서 먹혔다는 점에서 그의 수완을 엿볼 수 있는 작품이라고 평가하기에는 앞선 감이 있지만 그가 '세계정복 2'를 통해 한빛이 뭔가 달라졌다는 사실을 분명히 보여줬다는 점은 확실해 보인다.

모바일 전략 시뮬레이션 게임인 이 작품은 최근 구글 플레이 스토어 인기 앱과 신규 인기 앱, 핫이슈 등 전 분야에 걸쳐 1위에 올라서는 등 기염을 토했다. 이같은 성적은 말처럼 그렇게 쉽게 거둬지는 게 아니다.

한빛소프트는 역사와 전통이 있는 게임기업이다. 업계에서 차지하는 비중 또한 결코 작다 할 수 없는 기업이다. 그런 기업이 와신상담 끝에 모바일 게임으로 재기의 토대를 마련했다는 소식은 매우 반가운 일이 아닐 수 없다. 한빛소프트가 또 한번 일을 크게 저질렀으면 하는 얘기를 듣고 싶었다. 그런데 지금 제대로 시장에서 일을 벌이고 있다. 그 중심엔 김유라 대표가 서 있는 것이다.

그동안 6전7기의 모습으로 게임업계의 귀감이 돼 온 김기영 김유라 라인이 함박 웃는 모습을 연출해 보였으면 싶다. 그리고 그 모습을 조만간 보고 싶다. 한빛소프트의 재도약을 바란다.   2016. 04. 12

'오버워치' 흥행의 시사점

최근 모바일 게임시장이 급성장하면서 많은 사람들이 '온라인게임의 시대는 갔다'고 입을 모은다. 이 말을 확실히 증명이나 하듯 1~2년 전에 나온 온라인게임들은 하나같이 맥을 못 춘 채 흥행에 참패했다.

전세계 게이머들의 관심을 집중시켰던 '문명 온라인'을 비롯해 '검은 사막'과 '블레스' 등 수백억 원의 개발비를 투입한 대작들마저도 고전을 면치 못했다.

하지만 최근 론칭한 '오버워치'는 이러한 흐름의 고정된 선입견을 완전히 깨부쉈다. 서비스를 시작한지 2주밖에 안된 이 작품은 온라인 게임시장에 대한 전망을 부정적으로 보는 사람들에게 마치 그건 잘못된 판단이라고 지적이나 하듯 단숨에 PC방 점유율 20%를 뛰어넘는 돌풍을 일으키고 있다.

이러한 흐름은 'PC온라인' 또는 모바일이라는 플랫폼의 문제가 아니라 좋은 작품은 어느 플랫폼의 시장에서도 먹힌다는 점을 여실히 보여준 또 하나의 사례일 뿐이라는 것이다.

'오버워치'의 성공 요인에 대해 시장에서는 벌써부터 다각적인 분석이 나오고 있다. 이 게임은 우선 FPS 장르임에도 유저들이 쉽게 접할 수 있도록 한 점은 고무적이라는 평이 지배적이다. 또 긴박한 플레이가 가능하도록 해 몰입도가 예상보다 뛰어나다는 지적이 많다. 이와 함께 이 작품 유통을 위한 블리자드의 마케팅도 후한 점수를 받고 있다. 여기서 때 아니게 고민스러운 것은 우리는 왜 이런 작품을 만들지 못하느냐는 것이다.

이 작품을 만든 블리자드엔터테인먼트는 대표적인 글로벌 게임기업이다. 그들이 가진 개발력과 창의력은 하루 아침에 이뤄진 게 아니다. 하지만 그들의 게임 개발 과정도 자세히 들여다 보면 우리의 그것과 다를 바가 없다.

수많은 시행 착오를 거쳤고 새로운 작품을 만들기 위해 얼마나 많은 밤을 뜬 눈으로 지새웠겠는가. 굳이 말을 안 해도 충분히 알 수 있는 산고의 고통을 치렀을 게 분명하다. 그럼에도 한쪽은 성공의 열매를 거두고 다른 한쪽은 실패의 아픔을 겪는다면 양측에 뭔가 보이지 않는 차이와 간극이 확실히 존재한다는 것을 의미한다.

대한민국 게임계는 세계 온라인게임시장의 태동을 알리고 이를 꽃피워 왔다고 해도 과언이 아니다. 이번 '오버워치'의 흥행 바람을 보면서 우리 대한민국 게임계가 어느 순간 '초심'을 잃어버린 채 달콤한 샴페인에 취해 세상사의 흐름을 애써 외면해 온 것이 아닌가 하는 의구심을 지울 수 없다.

그렇다. '온라인게임 종주국'이란 타이틀은 그 이상도 이하도 아닌 것이다. 그것은 언제든 추락할 수 있다는 뜻이다. 그동안 플랫폼의 변화가 정신 없이 이뤄지자 슬그머니 그 화려한 타이틀의 이름을 서랍 속에 감춰두고 싶었던 게 아닌지 묻지 않을 수 없다. 막 말로 모바일게임이 그렇게 두려웠다는 것인가? 그렇지 않고서야 어떻게 그렇게 온라인게임 시장을 외면할 수 있다는 것인지 알다가도 모를 일이다.

온라인게임을 처음 만들었던 그 시절 그 마음 그 자세로 다시 돌아가야 한다고 본다. 온라인 게임은 지는 장르가 아니라 모바일게임과 병존하는 장르라는 건 전문가들의 공통된 의견이다. 아무리 뛰어나다는 모바일게임도 온라인게임 만큼의 손재미를 주지 못한다는 건 초보 유저들도 다 안다. 여기서 더 안타까운 건 어떻게 만든 온라인게임시장인데 그렇게 쉽게 포기하느냐는 것이다.

'오버워치'의 흥행을 보면서 여러 상념에 빠져 잠을 이룰 수가 없다. 잘 만든 작품에 대해 유저들은 결코 플랫폼, 장르를 구분하지 않는다는 것이다. 그래도 온라인 게임을 포기하겠다는 것인가?

2016. 06. 02

'검은사막' 수출의 시사점

유럽의 최대 게임쇼 '게임스컴'이 지난 21일 닷새간의 경연을 마무리했다. 이 전시회는 미국에서 열리는 'E3'와 달리 B2C 중심의 볼거리가 많은 행사로 잘 알려져 있다. 물론 바이어들을 위한 B2B 역시 B2C 못지않은 비중을 차지하지만 핵심은 관람객들과 함께 축제 분위기를 즐기는 것이다.

'도쿄게임쇼'와 'E3'의 성격이 콘솔게임 중심이라면 '게임스컴'은 콘솔과 함께 온라인게임이 중요한 부분을 차지한다. 그리고 유럽과 북미지역의 온라인게임은 정체국면에 접어든 아시아 지역과는 달리 계속 성장하고 있다는 점이다.

이를 증명하듯 카카오게임즈의 온라인게임 '검은 사막'은 북미와 유럽지역에서 큰 인기를 끌고 있다. 카카오는 이에 따라 우리나라 업체로는 유일하게 '게임스컴' B2C관에 부스를 마련, 참가하는 성의를 보였다.

펄어비스가 개발한 '검은사막'은 지난 3월 북미·유럽 시장에 론칭됐다. 출시 한달 유료 가입자가 40만 명에 달하고 최고 동시 접속자가 10만 명에 이른다.

우리나라 온라인 게임은 10여년 전만 해도 '온라인 게임 종주국'의 작품으로써 이름을 날렸다. 하지만 지금은 모바일게임이 대세로 불리고 있다.

그러다 보니 국내는 물론 아시아 지역에서도 위상이 크게 떨어져 있다. 반면 북미와 유럽지역은 아직도 인터넷 환경이 우리와 비교해 매우 취약할 정도로 열악하다. 이 때문에 이제 온라인게임시장이 성장 단계에 진입 중이다. 이는 앞으로 충분히 성장 가능성이 높다는 것을 뜻한다. 이번 '게임스컴'을 통해 우리 게임업계가 찾아야 할 시사점이라 할 수 있다.

그렇다면 국내 온라인 게임업체들이 중국과 동남아시장만을 노크할게 아니라 북미와 유럽시장을 개척하기 위한 노력을 더 기울여야 한다는 것이다.

물론 새로운 시장을 개척하는 게 쉬운 일은 아니다. 때문에 철저한 사전준비가 필요하다. 카카오게임즈 역시 유럽을 공략하기 위해 꽤 많은 공을 들였다. 그리고 그 노력은 유저들의 뜨거운 반응으로 되돌아 왔다.

이제는 북미, 유럽 시장 쪽으로 눈을 돌려야 할 때가 아닌가 싶다. 그동안 중국 등 너무 훤히 들여다 보이는 시장 개척에만 몸부림쳐 왔다. 이젠 수출시장을 크게 다각화할 때라고 본다. 그게 바로 '검은 사막'의 외침이다.

2016. 08. 25

'노트7'의 단종과 온라인 게임계

삼성전자 최신 스마트폰 '갤럭시 노트 7(노트7)'이 연이은 배터리 폭발사고로 끝내 단종 절차를 밟게 됐다. 삼성전자는 지난 12일을 시작으로 시중에 유통된 '노트7'의 판매 중지와 제품 회수에 돌입했다. 기기만을 구매한 사용자는 전액 환불 조치가, 통신사 등을 통해 개통을 끝낸 제품에 대해서는 할부금을 환급해 주고 타 제품으로 교환할 것을 권고하고 있다.

세계 제일을 추구해 온 삼성의 치욕적인 추락인 셈이다. 이를 두고 전문가들은 그동안 삼성이 추구해 온 '무조건 1등주의'와 '하라면 하라'식의 권위주의가 이같은 비극을 낳았다고 지적하고 있다.

이같은 '노트7'의 몰락을 보면서 이와 유사한 전철을 밟고 있는 대한민국 온라인 게임계를 돌아보게 된다. 그동안 국내 게임시장은 온라인 게임이 주도해 왔다. 지금은 스마트폰의 등장으로 모바일게임이 주류를 차지한 것처럼 보이지만 자세히 시장을 들여다 보면 아직도 온라인게임의 비중이 만만치 않다.

온라인게임 시장이 내수 절벽에 내몰린 것처럼 보일 수도 있지만 혹시 온라인게임 업체들이 너무 '강박증'에 시달리면서 이같은 일이 벌어진 것은 아닌지 되돌아 볼 필요가 있다. 시장에서 성공한 작품이 나오면 어떻게 해서든지 그보다 나은 게임을 만들어

보겠다며 몸부림치다 그와 유사한 작품을 만들게 된 게 아닌지, 그로 인해 결국 유저들에게 비난 받으며 외면당하게 된 게 아닌지 고민해 봐야 한다는 것이다.

실제로 온라인 게임은 사양 장르가 아니라 아직도 여전히 가능성이 있는 매력적인 게임이라는 점이다. 세계 시장의 볼륨이 그렇고 유럽 수요가 그렇다. 온라인게임이 뜨고 있다.

그런 측면에서 우리 게임계도 '노트7'의 실패의 사례를 반면교사로 해 새롭게 출발하는 계기로 삼았으면 하는 바람인 것이다. 그 힘겨웠던 시절의 초심으로 돌아간다면 온라인 게임업계가 못할 게 없다. 초창기 머드게임 시대를 생각해보라. 그때를 돌이켜 보면 지금 가려는 길은 가히 비단길이다. 그래도 못하겠다면 말 그대로 단종을 해야겠지만 말이다.

2016. 10. 13

정영원의 컴백, 성공을 바란다

정영원 소프트맥스 전 사장이 최근 새로운 게임업체를 설립한 것으로 알려지고 있다. 20여년 전 PC패키지 게임 '창세기전' 등을 통해 척박한 게임시장을 일궈냈던 그는 아쉽게도 온라인게임으로 트렌드가 넘어가는 과정에서 쉽게 적응을 하지 못했다. 이후 몇 번의 실패를 거듭한 그는 결국 지난해 자신의 분신과도 같았던 소프트맥스의 지분을 처분하고 자연인의 신분으로 돌아갔다.

업계에선 그가 다른 여성 CEO들처럼 게임판을 떠나 재야에서 조용히 지낼 것이라고 예상했다. 제이씨엔터테인먼트를 창업했던 김양신 대표나 컴투스를 창업했던 박지영 대표 등이 회사를 매각한 이후 지금까지 이렇다 할 움직임을 보이지 않고 있는 것도 그 같은 전망을 낳게 했을 지도 모른다. 하지만 그는 1년여 만에 새로운 게임업체를 만든 것으로 알려지면서 궁금증을 자아내고 있다. 정 전 사장이 지난해 회사를 매각했을 때, 많은 사람들은 의외라는 반응을 보였다. 하지만 처지가 얼마나 어려웠으면 그런 결정을 내렸을까, 그의 심정을 십분 이해할 만하다는 동정론도 적지 않았다.

지금 게임시장은 온라인게임에서 모바일게임으로 주도권이 넘어오면서 과거와 달리 더욱 치열한 생존 경쟁이 벌어지고 있다. 한 두 명이 개발할 수 있었던 과거와 달리 수십 명이 몇 년에 걸쳐 대작을 개발하는 상황이 된 것이다. 또 구글과 애플이라는 오픈마켓의 등장으로, 국내 업체뿐만 아니라 글로벌업체들과도 경쟁을 벌여야 한다.

이렇다 보니 온라인에서 모바일로 넘어오면서 성공한 업체는 넷마블게임즈와 엔씨소프트 몇몇에 불과할 정도로 많은 변화를 겪었다. 이런 극한 상황에 처한 시장을 두고 그가 다시 도전장을 꺼내 든 것이다.

그의 컴백을 바라보는 시각은 여러 가지가 있지만, 여성 게임인 1세대의 상징적인 인물이었다는 점에서 환영할 만한 일이라고 본다. 게임계에는 과거 적지 않은 여성 CEO들이 있었지만 이제는 그 존재감을 찾아보기 힘들 정도가 됐다. 이런 이유 때문만은 아니다. 그가 20여년 동안 게임산업 발전을 위해 노력한 보상을 제대로 받지 못한 것도 있고, 그 노력이 다시 결실을 맺는다면 그에게나 업계에나 모두 좋은 일이 될 것이기 때문이다.

뼈아픈 실패를 경험한 그의 새 도전을 지켜보면서, 무엇보다 이번 만큼은 마음의 상처를 입지 않고 재기에 성공하기를 진심으로 바란다. 해서 많은 챌린지 여성들에게 희망과 목표가 돼 주었으면 한다. 그의 소리 없는 장도를 지금부터라도 다시 지켜보고 싶다.

2017. 07. 13

온라인게임업계의 콘솔 이식 바람

모바일게임이 주류로 부상하면서 성장을 거듭 해 온 온라인게임 시장이 크게 위축되고 있다. 최근 1~2년 사이 온라인게임시장은 마이너스 성장을 거듭해 왔다. 문제는 이러한 현상이 고착화될 조짐을 보이고 있다는 사실이다.

다행스러운 것은 온라인 게임업체들의 자구 노력 움직임도 활발해 지고 있다는 점이다. 온라인 플랫폼에서 벗어나 모바일 게임을 개발하는 업체들이 늘어나고 있고, 최근에는 온라인게임을 콘솔 게임으로 이식하려는 시도가 잇달아 감지되고 있는 것이다.

이같은 움직임은 온라인게임 시장이 침체 늪에 빠져 있다는 현실적 문제뿐 아니라, 콘솔 게임시장이 여전히 매력적이란 점 때문이다. 국내 게임업체들이 주력으로 하는 온라인게임 장르는 전 세계 게임시장의 20%를 밑도는 수준이다.

그러나 콘솔시장 비중은 아케이드 게임까지 포함하면 60%를 넘어서게 된다. 전 세계 게임시장 규모(2016년 기준)를 약 1300억 달러로 봤을 때 콘솔 시장은 약 830억달러에 이르는 것이다. 엄청난 규모의 시장이다. 일본의 닌텐도와 경쟁사 소니가 사활을 걸고 매달리는 이유이고, 공룡기업 MS가 뒤늦게 출사표를 던지며 이들과 한판 승부를 겨냥하고 나선 배경이다.

그런 측면에서 온라인게임업체들의 이같은 플랫폼 다각화는 꽉 막힌 내수시장에서 벗어나 글로벌 시장에서 새로운 활로를 찾겠다는 의도로 평가할 수 있겠다. 특히 과거와 달리 콘솔 게임이 혼자 즐기는 형식에서 다중이 즐기는 멀티플레이 기능이 채용되고 있다는 점은 우리에게 유리한 흐름이다.

하지만 콘솔 게임이 강세를 보이는 북미와 유럽시장은 상대적으로 보수적 색채가 진한 곳이다. 콘솔 타이틀을 많이 보유하고 있는 닌텐도 등 일본 게임 업체들은 게임 소스 공개를 꺼리는 편이다.

따라서 하나하나씩 시장을 개척하는 지혜가 무엇보다 절실한 과제라 할 수 있겠다. 또 다중이 즐기는 MMO에 역량을 발휘하는 특장점 등을 살린다면 우리 게임업체들도 콘솔시장에서 뭔가 일을 내지 않겠다는 생각이다. 낚시대가 하나인 것 보다는 여러 개를 걸어놓는 것이 물고기를 많이 낚는 요령이다.

2017. 08. 11

'배틀 그라운드'가 주는 시사점

지난 수년 간 온라인게임 시장은 '리그 오브 레전드'와 '오버워치' 등 외산 게임에 밀려 국산 작품은 힘을 발휘하지 못했다. 수백억 원을 쏟아 부은 대작들도 초반에 반짝 관심을 끄는 데는 성공했지만 뒷심 부족으로 내리막길을 걸었다.

그런데 최근 블루홀에서 개발한 온라인 배틀로얄 게임 '플레이언노운스 배틀그라운드'가 시장에서 돌풍을 일으키고 있다. 이 작품은 유통 플랫폼 '스팀'을 통해 론칭됐음에도 불구하고 PC방 순위 상위권에 진입하는 등 상승세를 거듭하고 있다. 이는 아직 국내에서 정식 서비스가 이뤄지지 않은 상태에서 흥행 질주의 흐름을 보여주고 있다는 점에서 매우 이례적인 것으로 평가되고 있다.

수년 전부터 게임시장의 주도권은 온라인게임에서 모바일게임으로 넘어갔다. 이 때문에 많은 게임업체들이 온라인게임의 개발을 포기했고, 그나마 시장에 나온 작품들도 안타깝게 실패를 맛봐야 했다.

그러나 글로벌게임 시장에서 온라인게임은 여전히 성장하고 있으며, 특히 북미나 유럽의 경우에는 온라인게임에 대한 관심이 갈수록 커지고 있다. 그런데 국내에서는 언제부터인가 '온라인게임의 시대는 갔다'는 식의 패배주의에 빠져들었다.

이러한 인식으로 인해 많은 온라인게임 업체들이 온라인을 포기하고 모바일로 방향을 틀었다. 물론 이같은 변신을 통해 성공을 거둔 업체도 있다. 하지만 대부분의 업체들이 이도 저도 아닌 어중간한 작품을 내놓으면서 어려움을 자초하고 있다.

'배틀로얄'의 성공은 국내 온라인게임업계에 시사하는 바가 크다 할 것이다. 온라인게임을 포기하기에는 역사적으로, 시기적으로 적절치 않다. 장르를 사실상 집대성하고 산업을 일으켜 세운 것이 다름아닌 온라인게임이기 때문이다.

우리가 잘할 수 있는 분야에 역량을 집중하고, 내수 촉진책을 마련하는 것도 그것이지만 지금은 해외시장을 뚫고 나가는 지혜를 발휘할 때라고 본다. 대한민국 게임계가 온라인게임을 떼고 생각한다는 것은 있을 수 없는 일이다. 다시 시작한다는 마음으로 다듬어 나갈 때다. 온라인게임은 우리의 큰 무형의 자산이자 무기라 할 수 있다.

2017 .08. 25

'배틀그라운드'의 PC방 순위 1위 '의미'

블루홀이 개발한 온라인 배틀로얄 게임 '플레이언노운스 배틀그라운드'가 게임 공개 반년 만에 PC방 점유율 1위를 차지했다. 비록 1위를 차지한 날이 지난 18일, 단 하루에 그쳤지만 앞으로 상승 여력이 충분하다는 점에서 활화산의 잠재성의 지위를 놓치지 않고 있다고 봐야 할 것이다.

이 게임은 지난 2012년부터 무려 5년간 철옹성의 자리를 굳건히 지켜온 '리그 오브 레전드(LOL)'를 0.6% 포인트라는 근소한 차이로 밀어 내며 1위를 차지했다. 아쉽게도 하루만에 다시 그 자리를 'LOL'에 내주고 말았지만, 국내 정식 서비스를 앞두고 있고, 청소년 이용가 버전이 추가될 서비스 일정 등을 고려하면 그 성장의 폭발성과 잠재력은 가히 무궁 무진하다 할 것이다.

국내 온라인게임 시장은 그동안 외산게임들이 장악해 왔다 해도 과언이 아니다. 엔씨소프트의 '아이온'과 '블레이드&소울' 등이 국산 게임의 자존심을 보여주긴 했으나 'LOL'이 등장한 이후 어깨한번 제대로 펴지 못했다. 온라인 게임 종주국이라는 자부심을 무너뜨린 그 수모의 세월이 무려 60개월, 1800여일에 달한다.

그럼으로써 드러난 산업적 피폐는 "아무리 해도 안된다"는 것이었고 "온라인게임의 시대는 끝났다"는 정신적 공황 상태를 드러낸 것이었다. 백약을 써도 소용이 없었다.

한번 무너져 내린 자존감은 그렇게 게임에 나타났고, 그렇게 전가됐다. 그리고는 슬그머니 시장을 모바일게임에 넘겨줬다.

그런데 혜성처럼 블루홀이 나타났고, 뉴스의 중심에 섰다. 국내 유저들에게도 생소한 배틀 로얄 장르를 들고서다. 또 국내 서비스에 앞서 글로벌 유통 플랫폼인 '스팀'을 통해 사전구매 방식이라는 판매방식을 취했다.

그러나 블루홀은 혜성처럼 다가온 업계의 신예가 아니다. '테라'를 통해 개발력을 인정받아온 게임계 중견 기업이다. 하지만 이 작품에 주목한 이들은 거의 없었다. 쳐다보지도 않았다. 개발비 마련을 위해 투자 유치에 나선다는 소문이 들리기도 했다. 그러나 이들은 갖은 소문을 뿌리치고 거뜬히 해냈다.

이 작품은 탄탄한 구성과 경쟁 요소를 바탕으로 파란을 일으키고 있다. 최고 동접 200만과 1500만장의 판매 기록을 세우는 등 게임업계의 새 역사를 써 내려가고 있다. 이 작품이 앞으로 어떤 기록을 작성할지 아무도 모른다. 그러나 여기서 놓칠 수 없는 중요한 사실은 두드리며 열려고 하면 문은 반드시 열린다는 교훈을 안겨줬다는 것이다.

또 무엇보다 게임인들의 자존감을 다시 되찾아 주었다. 안되는 것이 아니라 못한 것이며, 온라인게임이 종막을 맞이했기 때문에 시장이 어려웠던 것이 아니라 제대로 팬

들의 의중을 살피지 못하면서 무대 순서를 놓쳤을 뿐이라는 사실을 알려준 것이다

이제 남은 것은 '배틀 그라운드'가 앞으로 어떠한 금자탑을 쌓아 나갈 것이냐는 것과 이를 교훈으로 삼아 게임인들이 어떤 게임을 만들어 낼 것이냐는 점이다. 하나는 그들이 하기 나름이지만, 또 하나는 게임인들이 풀어 나갈 숙제다.

게임인들에게 온라인게임시장은 사라지지 않았다. '배틀 그라운드'의 흥행은 이를 시사해 주는 것이라고 할 수 있다.

2017. 10. 20

두 마리 토끼 잡은 엔씨소프트

엔씨소프트가 지난 3분기 역대 최대 분기 실적을 거둘 것으로 전망되고 있다. 증권가에 따르면 이 회사의 3분기 예상 실적은 매출 7043억 원, 영업이익 3303억 원, 당기순이익 2593억 원 등으로 추계되고 있다. 이 같은 수치는 이 회사의 수년 전 연간 매출과 거의 맞먹는 엄청난 실적이다.

단 1분기 만에 연간 매출에 달하는 실적을 거둔 것이다. 이 회사가 이같은 성장이 가능했던 것은 지난 6월 내놓은 모바일게임 '리니지M'이 대박을 친 것이 결정적이다.

이 작품은 론칭 첫날 107억 원의 매출을 달성하는 등 넷마블게임즈의 '리니지2 레볼루션'이 갖고 있던 첫날 매출 기록을 가볍게 따돌렸다. 이후 이 작품은 상승세를 지속하면 넉 달이 넘은 현재까지 모바일게임 최고 매출 1위 자리를 놓치지 않고 있다.

과거 PC패키지 게임에서 온라인게임으로 시장의 주도권이 넘어올 때 대부분의 게임업체들이 변신에 실패하고 말았다. 이때 등장한 온라인게임업체들이 바로 엔씨소프트와 넥슨, 넷마블 등이었다. 10여 년간 게임시장을 주도했던 온라인게임도 수년 전부터 모바일게임에 주도권을 넘겨주고 있다.

이 와중에 많은 온라인게임 업체들이 모바일로의 전환을 시도했지만, 눈에 띄는 성공을 거두지 못했다. 넷마블게임즈는 온라인 게임을 사실상 모두 정리하고 모바일에 올인 해 성공한 케이스다. 하지만 엔씨소프트는 아직도 '리니지' '리니지2' '아이온' '블레이드&소울' 등 온라인게임들이 건재한 상황에서 모바일 게임사업에도 성공했다. 한마디로 두 마리의 토끼를 동시에 잡은 유일한 업체로 우뚝 서게 됐다.

이에 대해 게임계에서는 '역시 엔씨소프트'라며 칭찬을 아끼지 않고 있다. 이 회사는 누구도 해내지 못했던 어려운 과제를 가볍게 풀어냈다. 그렇다면 이 회사에 주어진 또 다른 책무는 무엇일까. 게임업체에 대한 사회적 편견과 부정적인 이미지를 없애도록 하는데 크게 기여하는 일이 아닐까.

이제는 단순히 '게임은 건전한 놀이 문화'라고 주장하기 보다는 더 강력하고 확실한 그 무언가를 보여줘야 할 시점이 아닌가 싶다. 예컨대 엔씨소프트가 그 부족한 것을 찾아서 채워주는 역할을 맡아 주었으면 하는 것이다. 이를 통해 게임업계가 제도권과 함께 어깨를 나란히 하고 있음을 보여주었으면 한다.

엔씨소프트는 누가 뭐래도 업계의 만형이 아니던가.

2017. 10. 27

새 사령탑을 맞이한 와이디온라인

와이디온라인이 새 주인을 맞았다. 최근 이 회사의 최대주주가 클라우드매직으로 변경됐다. 클라우드매직은 '과냉각 냉동고' 제조 및 판매와 금융, 컨설팅 등을 주력으로 하는 기업이다. 게임과는 전혀 관련이 없는 곳이다.

이에 따라 일각에선 이 회사가 와이디온라인 인수를 통해 우회 상장을 추진하려는 게 아니냐는 관측이 나돌기도 했다. 다행스런 것은 그 같은 전망이 다소 앞서 갔다는 분석이 나오고 있다. 이 회사는 최근 변종섭 전 스마일게이트 부사장을 각자 대표로 선임하는 등 게임사업을 계속 키워 나가겠다는 뜻을 밝혔다.

예당온라인이라는 이름으로 게임시장에 진출한 와이디온라인은 첫 작품인 '프리스톤테일'이 흥행 시장에 이름을 올리면서 업계에 알려지기 시작했다. 이후 회사 주인이 바뀌면서 와이디온라인으로 이름이 바뀌었지만, 업계에선 꾸준한 활동을 전개해 온 중견기업으로 주목을 받아 왔다.

와이디온라인의 기업 이미지는 매우 후한 기업집단이었다는 점이다. 이렇게 된 데는 유현오, 신상철 등 전임 사장들의 공이 컸다. 하지만 그들이 부임하기 이전에 쌓여 온 회사 결손을 극복하는 데는 어려움이 적지 않았다. 사업 고전은 여기서 비롯됐다.

이 회사는 모바일 게임 시대를 맞이하면서 재기의 가능성을 보여주기도 했다. 화제작 '갓 오브 하이스쿨'이 흥행 시장에서 성공하면서 분위기 반전이 기대됐다. 하지만 후속작이 이를 받쳐주지 못했다. 이후, 와이디는 다시 전열을 가다듬는 시기에 빠져 들었다. 이번에 새 주인을 맞이한 것도 어쩌면 전열 다듬기의 마지막 수순이었는지도 모를 일이다.

와이디온라인이 게임업계에서 차지하는 비중은 결코 작다고 할 수 없다. 실적은 크게 나타나지 않았으나, 나름 사회적 역할을 수행해 온 좋은 기업 군에 속하는 기업 가운데 하나이기도 하다.

당부하고 싶은 말은, 주인이 바뀌었어도 그 산업적 역할과 책임은 면할 수 없다는 것이다. 또 조직의 역량과 가능성을 갖추고 있다면, 그의 분출과 집결을 이루도록 하는 것은 새 사령탑의 지휘에 달려있다 할 수 있다. 지금까지 와이디온라인이 보여준 많은 노력과 도전들이 사장되는 것이 아니라 새롭게 정비되고 이를 토대로 크게 비상하는 계기가 됐으면 한다는 것이다.

와신상담해 온 와이디 온라인의 새 출발을 업계와 함께 기대해 본다.

2018. 03. 09

부럽기만 한 글로벌 유통망 '스팀'

그동안 북미 유럽 게임업체들의 전유물로 여겨져온 '스팀'이 국내 업체에 대해서도 대박의 기회를 안겨주는 등 글로벌 진출을 위한 새로운 유통 채널로 주목받고 있다.

지난해 3월 펍지의 '플레이어언노운스 배틀그라운드'는 스팀을 통해 지금까지 약 1년여 기간 동안 무려 4만장 넘는 판매고를 기록했다. 이같은 기록은 국내 업체는 물론 외국 업체들도 달성하지 못한 대기록이다. 이 한 작품으로 인해 펍지는 일약 세계적인 게임개발업체로 발돋움하게 됐다.

최근 네오위즈의 온라인 게임 '블레스'가 스팀을 통해 서비스를 시작한 이후 괄목할만한 성과를 보여 주는 등 '제2의 배틀그라운드'가 될 수도 있다는 기대감을 안겨주기도 했다. 출시와 동시에 전세계 최고 판매 1위를 기록하기도 했던 이 작품은 이후 다소 숨을 고르는 듯한 모습을 보여주곤 있지만 어찌됐든 스팀을 통해 존재감을 드러낸 것은 확실하다.

이들 작품 외에도 펄어비스의 '검은사막'이 지난해 스팀을 통해 약 100만장 이상의 판매고를 올리기도 했다. 이같은 사례를 통해 보듯이 이제 스팀은 국내 게임업체들에 있어 없어선 안될 중요한 유통 채널로 떠오르고 있다.

국내 게임시장은 유저 평가보다는 기업 브랜드와 막대한 자금이 동원되는 마케팅 등에 의해 작품의 흥행이 좌우되는 마켓으로 변질된 지 오래 됐다. 하지만 스팀은 물량 공세보다는 작품성 자체가 중요시되는 유통망이다. 유저들의 평가가 작품 판매에 절대적인 영향을 미친다.

따라서 이러한 스팀의 유통망 특성을 잘 살린다면 마케팅 능력이 다소 떨어지는 중소 게임업체들도 충분히 글로벌 시장을 노크할 수 있는 기회를 잡을 수 있다 할 것이다.

다소 엉뚱한 얘기로 들리겠지만, 스팀을 만들어 서비스하는 밸브사의 사업 안목이 부럽기만 한 것은 어떻게 저 같은 게임 채널을 만들어 운용하려 했느냐는 것이다. 국내 게임 메이저들이 두고 두고 아쉬워하는 것도 머리에만 두고 이를 실천에 옮기지 않은 까닭이다.

다시 한번 강조하지만 게임을 비롯한 콘텐츠의 흥행 향배를 가르는 것은 다름아닌 유통 채널이란 사실이다. 우리도 스팀과 같은 강력한 유통채널을 가질 수는 없을까.

2018. 06. 08

4억 유저 돌파한 '배틀그라운드'

펍지의 '배틀그라운드'가 또다시 대한민국 게임 역사서를 새롭게 작성했다. 불과 서비스 1년여 만에 전 세계 게임 유저를 상대로 무려 4억 명을 팬으로 끌어 들인 것이다.

단일 게임으로 이처럼 빠르게 유저들을 열광시킨 국산 게임은 '배틀그라운드'가 유일하다. 중국에 수출된 국산 게임들이 수 억 명의 유저를 확보한 경우는 없지 않았지만, 전세계적으로 반향을 일으킨 작품은 '베틀그라운드'가 가히 독보적이라 아니할 수 없다.

이 회사는 스팀을 비롯해 카카오게임즈를 통한 온라인게임 뿐 아니라 콘솔 X박스원 및 모바일 등 다양한 플랫폼을 통해 이 작품을 서비스하고 있다. 이를 통해 월 이용자 수 약 2억 2700만 명으로, 세계에서 가장 많은 사람이 플레이하는 게임으로 우뚝 서게 됐다.

중요한 사실은 이 게임이 아직도 타오르는 활화산이라는 점이다. 따라서 이 작품이 얼마나 더 많은 유저를 확보할 것인지에 대해서는 알 수 없다. 일각에선 조만간 5억 명을 넘어 설 것이란 긍정적인 전망까지 내놓고 있다.

또 이 작품 하나로 인해 국내 게임인들은 큰 자부심을 갖게 됐다. 그러나 이 작품 하나로 만족할 수 없다는 것은 그 만큼 국내 시장이 처한 상황이 딱하기 때문이다. 그간 게임업계는 글로벌시장에 변변한 작품을 소개하지 못해 왔다. 변방에서만 머물며 지내온 셈이다. 그런 차원에서 '배틀그라운드'의 글로벌 흥행은 시사하는 바가 크다 할 것이다.

또한 작품만 좋으면 중소 게임개발 업체들도 글로벌 시장에서 충분히 할 수 있다는 사실을 '배틀그라운드'는 입증해 보여줬다. 따라서 제2의, 제3의 '배틀 그라운드'의 출현도 가능하다는 것이다.

놓쳐선 안될 점은 '배틀그라운드'의 아류작으론 절대 성공할 수 없다는 점을 잊지 말아야 한다. 펍지가 '배틀로얄'이라는 비주류 장르에 도전해 큰 성공을 거뒀듯이 남들이 하지 않는 소재와 장르를 가지고 파고 들어야 한다는 것이다. 새로운 길을 걸어가야 도전의 세계를 펼쳐 보일 수 있다. '배틀그라운드'의 성공도 어찌보면 새로운 도전의 결과물이라고 믿고 싶다.

게임역사를 새롭게 작성한 '배틀그라운드'의 개발사 임직원들에게 다시 한번 노고를 치하한다.

2018. 06. 22

국민게임 '메이플스토리'

넥슨의 대표작이라고 할 수 있는 '메이플 스토리'의 위세가 지금도 여전하다. 최근 대형 업데이트를 진행한 '메이플스토리'는 각종 흥행 기록을 갈아 치우고 있다. 특히 '미궁' 업데이트 이후 PC방 점유율은 9.62%로 치솟는 등 쾌속질주하고 있다.

지난 2003년 서비스를 시작한 '메이플스토리'는 말 그대로 '올드보이'다. 무려 15년을 시장 한 가운데서 유저들을 맞이하고 있으니 그런 소리를 들을 법도 하다. 하지만 게임에 대한 열기와 반향은 그칠 줄 모를 지경이다. 지난 6월 '더블랙 쇼케이스'에 이어 '검은 마법사'를 업데이트한 이후 '메이플스토리'의 트래픽은 지난 15년을 통틀어 최고를 달성하기도 했다.

'메이플스토리'의 인기는 이 게임을 즐기는 유저 수에서도 확인이 가능하다. 국내에서만 1800만에 달하는 유저가, 전 세계적으로는 1억이 넘는 유저들이 '메이플 스토리'를 즐기고 있다. 넥슨의 간판게임이자 국민게임임을 입증해 주는 데이터다.

이 게임은 또 게임을 통해 다양한 콘텐츠를 양산해 낼 수 있다는 '원 소스 멀티유즈'의 개념을 도입하고 성공한 첫 작품이란 점에서 또 다른 의미를 부여할 수 있다 할 것이다. 외국과는 달리 오로지 게임 비즈니스에만 매달렸던 게임계의 풍경을 넥슨은 이 '메이플 스토리'를 통해 다양한 플렛폼과

의 연결을 통해 높은 부가가치를 창출할 수 있음을 보여줬다.

그러나 '메이플 스토리'는 유저들의 사랑크기 만큼이나 불만 또한 크게 증폭 시켜왔다. 그 중심엔 지나친 부분 유료화 등 과금 문제와 각종 이벤트를 통해 유저들의 경쟁욕구 등을 자극한 점이다. 일각에선 그 때문인지 넥슨을 또 다른 별명으로 지칭하는 등 기업의 자긍심을 깎아 내리기도 했다.

넥슨은 그 동안 이 작품을 통해 엄청난 매출을 올려왔다. 이 작품으로 국내 유수의 기업으로 자리매김했고, 이 작품으로 글로벌 기업으로 발돋움할 수 있는 기반을 마련했다. 기업 입장에선 이만큼의 효자 상품이 없다 할 것이다.

그러나 게임은 기업의 것이 아니다. 때가 되면 사회에 돌려주는게 게임비즈니스의 핵심이다. 그것은 저 멀리 게임의 아버지라고 불리는 '윌리엄 하긴버섬'의 정신에서 시작된다. 그는 게임이란 놀이 문화를 안착시키기 위해 기꺼이 자신이 완성한 게임이란 저작물을 사회에 기부했다.

'메이플 스토리'가 더 이상 과금 문제 등으로 논란의 중심에 서지 말아야 하는 이유도 바로 여기에 있다. 그것은 '메이플 스토리'를 사회에 맡겨 명실공히 국민게임으로 인정받도록 하자는 것이다.

유명 게임을 사회에 귀속시키는 일이 쉬

운 일이 아니다. 어찌 보면 전례도 없다. 하지만 넥슨이 그 일을 몸소 실천한다면 그보다 더 큰 사회 공헌, 그 보다 더 큰 사회 기여는 없다 할 것이다. '메이플스토리'를 전 국민이 즐기고, 그 게임의 업그레이드와 관리는 넥슨이 맡는다면 이보다 더 좋은 일이 있을까.

'메이플 스토리'가 영원히 국민들 품 속에서 사랑 받는 게임으로 자리하는 첩경이라고 생각한다. 또 그것이 넥슨의 '노블리스 오블리제' 정신에 부합하는 길이라고 믿고 싶다.

2018. 08. 24

엔씨소프트의 북미 사업 방향

엔씨소프트가 최근 북미 자회사 중 하나인 카바인스튜디오 폐쇄와 함께 '와일드스타' 서비스를 종료키로 결정했다 한다. 이같은 일련의 조치는 북미 사업에 대한 선택과 집중을 통해 회사의 역량을 극대화하기 위한 것으로 풀이된다.

카바인스튜디오는 그간 극심한 사업부진으로 고전을 해 온 것으로 알려졌다. 이에 따라 엔씨소프트는 이를 정리하는 대신 '길드워2' 등 온라인게임 서비스 부문과 모바일 게임 출시작을 확대하기로 한 것으로 전해졌다.

여기서 놓칠 수 없는 중요한 포인트는 북미시장을 결단코 놓지 않겠다는 엔씨소프트의 의지다. 북미시장은 주지하다시피 국내 업체들에는 마치 난공불락의 요새처럼 여겨져 왔다. 국내의 많은 업체들의 도전자 가운데 성과를 거둔 사례는 거의 미미하다. 그러나 가능성이 전혀 없는 것은 아니다.

엔씨소프트 역시 북미시장 진출을 위해 그간 많은 공을 들여 왔다. 유명 개발자를 영입하기도 했고, 현지 법인을 설립하거나 국산 온라인게임의 서비스에도 나서 왔다. 특히 지난 2016년 '블레이드& 소울'의 북미·유럽 서비스는 론칭 첫 주 만에 100만 명이 넘는 유저가 몰리는 등 성과를 거두기도 했다. 지난해에는 '길드워2'의 확장팩 '패스오브파이어'를 발매하기도 했다.

이 회사의 현지법인인 엔씨웨스트는 지난해 매출 1541억 원을 기록했다. 영업손실은 501억 원에 달했다. 하지만 이는 신작 개발에 대한 인력 확충 및 비용 투자 때문이란 게 엔씨소프트측의 설명이다. 경영지표의 흐름이 갈수록 나빠지는 게 아니라 긍정적으로 변하고 있다는 것이다.

언필칭, 북미시장 진출은 반드시 이뤄내야 할 과제다. 비록 온라인게임 종주국으로 글로벌 게임시장에서 어느 정도 인정받곤 있지만, 아직도 대한민국 게임계는 여전히 '우물 안 개구리'라는 평가를 받고 있다.

지금 그 선봉에 또다시 엔씨소프트가 나서고 있다. 이번만큼은 반드시 성과를 거뒀으면 한다. 그러기 위해서는 단기적인 전략으론 불가능하다는 것이다. 중·장기적인 계획을 통해 거시적이면서도 밀도 있게 추진해야 한다. 일본의 콘솔업체 닌텐도와 소니가 보여준 성공 사례는 시사하는 바가 크다. 그들은 끊임없이 줄기차게 도전해 자신들만의 유저들을 확보했다. 엔씨소프트가 못할 게 없다 하겠다.

2018. 09. 14

새 바람 일으키는 '로스트아크'

스마일게이트의 '로스트아크'가 서비스 일주일 만에 동시접속자 35만을 달성하는 등 업계에 새 바람을 일으키고 있다. 게임산업의 패러다임이 모바일 게임으로 넘어간 이후 꽤 오랜 기간 와신상담해 온 온라인게임이 빅히트를 기록할 조짐을 보이고 있는 것이다.

블루홀의 '배틀그라운드'가 글로벌시장에서 성공한 이후 국내에서도 돌풍을 이어가고 있지만, 이 작품은 기존 온라인게임 시장을 주도해 왔던 MMORPG가 아닌 배틀로얄 장르 작품이었다. 그런데 '로스트 아크'는 '검은사막' 이후 3년 만에 MMO시장에 도전, 예상외의 성과를 거두고 있다는 점에서 차이를 보이고 있다.

지난 7일 공개서비스를 시작한 이 작품은 오픈 첫날 동시접속자수 25만을 기록하면서 가능성을 엿보게 했다. 그리고 일주일 만에 35만 명이 넘는 팬들을 동원했다. 반짝 인기에 그칠 가능성도 배제할 수 없지만, 작품성이 탄탄하고 서비스 만족도가 높아 흥행 롱런 가능성이 큰 것으로 업계는 보고 있다.

이 작품의 성공으로 그동안 '크로스파이어'란 한 작품에 의존해 온 스마일게이트는 그 작품 외 또 다른 흥행작을 이끌어 냄으로써 운이 좋아 중국시장에서 성공한 것이 아님을 입증해 보였다. 스마일게이이트는 또 이로써 기업의 격에 맞는 흥행작을 갖추는 전기를 마련하게 됐다.

'로스트 아크'의 초반 인기를 계속 이끌어 가기 위해서는 과제 또한 적지 않다는 지적이 없지 않다. 유저들의 눈높이를 만족시킬 수 있는 콘텐츠를 꾸준히 제공하고, 서버 관리와 이벤트 개최 등은 게임을 활성화하는 데 필수 조건이라고 할 수 있을 것이다. 이를 통해 이번 만큼은 중국에서는 큰 성공을 거뒀지만 국내에선 영향력을 발휘하지 못한다는 스마일게이트의 징크스도 깨끗이 날려보냈으면 한다.

이와는 별개로 이 작품의 성공은 '온라인게임 시대는 끝났다'며 손을 떼려 하고 있는 일부 온라인 게임 업계 관계자들에겐 시사하는 바가 크다 하겠다. 한 물 갔다고 본 아케이드게임이나 콘솔게임은 지금도 세계 게임시장의 한 축을 담당하고 있다.

그런데 온라인게임은 불과 20여 년의 업력에 불과하다. 사람으로 치면 이제 청년기다. 모바일 게임이 급성장하고 있긴 하지만 변수는 늘 지니고 있다. 온라인게임의 영역이 결단코 사라지지 않을 것이라는 것이다. 유저 니즈를 파악하고 높은 퀄리티의 작품을 선보이게 되면 그 누구도 등을 보이지 않을 것이라는 믿음으로 개발에 나선 것이 다름아닌 '로스트 아크'다.

본지는 그간 사설 등을 통해 온라인 게임과 모바일게임은 트렌드에 의해 뜨고 지는 것이 아니라 서로 시너지를 얹히며, 양립해 발전할 것이라는 논고를 펼쳐왔다. 하지만 모바일 게임 장르로 몰리는 쏠림 현상은 갈수록 심화되고 있다. 이로 인해 가져다 준 결과물은 단 하나, 국내 게임산업의 위기다.

남들이 다하는 것으로 성공할 것이라는 믿음은 한마디로 착각이다. 지금 다른 한쪽 편은 텅 비어있다. 그렇지만 수요는 죽지 않고 살아있다는 것이다. '배틀 그라운드'가 그것을 보여줬고 '검은 사막'이 이를 입증했다. 이번엔 '로스트 아크'가 그 판을 이끌고 있다. 그럼에도 오로지 모바일 게임인가. 스마일게이트의 오랜만의 쾌거를 지면을 통해 축하 메시지를 보내고 싶다.

2018. 11. 16

20주년 맞은 '리니지'에 부쳐

엔씨소프트의 대표작이라고 할 수 있는 온라인게임 '리니지'가 서비스 20주년을 맞이했다. 지난 1998년 첫 선을 보인 이 게임은 온라인 게임 장르의 평균 수명이라는 5년을 넘어 무려 20년이라는 장수를 누리고 있다. 특히 온라인게임의 본격적인 시장 개황을 알리는 신호탄이 된 '리니지'는 그 때문인지 지금도 열혈 마니아들로부터 꾸준한 사랑을 받고 있다.

이 작품은 오늘날의 엔씨소프트를 있게 만든 효자 게임이었을 뿐 아니라 우리나라가 온라인게임 강국으로 우뚝 설 수 있게 한 1등 공신의 게임이라고 할 수 있다. 이 작품이 서비스되는 시기를 기점으로 수많은 온라인 게임이 쏟아져 나왔고, 이같은 움직임은 변방에 머물렀던 우리나라가 짧은 기간 동안 게임강국으로 자리매김 하도록 한 원동력이 됐다.

이 작품이 이처럼 장수를 누릴 수 있었던 것은 20년을 한결같이 변화하고 도전하는 일을 멈추지 않았기 때문에 가능했다. 매년 대규모 업데이트를 통해 새로운 시스템과 스토리, 즐길 거리를 제공한 것이 주효했다. 엔씨소프트는 이번 20주년 행사를 맞이해서도 새로운 변신을 예고, 열혈팬들의 시선을 끌어 모으기도 했다.

이같은 치열한 도전의 결과는 한마디로 눈부셨다 할 수 있다. 이 작품은 서비스 시작 이후 15개월 만에 100만 유저를 끌어 모았는데, 당시 인터넷 인구를 감안하면 엄청난 유저 수라고 하지 않을 수 없다. 이후 2008년 단일 게임 사상 첫 누적 매출 1조 원을 달성한 데 이어, 2013년에는 2조 원, 2016년에는 3조 원을 돌파했다. 머지 않아 4조 원의 고지도 넘어설 가능성이 없지 않다.

이같은 '리니지'의 고군분투를 지켜보면서, 한편 안타까운 사실은 국내 온라인게임 시장이 예전만 못하다는 것이다. 한때 대한민국 대표 장르로 꼽혀온 온라인게임은 이젠 외산 게임에 그 왕좌 자리를 내주고 있으며, 개발 움직임 역시 모바일 게임에 밀려 지리멸렬한 실정이다. 그나마 다행스러운 것은 '검은 사막' 등 몇몇 온라인게임 작품들이 기지개를 켜고 있다는 것이다.

게임을 비롯한 콘텐츠 비즈니스는 선도가 생명이다. 마치 생선처럼 선도가 떨어지면 상품성이 떨어진다. 그것을 극복하기 위해선 작품성뿐만 아니라 재미(상품성)을 가미해야 한다. 대부분의 작품 흥행이 이것에서 좌우한다. '리니지'가 20개의 성상을 쌓았다는 건 한마디로 이를 위해 인고의 세월을 보내왔다는 걸 의미한다.

그럼에도 이같은 스테디셀러 게임을 '리니지' 하나로 끝내지 말라는 것이다. 굳이 안팎의 게임산업이 처한 현실을 언급하고 싶지 않다. 하지만 무엇보다 이같은 작품들이 많아야 게임 시장이 보다 튼실해 질 수 있다는 것이다.

또 천천히 주변을 살펴보며 돌아가는 방법을 터득할 수 있고, 유저들이 무엇을 원하는 지를 알 수 있게 해 주기 때문이다. 더욱이 엔씨소프트는 게임계의 장자가 아니던 가. '리니지' 서비스 20주년을 통해 엔씨소프트가 업계 주변을 더 살펴보고, 더 들여다 볼 것이 많다는 뜻이다. 그러다 보면 제2의 엔씨소프트, 제 2의 '리니지'의 신화가 만들어지고 잉태될 게 분명하다 하겠다.

엔씨소프트의 '리니지' 서비스 20주년을 다시 한 번 축하한다.

2018. 12. 07

창립 20주년 맞은 한빛소프트

게임업체 한빛소프트가 지난 6일 창립 20주년을 맞았다. 국내 최고의 PC 패키지 게임 히트작인 '스타크래프트'를 공급하면서 국내 최대 게임업체로 발돋움한 한빛소프트는 이후 리듬 액션게임 '오디션'으로 제2의 전성기를 구가하는 등 화려한 게임 역사를 갖고 있는 국내 게임계의 대표적인 기업이다.

이후 시장 조정국면을 맞아 새로운 히트작을 양산하지 못해 고전하기는 했지만, 이 회사가 그간 게임계에 기여한 공로는 한 두 가지가 아니다. 특히 e스포츠단을 운영하면서 초창기 e스포츠가 자리잡을 수 있도록 물적 토대를 마련하고 제공한 것도 다름아닌 한빛소프트다. 경영진 구조가 바뀌면서 다소 사세가 예전만 못하다는 평을 듣곤 하지만 그 명성은 그대로 유지하고 있다.

이 회사는 최근 창립 20주년을 맞아 새로운 도약을 모색하고 나섰다. 각 사업의 영문 약자에 의미를 부여해 'Hanbit Brings Great Evolution'을 선포하고, 1세대 게임업체로서 업계 및 사회 전반에 의미 있는 혁신을 선도하겠다는 의지를 표명하고 나선 것이다.

한빛은 그간 게임사업과 함께 사업 다각화를 추진하는 등 다양한 분야에서 그 가능성을 타진해 왔다. 교육 분야와 블록체인 사업 타진도 그 연장선상에서 이뤄져 왔다. 이는 이 회사가 앞으로 게임과 비게임 분야를 포함해 종합 엔터테인먼트 기업으로 성장하겠다는 강력한 새 둥지 틀기의 의지를 보여준 것이다.

이 회사의 김유라 대표도 "'1세대 게임업체'로 새로운 비전과 방향을 제시하고 선도해 나갈 것"이라면서 "특히 e스포츠 등 당면한 여러 과제를 해결하기 위해 노력해 나가겠다"며 한빛소프트의 미래의 사업 계획을 밝히기도 했다.

게임시장은 흔히 정글에 비유된다. 긴장을 늦출 수 없고 경계를 게을리 해선 살아남을 수 없다. 자존의 힘이 없으면 그대로 도태되는 곳이 다름아닌 게임시장이다. 이같은 시장판에서 20년의 성상을 쌓아왔다는 것은 가히 대단한 일이다.

하지만 한빛의 현재의 상황은 과거의 영화에 안주할 처지가 아니다. 새롭게 충전해서 크게 솟아 올라야 한다. 이를 통해 과거의 명성을 되찾아야 한다. 그것이 창립 20주년을 맞은 한빛의 과제이며 한빛을 사랑하는 팬들에 대한 보답이기도 하다. 기해년을 맞아 한빛소프트가 새로운 면모를 보여줬으면 한다. 한빛소프트의 창립 20주년을 다시 한번 축하한다.

2019. 01. 11

넥슨의 주인은 대한민국 국민이다

국내 최대 게임업체인 넥슨의 매각 결정에 따른 인수전이 본격화되고 있다. 지금까지 드러난 정황으로 보면 국내 게임업체와 사모펀드 등 양대 진영의 대결로 압축되고 있다. 당초 넥슨 인수전에 적극 참여할 것으로 알려졌던 텐센트 등 외국계 기업들은 예상과 달리 한국 기업의 컨소시엄에 참여하는 방식으로 한걸음 물러서는 모습이다.

이달 21일로 예정된 넥슨 매각을 위한 예비 입찰에는 KKR과 TPG, 실버 레이크 등 글로벌 사모펀드 등과, 넷마블, 카카오 등 국내 게임업체들이 참여할 것으로 예상된다.

그러나 사모 펀드의 경우 그 자금 운용의 성격 때문인지, 업계로부터 큰 환영을 받지 못하고 있다. 인수대상 기업의 성장과 발전보다는 펀드의 이익과 투자자의 눈치를 봐야 하는 기금의 성격으로, 실적을 좇아 본질적인 사업보다는 구조조정에 더 힘을 기울이는 사례가 적지 않았기 때문이다.

특히 이러한 자금은 장기 보유를 통한 이익 실현보다는 단기 차익에 더 적합하다는 측면에서 이번과 같이 롱텀에 의한 안목으로 가야 하는 게임 기업 인수 합병(M&A)에는 합당치 않다는 지적이 우세하다.

이에 따라 업계 일각에서는 산업 합리화 차원에서 넥슨 매각의 향배가 결정지어져야 한다는 주장을 펴고 있다. 예컨대 넥슨 매각을 일반 M&A시장에서 다룰 게 아니라 업계의 조정을 거쳐 이뤄지는, 조금은 제한적인 매각 절차를 통해 진행되는 것이 더 설득력이 있다는 것이다. 또 그것이 어렵다면 적어도 국내 게임업체들에 우선권을 줘야 한다는 지적이 없지 않다.

일각에선 넷마블과 카카오 등 국내 업체들에 대해 넥슨을 인수할 경우 공룡 기업으로 재 탄생하는 게 아니냐는 우려의 시각도 있는 듯 하지만, 글로벌 경제 규모에서 보면 한국 게임업체들의 기업 위상은 초라하기 그지없다. 닌텐도나 블리자드, EA 뿐 아니라 이제는 경쟁상대로 떠오르고 있는 중국 게임업체보다도 체급이 안 되는 실정이다.

이를 극복하기 위해 한 때, 넥슨과 엔씨소프트가 '도원결의'를 맺은 적이 있다. 하지만 이같은 계획은 수포로 돌아갔다. 양사의 이익이 서로 반한 점도 있었지만, 그것보다는 외국 게임업체들이 변방 취급을 해 온 한국 기업들이 M&A를 통해 시장 주류로 올라 서려는 움직임에 강력히 반발하는 등 견제했기 때문이다.

이번 M&A시장에 나온 넥슨을 인수하는 기업은 일단 규모로 놓고 보면 글로벌 게임업체로 발돋움할 게 분명하다. 게임업계가 피인수 기업에 대해 국내 게임기업을 꼽는 첫 번째 이유도 바로 이같은 연유에서다. 또 한가지는 넥슨은 누가 뭐라 해도 유저들의 사랑을 흠뻑 받아온 국민기업이라는 사실이다.

일각에선 넥슨에 대해 '돈슨'이라고 부르는 등 비아냥대기도 했지만, 그 같은 부름에 담긴 속 뜻에는 그 기업에 대한 또 다른 애정이 숨겨져 있었던 건 아닐까 싶다.

조금은 다른 사안이지만, 1980년대 후반, 미국 경제가 휘청거릴 당시, 뉴욕 월스트리트가에는 한 때 소동이 빚어졌다. 미국 영화 최대 메이저인 월트디즈니가 경영난을 견디지 못한 채 회사를 매각하겠다는 소식이 알려졌기 때문이다.

이후 이 회사는 일본의 유명 전자회사에 회사 지분을 넘기려는 절차를 밟기 시작했다. 이같은 소식이 알려지자 미국 정가를 비롯한 시민 사회에서 강력한 저항과 반발이 일어났다. 미국인에게 꿈과 이상을 심어준 기업을 다른 나라 기업에 넘길 수 없다는 것이 그 이유였다. 월트디즈니의 지분 매각 계획은 결국 철회됐다.

넥슨은 대한민국 대표 게임기업이다. 그런데, 그 기업이 이번에 뜻하지 않게 M&A 시장에 매물로 나온 것이다. 그렇다면 당연히 대한민국 기업과 국민이 이를 품어야 하지 않을까. 꼭 감정적 차원이 아니라 산업 생태계 보호 차원에서도 그것이 맞다 할 것이다. 우리는 그런 측면에서 넥슨의 매각절차와 과정을 국민과 함께 진중한 마음으로 지켜보고자 한다.

2019. 02. 01

20살 한빛의 새로운 도전

1세대 게임업체로 올해 창립 20주년을 맞은 한빛소프트가 새로운 모습으로 변신을 거듭하고 있다. 이 회사는 주력인 게임을 기반으로 해 교육, 블록체인, 헬스케어 등 신사업 개척에 적극 나서고 있다.

이같은 사업다각화는 핵심코어 작품인 '오디션'의 지속적인 성장이 큰 보탬이 되고 있다. 또 조금씩 눈을 돌린 어학과 드론 등 비 게임분야의 캐시 플로우(현금유동성)도 개선되고 있다. 게임업체에서 종합 엔터테인먼트 기업으로 발돋움하기 위한 한빛의 다각적인 움직임에 대해 시장에서 긍정적인 시그널을 보내고 있는 것이다.

게임 퍼블리셔의 종국적인 목표는 종합 엔터테인먼트사다. 게임만으로는 안정적인 유동성을 확보할 수 없을 뿐 아니라, 상대적인 리스크의 부담을 덜기 위한 노력이다. 미국의 대형 영화사들이 영화뿐 아니라 음반 출판 방송 패션 게임 등으로 사업을 다각화 하는 것도 다 이 때문이다. 또 콘텐츠의 비즈니스 타이밍(윈도)을 맞추는데도 도움을 준다는 것이다.

일각에서는 비게임 분야로 사업을 확장하게 되면 게임업체로서의 정체성이 흔들리는 게 아니냐는 지적도 없지 않다. 하지만 한번 덧씌워진 기업 색깔은 그리 쉽게 지워지지 않는다.

한빛이 과연 어떤 기업이던가. PC 패키지게임인 '스타크래프트'의 유통으로 국내 게임시장의 안착에 지대한 공헌을 했고, 이후 온라인과 모바일게임 등을 선보이는 등 산업계에 큰 역할을 해 온 맹주다. 도리어 게임기업이라는 이미지가 싹 지워질 정도로 새로운 지평을 열기 위한 노력을 더 치열하게 기울여 보라고 권하고 싶다.

다만 한가지, 게임의 본류를 지켜온 기업이라는 자긍심 만큼은 절대 놓지 말라는 것이다. 이럴 경우 둘 다 놓치는 사례가 적지 않다. 미국의 최대 기업인 애플이 끊임없이 변신을 거듭하면서도 지켰던 정신은 초창기 애플의 기업 모토였던 혁신이었고, 그것으로 성공의 담을 써 왔다.

20주년을 맞이한 한빛소프트의 새로운 도전사를 지켜보고 싶다. 그리고 한빛이 추구하는 그 길이 다른 게임기업들의 프로토타입으로 자리했으면 하는 바람이 크다. 그것이 1세대 게임기업으로서의 책임이자 역할이다.

2019. 09. 06

서비스 10주년 맞은 라이엇게임즈의 'LoL'

멀티플레이어 온라인 배틀 아레나(MOBA)라는 장르로 돌풍을 일으키며 게임 마니아들을 열광 시켜온 '리그오브레전드(LoL)'가 내달 서비스 10주년을 맞이하게 된다. 이즈음이면 열정도 사그라질 만 한데, 이 작품은 여전히 우리나라를 비롯해 글로벌시장에서 최정상의 자리를 차지하고 있다.

온라인게임 역사를 새롭게 쓴 이 작품은 '스타크래프트'에 의해 주도돼 온 e스포츠시장에 거대한 바람을 일으키면서 e스포츠가 새로운 스포츠 산업으로 자리하는데 지대한 공헌을 하기도 했다.

어떻게 이런 일이 가능했을까. 물론 작품의 재미도 뛰어났지만 이 작품을 만들어낸 창업자들의 정신이 지금까지 이 작품이 롱런할 수 있는 토대가 되지 않았을까 미뤄 가늠해 본다. 이 작품 개발사 라이엇게임즈는 2006년 9월 미국 캘리포니아주 산타 모니카에서 브랜든 벡·마크 메릴 공동 대표에 의해 탄생했다.

이들은 모두 게임 마니아들이었다. 이들의 목표는 처음부터 돈이 아니었고 유저들이 부담 없이 재미있게 즐길 수 있는 게임을 만드는 것이었다. 이렇게 해서 만들어진 것이 '리그오브레전드'였다.

이 회사는 서비스 10주년을 앞두고 디자인을 바꾼 10주년 기념 로고를 공개했다. 또 10주년 기념 업데이트로 프리시즌 변경사항과 전략적 팀 전투(TFT)모드의 대규모 콘텐츠를 공개키로 하는 등, 지난 서비스 기간 기념할 만한 순간들을 돌아보기로 했다.

그간, 이 작품은 50주 넘게 국내 PC방 점유율 1위를 달성했으며, 일일 최대 동시 접속자 800만 명을 기록하는 등 국내뿐만 아니라 세계적으로 명성을 얻어왔다. 특히 e스포츠계에서는 '리그오브레전드'의 인지도를 최상위로 평가한다. 작년 '롤드컵'으로 불리는 '월드 챔피언십'은 시청자 수 9960만 명을 기록하기도 했다.

작품 하나로 이같은 위대한 실적을 내고 있는 라이엇게임즈가 부러울 따름이다. 그러면서 생각해 봤다. 우리 한국 게임 업체들이 라이엇게임즈와 같이 게임 본연의 재미만을 추구하면서 게임을 만들 수는 없을까 하는 것이다. 본질이 흐려지면 사행으로 가는 것이 다름아닌 게임이기 때문이다. 라이엇게임즈는 게임의 향기를 잊지 않고 지켜줬다.

오랜 기간 게임 본연의 재미를 안겨주며 지속적인 성장을 거듭해 온 라이엇게임즈의 '리그오브레전드' 서비스 10주년을 진심으로 축하한다.

2019. 09. 20

위메이드의 게임 저작권 보호를 위한 전쟁

저작권 침해 여부를 둘러싼 분쟁은 비단 어제 오늘만의 일이 아니다. 또 이 문제가 국경을 넘어설 경우엔 상당히 복잡해 진다. 친고죄의 성격이 짙기 때문에 피해자인 저작권자가 저작권을 침해한 가해자를 찾아 소송을 제기하지 않는 한 죄가 성립되지 않는다.

이같은 저작권에 대한 문제는 영화 음악 애니메이션 출판 분야뿐 아니라 게임분야에서도 종종 발생하는데, 저작권에 대한 인식이 낮은 국가일수록 빈번하게 이뤄진다는 것이다.

특히 G2 국가로 불리며 글로벌 경제를 쥐락펴락하는 중국에서의 저작권 침해 사례는 적지 않은 실정이다. 더욱이 게임의 경우 장르에 대한 무지 탓에 중국 당국에서 조차 나 몰라라 한다는 것이다. 이 때문인지 소송을 제기하기는커녕, 침해 업체를 찾아가 자제를 요청하는 등 어처구니 없는 촌극이 빚어지기도 한다.

저작권에 대한 보호가 확대되고, 이에 대한 인식이 제고된 가장 큰 배경으로는 저작권자들의 눈물겨운 투쟁의 역사를 꼽는다. 투쟁을 통해 그 산물을 거둬왔다는 것이다. 뒤집어 말하면 그 같은 노력을 기울이지 않으면 저작권은 절대 보호되지 않는다는 게 저작권 단체의 목소리다.

최근 위메이드측에서 중국 37게임즈를 상대로 제기한 '전기패업 모바일'에 대한 저작권 침해 소송에서 중국 사법부가 의외로 한국기업인 위메이드의 손을 들어줬다. 저작권 침해 사실이 확실하다는 것이었다. 그간 중국 사법부는 저작권 침해 소송과 관련해서는 상당히 신중한 입장을 보여왔고, 자국의 이익과 자국 기업의 편만을 든다는 혹평을 들어왔다는 점에서 매우 이례적이고도 의미 있는 판결로 받아들여지고 있다.

게임계는 이같은 판결을 두고 한마디로 위메이드측의 위대한 승리라고 평가하고 있다. 척박한 현지 사정을 극복하고, 이 문제는 반드시 매듭짓겠다는 위메이드측의 강력한 의지가 자사의 저작권을 보호할 수 있게 됐다는 것이다.

실제로 이 회사는 지난 2017년 7월 중국 37게임즈가 '전기패업 모바일'의 서비스에 들어가자, 정당한 계약절차 없이 '미르의 전설2'의 저작권을 침해하고 그 가치를 훼손하였다며 상해 보타구 인민법원에 소송을 제기한 데 이어 이를 위한 각종 게임 자료와 데이터를 중국 사법부에 제출하는 등 치열한 공방을 벌여왔다.

위메이드측은 이번 승소로 이 작품의 즉각적인 콘텐츠 삭제와 함께 불법 저작권을 사용한 중국 37게임즈로부터 배상금을 받게 됐다. 그렇다. 저작권은 이처럼 전쟁을 치르듯 치열한 싸움을 통해 지켜 나가는 것이다. 그간 중국에서 우리 게임에 대한 저작권을 지키는 일이 말처럼 쉽지 않았다. 하지만 한중간 미중간 저작권 침해 사례가 잇따르면서 중국 당국이 곤경에 처하는 일들이 나타나기 시작했다. 국제 저작권 단체들이 중국 정부를 상대로 맹공을 가했기 때문이다.

이번 위메이드측의 승소는 그런 측면에서 시작에 불과하다 할 것이다. 우리 국내기업들이 알지 못하는 저작권 침해 사례뿐 아니라 알고도 눈을 감고 있는 일들이 적지 않다는 점에서 이번 위메이드의 승소 사례는 업계의 투쟁의 교훈으로 삼아야 한다고 본다.

전쟁을 치르지 않고서는 자신들의 저작권을 절대 보호할 수 없다.

2019. 12. 13

라이엇의 새 도전을 지켜보고자 한다

라이엇게임즈가 새 작품을 발표한다. 내달 5일 FPS 장르인 '발로란트'를 선보인다. 비공개 테스트(CBT)를 통해 첫 선을 보이는 이 작품은 라이엇게임즈가 그간 주력해 온 MOBA(다중사용자 온라인 아레나) 장르가 아니라는 점에서 관심을 모으고 있다.

지난 2009년 '리그 오브 레전드'의 서비스를 시작한 지 10여 년 만에 선보이게 되는 '발로란트'는 이미 지난 7일 북미와 유럽에서 CBT를 진행해, 스트리밍 플랫폼 트위치 등에서 동시 시청자 수 1위를 기록하는 등 흥행가도를 달리기 위한 긍정적인 신호를 받아낸 것으로 알려지고 있다.

라이엇게임즈는 상업성을 앞세워 온 경쟁 게임업체들과는 달리 유저 중심의 정책을 통해 짧은 기간 내 폭발적인 성장을 이룬 글로벌 기업이다. 창업자 브랜든 백은 "게이머들이 즐길 수 있는 게임을 만드는 것이 목표"라면서 'LOL'을 만들었고, 그의 이같은 철학은 게임 비즈니스에도 보기 좋게 성공한 사례가 됐다.

라이엇게임즈는 또 게임 개발과 운영뿐만 아니라 우리 사회의 구석진 그늘에 등불을 밝혀 왔고, 있어야 할 자리에 없는 것을 채우기 위해 노력을 해 왔다. 또 국외로 반출된 중요 문화재 환수를 위해 거금을 내놓기도 했다. 마치 게임계의 사회 공헌에 대해 이렇게 하는 것이다라는 점을 가르쳐 주기 위한 것처럼 왼손이 하는 일을 오른손이 모르게 했다.

이번에 선보이게 되는 '발로란트' 역시 라이엇게임즈의 세가지 운영 원칙이 적용될 전망이다. 이에 따라 돈 질로 게임을 선점하는 이는 그다지 많지 않을 것으로 보인다.

반면 개미를 자처하는 일반 게이머들로부터는 좋은 반응이 예상된다. 그러나 기업 정신이 아무리 좋다고 해도 작품성이 따라주지 않는다면 성공을 보장할 수 없다. 그런 면에서 본격적인 테스트 버전이 나와 봐야 이 작품의 성공 가능성 여부를 엿볼 수 있게 될 전망이다.

FPS 장르는 국내에서 '오버워치'와 같은 하이퍼 FPS를 제외하면 모두 '서든어택'이라는 올드보이에 막혀 있다. 이번에 라이엇게임즈가 전통 FPS의 재미와 스킬 활용이라는 하이퍼 FPS 스타일이 가미된 신작을 통해 정체돼 있는 FPS 시장에 새 바람을 불어 넣어 주길 바란다. 그래서 서로 뜨겁게 경쟁하는 판이 만들어졌음 한다. 라이벌이 있다는 것은 매우 흥미롭고 재미있는 일들을 만들어 낸다는 점에서 긍정적이다. 라이엇게임즈의 새로운 장도를 지켜 보고자 한다.

2020. 04. 24

창립 20주년 맞은 웹젠의 새로운 행보

명작 '뮤 온라인'의 웹젠이 최근 창립 20주년을 맞이했다. 이 회사는 고졸 출신의 스타 개발자와 여성 CEO가 의기투합해 세계 최초의 3D MMORPG '뮤'를 개발하면서 화제가 됐다. 이 작품은 이내 입소문이 나면서 시장에서 파란을 일으켰다. 이후 중국에도 진출하기도 했다. 하지만 시련도 없지 않았다.

우여곡절 끝에 회사 주인이 바뀐 것이다. 그러나 이것이 마치 전화 위복의 기회였던 것처럼 이 업체는 주변의 우려를 불식시키며 당당히 재도약에 성공했다.

2000년대 초반 '뮤 온라인'은 국내 PC방 등에서 선풍적인 인기를 끌며 주목을 받아 왔다. 특히 중국에서는 '뮤'에 대한 인지도가 매우 높아 '뮤' 판권(IP) 가치가 크게 치솟기도 했으며 최근에도 '뮤'를 활용한 다수의 작품들이 쏟아져 나오고 있다.

이 회사는 '뮤' 이후에도 'R2' '썬리미티드' 'C9' '샷온라인' 등 다양한 장르의 작품을 출시하면서 존재감을 드러내기도 했다. 플랫폼의 흐름이 모바일로 바뀌면서 선보인 '뮤 오리진2'은 국내 모바일 MMO 시장에 적지 않은 영향을 미쳤다는 게 업계의 중론이다.

웹젠의 올 최대 과제는 실적 개선이다. 작품 완성도에 치우친 나머지, 화려한 기업 이미지와는 달리 실적 쌓기에는 조금 무신경한 게 아니냐는 평을 들어왔기 때문이다. 이 회사는 그 때문인지 올해 매출을 전년대비 17% 증가한 2062억 원으로 잡고 있다. 영업이익은 전년대비 24.51% 개선된 645억 원이다.

회사측은 충분히 가능하다고 자신하고 있다. 이 회사는 이를 바탕으로 웹젠의 새로운 20년을 구상하는 등 미래의 청사진을 그려 나간다는 방침이다.

그간 김태영 대표가 드러나지 않게 활약해 왔다. 그의 리더십에 대해 업계는 웹젠에 대한 우려 불식과 새 먹거리 창출에 그가 결정적인 역할을 했다며 높게 평가하고 있다. 따라서 웹젠의 새로운 비전도 그의 머리에서 나올 가능성이 적지 않다. 또 정치인에서 이젠 자연인으로 돌아온 김병관 전 이사회 의장의 역할도 관심거리다.

그가 막후에서 조정역 만을 맡을 것인지, 아니면 직접 웹젠의 새로운 성장추를 달지의 여부는 좀더 지켜봐야 하겠지만 어떤 방식으로든 일정 부문의 역할은 하게 될 것이란 게 업계의 관측이다.

웹젠이 그려가는 새로운 20년의 다짐과 도전의 역사를 함께 지켜봐야 할 것 같다. 놓칠 수 없는 것은 웹젠은 늘 첫 발자국으로 기록되기를 바라는 꿈을 잃지 않고 있다는 점이다. 웹젠의 또 다른 20년을 기대해 본다.

2020. 05. 08

창립 20주년 맞은 넷마블의 새 도전

넷마블이 창립 20주년을 맞이했다. 치열한 생존 경쟁을 벌여야 하는 게임 생태계에서 20개의 성상을 쌓는다는 것은 그렇게 쉬운 일이 아니다. 그러나 이같은 산업 환경 속에서 넷마블은 큰 족적을 남기며, 게임업계를 대표하는 빅 3로 자리매김하고 있는 것이다.

특히 코로나19 팬데믹으로 시장 경제가 휘청거리고 있지만, 게임산업은 비대면 산업의 대표주자로서, 주위의 큰 부러움을 사고 있다. 이같은 풍토를 앞장서 만든 곳이 다름아닌 넷마블이다.

넷마블은 게임포털 '넷마블'을 통해 게임 대중화의 길을 걷기 시작했다. 이후 온라인게임 개발과 게임 서비스로 사업 영역을 확장했고, 게임 플랫폼 환경이 스마트폰 등장 이후 급격히 모바일게임 시장으로 이동하자 개발 역량을 모바일게임에 집중, 모바일게임 명문가로 떠올랐다.

이러한 과정에서 신사업 발굴 등 수급 완급을 진두 지휘한 이는 두말할 것도 없이 창업자 방준혁 넷마블 이사회 의장이다. 그는 위기가 닥칠 때마다 정면 돌파를 통해 해답을 찾았고, 치열한 조직관리를 통해 넷마블을 국내 최고의 명문가로 발돋움하는데 힘을 쏟았다. 뛰어난 인재들을 불러 모았고, 가능하다 싶으면 믿고 투자를 아끼지 않았다.

이 과정에서 직원들의 격무 논란도 빚어지기도 했다. 그러자 직원들의 근무환경을 대대적으로 혁신했다. 휴일 근무 및 시간외 근무 등을 사실상 없애 버렸고, 예외 근무조항도 삭제해 버렸다.

넷마블은 20주년을 맞아 새로운 청사진을 준비하고 있다. 제도권과의 소통을 통해 함께 발전해 나가겠다는 것이다. 이같은 회사측의 방침은 그간 게임업계가 지나치게 폐쇄적이고 이기적이라는 비판을 겸허히 받아들인 결과라고 할 수 있다.

게임에 대한 부정적인 인식이 개선되지 않는 한 게임산업은 제도권의 변방에 놓일 수 밖에 없다. 또 그런 풍토 속에서는 아무 것도 할 수 없다. 이를 뛰어 넘기 위해서는 게임 유저뿐만 아니라 우리 사회를 대표하는 제도권과의 소통이 무엇보다 중요하다 할 것이다.

넷마블이 업계의 맏형으로서, 일정 부문의 공익 역할을 수행해 나가겠다고 하니 반가운 일이다. 20주년을 뛰어 넘어 새로운 20주년을 향해 항해를 준비중인 넷마블의 도전과 창의적인 실험 정신을 지켜보고 있는 것도 즐거운 일이다. 넷마블의 지속적인 성장을 기대한다. 끝으로 20주년을 맞이한 넷마블 임직원들의 노고를 격려하고 위로하고자 한다.

2020. 05. 29

라이엇게임즈 한국대표 재정비의 의미

라이엇게임즈가 한국법인 새 대표에 조혁진 본부장을 선임했다. 이 회사는 조 대표 선임에 대해 기업 성장과 함께 '플레이어 중심' 철학에 기반한 서비스를 계속적으로 이어가기 위해 이 같이 결정했다며 인선 배경을 설명했다.

라이엇게임즈는 올해 '레전드 오브 룬테라' '발로란트' 등 다양한 신작을 선보이고 있다. 또 'LOL 챔피언스 코리아(LCK)' 프랜차이즈를 통해 새로운 각오를 피력하는 등 e스포츠 시장 수성을 위해 안간힘을 쏟고 있다.

따라서 이번 조 신임 대표의 선임은 외부 인사 기용으로 한국 법인의 사업기조를 크게 흔들기 보다는 기존의 흐름을 그대로 유지하면서 변화를 꾀하는, 점진적 발전을 선택했다고 봐야 한다.

라이엇게임즈의 한국법인은 비록, 미국에 본사를 둔 외국계 기업이지만, 가장 한국적인, 현지기업으로 자리매김하고 있다. 돈벌이에 급급하기 보다는 유저 중심의 게임문화를 염두에 두고 소통에 임하고 있을 뿐아니라 한국 전통을 지원하기 위한 사회공헌에도 앞장서고 있다.

한국 시장은 라이엇게임즈에서 가장 중요히 여기는 곳 가운데 하나다. 두 창업자가 미국에서 한국형 PC방에서 밤새도록 게임을 즐기며 꿈을 키워왔다는 것은 잘 알려진 석세스 스토리다.

조 대표는 '리그 오브 레전드'의 한국 서비스 이전인 2011년 라이엇게임즈에 합류했다. 이후, 인사 총무 업무부터 게임 운영 서비스, 재무, 홍보 및 대외업무 등 다양한 분야에서 족적을 남겼다. 지난 1월 故 박준규 대표의 별세 이후에는 임시 대표 역을 맡아 내부 임원들과 협업하며 회사를 이끌어오기도 했다.

조 대표의 발탁으로 라이엇게임즈 한국법인은 유저를 중심으로 한 작품 서비스는 물론 사회공헌 등 그동안 해왔던 모습을 그대로 이어갈 수 있을 것으로 보여진다. 이는 서비스 초기부터 보여왔던 이 회사의 긍정적인 이미지와 기업 로열티를 그대로 이어받겠다는 의미이기도 하다.

한국대표를 역임한 이후 라이엇게임즈를 현재 실질적으로 이끌고 있는 오진호 대표와 함께 조 대표가 앞으로 어떤 그림을 그려 나갈지 귀추가 주목된다.

2020. 07. 03

III

모바일게임

개화기 맞는 스마트폰 게임 市場

KT에 이어 삼성전자와 LG전자가 구글의 '안드로이드폰' 국내 사업 계획을 발표했다. 우선 삼성전자는 올해 안에 안드로이드폰을 최대 15여종 이상 보급할 예정이다. LG도 올 2분기 내에 10여종의 안드로이드폰을 출시한다. 이렇게 되면 늦어도 상반기 이내에 국내에서도 스마트폰 시대가 활짝 열리는 셈이다.

스마트폰은 무선 인터넷 사용과 PC에 준하는 컴퓨팅 파워 때문에 기존의 휴대폰을 빠르게 대체해 나갈 것으로 보인다. 특히 콘텐츠 산업계 입장에서는 기존의 휴대폰과 다른 새로운 시장이 생겨났을 뿐 아니라 인터넷을 통해 다양한 애플리케이션을 판매할 수 있는 거대시장을 갖게 되는 효과까지 누리게 된다.

디지털 콘텐츠의 핵심인 게임 산업계 역시 애플의 앱스토어를 비롯한 오픈마켓을 블루오션으로 여기고 관련사업을 준비해 왔다. 하지만 게임물등급위원회의 게임 심의 문제와 이에 대한 애플의 소극적인 대처로 적어도 게임에 있어서 앱스토어는 빛 좋은 개살구였다.

앞으로 이같은 상황은 달라질 것 같다. 구글이 선두 주자인 애플을 따라잡기 위해 개방 정책을 취해 왔던 것을 감안하면 콘텐츠 유통 채널인 '안드로이드 마켓'에 있어서도 유연하고 탄력적인 정책을 취할 것이란 분석이 많기 때문이다.

더욱이 삼성 · LG 안드로이드폰의 서비스 파트너사인 SKT가 KT-애플 진영을 따돌리기 위해 게임을 스마트폰의 킬러 앱으로 육성할 움직임을 보이고 있는 것을 보면 국내 스마트폰 게임 시장은 개화기를 앞두고 있다 하겠다.

특히 삼성전자가 자체 3S(PC 모바일 TV) 플랫폼인 '바다'용 콘텐츠 확보 전략을 본격화하고 있어 스마트폰 게임 시장은 더욱 활기를 띨 전망이다. 구글의 안드로이드폰이나 삼성 바다폰의 경우 아직까지 초기 단계이기 때문에 선두 주자가 없는 상황이고 보면 이 시장은 말 그대로 무주공산인 셈이다.

이제까지 아이폰용 게임의 시장 상황만을 보면서 저울질해왔던 게임업체들이 스마트폰 게임 사업에 뛰어들 타이밍이 됐다. 먼저 진입한 플레이어가 더 많은 것을 쥔다는 것은 초기 시장의 정설이 됐다. 그 점을 유념했으면 한다.

2010. 01. 26

구글 문제 긴 안목서 대처할 때

구글이 국내 심의제도와 관련해 논란을 빚어온 안드로이드 마켓의 게임 카테고리를 차단하기로 결정했다. 구글은 최근 게임물등급위원회(이하 게임위)에 "안드로이드 마켓은 전 세계 공통 플랫폼이기 때문에 사전에 게임 등급 심의를 받는 것이 사실상 불가능하다"며 "게임 카테고리를 5월 초 안으로 삭제하겠다"고 밝혔다.

구글의 이번 결정은 결국 반드시 심의를 받아야 하는 '한국의 게임법'을 따를 수 없기 때문에 국내 서비스를 하지 않겠다는 것으로, 이전에 비슷한 상황에서 애플이 취한 조치와 유사하다.

결국 애플과 구글이라는 스마트폰 양대 콘텐츠 오픈 마켓에서 한국 유저들은 게임 콘텐츠의 사용을 제한받게 됐다. 하지만 엄격히 말해서 게임 콘텐츠의 유통 자체가 금지되는 것은 아니다.

더욱이 일부 언론과 전문가들이 호들갑을 떠는 것처럼 한국 모바일 게임이 스마트폰이라는 블루오션의 기회를 잃는 것은 더욱 아니다. 글로벌 서비스를 통한 게임 유통의 기회는 일반 유저나 산업계 모두에 열려 있다.

구글의 이번 게임 카테고리 폐쇄 방침은 본지도 그동안 누차 역설해 온 것처럼 당연한 일이다. 일부 언론에서 표현한 '갈라파고스' 규제를 옹호하겠다는 것이 아니다. '오픈 마켓'의 활성화를 모든 것에 우선해야 하는 '제1의 원칙'으로 몰아가려는 분위기를 경계한 것이다.

구글의 자진 폐쇄 결정으로 '구글 문제의 조속한 해결' 압박은 사라졌다. 주무부처인 문화체육관광부는 이미 오픈마켓용 게임에 대해서 제한적인 범위 내에서 자율 심의를 도입하겠다는 방침을 밝힌 바 있다.

혹시 문화부가 이 정책을 단기 처방용으로 내놓았다면 구글의 자진 폐쇄 결정으로 '현안 처리'라는 긴급성의 원인이 사라진 만큼 '정부 고시' 수준의 대응이 아닌, 긴 안목의 정책 대안으로 방향을 돌리는 것이 옳아 보인다.

2010. 04. 12

모바일 고포류의 경우

모바일 업체들이 게임물등급위원회에 고스톱·포커 등 이른바 고포류 게임들에 대한 간접 충전을 허용해 달라고 요청했다고 한다. 고포류 게임들은 온라인 게임은 물론이고 피처폰에서도 확실한 수요를 형성하고 있는 인기 장르다. 과거 한게임과 넷마블 등 게임 포털들을 순식간에 돈더미 위에 올려준 것이 바로 이 고포류 게임들이었다.

온라인에서는 회원 등록 과정을 거치기 때문에 청소년들이 고포류를 할 수 없다. 피처폰에서도 청소년 명의로 등록을 하면 고포류를 할 수 없다. 이 때문에 모바일 플랫폼에서 고포류는 큰 이슈가 되지 못했다.

하지만 최근 스마트폰들이 대거 등장하면서 이 플랫폼에서 고포류를 즐기는 유저들이 크게 늘어났다. 문제는 스마트폰의 경우 과거 피처폰과 달리 유무선 인터넷이 가능하다는 것이다. 모바일 업체들은 온라인과의 형평성 문제를 들며 스마트폰에서도 성인들에 한해서는 간접 충전을 할 수 있도록 게임위에 요청했다.

이러한 변화의 흐름은 시대의 트렌드로 어쩔 수 없다고 해야 할 것이다. 어차피 막을 수 없는 노릇이라면 보다 철저한 사전 준비가 필요하다 하겠다. 그렇다면 반드시 짚고 넘어가야 할 두 가지 문제가 있다. 하나는 청소년들이 고포류를 접할 수 없도록 완벽하게 차단하는 일이고 두 번째로는 지나친 사행으로 흐르지 않도록 적절히 통제해야 한다는 것이다.

지금도 많은 사람들이 온라인 고포류의 사행성이 심각하다며 이를 전면적으로 손봐야 된다고 지적한다. 스마트폰의 경우에는 단속이 더욱 어렵다. 게임위는 서두르기 보다는 충분한 시간을 갖고 관계 전문가들의 도움을 얻어 사행으로 흐르지 않도록 장치 마련에 힘써야 할 것이다.

더불어 업계도 무리한 요구를 하기 보다는 적절한 선에서 최소한의 수익을 내면서 게임을 서비스할 수 있도록 해야 한다. 그것이 시장과 산업을 위하는 길이다. 밥 한술에 배를 채울 순 없는 일이 아닌가.

2011. 04. 18

쏠림현상 커지는 SNG 시장

새로운 황금시장으로 각광받고 있는 소셜 네트워크 게임(SNG) 시장이 벌써부터 몇몇 상위권 업체들이 전체 시장을 독식하는 구조로 바뀌고 있다.

내수 시장에서 가장 적극적으로 SNG를 서비스하고 있는 SK커뮤니케이션즈의 '싸이월드 앱스토어'의 경우 70여 개 업체가 총 160여 개의 SNG를 서비스하고 있다. 이 가운데 선데이토즈와 노크노크, 피버스튜디오, 레쿠 등 상위권 4개 업체들이 전체 매출의 대부분을 차지하고 있다고 한다. 상위권 업체들은 작품 당 30~40만 명의 회원을 확보하고 있는 반면 하위권 업체들의 작품은 회원 수가 수천명 내지는 수만 명에 불과하다.

싸이월드 앱스토어가 문을 연 것이 지난 2009년이니 3년 만에 이 시장이 소수업체들이 주도하는 시장으로 바뀐 것이다. 이같은 쏠림 현상은 비단 국내뿐만 아니다. 외국의 경우에도 몇몇 업체들이 SNG 시장을 주도하고 있는 것 또한 사실이다.

또 최근 각광받고 있는 스마트폰 게임 시장의 경우에도 소수 업체들이 시장을 주도하고 있다. 하지만 글로벌 시장과 달리 국내 시장은 매우 협소하다. 이러한 작은 시장에서 소수 업체들이 전체 시장을 장악할 경우 시장이 왜곡될 우려가 높다.

보다 많은 업체들이 새로운 작품들을 개발해야 많은 유저들이 찾고 시장이 활성화될 것이기 때문이다. 물론 남들보다 더 많이 노력하고 더 좋은 작품을 개발한 선두업체들을 탓할 수는 없다. 그들은 선발주자로 시장을 만들어 나가는 데 큰 공헌을 했다. 문제는 후발업체들이 살아남을 수 있는 환경을 만들어 주는 일이다.

SNG 시장은 이제 시작단계라고 볼 수 있다. 국내 시장규모도 100억 원 정도에 불과하다. 부익부 빈익빈으로 인한 쏠림 현상이 심하다고 하지만 이는 얼마든지 극복될 수 있는 문제다.

후발주자의 경우 SNG 개발을 너무 쉽게 생각해서는 안 될 것이다. 철저히 준비하고 사용자들의 취향을 분석해야 한다. 그리고 플랫폼을 서비스하는 포털들도 페이스북을 벤치마킹해서 국내 SNG 시장이 활성화될 수 있도록 해야 할 것이다.

2011. 05. 23

모바일 업계 海外 스마트 시장서 잇단 '勝戰譜'

대한민국의 스마트 게임이 글로벌 시장에서 맹활약하고 있다. 게임빌과 컴투스의 작품들이 미국, 일본 등 해외 앱스토어에서 그야말로 센세이션을 일으키고 있다는 소식이다. 지난해 대한민국게임대상 최우수상 수상작인 '슬라이스잇'이 일본, 영국, 독일 등 31개 글로벌 오픈 마켓에서 유료 앱 순위 1위를 기록, '1000만 클럽'에 가입했으며 게임빌은 전 시리즈가 유료 RPG 장르 1위를 차지한 '제노니아'를 필두로 내놓는 작품마다 줄줄이 인기 차트를 석권하고 있다. 특히 '에어펭귄'이란 작품은 세계 스마트 시장의 상징인 '앵그리버드'를 꺾는 파란을 일으키며 한국 게임의 위상을 만천하에 알렸다.

PC온라인 플랫폼과 달리 스마트 디바이스를 포함한 모바일 플랫폼용 게임 시장은 이미 오래전에 세계 시장의 주도권이 미국, 유럽, 일본 등 선진국으로 넘어갔다. 스마트폰·태블릿 등 뉴 모바일 기기와 오픈 마켓의 등장 이후엔 우리나라는 후진국으로 전락할 위기에 몰렸었다.

그러나, 컴투스·게임빌을 필두로 주요 모바일 게임업체들의 공격적인 글로벌 시장 진출로 상황이 반전되기 시작했다는 점에서 의미가 매우 크다고 하겠다. 법·제도 정비가 늦어져 세계에서 유례가 드물게 아이폰이나 안드로이드폰 같은 스마트 단말기에 게임 카테고리를 열지 못하는 열악한 상황을 딛고 일궈낸 성과란 점에서 더욱 칭찬할 만한 일이다.

스마트 단말기 보급률의 눈부신 성장과 국경을 초월한 서비스가 이루어지는 오픈마켓의 등장은 세계 모바일 시장을 단일 마켓으로 만들었다. 조그마한 내수 시장만 바라보고 모바일 게임을 만들던 기업들에겐 글로벌 시장에 쉽게 진출할 수 있는 기회의 장이 활짝 열렸다.

시장의 문호가 개방된 만큼 경쟁은 더 치열해지게 마련이다. 컴투스나 게임빌같은 몇몇 선발업체들의 선전(善戰) 소식에 고무돼 혹여라도 자만심을 가져선 곤란하다. 처음부터 철저한 계산된 전략과 전술 아래 글로벌 시장에서 충분히 통할 만한 일류 상품으로 승부해야 한다. 원래 기회는 누구에게나 주어지나, 그것을 성공으로 연결시키는 기업은 극소수다.

2011.06.07

분당 '모바일게임센터' 구축 의미

문화부가 경기도와 손잡고 분당에 설립한 '모바일게임센터'가 지난 9일 개소식과 함께 공식 가동에 들어갔다. 이 센터엔 1차로 18개 모바일 게임업체 및 스튜디오가 입주해 앞으로 2년간 임대료 전액과 관리비의 50%를 면제받게 된다.

아울러 경영, 법률, 마케팅 지원은 물론 지스타 등 행사 참가, 해외 시장 및 첨단 기술 정보 지원 등 다양한 혜택이 주어진다. 자본과 전문 인력이 부족한 중소 모바일 게임업체들에게는 오로지 개발에만 전념할 수 있는 최적의 입지 조건이다.

문화부가 모바일게임센터를 발족한 것은 관련 산업을 보다 집중적이고 체계적으로 지원해 모바일 게임 강국의 위상을 드높이겠다는 게 그 근본 취지이다. 스마트폰과 태블릿PC와 같은 소위 스마트 디바이스들이 전세계적으로 각광 받으면서 킬러 애플리케이션인 '스마트 게임'이 게임 산업의 차세대 블루오션으로 떠오르고 있는 것에 대한 능동적인 대응이라 할 수 있다.

사실 모바일 게임은 2000년대 이후 초고속 성장을 거듭해왔음에도 국내에선 '주류'인 온라인 게임에 '비주류' 취급을 받아왔다. 소관 부처가 정통부에서 문화부로 이전된 이후에도 별다른 정책적 지원과 배려를 받지 못했다. 관련 업체들은 상대적 박탈감이 몹시 심했다. 이런 점에서 주무부처인 문화부가 모바일게임센터를 발족하고 전폭적인 정책적 지원을 약속한 것은 늦었지만, 퍽 다행스런 일이다.

모바일 게임 산업은 광속(光速) 산업이다. 기술, 트렌드, 비즈니스 모델 등이 빛의 속도에 비유될 정도로 급변한다. 사회 문화적 트렌드에도 매우 민감하게 반응한다. 스마트 디바이스의 확산과 휴대 인터넷의 활성화로 그 속도는 더욱 빨라졌다. 영세한 중소 업체들로선 눈깜짝하는 사이에 경쟁 대열에서 밀려나 낙오자가 될 수 있는 시장 구조다.

이번 분당 모바일게임센터 발족을 계기로 정부의 모바일 게임 산업 지원 정책이 보다 현실적이고, 입체적으로 바뀌어야 하는 이유이다. 이번에 구축한 모바일게임센터가 몇몇 선택받은 중소 모바일 게임 개발업체들이 교대로 거쳐가는 '온실'로 전락한다면 산업의 미래는 암울하다.

2011. 08. 16

이통사 스마트폰게임 수수료 과하다

SK텔레콤 등 이동통신 3사가 스마트폰 게임 다운로드 비용과 아이템 판매 등 부분 유료 수익을 셰어하는 수수료가 과하다는 목소리가 높다. 현재 국내 로컬 안드로이드 마켓에선 스마트폰 게임 매출의 30%가 고스란히 이통사의 몫이다. 글로벌 오픈마켓 '앱스토어'를 운영하는 애플과 똑같은 비율을 적용하고 있는 것인데, 이는 너무 불합리하다는 것이 게임업체들의 주장이다.

'클로징 마켓'인 일반 피처폰 시장과 스마트폰 시장은 유통 구조가 엄연히 다르다. 이통사의 서비스 플랫폼 의존도가 높은 피처폰 게임의 경우도 이통사의 순수 수수료는 15%에 불과하다. 플랫폼과 OS 등 제작 툴을 제공하는 글로벌 사업자의 플랫폼을 로컬마켓으로 옮겨 놓은 이통사 로컬 마켓 수수료를 30%나 떼는 것은 해도 너무하는 처사라는 게 업계의 공통된 시각이다. 이통 3사가 글로벌 오픈마켓 사업자들의 '게임채널' 오픈을 달갑지 않게 생각한다는 설이 파다한 것도 이와 무관치 않다.

이통사들은 과거 피처폰 시대에도 영세한 모바일 게임업체들을 상대로 '슈퍼갑'으로 불리며 온갖 횡포를 부려왔다. 공공재 성격이 강한 무선인터넷망을 독과점하는 구조적인 모순에서 비롯된 일이다. '이통사에 한번 밉보이면, 이통사 근처에도 못가고 망한다'는 얘기까지 나올 정도다. 사실상의 '생사여탈권'을 쥔 이통사의 힘의 논리에 의해 모바일게임업체들은 제대로 기를 펴지 못했다.

이젠 '콘텐츠 파워'가 이통사의 생사를 가늠하는 시대가 됐다. 양질의 콘텐츠를 양산하는 콘텐츠 프로바이더(CP)들이 없이는 무선 인터넷 시장에서 금방 도태되고 만다. 콘텐츠의 힘이 이 시장의 서열을 송두리째 바꿀 수 있을 정도로 폭발력이 있다는 것은 애플이 이미 입증한 바다. 애플은 전세계에서 토해내는 방대한 어플리케이션을 바탕으로 세계 무선 인터넷 시장을 완전히 장악했다.

상생이 강조되는 시대에도 여전히 갑과 을의 관계에 집착하는 국내 이통사들과는 기본적인 마인드가 다르다. 콘텐츠 중심 시대를 맞아 CP들이 진정한 동반자란 이통사들의 인식 전환이 절실하며, 그 시작은 CP들과 윈윈할 수 있는 합리적인 수수료 조정뿐이다.

2011. 10. 10

모바일 컨소시엄의 과제

얼마 전 정부는 모바일 게임 글로벌 퍼블리싱 사업을 추진하기 위해 게임빌과 컴투스 컨소시엄을 선정해 발표했다. 영세한 환경에서 징가(Zynga)와 같이 강소(強小)기업을 비전으로 삼고, 날밤을 새며 개발에 열중하고 있는 중소 스마트폰 게임 개발사들에겐 단비와 같은 소식이다.

게다가 수익배분도 개발사와 퍼블리셔가 80:20으로 한다고 하니, 기존의 수익배분 구조나 해외 퍼블리셔의 수익배분 구조와 비교하여 월등하게 나은 조건임에는 틀림없다.

스마트폰의 등장으로 새로운 게임 시장이 탄생하고 이용자층도 확대되었지만, 경쟁은 국경 없는 무한경쟁으로 변화되었다. 현재까지 시장 상황은 좋은 편이지만 무한경쟁으로 인해 오픈 마켓에 출시되는 게임이 하루에 60~70개쯤 되다 보니, 재미있는 게임의 개발도 중요하지만 어떻게 게임의 존재를 알리는가가 더욱 중요하게 되었다.

그동안 사업의 목표가 좋더라도 성과가 좋지 않은 지원 사업이 많았다. 비전은 거창한데, 성과는 미미한 용두사미의 지원 사업이 많았다는 것이다. 이번 사업을 성공시키기 위해서는 글로벌 서비스 플랫폼(GSP) 사업을 꼼꼼하게 벤치마킹할 필요가 있다. 성공적인 지원 사업을 하려면 담당자의 근속 기간이 보장되어 노하우가 쌓여야 한다.

또 담당자는 열정을 갖고 중소개발사의 목소리에 늘 귀를 기울이면서 현장과 가까워져야 한다. 게임빌과 컴투스도 자신들의 이익 추구에만 급급해하지 말고, 이번 기회를 한국의 게임들이 글로벌 시장에서 시장 점유율을 높이고 선점 효과를 계속 유지할 수 있도록 다각적인 노력을 기울여야 한다.

중소게임 개발사들은 이 사업의 관리가 효과적으로 될 것인가에 대해 우려하고 있다. 이와 같은 우려를 불식시키기 위해 컨소시엄측은 중소개발사들에게 감사권한과 상시 아이디어 제공 창구를 만들어야 할 것이다. 마지막으로 퍼블리셔와 중소 게임개발사가 상생하기 위해 가장 중요한 것은 신뢰다.

신뢰는 서로 이해할만한 수익배분 구조와 상호간 성실한 대응에서 나오기 마련이다. 또 본 사업이 궤도에 성공적으로 올라가기 위해서 체계적인 게임의 재미 품질 관리, 우수한 현지화(번역 및 게임의 현지화), 그리고 효과적인 홍보와 마케팅 등이 수반되기를 기대한다.

2011. 10. 15

오픈 마켓 활성화 기대 크다

애플이 마침내 국내 오픈 마켓의 게임 카테고리를 열었다. 사전등급심의를 이유로 게임 카테고리를 폐쇄한 지 1년 7개월 만이다. 그동안 애타게 게임 카테고리가 열리기 만을 손꼽아 기다려온 국내 모바일 업체들은 오랜 가뭄에 단비를 만난 듯 반기고 있다.

늦은 감이 없지 않지만 이제라도 애플 앱스토어에 게임 카테고리가 열린 것은 업계의 입장에서 볼 때 매우 다행스러운 일이라고 할 수 있다.

업계에서는 그동안 국내 시장만 바라보지 않고 해외시장을 먼저 개척하는 등 만반의 준비를 해 왔다. 하지만 해외 매출도 중요하지만 국내 시장을 먼저 활성화시키는 것도 중요한 과제였다. 이제는 해외 서비스 경험을 바탕으로 국내 시장 개척도 활발히 이뤄질 것으로 기대해 본다.

국내 게임 카테고리가 열렸다는 것은 국내 업체뿐만 아니라 외국 업체들에게도 새로운 시장이 열린 것을 의미한다. 이제 스마트폰 게임은 좁은 내수시장이 아니라 드넓은 글로벌 시장을 무대로 전개되는 양상을 보이고 있다. 이 때문에 해외에서 히트한 작품들이 국내에서 서비스되는 경우도 크게 늘어날 것이다.

국내 업체들도 이와 같은 상황을 인식하고 경쟁력 강화를 위해 더욱 노력해야 할 것이다. 또 규모의 싸움으로 변화되며 중소업체들이 시장에서 도태되는 상황도 우려된다. 이미 자리를 잡은 주요 모바일 업체들과 영세 업체들이 서로 손을 잡고 시장을 개척해 나가는 노력도 필요할 것이다.

마지막으로 정부에서도 발전가능성이 무한한 모바일 시장에서 국내 업체들이 보다 나은 경쟁력을 갖출 수 있도록 정책 개발과 시장 개척 등에 지원을 아끼지 말아야 할 것이다.

2011. 11. 22

모바일 소액 결제 문제 많다

스마트폰의 보급이 무서운 속도로 늘어나면서 부작용도 하나둘 터져 나오고 있다. 이 가운데 너무 쉽게 이뤄지는 소액결제가 많은 문제를 일으키고 있다.

애플 아이폰의 경우 유료 게임 캐시 결제에 비밀번호 장치를 도입하고 있지만 안드로이드 등 타 OS기반의 스마트폰에서는 아무런 보안 장치를 마련하고 있지 않아 피해가 확산되고 있다고 한다.

이처럼 문제가 발생하고 있는 것은 유료 캐시 결제가 비밀번호나 인증번호 없이 몇 번의 터치만으로 쉽게 이뤄지기 때문이라고 한다. 현재 스마트폰 게임 유료 캐시 결제는 게임 내에서 구매 동의 확인만 하면 비밀번호나 인증 번호 절차 없이 바로 가능하도록 돼 있다. 이를 모르는 게임 이용자들이 무심코 화면을 눌러보다 바로 결제가 돼 당황하는 상황에 놓이게 되는 것이다.

이와 같은 사례로 인해 매주 콘텐츠분쟁조정위원회를 통해 30건 이상의 스마트폰 게임 피해 조정이 이뤄지고 있다. 업계에도 직접 환불을 요청하는 이용자들이 크게 늘어나고 있다고 한다.

결국 소비자 피해가 늘어나면서 업체들도 이로 인한 보상으로 불편을 겪고 있는 셈이다. 이 때문에 스마트폰에도 유료 아이템을 결제하기 위해서는 까다로운 인증 절차를 넣어야 한다는 주장이 커지고 있다. 애플의 경우 게임을 포함한 모든 애플리케이션을 결제할 때 비밀번호를 넣도록 하고 있다. 이로 인해 사용자들은 구매에 신중을 기할 수 있다. 하지만 많은 사용자들이 이용하고 있는 T스토어 등 국내 오픈 마켓에서는 이러한 인증 절차가 생략돼 있는 것이 문제다.

최근 청소년들도 스마트폰을 많이 구매하고 있어 이대로 방치한다면 선의의 피해자가 속출할 수밖에 없다. 모바일 게임업체와 이통사들은 이제라도 문제의 심각성을 인식하고 신속하게 해결책을 내놔야 할 것이다.

2012. 02. 12

스마트폰 콘텐츠 분쟁 대책 있나

스마트 디바이스, 특히 스마트폰 보급이 급속하게 이루어지면서 관련 산업 역시 급성장을 거듭하고 있다. 작년 말 현재 국내 스마트폰 사용자는 2000만 명을 돌파했다. 전체 가입자가 5000만 명이니 40%의 가입자가 스마트폰을 사용하고 있는 것이다. 스마트 디바이스의 보급과 함께 콘텐츠 산업도 다시 한번 성장의 탄력을 받고 있다.

모바일 게임 회사인 컴투스의 경우 지난 1분기 실적은 매출 112억 원으로 전년동기 대비 54%가 증가했다. 특히 스마트폰 게임 매출이 92억 원으로 전년동기 대비 183% 증가한 것은 스마트 디바이스의 보급에 따른 콘텐츠의 성장을 입증하고 있다.

이러한 스마트 콘텐츠의 성장에 그림자를 드리우는 부작용 역시 급증하고 있다. 콘텐츠분쟁조정위원회의 발표에 의하면 '콘텐츠의 거래 및 이용에 관한 분쟁'은 작년에만 626건이고, 2012년에는 5월 현재 952건으로 총 1578건이나 되는 분쟁이 접수됐다. 분쟁 중 가장 많은 부분을 차지하는 것이 모바일 게임 콘텐츠이다. 가장 많은 분쟁 원인은 결제 취소와 환불 요청(69%), 다음으로는 게임 계정 압류에 대한 이의 제기(16%), 당해 사이트의 기술적 보호 조치 미비(8%)에 대한 불만 순이었다.

이러한 분쟁은 사용자의 권리 보호와 산업 발전이라는 양 측면에서 경각심을 기울일 필요가 있다. 특히 많은 경우가 자녀의 과다 콘텐츠 구매에 대한 취소 요구라고 생각할 수 있다. 어린 자녀들이 자신이나 부모의 스마트폰을 사용해 콘텐츠를 구매하고, 부모들이 월말에 청구된 결제 금액을 보고 당황하게 되는 경우이다.

물론 이미 구입해 사용한 콘텐츠에 대해 환불해 주어야 하는가에 대해서는 논란의 여지가 있다. 그러나 소비자 보호, 특히 청소년의 보호라는 측면에서는 대책을 시급히 강구할 필요가 있다. 적어도 구입 과정에서 인증을 강화하는 방법을 통해서 실구매자를 확인하거나, 환불 요구에 적극적으로 대처할 필요가 있는 것이다. 소비자 보호와 산업 발전은 따로 가는 것이 아니다.

2012. 05. 31

모바일 게임의 국경 없는 전쟁

일본 모바일 게임업체들의 국내시장 공략이 본격화되고 있다. 연 매출 2조 원 대를 자랑하는 세계 최대 모바일 게임업체 디엔에이(DeNA)가 이미 포털 다음과 손잡고 국내에 진출했으며 2위 업체 그리(GREE)도 활발히 움직임을 보이고 있다.

이들 뿐만 아니다. 캡콤 등 콘솔업체들도 LGU, SK플래닛 등과 제휴를 맺은 데 이어 세가 역시 디엔에이를 업고 국내에 진출했다. 한마디로 파상적인 공세다.

일본 업체들의 모바일 게임 시장 공략이 본격화되면서 국내 업체들도 바짝 긴장하고 있다. 현재의 모바일 게임 시장은 과거처럼 이동통신서비스업체들이 꽉 틀어쥐고 있는 폐쇄적인 시장이 아니다. 누구나 스마트폰의 오픈 마켓을 이용해 게임을 서비스할 수 있는 개방화 시대를 맞이하고 있는 것이다.

이 때문에 일본만이 아니라 유럽과 미국 등 모바일 선진국들이 언제라도 우리 시장을 넘볼 수 있는 상황이 됐다. 그렇다고 해서 국내 모바일업체들이 속수무책으로 일본 등 외국업체들에게 당할 것으로 보는 사람은 많지 않다. 모바일의 경우 세계 어디에 내놔도 뒤지지 않을 만큼 탄탄한 경쟁력을 갖고 있기 때문이다.

그러나 자만해서는 안된다. 지금 국내시장 공략의 포문을 연 디엔에이나 그리 등 일본 모바일업체들은 자금력이나 기술, 운영 노하우 등에서 우리 업체들에 절대로 뒤지지 않는다. 다만 한국이라는 특수한 상황에 어떻게 적응할 것인가가 숙제로 남아 있을 뿐이다.

이 때문에 국내 업체들은 더욱 경쟁력을 높이는 한편 그들과의 경쟁에서 살아남을 수 있는 묘책을 준비해야 할 것이다.

승부수는 국내 유저들에게 달렸다고 봐야 한다. 우리나라는 유독 한국적인 것에 강한 자부심을 갖고 있는 독특한 시장이다. 세계적인 포털과 검색엔진도 우리나라에서는 맥을 추지 못하고 있다.

게임도 마찬가지다. 국내 시장을 철저히 지켜 나가며 오히려 일본과 미국 등 외국시장에 적극적으로 진출하는 글로벌 전략을 더욱 강화한다면 위기를 기회로 바꿔 놓을 수 있을 것이다.

2012. 10. 11

벤처 정신 되살린 '팡류' 게임

최근 모바일시장에서 '애니팡'과 '캔디팡'이 돌풍을 일으키고 있다. 한마디로 '팡류'의 전성시대인 것이다.

이들 게임은 모두 카카오톡의 게임하기 서비스를 통해 한 두 달 사이에 급속히 퍼져나가면서 연일 신기록 행진을 이어가고 있다. '애니팡'의 경우 지난 추석연휴 기간에 하루 1000만 명이 이 작품을 즐긴 것으로 집계됐다. '캔디팡'은 단 일주일 만에 누적 다운로드 600만 명이라는 경이로운 기록을 세웠다.

이 두 작품의 성공으로 인해 개발사도 시장의 주목을 받고 있다. '애니팡'의 개발사인 선데이토즈와 '캔디팡'의 개발사인 위메이드의 몸값이 크게 올라간 것은 말 할 것도 없다.

이들 '팡류' 게임의 돌풍은 시장에 신선한 바람을 불러오고 있다. 한동안 사그라들었던 '벤처기업의 신화'가 다시 한번 살아나는 것 아니냐는 기대까지 나오고 있다.

선데이토즈는 2년 전 '아쿠아스토리'라는 SNG게임을 개발해 서비스하면서 이름을 알린 벤처 기업이다. 이 회사는 PC를 기반으로 하는 '아쿠아스토리'로 대 성공을 거뒀지만 SNG게임에 적합한 수익모델을 만들지 못해 큰 재미를 보지는 못했다. 그러다가 모바일로 방향을 전환하면서 이번에 '애니팡'으로 대히트를 기록, 명성과 돈을 한꺼번에 쥐게 됐다.

또 위메이드도 온라인 게임 개발사라는 한계를 벗어나기 위해 모바일전문 개발사를 설립하는 등 적극적인 노력에 나서 '캔티팡'을 내놓아 히트게임의 반열에 올려놓았다.

두 기업은 성격은 다르지만 모바일 분야에서는 초보라는 공통점을 갖고 있다. 그럼에도 이처럼 대박을 터뜨릴 수 있었던 것은 그들에게 벤처 정신이 살아있었기 때문이다.

벤처는 새로운 것에 도전하고 한 발 앞이 아니라 열 발 앞을 내다보는 통찰력을 필요로 한다. 한 동안 국내 게임업계에는 이러한 도전과 통찰이라는 에너지가 사라졌었다.

남들이 잘 하는 것, 성공이 확인된 것에만 몰려들어 아우성을 쳤다. 하지만 시장은 이미 잘 알려진 작품에 눈길을 주지 않는다. 새롭고 도전적인 작품에 관심이 쏠리는 것이다.

'팡류'의 히트는 많은 것을 시사한다. 게임의 세계는 끝이 없다는 것이다. 낡고 단순한 것에 새로운 커뮤니티라는 요소를 씌워버리면 전혀 다른 작품으로 탄생한다.

'팡류'의 돌풍이 게임계에 다시 한번 벤처 정신을 뜨겁게 불어넣어 주길 바란다.

2012. 10. 23

日 모바일 게임 공세 거세다

최근 들어 일본의 모바일 게임업체들의 국내 시장 공략이 한층 가속화되고 있다. 단순히 작품을 출시하는 것을 넘어서 지사를 설립하고 국내에서 작품을 개발하는 등 매우 적극적인 모습을 보이고 있는 것이다.

지금까지 국내에서 가장 적극적인 모습을 보여주고 있는 일본 모바일게임 업체들은 그리 · 게임팟 · 구미 · 세가네트웍스 등을 꼽을 수 있다. 이들 업체는 지난해 지사 설립을 통하거나 국내파트너와 함께 TCG 작품들을 내세워 국내에 교두보를 확보한 데 이어 올해부터는 자체 개발 작품을 속속 출시하는 등 보다 공격적인 움직임을 보이고 있다.

모바일게임 시장은 과거 폐쇄적이었던 것에서 벗어나 이제는 국경을 넘나드는 오픈 마켓으로 변하고 있다. 이로 인해 작품성이 뛰어난다면 세계 어디에서나 인기를 끌고 자리를 잡을 수 있는 토양이 만들어진 것이다. 이 때문에 최근 일본산 모바일 게임들이 국내 시장에서 좋은 성과를 거두고 있다고 할 수 있다.

하지만 일본산 모바일 게임의 공세를 부정적인 것으로만 볼 필요는 없을 것이다. 이미 시장이 개방됐고 피할 수 없다면 미리미리 경험해 보는 것이 더 좋을 것이기 때문이다. 빗장을 걸어 잠그고 '우리만의 리그'를 계속하는 한 국내 업체들의 글로벌 경쟁력을 계속해서 뒤쳐질 수 밖에 없다. 그보다는 문을 활짝 열어놓고 "누구라도 오라. 다 상대하겠다."는 당당한 태도가 필요하다.

일본 모바일 게임의 범람이 반가울 리는 없지만 그렇다고 무조건 피할 수도 없는 일이다. 우리도 일본 모바일게임을 통해 배울 것은 배우고 또 극복해 나가야 할 것은 극복해야 한다. 우리에게는 그럴 만한 저력이 있고 능력도 있다고 본다.

그리고 나서 우리 게임을 들고 일본시장에도 진출하고 중국과 유럽, 미주 시장에도 진출해 좋을 성과를 거둬야 할 것이다.

2013. 04. 09

모바일 게임 중국 진출 지금이 기회

외국 업체들에 대해 유난히 배타적이고 진입하기 어려운 유통구조를 갖고 있는 모바일 게임 시장은 중국이다. 그런 중국 모바일 게임 시장이 서서히 빗장을 풀고 있다.

중국 모바일 게임 시장이 무섭게 성장하고 있을 뿐만 아니라 블랙 마켓과 복제, 해킹 등으로 정상적인 판매가 어려웠던 시장도 빠르게 정상화되고 있다는 것이다.

이러한 기회는 우수한 기술력을 갖고 있는 국내 모바일 게임 업체들에 큰 기회라 할 수 있다. 이와 같은 분위기로 인해 벌써부터 '중국 골드러시' 현상이 벌어지고 있다.

그러나 중국 시장은 결코 만만한 시장이 아니다. 환경이 많이 좋아졌다고는 하나 아직도 수많은 블랙 마켓과 불법 복제가 판을 치고 있기 때문이다.

또 중국 시장이 워낙 폐쇄적일 뿐만 아니라 중국 모바일 게임업체들이 무서운 속도로 우리 기술을 따라잡고 있어 성과를 내기가 쉽지 않을 것이란 전망도 없지 않다.

그러나 지금과 같은 상황이 분명 국내 업체들에 모처럼 찾아온 기회인 것만은 분명하다. 과거에는 물에 빠져도 손에 잡을 만한 것이 없었지만 이제는 나무 뿌리라도 잡을 수 있는 상황이 된 것이다. 그렇다면 이런 기회를 적극 활용해 새 수출 시장으로 키워 나가야 한다.

그러기 위해서는 믿을 만한 중국의 현지 퍼블리셔를 찾아 그들과 함께 머리를 맞대고 고민하며 시장을 내다보는 힘을 키워야 한다. 중국 게임시장 전문가들은 지금 주어진 기회를 한껏 활용하면 한국 모바일 게임 업체들이 큰 성과를 거둘 수 있을 것으로 보고 있다.

중국에서 한국 모바일 게임이 제대로 성과를 거두기 위해서는 업체 뿐 아니라 우리 정부에서도 적극적인 지원에 나서야 한다. 또 모바일업체들도 서로 정보를 공유하고 큰 업체가 작은 업체와 함께 동반 진출하는 등 다양한 진로방안을 마련해야 한다. 이와 같은 노력이 있어야만 '황금시장'에서 제대로 된 물고기를 낚을 수 있을 것이란 점이다.

2013. 06. 10

카톡게임 1周 ··· 상생의 길 찾아야

카카오는 무료 메신저 서비스 '카카오톡'을 통해 이름을 널리 알리는 데에는 성공했지만 몇 년 동안 수익 모델이 없어서 막대한 적자에 허덕였다. 이를 벗어나 보려고 몇몇 수익 모델을 시장에 내놨지만 성과는 별로 없었다.

그러다가 지난해 7월 '카카오 게임하기'라는 게임 유통 플랫폼을 오픈하면서 상황은 180도 달라졌다. 그야말로 '노다지'를 캔 것이다.

카카오 게임은 불과 1년 만에 모바일 게임을 장악하며 가장 강력한 유통 플랫폼으로 자리잡았다. 카톡 게임은 론칭 1년 만에 누적 가입자 수 3억명을 돌파했고, 카카오 게임을 하나 이상 설치한 이용자도 3000만명을 넘어서며 카톡 게임은 모바일 게임 시장의 대표적인 플랫폼으로 자리 잡았다.

카톡 게임은 론칭 당시 7개 파트너와 10개 게임으로 시작해 현재 99개 파트너와 180여 개 게임을 제공하며 무려 18배의 성장을 보여주고 있다.

그러나 카톡 게임이 던져준 어두운 그림자도 만만치 않다고 할 수 있다. 이는 수수료의 이중 부담으로 개발사와 퍼블리셔의 수익이 크게 줄어들었다는 것이다. 개발사는 구글이나 애플 등에 30%를, 카카오에 또다시 21%를 떼어주고 나면 49%만 자기 몫으로 챙기게 된 것이다.

개발사와 퍼블리셔가 있을 때는 이 몫이 다시 절반으로 줄어든다. 개발사가 전체 판매 금액의 25%만 가져간다는 구조는 너무 열악한 수익구조라고 할 수 있다.

카카오가 비록 모바일 게임의 영역을 넓히고 파이를 키웠다고 해도 이처럼 과다한 비용을 지불하게 만들어서는 안 된다. 수수료의 인하는 선택이 아닌 필수로 이뤄져야 할 것이다. 그것이 모바일 게임 시장 전체를 살리고 롱런할 수 있는 지름길이다.

1년이라는 짧은 시간에 카톡 게임이 자리잡을 수 있었던 것은 개발사들이 존재했기 때문이다. 이들이 살아갈 수 있는 토양을 없애 버린다면 더 이상 카카오도 존재할 수 없게 된다. 함께 살아갈 수 있는 상생과 윈윈 전략이 조속히 마련돼야 함은 두말할 나위 없다 할 것이다.

2013. 08. 05

컴투스 15주년 의미 매우 크다

모바일 게임 1세대인 컴투스가 지난 7월 말 창립 15주년을 맞았다. 박지영 대표가 대학생 시절 모바일 게임의 미래를 보고 회사를 창업한 이후 15년의 세월이 흐른 것이다.

박 대표는 15년 간 한 우물을 파면서 우리나라 모바일게임의 역사를 만들어 왔다. 과거 피처폰 시절부터 지금의 스마트폰까지 그는 수많은 역경을 헤치고 도전을 거듭하며 컴투스를 세계적인 기업으로 세워 놓았다.

컴투스는 이제 연 매출 1000억 원 달성이라는 꿈을 눈 앞에 두고 있다. 과거 피처폰 시절에는 감히 상상할 수도 없는 일이 벌어지고 있다. 이처럼 컴투스가 성장할 수 있었던 것은 박 사장을 중심으로 컴투스 임직원들이 밤을 지새며 작품을 개발하고 또 개발하며 시장에 끊임없이 도전했기 때문에 가능한 일이었다.

이러한 도전 정신은 지금도 컴투스를 이끌어가는 원동력이 되고 있다. 이 회사는 스마트폰 시대로 넘어와서도 적지 않은 히트작들을 배출하면서 당당하게 자리를 지키고 있다. 특히 최근에는 글로벌 시장에서도 뛰어난 실적을 올리며 또 한 번 비상의 나래를 켜고 있다.

지금 모바일 시장은 국경의 의미가 없을 정도로 숱한 글로벌 기업들과 경쟁이 치열하게 전개되고 있다. 또 대형 온라인 게임 업체들도 모바일 시장에 뛰어들면서 그야말로 '춘추전국시대'가 되고 있다.

이러한 와중에 한 우물만을 파 왔던 컴투스가 15주년을 맞고 또 창사 이래 최대 매출이 예상되는 등 성장을 계속하고 있다는 것은 많은 의미를 던져주고 있다고 할 수 있다. 한 우물을 판다고 해서 한 자리에 머물러 있다면 절대로 이러한 성과를 거두는 것이 불가능하다.

한 우물을 판다고 하지만 다양한 지역을 개척하고 참신한 작품을 개발하려는 노력이 필요한 것이다.

컴투스는 창립 20주년에도, 30주년에도 한 우물을 파고 있을 것이다. 그러나 그 모습은 또 지금과는 많이 달라져 있을 게 분명하다. 컴투스가 세계 게임시장을 주름잡는 모습으로 우리 앞에 당당히 설 것이 확실하기 때문이다.

2013. 08. 13

모바일 게임계 도덕적 해이 심각

영화, 음악 등 콘텐츠 업계에서 표절 문제는 매우 민감한 사안이다. 이 때문에 표절 시비에 휘말리면 작품을 폐기하거나 가수가 활동을 중단하는 등 상당히 강력한 조치가 뒤따르게 된다.

그런데 게임업계의 경우 이러한 표절이 어느 정도 인정되는 분위기다. 이 때문에 유명 업체들도 아무런 죄의식 없이 타 업체 또는 타인이 개발한 작품을 모방하고 표절하는 사례가 자주 일어난다.

그렇다 보니 게임업계에서는 자기 작품의 독창성을 지키기 위해 노력하다 흥행에 실패하는 개발자는 바보라고 손가락질을 받지만 적당히 알려진 것들을 베껴서 흥행에 성공하는 개발자가 더 인정을 받는 분위기가 만들어 진다. 도덕적인 불감증이 산업 전체에 퍼진 것이다.

최근 선데이토즈가 내놓은 '애니팡2'가 영국 개발사의 '캔디크러쉬사가'를 그대로 표절했다는 지적이 이슈가 되고 있다. 그런데 선데이토즈 측은 법률적인 검토를 해봤지만 문제가 없다며 당당한 모습을 보여주고 있다. 법적으로 할 테면 해 보라는 식이다.

이 작품의 표절 여부를 가리기 위해서는 '캔디크러쉬사가' 개발사인 킹닷컴이 법원에 제소를 해야 하고 상당한 시일이 걸릴 수밖에 없다. 그리고 최종 판결이 날 때면 '애니팡2'는 이미 시장에서 재미를 볼 만큼 보고 유저들의 기억 속에서 잊힌 다음이 될 게 뻔하다.

이러한 이유로 인해 게임계에서 남의 작품을 표절하는 사례가 끊이지 않고 있다. 그러나 중요한 것은 표절 시비를 일으켰던 업체들이 결국에 가서는 유저들에게 외면을 당한다는 것이다.

지금의 성공에 안주하거나 쉽게 성공하기 위해 편한 것만 찾게 될 경우 그 기업은 경쟁력을 잃게 된다. 뼈를 깎고 피를 토하는 심정으로 작품을 창작해야 하는데 이러한 핵심이 빠져버리면 빈껍데기만 남게 된다.

게임업체에는 끊임없는 도전정신이 요구된다. 모방과 표절이 아니라 새로운 것, 참신한 것이 생명력인 것이다. 지금 표절을 통해 재미를 봤다고 하는 것은 내일의 미래가 어둡다는 것을 의미한다. 우리 게임업체들은 좀 더 멀리 내다볼 줄 아는 지혜를 배워야 한다. 표절은 한마디로 도둑질이다.

2014. 01. 28

기형적인 모바일 유통 구조 개선해야

최근 게임시장은 모바일 게임 천하라고 해도 과언이 아닐 정도다. 날마다 새로운 작품들이 시장에 쏟아져 나오고 있다. 이로 인해 한때 '온라인 게임 종주국'이라는 말을 들으며 산업을 주도했던 온라인게임에 대한 관심이 싸늘하게 식어가고 있다.

그런데 모바일 게임 시장을 들여다보면 뜨거운 관심과는 다르게 여기저기에서 죽겠다는 아우성 소리가 끊이지 않고 있다. 그 이유는 매출액의 50%가 유통 플랫폼에 수수료로 지불되는 기형적인 구조 때문이다.

이로 인해 '재주는 곰이 부리고 돈은 왕서방이 번다'는 속담처럼 개발사와 퍼블리셔들은 흥행에 성공해 놓고도 당장 내일을 걱정해야 하는 처지로 전락해 버렸다. 그럼에도 불구하고 모바일 게임 업체들은 울며 겨자 먹기 식으로 구글과 애플에, 그리고 카카오에 막대한 수수료를 내고 있다. 그들이 기댈 만한 유통 채널이 없는 까닭이다.

그런데 최근 네이버가 '밴드' 서비스에 게임을 추가하겠다고 밝히면서 모바일 업체들은 한 가닥 희망을 갖게 됐다. 물론 밴드 게임 역시 일정 부분의 수수료를 요구하고 있지만 타 플랫폼에 비해서는 상당히 낮은 수준이기 때문에 그만큼 수익성이 좋아질 것으로 기대하는 눈치다.

네이버는 밴드 게임의 수수료를 14%로 정했다. 물론 구글과 애플에 떼어주는 30%는 별도다. 그렇다 하더라도 단 1%가 아쉬운 상황을 감안하면 큰 이득을 줄 수 있다고 봐야 한다.

유통 플랫폼을 서비스하는 업체들은 나름대로 수수료에 대한 근거를 주장하고 있다. 그들의 말이 타당하기도 하지만 어찌 보면 고속도로를 내 놓고 통행료를 받는 것이라고 볼 수 있다.

도로 건설비가 충분히 나왔다면 그 다음부터는 통행료를 내려서 그곳을 이용하는 사람들의 부담을 덜어주는 것이 상식이다. 구글과 애플, 그리고 카카오도 마찬가지다. 그동안 벌어들인 막대한 수수료만으로도 충분히 본전을 뽑고도 남았을 터이다. 그렇다면 이제부터는 중소업체들도 함께 살 수 있도록 수수료를 인하하는 방안을 적극 고려해야 한다는 것이다.

많은 업체들에서 좋은 작품들이 많이 개발되어야 유통도 힘을 받을 수 있다. 수퍼갑으로서 권리만 주장할 것이 아니라 이제는 함께 산업의 지평을 넓히고 건강하게 만들어 줄 수 있는 공생 방안도 필요한 것이다.

2014. 04. 08

고평가된 신생 모바일업체들

산업계의 역사를 보면 시대가 변하면서 한 때 잘 나갔던 업종이 소리 소문 없이 사라지거나 한 때 별 볼일 없이 취급당하던 업종이 최고의 자리에 오르는 일이 비일비재하다. 산업의 발전도 시대에 따라 변하는 것이다.

이처럼 주력 산업은 바뀌고 변하기 마련이다. 게임도 마찬가지다. 20여년 전 초창기에는 PC패키지 게임이 주류를 이뤘다. 그 이후 온라인 게임이 급속도로 커지기 시작했고 이제는 모바일게임이 대세를 이루는 것처럼 보인다.

때문에 투자자들과 정부의 관심이 온통 모바일로 쏠리고 있다. 특히 몇몇 신생업체들의 경우 그 성과에 비해 너무 과대평가됐다는 지적이 나오고 있다. '애니팡'이라는 작품 하나로 스타덤에 오른 선데이토즈의 경우가 대표적이다.

이 업체는 2년 전 카카오의 게임하기 서비스가 시작될 때 '애니팡'을 론칭시켰다. 이 작품은 간단한 방식의 퍼즐게임으로 순식간에 여성과 중년층의 눈길을 사로잡으며 '국민게임'으로 불릴 정도로 큰 인기를 끌었다. 그리고 이 업체는 지난해 우회 상장을 통해 코스닥 입성에 성공했다. 현재 이 회사의 시가 총액은 약 5000억 원에 이르고 있다. 올해 코스닥 상장을 추진 중인 네시삼십삼분의 경우에도 '활' '블레이드' 등 한 두개 작품의 성공에 힘입어 기업가치를 높게 평가받고 있다.

지금은 이들 모바일 업체들이 시대의 흐름에 따라 상당히 후한 평가를 받고 있지만 향후 5년 후에도 이러한 평가가 계속될 것이라고 장담하기는 힘들다. 이 때문에 지금 잘 나가고 있는 모바일 업체들에 대한 평가가 제대로 이뤄져야 한다고 전문가들은 지적한다.

그럴 경우 오히려 게임빌이나 컴투스 등과 같은 10년이 넘은 리딩 기업들이 더 높은 평가를 받게 될 것이다. 그들은 탄탄한 개발력과 함께 글로벌 시장에서 먹히는 마케팅 노하우까지 두루 갖추고 있기 때문이다. 증권가의 성급한 판단과 시류에 편승하는 평가는 오래가지 못한다. 그리고 고평가 받는 기업들에는 오히려 큰 족쇄로 작용할 수 있다. 매출과 영업이익을 좇는 그들의 하수인으로 전락할 수 있다는 점에서 그렇다. 이로 인한 폐해는 적지 않다. 산업이 황폐화되고 문화가 말살된다. 지금 게임업계 환경이 열악해진 까닭도 다 고평가란 금융가에서 제공해 준 독배에 취한 탓이다.

기업 가치 평가가 잘 나오는 데 대해 마다할 사람은 아무도 없다. 하지만 무턱대고 반길 이유는 또 없다고 본다. 그건 나중에 다름 아닌 자신에게 약이 아닌 독이 되어 돌아올 것이 뻔하기 때문이다.

2014. 09. 17

카카오에 던져진 새로운 과제

무료 메신저로 전 국민의 사랑을 받고 있는 카카오의 행보가 거침이 없다. 단순 메신저 사업에서 금융 유통 분야에 이르기까지 사업 영역이 크게 확대되고 있는 것이다. 이 회사는 한 때 지출은 눈덩이처럼 커지는 데 수입은 거의 없어 존폐의 기로에서 고민해야 하는 등 어려움을 겪기도 했다.

이 회사는 고민 끝에 '카카오 게임하기'라는 플랫폼을 추가했다. 서로 친구로 연결된 이용자들이 게임을 함께 즐기도록 한다는 것이다. 이 서비스는 단순하면서도 편리한 기능으로 인해 단 시일에 모바일 게임 시장에 파란을 일으키며 절대 강자의 자리에 우뚝 섰다.

그리고 최근 들어서는 소액 결제 등 금융 유통 분야로 사업 영역을 넓혀가고 있다. 이와 같은 움직임을 보면 마치 재벌 기업들의 '문어발식 사업 확장'과 매우 유사해 보인다. 가장 큰 논란의 불씨는 용역을 받은 업체들의 게임을 서비스하면서 챙겨가는 21%의 수수료율이다. '카카오 게임하기'가 모바일 게임 시장의 외연을 확장시키고 남녀노소 누구나 게임을 즐길 수 있도록 하는 등 많은 공헌을 한 것은 분명한 사실이다. 하지만 그렇다고 하더라도 매출의 21%를 수수료로 가져 간다는 것은 너무 과하다는 것이 모바일 업계 안팎의 지적이다.

통신사의 입장에서 보면 카카오는 '무임 승차'한 승객이 선내에서 장사를 통해 떼돈을 벌어가는 셈이다. 카카오가 모바일 시장을 위해 투자한 것이 아무것도 없기 때문이다. 무선인터넷 통신망에 '카카오톡'이라는 무료 메신저 서비스를 만들어 운영하는 것이 그나마 전부다. 여기에 게임하기를 통해 게임까지 유통시키고 있다.

그야말로 '땅 짚고 헤엄치는 것'과 다름없다. 그럼에도 불구하고 21%라는 높은 수수료율을 적용하고 있다. 언필칭, 혼자 살겠다는 마인드로는 곤란하다. 물론 카카오가 그동안 모바일 게임 업체들을 위해 기금을 조성하는 등 여러 가지 활동을 해 온 것은 사실이다. 하지만 이는 '언 발에 오줌 누는 것' 정도에 불과하다. 근본적이며 체계적인 지원방안으로 보기에는 역부족이다.

지금이라도 영세 게임업체들의 목소리를 들어 적절한 방안을 제시해야 한다. 적정한 수준으로 수수료율을 인하하고 함께 살아갈 수 있는 상생 방안을 카카오는 마련해야 한다고 본다. 그래야 공룡이 돼도, 나홀로 고속도로를 질주해도 박수를 받을 것이다. 그게 카카오에 던져주는 새로운 과제라 할 수 있다 할 것이다.

2014. 09. 29

모바일 시장의 독 '크랙' 심각하다

모바일 게임 시장이 급성장하면서 새로운 걸림돌이 산업을 좀먹고 있다. 바로 '크랙'을 통한 불법 다운로드 이용자들이다.

대기업들은 그나마 철저한 보안관리로 피해가 적지만 영세한 규모의 소규모 개발사나 인디 개발자들은 '속수무책'을 당하고 있는 실정이다. 이에 따라 '크랙'을 근절시킬 수 있는 대책이 필요하다는 목소리가 높아지고 있다. 과거에도 PC패키지 게임 산업이 '크랙'과 불법 복제로 인해 붕괴된 현상이 다시 되풀이되는 것 아니냐는 우려가 커지고 있다.

크랙은 소프트웨어 사업자가 불법 복제와 유통을 막기 위해 사용한 보안 기술을 깨뜨리는(Crack) 프로그램의 일종이다. 이런 크랙이 모바일 게임으로 재편된 현재에도 다시 나타나 개발자들을 괴롭히고 있는 것이다.

누구나 쉽게 모바일 게임을 만들 수 있게 됨에 따라 크랙을 제작하는 크랙커들 역시 모바일 게임의 파일을 해체해 재조립 하는 식으로 '크랙'버전을 유포하고 있어 문제가 되고 있다.

게임업체들은 이런 크랙 유포를 막기 위해 작품에 다양한 보안코드를 심거나 사설 서버까지 사용해보지만 크랙커들을 막는 것은 어렵다고 호소하고 있다. 특히 중소규모의 개발사들이라면 불가능한 일에 가깝다고 한다. 중소개발사들이 콘텐츠와 게임성에 집중하기도 힘든데 보안까지 신경을 쓰는 것은 어려울 수밖에 없다는 것이다.

이런 상황은 중소기업에만 국한되는 것이 아니다. 대기업의 경우도 모바일 게임의 '크랙' 버전 유포로 심각한 피해를 입고 있다. 대기업의 작품들은 많은 이용자들이 즐기고 있는 만큼 회사 이외에도 작품을 즐기는 선의의 이용자들이 피해를 입을 수 있다는 문제가 있다.

'크랙' 문제가 비단 어제 오늘의 일은 아니다. 과거 PC패키지게임 시장도 '크랙'으로 인해 몰락했다고 해도 과언이 아니기 때문이다. 이러한 비극이 다시 모바일 게임 시장에서 벌어지려 하고 있다.

이와 같은 비극이 되풀이되지 않도록 하기 위해서는 근본적으로 '크랙'을 사용하는 유저들의 인식이 변하는 수 밖에는 없다. 이렇게 되기까지는 많은 시간과 노력이 필요하겠지만 그렇다고 포기해서도 안 될 일이다. 특히 이러한 인식 개선의 노력은 업체만이 아니라 정부도 관심을 갖고 귀를 기울여야 한다. 크랙은 다름아닌 디지털 사회의 암적인 존재이기 때문이다.

2014. 11. 18

파티게임즈의 새출발과 역할

모바일 게임업체인 파티게임즈가 코스닥 시장에 성공적으로 진입하며 새로운 출발에 성공했다. 게임업계 입장에서 선데이토즈와 데브시스터즈에 이어 파티게임즈까지 세 업체가 줄줄이 코스닥에 입성한 것은 반가운 일이 아닐 수 없다.

하지만 시장에서는 이들 업체에 대해 조금씩 우려의 목소리가 나오고 있다. 이는 선데이토즈와 데브시스터즈 등 두 업체를 대표하는 작품이 '애니팡'과 '쿠키런' 한 작품에 그치고 있다는 이유 때문이다. 이로 인해 이 두 업체에 대한 사시적인 시각이 존재하는 건 분명한 사실이다.

이와 같은 전례에 비춰볼 때 파티게임즈 역시 '아이러브커피'라는 작품 하나로 스타덤에 올랐다는 점에서는 두 업체와 비슷한 모습이다. 물론 이 회사는 앞선 두 업체와 달리 '아이러브커피' 뿐만 아니라 '아이러브 파스타' '숲속의 앨리스' 등 잇따라 내놓은 신작들이 좋은 반응을 얻고 있어 분명 차이가 있다.

또 이 회사의 강점은 이대형 대표가 개발자가 아닌 마케팅 전문가로서 오랫동안 글로벌 비즈니스를 해 왔다는 점을 들 수 있을 것이다. 이 회사가 상장에 앞서 중국 등 해외시장 공략을 강화하겠다고 천명한 것도 국내 시장에 만족하지 않고 더 큰 시장으로 나가겠다는 진취적인 모습으로 비춰지고 있다.

그럼에도 불구하고 이 회사에 당부하고 싶은 것은 코스닥상장 기업으로서 산업계 발전을 위해 제대로 된 역할을 해야 한다는 것이다. 그동안 많은 게임업체들이 작은 개발사에서 시작해 코스닥상장이라는 꿈을 이뤘다. 하지만 대부분의 업체들이 그 열매를 나홀로 누려 왔다는 데 문제가 있다.

한 업체가 성공하기 위해서는 수많은 제조건들이 필요하다. 산업인프라도 필요하고 정부와 관련업체들의 도움도 절실히 필요하다. 이러한 제반 여건을 무시하고 '내가 잘해서 성공했다'고 생각하는 것은 숲을 보지 못하는 어리석음이라고 할 수밖에 없다.

'독불장군'의 성공은 그리 오래가지 못한다. 지금 게임계는 그 어느 때보다 힘든 시기를 보내고 있다. 이 때문에 홀로 나서기보다는 함께 힘을 모아 어려움을 극복하는 지혜가 어느 때보다 절실할 때이다. 이를 위해 파티게임즈가 바람직한 협력 모델을 제시해 주기를 당부한다. 산학 모델이든 산산 모델이든 다 좋다. 파티게임즈가 좋은 기업으로 산업계에 자리매김하길 기원한다.

2014. 12. 01

모바일 게임의 쏠림 현상

스마트폰이 폭발적으로 보급됨에 따라 전체 휴대폰 중 80%가 성능이 빼어난 스마트폰 차지가 됐다. 불과 수년 사이에 엄청난 속도로 불어난 것이다. 이에 따라 스마트폰에서 이용할 수 있는 모바일게임 시장도 덩달아 무섭게 성장하고 있다. 청소년만이 아니라 여성과 중장년층도 스마트폰을 통해 게임을 접하고 즐기는 게 현실이 됐다.

이렇다 보니 마치 게임 시장이 '모바일 천하'로 바뀐 것처럼 느껴진다. 말 그대로 너도 나도 모바일 게임이다. 그러다 보니 온라인게임 업체들은 상대적인 박탈감에 빠져 있다. 주식 시장에서도 모바일 게임 하나가 떴다 하면 그 회사의 주식이 단박에 상한가를 치는 등 열풍이 불고 있다. 그런데 '카카오톡 게임하기' 등을 통해 폭발적으로 성장한 모바일 게임 시장을 지켜보며 많은 전문가들은 걱정의 눈빛을 거두지 못하고 있다. 너무 갑작스럽게 모바일 게임 시장이 커진 탓도 있지만 과연 모바일 게임 열풍 바람이 이처럼 계속될 것인가에 대한 불안감과 의문이 제기되고 있기 때문이다.

벌써부터 모바일 게임에 피로감을 느끼는 사용자들이 많아지고 있다. 작은 화면에서 구동되는 게임의 퀄리티가 아무리 뛰어나다 해도 PC나 TV화면에서 보여지는 퍼포먼스를 따라간다는 것은 무리다. 또 비슷비슷한 작품들이 이름만 바꿔서 나오게 되면서 식상해진 이용자들이 눈길을 돌리고 있다. 또다른 걱정은 모든 관심이 모바일로 쏠리면서 우리가 자랑해왔던 온라인 게임에 대한 투자와 관심이 크게 줄고 있다는 점이다. 전문가들은 온라인 게임이 사양길에 접어들었다는데 대해 동의하지 않고 있다. 온라인 게임은 분명한 영역을 지니고 있으며 그 나름대로 발전해 나갈 것이란 것이다.

그럼에도 너도나도 모바일게임에만 관심을 쏟으면서 온라인게임을 밀쳐 내는 것은 아무리 봐도 이해가 되지 않는다는 게 전문가들의 공통된 지적이다. 그러나 캐시카우에 보탬이 되는 것은 모바일 게임이 아니라 온라인 게임이다. 온라인 게임 'LOL'을 선보인 라이엇은 이 작품 하나로 최고의 몸값을 자랑하고 있다. 더 큰 문제는 온라인 게임 종주국이라고 자부해 온 우리나라가 주변국으로 전락할 수 있다는 우려다.

지금이야 말로 온라인게임 개발의 적기라는 점이다. 온라인과 모바일은 뜨고 지는 관계가 아니라 상호보완해 주는 대칭적 시장이다. 마치 두 바퀴로 구르는 마차와 같다.

뒤늦은 후회로 땅을 칠 일이 아니다. 미래의 정확한 시장을 내다봐야 한다는 것이다. 온라인 게임 개발은 그런 측면에서 뒤처지는 투자가 아니라는 사실을 모바일 게임 시장 흐름을 통해 엿볼 수 있다. 벌써 식상하다 하지 않던가.   2014. 12. 09

모바일 게임 상장보다 내실이 먼저

모바일 게임 시장이 급성장하면서 지난해부터 모바일 게임업체들의 상장이 잇따르고 있다. 여기에 넷마블게임즈의 2개 자회사와 네시삼십삼분 등 5~6개 업체가 올해 상장에 나설 것으로 예상된다.

지난해 상장한 데브시스터즈와 파티게임즈는 서로 다른 모습을 보여주고 있다. 데브시스터즈는 당초 큰 기대를 받았으나 상장 이후 거품이 빠지면서 반토막이 났고 파티게임즈는 그나마 시초가에 비해 상승한 모양세다.

시장에서는 최근 잇따르고 있는 모바일 업체들의 상장에 대해 기대와 함께 우려의 시선을 동시에 보내고 있다. 몇몇 업체를 빼고는 겨우 한 두개 작품의 성공에 의존, 기업을 공개하고 나섰기 때문이다. 과거 컴투스와 게임빌이 상장을 할 때만 해도 모바일 게임업체들을 바라보는 기준은 엄격했다. 컴투스의 경우 첫 심사에서 탈락하는 수모를 겪기도 했다. 이러한 과정을 거치며 두 업체는 내실을 다졌고 마침내 상장에 성공해 지금에 이르고 있다.

물론 최근의 모바일 게임 시장은 과거와 많이 달라졌다. 예전에는 국내에서 서비스되는 이동 통신사에 전적으로 의존해야 했지만 지금은 글로벌 시장이 활짝 열리면서 얼마든지 파이를 키울 수 있게 됐기 때문이다. 그만큼 모바일게임 업체를 바라보는 시선도 달라졌다 할 수 있다.

핀란드의 로비오는 모바일 게임 '앵그리 버드' 한 작품으로 세계 시장에서 돌풍을 일으켰고 슈퍼셀도 '클래시오브클랜' 등 한 두 작품으로 빅히트를 기록했다. 이같은 분위기에 따라 지난해 데브시스터즈와 파티게임즈도 무난히 상장에 성공한 것으로 보인다.

하지만 '앵그리 버드'의 거품이 빠진 로비오가 최근 심각한 경영난을 겪고 있는 등 내실이 든든하지 못한 업체들에 대한 경고 등이 잇달아 켜지고 있는 것은 우리가 주목하고 지켜 볼 일이라고 아니할 수 없다.

이러한 실력이 바탕이 됐을 때 비로소 롱런을 할 수 있는 기반이 마련됐다 할 수 있다. 올해 상장을 추진하고 있는 모바일 게임업체들이라면 이 점을 결코 간과해선 곤란하다. 모바일 게임에 쏠린 관심에 기대어 쉽게 상장을 하는 것 보다는 시간이 걸리더라도 먼저 포트폴리오를 잘 구성하는 등 내실을 꾀하는 경쟁력이 우선이라는 생각이다. 그게 자신들뿐만 아니라 내일의 모바일 게임산업에 자양분을 주는 길이라고 믿고 싶다.

2015. 01. 15

다음 카카오도 변해야 한다

철옹성과도 같았던 다음의 '카카오 게임하기'가 흔들리고 있다. 3년 전 혜성처럼 등장해 단시간에 모바일게임 시장을 평정했던 카카오의 파워가 예전만 못 하다는 지적이 적지 않다. 여기저기에서 경쟁 플랫폼을 내놓는가 하면 독자적 서비스를 통해 대박을 터뜨리는 등 탈 카카오 움직임이 뚜렷해지고 있다.

그럼에도 불구하고 다음카카오측은 여유만만이다. 일각에서 벌어지고 있는 탈카카오 현상이 일부 기업을 중심으로 한 극소수 사례일 뿐이라고 큰 의미를 부여하는 것 같지 않다. 다행스러운 것은 그러면서도 한편으로 우군 세력을 끌어 모으기 위한 비장의 카드를 준비하는 듯하다는 것이다.

다음카카오가 야심차게 준비한 카드는 바로 '카카오 게임샵'이다. 이 서비스는 구글이나 애플의 품에서 벗어나 독자적인 유통 플랫폼을 갖춤으로써 개발사들의 이익을 높이고 이용자들에도 일정 부분의 수익을 돌려주겠다는 게 골자다. 겉으로 보기에는 매우 획기적인 서비스가 아닐 수 없다. 하지만 이 서비스가 정착되기 위해서는 적지 않은 시간과 노력이 필요할 것으로 보인다.

더욱이 시기적으로 적절했느냐는 점에 대해서도 회의적이다. 그런 측면에서 지금 이 시점에서 새로운 서비스를 선보이기 보다는 기존 서비스 체제를 정비하는 게 더 효과적이었던 게 아니냐는 지적도 없지 않다. 현재 카카오 게임하기를 이용하는 중소 업체들의 가장 큰 불만은 약 21%에 달하는 엄청난 수수료 부담이다.

서비스 초기에만 해도 카카오에 입점하는 것 자체가 매우 힘들었고 일단 들어가면 어느 정도 성공까지 보장받았다. 하지만 이제는 작품 수도 너무 많아졌고 잘나가는 기업들이 수십억 원에서 수백억 원에 달하는 막대한 마케팅 비용을 쏟아 붓는 게임들에 맥없이 묻히기 일쑤다.

이에 따라 중소 개발사들은 그동안 카카오 측에 수수료 부담을 덜어줄 것을 여러 경로를 통해 요청해 왔지만 지금까지 이 문제에 대한 해답을 내놓은 적이 한 번도 없다. 다음카카오측이 진정 중소업체들과 함께 상생을 꾀하고 있다면 이 문제부터 풀고 나가야 한다. 다음 문제는 그 다음에 풀면 될 일이다.

지금이야 말로 다음카카오가 변해야 할 적기라고 본다. 이 순간을 놓친다면 다음카카오측에 이와 같은 절호의 기회는 다시 오지 않을 것이다. 수익 보다는 상생을 위한 결단을 내리는 다음카카오측의 새로운 모습을 보고 싶다.

2015. 04. 29

모바일 게임업체들의 도 넘은 마케팅

모바일 게임 시장이 뜨겁게 달아오르면서 마케팅 경쟁도 불꽃을 튀고 있다. 몇몇 업체들은 한 달에 수십억 원을 쏟아 붓는 등 TV 광고에 매달리고 있다. 이렇게 물량 공세를 펴는 게임들은 유저들의 눈도장을 받으면서 매출도 수직상승하고 있다 한다.

물론 이와 같은 움직임은 중소 게임업체들엔 '그림의 떡'에 불과하다. 하고 싶어도 도저히 흉내 낼 수 없는 수준으로 마케팅 비용이 들어가기 때문이다.

이렇다 보니 여기저기에서 우려하는 목소리가 나오고 있다. 가장 큰 우려의 소리는 지금과 같은 광고 마케팅 경쟁이 지속될 경우 유저들이 금방 식상해져 눈길을 돌릴 수 있다는 것이다. 이러한 조짐은 벌써부터 나타나기 시작하고 있다.

광고 마케팅 물량 공세를 펴는 작품들은 대부분 캐주얼 장르이거나 간편하게 즐길 수 있는 게임들로 그 장르와 내용이 매우 흡사한 경우가 많다. 이로 인해 색다른 게임을 기대했던 유저들은 손을 놓거나 딴 쪽으로 눈을 돌리고 있다.

이와 같은 현실은 장기적으로 봤을 때 매우 염려되는 상황이라고 아니할 수 없다. 모바일게임은 누구나 간편하게 즐길 수 있는 것이긴 하지만 또 그만큼 쉽게 유저들이 빠져 나 갈 수 있다는 위험성을 내포하고 있다고 봐야 한다. 여기서 중요한 것은 한번 떠난 유저들의 발길을 다시 되돌려 모으기는 그렇게 쉬운 일이 아니라는 사실이다.

그렇다면 이 시점에서 그만 물량 공세 마케팅은 멈춰져야 한다고 본다. 그런 곳에 힘을 쏟기 보다는 먼저 유저들의 취향에 맞는 신선한 작품을 개발하고 만드는데 더 노력을 기울여야 한다. 그렇지 않을 경우 모바일 게임시장에 유입된 자금이 엄한 데로 증발되거나 사라질 게 뻔하다. 이렇게 되면 모바일 게임산업 구조는 선순환 구조 붕괴로 인해 악화될 가능성을 배제할 수 없다는 것이다.

최근 모바일 게임업체들의 마케팅 행태에 대해 많은 이들이 '돈놓고 돈먹기'식의 저급한 판촉 전략이라는 데 이의를 달지 않는다. 일각에서는 아예 모바일 게임업체들이 흥행 실패에 대한 두려움으로 이같이 무모한 마케팅을 진행하는 것이라며 물량공세를 베이스로 한 광고 마케팅을 저평가하고 있다. 다 맞는다고 할 순 없지만 또 다 틀렸다고 할 수 없다.

어찌됐든 이와 같은 행태가 모바일 게임산업 발전에 긍정적으로 작용하기 보다는 부정적인 영향을 미칠 수 있다는 것이다. 어항에서 물이 빠져나가면 그 어항속의 물고기는 살아남을 수 없다. 모바일 게임업체들이 지금 전쟁을 치르듯, 도를 넘게 진행하고 있는 마케팅은 어항속의 물을 빠른 속도로 증발시키는 이적 행위일 수 있다는 것이다.

2015. 06. 09

구글·애플의 무임승차

모바일 게임 시장이 폭발적으로 성장하면서 뒤에서 흐뭇한 미소를 짓고 있는 두 업체가 있다. 바로 구글과 애플이다. 이 두 기업은 안드로이드와 애플 iOS라는 스마트폰 운영체계를 만들어 놓고 이를 통해 애플리케이션 마켓을 운영한다. 그리고 이 마켓에 애플리케이션을 등록한 업체들로부터 엄청난 수익을 거둬들인다.

한 마디로 장마당을 만들어 놓고 그곳에서 장사를 하는 업체들에게 수수료를 거둬가는 것인데, 그것이 마치 봉이 김선달과 같은 행태라는 것이다. 장이 커지고 거래가 활발해지면 이들은 가만히 앉아서 굴러 들어오는 돈만 챙기면 그만이기 때문이다. 여기서 그들이 스마트폰 운영체계를 만들기 위해 투자한 노력을 인정하지 않겠다는 것은 아니다. 그렇다 해도 지금처럼 모바일 게임시장이 양극화되는 상황에서 손을 놓고 있는 것은 결국 장마당을 스스로 황폐하게 만들고 말 것이라는 점이다.

지금 모바일 게임 시장은 몇몇 작품에 편중되는 현상이 뚜렷하다. 그 반대편에 있는 중견, 영세업체들은 설 땅이 없다. 구글이나 애플의 입장에서는 누가 돈을 벌건 상관없겠지만 장터를 책임지고 있는 주인이라면 적어도 깊은 고민을 해 봐야 한다는 것이다. 더 쉽게 얘기하면 위기상황이다.

과거 아케이드 게임시장을 석권했던 미국의 '아타리'사가 자신들만 쳐다보다가 결국 소비자들로부터 외면당하면서 순식간에 몰락했던 사건은 새롭다 할 수 없는 반면교사의 교훈이다.

구글과 애플이 어떠한 방법으로 양극화되고 있는 모바일게임 시장에 묘수를 보여줄 것인가에 대한 진지한 고민이 있어야 하겠다는 것이다. 예컨대 매출 규모에 따라 수수료율을 조정하는 방식도 대안이 될 수 있다. 또 모바일 게임계를 위한 캠페인성 광고를 내보내는 방안 또한 필요한 시점이다.

더 나가서는 모바일 게임업체들과 교류와 대화의 장을 마련하고 이와 같은 통로를 통해 지원방안을 타진해 봐야 한다는 것이다. 그것이 산업계를 위하고 장기적으로는 구글과 애플을 위한 미래 부양 방안이 되지 않겠나.

잔디를 이루는 스타트업 기업들이 많을수록 산은 더 푸르러 진다는 사실은 우리에게 더 이상 새로운 교훈이라고 할 수 없다. 더 늦기 전에 상생 방안을 마련했으면 한다.

2015. 07. 06

모바일로 넘어온 온라인 IP

최근 유명 온라인 게임을 모바일 게임으로 만들어 큰 성공을 거둔 사례들이 하나둘 늘어나고 있다. 이로 인해 너도 나도 온라인게임 지적 재산권(IP)을 활용한 모바일 게임 개발에 나서고 있다.

이런 흐름은 여러 가지 것들을 시사한다. 첫째는 모바일게임 환경이 과거 온라인게임에 버금갈 정도로 발전했다는 것이다. 이는 하드웨어만이 아니라 소프트웨어 면에서도 눈부신 발전을 거듭하고 있음을 알 수 있다. 또 하나는 새로운 모바일게임을 만들어 내는 것 보다 이미 성공한 온라인게임 IP를 가져옴으로써 쉽게 성공하려 한다는 것이다.

이런 여러 요인으로 인해 온라인 게임의 모바일 게임화는 경쟁적으로 진행될 것으로 보인다. 이미 시장에서는 게임빌의 '크리티카'에 이어 웹젠의 '뮤오리진'이 큰 성공을 거뒀고 뒤를 이어 엔씨소프트의 '블레이드&소울' 모바일 등이 곧 출시될 예정이다.

업계에서는 이와 같은 흐름에 대해 일단은 긍정적으로 보고 있다. 하지만 성공한 IP라고 해서 반드시 성공을 보장하지는 않는다는 점이다. 과거에도 성공한 콘솔 게임을 온라인 게임으로 만들었다가 실패한 경우가 허다했고 마찬가지로 온라인 게임을 모바일 게임으로 만들었다가 실패한 사례도 있다.

이는 성공한 IP라고 해서 모든 플랫폼에서 다 먹히지 않는다는 것을 단적으로 보여주고 있다. 적절히 잘 사용한다면 성공적인 결과를 얻을 수 있지만 쉽게 보고 덤벼 들었다가 쓴 맛을 볼 수 있다는 것이다.

또 성공한 IP에 대한 의존도가 너무 높아지는 것도 경계해야 한다. 창의적인 작품이 많이 나와야 시장이 윤활유를 부은 듯 풍성하게 돌아가기 때문이다. 창작과 기존의 성공 IP를 조화롭게 가져가려는 노력을 기울여야 한다는 뜻이다.

2015. 07. 15

일부 상장 모바일 업체들의 위기

'애니팡' '쿠키런' 등 국민 모바일 게임을 만들어 단시간에 주식시장에 상장하며 스타덤에 오른 모바일게임 업체들이 최근 위기를 맞고 있다.

지난 2분기 실적을 보면 이와 같은 사실이 적나라하게 드러난다. 한동안 모바일게임 신예로 기대를 모아 온 선데이토즈의 매출을 보면 가히 충격적이다. 이 회사의 지난 2분기 매출은 202억 원을 기록해 전년동기 대비 무려 50.3% 감소했다. 또 영업이익과 당기 순이익도 전년동기대비 각각 63.0%, 66.4% 감소한 66억 원 47억 원에 그쳤다.

데브시스터즈도 별반 차이가 없다. 이 회사의 2분기 실적을 보면 매출 55억 원, 영업손실 10억 원, 당기순손실 4억 원을 기록했다. 매출은 전 분기 대비 28% 감소했고, 영업이익과 당기순이익은 적자 전환됐다. 이 두 회사는 각각 '애니팡'과 '쿠키런'으로 엄청난 성공을 거둔 후 곧바로 코스닥에 입성했다. 그러나 그 이후 뚜렷한 족적을 보여주지 못하고 있다. 오로지 한 작품에 의존하는 기형적인 구조로 인해 고전을 면치 못하는 것이다.

문제는 이들 두 기업만 이렇게 실적이 안좋으냐는 것이다. 안타까운 것은 한 두 작품 가지고 기업을 상장한 업체들 대부분이 선데이토즈나 데이브시스터즈와 같이 매출 견인에 큰 어려움을 겪고 있다는 사실이다.

그렇다면 중요한 포인트는 기업 상장의 목적이 캐시 아웃이 아니었다면 좀더 신중을 기해야 하지 않았냐는 점이다.

예컨대 성공한 작품의 판권(IP)을 퍼블리셔에 넘기고 다시 게임 개발에 나서는 방식이다. 이 방식은 자리에 연연하지 않고 새로운 세계에 끊임없이 도전한다는 측면에서 게임업체 등 벤처기업의 생리에 더 맞다는 것이다. 실리콘밸리의 기업들도 이와 유사하다.

코스닥에 입성한 모바일 게임업체 가운데 명문가 게임빌과 컴투스를 제외하곤 후속작을 시장에 내놔 성공한 사례는 거의 찾아볼 수 없다. 선데이토즈의 경우 '애니팡2'가 외국의 유명 작품을 표절했다는 시비까지 빚기도 했다. 한마디로 창의성을 잃고 만다는 것이다.

이로 인해 이들 회사를 믿고 주식을 샀던 수많은 소액 투자가들의 선의의 피해는 또 누가 그리고 어떻게 감당할 것인가. 이 기회에 코스닥 위원회에 대해서도 한마디 하겠다. 게임계에 대해 상장 기준을 더 엄격하게 적용하는 등 제도적 개선책을 마련해야 한다는 것이다. 특히 게임 기업의 경우 사회적 공헌 계획 등을 심사 기준안에 포함시키고, 기업 이미지를 평가하는 입체적 심사 평가가 이뤄져야 한다는 점을 강조하고자 한다.   2015. 08. 10

카카오의 웹보드게임 진출

그동안 모바일업계의 큰 관심사였던 '카카오 게임하기'의 첫 웹보드 게임은 선데이토즈의 '애니팡 맞고'인 것으로 드러났다. 이 회사는 이달 중순 실적 발표 컨퍼런스콜을 통해 국내 업체들과 협력해 웹보드게임 서비스에 나설 것이라고 밝힌 바 있다.

이 회사는 당초 사회적으로 부정적인 인식이 강한 웹보드게임 서비스에 대해 소극적인 태도를 보여왔다. 카카오가 청소년부터 중장년층까지 전국민이 이용하는 SNS를 기반으로 하고 있다는 점에 있어서 더욱 그랬다.

하지만 컨퍼런스콜을 통해 밝혔듯이 이제는 당당하게 웹보드게임에 나서겠다는 입장이다. 왜 이런 변화가 생긴 것일까. 이는 최근 카카오 게임하기의 힘이 많이 약화되고 있다는 점에서 그 해답을 찾을 수 있을 것 같다.

웹보드게임은 일반 게임과 사행 게임의 중간에 위치한 게임놀이라고 할 수 있다. 그러나 누구나 쉽게 즐길 수 있다는 점에서 '카카오가 해선 안 된다'고 말 할 수는 없을 것이다. 노인당에서 즐기는 고스톱과 불법 도박으로서 고스톱은 그 차원이 다르기 때문이다.

과거에도 마찬가지였지만 지금도 게임산업을 바라보는 사회의 시선은 '쉽게 벌어서 자기들 욕심만 채운다'는 이미지가 강하다. 이제는 한 단계 더 나아가 웹보드게임으로 벌어들인 돈을 과거와는 달리 좀 더 의미 있게 사용해야 할 때가 됐다.

문화창달을 위해 쓰고 영세한 개발업체를 위해 사용하는 모습을 더 많이 보여준다면 이러한 부정적인 이미지도 많이 희석될게 분명하다 할 것이다.

다음카카오가 웹보드게임을 서비스하겠다는 이번의 경우도 그렇다. 그저 매출 극대화를 위해 시도하는 것이라면 곤란하다.

이를 통해 벌어들인 수익을 좀 더 유익하고 산업 발전에 기여하는 데 사용했으면 하는 바람이 크다. 그게 다음카카오 다운 모습이라고 생각한다.

2015. 08. 31

모바일 게임계 육성책 절실하다

모바일 게임산업이 급성장하면서 그 그림자 또한 커지고 있다. 가장 심각한 것은 몇몇 대기업과 외국기업들이 상위권을 독차지하는 부익부 빈익빈 현상이 갈수록 고착화되고 있다는 것이다.

이에 따라 중하위권 업체들의 입지는 갈수록 위축되고, 심각한 레드오션 현상마저 빚어지는 등 이 시장이 언제 붕괴될지 모른다는 위기감마저 감돌고 있다.

현재 모바일 게임산업을 위협하고 있는 것은 크게 두 가지 요인으로 볼 수 있다. 하나는 유통 플랫폼 업체에서 너무 많은 수익을 가져 간다는 점이다. 스마트폰이 보편화되면서 구글이나 애플이 중간 마진으로 가져가는 돈은 총매출의 30%에 달한다. 여기에 카카오를 거칠 경우 21%가 추가된다.

또 하나는 소수 업체들이 광고와 마케팅에 한 번에 수십억 원을 쏟아 붓는 이른바 '돈 세례'에 나서면서 이를 감당하기 어려운 중소업체들은 명함도 내밀 수 없는 상황이 됐다는 것이다.

이렇게 가면 모바일 게임산업은 물론 이로 인해 시장이 위축된 온라인게임산업 모두 어려움에 직면할 수 있다는 것이다. 지금과 같은 '머니 게임'이 계속되도록 놔둬서는 곤란하다. 이를 방치하면 왜곡된 유통구조로 인해 모바일게임산업이 경쟁력을 잃고 무너질 수 있다. 업체들 스스로 해결책을 찾지 못한다면 정부가 나서서 이와 같은 문제를 해결해줘야 한다.

그런데 안타깝게도 문화체육관광부나 미래창조과학부 모두 모바일게임산업을 장기적으로 육성하고 경쟁력을 높일 수 있는 정책에 대해서는 관심이 없어 보인다.

획기적이고도 충격적인 내용을 담은 육성책이 나오지 않는다면 국내 모바일게임산업의 미래는 더 이상 보장할 수 없다. 과거와 같은 미온적인 육성책으로는 지금의 난제를 해결할 수 없다. 보다 근원적이면서도 획기적인 대책 마련이 절실하다 하겠다.

그래야 꺼져 가는 불씨를 되살릴 수 있다고 본다. 지금 모바일 게임판은 산업이 아니라 겜블과 같다.

2015. 09. 07

봇물 이루는 모바일 TV 광고

모바일 게임의 과도한 TV 방송 광고에 대한 우려의 목소리가 커지고 있다.

이같은 지적은 최근 국감 현장에서도 나왔다. 미래창조과학방송통신위원회 국감에서 전병헌 의원(새정치민주연합)은 봇물처럼 쏟아지고 있는 모바일 게임 TV 방송 광고에 대한 우려를 나타냈다. 그에 따르면 지난 3년간 모바일 게임 TV방송 광고는 '피파 온라인 3' 단 한건을 제외한 전 광고가 모바일 게임이었다.

규모로 보면 지난 2012년 4억 원에 그쳤던 모바일 게임 TV 광고물량이 올해 8월 말 현재 442억 원에 이르는 등 3년 사이 무려 110배 이상 증가했다. 이와 같은 수치는 KBS, MBC 등 공영 TV 광고 물량만 집계한 것이다. 따라서 상업방송인 SBS와 케이블 TV방송을 더할 경우 그 물량 규모는 약 600~700억 원은 족히 넘어갈 것으로 업계는 보고 있다.

더욱 심각한 것은 이와 같은 엄청난 물량의 TV광고를 고작 열 개 안팎의 게임들이 점유하고 있다는 것이다. 이를 계산해 보면 한 작품당 적어도 30억 원은 넘게 썼다는 것인데 이는 대기업들도 쉽게 납득할 수 없는 광고 규모이다.

광고모델만 보아도 모바일 게임업체들이 얼마나 막대한 광고비를 쓰고 있는가를 단적으로 알 수 있다. 정우성, 차승원 등 톱스타를 거의 망라하고 있다는 점에서 가장 빈번한 TV방송 단골인 이동통신 광고를 추월하고 있다는 느낌이다.

업계는 이처럼 모바일 업체들이 TV광고에 올인하고 있는 데에 대해 먼저 마땅한 마케팅 툴이 없기 때문이라는 것에 의견을 같이한다. 또 한가지는 라이프 사이클이 짧은 모바일 게임에 최적화할 수 있는 마케팅은 다름아닌 지상파 TV광고라는 견해도 있다.

더군다나 어른 뿐만 아니라 청소년들이 시청하는 황금 시간대에 게임 광고가 마구 쏟아져 나오면서 대한민국이 갑자기 게임 공화국이 된 듯한 느낌까지도 주고 있다. 하지만 상당수 국민과 시청자들은 게임에 대해 여전히 부정적인 시각을 갖고 있다는 점이다.

모바일게임 업체들의 TV광고는 자칫 게임 뿐 아니라 게임 산업에 대한 국민 인식을 왜곡시킬 수 있다는 점에서 자제돼야 한다고 본다. 예컨대 옆집에서 하니까 우리도 한다는 마구잡이 식이 아니라 파장과 여파를 고려하는 성숙된 모습을 보일 때라는 것이다. 또 이번 기회에 모바일게임 마케팅 툴을 다양화하기 위한 고민을 진지하게 했으면 한다. TV 광고만이 로마로 가는 지름길이 아니라는 점을 강조하고 싶다.

2015. 09. 22

모바일 게임 3인방의 부진

모바일 게임이 한창 뜨던 2~3년 전, 코스닥 시장에 운좋게 입성한 이들이 있었다. 바로 선데이토즈와 파티게임즈, 그리고 데브시스터즈 등 모바일 게임 3인방이 그들이다.

이들은 각각 '애니팡' '아이러브커피' '쿠키런' 등 한 작품의 대성공에 힘입어 어렵지 않게 코스닥시장에 등록했다. 당시 많은 벤처 기업들이 그들을 부러워했음은 물론이다. 하지만 일부 전문가들은 한 작품의 성공만 가지고서 코스닥 시장에 들어가는 건 매우 위험한 일이라며 경고 사인을 보내기도 했다. 그리고 그들의 경고는 시장 판도가 바뀌면서 현실로 드러나고 있다.

수많은 모바일게임이 쏟아져 나오고 쟁쟁한 업체들이 대작을 내놓고 있는 상황에서 '과거의 영광'에서 벗어나지 못하고 있는 이들 3인방의 성적은 갈수록 나빠지고 있다.

그 중에서도 파티게임즈의 주가는 최근 1만 원대 밑으로 떨어지면서 개미 투자자들에게 큰 충격을 안겨 주고 있다. 이 회사의 주가는 1년 전만 해도 최고 4만 2000원에 거래됐다. 이로 비교한다면 4분의 1로 주가가 곤두박질 친 것이다.

파티게임즈 주가는 지난 15일 전거래일 대비 8.8%(920원) 하락한 9530원에 장을 마감하기도 했다. 신저가를 새롭게 작성한 것이다. 다행히 18일 상승세로 돌아서긴 했지만 여전히 1만 원대를 넘어서지 못하고 있다. 나머지 업체들도 파티게임즈보다는 낫지만 사정은 비슷하다고 할 수 있다.

이들의 주식이 시장에서 저평가되고 있는 것은 게임 수요의 전반적인 감소에도 원인이 있지만 보다 근본적인 이유는 이들 기업의 미래가 매우 불투명다는 점 때문이다. 특히 파티게임즈의 경우 첫 작품은 운 좋게 성공시켰지만 이 후 선보인 신작들은 모두 시장에서 참패했다. 물론 아직은 더 지켜봐야 하겠지만 현재까지 나온 결과만으로 봤을 때 투자자들의 불안을 잠재울 만한 히든 카드가 보이지 않고 있다는 점이다.

그렇다고 여기서 주저 앉아선 곤란하다. 3인방을 바라보며 꿈과 미래를 키워온 후발 주자들이 적지 않고 이들 3인방은 어찌됐든 투자자들에게 눈도장을 찍은 대한민국의 대표적인 게임업체이기 때문이다. 따라서 후배 기업들에 불똥이 튀지 않도록 더욱 더 자기 성찰을 기울이고 와신상담의 노력을 꾀해야 할 것이란 점이다.

그렇다면 더 늦기 전에 시장에서의 불안을 잠재울 수 있는 방안을 수립해야 한다고 본다. 그것이 작품이 됐든 회사의 이미지가 됐든 뭔가 바꿔 놓거나 뒤집지 않고서는 결단코 내일을 기대하기가 어렵다는 생각이 뇌리에서 벗어나지 않기 때문이다.

2016. 01. 18

카카오의 변신, 새로운 게 없었다

카카오가 최근 모바일 게임업체들과 상생을 위한 새로운 정책을 도입하겠다고 밝혀 주목을 끌었다. 하지만 그 내용을 자세히 들여다보면 영세 업체들이나 중소업체에 도움이 되기보다는 큰 변화 없이 생색내기에 그친 '말 잔치'에 지나지 않았냐는 목소리가 적지 않다.

카카오는 새로운 광고 수익 모델을 도입하며 월 매출 3000만 원 이하의 게임에 대해서는 수수료를 받지 않기로 하는 등 게임사업에 대한 변화된 전략을 발표했다. 그러나 1억 원 이상 매출을 내는 경우 이전과 변함없이 21%의 수수료를 내야 한다는 점에서 사실상 크게 변한 것이 없는 가격 테이블이다.

시장에 안착한 업체들 대부분이 1억 원 이상의 매출을 올리는 상황에 비춰보면 혜택을 볼 수 있는 기업들은 그다지 많지 않을 것이라는 게 업계 안팎의 분석이다.

또 카카오가 광고 수익 모델 도입만이 아니라 퍼블리싱 사업을 본격적으로 진행한다는 점도 우려의 대상이다. 결국 카카오가 많은 게임 업체들이 바라고 있는 수수료 인하는 추진하지 않고 눈 가리고 아웅 하는 식의 생색내기 테이블만 제시했다는 것이다.

진정 채산성 확보에 어려움을 겪고 있는 중소 기업들과 고통을 함께 하겠다고 한다면 현행 21%의 수수료를 파격적으로 내려야 한다고 본다. 이 틀을 그대로 유지한 채 매출 3000만 원 이하의 게임에 대해서만 무료라고 한다면 누가 카카오측에서 수수료 인하 문제 때문에 고민했다고 하겠는가.

월 매출 3000만 원이 커 보여도 개발사와 퍼블리셔가 함께 나눠 갖고 나면 그야말로 인건비 건지기조차 빠듯하다. 그렇다면 1억 원 이상의 매출을 올려야 그나마 먹고 살 수 있는 데 그 마저도 카카오에 21%, 구글 등 오픈마켓에 30%를 떼 주고 나면 현상 유지도 어렵게 된다.

카카오가 이왕에 중소 모바일 게임업체들과 함께 원원해 나가겠다면 그동안 이 핑계, 저 핑계를 대면서 미뤄온 수수료 21%대의 마지노선을 허물어 버려야 한다. 적어도 이같이 자신을 허무는 살인성인의 자세가 전제돼야 모바일 게임계가 살고 카카오측에서도 성장 동력의 축을 얻게 될 것이라고 믿어 의심치 않는다.

카카오가 가장 경계해야 할 덕목은 '소탐대실'의 우를 범하지 않는 것이다. 카카오측에서 스스로 쌓아 올린 가격 테이블을 과감하게 허무는 모습을 보고 싶다.

2016. 02. 01

넷마블 1조 원의 매출 의미

넷마블게임즈가 모바일 게임으로 사업 방향을 전환한 지 불과 3년 만에 매출 1조 원 달성이라는 금자탑을 쌓았다. 이는 넥슨을 제외하고 엔씨소프트 등 그 어떤 온라인 게임 업체도 아직까지 이뤄보지 못한 꿈의 기록이다.

온라인게임의 경우 한 작품을 성공시킬 경우 1년에 수천억 원의 매출을 올릴 수 있다. 엔씨소프트도 지난해 '리니지' 한 작품으로 3000억 원의 매출을 기록하기도 했다. 하지만 모바일 게임은 사정이 다르다. 한 작품으로 거둬들일 수 있는 매출에 한계가 있기 때문이다.

모바일 게임으로 1조 원을 달성하기 위해서는 수십개의 작품들이 골고루 뛰어난 성적을 거둬야 한다. 넷마블은 이와 같은 핸디캡을 안고서도 매출 1조 원을 달성하는 쾌거를 이뤘다. 이는 그동안 모바일 게임 한 우물만을 파 왔던 컴투스와 게임빌도 해 내지 못한 대기록이다.

넷마블이 이처럼 짧은 시간에 엄청난 성과를 거둠에 따라 업계에선 그 비결이 무엇인가에 대해 큰 관심을 보이고 있다. 이와 같은 성공을 이룬 원동력은 이 회사의 오너인 방준혁 이사회 의장의 역할이 가장 크다고 입을 모은다.

그는 회사가 온라인 게임 사업이 잘 안 돼 큰 어려움에 빠져 있을 때 앞에서 선도적인 노력을 기울이며 회생방안을 찾기에 골몰했다. 그리고 '모바일'이라는 키워드를 찾아냈고 여기에 모든 역량을 쏟아 부었다. 또 무조건 밀어붙이는 것이 아니라 치밀한 전략을 기반으로 해서 사업을 이끌어 갔다. 그리고 크고 작은 계열 개발사들을 한자리에 모아 놓고 성공 노하우를 공유할 수 있도록 네트워크를 만들었다.

이와 같은 노력을 통해 성공한 모델이 생기면 곧 뒤를 따라 성공하는 개발사들이 여기저기에서 나오기 시작했다. 그리고 그 성과들이 모이고 모여서 매출 1조 원이라는 거대한 산을 이뤘다.

넷마블은 지금까지 이룬 성과 만으로도 우리 게임계에 큰 획을 긋는 일을 해 냈다. 그러나 이제 시작이라고 봐야 한다. 앞으로 갈 길이 더 많이 남아 있기 때문이다. 지금까지는 국내 시장을 놓고 경쟁해 왔다면 이제는 글로벌 업체들과 싸워야 한다.

성공에 안주하는 순간 뒤쳐지고 마는 것이 냉혹한 '정글의 법칙'이다. 넷마블이 초심을 잃지 않고 더 큰 성과를 향해 도전을 계속하는 기업으로 지속적으로 발전해 나가기를 응원하고 싶다. 넷마블의 2조 원 매출 달성을 기대하면서 말이다.

2016. 02. 15

4:33과 파티게임즈의 경우

최근 네시삼십삼분과 파티게임즈가 잇따라 사업 설명회를 갖는 등 올해 계획을 발표했다.

이 두 기업은 각각 '활'과 '아이러브커피' 등을 통해 급성장한 이후 중견 퍼블리셔와 코스닥 상장사로 성장을 거듭해 왔다. 그러나 한 두 작품에 지나치게 의존한 나머지 가파르게 이어져 온 성장세가 꺾이면서 이제는 새로운 돌파구를 찾아야 하는 상황에 직면해 있다.

모바일 게임 시장이 폭발적으로 성장하면서 그 흐름을 타고 함께 커왔던 두 업체는 벤처기업의 성공을 꿈꾸는 개발자들의 이상형이기도 했다. 하지만 이제는 분위기가 확연히 달라졌다. 정확히 표현하면 가라 앉아 있는 듯하다 하는 게 맞다.

이들과 비슷한 시기에 사업 설명회를 가진 넷마블게임즈의 경우는 달랐다. 이 회사는 온라인게임 주력기업에서 모바일로 전환한 지 불과 3년 여 만에 크고 작은 히트작을 양산하면서 연 매출 1조 원이라는 대기록을 달성했다.

어떻게 단시간에 이처럼 비약적으로 발전할 수 있었을까. 네시삼십삼분과 파티게임즈는 넷마블의 성공 요인을 벤치마킹 해야 할 것이다. 넷마블이 이처럼 급성장할 수 있었던 것은 '카카오 게임하기'라는 막강한 유통 플랫폼을 적절히 활용하면서 때로는 협력하고 때로는 독자적으로 작품을 서비스하는 등 자체 경쟁력을 키워 왔기 때문에 가능했다.

반면 네시삼십삼분과 파티게임즈는 카카오에 지나치게 의존한 편이었다. 또 넷마블은 글로벌시장을 겨냥해 마블의 판권(IP)를 가져다 '마블 퓨처 파이터'라는 작품을 개발해 크게 성공시키는 등 세계로 뻗어 나가고 있다. 이 회사뿐만 아니라 컴투스와 게임빌 등 모바일 터줏대감들도 글로벌시장 개척에 온 힘을 쏟고 있다.

글로벌 시장 경쟁에서 뒤처지지 않도록 힘을 키워 나가는 것이 앞으로 두 기업이 풀어 나가야 할 또다른 과제라 해도 과언이 아니다.

두 기업의 지난해 실적은 매우 좋지 않았다. 올해만큼은 실적을 반드시 끌어 올려야 하는 과제를 안고 있는 것이다. 그렇다면 반드시 그 해답을 찾아야 한다. 이를 위해 우왕좌왕할 일도 아니다. 그 솔루션이란 것이 아주 먼 곳에 있거나 막연한 곳에 위치해 있지도 않기 때문이다. 혹 그 해답이 바로 자신들의 내부에 있거나 주변에 있지나 않는지 다시 한번 살펴볼 일이다. 올해는 두 기업이 기필코 일어서서 환하게 웃는 한 해가 되기를 바란다.

2016. 02. 22

카카오의 신작 급감 이유는?

모바일 게임 유통시장의 절대강자로 군림해 온 카카오가 최근 보기 드문 현상을 보여줘 주목을 끌고 있다. 카카오가 매주 한 차례 신작을 업데이트를 진행해 오고 있는데, 최근 3주 동안 단 한 작품만 새롭게 이름을 올린 것이다.

한 때 입점 경쟁이 치열해서 몇 달을 기다려야 겨우 이름을 내밀 수 있었던 것과 비교하면 천양지차의 느낌을 주는 모습이다. 이번 주까지 4주 연속 이와 같은 현상이 지속된다면 그야말로 '비상사태'를 선포하고 원인을 찾아내는 등 대책 마련에 나서야 할 정도다.

이번 일을 놓고 일부에서는 카카오의 게임유통 정책이 크게 바뀌었기 때문에 이를 지켜보기 위한 업체들이 늘었기 때문이란 분석도 있다. 이 회사는 지난 1월 부분 유료화 일변도 시장에 대한 폐해를 극복하기 위해 광고 수익모델을 도입키로 하는 등 매출을 다변화해 나가겠다고 밝힌 바 있어 카카오 입점을 희망하는 업체들이 이같은 변화를 어떻게 읽어 나갈지 관심이 모아져 왔다.

그러나 이와 같은 연유에도 무려 3주 동안 단 한 작품만 등록을 했다는 것은 이해할 수 없다. 카카오에 입점을 해야 경제 활동을 하는 것이라고 단언할 수 없지만 카카오가 게임 매출에 지대한 영향을 미치고 있다는 점을 고려하면 그같이 모바일 게임업체들이 외면하고 있는 이유가 따로 있다고 밖에 볼 수 없다.

우선 카카오의 영향력이 예전과 달리 많이 약화됐기 때문이라는 분석이 가능하다. 이에 대해 카카오측은 이 점을 인정하고 싶지 않겠지만 최근의 시장 흐름을 봤을 때 '탈카카오'의 바람이 잠잠해지기는커녕 더욱 강해지고 있다는 점을 부인할 수 없는 것이 현실이다.

또 다른 하나는 높은 수수료율이다. 시장 영향력은 떨어지는 데 수수요율은 요지부동인 것이다. 이 부문은 직접적인 요인이라고 지적할 순 없겠지만 피할 수 없는 공급사와 유통사의 걸림돌이 되고 있다는데 대해 이론의 여지가 없다.

그렇다면 카카오측이 결단을 내려야 한다고 본다. 근본적인 처방전은 내버려 둔 채 게임 공급사와 윈윈하는 방안을 찾겠다는 선언은 그저 변죽만 울리는 선언적 의미로밖에 비춰지지 않을 것이라는 사실이다. 현재 카카오가 적용하고 있는 21%의 수수료율은 카카오측 입장에서는 듣기 거북하겠지만 사실 높은 수수료율이 아닐 수 없다.

이미 이 문제는 카카오측이 누구보다 잘 알 것이란 점이다. 그럼에도 불구하고 카카오측은 본질적인 문제점은 손을 대지 않은 채 게임 공급사와의 상생정책을 논의해 왔다는 것은 산을 바라보지 못하고 산을 가리키는 손가락만 바라봤다는 것과 다를 바 아니다.

이번에 모바일 게임시장에서 보내온 신호를 어떻게 해석할 것인가는 순전히 카카오측 마음이다고 할 수 있다. 하지만 분명한 사실은 모바일 게임 개발사, 공급사들이 카카오측에 예전과 다른 강력한 변화의 바람을 요구하고 있다는 점이다.

사족으로 덧붙이면 소프트웨어 개발비와 마케팅 비용이 어느정도 빠졌다면 그 제품에 대한 단가를 단계별로 낮춰 가는 게 맞다.

모바일 게임업계가 전반적으로 어려움에 처해 있다는 점에서 카카오측이 그 점을 적극 고려해서 결단을 내렸으면 한다. 지금이 다름아닌 모바일 게임업계의 비상시국이기도 하기 때문이다.

2016. 03. 21

데브시스터즈의 참교훈

최근 데브시스터즈가 2년여 만에 선보인 '쿠키런' 후속작이 전작과 크게 다를 바 없다는 반응이 나오면서 데브시스터즈의 개발 역량에 의구심이 제기되는 등 실망감을 안겨주고 있다.

이 회사는 지난 2013년 '쿠키런'을 출시하면서 게임 시장 뿐 아니라 업계의 비상한 관심을 모아 왔다. 게임에 대한 기획력과 개발력이 의외로 튼실했기 때문이다. 더욱이 이 작품은 전 세계 누적 다운로드 8700만 건을 기록하면서 코스닥 입성에 기폭제가 되기도 했다.

그런 의미에서 두번째 작품에 대한 시장의 기대감과 평론가들의 관심은 어느때 보다 뜨거웠다. 그러나 두번째 작품에 대한 시장의 반응은 냉담했다. 특히 전작 '쿠키런'과의 차이점을 느낄 수 없을 뿐 아니라, 변화를 기했다는 게임성 또한 최근 인기를 끌고 있는 슈퍼셀의 '클래시 로얄'을 그대로 답습하고 있다는 혹평이 나왔다.

참으로 안타까운 일이다. 최근 들어 모바일 게임시장에 미들 기업의 존재감을 찾아볼 수 없다는 점에서 데브시스터즈의 활약을 기대하는 이들이 적지 않았다. 게임이란 유저들에게 선보이면서 서서히 완성돼가는 작품이란 점에서 흥행 여부에 대해 이른 속단은 금물이라 할 수 있다.

하지만 이들 기업들의 잇단 후속작 실패는 비단 데브시스터즈만의 고민이 아니라는 점에서 문제의 심각성이 크다 할 수 있다. 데브시스터즈와 비슷한 시기에 코스닥에 입성한 선데이토즈와 파티게임즈 등이 모두 후속작에 대한 시장의 냉정한 평가와 이로 인해 흥행 저조로 곤욕을 치러야 했다. 이들 기업은 지금까지 그 후유증으로 몸살을 앓고 있다.

그 이유는 한마디로 창조적인 파괴를 실현하지 못했기 때문이다. 전작 흥행에 대한 미련을 버리지 못한채 유사한 게임을 만들어 내는, 전작 신기루의 함정에서 한치의 오차도 없이 벗어나지 못한 것이다. 결국 그 게임이 그 게임이라면 누가 후속작을 기다리고 있겠냐는 게 유저들의 한결같은 목소리인 셈이다.

이들이 혹 너무 쉽게 성공이란 장밋빛 샴페인을 들이킨 것이 아니냐는 의구심을 제기할 수 도 있는 형국이다. 3개사를 똑같이 평가할 수 없겠지만 분명한 것은 데브시스터즈는 달랐다는 건 확실하다.

그런 측면에서 데브시스터즈는 대오각성하는 자세를 보여줘야 할 것이란 점이다. 누구보다 팬들의 기대감과 관심을 받아왔다면 이에 상응하는 모습을 보여주는 게 기업의 도란 점에서 그렇다는 것이다.

게임시장은 하루가 다르게 트렌드가 변하는 곳이다. 1~2년이 아니라 3개월 6개월을 라이프 사이클로 회자되고 있다. 그렇다면 2~3년전의 작품과 그 게임성은 창조적으로 버려야 했다는 것이다. 데브시스터즈뿐만 아니라 선데이토즈와 파티게임즈도 마찬가지다. 과거에 안주하면 기업은 시장에선 죽는 것이다.

이 시점에서 각별히 신경을 써야 할 일은 그렇다고 해서 자포자기 하는 모습을 보여선 안된다는 점이다. 교훈이라는 것은 그 성질 그대로 닳지 않고 쓴 법이다. 데브시스터즈가 이런 기회를 통해 새로운 역량을 쌓으려는 노력을 보이는 것이 더 중요하다 할 것이다. 그래서 와신상담이라 하지 않는가.

2016. 09. 29

모바일게임 장르 편중서 벗어나야

'대한민국게임대상'의 주인공으로 넷게임즈가 개발하고 넥슨이 서비스하는 모바일게임 '히트'가 선정됐다.

이로써 모바일 게임은 지난 2014년 이후 3년 연속 내리 대상을 거머쥐는 장르로 자리하게 됐다. 그런데 공교롭게도 이 작품에 앞서 대상을 수상한 액션스퀘어의 '블레이드'와 넷마블 에스티의 '레이븐' 모두 액션 RPG 모바일 게임이었다는 점에서 무언가 아쉬움을 안겨준다.

과거 온라인 게임 장르에서 MMORPG가 강세를 보였던 것처럼 너무 특정 장르에 편중된 것 아닌가 하는 느낌을 지울 수 없다.

온라인 게임의 경우에도 장르 편중 현상이 심했다. '메이플스토리' 등 캐주얼 게임이 히트를 치니까 캐주얼 게임들이 잇달아 만들어지더니 그 다음에는 '월드오브워크래프트'와 '아이온' 등 MMORPG 작품들이 잘 된다 하니까 너도 나도 RPG를 만들었다. 그 이후에는 AOS 장르인 '리그 오브 레전드'가 시장을 주도하면서 동일 장르인 '도타2'와 '오버워치'가 시장에 나오는 등 인기장르 편중 현상이 두드러졌다.

모바일게임도 온라인게임과 같이 장르 편중 현상이 갈수록 심해지고 있다. '애니팡'과 '쿠키런' 등 퍼즐 게임과 캐주얼 게임이 인기를 끌 때는 너도나도 퍼즐과 캐주얼 게임을 쏟아냈고 이제는 액션RPG 장르인 '블레이드'와 '레이븐'에 이어 '히트'까지 3년 동안을 동일 장르 작품들이 시장을 독식하고 있다.

이러한 편중현상은 한마디로 바람직하지 않다. 당장에는 파이를 장담할 수 있겠지만 장기적으로는 한계에 부닥칠 수 밖에 없다. 이러한 한계를 TV광고 등 마케팅 물량전을 통해 극복해 보려고 한다면 이 또한 악순환이 되고 만다.

한마디로 산업계의 생태계를 다양하게 갖추지 못한다는 것이다. 다양성을 잃으면 유저들은 실증을 느끼고 자리를 떠나고 만다. 따라서 끊임없이 도전하고, 새로운 장르를 개척하려는 노력과 시도가 필요하다는 것이다. 그러기 위해서는 대기업들이 먼저 모범을 보여줘야 한다. 그것이 모바일 게임 산업 발전의 토양이자 자양분이 될 것으로 믿어 의심치 않기 때문이다.

2016. 11. 17

'아이러브커피'가 식지 않게

'아이러브커피'란 게임 하나로 일약 스타덤에 오르고, 이를 통해 코스닥 상장까지 이뤄낸 이대형 파티게임즈 창업주가 회사를 넘겨주고 2선으로 물러났다.

업계는 그가 스마트폰의 등장과 함께 모바일 게임시장이 폭발적으로 성장하던 때 행운을 거머쥔 선데이토즈의 이정웅 대표와 데브시스터즈의 이지훈, 김종흔 공동대표와 함께 한 신예 3인방 중 하나였다는 점에서 아쉬움과 안타까움의 시선을 보내고 있다.

당시 카카오 게임하기를 통해 홍행 돌풍을 일으킨 업체는 파티게임즈와 선데이토즈, 데브시스터즈 등 3개사였다. 이중 선데이토즈는 일찌감치 대주주가 이 대표에서 스마일게이트로 바뀌었고, 데브시스터즈는 새로운 돌파구를 찾지 못해 고전하고 있다. 3사가 지금 모두 악전 고투하고 있는 것이다.

이를 지켜보면서 '행운이란 그리 오래 가지 않는다'는 교훈을 다시금 되새기게 된다. 사업 운이 좋아야 기업은 성공할 수 있다 한다. 그러나 그 운에 안주했다간 그리 오래 가지 못하고 이내 바닥을 드러내고 만다.

코스닥 기업 상장이란 행운을 쥐었을 때 그게 운이 아니라 실력이었음을 보여주는 노력을 더 기울였어야 했다. 하지만 파티게임즈의 이대형 창업주는 여러 모로 그렇게 하지 못했다.

그의 대표적인 실패사례는 모비클(현 포트락 게임즈) 인수전에 뛰어들어 거금을 쓴 경우다. 당시로서는 파격적인 금액을 주고 회사를 인수했지만 돌아온 건 아무것도 없었던 것으로 알려지고 있다. 이를 두고 일각에서는 정치적인 이유로 무리하게 모비클을 인수한 게 아니었느냐는 의혹의 시선이 적지 않았다.

트렌드를 제대로 읽지 못한 그의 게임에 대한 안목도 논란거리가 됐다. 그는 캐주얼 게임에서 RPG로 이어지는 모바일게임 추이를 마다한 채 '아이러브 커피' 시리즈에 매달렸고, '용사가 간다' 등 뒤늦게 달려든 RPG들은 시장에서 참패했다. 중국시장 진출 실패는 그에게 있어서 뼈아픈 패착이 됐다. 현지 사정을 제대로 살펴보지 않은 채 달려든 게 화근이 됐다.

그의 이와 같은 잇따른 패착은 결국 파티게임즈의 기업 경영 환경을 크게 악화시켰고, 끝내는 그를 최고경영자의 자리에서 끌어내리는 악수가 되고 말았다. 하지만 그 과정에서도 그는 논란의 중심에 섰다. 회사 지분을 넘기기 앞서 자신의 지분을 미리 처분했다는 비난을 사기도 했고, 지난 7일 지분 양수도 계약에서도 자신의 남은 주식을 일정 기간내 팔 수 있도록 하는 약정을 맺기도 했다. 이와 같은 그의 태도는 패장으로서 취할 자세가 아니다. 그에 대해 일각에서 무책임한 창업주란 지적을 하고 있는 것도 바로 이 때문이다.

많은 게임 벤처들의 동경이 됐던 파티게임즈는 이제 창업주를 잃게 됐다. 하지만 파티 게임즈가 결코 무너져서는 안된다는 것이다. 기업은 숨을 쉬는 사람과 같아서 언제든 재기할 수 있는 기회가 있다. 여기서 놓치지 말아야 할 것은 심기일전의 마음의 자세다. 그러기 위해서는 '새 술은 새 부대에 담는다'는 속담처럼 파티게임즈가 거듭나는 길이다.

그래서 '아이러브커피'를 다시 데워 나가는 작업에 매달려야 할 것이다. 그것이 파티게임즈에 지우는 사회의 명령이자 파티게임즈의 의무라 할 수 있다.

2016. 12. 08

'서머너즈 워' 흥행 성공을 보면서

컴투스가 글로벌 시장에 내 놓은 '서머너즈 워: 천공의 아레나'가 최근 누적 매출 9000억 원을 달성했다고 한다. 과거, 온라인게임 '리니지'가 매출 1조 원을 돌파한 적은 있었지만, 모바일 게임 하나로 이같이 엄청난 매출을 올린 국내 기업의 사례는 찾아볼 수 없다.

그런 의미에서 보면 '서머너즈 워'는 모바일 게임시장의 '리니지'로 불려도 손색이 없다 하겠다. 특히 서비스 기간으로 본다면 이 작품은 오히려 '리니지'의 성과를 뛰어 넘는다 할 수 있다. 이 작품이 서비스되기 시작한 것은 지난 2014년 4월이다. 그러니까 만 2년 8개월 만에 이같은 성과를 달성한 것이다. 이 작품 하나로 컴투스는 글로벌 기업으로 우뚝 서게 됐고, 실적면에서 게임빌을 크게 앞서 나가게 되는 전기가 됐다.

이 작품은 지금도 51개국 애플 앱스토어, 11개국 구글플레이에서 게임 매출 1위를 달리고 있다. 또 106개국 애플 앱스토어, 91개국 구글플레이에서 매출 상위 10위권에 오르는 등 동서양을 아우르는 인기를 누리고 있다.

이 작품의 성공요인에 대해 많은 전문가들이 공통적으로 지적하는 것이 있다. 바로 작품성과 글로벌 유통망의 파워다. 이 둘의 관계는 서로 뗄래야 뗄 수 없는 밀접한 관계에 있다. 작품이 아무리 뛰어나도 유통망을 제대로 타지 못하면 흥행에 실패하고, 반대로 아무리 좋은 유통망에 게임을 태웠다 하더라도 작품성이 떨어지면 흥행은 거기서 끝이 난다.

그런데 이 작품은 뛰어난 재미와 함께 수년간 축적해 놓은 탄탄한 글로벌 유통망에 얹혀 졌다. 또 하나는, 이 작품을 성공시키기 위해 컴투스와 게임빌이 총력을 기울여 왔다는 것이다. 양사는 선의의 라이벌로서, 국내만이 아니라 글로벌 시장 공략을 위해 혼신의 힘을 쏟아왔다.

결국 이 작품은 컴투스 뿐만 아니라 우리나라 모바일게임을 세계 각지에 알리는 효자 상품이 됐다. 특히 모바일게임의 인기 추세가 대작의 경우 약 4~5년간 지속된다는 점을 고려하면 '서머너즈 워'의 흥행 몰이는 당분간 계속될 가능성이 크다 하겠다.

이를 통한 또다른 바람은 이런 작품들이 지속적으로 터져 나왔으면 하는 것이다. 중요한 것은 어떤 어려움이 닥쳐도, 꿈과 희망의 끈을 놓지 않고 도전하는 마음 자세라 할 수 있다. 그런 노력을 기울이게 되면 우리 대한민국 게임계도 머지않아 세계적인 모바일 게임의 명가를 보유하게 될 게 분명하다 하겠다.

'서머너즈 워'의 글로벌 흥행 성공은 그 첫 걸음이자 시작일 뿐이다.

2017. 01. 12

파티게임즈에 던져진 영업 정지 처분

최근 파티게임즈가 강남구청으로부터 45일 간의 영업정치 처분을 받았다. 강남구청은 이 회사가 서비스 중인 모바일 게임 '포커페이스'가 사행을 조장하는 등 게임산업진흥법을 위반했다는 것이다.

이와 같은 조치는 지난해 게임물관리위원회가 파티게임즈의 '포커페이스'에 대해 위법 사항을 적발해 이를 강남구청에 통보할 때부터 예고됐다.

이에 대해 게임계는 잘못을 했으면 죄값을 치러야 하겠지만 비즈니스를 하는 영리 기업에 대해 너무 과한 조치가 내려진 게 아니냐는 반응을 보이고 있다. 예컨대 모바일 게임 서비스 업체에 대해 무려 45일간 영업을 하지 말라는 것은 회사 문을 닫으라는 것과 다름 아니라는 것이다.

파티 측은 그러나 게임위로부터 해당 이벤트에 대한 시정 공문을 받은 직후 현물 경품을 다시 게임 재화로 변경하는 등 사후 조치를 취했다고 강조하고 있다. 따라서 이 때문에 이번 영업정지 처분이 내려졌다면 승복할 수 없다며 반발하고 있다. 이와 관련 이 회사는 최근 서울 행정 법원에 영업정지 처분에 대한 취소 및 집행 정지 신청을 제출키로 한 것으로 알려졌다.

우리가 여기서 주목하고자 하는 것은 사행 행위가 결코 가벼운 사안은 아니지만 그렇다고 영리를 추구하는 기업에 대해 마치 사망 선고나 다를 바 없는 45일간의 영업정지를 내린 행정당국의 조치가 과연 합당한 것이냐 하는 점이다.

게임 콘텐츠는 재미만이 아니라 선도에 의해 판매된다는 점이다. 게임은 싱싱하지 않으면 팔 수 없는 생선과도 같다. 그런 사업을 영위하는 기업에 대해 무려 45일간의 영업 정지라니 말이 되는가. 아무리 봐도 과도한 조치다. 영업 정지일을 경감하거나, 벌금으로 대신하는 행정 제재 조치가 검토돼야 한다고 본다.

파티게임즈도 이번 일을 교훈삼아 사행 행위에 대해 경각심을 가져야 한다. 특히 사행 문제는 게임업계에 태생적으로 원죄와 같은 것이라는 점에서 늘 경계하고 거리를 둬야 한다는 점을 잊지 말아야 한다는 것이다.

특히 이번 기회에 파티게임즈에 덧붙인다면 바쁠수록 돌아가라는 말을 해 주고 싶다. 파티게임즈에는 그럴 능력이 충분히 있다고 본다. 서두르지 말고 돌다리를 두드려서 가는 심정으로 경영의 수급을 조절해 나갔으면 한다. 지금 파티게임즈에는 그 여유로움이 절대적으로 필요한 시점이다.

2017. 02. 24

매출 1조 '서머너즈 워'의 빛과 그림자

컴투스의 모바일 게임 '서머너즈 워: 천공의 아레나'가 국산 모바일게임으로는 전무후무한 기록을 세웠다. 3년을 코앞에 둔 상황에서 누적 매출 1조 원을 돌파한 것이다.

그동안 단일 게임으로 매출 1조 원을 돌파한 작품은 '리니지' '크로스파이어' 등 온라인게임이 대부분이었다. 모바일 게임이란 한 플랫폼에 의해 이와 같은 매출을 올린다는 것은 몇 년 전만 해도 상상할 수 없는 일이었다.

그런데 '서머너즈 워'가 이와 같은 고정관념을 한방에 날려 버린 것이다. 어떻게 이런 일이 가능하게 된 것일까. 많은 사람들이 그 성공요인을 알고 싶어한다.

가장 먼저, 시장환경 변화를 꼽을 수 있다. 피처폰 시절에는 모바일게임 시장이 국내 시장에 한정돼 있었다. 하지만 스마트폰이 보급되면서 글로벌 시장이 열렸고 국내뿐만 아니라 글로벌시장에서 동시에 서비스되는 경우가 늘어났다.

수요환경이 글로벌 시장으로 변했다고 해도 단일 작품으로 1조 원 매출은 쉬운 일이 아니다. 왜냐하면 그동안 수많은 국산 모바일게임이 쏟아져 나왔지만 이같은 기록을 달성한 작품은 '서머너즈 워'가 유일하기 때문이다.

컴투스는 이 작품을 개발하는 단계에서부터 글로벌 시장을 겨냥했다. 세계 어디에서나 먹힐 수 있는 재미와 흥미 요소를 담은 것이다. 그리고 수년간 개척해온 글로벌 유통망을 통해 이 작품을 선보였다. 결국 글로벌 진출 전략과 작품의 완성도가 이 작품을 성공시킨 1등 공신이 됐다.

'서머너즈 워'의 1조 매출로 컴투스 뿐만 아니라 모바일 게임업계 전체가 주목받고 있다. 하지만 시장상황은 그렇지가 못해 안타깝고 유감이다.

컴투스 등 몇몇 선두권의 모바일 게임업체를 제외한 바일게임 업체들이 극심한 매출 부진과 채산성 악화에 허덕이고 있다. 사정이 이렇다보니 글로벌시장 공략은커녕 내수 시장에서 살아 남기조차 급급한 처지가 됐다. 이 때문인지 양극화 현상에 대해 더 심화될 것이란 전망을 내놓은 전문가들이 적지 않다.

시장 간극을 좁힐 수 있는 특단의 대책이 필요한 시점이라고 아니할 수 없다. 기업은 시장 경쟁 원리에 의해 도태되고 또 생성되는 것이 맞다. 하지만 구조적인 문제점으로 이와 같은 현상이 확대되고 걸림돌이 되고 있다면 정책 입안자들은 좀 더 고민을 해야 한다. 현재 모바일 게임시장의 왜곡 현상은 구조적인 문제점이 크다 할 것이다.

2017. 03. 30

모바일 게임 분기 매출이 1조라니 …

중국 텐센트의 모바일 게임 '왕자영요(국내 서비스명: 펜타스톰)'가 지난 1분기 약 1조 원의 매출을 올렸다고 한다. 매출 대부분이 중국에서 발생했고, 일일 접속 유저는 약 5000만 가량 되는 것으로 알려졌다.

이 작품이 달성한 분기 매출 1조 원은 모바일 게임뿐만 아니라 콘솔과 온라인을 모두 통틀어 세계 최대규모다.

이 소식을 접한 국내 업계는 도저히 믿기지 않는다는 반응이다. 과거 그 어느 작품도 이런 기록을 만들어내지 못했기 때문이다. 콘솔 명가인 닌텐도도, PC패키지 게임부터 온라인까지 최강자를 자처해온 블리자드도 이런 작품을 만들지 못했다.

텐센트는 모바일게임 뿐만 아니라 게임 전체를 통틀어 새로운 게임 역사를 쓰게 됐다. 이 작품이 이후에도 분기 매출 1조 원을 계속 유지할 수 있을 것인지는 좀 더 지켜봐야 하겠지만 지금 세운 기록만으로도 당분간 이를 넘볼 작품은 나오지 않을 게 분명하다.

텐센트의 '왕자영요'와 비교하긴 그렇지만 최근 엔씨소프트의 '리니지M'이 하루 매출 107억 원을 달성한 사건도 게임업계에는 큰 충격을 줬다. 모바일 게임 하나로, 또 국내 시장에서 이렇게 엄청난 매출을 올릴 수 있을 것이라 아무도 상상하지 못했기 때문이다.

모바일 게임 시장이 무섭게 성장하고 있다. "모바일 게임은 값싸고 퀄리티가 낮다"는 말은 이제 옛말이 됐다. 그리고 시장의 트렌드를 새롭게 만들어가고 있다. 여기에서 낙오되면 글로벌은커녕 변방으로 밀려날 수밖에 없다.

다행인 것은 우리가 아직은 모바일게임 선두권에서 선방하고 있다는 사실이다. 비록 내수시장의 한계 때문에 중국 텐센트와 같은 엄청난 규모의 실적을 올리지 못하고 있지만, 협소한 시장임에도 불구하고 넷마블게임즈의 '리니지2 레볼루션'이나 엔씨소프트의 '리니지M'과 같이 걸출한 작품들이 큰 성공을 거두고 있는 것은 나름 의미가 있다 할 것이다. 물론 양극화 문제가 심각하지만, 글로벌시장에서 살아남기 위해서는 덩치싸움도 필요하다는 판단이다.

지금 우리에게는 '할 수 있다'는 자신감을 갖고 도전을 계속하는 것이 필요하다. 그리고 우리는 충분히 그럴만한 역량을 갖고 있다. '리니지2 레볼루션'과 '리니지M'이 이를 증명해 주고 있지 않은가.

2017. 06. 30

4:33의 와신상담 … 다시 시작한다는 자세로

한동안 어려움을 겪어온 네시삼십삼분이 최근 화제작 '다섯 왕국 이야기'를 론칭하는 등 오랜만에 기지개를 켜는 모습이다.

너울엔터테인먼트에서 개발하고 네시삼십삼분이 퍼블리싱 하는 이 작품은 수집형 RPG로 비교적 흥행시장에서 긍정적인 평가를 받고 있다.

일각에서는 이 회사의 작품에 대해 그간 흥행 예상작이 참패하는 등 빗나간 예측이 적지 않았다는 점에서 다소 조심스러운 반응을 보이고 있지만, 네시삼십삼분측은 이번만큼은 그런 결과를 낳지 않을 것이란 자신감을 보이고 있고 업계의 주목을 끌고 있다.

네시삼십삼분은 사실 그 뿌리가 깊은 기업이다. 엔텔리젼트는 이 회사의 모태가 되는 모바일게임 1세대 기업이다. 요즘 게임 팬들은 이 회사의 이름을 잘 기억하지 못할 수도 있겠지만 10여년 전 피처폰 시절에는 꽤 알아주는 기업이었다. 대학생들과 그들의 지도교수였던 권준모 현 네시삼십삼분 이사회 의장이 함께 창업한 이 회사의 작품은 모바일 게임 시장에서 파란을 일으켰다.

이 회사는 2005년 넥슨에 매각되면서 역사 속으로 사라지게 됐지만, 권 의장은 엔텔리젼트의 모토인 함께 즐기고 함께 나눈다는 정신을 계승한다며 다시 회사를 만든 것이 바로 네시삼십삼분이다.

이곳에는 엔텔리젼트의 창업공신들이 다 모였다. 하지만 히트작을 만드는 일은 생각과 같이 쉽지 않았다. 수년간 돌파구를 찾지 못해 기업은 거의 자본 잠식에까지 이르기도 했다. 마지막이라며 내놓은 작품이 바로 '활'이다. 화살을 날려 과녁을 맞춘다는 단순 구조의 이 작품은 의외의 빅히트를 기록했고, 회사는 기사회생했다.

스마트폰 환경으로 넘어온 이후 네시삼십삼분은 '블레이드'를 퍼블리싱 하면서 다시 한번 도약의 계기를 마련했다. 하지만 그게 끝이었다. 이후 네시삼십삼분은 멈춰섰다. 흥행 시장은 넷마블게임즈, 엔씨소프트 등 쟁쟁한 기업들에 넘어갔고, 작품 트렌드는 MMORPG가 대세가 되는 흐름으로 바뀌었다.

모바일 게임 1세대 기업들이 최근 들어 고전하는 듯한 모습을 보이고 있다. 컴투스와 게임빌 등 몇몇 업체를 제외하면 당장 내일을 걱정해야 할 처지다. 네시삼십삼분에 눈길이 쏠리는 이유는 바로 이 때문이다. 결코 짧지 않은 모바일 게임산업사에 적지 않은 역할을 해 왔던 기업이 엔텔리젼트를 모태로 하고 있는 네시삼십삼분이기 때문이다.

1세대 기업으로서 장수기업으로 자리매김한다는 게 그리 쉬운 일이 아니다. 늘 변해야 하고, 혁신을 꾀해야 하고, 멈추지 말아야 한다는 자기 도그마식의 강박증이 적지 않게 작용하고 있기 때문이다. 하지만 네시삼십삼분은 그런 어려움을 극복할 능력과 역량이 있다고 믿어 의심치 않는다. 과거, 기업 창업 때보다는 개발 환경이 훨씬 나아졌다는 점은 네시삼십삼분에 유리한 조건이다.

네시삼십삼분의 와신상담의 끝이 좋은 결실로 이어지길 바란다. 그것이 내수 시장을 지키는 길이며, 아무리 어려워도 극복할 수 있다는 게임계에 자신감을 안겨주는 일이다. 이를 바탕으로 재도약하는 네시삼십삼분의 힘찬 나래를 보고 싶다.

2017. 07. 28

승승장구하는 중국산 모바일게임

중국산 모바일 게임들이 최근 무서운 속도로 국내 시장을 잠식하고 있다. 직접 서비스를 하는 경우도 있고, 국내 업체를 통해 간접적으로 진출하는 경우도 있다.

서비스 방식은 다르지만 중국에서 개발되고 한국 현지화를 꾀했다는 점에 대해 공통점을 갖고 있다고 볼 수 있다. 수년 전만해도 중국산 모바일 게임을 경계하는 산업계 분위기는 엿볼 수 없었다. 그만큼 퀄리티나 스토리 라인 등에서 한국 게임에 크게 뒤졌기 때문이다. 그런데 이제는 사정이 달라졌다.

퀄리티뿐만 아니라 독창적인 시스템과 틈새시장을 노린 참신한 기획 등 한국 업체들이 하지 못하는 부분들을 그들이 해내고 있는 것이다.

이와 같은 대변신은 중국산 모바일 게임들이 한국 시장에서 매출 상위권을 점유하는 가장 큰 힘이 되고 있다.

라인콩코리아, 아이지지닷컴은 최근 '대항해의 길' '로드 모바일' 등 모바일 게임을 론칭해 구글 플레이 매출 순위 10위권안에 진입했다. 현재 '대항해의 길'은 5위, '로드 모바일'은 7위에 올라있다. 이들 작품을 포함해 10위 안에는 무려 5개작이 중국산 게임으로 채워져 있다.

중국산 게임들의 이와 같은 약진은 이미 예견된 일이었다. 그들은 온라인게임시장에서 우리에게 밀리자 일찌감치 모바일게임 개발에 주력해 왔다. 이러한 노력이 쌓여 이제는 국산 모바일 게임을 넘어설 정도로 기술과 기획, 서버관리 등을 보여주고 있는 것이다.

반면 우리는 업체뿐만 아니라 정부에서도 안이하게 대처해 왔다. 모바일 게임 성장을 뒷받침할 수 있는 산업 로드맵조차 제대로 그리지 못해 왔다. 또 게임을 육성하는데 힘을 쏟은 게 아니라 게임 때려잡는데 혈안이 돼 왔다. 이러다가 온라인과 모바일 게임 종주국이란 타이틀을 고스란히 중국에게 넘겨줘야 하는 처지에 빠질지도 모를 일이다.

늦었다고 봤을 때가 가장 빠른 때다. 지금이라도 게임 산업계의 현실을 냉철히 들여다 보고 대책을 세워야 한다. 선순환 구조를 개선하고, 스타트업들이 숨쉴 수 있도록 벤처 자금 조성에 힘을 기울여야 한다. 특히 게임에 대한 사시적인 시각도 이젠 업계에만 맡겨둘 게 아니라 정부가 나서야 한다는 것이다.

강 건너 불 보듯 뒷짐만 지고 있다가 게임 시장마저 경쟁국에 헌상하는 일이 빚어져선 절대로 안 되겠다.

2017. 11. 24

카카오로 뜬 모바일 게임 창업자들

지난 2012년 카카오에서 '게임하기' 서비스를 시작하자 많은 사람들이 우려와 기대의 시선으로 이를 지켜봤다. 이 때문에 당시 모바일 게임 메이저라고 할 수 있는 게임빌과 컴투스 등 기존 업체들은 다소 관망 내지는 평가를 유보하는 듯한 태도를 보였다.

하지만 카카오의 '게임하기'는 우려의 시선을 털어버리고 대박을 터트렸다. 모바일 게임 히트작은 모두 '게임하기'를 통해 탄생했다. 그 대표적인 작품이 '애니팡' '아이러브커피' '블레이드' 등이다. 화제작 '애니팡'은 순식간에 2000만 다운로드를 기록하면서 국민게임으로 자리했고 '아이러브커피'는 과거와 다른 상큼한 게임이라며 젊은 층의 주목을 받았다.

이같은 게임 성공을 바탕으로 선데이토즈와 파티게임즈는 가볍게 코스닥 시장에 진입했다. 그러나 시장에서는 두 회사에 대한 우려의 시선이 적지 않았다. 한 작품 성공만으로 기업을 공개한 사례에 대해 시장에선 불안하다는 반응이 뚜렷했다. 이 후 두 업체는 후속작을 발표하는 등 꾸준한 작품 활동에 나섰지만 신통치 않았다. 또 한 기업은 아예 작품 표절 시비에 휘말려 고전을 면치 못했다. 시장의 우려의 반응은 적중했다.

지난해 이대형 파티게임즈 창업자가 회사 지분을 정리하고 게임계를 떠난 데 이어,

최근 이정웅 선데이토즈 대표도 회사를 떠났다. 또 액션스퀘어의 김재영 창업자도 당분간 쉬겠다며 이들의 뒤를 이었다. 업계의 부러움과 질시를 한 몸에 받아온 '벤처 성공신화'의 주인공들이 줄줄이 업계를 떠나게 된 것이다.

이들의 퇴진에 대해 시장에선 여러 설들이 나오고 있다. 하지만 무엇보다 자신들이 과거에 해왔던, 또는 경험했던 성공방식에서 한걸음도 새롭게 발을 내딛지 못한 게 이들이 시장에서 버티지 못하고 떠나게 된 결정적인 배경이 됐다는 게 정설이 되고 있다. 막말로 시장 트렌드를 따라가지 못했고, MMORPG에 대응하는 전략도 수립하지 못했다는 것이다.

결국, 이들이 시장에 남긴 건 그들이 만든 게임도 아니고, 자신의 이름도 아닌, 그저 스쳐 지나간 바람인 것처럼 아주 작은 상처 자국만 남기고 떠난 셈이 됐다. 개인의 입장에서 본다면 일정한 크기의 황금궤를 꿰 차고 나가니까 미련도 없다 할 수 있겠다. 하지만 여기서 중요한 사실 한가지는 기업을 공개한다는 것은 자신과 자신이 세운 기업이 사회적 책임을 함께 동반해 수행하겠다는 것을 약속하는 의미도 담겨있다 할 것이다. 하지만 이들은 그 무엇도 하지 않았다. 일각에선 그들을 향해 아예 먹튀 인물들이라고 혹평까지 하고 있다.

그들의 퇴장에 대해 아쉬움과 안타까움이 아니라 이 겨울의 한파처럼 춥고도 혹독한 비판이 쏟아지는 것은 그만큼 무임 승차에 대한 도덕성이 큰 문제로 지적되고 있기 때문이다. 거기에는 실력보다는 운이 좋아서 성공했다는 그들에게 저평가의 시선이 적지 않게 작용하고 있음도 부인키 어렵다. 카카오 게임하기라는 스마트폰 플랫폼의 폭발적인 성장에 힘입어 큰 노력 없이 성공한 케이스일 뿐이라는 것이다.

게임계를 떠나는 그들의 뒷모습이 그저 씁쓸하고 착잡하기만 하다. 그래도 게임이 아닌 다른 한쪽에 자신들의 흔적 정도는 남겨야 하지 않았을까.

2018. 01. 12

유명 IP 모바일 게임들의 시장 독식

최근 모바일 게임 시장에는 유명 판권(IP)를 활용한 작품들이 매출 상위권에 이름을 올리고 있다.

'리니지'에 이어 '검은사막' '라그나로크' 등 온라인 게임으로 유명했던 IP들이 모바일 게임 시장에서도 돌풍을 일으키고 있는 것이다. 물론 이들 작품이 이름 하나만으로 인기를 끄는 것은 아니다. 작품 지명도 뿐만 아니라 그래픽과 스토리, 즐길 거리 등 다양한 요소들이 뒷받침되고 있기 때문에 그렇게 유저들이 열광하는 게 분명하다.

하지만 양지가 드리운 그늘이 너무 깊고 광대하다는 게 문제다. 주요 업체들이 과거, 성공했던 작품들에만 공을 들이면서 새로운 스토리에 의한 게임들이 설 땅을 잃거나 맥을 못 추고 있다. 최근 양대 마켓 진영을 살펴보면 인기있는 모바일 게임은 거의 다 유명 IP를 활용한 작품들이다. 이로 인해 업계의 부익부 빈익빈 현상은 더 심화되고 있다.

결실이 좋아야 새로운 나무를 심을 수 있는데 그렇지가 못한 실정이다. 여기서 놓치지 말아야 할 것은 이와 같은 빈곤의 악순환이 계속될 경우 게임시장의 미래가 밝을 수 없다는 것이다.

IP를 통한 재생산이 나쁜 것은 아니지만, 긍정적인 모습이라고는 할 수 없다. 이 문제는 벤처이건 게임 메이저이건 함께 고민하고 연구해야 할 숙제다. 매일 그 밥에 그 나물로 상을 차릴 수 없다는 것이고, 그렇게 하다 보면 팬들을 잃고 말게 될 것이기 때문이다.

팬들이 없는 게임시장은 상상할 수 없다. 그렇다면 게임 메이저들이 먼저 나서 주어야 한다. 내부적으로 창작 게임 지원을 위한 다양한 대책을 세워야 한다. 필요하다면 스튜디오를 만들어 지원하는 것도 요령이다.

정부도 게임 창작 지원을 위한 자금 조성 등 새로운 가능성을 타진하는 게임업체들의 지원에 나서야 한다는 것이다. 그렇게 하지 않으면 게임업계의 생태계는 척박하다 못해 그 무엇도 생성해 낼 수 없는 을씨년스러운 동토로 바뀔 게 뻔하다. IP 작품이 너무 많다. 모바일 게임업계가 풀어나가야 할 새로운 과제라 아니할 수 없다.

2018. 03. 30

1주년 맞은 '리니지M'의 새 도전

엔씨소프트의 모바일 게임 '리니지 M'은 지난해 상상을 초월하는 반향을 일으켰다. 이와 같은 흥행 성공은 일단 원작인 온라인 게임 '리니지'의 명성 덕분이라는 점을 부인키 어렵다.

'리니지'란 게임의 상징성은 우리나라 온라인 게임의 역사와 맥을 같이한다는 측면에서 무시할 수 없는 흥행의 무기로 작용할 수 있기 때문이다. 하지만 그 명성이란 것 하나 만으로 흥행을 주도하고 이끌 순 없는 노릇이다. 그것만 믿고 덤벼들었다가 시장에서 낭패를 본 게임들이 적지 않다는 점에서 더 그렇다.

'리니지 M'은 지난해 5월 출시된 이후 1년여 동안 모바일게임 최고매출 1위 자리를 지켜왔다. 이 작품 하나로 엔씨소프트는 지난해 1조 7500억 원이라는 역대 최대 매출을 이끌었다.

특히 이 작품은 온라인 게임의 본산인 엔씨소프트의 정체성에 일대 큰 전기를 가져왔다. 엔씨소프트의 모바일 게임 시장 진출은 경쟁사에 비해 다소 늦은 편이다. 이는 김택진 사장의 돌다리도 두드려 보고 건넌다는 신중함보다는 게임답지 않은 게임을 팬들에게 내놓지 않겠다는 그의 진중함이 더 크게 작용했다. 그렇게 해서 탄생한 게임이 '리니지 M'이다. 김 사장의 연착륙 전략이 한편 맞아 떨어진 것이다.

그런데, 엔씨소프트가 이번엔 또 다른 도전에 나서겠다고 선언했다. '리니지M' 홍행을 계기로 독자적인 컨셉에 의한 콘텐츠를 투입하고, 풀 HD급 그래픽으로 제작하는 등 종전 '리니지 M'과 다른 게임을 선보이겠다는 것이다.

이와 같은 시도는 거의 모험에 가깝다. 이미 검증된 성공 등식을 버리고 새로운 길을 걷겠다는 것인데, 이에 대한 시장 반응은 다소 엇갈리고 있는 것 같다. 굳이 그럴 필요까지 있겠느냐는 의견과 리스크를 담보하는 것이긴 하지만, 신선한 도전이란 평도 없지 않다. 또 김사장이 이젠 모바일 게임에 대해 자신감을 얻은 게 아니냐는 견해도 나왔다.

그러나 우리가 여기서 주목하고자 하는 것은 새로운 도전을 위한 파괴를 시도하지 않으면 또 다른 창조물도 없다는 사실이다. 여러 흥행 작 후속 게임들에 대해 시장에서 재탕이라는 소리가 나오고, 식상하다는 지적을 받는 이유도 바로 모험을 두려워한 나머지 현실에 안주하려는 움직임 때문이다. 어찌 보면 성장을 가로막는 큰 함정에 빠지는 것이다.

기업의 성장 동력 중 하나는 새로운 시장에 도전이다. 여기에는 리스크에 해당하는 모험이란 것이 담보된다. 하지만 그러한 시도를 하지 않고서는 큰 기업으로 발돋움

할 수 없다. 홍행 가능성과 확률만 저울질해서는 아무것도 이룰 수 없다는 것이다.

엔씨소프트가 글로벌 시장 도전을 위해 새 모험을 선택했다. 그 결과가 어떻게 나올지 아직은 아무도 알 수 없다. 그러나 이를 통해 엔씨소프트가 한 단계 더 성숙해질 것이란 점은 분명하다. 안주하는 기업보다는 끊임없이 도전하고, 기존의 가치물을 과감히 허물고 모험을 무릅쓰는 기업이 훨씬 미래 가치가 높고 성장 가능성이 높기 때문이다.

2018. 05. 18

원스토어의 수수료 인하 의미

구글 플레이와 애플 앱스토어는 스마트폰의 폭발적인 성장에 힘입어 가장 강력한 유통 플랫폼으로 자리하게 됐다. 스마트폰은 이제 PC를 능가할 정도로 시장 규모도 커졌고, 전세계적으로 유통되는 애플리케이션은 600만개에 이르는 것으로 알려지고 있다.

이와 같은 폭발적인 성장으로 가장 재미를 보는 곳은 게임이나 음악, 교육 등 콘텐츠 공급 업체들이 아니라 이 유통 플랫폼을 소유하고 있는 구글과 애플이다. 이들은 오픈 마켓을 통해 매출의 30%를 수수료의 명목으로 챙겨가고 있다. 하지만 이와 같은 수수료율은 인터넷 수수료 치고는 너무 높을 뿐 아니라 오프라인 쪽 유통 마진과의 비교를 하더라도 매우 높은 수익 구조라고 아니 할 수 없다 할 것이다.

이에 따라 게임 등 콘텐츠 공급업체들은 이들에 대해 수수료율의 인하를 강력 요구하고 있지만, 이들은 일언지하, 기척조차 하지 않고 있다. 그나마 다행스러운 것은 이들과 경쟁관계에 있는 원스토어측이 최근 사업 발표회를 통해 수수료율을 10% 인하해 20%로 낮추겠다는 입장을 밝혀 주목을 끌고 있다. 특히 개발업체가 자체 결제시스템을 만들어 이용할 경우에는 15%를 더 할인해 5%로 낮추겠다는 방침을 밝혔다.

반가운 소식이 아닐 수 없다. 그러나 원스토어의 시장 지배력은 사실 미미하기 그지없다. 또 경쟁력에 있어 상대적으로 밀리는 후발주자다. 하지만 그렇기 때문에 수수료율을 내리겠다는 게 아니라 그렇게 해서 콘텐츠 공급업체와의 상생 구조를 만들어 나가겠다는 원스토어측의 방침이 더 신선하게 다가온다.

지금은 플랫폼의 시대라고 한다. 그렇기 때문에 구글과 애플이 플랫폼을 통해 큰 재미를 보고 있는지도 모른다. 하지만 영원한 1등은 없다는 것이다. 구글과 애플의 태도를 지켜보고 있다. 솔직히 그동안 이들이 국내에서 한 일은 시장판을 만들어 놓은 게 전부다. 고작 한 뼘에 불과한 그 장터를 열어놓고 그 엄청난 부를 챙겨 가고 있다면 삼척동자도 비웃을 일이다. 그럼에도 계속 높은 수수료율을 징수하겠다고 고집한다면 이용자들의 강력한 저항을 각오해야 하지 않을까.

어찌됐든, 원스토어측의 수수료율 인하를 계기로 유통 플랫폼의 이용가격 등 전반적인 구조의 혁신을 기대해 본다. 변하지 않는다는 것은 퇴행을 의미하는 것이고, 변한다는 것은 새로운 건설을 뜻한다는 점에서 반드시 변화를 꾀해야 할 것이다. 그 변화의 첫걸음은 수수료율의 인하부터 시작해야 할 것이란 점을 구글과 애플측은 잘 유념하기 바란다.

2018.07.06

넷마블이 보여준 일본 시장 공략법

최근 넷마블이 일본에서 선보인 모바일 게임 '더 킹 오브 파이터즈 올스타'가 초반 흥행세를 나타내고 있다. 이 작품은 지난 달 26일 일본에 첫 론칭, 구글 플레이에서 인기 1위, 매출 순위 12위를 달리고 있다. 애플 앱 스토어에서도 엇비슷한 성적을 올리는 등 현지로 부터 안착한 한국 게임이란 평가를 받고 있다.

일본 현지에서는 원작 '킹 오브 파이터' 시리즈에 대한 인지도와 화려한 그래픽, 조작감 등을 갖춘 게임이란 평을 내놓고 있다. 이와 같은 성적을 거둠에 따라 '더 킹 오브 파이터즈'는 곧 출시를 앞두고 있는 한국, 대만, 태국 시장에서도 파란이 예상되는 등 새로운 블록버스터 작품으로 떠오르고 있다.

여기서 주목하고자 하는 것은 상대적으로 폐쇄적이기로 유명한 일본 모바일 시장에서 넷마블의 모바일게임이 잇따라 성공을 거두고 있다는 사실이다. 앞서 넷마블은 '세븐나이츠'라는 액션 RPG 작품을 론칭, 기대 이상의 성과를 거두기도 했다. 한국 경쟁사 작품들이 일본시장에서 크게 고전하고 있는 것과는 사뭇 대조적인 모습이다. 그렇다고 해서 일본 현지 시장 환경이 바뀐 것도 아니다. 여전히 보수적이고, 외산 모바일 게임 작품에 대한 거부반응이 심하다.

공을 들인 작품에 대한 유저 반향은 어디에서나 비슷하다. 넷마블이 일본 진출을 통해 제일 먼저 눈 여겨본 것은 작품의 현지화였고, 이를 위해 새 작품 수준으로 공을 들이겠다는 것이었다. 이에따라 일본 유저들의 취향을 철저히 분석하고, 현지인의 입맛에 맞도록 작품을 완전히 바꿔버렸다. '세븐나이츠'에 이어 MMORPG '리니지 2 레볼루션' 등이 이와 같은 과정을 통해 재 탄생했고, 그 같은 노력을 통해 큰 성과를 거둘 수 있었다.

해외시장, 특히 일본시장 진출은 까다롭기로 유명하다. 이를 뚫기 위해 그동안 많은 한국 게임 업체들이 도전장을 던졌으나, 성공한 업체는 극히 드물었다.

이러한 가운데 이번 넷마블의 일본 시장 안착은 국내 게임업계의 해외 진출에 새로운 시사점을 안겨준 사례로 꼽을 수 있다 할 것이다. 까다로운 시장일수록 사전 준비를 더 철저히 하고, 대충 대충하는 것이 아니라 새로운 작품을 만든다는 각오로 현지화를 꾀해야 한다는 점이다. 뜻이 있으면 길은 열리게 돼 있다. 넷마블의 '더 킹 오브 파이터즈 올스타'의 일본 시장 진출 성공은 이와 같은 사실을 반증해 준다. 특히 수출 시장 다변화가 최대 과제로 떠오르고 있는 국내 모바일 게임업계에 '더 킹 오브 파이터즈 올스타'의 성공 사례는 새로운 좌표를 제시했다 할 수 있을 것이다.

2018. 08. 03

게임 매출 3조, 구글의 뒷짐

지난 8월까지 구글 플레이의 게임 매출이 2조 원을 넘어섰다고 한다. 이는 게임 트렌드의 변화로 MMORPG의 강세와 함께 스포츠, 슈팅 등 새로운 수요가 확대됐기 때문이다. 이와 같은 추세면 연말까지 구글의 게임 매출 규모는 약 3조 원을 넘어설 것으로 보인다. 구글은 이 게임 매출 가운데 30% 정도를 수수료로 가져가게 되는데, 이를 추산하면 약 1조 원 가까운 수익을 거둬 가는 셈이다.

구글은 게임 개발업체도 아니고 단순히 유통 플랫폼을 제공하는 업체다. 그런 측면에서 수수료율 30%는 너무 과다하다는 지적이 많았다. 더군다나 이와 같은 수수료율은 원스토어의 그것과 비교하면 최대 25% 포인트 이상의 차이를 보이는 등 터무니없이 높다. 단순히 수수료율만 놓고 비교할 수는 없겠지만 아무리 넉넉히 따져봐도 구글의 수수료율은 과하다는 생각을 지울 수 없다.

지금 대한민국의 게임업체들 상당수는 개발비를 마련하지 못해 허덕일 지경이다. 어렵게 게임을 만들었다 해서 그게 끝이 아니다. 작품 론칭비가 적지 않다.

억 단위의 마케팅 비용은 과거의 얘기일 뿐이다. 일부 게임업체들은 이에 대해 피를 토할 심정이라고 한다. 그렇게 해서 거둬들인 수익은 매출의 49%정도 라고 한다. 막

말로 차포 떼고 남는 돈이 고작 절반에도 못 미치는 것이다. 이 마저도 스테디셀러를 기록하게 되면 그나마 다행이다. 하지만 그렇지 않고 론칭하자 마자 얼마 못 가서 작품을 내리게 되면 앞 뒤로 밑지는 장사가 돼 버린다는 것이다.

그런 마당에 구글이 마치 30%의 수수료율을 마치 금과옥조처럼 떠받들고 있는 이유는 단 한가지, 어찌됐든 자신들의 수익만 거두면 그만이라는 아주 못된 이기주의 사고에서 비롯되고 있는 게 아니냐는 것이다.

구글의 몰염치한 행태에 대해서는 그간 업계뿐만 아니라 정치 경제계의 비판의 소리가 적지 않았다. 대한민국에서 엄청난 수익을 거둬가면서 구글이 돌려주는 것은 고작 몇백억 원에 그치고 있는 법인세가 전부다. 임직원 수도 300여명 수준에 불과하다. 영국과 인도에 진출해 있는 구글 현지법인의 임직원 수는 수천명에 달한다 한다. 청년 고용에 대한 절박한 처지에 있는 대한민국 국민 정서도 외면하고 있는 것이다. 구글에 대한 불만과 원성의 소리가 나올 법하다. 그럼에도 불구, 그들은 여전히 이를 외면하고 있는 듯한 인상을 주고 있다.

글로벌 기업이다 보니 그렇다고 한다면 그건 아주 변명에 불과하다. 글로벌 기업이라면 더 현지 국가의 정서에 녹아 들어가야 한다. 특히 안타까운 사실은 왜 오프라인 글

로벌 기업들은 그렇지 않은데 ICT 등 온라인 기업들은 하나같이 그 모양들이냐는 것이다. 나름, 한다는 것도 생색내기에 불과하고, 그저 흉내만 내는 게 전부다. 그런 짓거리만 바라보고 있으니 국내 ICT 기업들도 그대로 따라하는 게 아닌가.

구글이 지금까지 보여준 것은 다름아닌 '수퍼 갑'질의 전형일 뿐이다. 글로벌 시장에서 롱런하기 위해서는 현지 국가의 업체들과 소통하고 그들의 애로사항을 해결해

주며 함께 발전할 수 있는 길을 고민해야 한다는 것이다.

구글의 고집스러운 불통의 모습을 더이상 보고 싶지 않다. 이제는 말만이 아니라 실천할 수 있는 방안을 제시해야 한다고 본다. 게임매출 3조 원에 1조가 넘는 수익을 거둬가면서 산업 인프라에 대해서는 난색을 표명한다면 어디 될 법한 일인가.

2018. 09. 21

5G시대의 개막, 게임계에 새로운 기회의 장

기존 4G의 성능을 훨씬 능가하는 5G 통신 시대가 다가오고 있다. 최근 막을 내린 미국 최대 가전제품 쇼인 CES에선 첨단 기술들과 함께 5G기술이 적용된 제품들이 큰 화제를 뿌리기도 했다. 특히 5G와 연계되는 게임에 대한 관심 또한 적지 않았다.

그러나 그 가능성에 반해 아직까지 5G 게임이 그다지 많지 않고 실험적인 작품들이 대부분이란 점에서 아쉬움을 안겨주고 있다. 돌이켜 보면 정보통신과 IT의 융합은 게임업계에 새로운 환경을 가져왔다. 가상현실(VR)과 증강현실(AR) 기술 등이 대표적이다. 하지만 아쉽게도 능동적으로 적응하지 못했다. 기술과 소비 수요를 제대로 예측하지 못하면서 고전을 면치 못했다.

그런데, 반갑게도 새로운 통신시대를 열 것이라는 기대감을 안겨주는 5G시대가 성큼 다가온 것이다. 게임업계는 이에 대해 긍정적인 반응을 보이고 있다. 시장 침체에서 벗어날 수 있는 절호의 기회이자 돌파구가 될 것이란 지적이다.

최근 발표된 정부의 '글로벌 게임산업 트렌드' 보고서에 따르면 앞으로 5G를 통해 △고해상도 FHD 및 4K 게임 대중화 △클라우드 게임 서비스 및 스트리밍 보편화 △VR·AR 게임 활성화 등 게임산업 전반에 걸쳐 큰 변화가 올 것이란 전망이 소개됐다. 이를 종합하면 게임산업계가 그간 접해보지 않은 새로운 세계가 펼쳐진다는 뜻으로, 또다른 격변기를 맞이하는 것으로도 풀이할 수 있다.

4차 산업혁명의 소용돌이 속에서 무선통신 기술의 발달로 종전에는 불가능했던 기술들이 속속 상용화되고 있다. 이는 그동안 가능성으로만 여겨져 왔던 것들을 현실화할 수 있다는 점에서 게임업계에는 매우 고무적인 일이다. 특히 새로운 장르를 만들어 낼 수 있는데 다, 다양한 레퍼토리를 게임으로 이끌어 낼 수 있어 콘텐츠가 더욱 풍성해질 것으로 전망된다.

따라서 게임업계의 과제는 이를 어떻게 수용하고 빨리 대처해 나가느냐의 여부다. 모바일이 게임시장의 대세로 자리 잡으면서 국경이란 장벽은 이미 사라진 얘기가 됐다. 국내 업체들끼리의 경쟁이 아니라 미국과 일본 등 선진 게임업체뿐만 아니라 경쟁국인 중국과도 콘텐츠 경쟁을 벌여 나가야 한다. 여기에서의 핵심은 기술력을 바탕으로 누가 먼저 시장을 선점하고 주도해 나가느냐는 것이다.

이를 위해서는 5G 기술을 보유하고 있는 주요 통신업체들과의 협업도 중요하고, 자본력을 지니고 있는 국내 게임 메이저들의 역할 또한 절대적이라는 점을 강조하고 싶다. 특히 정부의 게임에 대한 인식 전환이 시급한 시점이라고 지적하고자 한다. 기술

개발은 대기업의 몫인데 반해 인력 수급에 있어서는 상대적으로 제한적이라는 것이다.

그러나 이와 같은 기술을 활용하고, 수요 촉진을 이끄는 편대는 다름아닌 중기이고, 벤처이며 이들의 움직임으로 고용이 촉진된다는 사실이다. 게임업계는 중기이자 벤처들이 모여 있는 집단이다.

5G시대가 열리고 있다. 새로운 세계가 다가오고 있는 것이다. 게임업계에는 도전이자 새로운 기회의 장이 떠오르고 있는 것이다.

2019. 01. 18

새 작품 '트라하'의 출시 의미

언제부터인가 모바일 게임 시장도 온라인 게임의 그것처럼 최상위 소수 작품이 장기 집권하는 현상이 일반화되고 있다. 최근 인기순위 1~3위까지의 작품을 보면 '리니지M' '리니지2레볼루션' '검은사막 모바일' 등 수년간 철옹성을 구축하고 있는 게임들이다. 이로 인해 새 작품들이 이들의 아성을 뛰어넘지 못한 채 분루를 삼키고 있다.

시장은 늘 새로운 바람이 요구된다. 그래야 활력이 생기고, 크게 꿈틀거리기 때문이다. 이와 같은 관점에서 본다면 18일 서비스에 들어간 넥슨의 모바일 게임 '트라하'는 새 바람의 근원지이자 태풍의 눈이라고 할 수 있겠다.

특히 모바일 시장에서 상위권을 점령하고 있는 작품 대부분이 온라인게임 판권(IP)를 활용한 게임이라고 한다면, '트라하'는 오리지널 모바일 게임 IP라는 점에서도 긍정적이다. 초반 분위기 역시 후끈 달아 오르는 등 고무적인 반향을 일으키고 있다.

서비스에 들어가기에 앞서 진행한 사전 예약 신청자 수가 400만 명에 달한다 한다. 여기에 게임 명가 넥슨이 서비스하는 작품이라는 것이 알려지면서 성공 가능성에 대한 평가가 높게 나타나고 있다.

MMORPG 장르인 이 작품은 다양한 무기를 필요에 따라 선택해 사용하는 '인피니티 클래스'를 비롯해, 여의도 면적 16배에 달하는 광활한 '공간적 배경(오픈필드)' 및 확실한 혜택을 제공하는 '수동 조작' 등이 유저들로부터 호평을 받고 있다. 따라서 초반 레이스를 유지하는 것은 물론 완벽한 서비스를 위한 막후 준비 작업이 향후 흥행 여부 및 롱런 가능성의 가늠자가 될 전망이다.

모처럼 대작 등장으로 후끈 달아 오르고 있는 시장 분위기도 나쁘지 않다. 선의의 경쟁과 치열한 접전을 통해 시장은 성장하고 확장되는 것이기 때문이다.

그런 측면에서 '트라하'의 분전을 주위에서 지켜보고 싶다. 이왕이면 좋은 성적표를 쥐었으면 한다.

2019. 04. 19

모바일게임 글로벌 톱 10이 어렵나

최근 발표된 글로벌 게임 시장 톱 10 리스트를 보면 온라인게임의 경우 '던전앤파이터'와 '크로스파이어'가 당당히 이름을 올리고 있다. 하지만 모바일 게임은 단 한 작품도 진입하지 못했다. 또 온라인 게임 톱 10에 오른 작품도 자세히 들여다보면 중국에서 크게 히트한 올드보이 작품들이다. 시장이 너무 편중돼 있다는 반증이다.

북미와 유럽에서 큰 인기를 끌었던 온라인게임 '배틀그라운드'도 중국에서는 선전했지만 '포트나이트' 등 잇단 경쟁작들의 추격에 주춤하고 있다. 모바일 게임의 경우 컴투스의 '서머너즈 워'가 글로벌 시장에서 눈부신 성과를 올렸다. 하지만 이 작품 역시 중국 시장에서 빅히트를 기록하지 못하면서 글로벌 톱 10에는 이름을 올리지 못했다. 그만큼 모바일 게임 시장은 경쟁이 치열하고, 각 국가의 특징이 뚜렷하다. 이 때문에 내수 규모가 작은 우리나라와 같은 경우는 온라인 게임과 달리 모바일 게임 시장에서 빅 히트를 기록한다는 것이 더 힘든 일이 됐다.

모바일 게임 시장이 글로벌 오픈 마켓으로 변하면서 경쟁이 더 치열해지고 있다. 세계적인 유명 기업들이 수두룩하다. 그렇다고 손을 놓고 있을 것인가. 그래서는 안 된다는 것이다. 세계 게임 시장의 흐름이 모바일 게임으로 넘어간 상황에서 경쟁하기 어렵다며 뒷짐만 쥐고 있다 영영 주변국 수준에 머물고 말 것이란 점이다.

미래를 위한 도전을 멈춰선 곤란하다. 오랜 기간 성과를 올린 '서머너즈 워'나 최근 대만에 이어 일본에서 큰 성과를 올리고 있는 '리니지M' 등 MMORPG 작품들은 우리 게임업체들이 잘 할 수 있는 장르다. 세계 모바일게임 시장에서도 점차 MMO의 비중이 높아지고 있다. 통신 인프라 등 모바일 게임 수요환경이 좋아지고 있는 것이다.

너무 앞서 가서도 안 되겠지만, 우리가 잘 할 수 있는 것을 외면하는 것도 옳은 방향은 아니다. 중국 시장이 오랫동안 닫혀 있는 사이에 우리 기업들의 해외 실적이 부진한 것도 사실이지만 이를 기회로 더 경쟁력 있는, 세계 어디에서나 통할 수 있는 작품 개발에도 힘을 기울였으면 한다. 우리가 잘 할 수 있는 장르에 집중하고, 새 시장 개척을 위한 콘텐츠를 지속적으로 발굴해 낸다면 모바일 글로벌 톱 10에 당당히 이름을 올리는 것도 불가능한 일은 아니다고 할 것이다.

2019. 06. 07

모바일 게임 시장의 새 도전의 바람을 기대한다

모바일 MMORPG 작품들의 강세가 지속되면서 새롭게 론칭된 작품들이 고전을 면치 못하고 있다. 문제는 이들 MMO 작품들의 독주 현상이 예상외로 장기화되고 있다는 점이다. '리니지M'을 비롯해 '리니지2레볼루션' '검은사막 모바일' 등은 출시된 지 벌써 1~2년이 훌쩍 넘었음에도 여전히 큰 인기를 누리고 있다. 이를 굳이 뭐라고 할 순 없겠지만, 새로 선보인 작품들이 선전을 하면서 시장에 변화를 안겨줘야 함에도 그렇지가 못한 채 지리멸렬하고 있다는 것이다.

이렇게 된 데는 무엇보다 통신환경이 업그레이드되면서, 과거 PC에서만 가능했던 그래픽과 실시간 대결, 그리고 자동사냥 등 MMORPG가 자리잡을 수 있는 모바일 환경을 제공하게 된 것이 가장 큰 요인이다. 또 온라인게임으로 인지도를 높여온 판권(IP)의 마니아 파워가 모바일 플랫폼에서도 그대로 유지되고 있는 점도 요인으로 꼽을 수 있겠다. 물론 최상위권 작품들의 완성도와 철저한 서비스 관리가 이를 뒷받침하고 있다는 점도 간과할 수 없다 할 것이다.

하지만 신작들의 돌풍이 짧게는 1~2주일에서 길게는 한달 이상을 지속하지 못한 채 주저 앉고 있다. 실제로, 지난달 11일 구글 플레이 매출 2위는 '랑그릿사' 3위는 '일곱 개의 대죄: 그랜드 크로스' 등이 차지했다. 하지만 처음 잠깐 주목을 끌었다가 기존 MMORPG 작품들에 가려져 버렸다.

전문가들은 이와 같은 현상에 대해 매우 우려 섞인 시선으로 바라보고 있다. 유저들의 편식이 너무 특정 장르에 쏠려 있고, 그로 말미암아 업체들의 경쟁도 그 장르에 몰리고 있다는 이유 때문이다. 결국에는 개발사 입장에선 무리한 운영을 할 수 밖에 없고, 유저들은 피로감을 느끼거나 식상함으로 손을 놓을 수 밖에 없다는 것이다. 시장이 외면 받게 되는 주된 원인이다.

최근 선보인 '로한M'이 시장에서 돌풍을 일으키고 있는데, 이 작품의 장르 역시 MMORPG다. 이 작품이 경쟁 작품과 경연에서 얼마나 뒷심을 발휘할 수 있을 지는 좀 더 지켜봐야 할 것 같다. 하지만 새롭게 선보인 론칭작보다는 경쟁력이 있다는 평가 또한 기존 MMORPG 작품들과 크게 다르지 않다

모바일 게임 시장의 외연을 넓히기 위해서는 보다 다양한 작품들이 포진해야 한다. 과거 '애니팡'과 '아이러브커피' 등 새로운 시도의 작품들이 중년층과 여성 유저들을 끌어 들였듯이, 시장 저변을 확대하기 위선 참신한 장르의 작품들의 새로운 도전이 절실한 실정이라고 하겠다.

시장을 선점하고 있는 작품의 장르만 탓할 일은 아니다. 그 작품을 극복하겠다는 의지를 보이지 않는 경쟁사들의 안이한 태도

역시 문제점이라고 할 수 있다.

　도전 정신이 필요하다. 새로운 길을 가야 또 다른 길을 개척할 수 있다. 그 길을 그대로 따라가서는 절대 선봉장을 따라 잡을 수 없다. 그런 노력이 입체적으로 이뤄질 때 시장은 더 풍성해 지고 유저들은 즐거운 비명을 지르기 마련이다. 시장의 외연을 넓히려면 현재의 시장 구조를 극복해야 한다. 새로운 도전의 바람이 절실한 시점이다.

2019. 07. 12

원스토어의 어처구니 없는 중국 게임 지원

'원스타 발굴 프로젝트'는 원스토어에서 국내 중소 게임업체 지원을 위해 마련한 행사다. 모바일게임협회와 공동 주관하고 있는 이 프로젝트에 지원 대상 기업으로 꼽히게 되면 프로젝트에 선정된 작품이라는 점 뿐아니라 다양한 마케팅 지원을 받게 된다는 점이 매력적이다.

알려진 대로 대상 기업에 선정되게 되면 서울 32개 지하철 역사에 있는 멀티비전을 통해 게임이 소개되는 등 작품 마케팅에 상당한 도움을 받을 수 있게 된다. 금액으로 환산하면 대략 4000만 원대에 이른다고 하니까 마케팅 예산이라곤 금액조차 산정키 어려운 중소 게임업체 입장에선 마치 가뭄 속 단비격의 도움을 받을 수 있게 되는 것이다.

이에 따라 이 프로젝트에 공모하는 업체 수도 점차 늘고 있는 것으로 알려지고 있다. 그만큼 중소 게임업체에는 마케팅 진행 자체가 게임 개발 수행만큼 또다른 과제가 되고 있는 것이다.

이 프로젝트가 그런데, 최근 논란의 도가니 속으로 빠져들고 있다. 이달로 5회째를 맞이한 이 프로젝트의 지원 대상 기업으로 중국 모바일 게임인 '기적의 검'을 서비스하는 4399코리아를 선정했기 때문이다.

이 게임은 단순 조작 방식으로 누구나 쉽게 게임에 접할 수 있도록 한 세로형 MMORPG로, 레벨업과 화려한 이펙트가 특징으로 알려지고 있다. 문제는 이 게임이 순수 국산게임이 아니라 중국산이라는 것이다. 그러나 주최측은 문제될 게 없다는 입장이다. 대상 기업에 대한 지원 자격을 완화하면서 퍼블리싱한 게임에 대해서도 지원을 할 수 있도록 했다는 것이다. 즉, 외산 게임 서비스에 대해서도 응모할 수 있도록 문호(?)를 개방했다는 취지의 설명이다. 이번에 논란을 빚고 있는 '기적의 검'이 이와 같은 케이스에 해당된다는 게 주최측의 설명이다.

그러나 업계에서는 매우 황당하다는 반응이다. 이를테면 중국산 모바일 게임에 대해 자신들은 한국형 오픈마켓이라며 입만 열면 협업을 강조해 온 원스토어측과 모바일게임협회측이 어떻게 외산 게임 서비스에 대해 물적 지원을 결의할 수 있느냐는 주장이다. 더욱이 원스토어측은 민간기업이니까 그렇다고 쳐도 다름아닌 법정 단체인 모바일게임협회측에서 어떻게 외국게임에 대해 그렇게 문호를 개방할 수 있도록 하는 규칙 개정에 동의를 해 주었느냐는 것이다.

과거 유신시절, 영화사에서 국제영화제나 국내 영화제에 입상할 경우 수입영화에 대한 쿼터를 예외로 인정해 주었다. 예컨대 1~2편의 외국 영화를 추가로 수입할 수 있도록 한 것이다. 하지만 그게 끝이었다. 아무리 그 영화사가 국제 영화제 입상 등 공헌을 했다 하더라도 그 수입 외국 영화에 대한 마케팅을 지원을 하거나, 물적 지원을 하는 사례는 찾아볼 수 없다.

그러나 더욱 황당한 것은 주최측의 해명이다. 주최측은 "중국 게임업체지만 한국에서 영업 활동을 하고 세금을 납부하고 있다면 업계에 기여한 것으로 볼 수 있다"면서 "이번에 선정된 업체는 모바일게임협회 회원사 자격 기준을 충격시키고 있어 문제가 없다는 입장"이라고 말했다 한다. 이는 회원사 자격만 획득하고 세금만 납부하면 국내 기업과 동등한 자격을 주겠다는 것인데, 대단한 대국주의적 발상이다. 제조업의 경우도 이렇게 외국 기업을 예우하지 않는다. 하물며 콘텐츠 기업군에 해당하는 게임 업종에서 국경을 허무는 등 간극을 좁히겠다는 것인데, 그건 어디까지나 단순 비즈니스에만 해당한다.

이와 같은 해명에도 불구하고 중소 게임업체를 발굴해 육성, 지원하겠다는 당초의 취지에서 상당히 벗어나고 있다는 비난은 면키 어려워 보인다. 특히 일각에선 윈스토어측에서 자신들의 비즈니스만 생각하다 이와 같은 사단을 만든 것이 아니냐는 지적도 없지 않다. 결국 초심에서 어긋났기 때문에 이와 같은 일이 빚어진 것이라고 생각할 수 있다. 지금이라도 늦지 않았다고 본다. 이 프로젝트를 기획했을 때의 첫 모습으로 다시 돌아가 고민하는 것이 맞다. 더이상 어처구니 없는 일이 생기지 않았으면 한다.

2019. 08. 30

'달빛조각사'와 송재경

'리니지' '검은사막' 등 잘 알려진 판권(IP)을 활용한 작품들이 모바일게임 시장에서 강세를 보이고 있는 가운데 카카오게임즈가 판타지 소설 원작의 모바일게임 '달빛조각사'를 내달 론칭키로 해 관심이 모아지고 있다.

모바일 게임 시장은 유명 IP의 작품들이 최상위권을 점유하는 등 특정 장르에 쏠리는 현상을 빚어왔다. 이렇다 보니 작품의 다양성은 부족해지고 그 밥의 그 반찬이란 문제점을 드러내 왔다. 물론 유명 IP를 활용하는 것이 나쁜 일은 아니다. 하지만 너무 한쪽으로 기우는 등 유저들의 편식주의를 간과함으로써 시장 발전에 역행하고 있다는 지적은 산업 발전을 위해 한 번쯤 심각하게 생각해 봐야 할 것이다.

그런 측면에서 '달빛조각사'는 게임업계에 신선한 바람을 불러 일으킬 것으로 기대되고 있다. 무엇보다 소재의 신선함에 관심이 모아지고 있다.

게임 1세대 스타 개발자인 송재경이 진두지휘하고 있는 이 작품은 판타지 소설 '달빛조각사'를 바탕으로 한 오픈월드 MMORPG다. 이 게임은 '바람의 나라' '리니지' 등을 탄생시킨 엑스엘게임즈 송 대표가 직접 참여해 제작하는 첫 모바일 MMORPG라는 점에서 이목을 끌고 있다. 일단 분위기는 뜨거운 상황이다. 사전 예약 하루 만에 100만의 유저가 몰렸으며, 9일 만에 무려 200만을 넘어서며 현재는 300만을 향해 질주하고 있다.

송 대표가 자신의 이름을 걸고 만들어온 작품이 많지는 않지만 작품 하나 하나가 모두 완성도가 높고 개성을 잘 표현했다는 점에서 '송재경 표 작품'이란 별칭을 붙여주고 있다. 하지만 한가지 아쉬운 점은 작품의 완성도 측면에 반해 흥행면에서는 그다지 큰 재미를 보지 못했다는 스크래치가 있다. 그럼에도 송 대표가 손을 놓지 않은 것은 그의 장인정신 뿐 아니라 유저들의 성원에 보답해야 한다는 그의 또다른 작품 도전 정신이 한몫을 하고 있다고 봐야 할 것이다. 이번에 선보이는 '달빛조각사'는 바로 이같은 그의 정신에 의해 만들어진 작품이라고 할 수 있다.

내달 진면목을 드러낼 이 작품이 송재경 브랜드의 저력을 오랜만에 다시 발휘하게 될지 아니면 또다시 그의 닉네임에 스크래치를 내면서 작품성은 좋았지만 흥행에는 재미를 보지 못했다는 징크스의 반복을 거듭하게 될지 귀추가 주목된다. 작은 바램은 그의 역량이 제대로 전달돼 새로운 소재로도 시장에서 먹힐 수 있다는 점을 입증해 주었으면 하는 것이다. 그리고 송재경 표 게임이 모바일 게임 시장에서도 통한다는 모습을 보고 싶다. 송재경 파이팅.

2019. 09. 27

매출 5조 앞둔 '리니지' 모바일 게임들

'리니지' 판권을 이용해 만들어진 모바일 게임 두 작품이 불과 2~3년 만에 매출 5조 원을 눈앞에 두고 있다. 매월 2000억 원에 가까운 매출을 달성했다는 것인데 입이 떡 벌어질 일이 아닐 수 없다.

화제의 주인공은 엔씨소프트와 넷마블의 '리니지M'과 '리니지2레볼루션'이다. 이 두 작품은 서비스 20년을 훌쩍 넘긴 온라인 게임 '리니지'와 서비스 10년을 넘긴 '리니지2'를 모태로 하고 있다. 엔씨소프트가 '리니지M'을 내놓기 전까지 많은 시간이 걸렸다. 남들이 너도나도 모바일 게임 시장에 뛰어들 때 이 회사는 '아직 때가 안됐다'며 시장 참여를 미뤄 왔다. 일각에선 이 회사의 성장 동력에 문제가 있는 것 아니냐는 우려의 목소리도 나왔다. 사양길에 접어든 온라인 게임에 집착한다는 것이다.

하지만 이와 같은 우려는 기우에 불과했다. 스마트폰의 사양이 기존 PC에 버금갈 정도로 고사양화 되자 PC에서만 가능했던 고퀄리티 기술이 모바일에서도 구현이 가능하게 됐다. 엔씨소프트는 준비해 온 '리니지M'을 전격 발표했고 대성공을 거뒀다.

이들의 각고의 노력과 장인 정신에 찬사를 보낼 수밖에 없다. 자신들이 게임업계의 최강자임을 다시한번 입증해 보인 것이다. 그러나 다른 한편에선 MMORPG 장르의 쏠림 현상을 더욱 심화시켰다는 목소리도 나오고 있다. 5~6년 전까지만 해도 캐주얼 게임과 스포츠게임, 액션게임 등 다양한 장르의 모바일게임이 상위권에 이름을 올리기도 했다. 이를 통해 청소년뿐만 아니라 장년층 주부 들이 게임을 즐기는 모습을 심심찮게 발견할 수 있었다. 그런데 '리니지M' 등 대작 MMO의 등장 이후 나머지 장르의 작품들은 무대에서 사라져 버렸다.

엄청난 대작의 그늘에서 빛을 보지 못하고 반짝 등장했다가 소리 없이 저버린 것이다. 이러한 현상은 영화계에서도 비슷하게 벌어지고 있다. 1000만 관객을 동원한 흥행작들이 스크린을 점령하면서 나머지 작품들이 설 땅을 잃고 있는 것이다. 이는 영화 배급사들과 멀티플렉스 극장주간의 이해가 맞아 떨어진 결과다. 그렇다. 어떻게 이 작은 나라에서 연간 1000만 관객을 동원할 수 있는 작품을 끄떡하면 배출할 수 있다는 것인가. 스크린 독점의 폐해일 뿐이다.

다행히 게임 시장의 경우 영화와는 분명 다르다는 사실이다. 탄탄한 작품성과 뛰어난 그래픽 등으로 무장한 게임들이 두각을 나타내고 있고 그 뒤에는 엔씨소프트와 넷마블 등 실력 있는 개발사와 퍼블리셔가 있었기 때문에 가능했다는 점을 부인키 어렵다. 그렇다고 해서 이와 같은 쏠림 현상에 대해 이들이 자유로울 수 있다는 얘기는 아니다. 시장 유통 질서의 일정 책임은 대기업에 있다 해도 과언이 아니다. 나무만 베어 갈 게 아니라 숲을 조성하고 묘목도 심어야 한다는 것이다.

다양한 장르의 작품들이 출시될 수 있도록 일정 부분의 역할을 맡아줘야 한다. 스타트업들의 작품 개발을 지원하고, 참신한 장르의 작품에 대한 관심도 기울여야 한다. 그것이 5조 원 매출이란 대 기록을 눈앞에 두고 있는 '리니지' 시리즈 수혜 기업들의 시장에 대한 의무이자 책임감이라고 생각한다.

2019. 11. 01

'리니지2M' 이번은 없었다

엔씨소프트가 심혈을 기울여 선보인 '리니지2M'이 론칭 일주일여 만에 판매시장에서 폭발적인 반응을 일으키면서 롱런 채비에 들어갔다.

특히 이번에도 30~40대 린저씨(리니지와 아저씨의 합성어)들이 이 작품의 흥행을 주도하는 등 '리니지'라는 이름값을 톡톡히 하고 있다. 이 작품은 사전예약 700만 명을 가볍게 돌파하면서 흥행 돌풍을 예고해 왔다. 예상대로 론칭 첫날부터 유저들을 끌어 모으기 시작해, 판매시장에서 장기간 최고 매출 1위를 달려온 만형격의 '리니지M'을 밀어내며 그 자리를 차지했다.

이 작품의 거침없는 질주는 온라인 게임 '리니지2'를 즐겨온 기존 유저층의 영향이 컸다. 전체 유저 가운데 30대 연령층 비중이 무려 46.8%에 달하는 것 등이 이를 뒷받침해 준다. 그 뒤를 이어 40대(26.7%)도 적지 않았다. 이른바 30~40대 린저씨들이 작품 흥행을 견인했다고 봐도 무방하다. 남녀 유저 비율은 남성(74.55%)이 압도적으로 높았다.

이 작품에 대해 유저들의 출시 초반 반응은 다소 엇갈렸다. 김택진 엔씨소프트 대표가 '향후 몇 년간 기술적으로 이 작품을 넘어서는 작품이 나오지 않을 것'이라고 호언장담했듯, 한쪽에선 뛰어난 작품성에 박수를 보내는가 하면 또 다른 쪽에서는 별로 새로울 것이 없다며 평가절하하는 모습

또한 분명했다. 또 유명 판권(IP)을 활용한 MMORPG라는 점에서 이로 인한 장르편중 현상이 더욱 심화될 것이란 우려도 나왔다. 하지만 이와 같은 초반의 다양한 반응은 시간이 지나면서 잠잠해지고 있다.

어쨌든, 이 작품은 새로운 흥행기록을 작성하는 등 롱런을 향한 기반 다지기에 나서는 모습이다. 영화도 그렇지만, 아무리 작품성과 예술성이 뛰어나다 해도 흥행에 성공하지 못하면 그것은 절반의 성공이랄 수밖에 없다. '리니지2M'에 대한 여러 억측과 잦은 논란은 그런 측면에서 대작이 아니면 절대 나올 수 없는, 깎아내리기 위한 지적들이 아니라는 점에서 긍정적으로 바라볼 필요가 있겠다.

특히 고무적인 것은 이 작품이 형님 격인 '리니지M'이나 'V4'의 유저들을 빼앗아온 것이 아니라 새로운 유저들을 흡입하고 재생산하고 있다는 점이다. 바닥을 치던 내수 시장이 모처럼 기지개를 켜고 있다. 이렇게 이변이 없는 대작 흥행 돌풍을 보고 있노라면 그래서 이름값이란 게 있고 존재하는 게 아닌가 하는 생각이 든다. 하긴 너무 예측 가능한 시장이 되면 곤란 하겠지만 말이다.

'리니지2M' 개발진에게 지난 노고에 대한 박수를 보내고 싶다.

2019. 12. 06

창립 20주년 맞은 게임빌에 거는 기대

모바일 게임의 지평을 열어온 게임빌이 지난 10일 창립 20주년을 맞았다.

모바일 게임이란 플랫폼으로 한 우물을 판다는 것은 결코 쉬운 일이 아니다. 그런데 그 성상이 20개나 모였다고 하니 놀라울 일이 아닐 수 없다. 돌이켜 보면 한해 한해 얼마나 고되고 힘들었겠는가. 초창기 모바일 게임 시장을 함께 일궈 왔던 많은 업체들이 급변하는 수요 트렌드를 따라잡지 못해 도태되거나 명맥만을 유지하고 있다는 점을 되새겨보면 그 의미는 남다르다 할 것이다. 그 뿐인가. 게임빌은 지금 국내뿐만 아니라 글로벌시장에서도 인정받는, 명실상부한 대한민국을 대표하는 모바일 게임업체로 자리매김하고 있다.

게임빌은 모바일 게임에만 올인하며 시장을 개척해 왔다. 지금과 달리 모바일 게임이라는 단어가 낯선 때부터 해외시장 개척이란 기치를 내걸고 글로벌 공략에 주력해 왔다. 특히 2006년에는 미국 현지 법인 게임빌 USA를 설립, 게임의 본고장이라고 하는 미국시장 개척에 힘을 기울여 왔으며 2011년에는 일본 도쿄에 게임빌 재팬을 설립하는 등 글로벌 네트워크 구축에 힘써 왔다.

게임빌은 또 업계를 깜짝 놀라게 하는 용단을 내리기도 했다. 2013년 모바일 게임 업계의 라이벌이자 쌍두마차 격인 컴투스를 전격적으로 인수키로 한 것이다. 당시 주변에선 우려의 목소리가 적지 않았다. 양사가 시너지를 내지 못할 것이란 전망이 우세했다. 하지만 게임빌의 송병준 사장은 각각 독립적이면서도 힘을 발휘할 수 있는 경영을 통해 큰 성과를 올림으로써 성공적인 M&A의 사례를 완성했다.

게임빌은 경자년 올해를 제2의 도약을 준비하는 원년으로 삼고 있다. 지금까지 쌓아온 모바일 게임 개발 노하우와 글로벌 서비스 역량을 바탕으로 글로벌 넘버원 모바일 게임 회사로 거듭나겠다는 것이다.

게임빌이 없었다면 대한민국 모바일 게임의 글로벌 시장 개척은 거의 난망에 가까운 과제였을 게 분명하다. 이와 같은 공은 결코 작다고 할 수 없다. 그런데 최근 이 회사가 게임 소재 발굴에 어려움을 겪고 있다고 한다. 그러나 기업을 경영하다 보면 항상 어려움이 따라오기 마련이다. 새로운 준비를 위한 성장통일 수 있다.

이 시점에서 게임빌의 30주년, 아니, 40주년의 모습이 섣부르게 그려지는 것은 그동안 한 번도 멈추지 않고 성장의 고도를 향해 달려온 게임빌이기 때문이다. 게임빌의 더 큰 도약을 지켜보고 싶다.

2020. 01. 17

애플서 게임을 검열한다는데

애플이 청소년 이용불가 게임에 대해 상식의 도를 넘어서는 무리한 검열로 논란을 빚고 있다.

당초 청불등급 게임 서비스로 새 시장이 열리게 됐다며 반겼던 게임업계는 이럴 바엔 차라리 애플 서비스를 중단하는 것이 더 낫겠다며 반발하고 있다. 그러나 이 마저도 이용고객들의 피해를 우려해 이러지도, 저러지도 못하는 처지에 놓여 있다.

애플의 이와 같은 강력한 검열 시행의 배경에 대해서는 알려진 바가 전혀 없다. 항시 일방적이었다는 게 업계의 주장이다. 문제는 이와 같은 자체 검열의 잣대가 매우 자의적인데다 형평성에도 크게 어긋난다는 점이다.

최근 스마트조이의 '라스트 오리진' 서비스가 대표적인 사례다. 이 작품은 검수 준비 작업을 포함, 총 6차례의 심사를 통과해 지난해 11월 14일부터 애플 서비스를 시작했다. 하지만 1월 7일께 갑작스럽게 마켓 검열로 정상적으로 다운받을 수 없게 됐다.

이 작품은 이달 21일 애플 검열을 반영해 다운로드 받을 수 있게 됐지만, 사실상 서비스를 하기 어려운 수준으로 바뀌었다. 여성형 실루엣의 경우 통째로 뭉개졌으며 인 게임 화면 등은 몸체가 대부분 가려져 사실상 얼굴만 나오는 수준이다. 이 작품이 성인 유저만 즐길 수 있는 청불등급 게임이라

는 점을 감안하면 도가 지나치다는 비난을 살 수밖에 없다.

일각에선 형평성에도 어긋나는 검열이 적지 않다는 것이다. 같은 마켓에서 서비스되고 있는 '게이도라도'라는 게임의 경우, 게이를 소재로 한 작품으로, 남성의 나신 및 성적인 요소 부문 등을 제한없이 노출하고 있다. 그러나 이 작품은 청불등급도 아니다. 경쟁작에 비하면 상당히 파격적이라는 것이다.

우리가 여기서 주목하고자 하는 것은 성인이 이용하는 청소년 이용불가 게임에 대해 또다른 검열이 필요하냐는 점이다. 반사회적이거나, 반인륜적인 문제, 그리고 문제가 있는 젠더 소재의 작품들이 아니라면 그 누구의 간섭을 받지 않고 그대로 서비스되는 것이 맞다고 본다.

우리 사회 일각에서는 여전히 성에 대해 터부시하는 경향이 많다. 그러나 폭력적인 것이 더 나쁘다는 것이다. 몇 군데 야한 장면이 나오면 가위질을 하면서, 수십명의 인명을 무자비하게 살상하는 장면은 그대로 허용된다. 아주 잘못된 기준이다. 더군다나 검열이란 것은 창작자들의 의욕을 꺾는 아주 고약한 행위다. 화성에 우주인을 보내겠다고 하는 이 시대에 검열이란 있을 수 없다. 게다가 성인 장르의 게임이 아니던가. 굳이 일본 게임 시장과 비교하고 싶지는 않

지만 이젠 성인 게이머들에게도 상응한 게임을 제공할 때도 됐다.

글로벌 기업이자 열려 있는 기업이라고 평가받는 애플에서 다른 것도 아닌, 성인을 위한 게임을 검열하고 있다는 것이 충격적이다. 여기에다 뚜렷한 이유나 근거도 제시하지 않은 채 서비스 중단 유무를 결정하는 건 전형적인 갑질 행위다. 미국이나 일본과 달리 한국에선 구글마켓이 애플을 압도하고 있다. 그같은 이유가 애플보다 더 개방적이고 더 친기업적인 모습을 보이는 구글의 정책에 기인한 것이라면 애플에는 뼈아픈 현실이자 교훈이 되지 않을까. 애플의 폐쇄적이고도 고압적인 벤더 운용책은 바뀌어야 한다고 본다. 특히 어떤 근거에도 불구, 검열은 이 시대에서 퇴출돼야 마땅하다.

2020. 02. 28

5G 서비스 1년, 자칫 실기하면 죽는다

차세대 이동통신서비스인 5G 시대를 연 것도 벌써 1년이 됐다. 이동통신사들은 5G 시대가 열리면 마치 새로운 세상이 다가올 것처럼 대대적인 홍보에 나섰지만 1년이 지난 지금까지 큰 변화를 체감하지 못하고 있다는 평가가 지배적이다. 그 때문일까. 가입자 수도 500만 수준이다.

1년여 서비스 기간이었다는 점을 고려하면 그렇게 나쁜 성적은 아니지 않느냐고 이동통신사들은 반문할 수도 있겠다. 그러나 그럼에도 불구하고 5G를 통해 즐길 만한 콘텐츠가 태부족하다는 점은 뼈저리게 다가온다. 특히 5G와 함께 가장 주목을 받아온 모바일 게임 분야의 경우 5G만을 위한 작품들이 많지 않다. 겨우 기존 LTE를 통해 즐기던 게임을 5G에서 조금 더 빠르게 즐길 정도라고 하니 기가 찰 일이다.

현재 모바일 게임 장르의 대세는 MMORPG 작품들이다. 이들 게임은 굳이 5G가 아니라도 기존 LTE를 통해서 충분히 즐길 수 있다. 다만 클라우드 게임의 경우는 다르다. 5G환경에서나 실시간 서비스가 가능하다. 그런데 아직 큰 인기를 끌고 있는 클라우드 게임은 눈을 씻고 봐도 찾아볼 수 없다.

모바일 클라우드 게임 환경이 갖춰지기까지는 아직 시간이 더 필요한 것일까. 그렇다. 상당히 지연되고 있는 듯 하다. 그 이유는 5G 통신환경이 아직 완벽하게 갖춰지지 않은데다 클라우드 게임에 대한 서비스 경험 부족 등이 그 요인으로 꼽히고 있다.

그러나 클라우드 게임 환경이 조성되면 PC에서 즐기는 온라인게임을 그대로 모바일에서도 즐길 수 있게 된다. 이를 위한 준비작업은 그러나 이통사와 일부 게임업체들 간 시범서비스 수준에 겨우 머물고 있다. 하지만 이 서비스사업이 본격화될 경우 클라우드 기반의 스트리밍 게임 및 콘텐츠 부족 현상은 크게 개선될 것으로 예상된다.

TV시대에는 아케이드, 콘솔게임이 주류를 이뤘고, 퍼스널 컴퓨터가 등장하자 PC게임 및 온라인 게임이 시대를 풍미했다. 또 휴대폰이 등장하자 피처폰 게임과 스마트폰 게임이 세상을 열어가고 있다.

이젠 본격적인 5G 시대를 향해 달리고 있다. 과연 어떤 장르의 게임들이 주류로 등장할 것인가. 이 기회의 장에서 끈을 잡으면 사는 것이고, 놓치면 죽는 것이다. 지금 이 순간, 우리 대한민국 게임업체들의 향배를 지켜보고 싶다. 5G 시대에서 살아 남을 것인가 아니면 유성처럼 사라질 것인가. 분명한 것은 답이 멀리 있지 않다는 것이다.

2020. 04. 03

구글과 애플의 뻔뻔한 오픈마켓 정책

구글과 애플이 오픈마켓에서 서비스돼 온 에픽게임즈의 '포트나이트'를 전격 퇴출시키면서 논란이 빚어지고 있다.

양측은 '포트나이트'가 각 사의 앱스토어 결제 내부 규정을 위반했기 때문에 이 서비스를 차단할 수밖에 없었다는 입장을 밝혔다. 그 규정 위반이라고 지적한 것은 '포트나이트'에 오픈마켓을 통하지 않고 우회해서 아이템을 구매할 수 있는 기능을 지원한 점을 꼽았다.

에픽게임즈는 이에 앞서 구글과 애플의 결제 시스템을 이용하지 않고 유료 재화 및 아이템을 구매할 수 있는 '에픽 다이렉트 페이'를 도입, 주목을 끌었다. 그러면서 이 회사는 최대 20%의 가격 할인 혜택을 제공하는 행사를 진행하기도 했다.

이렇게 될 경우 구글·애플의 게임 수수료가 감소되고, 매출 역시 줄어들게 된다. 반면 개발사들은 그에 상응하는 효과를 볼 수 있다는 점에서 에픽게임즈의 최근의 움직임과 동향을 지켜봐 왔다.

에픽게임즈는 일단 구글과 애플 측의 조치에 대해 부당하다며 법원에 소송을 제기했다. 법원 측의 이성적인 판단을 살펴보겠다는 것이다.

구글과 애플 등 양대 진영은 지금까지 30%의 유통 마진을 거둬왔다. 플랫폼을 구축하고 유지하는 데 그만큼의 비용이 발생한다는 것이다. 그러나 30%의 마진율은 너무 과하다는 것이 유통 관계자들의 공통된 지적이다. 초기 개발비를 빼면 유지 보수 비용이 전부라는 것이다.

그동안 많은 게임 개발사들은 오픈마켓과 퍼블리셔들에게 수수료를 주고 나면 남는 것이 없다고 불만을 드러내 왔다. 한마디로 너무 과하다는 것이다. 그러나 갑을의 관계에서 제대로 자신들의 주장을 펼치지 못해 왔다.

이와 같은 독과점 구조에서 에픽게임즈가 반기를 든 것인데, 지금까지의 분위기로는 구글과 애플의 벽을 쉽게 넘어설 것으로는 보이지 않는다.

그러나 오픈마켓 수수료 등 새로운 유통 환경 속에서 벌어지고 있는 기업 영업 행태에 대해 한 번도 법원의 판단을 구하지 않아 왔다는 점에서 에픽게임즈의 이번 소 제기에 대해 긍정적으로 평가하는 이들이 적지 않다. 이를 테면 오프라인과 같이 온라인에서도 기업 활동에 대한 법률적 정비 및 가이드라인이 필요하다는 것이다.

구글과 애플은 지금까지 마당만 깔아 놓고 그곳에서 열리는 과실을 그대로 거둬 들이는 영업행태를 유지해 왔다. 그러나 마당세 치고 30%는 너무 과한 정도가 아니라 폭리에 가까운 것이다.

온라인 영업 행태에 대한 일대 법률적

정비가 절실하다 하겠다. 그 연장선상에서 이번 에픽게임즈에 대한 법원의 판단을 지켜보고 싶은 것이다.

첨언이다. 솔직히 먼저 마당을 점유했다고 해서 높은 수수료율을 정하는 등 폭리를 취하는 것은 한마디로 도둑질이다. 오프라인에서 영업을 전개하는 기업과는 판이한, 무주공산에다, 소비자 구호 조치를 제대로 하지 않아도 무방한 치외법권적 유통 환경을 마음껏 만끽하며 기업을 영위하는 그들이 겨우 한 뼘에 불과한 마당을 만들어 거대한 글로벌 공룡으로 성장하는 것이 가당치도 않다. 국내 인터넷 공룡들도 매한가지다.

에픽게임즈와 같이 오픈마켓과 연동해 새로운 부가가치를 창출할 수 있는 여러 시도는 앞으로 계속돼야 한다고 본다.

2020. 08. 21

넥슨의 모바일게임 시장 도전기에 주목하면서

넥슨의 모바일 게임 시장 도전 성공담이 잇따라 회자되고 있다. 몇년간의 숱한 시행착오 끝에 드디어 자리를 잡아가고 있는 듯한 모습을 보여주자 안팎의 반향이 매우 고무적으로 나타나고 있는 것이다.

넥슨이 올해 선보인 '카트라이더 러쉬플러스'와 '피파 모바일'에 이어 최근 발표한 '바람의나라: 연'까지 흥행가도를 달리면서, 넥슨의 명성을 모바일 시장에까지 이식했다는 평을 받고 있다. 업계에서는 이와 같은 추세가 계속 이어지면 넥슨은 올해 모바일 게임으로 수익 구조를 대폭적으로 개선시키는 모멘텀을 열어갈 것으로 내다보고 있다.

넥슨은 온라인 게임 시장에서는 '메이플스토리' '카트라이더' 등 캐주얼 게임으로 절대강자의 자리를 차지해 왔다. 그런데 유독 모바일게임 시장에서는 변변한 실적을 거두지 못했다. 야심차게 준비한 대작들이 번번이 고배를 마시기도 했다.

이처럼 넥슨이 고전하고 있는 사이, 넷마블은 온라인게임 빅3 가운데 가장 먼저 모바일시장에 올인하며 선두로 치고 나섰다. 이를 지켜봐 온 엔씨소프트도 '리니지' IP를 전면에 내세우며 시장을 빠르게 장악해 갔다.

그런데, 넥슨만이 모바일 게임 시장에서 지리멸렬했다. 소프트한 온라인 게임의 장르와 모바일 게임의 그 장르에서 혼선을 빚은 듯하지만, 일각에선 너무 신중한 접근 방식으로 무게 중심을 모바일 게임 장르로 옮기지 못한 게 아니냐는 지적이 나왔다. 쉽게 말해 너무 잘하려다 시기를 놓치거나, 그르쳤다는 것이다.

넥슨은 그러나 물러서지 않았다. 4전5기의 와신상담 끝에 길을 찾았고 최근에는 제자리를 찾아가는 모습을 보여주고 있다. 이는 온라인게임 시장의 빅3가 모바일시장에서도 그대로 영향력을 발휘할 수 있게 됐다는 것을 의미하는 것이기도 하다.

이에따라 모바일 게임 시장은 넥슨과 넷마블, 엔씨소프트 등 전통의 빅 3와 게임계의 명문 게임빌과 컴투스, 스마트폰 수혜 기업 선데이토즈와 데브시스터즈, 그리고 이들을 키운 카카오게임즈 등이 선의의 경쟁을 벌이면서 더 큰 파이를 만들어 갈 것으로 전망된다.

넥슨 등 빅3와 모바일게임시장에서 성장해 온 전문업체들과 스타트업들이 온라인게임에서 보여온 그 야성을 다시 한번 발휘해 글로벌 모바일 게임 시장에서도 나름의 족적을 남기길 기대해 본다. 덧붙여, 넥슨의 선전을 계속 지켜보고자 한다.

2020. 08. 28

구글의 '마이웨이' 이젠 징글징글하다

구글의 30% 수수료율 고수 방침은 결단코 깨지지 않았다. 그러면서 인심 쓰듯 슬그머니 모든 애플리케이션(앱)의 30% 수수료율 적용 시기를 내년 9월로 미루기로 했다고 발표했다.

배부른 이들의 욕심은 끝이 없다. 구글과 애플이 그렇다. 이들은 그간 자신들의 운영체계에 설치한 모바일 마켓플랫폼을 통해 엄청난 수익을 챙겨왔다. 게임 등 이용자들로부터 앱 구입비 명목으로 30%의 수수료를 받아온 덕이다.

게임업계는 이와 같은 수수료율에 대해 너무 과하다며 대폭적인 인하 요구를 해 왔다. 하지만 구글과 애플은 꿈쩍도 하지 않았다. 전세계에 동일하게 적용하고 있는 수수료율에 대해 한국만 인하해 줄 수는 없다며 강경한 입장을 고수해 왔다.

그러다 최근 애플이 한발 물러섰다. 연 매출 100만달러(약 11억) 이하의 중소기업에 대해 수수료율을 15%로 하겠다는 방침을 전한 것이다. 이렇게 되자 이용자들의 눈길은 구글에 모아졌다.

최근 구글이 밝힌 앱 유통가 운용 방침 내용을 보면 신규 앱에 대한 인앱 강제 결제 조치 방침은 내년 9월말로 연기키로 했다. 구글은 당초 기존 앱의 경우 내년 9월 30일까지, 신규 앱은 내년 1월 20일 이후 등록되는 경우 30% 수수료를 일괄 적용키로 했다.

시기만 조율했지, 수수료율에 대해서는 눈꼽만큼도 언급이 없었다.

이들이 고수하고 있는 30%의 수수료율은 중소 게임업체 입장에선 감내하기 힘든 요율이다. 굳이 따져 묻는다면 유통마진은 15% 수준이 합당하다는 게 일반적이다. 그러나 이같은 요율도 오프라인의 경우에 해당한다. 인건비 및 유통관리비가 따로 들지 않는 온라인, 모바일 마켓에서 유통 마진 30%는 엄청난 수치가 아니라 부도덕한 것이다. 그럼에도 그게 싫으면 나가라는 것은 한마디로 막가파 식이라 말하지 않을 수 없다.

이들의 이와 같은 고자세는 구글과 애플을 대신할 마땅한 유통 채널이 없기 때문이기도 하지만, 이들의 입장만 곧이 곧대로 듣고 있는 미국 등 통신 강대국들이 자국 업체 보호를 위해 입을 다물고 있는 것도 큰 몫을 하고 있다고 봐야 한다.

국내 모바일 앱 마켓에서 70% 이상을 차지하고 있는 구글은 해마다 1조 원대에 가까운 이익을 본사로 송금하고 있는 것으로 알려져 있다. 하지만 우리나라에 내는 세금은 아주 미미하다. 쉽게 말하면 대기업을 영위하면서 현지국가에 전혀 기여하는 바가 없는 것이다.

지난 2016년 구글이 운영하는 플레이스토어의 한국 매출 규모는 4조 4656억 원으로 추정됐다. 30%가 수수료라고 치면 1

조 3396억에 달한다. 이 중 이동 통신사에 떼 주는 수수료를 뺀다고 해도 1조 가까운 수익을 거둔 셈이다. 하지만 납부한 세금은 200억 원에 불과했다. 반면 당시 매출 4조 8000억 원인 네이버는 4321억 원의 법인세를 냈다. 두 회사의 매출 규모가 비슷한 데도 구글이 낸 세금이 네이버의 20분의 1에도 못 미친 것이다.

올해 앱 마켓 매출 규모는 7조 원대를 바라볼 것으로 예상된다. 구글과 애플의 비대화는 더욱 심화될 것으로 보인다. 그럼에도 눈 한번 꿈쩍하지 않는 구글의 태도를 지켜보고 있노라면 무섭다는 생각까지 든다.

구글의 강제 인앱 결제 시점을 내년 9월로 연장키로 한 것은 뻔뻔한 미봉책일 뿐이다. 상생을 위한 결단을 내려야 한다. 구글의 변화된 유통정책 마련을 촉구하고자 한다.

2020. 11. 27

IV

e스포츠

e스포츠 총체적 解法 찾아야 한다

e스포츠 승부조작 사건에 따른 후폭풍이 거세다. 검찰의 수사 결과 발표 이후 사건에 연루된 프로게이머들이 속속 퇴출되고 있다. 관리 책임이 있는 구단과 방송사 관계자들이 해임되는 등 파장이 확산되고 있다. 사건의 중심에 있는 e스포츠협회도 사태의 추이를 봐가며 일벌백계를 내린다는 방침이다.

구단, 협회, 방송사 등 e스포츠 산업계가 이번 사태의 조기 해결을 위해 백방으로 노력하고 있지만 그 파장은 쉽사리 수그러 들지 않는다. 무엇보다 e스포츠 자체에 대한 불신과 팬들의 실망감이 확산되면서 한국 e스포츠 산업이 벼랑 끝으로 내 몰리는 분위기다.

산업계 내부에서 이번 사태가 조기에 마무리되지 않으면 한국 e스포츠 인프라 자체가 무너지는 사태를 초래할 것이란 우려까지 제기되고 있다. 실제로 7월 예정됐던 국제적인 e스포츠 대회가 연기됐고 몇몇 e스포츠 구단은 해체 내지는 대폭 축소를 심각하게 고민하고 있다는 소리까지 들린다.

사실 이번 사태는 몇몇 선수들과 산업계 종사자들의 개인적 불법 행위 차원에서 마무리될 수도 있었다. 하지만 이번 사건이 개인의 스캔들 수준을 넘어 e스포츠 산업 전반의 문제로 해석하고 있는 데는 그만한 이유와 타당성이 있어 보인다.

무엇보다도 10년이 넘은 e스포츠산업의 현주소를 그대로 보여주는 사건이라는 분석이다. 예를 들면 스타크래프트 이외의 뚜렷한 대회가 정착되지 못했고 아마추어 대회 및 선수 시스템도 갖춰지지 않았다.

방송의 화려한 스포트라이트는 있지만 실제 즐기는 사람은 빠진, 말 그대로 알맹이는 없는 스포츠라는 것이 10년이 넘는 국내 e스포츠의 암울한 현주소라는 지적이다. 더욱이 최근 들어 e스포츠의 인기가 시들해 지는 등 총체적 위기를 맞고 있는 상황에서 승부 조작 스캔들이 터졌다는 것이 전문가들의 분석이다.

따라서 e스포츠 산업계는 이번 사태를 계기로 스타크리그와 스타크래프트 중심의 e스포츠 판을 다시 짜는 것이 근본적인 해결책이 될 것이다. 특히 정부는 협회를 비롯한 관리 조직 체계를 비롯한 e스포츠의 인프라를 종합적으로 다시 살펴봐야 할 것이다.

2010. 05. 25

KeSPA, 입이 열개라도 할말 없다

블리자드가 그래텍에 스타크래프트 등 자사 IP기반의 e스포츠 독점 라이선스를 제공하자 한국e스포츠협회(KeSPA)가 발끈하고 나섰다. 인정하기 싫어도 스타크래프트 없이 e스포츠를 끌고 나가기 어려운 현실을 감안하면 KeSPA가 강력히 반발하고 있는 것은 당연한 일이다.

블리자드의 의도이든 아니든 이번 일로 KeSPA의 존재 이유가 약해졌다. 정부가 인정한 사업자 단체가 일개 기업에 무릎 끓고 사정해야 하는 눈뜨고 볼 수 없는 형국이 불가피해졌다.

KeSPA가 어딘가, 누가 뭐라 해도 대한민국 e스포츠계의 대표창구가 아닌가. 전후 사정이야 어찌됐던 엄연히 대한민국 e스포츠계의 공식 창구인 KeSPA를 배제하고 그래텍에 독점 라이선스를 준 블리자드의 행태도 곱게 봐주기 어렵다. 무엇보다 KeSPA는 대한체육회 가맹을 추진중인 스포츠단체다. 따라서 KeSPA를 철저히 무시한 블리자드의 처사는 그 스스로 e스포츠를 포기하겠다는 뜻과 다름 아니다.

KeSPA도 이젠 스타크래프트 없이 e스포츠를 끌고 가야하는 기로에 서게 됐다. 하지만 지난 몇년간 중계권 문제를 비롯해 KeSPA가 블리자드와의 협상 과정에서 보여준 무능한 행정능력을 감안하면 걱정이 앞서는게 사실이다. 블리자드의 요구가 과도했다는 것을 십분 인정한다 해도, 그 책임까지 자유로울 순 없다.

심지어 NDA(비밀유지계약) 문건이 있는지조차 몰랐다는 것을 자인한 현 사무국을 보면, 이런 능력으로 앞으로 어떻게 대한체육회 가맹 등 숱한 난제를 풀겠다는 건지 한숨을 저절로 나온다.

거듭 강조하지만, 블리자드의 잘 잘못을 떠나 사태를 이 지경까지 만든 KeSPA 이사회와 사무국은 책임을 통감해야 옳다. 최근 일련의 사태에 대해 '모두 KeSPA가 자초한 일'이란 목소리가 e스포츠계 전반에서 일제히 터져 나오는 근본 이유를 겸허하게 받아들여야 할 것이다.

지금으로선 KeSPA측은 입이 열개라도 할말이 없다. 블리자드의 생각을 돌려놓기에 앞서 KeSPA의 행정력과 조직력부터 바로 잡아야 한다.

2010. 06. 08

e스포츠도 죽이고 스타크2도 죽일 텐가

지난 10여년간 한국 e스포츠를 실질적으로 견인해온 스타크래프트 리그가 와해될 위기에 놓여있다. 스타크의 e스포츠 판권을 사들인 곰TV와 한국e스포츠협회(KeSPA)의 협상이 난항을 거듭하고 있다.

당장에 e스포츠의 간판 콘텐츠인 프로리그의 다음 시즌 개막이 불투명하다. 원래 일정대로라면 지난달까지 협상을 종료하고 이 달안에 10~11시즌이 출범해야 하는데, 양측이 간극을 좁히지 못하고 표류하고 있다.

구단들은 "리그 출범을 강행한 후 협상을 하자"라는 강경한 입장까지 나오고 있지만, 그래텍 역시 "해볼 테면 해봐라"라는 강경한 입장을 고수하고 있다는 후문이다.

사상 최대 규모의 e스포츠리그인 '글로벌스타크2리그'의 돛을 편 곰TV측으로선 아쉬울 게 없다는 눈치이다. 이러다간 프로리그 자체가 열린다 해도 상당히 일정이 지연될 것으로 우려된다.

e스포츠계 일각에선 협상이 표류를 거듭할 경우 자칫 구단들이 팀을 해체, 프로리그 중단이란 초유의 사태에 직면할 수도 있다는 경고의 목소리가 높다.

이에따라 KeSPA를 중심으로 스타크를 국산 종목으로 대체하는 방안 등 다양한 방안이 제기되고 있지만, 스타크리그의 비중이 워낙 절대적인 상황이어서 뾰족한 묘책을 내놓지 못한 채 블리자드와 곰TV 눈치만 보고 있는 실정이다.

결코 스타크 없이 e스포츠를 유지하는 것이 불가능한 것만은 아니다. 그러나 스타크 없이 e스포츠를 유지 및 발전시킬 수 있는 것은 현실적으로 불가능하다. 그만큼 스타크는 국내 e스포츠에서 차지하는 비중이 절대적이다.

스페셜포스, 카트라이더, 아발론 등 국산 종목들이 계속 나오고 있지만, 스타크 아성을 넘기엔 역부족인 것이 현실이다.

그러나, 이 대목에서 블리자드나 곰TV가 절대로 간과해선 안될 것은 스타크가 국민게임이 되는데 국내 e스포츠가 절대적인 공헌을 했으며, 이 원칙은 스타크2에서도 그대로 지켜질 것이란 사실이다.

스타크리그를 스타크2리그로 자연스럽게 바통을 이어가 스타크2 판매를 극대화하려는 블리자드의 입장과 블리자드 판권을 무기로 e스포츠계 헤게모니를 잡으려는 곰TV의 욕심이 자칫 e스포츠도 죽이고, 스타크2도 죽이는 최대 악수가 될 수 있음을 명심해야 한다.

2010. 09. 06

e스포츠에 도전하는 '워크라이'

한빛소프트가 신작 FPS '워크라이'를 글로벌 e스포츠 종목으로 적극 육성한다고 한다. 지난 7일 한빛소프트는 신도림 본사 사옥에서 국제e스포츠연맹(IeSF)과 '워크라이'의 e스포츠 활성화를 위한 전략적 제휴(MOU)를 체결했다.

한빛은 이번 MOU를 통해 '워크라이'를 글로벌 e스포츠 종목으로 육성하기 위한 확실한 발판을 마련한 셈이다. '워크라이'는 '스페셜포스'와 '서든어택'의 뒤를 잇는 국산 FPS로 이 작품의 e스포츠화 성공 여부에 관계자들의 관심이 집중되고 있다.

우리나라는 e스포츠 종주국이라 자부하면서도 정작 외국산 게임인 '스타크래프트'에 지나치게 편중돼 있는 기형적이 구조를 갖고 있다. 이 때문에 글로벌 e스포츠계에서는 우물 안 개구리라는 혹평을 듣기도 한다.

이러한 기형적 구조를 벗어나기 위해서는 우리 손으로 만든 글로벌e스포츠 종목이 필요하다. 그런 의미에서 한빛소프트의 이번 시도는 의미하는 바가 크다고 하겠다.

우선 게임을 개발하는 단계에서부터 e스포츠를 염두에 두었다는 점이다. 이를 통해 '워크라이'는 게임 오픈과 함께 e스포츠 종목으로 경기를 시작할 수 있을 정도로 준비가 잘 되었다. 또 외국산 게임이 아니라 국산 게임이라는 점에서도 국내 e스포츠 활성화에 크게 기여할 것으로 예상된다.

또 '스타크래프트'와 '스타크래프트2' 등 외국산 전략시뮬레이션 게임에 쏠려 있는 무게중심을 FPS로 옮김으로써 종목을 다변화 시키는 역할도 할 수 있을 것으로 기대된다.

국내에서는 '워크라이' 이전에도 많은 작품들이 e스포츠로 성공해 보겠다고 출사표를 던졌지만 성공한 작품은 극히 드물었던 것이 현실이다.

이 때문에 한빛은 보다 철저한 준비와 함께 어떠한 어려움이 있더라도 극복해 내겠다는 강력한 의지를 잃지 말아야 할 것이다. 또 유저들의 목소리를 겸허하게 받아들여 부족한 부문은 즉시 보완하는 등 발 빠르게 대처해 나간다면 제2의 '스페셜포스'로 당당히 자리잡을 수 있을 것이다.

2010. 12. 14

야구계의 현명한 판단을 기대한다

한국야구위원회(KBO)가 이사회를 열어 제9호 프로야구단 창단에 공감대를 형성했지만, 적극적인 의사를 표명한 엔씨소프트의 손은 끝내 들어주지 않았다. KBO의 공식적인 입장은 새 심사기준을 만들어 2월 이내에 창단서를 제출한 3개 기업 중 한 곳을 경쟁 방식으로 선택하겠다는 것이다. 다른 두 곳과 달리 공개적으로 창단을 발표하며 꿈을 키웠던 엔씨측은 허탈해하고 있다. 9구단 창단 방침이 확정된 것만으로도 성과지만, 우선협상권을 확보하는데 실패한 것은 아쉬움이 남는다.

롯데를 제외한 7개 구단이 통합 창원시를 연고로 하는 엔씨의 9구단 창단 선언을 반기고 있다. 엔씨는 그동안 치밀하게 야구단 창단을 준비해왔으며 그럴만한 자격이 충분하다는 것은 검증된 사실이다. '지역구'인 창원시 역시 엔씨의 적극적 의지를 지지하고 나섰다. 팬들은 젊은 감각의 게임업체가 르네상스기를 맞은 프로야구계에 신선한 바람을 불어넣어 줄 것으로 기대하는 눈치다. 상황이 이런데도 KBO는 끝내 엔씨 손을 들어주지 않은 채 한발짝 물러선 것은 선뜻 이해가 가질 않는다.

KBO의 '일단 유보' 방침은 자칫 KBO를 궁지에 내몰 수 있다는 점을 명심해야 한다. KBO측이 "따로 심사기준을 정해 공정하게 9구단을 선정하겠다"고 했지만, 이 자체가 공정하지 않다는 게 전반적인 여론이다. 엔씨 외에 신청서를 제출한 2개 기업을 철저히 비공개 하는 것 자체부터 왠지 석연치 않다. 오래전부터 착실하게 창단 준비를 하며 기반을 닦은 엔씨에 대한 기득권을 전혀 인정하지 않은 것은 결코 '페어 플레이'라고 말하기 어렵다.

엔씨는 회사 규모나 재무상태, 경영 안정성과 성장성 등 여러면에서 야구단을 운영하기엔 흠잡을 데가 없다. 게임산업에 대한 이미지 개선과 사회 공헌을 1차적인 창단 이유로 내세우는 명분도 그만하면 충분하다. 게임업계를 대표하는 간판기업으로서 이젠 사회 속으로 깊숙이 다가가 인식을 바꾸고 궁극적으로 프로야구 발전에 이바지하겠다는 엔씨의 꿈은 어떤 이유로든 폄하해선 곤란하다. 야구계의 현명한 판단을 기대한다.

2011. 01. 18

엔씨 야구단은 업계의 경사

엔씨소프트가 진통 끝에 마침내 야구구단 창단의 꿈을 이루게 됐다. 아직 최종 확정까지는 절차가 남아 있지만 특별한 이변이 없는 한 엔씨의 제9구단 창단의 꿈은 실현될 것으로 보인다.

한국야구위원회(KBO)가 엔씨소프트를 우선협상대상으로 선정했다는 소식을 접한 게임계는 경사를 맞은 분위기다. 벌써부터 유력 일간지를 비롯해 방송사들이 엔씨의 야구구단 창단 사실을 크게 보도하며 깊은 관심을 보이고 있다. 게임업계의 위상이 한 단계 올라선 것이다.

엔씨의 야구단 창단은 그동안 사회의 어두운 그늘처럼 인식돼 왔던 게임이 양지로 나서는 일대 전환점이 될 것으로 보인다. 하지만 엔씨의 야구단 창단을 단순히 기뻐만 할 수는 없는 일이다. 아직도 게임을 바라보는 사회의 시선은 따갑기만 하기 때문이다.

KBO는 지난 1월 신규 구단을 선정하기 위해서는 별도의 정해진 기준이 필요하다는 이유로 선정을 연기했다. 만약 엔씨가 게임업체가 아니었다면 그런 일이 없었을 것이란 게 전문가들의 진단이다. 엔씨가 배제된 이후 지역과 사회의 따가운 눈총을 받았던 KBO가 어쩔 수 없이 엔씨의 손을 들어준 느낌도 적지 않다.

그만큼 게임에 대한 선입견이 강하다는 방증이다. 이렇게 된 데에는 게임계의 책임도 크다고 할 수 있다. 내 배만 불리고 보겠다는 생각 보다는 사회와 함께 성장하겠다는 인식의 전환이 필요하다.

여러 가지 어려움 속에서도 큰 결단을 내린 엔씨를 바라보며 박수만 칠 것이 아니라 그 대열에 함께 동참하는 적극성을 보여야 할 것이다.

이번에 엔씨가 업계를 위해 큰일을 해냈다면 다음에는 넥슨이나 네오위즈, 또 NHN 등이 나서서 사회와 함께 할 수 있는 큰일을 벌여 나가야 한다. 그래야 청소년들을 망치는 게임이라는 부정적인 평가에서 벗어날 수 있다. 이제 시작일 뿐이다. 앞으로 갈 길은 더 멀고도 험할지도 모를 일이다.

2011. 02. 15

e스포츠계의 총체적 위기

그동안 e스포츠계를 떠받쳐 왔던 게임구단들이 흔들리고 있다. 과거에도 경영난으로 인해 한 두 개 구단이 문을 닫는 경우는 종종 있었지만 최근처럼은 아니었다. 말 그대로 심상치가 않다.

올 시즌까지만 게임단을 운영하고 손을 떼겠다는 구단은 중견 업체 한 곳과 대기업 한 곳 등 2곳 정도로 알려졌다. 중견기업은 내부적으로 구단 해체를 결정한 상태고 대기업의 경우 이번 시즌이 마지막이 될 가능성이 높아 보인다. 이들이 구단을 해체할 경우 도미노처럼 다른 구단에 영향을 미칠게 뻔하다.

e스포츠계는 그동안 승부조작 사건과 스타크래프트 지재권 분쟁, 협회장 공석 사태 등 크고 작은 사건들로 몸살을 앓아 왔다. 이 때문에 뜨거웠던 e스포츠 열기가 상당부분 수그러든 것도 사실이다. 하지만 게임단의 해체는 e스포츠계에 직격탄을 날리게 된다는 점에서 더욱 심각한 문제다.

e스포츠계는 이번 문제를 개별 게임구단만의 문제로 볼 것이 아니라 총체적 위기상황으로 보고 근본적인 대책을 세워야 한다. 그대로 두었다가는 우리가 만든 e스포츠 문화가 송두리 채 뿌리가 흔들릴지도 모르기 때문이다.

먼저 기업들은 게임구단을 단순한 마케팅의 수단으로 이용하려 해서는 안된다는 점을 상기시키고자 한다. 연간 수 십 억 원의 운영비가 들어가는 것은 구단입장에서 보면 큰 부담이다. 하지만 마케팅 홍보 효과보다 더 중요한 것이 있다. 바로 미래를 위한 투자이다. 구단들은 이 점을 잊지 말아야 한다.

또 오로지 '스타크래프트' 한 종목에 쏠려 있는 e스포츠 인기 종목을 다변화 되도록 육성하고 키워야 한다. 지금처럼 한두 종목에 올인하게 되면 최근의 지재권 분쟁처럼 극단적인 사태가 발생할 소지가 크다. 많은 종목들이 다채롭게 진행될 때 보다 많은 팬들이 모여들 수 있다.

또 프로선수 중심으로 운영되고 있는 것도 바람직하지 않다. 아마추어들이 즐길 수 있는 장을 보다 많이 마련해 국민 스포츠로 육성하는 방안을 마련해야 한다. 정부의 적극적인 지원도 필요하다. 무엇보다 e스포츠가 정식 스포츠로 인정받는 것이 시급하다.

프로게임구단의 해체는 안타까운 일이다. 그렇다고 억지로 막을 수도 없는 일이라면 업계와 정부가 머리를 싸매고 해결책을 찾아 나서는 노력이 더 절실히 요구된다 할 것이다.

2011. 06. 07

實利보다 名分 좇은 'e스포츠 세계화'

국내 e스포츠의 킬러 콘텐츠인 '프로리그'(팀리그) 그랜드 파이널(결승전)의 중국 상해 진출 결정을 놓고 e스포츠계 안팎에서 갑론을박(甲論乙駁)이 한창이다. 주최측인 한국 e스포츠협회(KeSPA)와 구단 입장에서 보면 침체된 분위기를 진작시키고 대한민국의 e스포츠 콘텐츠의 '글로벌화'란 명분상 상해 개최는 팬찮은 선택이다. 반면 '프로리그 결승전=광안리(부산)'로 인식하는 팬 입장에선 '성지'(聖地) 광안리를 버리고 중국으로 간 까닭을 쉽게 이해하기 어렵다.

KeSPA와 구단들은 '명분'을 좇은 것이고 반대쪽은 '실리'를 강조하는 것인데, 큰 틀에서 보면 양쪽 다 일리가 있는 얘기다. 억지 논리는 아니다. e스포츠도 스포츠인 이상 프로리그 결승전 같은 연중 최고 빅이벤트의 흥행을 무시할 수 없다. '팬이 없이는 스포츠가 존재할 수 없다'는 점에서 프로리그 결승전의 중국 진출은 팬들의 의사를 저버린 무책임한 처사라 하지 않을 수 없다. 매년 프로리그 결승전이 열리는 여름 광안리 해수욕장은 e스포츠 열기로 가득했다. e스포츠 대중화의 상징이었다.

그렇다고 해서 KeSPA나 구단들이 흥행이 담보된 광안리 대신 상하이를 선택한 명분 또한 폄하돼선 곤란하다. e스포츠는 대한민국이 자랑하는, 국제 경쟁력이 충분히 있는 또 하나의 문화 콘텐츠이다. 블리자드가 수 년간 끌어온 지재권 분쟁에서 양보한 것도 같은 맥락이다. 또 하나의 성공적인 한류 콘텐츠 발굴 측면에서 보면 오히려 때 늦은 감이 없지 않다. 10년 가까이 전 세계 주요 도시를 돌며 '게임 올림픽'으로 자리매김한 WCG(월드사이버게임즈)가 이를 역설적으로 증명한다.

흥행 여부를 떠나 프로리그 결승전의 상하이 개최는 중국 등 글로벌 진출을 통한 시장 확대 가능성을 타진하는 좋은 기회이다. e스포츠가 또 하나의 성공적 '한류 콘텐츠'로 발돋움 할 수 있느냐를 가리는 시험무대다. 팬들 입장에서 연중 최고 e스포츠 빅이벤트인 프로리그 결승전을 직접 볼 수 없게 된 점은 분명 아쉬움이 크지만, 대승적 차원에서 e스포츠의 글로벌화는 어떤식으로든 적극 추진해야할 명분이 충분하다고 본다.

2011. 06. 20

'스타2 리그' 초심으로 돌아가라

지난해 출범한 '스타크래프트2 리그'가 10개월이 넘었지만 아직도 제자리를 찾지 못하고 있다. 이렇게 된 데에는 여러 가지 이유가 있다. 첫째 한국e스포츠협회와 블리자드 측의 지적재산권 분쟁이 가장 큰 요인으로 작용했다. 그 다음이 제대로 된 구단이나 프로선수가 없었다는 점이다. 마지막으로 꼽을 수 있는 것이 리그 운영의 미숙함이라고 할 수 있다.

갖은 우여곡절 끝에 협회와 블리자드 측의 지적재산권 분쟁은 최근 양측이 합의하면서 마무리됐다. 너무 늦은 감이 있지만 이제라도 서로의 입장에서 타협점을 찾아낸 것은 다행이라 할 수 있다.

그러나 아직도 풀어야할 과제가 적지 않다. '스타크래프트'리그와 달리 '스타크2 리그'에는 프로선수가 없다. 또 기업의 후원을 받는 구단도 한 두개에 불과하다. 구단이 없고 프로선수가 없다는 것은 그만큼 리그를 운영하는데 어려움이 크다는 것을 보여준다.

현재 프로게이머에 대한 자격을 부여하는 곳은 협회가 유일하다. 그런데 지금까지는 협회와 스타크2 선수 및 구단의 관계가 적대적이었기 때문에 스타크2 선수로 전향할 경우 프로게이머의 자격이 박탈됐다. 황제 임요환과 천제 이윤열 등 과거 스타크에서 화려한 명성을 누렸던 선수들도 스타크2로 전향하면서 프로선수로서의 자격을 상실했다.

이제부터는 협회와 스타크2 선수와 구단 간의 협력이 이뤄져야 할 것이다. 개발사인 블리자드의 노력도 필요하다. 협회의 인정을 받은 후에야 비로서 제대로 된 선수와 구단이 만들어질 수 있을 것이며 리그의 운영도 정상화될 것이다.

다음으로는 그레텍 등 현재 리그를 운영하고 있는 주체들이 무리하게 리그를 운영하기 보다는 선수들과 팬들을 고려하는 운영으로 방향을 바꿔야 한다. 지금처럼 촉박한 일정으로는 선수는 물론 팬들에게도 외면당할 수 밖에 없다.

지금 미국을 비롯한 해외에서는 '스타크2'의 인기가 절정을 달리고 있다. 세계적으로 볼 때 '스타크1'은 10년이 훨씬 지난 게임으로 우리나라를 제외하고는 인기가 높지 않다. e스포츠 종주국으로서의 명성을 유지하기 위해서는 이제부터라도 업계 전체가 화합하고 머리를 짜내야 할 것이다.

2011. 07. 04

e스포츠계, 성적보다 선수보호가 먼저

최근 프로게이머들이 잇단 손목 부상으로 곤혹을 치르고 있다는 소식이다. 최고의 기량을 선보이던 KT롤스터 이영호 선수 역시 손목 부상으로 재활 치료 중이며, 많은 선수들이 고통을 호소하고 있다.

간판급 프로게이머들은 장기간 계속되는 연습과 1년 내내 이어지는 경기로 손목과 어깨 근육을 무리하게 사용할 수 밖에 없으며, 이로 인한 피로 누적으로 돌이킬 수 없는 상황에 내몰리기 일쑤다. 스타급 선수들이 '손목 터널 증후군'으로 불리우는 이러한 직업병 탓에 선수 생활을 중단한 전례가 적지않다.

e스포츠 전문가들은 프로게이머들이 단명하는 근본적인 이유를 현재의 e스포츠 구단 운영의 구조적 문제에서 찾는다. 프로게이머들은 팀 성적을 위해 몸을 혹사하면서까지 연습에 매진할 수 밖에 없다.

팀의 간판 선수가 아니면, 왠만한 통증과 증상을 코칭 스태프에게 호소하기 어려운 게 현실이다. 임요환 · 이윤열과 같이 철저한 자기 관리를 통해 30대까지 선수 생활을 지속하는 경우도 없지 않다. 하지만, 대개는 치열한 팀 내외 무한 경쟁 시스템의 '희생양'이 될 수 밖에 없다.

프로게이머들이 건강을 상할 정도로 무리한 연습과 경기 출전으로 건강을 잃는다는 것은 선수 자신은 물론 e스포츠계 전체에 굉장한 마이너스이다. 선수들이 건강해야 좋은 경기력을 보여줄 수 있고, 선수들이 자신이 갖고 있는 기량을 충분히 보여줄 때 팬들이 환호한다.

이를 위해선 우선 구단들부터 마인드를 바꾸어야 한다. 팀성적도 중요하지만, 선수보호가 먼저다. 선수들의 건강을 단발성이 아니라 정기적으로 체크해야 한다. 터널 증후군과 같은 프로게이머 직업병을 사전에 예방 및 치료할 수 있는 시스템을 서둘러 구축해야 한다. 최근 들어 SK텔레콤 · 삼성전자 · KT 등 일부 구단이 선수들의 건강관리에 만전을 기하고 있어 그나마 다행이다.

다른 구단들도 이들 구단을 철저히 벤치마킹해야 한다. 한국e스포츠협회도 협회차원에서 체계적인 연구와 대안을 하루속히 내놓아야 한다. 건강은 건강할 때 지키라는 말이 있다. e스포츠계가 소 잃고 나서야 외양간을 고치는 우를 범하지 않기를 바란다.

2011. 07. 18

NHN이 스포츠 게임에 사활 건 까닭

NHN이 일본 코나미와 손잡고 '축구전쟁'을 선포했다. 축구게임의 대명사 '위닝일레븐'을 온라인 게임으로 만들어 네오위즈게임즈의 '피파온라인(FIFA)2'가 주도하고 있는 온라인 축구게임 시장을 공략하겠다 선전포고를 한 것이다. 콘솔과 같은 글로벌 패키지 시장에선 '피파'와 '위닝일레븐'이 시장을 균분하며 백중세다. 하지만, 온라인 시장에선 '피파온라인2'의 독주체제다. '피파온라인2'의 아성은 난공불락이라 평가될 정도로 공고하다.

NHN이 축구게임에 사활을 걸고 있는 것은 이 시장의 무한한 성장 가능성에 주목한 결과다. 축구게임은 이미 큰 시장을 형성하고 있고, 성장 잠재력이 매우 크다. 야구에 밀리고 있지만, 축구는 여전히 국민스포츠이자 국기(國技)이다. 전세계적으로 봐도 축구가 야구에 비해 훨씬 저변이 넓다. 야구를 즐기지 않는 나라는 많지만, 축구를 하지 않는 나라는 거의 없다. A매치나 월드컵에 전국민이 열광하며, 젊은층은 유럽 빅리그에 푹 빠져 있다.

스포츠 게임을 전략적으로 육성하겠다고 천명한 NHN으로선 축구는 선택이 아닌 필수이며, '위닝일레븐'은 가장 강력한 대안이라 할 수 있다. '피파' 못지않은 브랜드 인지도와 유저층을 확보한 '위닝일레븐'이라면 NHN도 욕심을 낼 만한 가치가 충분하다. 대표적인 야구게임 '슬러거' 개발사를 인수하고 '야구9단'을 서비스중인 NHN으로선 '위닝일레븐'을 내세워 축구로 영역을 넓힐 기회를 잡았다.

NHN이 스포츠 게임에 회사 역량을 집중하는 까닭은 MMORPG, FPS에 이어 온라인 게임시장의 주류 장르로 자리를 굳혔다는 점과 남녀노소를 가리지 않고 누구나 가볍게 즐길 수 있는 스포츠 고유 특성인 '건전성' 확보를 동시에 노린 전략적 선택으로 이해된다. 일반 온라인 게임 사업을 강화하고 있지만, NHN은 여전히 웹보드 게임 비중이 높다. 고스톱·포커게임으로 막대한 이익을 창출하고 있다는 이미지가 강하다. NHN이 스포츠 게임에 올인하는 모습은 NHN은 물론 게임업계 전체의 인식 전환을 위해서라도 매우 바람직한 현상이다.

2011. 09. 02

평창아케이드 반드시 추진돼야

업계가 아케이드게임산업 재도약의 전환점을 만들기 위해 강원도 평창에 아케이드게임파크 를 만들기 위해 적극 움직이고 있다. 2018년 평창동계올림픽에 맞춰 대규모 아케이드게임 위주의 테마파크를 만들겠다는 구상이다. 정부에서도 일단 국내 기술로 동계올림픽 주요 종목을 아케이드 게임으로 만들 생각이다. 이를 통해 게임강국 대한민국의 위상과 평창의 차별성을 집중 부각시키는 동시에 뿌리마저 말라붙고 있는 아케이드산업 부흥의 계기로 삼겠다는 전략이다.

사실 아케이드게임산업은 2006년 성인용 도박기계 바다이야기 사태 여파로 지금은 거의 고사 직전이다. 매년 발간하는 대한민국게임백서에 따르면 4조 원을 오르내리던 아케이드 시장이 지금은 겨우 명맥만 유지하고 있다. 비디오 게임과 더불어 게임 시장의 주류 플랫폼이라며 집중 육성하고 있는 미국, 일본, 중국 등 경쟁국들과는 사뭇 다른 양상이다.

바다이야기류 처럼 사실상 도박기계로 전락한 사행성 오락물과 주로 청소년들이 즐기는 일반 아케이드게임은 본질적으로 다르다. 그런데도 같은 아케이드게임으로 분류돼 이중삼중의 정부 규제로 산업의 뿌리까지 타들어 가고 있는 것이다. 게임물등급위원회가 민간 자율등급심의제 도입을 추진하면서 유독 아케이드게임만 등급에 상관없이 지금처럼 게임위가 직접 사전심의하겠다 천명한 것이 이를 방증한다.

분명히 일반 아케이드게임과 바다이야기류 게임은 근본이 다르다. 게임의 목적이 다르고 이용자층이 다르다. 일반 아케이드게임과 사행성 오락기계를 동일시해 아케이드게임 전체를 도매금으로 넘기는 것은 빈대 한마리 잡으려다 초가삼간 태우는 격과 다름 아니다. 그래서 문화부가 평창의 새로운 랜드마크로 추진하고 있는 아케이드게임파크 조성사업은 반드시 추진돼야 할 프로젝트이다. 주무부처임에도 지나친 규제 일변도의 정책으로 산업계의 원성을 받아온 문화부가 이번 사업에 적극 나서야 할 이유이기도 하다.

2011. 09. 20

e스포츠협회의 무리수

한 때 잘 나갔던 e스포츠는 얼마전 까지만 해도 '풍전등화'의 위기에 처해 있었다. 최고의 인기 종목인 '스타크래프트'는 이미 13년이란 세월이 흐르면서 노쇠하였고 새 신진세력이 등장하지 못해 정체에 이어 쇠락의 길을 걸었기 때문이다.

상황이 이렇게 궁색하게 변한 데에는 '스타크래프트2' 개발사인 블리자드측의 책임이 컸다고 볼 수 있다. 그동안 e스포츠산업을 키워왔던 국내 상황을 전혀 고려하지 않은 상황에서 일방적으로 자신들의 입장만 주장해 왔기 때문이다. 이로 인해 '스타크래프트'의 뒤를 이어 새 시대를 열어야 할 '스타크래프트2'는 인터넷방송에 의존하면서 힘을 잃기 시작했다.

그러다가 블리자드와 e스포츠협회는 최근 극적인 타협을 통해 e스포츠산업을 살리자는 데 뜻을 모았다. 블리자드가 협회측과 '스타2' 리그를 함께 진행해 나가기로 합의한 것이다. 이로 인해 2년 넘게 갈등을 빚어왔던 협회와 블리자드는 화해하고 새로운 도약을 위해 힘을 모으기로 했다.

그런데 이번에는 협회와 선수들 사이에서 갈등이 빚어지고 있다. 그 이유는 선수들에게 '스타크'와 '스타크2'를 함께 병행토록 한 데 따른 것이다. 선수들은 동시에 두 개의 종목을 연습하고 경기를 펼친다는 것은 현실적으로 어렵다며 고통을 호소하고 있다.

이로 인해 e스포츠계에서는 '스타2'로 넘어가는 과정은 필연적으로 어쩔 수 없다고 해도 너무 성급한 결정이 아닌가는 지적이 나오고 있다.

선수들이 충분히 연습하고 준비할 시간을 주는 것이 먼저라는 것이다. 그 과정에서 선수들과 대화하고 그들의 애로사항을 들어주는 노력도 필요했다. 협회측이 대의명분을 강조한 나머지 정작 중요한 선수들의 의견과 인권을 무시한 것은 아닌지 반성해 봐야 할 것이다.

그리고 애써 마련한 재도약의 기틀을 성급함 때문에 무너뜨리는 우를 범해서도 안 될 것이다. 지금이라도 협회에서 먼저 선수들을 찾아가 그들의 애로사항과 불안한 마음을 달래주고 함께 나가려는 모습을 보여줘야 할 것이다. 목적이 아무리 좋더라도 과정에 문제가 있다면 이는 제고를 해 봐야 한다.

2012. 06. 21

3대 스포츠 빅이벤트 적극 활용을

올해는 동계올림픽과 월드컵, 아시안게임 등 전세계 스포츠인들을 열광시키는 3개의 빅이벤트가 잇달아 열린다. 이에따라 많은 스포츠 팬들이 밤낮을 가리지 않고 열광의 도가니에 빠져들 전망이다.

빅이벤트와 게임시장과의 함수관계는 정확히 알려져 있지 않다. 일각에서는 빅이벤트 기간에는 수요가 감소한다는 설이 있지만 그렇지 않고 서로 시이소를 벌이는 등 시너지를 낸다는 설이 더 우세하다.

그 때문인지 현재 열리고 있는 동계 올림픽을 포함한 빅 이벤트에 게임업계의 시선이 집중되고 있다. AOS, MMORPG 등 몇몇 장르에 치우쳐 있던 게임시장이 스포츠 이벤트를 계기로 관심을 모을 수 있다는 기대 때문이다.

한때 스포츠장르는 축구와 야구, 농구 등 각 분야에서 다양한 작품들이 인기를 끌었다. 하지만 최근에는 '피파온라인3' 등 축구게임 만 인기를 끌 뿐 농구나 야구 등은 과거와 같은 인기를 누리지 못하고 있다. 야구의 경우에도 '마구마구' '슬러거' 등이 어느 정도 인기를 유지하고 있지만 최근 몇 년 사이에 성공한 신작은 찾아보기 어려운 상황이다.

이는 시장이 '리그오브레전드' 등 몇몇 작품에 쏠리고 있기 때문이기도 하지만 참신한 작품이 없었기 때문이기도 하다. 여기에는 두 가지 이유가 있을 수 있다. 하나는 시장이 워낙 어렵기 때문에 신작이 나와도 성공하기 어려운 것이고 다른 하나는 시장에서 먹힐만한 신작이 아직 나오지 못했다는 것이다. 이 두 가지 요인은 서로 영향을 주고 있다고 할 수 있다.

지금 게임업계는 모처럼의 좋은 기회를 맞고 있다. 스포츠 빅 이벤트가 이어지는 올해 잘 만들어진 게임이 시장에 신선한 바람을 불러일으켜준다면 업계 전체를 위해서도 매우 바람직한 일이 될 것이다.

온라인게임의 경우 기획부터 개발까지 많은 시간이 걸리기 때문에 지금부터 준비한다고 해도 늦을 수 밖에 없다. 하지만 참신하고 독창적인 아이디어를 갖춘 모바일게임이라면 충분히 승부를 걸 만 하다.

또 기존 온라인게임들도 호재를 맞고 있는 게 분명하다. 밤을 잊은 스포츠 팬들이 컴퓨터에 둘러앉을 게 뻔하고 이에따라 게임을 즐기는 시간이 그만큼 증가할 게 확실하기 때문이다. 모처럼 찾아온 호재를 통해 게임시장이 활활 타오를 수 있도록 업계가 다양한 방안을 강구했으면 한다.

2014. 02. 19

국제 e스포츠계 약물복용 '파문'

얼마전 국제 게임대회에 참가한 한 외국 선수가 금지된 약물을 복용하고 있다고 밝혀 국제 e스포츠계를 발칵 뒤집어 놓았다. 그는 한걸음 더 나아가 대회에 참가한 선수들 대다수가 '애더럴'이라는 약물을 복용하고 있다고 폭로, 충격을 안겨줬다.

이 약물은 원래 ADHD(주의력결핍 과다행동 장애) 치료제로 사용되는 것으로, 암페타민류 각성제로 분류된다. 특히 단시간 내에 집중력과 기억력을 높여 준다고 알려지면서 북미 지역은 물론 국내 수험생과 직장인들 사이에서도 공공연히 암거래가 이루어져 사회적 논란을 일으키기도 한 약물이다.

이같은 일이 우리나라가 아닌 외국에서 발생했다는 점에서 일단 안심이다. 하지만 우리 선수들도 금지약물에 노출돼 있다는 점에서 과연 이를 강 건너 불을 보듯 할 수 있느냐는 점이다. 특히 우리 선수들도 외국 소속 팀에서 활동하는 경우가 적지 않고, 반대로 외국선수들 또한 국내에서 경기를 많이 치르고 있기 때문이다.

e스포츠계는 현재 제도권 진입을 위해 협회를 중심으로 총력전을 펼치고 있다. 그런 측면에서 보면 이번 약물 파동은 악재이지만 반면교사로 삼을 수 있다는 측면에서 우리에게 매우 중요한 교훈을 안겨 준다 할 것이다.

스포츠의 정신은 '건전한 경쟁'을 모토로 하고 있다. 때문에 아무리 뛰어난 선수라 해도 금지 약물을 복용할 경우 매우 가혹한 처벌이 내려진다. 메달 박탈은 물론 심한 경우 남은 선수생활에 대해서도 담보하지 않는다. 그만큼 엄격하게 금지약물을 단속하고 있는 것이다.

e스포츠가 명실상부한 스포츠로 발돋움 하기 위해서는 공정한 경기 규칙과 종목 다양화 등 선결 조건이 우선돼야 하지만 그 못지않게 승부와 관계된 선수들의 페어한 스포츠 정신이 긴요하다 할 수 있다.

그런 측면에서 선수들을 철저한 관리와 재교육 등 제도적 보완책이 필요한 시점이라고 지적하고 싶다.

2015. 07. 20

e스포츠계 찬 물 끼얹은 승부조작

e스포츠계가 또다시 승부조작 사건에 휘말리며 휘청거리고 있다. 가장 깨끗해야 할 스포츠계에서 승부조작사건은 그야말로 있어서는 안되는, 반드시 퇴치해야 할 암적인 존재라 할 수 있다.

스포츠 정신은 정정당당하며 깨끗한 페어 플레이가 기본이다. 그런 측면에서 승부조작은 이런 기본적인 게임의 룰을 스스로 무너뜨리는 행위라 아니할 수 없다.

e스포츠계의 승부조작 사건은 비단 이번이 처음은 아니다. 벌써 세 번째다. 특히 쟁쟁한 실력을 갖추고 몇차례 '스타크래프트' 리그 우승을 차지한 선수마저 승부 조작에 연루되면서 e스포츠계는 이 후폭풍으로 인해 큰 몸살을 앓아야 했다.

그리고 그 이후 상당기간 e스포츠계는 어두운 그늘에서 보내야 했다. e스포츠협회 등의 노력으로 이제 가까스로 예전의 모습으로 되찾아 가는 마당에 또다시 있어선 안될 사건이 터진 것이다.

창원지검 특수부에 따르면 '스타크래프트2' 리그에서 돈을 걸고 승부 조작에 나선 이들의 면면을 살펴 보면 선수를 포함, 이들을 지휘 감독하고 지도해야 할 감독까지 망라돼 있다고 한다. 한심하다 못해 참담한 심정이다. e스포츠계가 이 정도에 까지 이르렀다면 해당 선수 및 감독의 자질과 도덕성만 지적할 게 아니다. 구조적으로 뭔가 문제점이 있는 것이다.

그동안 협회측은 기회가 주어질 때마다 자체 교육을 실시했다고 밝혀왔다. 하지만 이번 사건으로 변명의 여지조차 없어지게 됐다. 도대체 협회는 선수들의 정신 교육을 어떻게 시켜 왔다는 것인가. 또 막 말로 정신교육으로 승부조작 문제를 매듭지을 수 있다고 판단했다면 협회는 큰 착각을 한 것이다.

정식 스포츠로 인정받기 위해 많은 e스포츠인들이 합심하며 동분서주하고 있는 이 때에 승부조작 사건이란 불미스러운 악재가 등장했다.

검찰측은 앞으로 이번 사건 외 또다른 승부 조작 사건이 없었는지 보다 철저한 수사를 진행해야 한다고 본다.

또한 e스포츠협회 등 관련 단체는 이에 대한 책임을 통감하고 국민들 앞에 엎드려 석고대죄하는 마음으로 선수, 감독들에 대한 재교육 및 프로 게임계 전반에 걸친 시스템 개선 노력에 힘을 기울여야 한다고 본다. 그 길 만이 e스포츠계가 새롭게 거듭나는 길을 걷게 될 것이라고 믿어 의심치 않는다.

2015. 10. 19

e스포츠계의 위기

e스포츠계의 메카로 불려온 '스타크래프트' 프로 리그가 14년의 역사를 뒤로 한 채 막을 내렸다.

최근 한국e스포츠협회는 지난 2003년 3월 시작해 무려 14년간 진행된 팀 단위 e스포츠 리그 '스타크래프트 프로리그'에 대한 운영을 종료키로 했다고 밝혔다. 이로써 리그 종료와 함께 올 시즌'에 참가한 7개 팀 중 5개 팀이 해체의 운명에 처하게 됐다.

한 때 '스타리그'는 부산 광안리해수욕장에 십만여명의 팬들이 몰려들 만큼 그 어떤 스포츠에도 부럽지 않은 위세를 떨쳐 왔다. 또 '테란의 황제' 임요환을 비롯해 수많은 스타들을 배출하며 청소년들이 가장 갖고 싶은 직업 1위에 오를 정도로 선망의 대상이 되기도 했다.

e스포츠의 특성상 게임종목의 인기가 시들해지면 경기에 대한 관심도 떨어질 수밖에 없다. 때문에 인기 없는 종목 경기가 사라지는 것이 당연한 흐름일 수도 있다 할 수 있다. 그렇다면 또 다른 인기 종목이 생겨서 그 뒤를 이어가야 하는 데 현실은 그렇지가 못하다는 것이다. 지금은 고작 '리그오브레전드(LOL)'만이 그 역할을 대신하고 있을 뿐이다.

하지만 'LOL'과 전성기 때의 스타리그와 비교해 보면 팬들을 끌어 모으는 힘이 태부족하다는 점을 실감하게 된다는 점이다.

다른 경기 종목도 예외는 아니어서 고만고만한 흥행이 부지기수다. 그렇다 보니 선수층 또한 갈수록 엷어지고 있다.

이렇다 보니 e스포츠가 꽃을 만개하기 앞서 그대로 고꾸라 질 수 있다는 위기감이 e스포츠계 안팎에서 고조되고 있다. 더군다나 경쟁국인 중국 e스포츠계는 정부의 적극적인 지원책에 힘입어 쾌속질주하는 모습을 보이고 있다. 이러다간 e스포츠 주도권을 둘러싼 한중 경쟁에서도 뒤져 나갈지도 모를 일이다.

정말 답답하다 하지 않을 수 없다. 협회는 그동안 무엇을 하고 있었으며 기회가 주어질 때마다 e스포츠 육성을 부르짖어온 정부는 또 무엇을 하고 있었는가. 강 건너 불 보듯 뒷짐만 져온 게 아닌가.

그렇다면 지금이라도 늦지 않았다. 원점으로 돌아가 e스포츠의 육성책을 다시 들여다 보고 재구성해야 한다는 것이다. 또 필요하다면 특단의 대책도 마다할 필요가 없다. 사그러들 땐 늦는 법이다.

2016. 10. 20

텐센트의 e스포츠 투자, 그 시사점은

중국 최대의 게임업체인 텐센트가 최근 e스포츠산업 육성을 위해 향후 5년간 약 1000억 위안(한화 약 16조 6700억 원)를 투자하겠다고 밝혀 화제가 되고 있다.

텐센트는 또 e스포츠 산업육성을 위해 리그 및 토너먼트 유치를 위한 경기장 건설, 예비 선수 육성 등에 적극 나서겠다고 밝혔다. 또 e스포츠 테마파크도 조성하겠다는 입장이다. 규모면에서 보면 우리가 감히 따라갈 수 없을 정도라고 할 수 있다.

텐센트가 이같은 원대한 계획을 발표하기 전에도 우리는 e스포츠 규모면에서 중국에 한참 밀리고 있었다. 그런 환경에서도 우리 선수들이 글로벌 대회에서 중국 선수들을 따돌리고 우승을 차지하고 있는 것은 가히 극적 반전이자 역설적이라고 할 수 있겠다.

한 때 e스포츠의 종주국임을 자처하던 우리가 이제는 중국의 뒤를 따라가는 처지로 전락해 버렸다. 한마디로 '죽 쒀서 개 줬다'는 속담이 딱 들어맞는다고 할 수 있다. 여기에 해당되는게 e스포츠뿐만 아니다. 이미 온라인게임과 모바일게임 시장에서도 우리는 중국에 한참 밀려 나고 있다.

그들은 엄청난 수요처를 바탕으로 대규모 개발자를 투입해 단 시간에 높은 퀄리티의 게임을 만들어 내고 있다. 과거에는 그들이 만든 게임이 조악하고 단순해서 한국을 비롯한 외국 유저들에게 외면당했지만, 이제는 퀄리티도 상품성도 몰라보게 달라졌다. 유료화 모델을 개발하고 수백만 명 이상이 원활하게 이용할 수 있는 서버기술 등은 우리가 놀랄 정도로 앞서 있다. 그런데 이제는 e스포츠까지 그들이 기웃거리고 있는 것이다.

중국이 게임강국이 되고 e스포츠 강국이 된 것은 현지 업체들의 노력도 그랬겠지만 정부의 전폭적인 지원이 있었다는 점을 간과 해서는 안된다. 우리 정부가 '셧다운제' 시행 등으로 게임업체들의 발목을 잡고 있는 사이에 그들은 정부와 업체가 똘똘 뭉쳐 게임산업을 세계 1등으로 키워낸 것이다.

텐센트는 이제 중국 기업이라고 묶어두기에는 규모와 실적면에서 단연코 세계 톱의 게임 기업이 됐다. '리그 오브 레전드(LOL)' 개발사인 라이엇게임즈도 텐센트의 자회사다.

'LOL'은 현재 e스포츠에서 가장 인기있는 종목이다. 또 텐센트가 서비스 중인 모바일게임 '왕자영요(펜타스톰)'는 모바일 e스포츠로 스포트 라이트를 받고 있다. 이 두 작품만 갖고도 텐센트는 세계 e스포츠계의 유력 게임기업이라 할 수 있다.

한국 게임계는 게임의 태생적 문제점을 개선하기 위해 그간 e스포츠 활성화에 주력해 왔다. 그리고 한 때는 국제 e스포츠계에서 종주국의 지위를 누려왔다. 하지만 그 위상은 거기까지였다. 지난 10년간 국내 게임계는 멈춰서 있었다.

여기서 중요한 것은 국내 e스포츠계의 의지와 정부의 정책적 관심이다. 앞으로 나갈 것인가 아니면 이 자리에서 그대로 주저앉을 것인가는 순전히 우리 게임계의 의지에 달려 있는 것이다. 멀어 보이지만 그렇지가 않다. 지금이라도 새 로드맵을 그리고 산업 육성방안을 만들어 실천하면 될 일이다. 그만큼 우리 게임계엔 역량이 있다는 것이다.

중국 정부는 2022년 항저우 아시안게임에 e스포츠를 정식종목으로 채택하려는 움직임을 보이고 있다. 이젠 e스포츠가 국제 무대에서 당당히 대우를 받는 종목으로 부상하고 있는 것이다. 그런데 우린 그저 강 건너 신명 난 잔칫집 굿판만 내다 보고 있을 것인가. 그러다간 정말 따라잡을 기회마저 잃게 된다는 사실을 명심해야 한다. e스포츠 종주국의 위상을 다시 세워야 할 것이다.

2017. 06. 23

한심한 e스포츠협회 행정

한국e스포츠협회가 대한체육회의 준가맹단체와 인정단체 자격을 완전히 상실한 사실이 뒤늦게 알려지면서 큰 충격을 주고 있다. 그동안 e스포츠 종주국이라고 자부해 왔던 우리 e스포츠계의 위상은 곤두박질 치고 만 셈이 됐다.

이로 인해 e스포츠를 통한 민간 교류에도 적지 않은 영향을 미칠 것으로 예상된다. 현재 우리나라는 국제 e스포츠연맹 회장국의 지위를 갖고 있다. 그러나 이번에 국내 스포츠단체에서 조차 자격을 인정을 받지 못하게 됨에 따라 대외적으로도 이미지 손상이 불가피하게 됐다.

e스포츠협회측은 이에 대해 대한체육회가 지난 8월 준가맹 단체 자격 요건을 다소 완화함에 따라 준가맹단체 지위를 회복하는데 어려움이 없을 것이라는 입장이다. 하지만 협회측의 희망대로 그렇게 조속한 시일 내에 다시 지위를 회복할 지의 여부는 확실치 않다.

안타까운 사실은 우리가 이렇게 뒷걸음질을 치고 있는 사이에 중국 e스포츠계는 무섭게 성장해 나가고 있다는 점이다. 이미 그들은 2004년부터 e스포츠를 정식 스포츠로 인정해 왔다. 또 e스포츠 육성을 위해 텐센트 등 게임 기업 뿐 아니라 정부에서도 적극적으로 지원을 해 왔다. 그동안 e스포츠에 대한 인식이 부족했던 일본 조차도 최근 e스포츠를 적극 육성하려는 움직임을 보이고 있다.

이처럼 경쟁국들은 e스포츠의 발전 가능성을 높게 보고, 적극적인 육성 노력을 기울이고 있는 데 반해 우리는 종주국이라는 타이틀만 강조하며 뒷짐만 져 왔다. 특히 전병헌 전 회장의 정치적 영향력에 너무 크게 의존해 왔던 것은 아닌지 묻지 않을 수 없다.

대한체육회는 작년 통합 체육회로 출범하면서 가맹단체의 자격요건을 대폭 강화했다. 한국e스포츠협회의 현실인식을 보면 예고된 인재로 밖에 볼 수 없다. 더군다나 대한체육회는 1년 간의 유예기간을 주기도 했다. 하지만 제대로 된 대응을 하지 못한 채 지위와 자격을 날려버린 것이다.

e스포츠협회는 이번 파문을 계기로 준가맹 단체의 지위와 자격을 다시 회복하는 것도 중요하지만, 무엇보다 공석으로 있는 회장 등 임원진을 선출하는 등 조직 정비를 서둘러야 할 것이다. 특히 이번 일로 인해 크게 실추된 대외 이미지를 회복하는데 힘을 기울여야 함은 물론이라고 하겠다.

2017. 10. 13

e스포츠협회 정상화에 대해

잇단 비리 사건과 주요 회원사의 탈퇴로 e스포츠협회가 좌초의 위기를 맞고 있다. 안타깝게도 협회의 위기는 곧 e스포츠계 전체의 문제라고 할 수 있다. 그동안 e스포츠라는 생태계를 살펴 보면 협회에 의해 좌지우지 되다시피 해 왔기 때문이다.

협회의 이같은 난파선과 같은 형국은 무엇보다 전병헌 전 회장과 그의 추종자들에 의해 빚어진 것이라는 데 의심의 여지가 없다 할 것이다. 그동안 협회 운영은 투명하지도 않았고, 늘 짙은 검은 베일에 가려져 있는 듯 했다. 이러한 풍토는 결국 몇몇 인사들에 의해 협회가 마음대로 움직일 수 있는 토양이 만들어 졌고, 검은 손의 비리가 숨을 쉴 수 있는 틈새를 제공하게 된 것이다.

그같은 협회가 최근 자구노력을 꾀하고 있다고 한다. 테스크포스(TF)팀을 구성해 실타래처럼 꼬인 협회의 행정을 바로 잡으려 한다는 것이다. 하지만 이같은 움직임도 더게임스가 협회와 정부가 도대체 뭐하고 있느냐고 하니까 이렇게 하고 있다고 알려 왔다. 그렇다면 그 TF팀의 인물들은 누구인가.

그 밥에 그 나물이면 그 모양새로 밖에 나올 도리가 없다. e스포츠협회는 정치인, SKT 관계자 등 그 누구가 나서 만든 단체가 아니다. 1세대 게임인들이 밤잠을 설쳐가며 만든 단체이며, 프로게이머들이 힘을 기울여 탄생한 단체다. 그런 협회가 어느 순간 게임계에서 붕 떠버렸다. 완전히 다른 궤도를 도는 위성처럼 겉돌기 시작한 것이다.

다행히, 주무부처인 문화부가 늦어도 내달 중에는 협회의 구조 개선 및 산업 육성을 위한 중장기 로드맵을 발표하겠다고 한다.

그러나 무엇보다 중요한 것은 몇몇 사람이 끼리끼리 모여 e스포츠 행정을 이끌려 해선 곤란하다는 것이다. 투명하게 공개하고, 필요하다면 공청회 등을 개최해 여론을 수렴해야 한다. 지금 e스포츠계의 과제와 요구는 바로 이같은 소통의 문제인 것이다. 그 다음 대안을 찾는 것이 순서라고 본다.

2018. 01. 05

대기업의 e스포츠산업 참여

우리나라는 한 때 e스포츠의 종주국이라 불리며 세계 각국에 e스포츠를 전파하는 중심 역할을 맡아 왔다. '스타크래프트'를 종목으로 한 e스포츠는 세계 최초의 기록을 잇달아 쏟아내며 일취월장했다.

이렇게 20여년의 세월이 흐른 현재, 우리나라는 e스포츠 종주국이라는 타이틀이 부끄럽다 할 만큼 초라하게 변해 버렸다. 초창기부터 e스포츠 구단을 창단하는 등 힘을 보태 온 삼성전자 등 대기업들이 썰물처럼 빠져 나가면서 세력이 급속히 약해진 것이다.

우리에게 e스포츠의 툴을 배운 중국은 이제 거대한 자본을 앞세워 세계 최대 e스포츠 국가로 발돋움하고 있다. 중국 정부와 대기업들이 합작한 덕이다. 특히 텐센트는 약 16조 원을 투자해 e스포츠 산업을 위한 인프라를 구축하겠다고 나섰으며, 중국 정부는 이에 화답하듯 2022년 중국 항저우에서 열리는 아시안게임에 e스포츠를 정식 종목으로 채택했다.

중국이 이처럼 무섭게 치고 나가는 사이, 한국 e스포츠산업은 위기론에 봉착했다. 중국이나 유럽 등 해외에서는 갈수록 e스포츠에 대한 관심과 인식이 높아지고 문화적 영향력이 증대되고 있는 데 반해 한국 e스포츠는 정부의 무관심과 협회의 잇단 비리, 그리고 대기업들의 엑소더스 현상 등으로 맥을 못추고 있는 것이다.

다행히 정부가 전열을 다시 가다듬고 있고, 협회의 추문은 정리되는 듯 점차 수그러드는 모습이다. 특히 반가운 소식은 한화 계열의 한화생명이 e스포츠 구단을 창단하며 새로운 활력소를 불어넣고 나선 점이다. 한화생명은 이를 계기로 향후 3년간 선수들을 집중 육성하는 등 게임단을 적극 키워 나겠다고 밝히고 있다.

주목하고자 하는 것은 대기업의 e스포츠 산업의 재진입 여부이다. 그러나 e스포츠를 키우기 위해서는 대기업의 역할이 절대적이다. 정부의 정책과 사회의 관심이 함께 맞아떨어져야 하지만, 무엇보다 대기업들에 대한 정서가 한층 더 매끄러워져야 할 것이란 점이다. 상대는 메이저를 뒷배경으로 해 링에 오르는데 우리는 든든한 구단도, 스폰서십도 없이 링에 오를 수는 없다. 그건 싸워 보지 않고도 알 수 있는 승부다.

한화의 시장 재 진입으로 e스포츠계에 많은 대기업들이 참여했으면 하는 바람이 크다. 또 시장진입 뿐 아니라 대기업의 역할도 앞장서 맡아주길 기대한다. 그렇게 해야 e스포츠란 숲이 울창해지고 이를 통해 울리는 메아리도 깊어질 것이기 때문이다.

2018. 04. 27

펍지가 밝힌 e스포츠 육성 계획

'배틀 그라운드'의 개발사 펍지가 최근 독일 베를린에서 향후 5년간 e스포츠 육성을 위해 역량을 집중할 계획임을 밝혀 주목을 끌고 있다.

펍지는 '펍지 글로벌 인비테이셔널 2018 (PGI 2018)' 개막을 앞두고 이같은 방침을 밝혔다. 이 회사가 발표한 자료에 따르면 올해 첫 글로벌 대회 개최를 시작으로, 내년부터 2020년까지 안정화에 주력하고, 2021년과 2022년엔 e스포츠 생태계 고도화 및 입지를 강화하는 3단계로 e스포츠 산업을 육성해 나가겠다는 것이다.

우리나라는 '스타크래프트'를 기반으로 한 e스포츠 산업을 태동시켜 e스포츠의 종주국이라는 자부심이 컸다. 과거, 우리나라의 e스포츠 파워는 광안리 해수욕장에서 열린 '스타크' 리그 결승전에 10만의 관객이 운집하면서 입증됐다. 프로 선수라는 직업군을 안착시켰고, e스포츠 중계가 제도권 방송에서 이뤄질 만큼 바람을 일으키는데 결정적인 역할을 했다. 하지만 최근에는 그 영향력이 형편없이 떨어졌다.

e스포츠의 주도권이 미국과 중국 등으로 슬그머니 넘어가 버린 탓이다. 이제는 블리자드에 이어 라이엇게임즈, 중국 텐센트 등 외국 게임업체들의 목소리가 더 커져 있다.

이러한 와중에, '배틀그라운드'가 글로벌 시장에서 크게 성공하면서, 이 작품을 e스포츠를 위한 새 종목으로 육성하려는 움직임은 매우 고무적이라고 할 수 있다. 어떻게 보면 이제 시작에 불과하다. 하지만 현재의 분위기로 본다면 외국 게임인 '오버워치'나 '리그오브 레전드' 등 쟁쟁한 e스포츠 종목들과 어깨를 나란히 할 수 있을 것으로 e스포츠계에서는 기대를 하고 있다.

또 다행스러운 일은 펍지가 1회성 이벤트로 끝내지 않고, 이 작품의 성공안착과 함께 e스포츠 발전을 위해 앞으로 5년간 체계적인 지원에 나서겠다고 밝힌 점이다. 이를 통해 우리나라가 e스포츠의 변방으로 밀려나고 있는 현재의 처지를 극복, 글로벌 e스포츠계에서도 목소리를 낼 수 있는 전기로 삼았으면 한다.

그러기 위해서는 펍지가 작품 흥행만을 위한 보조 수단이나 마케팅으로 e스포츠를 이용하려 해선 안될 것이다. 아직도 e스포츠를 정식 스포츠로 인정하지 않는 것도 바로 이 때문이다. 우리나라 e스포츠가 새롭게 자리매김할 수 있도록 펍지가 체계적이고도 전폭적인 지원을 아끼지 않았음 하는 바람이 크다. 그것이 게임의 지평을 열고, 게임 문화의 지평을 여는 길임엔 두말할 나위 없다 할 것이다.

2018. 07. 27

김영만 회장의 e스포츠계 컴백

김영만 한빛소프트 부회장이 약 14년 만에 e스포츠계로 돌아왔다. 회장 부재로 인해 1년여 넘게 파행을 거듭해 온 한국 e스포츠협회의 긴급 소방수 역에 그가 피선된 것이다.

그는 지난 2000년부터 약 5년간 협회의 전신인 21세기프로게임협회에서 초대 회장을 역임했으며, 한빛소프트를 통해 e스포츠 게임단을 운영하는 등 초창기 e스포츠 산업 진흥을 위해 심혈을 기울여 온 게임계의 원로급이다. 그런 그가 14년 만에 다시 회장직을 맡아 컴백한 것 데 대해 한편 반가우면서도 씁쓸함을 감출 수 없다.

한마디로, 작금의 국내 e스포츠계의 처지가 예전과 달리 그렇게 녹록치 않기 때문이다. 한 때 e스포츠 종주국임을 자랑하며 글로벌 e스포츠계를 주도했던 우리나라 e스포츠는 최근 들어 급격히 위축되고 있다. 과거와 달리 다양한 장르의 게임 대회를 찾아볼 수 없고, 선수들의 기량도 경쟁국에 비해 나을 게 없다는 지적이 적지 않다. 얇은 선수층에다 게임단이라고 해 봐야 고만고만하다. e스포츠계에 대한 투자가 제대로 이뤄지지 않고 있는 것이다. 그렇다 보니 눈을 씻고 봐도 경쟁국이라고 꼽지 않았던 중국의 e스포츠는 종주국인 대한민국을 제치고 훌쩍 저만치 앞서 달려 나가고 있는 실정이 돼 버렸다.

더욱 안타까운 현실은 이를 알고도 뒷짐만 져 온 일부 e스포츠계의 인사들과 협회 임원들의 안이한 태도와 자세다. 여기에는 정부의 책임도 한몫을 했다고 해도 과언이 아니다. 협회가 이전 집행부의 비리로 인해 사실상 난파선이 되고 말았음에도 불구, 정부는 손을 놔 버렸다. 물론 협회와 직접적인 책임 관계에는 있지 않다. 하지만 e스포츠 산업을 육성하고 지휘 감시 감독해야 하는 정부측의 입장을 고려하면 이는 책임을 방기한 것이나 다름아니다 할 것이다.

그나마 다행스러운 것은 게임계를 비롯한 재계를 잘 알고 있고, 그간 막후에서 e스포츠의 제도권화를 지원해 온 김 영만 전 회장이 이번에 다시 e스포츠계의 전면에 나섰다는 점이다.

그러나 미안하게도 김 회장이 가는 길이 결코 꽃길이 아닐 것이라는 점이다. 무엇보다 김 회장이 신경을 써야 할 부문은 협회의 재정을 빨리 회복시켜 놔야 한다는 것이다. 그것이 전제되지 않으면 아무 것도 할 수 없다는 것이 그렇다. 또 방송사와의 저작권 문제도 서둘러 해결해 나갈 사안이다. 방송 저작권 부문은 더이상 미뤄 놓을 성질의 것이 아니다. 또 논란이 되고 있는 종목별 프로게이머들의 처우 개선 문제도 풀어 나가야 할 과제라 할 수 있다. 특히 대한체육회와 가맹단체와의 긴밀한 소통 재개도 이번 김 회장의 취임을 계기로 다시 이뤄져야함은 물론이다. 그래야 e스포츠의 정식 종목화가 가능하고, 이를 통해 e스포츠 재도약의 계기로 삼을 수 있을 것이다.

그렇다고 해서 이같은 일들을 모두 김 회장 개인 역량에 떠맡게 해선 곤란하다. 게임계 및 e스포츠 관계자들이 하나로 뭉쳐 그를 밀어주고 힘을 북돋아 줘야 한다. 그렇게 해야 땅에 떨어진 협회의 위상을 다시 되찾고, 대한민국 e스포츠 산업을 재건할 수 있게 될 것이다. 그것이 또 무거운 짐을 지겠다고 나선 원로 김 회장에 대한 e스포츠계의 예우라고 생각한다.

김 회장의 건투를 빈다.

2018. 12. 21

e스포츠산업협회는 또 뭔가

최근 (가칭)이스포츠산업협회란 이름의 단체가 발기인 총회를 가지면서 e스포츠계가 술렁이고 있다. 이들은 곧 창립 총회를 갖는 등 협회 설립을 구체화할 계획인 것으로 알려졌다. 기존의 한국e스포츠협회가 새 회장을 영입하는 등 조직정비와 재도약을 위해 애쓰고 있는 상황에서 이같은 유사 단체의 출범 계획에 대해 e스포츠계는 먼저 황당하고 뜬금없다는 반응이 지배적인 것 같다.

이 단체의 성격이나 구성원을 보면 더 그렇다. 이스포츠산업협회는 발기인 총회를 통해 코리아씨이오서밋 박봉규 이사장을 회장에 추대하고, 사무총장에 김유주 피닉스구단(오버워치 퍼시픽 리그 컨텐더스)대표, 감사에는 하종원 변호사를 각각 선임했다. e스포츠계를 안다는 인물도 있지만 그렇지 않은 사람도 있다. 또 이 단체가 밝힌 창립 배경을 참고하면 기존의 e스포츠협회의 정관 내용과 별다른 차이를 발견할 수 없다.

여기서 간과하지 말아야 할 것은 지금, e스포츠협회가 새로운 회장을 영입해 조직을 재정비하고 있는 시점에 또다른 유사단체가 협회 창립을 준비중이라는 것이다. 이는 자칫 한 지붕 내에서 두가족의 목소리가 나올 수 있다는 것과, e스포츠계가 오랜만에 단결해 부활의 날개짓을 펼치는 데 찬물을 끼얹을 수 있다는 점에서 우려스럽다.

e스포츠계를 위해 많은 단체들이 출범, 다양한 활동을 펼치는 것은 어찌 보면 자연스러운 현상이다. 상호 보완하는 역할과 기능을 수행하면서 산업계가 튼실히 발전할 수 있는 자양분으로 작용할 수 있다는 점에서 긍정적이라고 할 수 있다. 하지만 성격이 유사한 단체들의 출현과 태동은 그렇게 소담스러운 일이 아니다. 민간에서 뿐만 아니라 e스포츠의 정책을 추진하는 정부에서도 그런 단체의 출범에 대해서는 다소 부정적이다.

e스포츠계가 오랜만에 기지개를 켜려고 하고 있다. 일부 인사들의 비리로 인해 협회가 때 아니게 흉한 모습으로 얼룩지고 말았지만, 지금은 심기일전해 재기에 힘을 쏟고 있다.

이런 시점에선 갈지자의 행보 보다는 협회에 힘을 한데 모아주려는 노력이 명분이나 실리 측면에서도 옳다 하지 않을까. 이스포츠산업협회란 단체의 성격이 구체적으로 어떤 것인지에 대해서는 좀 더 지켜봐야 하겠지만, 분명한 것은 기존 e스포츠협회가 가려는 길과는 확실히 달라야 할 것이라는 점이다. 유사한 성격과 기능으로 그 길을 같이 가려한다면 그건 e스포츠계를 분열로 인도하는 길이며, 반목과 질시로 이어지는 길이 될 수 있다는 점에서 경계를 해야 할 것이다. 특히 이 시점에서 요구되는 e스포츠계의 시대적 과제는 무엇보다 단결이고 단합이라는 점을 잊지 않았으면 한다.　2019. 01. 25

e스포츠 가맹 단체 허용, 꼭 법적 절차 따라야 하는지

e스포츠협회가 다시 대한체육회 인정단체가 됐다. 협회가 지난 해 단체 지위를 상실한 이후 1년 6개월 만의 일이다.

협회는 지난해부터 대전광역시, 부산광역시, 경상남도, 전라남도, 광주광역시 등 5개 지역 시도 체육회에 가입하는 등 체육회 단체 지위 확보를 위해 꾸준한 노력을 보여 왔다. 지난 3월엔 체육회 인정단체 가입을 신청했다. 이번에 체육회 승인이 난 것이 바로 그것이다. 이로써 협회는 가맹단체 가입에 한발 더 다가서게 됐다.

협회는 지난 2015년 준가맹 단체 승인을 받은 바 있으나, 2016년 대한체육회가 생활체육 협의회와의 통합으로 까다로운 가맹 조건 등을 요구하면서 2018년 1월 그 지위마저 상실하게 됐다.

대한체육회 가맹 단체는 정회원 단체와 준회원 단체 그리고 인정 단체 등 3단계로 구분된다. 정회원 단체는 체육회 대의원 총회 의결을 거쳐 가입된 단체로, 가맹단체로서 권리와 의무를 갖게 된다. 준회원 단체는 체육회 이사회의 의결만을 통해 가입될 수 있으나 단체로서 권리와 의무를 제한받는 지위를 지닌다. 인정 단체는 체육회 이사회의 의결만으로 대표성을 인정받을 수 있지만 기한이 한시적이다. 따라서 이번에 e스포츠협회의 인정단체 가입은 체육회로부터 가장 낮은 단계의 지위를 인정받았다는 것을 뜻한다.

e스포츠는 새로운 스포츠 세계를 열어가는 장르다. e스포츠의 종주국이라고 불리는 우리나라에서는 되레 스포츠로 평가하는 데 인색하지만, 외국의 경우엔 그렇지가 않다. 특히 미국, 일본, 중국 등은 이 새로운 장르 스포츠에 매료돼 물적 지원 등을 아끼지 않고 있다. 더욱이 스포츠의 한 축인 정신 건강을 집적화 할 수 있다는 e스포츠의 강점이 알려지면서 국민들의 관심 또한 뜨거워지고 있다.

하지만 스포츠계의 시선은 여전히 냉랭하다. 일부 단체에선 게임을 아예 스포츠로 인정하지 않으려 하고 있고, 다소 진보적이라고 평가받는 단체에서 조차 e스포츠에 대해서는 조심스런 반응을 보이고 있다.

이같은 제도권의 평가에 대해 무조건 틀렸다, 또는 시대의 흐름을 제대로 읽지 못하고 있다고만 할 수 없다. e스포츠가 제도권의 새로운 장르의 스포츠로서 당당히 자리매김하지 못한 책임은 전적으로 e스포츠계에 있다 할 것이다. 오로지 마케팅 차원의 팬 확보에만 열을 올려 왔을 뿐, 이론적, 학술적 근거 마련엔 아주 등한시 해 온 까닭이다. 예컨대 e스포츠가 왜 새로운 장르의 스포츠로서 인정받고 평가받아야 하느냐는 국민적 설득에 여전히 미흡하다는 것이다.

따라서 e스포츠가 청소년들의 킬링 타임

용 놀이 문화가 아니라, 제도권의 새로운 스포츠로서 당당히 자리매김하고 있다는 이론적 뒷받침을 e스포츠계가 받쳐 주어야 한다는 것이다.

e스포츠협회는 이에따라 일단 5개 시도 체육회 가맹 단체를 9개로 늘려 준회원단체의 지위를 우선 확보하겠다는 방침이다. 또 e스포츠가 왜 새로운 스포츠로 주목해야 하는지에 대한 학술적 근거를 마련하기 위한 연구사업도 곧 진행할 계획인 것으로 알려지고 있다.

언필칭, 제도권의 스포츠계가 결코 놓쳐선 안되는 사실은, 국제적으로 e스포츠가 새로운 장르의 스포츠로 빠르게 인정받고 있다는 점이다. 종주국의 지위를 받고 있는 우리나라가 아직은 국제 e스포츠계에서 주도권을 쥐고 있지만, 제도권에서 계속적으로 방치하거나 따돌릴 경우 e스포츠 주도권의 향배가 어떻게 변할 지에 대해서는 아무도 장담할 수 없다.

제도권의 용단이 필요한 시점이다. 시기적으로 절실하다면 전략적으로 예외를 인정하는 방안도 고민해야 한다. 굳이 제도권의 가맹 단체 기준을 그대로 갖다 댈 필요가 있는가. 법과 절차를 무시하자는 게 아니라, 국가가 전략적으로 육성하겠다는 의지만 보인다면 그같은 파격적인 유연성도 보여줄 필요가 있는 게 아니냐는 것이다.

종주국인 우리나라에서 e스포츠협회가 체육회 가맹단체로서 번듯한 지위를 먼저 획득한다면 그 결과와 파장은 과연 어떻게 나올까. 이 문제는 체육회 뿐만 아니라 정부도 깊은 고민을 통해 한번 헤아려 봐야 한다. 이는 스포츠와 문화 그리고 산업을 활짝 여는 길이다.

2019. 07. 26

경기도의 e스포츠 육성책

경기도가 e스포츠 트레이닝센터 설립과 e스포츠 아카데미 운영 등 e스포츠 활성화를 위한 정책 입안에 적극 나서고 있다.

경기도는 최근 이같은 내용이 담긴 '민선 7기 후반기 e스포츠 및 게임산업 4대 전략'을 수립, 발표했다.

코로나19 이후 새로운 성장 동력으로 주목받고 있는 e스포츠 및 게임산업 육성을 위해 관계 기관 등의 의견을 수렴해 게임문화, e스포츠, 기업 육성, 전시회 등 4개 분야를 집중 육성 분야로 선정, 정책적인 지원을 추진키로 한 것이다.

경기도는 특히 e스포츠 아카데미를 개설해 유망주 선발과 훈련을 지원하고 은퇴선수에 대해서는 연관 산업 진출을 위한 교육을 실시하기로 했다.

또 국내외 e스포츠 대회를 유치해 e스포츠 메카로서의 경기도 브랜드를 강화하기로 했으며, 경기 국제 e스포츠대회 한국 대표 선발전에 리그방식을 도입해 아마추어 선수들의 프로 및 해외진출 등용문으로 자리매김할 수 있도록 해 나간다는 방침이다.

경기도는 이 외에도 회사·학교 게임동아리 등 게임동호회에 대한 지원금을 제공해 동호회 활성화를 꾀하는 한편 가족, 군인, 동호회 등 다양한 계층 대상의 e스포츠 대회도 개최하기로 했다.

경기도가 이처럼 e스포츠 산업 육성에 적극 나서고 있는 것은 판교 테크노밸리를 중심으로 엔씨소프트 넥슨 등 주요 게임업체들이 대거 도내에 포진해 있다는 점이 크게 작용하고 있는 것으로 풀이된다. 판교는 이미 게임의 메카로 불리울 만큼 게임업체들이 대거 입주해 있다.

그런 측면에서 e스포츠 산업 육성을 위해 팔을 걷어 붙이고 나선 경기도의 이번 정책 결정은 때 늦은 감이 없지 않다 할 것이다. 따라서 이번에 경기도에서 발표한 정책들이 일선 현장에까지 잘 이르도록 하는 등 실효를 거둘 수 있도록 하는 게 매우 중요하다고 본다. 그저 비대면의 게임시장이 주목을 받으니까 한번 내놓고 보자는 식의 전시 행정이 되어선 곤란하다는 것이다.

경기도가 이를 통해 게임산업의 진정한 메카로 불릴 뿐 아니라 e스포츠의 산실 로서도 큰 영향력을 보여주기를 바란다. 그러기 위해서는 용두사미의 식의 정책 추진은 곤란하다. 경기도의 보다 세밀한 후속 조치를 지켜보고자 한다.

2020. 07. 31

아쉬움만 가득 남긴 WCG 중국대회

게임을 통해 국제 교류의 장을 마련한다는 취지로 창설된 '월드사이버게임(WCG)' 그랜드 파이널 대회가 최근 막을 내렸다. 이번 대회는 '워크래프트 3 리포지드' '크로스파이어' '피파 온라인4' '왕자영요' 등 4개 종목으로 치러졌다.

우리나라와 중국에서 총 68명의 선수가 참가, 30만 달러(한화 약 3억 3500만 원)의 상금을 놓고 경쟁을 벌인 이번 대회의 우승은 중국에 돌아갔다. 코로나19 팬더믹으로 인해 비록 규모는 크게 축소됐지만 온택트 형식으로 '디오라마 스튜디오' 등 새로운 운영 방식 도입으로 긍정적인 평가를 받기도 했다.

WCG는 지난 2000년 출범해 벌써 20주년을 맞이하게 됐다. 당초 삼성그룹에서 e스포츠를 통해 세계 청소년들의 교류와 차세대 스포츠로서 위상을 정립한다는 취지로 만들어졌다. 이후 한때는 삼성그룹의 전폭적인 지원으로 규모를 크게 늘려 나가기도 했지만 여러 한계에 직면하면서 결국 2013년을 끝으로 대회가 중단됐다.

대회가 다시 열리기 시작한 것은 스마일게이트가 WCG 운영권을 인수하면서 부터다. 만 6년 만에 중국에서 대회가 다시 열린 지난 해에는 34개국 506명의 선수가 대회에 참가, 국제 대회로서 발돋움할 수 있는 가능성을 다시한번 엿보게 했다. 하지만 올해에는 코로나19 사태로 인해 중국과 우리나라 선수들만 참가하는 반쪽 대회가 됐다.

그러나 여러 과제들만 잘 풀어내면 WCG가 과거의 명성을 되찾을 수 있을 뿐 아니라 국제대회로서 당당히 그 면모를 드러낼 수 있을 것이라는 점에서 e스포츠 관계자들의 주목을 끌고 있다.

무엇보다 중국 시장 환경에 치우쳐 있는 부문을 개선해야 할 것이란 지적이 적지 않다. 지난해에 이어 올해에도 중국에서 대회가 치러졌다는 점은 주관사의 입김으로 다소 크게 작용한 것으로 여겨지고 있다. 온택트 대회로 치러지면서 불가피했다는 측면을 감안하더라도 유럽과 북미 선수들의 잇따른 불참은 대회 위상 제고에 뼈아픈 걸림돌이 됐다.

종목 다양화의 노력을 더이상 미뤄선 안 된다는 지적도 많이 나왔다. 예컨대 현재의 종목으로는 국제 대회로 치르기엔 다소 부족한 측면이 없지 않다는 목소리가 적지 않다. 따라서 이 부문에 대한 고민과 대책 마련이 절실하다는 게 e스포츠 관계자들의 공통된 지적이다.

마지막으로 주관사인 스마일게이트가 국제 대회의 규모를 고려해 투자를 더 확대해야 할 것이란 지적이 적지않다.

이에대해 e스포츠계의 한 관계자는 "대회 개최를 위해 편성한 예산이 국제대회 규모로서는 아주 생각할 수 없는 금액으로 책정돼 있었던 것으로 알고 있다"면서 "대회 성격과 규모에 맞는 예산편성이 필요하다"는 반응을 보였다. 즉, 대회를 호화롭게 치르자는 것은 아니지만 국제대회인 만큼 궁색하게 치러져선 곤란하지 않겠냐는 지적이었다.

올해로 창립 20주년을 맞이한 WCG가 세계 e스포츠를 도모하고 명실공한 국제대회로 자리매김하기 위한 길은 주관사인 스마일게이트의 지속적인 투자와 팬들의 높은 관심도 뿐이다. 또 그럴 가능성도 엿보았다 할 수 있다. 그런 측면에서 올해 열린 WCG 중국 대회는 나름, 절반의 성공을 거둔 미완의 대회로 기록되지 않겠나 싶은 것이다.

2020. 11. 13

문을 연 부산 e스포츠 상설 경기장

e스포츠의 메카라 할 수 있는 부산에 e스포츠 상설 경기장인 '브레나(Brena)'가 문을 열었다. 부산시는 최근 서면 삼정타워 15층, 16층에 '부산 e스포츠 경기장'을 개관하고 e스포츠 문화와 비즈니스를 아우르는 복합문화공간으로 활용키로 했다.

부산시와 정부에서 총 60억 원을 투자해 조성된 이 경기장은 2739㎡ 규모에 ▲330개 관람석을 갖춘 주 경기장 ▲128석의 보조경기장 2개 ▲선수 관계자 시설 ▲관객 편의시설 등을 갖추고 있다.

또 포스트 코로나 시대를 대비해 UHD 디지털 사이니지, 4K 송출방송 시스템 등 e스포츠 경기에 최적화된 시스템 300여 개를 구축해 모든 경기를 온라인으로 생중계할 수 있는 미디어 환경을 마련, 부산 e스포츠 발전에 새로운 전기를 마련할 것으로 기대를 모으고 있다.

부산은 '스타크래프트'라는 게임을 통해 e스포츠가 처음 태동했던 때부터 그 중심역을 맡아온 곳이다. 지난 2004년 광안리에서 펼쳐진 '스타리그' 결승전에는 당시 프로야구 결승전 입장객 수를 압도하는 10만여 인파가 운집해 국내외 스포츠 관계자들을 깜짝 놀라게 했다. 이후 부산시는 그 여세를 몰아 국제 게임전시회인 '지스타'를 유치하면서 명실공한 게임산업의 메카로 자리매김하고 있다.

e스포츠 산업를 육성하기 위해서는 탄탄한 선수층은 물론 선수들이 뛸 수 있는 경기장 등 관련 인프라를 갖추는 것이 무엇보다 중요한 과제다. 지방 e스포츠 수준이 상대적으로 수도권에 비해 크게 뒤떨어지는 결정적인 요인이었다. 이에따라 각 지자체에서는 e스포츠 예산 확보에 주력하기도 했으나 e 스포츠에 대한 지역사회의 인식 결여로 성과를 거두지 못해 왔다.

이번 부산 e스포츠경기장 개관은 그런 의미에서 지자체의 실천 의지와 노력이 얼마나 중요한지를 다시한번 입증해 보여줬다 할 것이다. 부산시는 이를 위해 다양한 경로를 통해 예산 확보에 나서는 등 부산 e스포츠 산업 육성의 필요성을 강조해 온 것으로 알려졌다. 부산 e스포츠 상설 경기장 개관을 계기로 e스포츠 열기가 전국으로 확산되길 기대해 마지 않는다.

특히 e스포츠 산업에 큰 관심을 표명하고 있는 대구시와 광주시, 대전시에서도 하루 빨리 e스포츠 상설 경기장을 마련, 전국 단위의 e스포츠 상설 경기장을 갖춘 지자체로 거듭났으면 하는 바람이 크다.

2020. 11. 20

Xbox One S

V
PC방/콘솔/
아케이드게임

닌텐도 DSi는 '구닥다리'

닌텐도가 휴대형 게임기 닌텐도 DS 시리즈 중 하나인 '닌텐도 DSi'를 내달 15일 국내에서 발매할 예정이라고 발표했다. 한국닌텐도는 DSi가 이전 제품인 DS 라이트와 비교해 화면크기나 두께, 기능 등에서 획기적으로 개선된 신제품임을 강조하고 있다.

실제로 DSi는 라이트에 비해 두께는 약 12% 얇아졌고 화면크기는 17% 넓어졌다. 여기에 카메라 기능이 추가됐으니 나름 신제품인 것만은 틀림없어 보인다. 더욱이 한국 발매를 기념하여 국민 온라인 게임인 '메이플 스토리'의 DS용 제품을 함께 패키지로 만든 한정판으로 판매한다니 나름 한국 소비자를 위해 정성을 보이는 모양세를 갖췄다.

물론 내달 15일 정식으로 시장에 출시돼야 실제 소비자 반응을 알 수 있겠지만 적어도 언론이나 얼리어댑터들의 시각은 싸늘하다. 무엇보다도 한국닌텐도가 신제품이라고 소개한 DSi가 사실은 일본에서 2008년 11월에 출시된 구모델이기 때문이다.

한국을 제외한 전세계 게이머들이 이미 1년 6개월전부터 사용한 구닥다리인 이 제품을 신제품이라고 마케팅을 한들 똑똑한 한국 유저들이 들은 척 할리 없다. 더욱이 닌텐도는 DSi 이후 나온 최신 제품인 DSi-LL을 지난해 11월 일본에서 출시했다. 같은 모델이지만 명칭만 다른 DSi-XL를 유럽에 이달중에 판매할 계획이다.

한국에서 신 제품 발매 시점이 늦어지는 것에 대해서 닌텐도는 아마도 한국 시장의 규모와 한글화 등에 따른 비용 등을 이유로 설명할 것이다. 하지만 닌텐도가 한국의 유명 연예인을 동원해 지속적으로 TV 광고를 해대는 것을 보면 이런 설명은 궁색하게 느껴진다.

콘솔 시장에 진출하기 위해 넥슨이 몇 년 동안 공을 들인 '메이플스토리 DS'가 끼워 팔기용으로 전락할 것 같아 아쉽기는 하지만 내달 발매될 닌텐도 DSi에 대한 소비자들의 반응은 이미 결론이 났다. 아니 다음을 위한 본보기를 위해서라도 그렇게 돼야 한다.

2010. 03. 22

PC방 전면 금연, 연착륙 해야

PC방에 대한 전면 금연 움직임이 서울시를 시작으로 본격화하고 있다. 지난 5월 개정된 국민건강증진법을 토대로 서울시가 오는 10월경 조례 개정을 통해 PC방에 대한 전면금연을 실시하겠다는 것이다. 법 해석에 대한 논란의 여지가 많아 보이지만, 그 실현 가능성 여부를 떠나 사회적 명분에 밀려 업계의 현실적인 문제가 철저히 외면당할까 걱정이다.

온라인게임 산업의 대표적인 인프라인 PC방은 사양업종으로 밀려난 지 이미 오래다. 사업장간의 과당경쟁으로 일부 지방의 경우 시간당 300원대까지 떨어졌다. 단순 운영으로는 도저히 수지를 맞추기 어려운 구조다. 현실은 이런데 흡연존 마저 없애고 전면 금연을 실시한다면, 대다수 PC방이 문을 닫을 것이라는 게 업계의 대체적인 시각이다.

주지하다시피 '금연'은 다수의 끽연자들의 불만에도 불구, 사회적 공감대가 형성된 상태다. 도심 대부분의 빌딩이나 사업장이 흡연을 금지하고 있다. 심지어 야외 공공 장소까지 흡연이 금지되는 추세다. 흡연으로 인한 사회적 비용이 10조 원에 육박하고 우리나라 흡연율이 OECD 국가중 3위에 오를 정도로 심각하니 그럴 법도 하다. 이런 마당에 PC방만 '특혜'를 달라는 주문도 설득력이 약하다.

그럼에도 한가지 짚고 넘어가야 할 것은 PC방은 단순한 문화 공간에 그치지 않는다는 사실이다. PC방은 게임사업의 핵심 유통 창구이자 홍보 채널이다. 전방 산업인 게임 산업에 미치는 그 파장과 영향이 결코 작지않다. 전면 금연 바람에 밀려 PC방의 수익성이 현저히 떨어지고, 대다수 PC방이 문을 닫는다면, 그 여파는 일파만파로 확산될 것이 자명하다. PC방은 많게는 게임 매출의 50%까지 차지한다.

방법은 하나 뿐이다. 전면 금연이란 시대적 흐름을 거스를 수 없다면 그 시행 시점과 방법에 좀 유연성을 두자는 것이다. 금연 본연의 사회적 목적에 부합하되 산업의 파장을 최소화할 수 있는 절충점을 찾자는 것이다. 예컨대 연착륙을 위한 로드맵 마련도 한 방법일 수 있다. 이는 PC방에 대한 전면적 금연 시행도 중요하지만, 신성장 동력산업인 게임산업, 그리고 PC방 업계를 위한 준비기간도 새로운 모멘텀 마련을 위한 자양분이 될 수 있다고 보기 때문이다.

2010. 07. 13

닌텐도의 '이유 있는 추락'

일본 닌텐도가 올 들어 심한 부진의 늪에 빠져 허덕이고 있다. 세계 비디오 게임 시장을 좌지우지했던 위용은 온데 간데 없고 '한물간 기업'이란 오명만 뒤집어 썼다. 급기야 지난달엔 간판제품인 위(Wii)가 만년 3위였던 X박스에 밀려 3위로 전락하며 체면을 구겼다. NDS는 물론 차세대 콘솔로 촉망받던 위마저 올해 전체 판매량면에서 PS3와 X박스와의 격차가 급격히 좁아지고 있다. 닌텐도는 울며 겨자먹기 식으로 매출과 이익 등 실적 가이던스를 하향조정했다.

닌텐도의 이러한 부진에는 몇 가지 이유가 있다. 우선 급변하는 시장 트렌드를 제대로 간파하지 못한 전략·전술의 부재에서 비롯된 예고된 추락이란 점이다. 글로벌 게임 시장의 도도한 물결과 같은 '스마트디바이스'의 출현을 닌텐도는 제대로 읽지 못했다. '스마트폰과 DS는 뿌리가 다른 만큼 유저층도 다르다'며 일절 대응을 하지 않았다. 실제 스마트 디바이스가 전 세계적으로 각광 받은 것과 닌텐도의 간판제품 NDS와 위가 몰락한 시점이 일치한다.

소니·MS 등 오랜 라이벌들의 반격을 간과한 것도 결국 닌텐도의 뼈아픈 실책임이 드러났다. 닌텐도는 위를 출시하면서 '체감형' 키워드를 전면에 내세워 보란 듯이 성공했다. 닌텐도는 그러나 샴페인을 너무 일찍 터트리는 실수를 범하고 말았다. 선두 닌텐도가 자만에 심취해 있는 동안 MS와 소니는 절치부심 개발한 체감형 플랫폼 '키넥트'와 'PS무브'로 극적인 역전에 성공했다.

닌텐도의 이같은 오만과 자만심이 결국 '콘솔공룡'의 몰락을 부채질한 셈이 됐다. 국경을 초월한 무한 경쟁시대에는 자만심이 최고의 적이다. 늘 끊임없는 혁신과 초심을 잃지 않는, 꾸준한 도전만이 최고를 유지할 수 있는 비결이란 점을 닌텐도가 잠시 망각한 것이다. 모두가 위기라고 하는데도 닌텐도 경영진은 여전히 '위기는 곧 기회'라 말한다. 닌텐도의 이유 있는 추락은 고비 때마다 창의적이고 혁신적인 신제품을 내놓으며 IT 시장의 '기린아'로 불리우는 애플과 너무나 비교된다.

2010. 12. 20

아케이드 게임 업계에 숨통 터줘야

바다이야기 사태 이후 고사 상태에 빠졌던 아케이드업계가 서서히 살아나고 있다. 그런데 '자라 보고 놀란 가슴 솥뚜껑 보고 놀란다'는 속담처럼 간신히 살아난 아케이드업계가 또다시 된 서리를 맞을 수도 있다는 우려의 목소리가 커지고 있다.

최근 한국어뮤즈먼트산업협회는 게임물등급위원회가 성인용 아케이드 게임 시장이 커지고 있어 사회적으로 사행심을 부추길 가능성이 높다고 밝힌 데 대해 크게 반발하고 나섰다.

협회는 현재 전국적으로 아케이드게임장은 400여 개에 불과하다며 '바다이야기 사태' 당시 전국에 2만여 개에 달했던 것과 비교하면 50분의 1도 안된다고 주장하고 있다. 이러한 상황에서 또다시 '바다이야기 사태'때와 같은 사행성을 우려하는 것 자체가 어불성설이라는 것이다.

아케이드업계가 주장하는 핵심은 두 가지다. 하나는 수입과 직결되는 투입과 배출 비율을 조정할 수 있도록 해 달라는 것이다. 또 하나는 점수를 보관할 수 있도록 해 달라는 것이다.

업계는 현재와 같은 투입과 배출비율로는 절대로 수익을 남길 수 없다고 주장한다. 이같은 주장에 대해 게임위는 단호한 입장이다. 업계의 주장을 받아들일 경우 사행성으로 치달을 것은 불을 보듯 뻔하다는 것이다.

그러나 언제까지 아케이드업계의 발목을 잡아 놓을 수는 없는 노릇이다. 우리의 발목을 잡고 있는 사이에 각국의 경쟁업체들은 더 좋은 기술을 개발하고 더 많은 수익을 남겨 세계 시장을 더욱 강하게 지배하게 될 것이다.

지금 정부와 정치권의 분위기는 고양이 목에 방울을 달기는 해야겠는데 감히 나서는 사람이 없는 형국이다. 문제는 인정하지만 이를 시정할 경우 뒷감당을 할 자신이 없다는 것이다. 이렇게 손을 놓고 있는 사이에 우리가 잘 할 수 있는 사업 중 하나인 아케이드게임산업은 서서히 말라 죽어가고 말 것이다.

우리 사회가 보다 성숙해 지기 위해서는 자율과 책임이 뿌리를 내릴 수 있도록 해야 한다. 아케이드게임산업을 바라보는 시각도 바뀌어야 한다. 그래야 우리도 선진사회 선진국가란 소리를 들을 수 있다.

2011. 08. 01

이게 PC방만의 문제인가

최근 한국인터넷PC문화협회(이하 인문협)가 '서든어택' 게임이용료 정책을 문제삼아 넥슨을 공정거래위원회에 제소하는 일이 벌어졌다. 그러나 이번 문제는 넥슨 한 업체만 해당되는 문제가 아니다. 넥슨을 포함한 5대 메이저 모두에게 해당하는 사안으로 해석해야 한다. 이번 일로 도마에 오른 게임은 '서든어택'이지만 공정위의 판결에 따라 '아이온' '테라' '리니지2' '피파온라인2' '메이플스토리' 등 PC방 인기게임 전체가 포함될 수 있다.

인문협과 게임업체들의 갈등은 이번이 처음이 아니다. 과거에도 이용 과금을 둘러싸고 크고 작은 갈등이 있어왔다.

지난 2005년 엔씨소프트는 '리니지'와 '리니지2'로 구성된 통합정량제 상품에 신규게임 '길드워'를 끼워 팔아 공정위로부터 경고 조치를 받았다. 지난 2008년에는 CJ인터넷이 PC방 요금제를 갑자기 변경하며 웹보드 게임에 관한 가맹점 혜택을 대폭 줄여 PC방 업주들의 반발을 샀다.

인문협과 넥슨의 갈등은 일회성이 아니라 근본적인 시각 차이에서 비롯된 것이다. PC방에 대해 게임 이용료를 받는 것은 세계적으로도 유례가 없는 일이다. 미국과 유럽 등지에서는 우리나라의 PC방을 인터넷 카페라 부른다. 이곳에서 인터넷 검색도 하고 업무도 보는 것이다. 그런데 우리나라의 경우 시작부터 게임을 주로 이용하면서 PC방 하면 게임방으로 인식됐다.

PC방 사업주들이 지금의 게임산업을 만드는 데 1등 공신역할을 했다는 것을 누구도 부정할 수 없다. 그런데 이들은 갈수록 어려워지고 있는 반면 게임계는 1개 기업이 연간 수백억 원에서 수천억 원의 이익을 남기는 공룡기업으로 성장하고 있다. 어려울 때 함께 고생했지만 이제는 서로의 위치가 극명하게 나뉘어진 것이다.

그렇다면 이제는 가진 자가 덜 가진 자를 위해 베풀어야 하는 게 타당하다 하겠다. PC방은 게임계의 주요한 인프라다. 이 인프라가 무너질 경우 게임계의 미래 또한 암울할 수밖에 없다. 더 큰 욕심을 위해 황금알을 낳는 거위의 배를 가르는 어리석음을 저질러선 안 될 터이다.

2011. 09. 27

몰락하는 닌텐도, 뿌리부터 달라져야

닌텐도가 최근 발표한 2011 회계년도 반기 (4월~9월) 결산 결과는 충격적이다. 이 기간에 무려 573억 엔(약 8300억 원)의 영업 적자를 냈다. 그야말로 '어닝 쇼크'다. 연간 순 손실액 200억 원을 막기 조차 어려울 것이라는 전망이 나오고 있다. 연간 기준으로 닌텐도가 적자를 본다면, 이는 1981년 이후 무려 30년 만의 일이다. 닌텐도의 몰락은 어느정도 예정된 수순이다. 캐시카우인 Wii와 DS시리즈가 약속이라도 한 듯 부진의 늪에 빠져 있다. 하드웨어(HW)의 부진은 소프트웨어(SW)까지 악영향을 미쳐 총체적 침체를 더욱 가속화하는 양상이다.

닌텐도의 위기는 역설적으로 닌텐도 아성을 만든 폐쇄적 전략에서 비롯됐다. 스마트폰·태블릿 등 스마트 디바이스의 개방 물결이 콘솔 시장을 휩쓴 지 오래이고, 오픈마켓은 시장의 대세로 굳어졌으나 닌텐도는 경쟁사인 소니나 MS에 비해 대처가 늦었고, 미온적이었다. 닌텐도의 보수적·폐쇄적인 협력사 정책에 오랫동안 불만을 품어왔던 SW업체들은 등을 돌렸다. 압도적인 '콘텐츠 파워'를 자랑하던 닌텐도의 경쟁력은 순식간에 사라지고 말았다.

여론은 닌텐도의 향후 전망에 대해서도 대단히 부정적이다. 오픈마켓을 기반으로 한 '스마트 파워'를 딛고 닌텐도가 다시 일어서기엔 버거워 보인다는 지적이다. '수퍼마리오'와 같은 전통적인 닌텐도 캐릭터에 동경심을 갖고 있는 올드 게이머들은 몰라도 수 십만개의 콘텐츠를 언제 어디서든 쉽게 다운받아 사용하는 유저들에겐 단지 '추억'일 뿐이다.

한가닥 희망이라면 닌텐도 특유의 뚝심과 저력이다. 닌텐도는 벼랑 끝 위기 상황마다 획기적인 HW와 SW로 화려하게 부활, 종종 '오뚝이'에 비유된다. 전세계에 퍼져 있는 방대한 닌텐도 팬들을 결코 무시할 수는 없다. 그러나, 극소수 콘솔업체가 과점하던 예전과 무한경쟁시대인 지금을 비교하는 것은 매우 어리석은 일이다. 뿌리부터 달라지지 않고서는 상승세로 반전하기는 커녕 추락 속도를 줄이는 일조차 쉽지 않다. 무엇보다도 지극히 공급자 중심적인 마인드와 현지화를 역행하는 '닌텐도식' 홍보 전략 만큼은 당장이라도 바꿔야 한다.

2011. 11. 14

아케이드 산업 지원 시급하다

게임산업은 콘솔과 아케이드, 그리고 온라인게임 등 크게 세 장르가 시장을 형성하고 있다. 유독 우리나라만 온라인게임이 주도적인 위치를 차지할 뿐 대부분의 나라에서는 콘솔과 아케이드가 시장을 주도하고 있다.

우리나라도 과거에는 다른 나라들과 마찬가지로 온라인과 콘솔, 그리고 아케이드 게임 산업이 어느정도 균형을 이루면서 발전해 가고 있었다. 그러다가 지난 2006년 '바다이야기' 사태 이후 우리 아케이드게임 산업은 그야말로 초토화 되다 시피 했다. 그로부터 6년의 시간이 흐른 지금 아케이드 산업은 당시의 10분의 1로 쪼그라들었고 중국이 무섭게 성장하는 것을 강 건너 불구경하듯 지켜 보고만 있어야 했다.

이제는 더 이상 우리 게임산업의 불균형을 지켜만 봐서는 안 된다. 아케이드업계에서는 정부의 규제가 비상식적으로 지나치다고 항변하고 있다. 지금과 같은 상황 속에서는 도저히 산업을 일구어 나갈 수 없다는 것이다.

최근 정부도 달라진 모습을 보이고 있다. 굳게 닫았던 귀를 조금씩 열어가고 있는 모습이다. 또 업계에서도 적극적인 행동에 나서면서 활로를 모색하고 있다. 올해 들어 아케이드 업계에 희망적인 소식이 하나 둘 들리고 있다. 최근 정부가 아케이드 게임에 대한 등급분류 심의를 민간에 이관하는 방안을 검토 중인 것으로 알려졌다. 또 한국어뮤즈먼트산업협회는 코엑스와 오는 7월 아케이드 전문 전시회를 개최키로 합의했다.

지난 6년 동안 굳게 닫혀 왔던 문이 조금씩 열리고 있지만 아직은 멀었다. 정부에서는 복지부동의 자세로 아케이드산업을 외면할 것이 아니라 보다 적극적인 자세로 산업을 되살려 내려는 모습을 보여줘야 한다.

지금까지 해온 규제만으로도 아케이드 업계는 돌이킬 수 없는 타격을 입었다. 게임계가 과몰입과 폭력성으로 인해 정부와 여론의 따가운 눈총을 받고 있는데 아케이드 게임의 경우 이러한 부작용이 없다. 오히려 장려해야 할 플랫폼이라고 할 수 있다. 더 늦기 전에 정부가 아케이드산업을 살리고 육성하는 일에 나서야 하는 이유이기도 하다.

2012. 02. 14

PC방과의 '상생'을 문제

현재 국내 PC방은 1만 5800여 개 수준으로 전년대비 약 15% 정도 줄어들었다고 한다. PC방은 지난 2008년 이후 급격히 감소하기 시작했으며, 특히 2010년 처음으로 2만개 이하로 줄어들었다.

PC방이 이처럼 급감하고 있는 것은 상호경쟁이 치열할 뿐만 아니라 정부의 규제가 갈수록 심해져 경제적인 부담을 가중시키고 있기 때문이다. 최근 소상공인단체연합회가 전국 PC방을 대상으로 조사한 결과에 따르면 전체 PC방의 64.5%가 적자를 보고 있는 것으로 나타났다.

그야말로 어쩔 수 없이 PC방을 경영하는 업주들이 대부분이라는 것이다. 이렇게 암울한 가운데 모처럼 반가운 소식이 들리고 있다. PC방 업계에 활력을 줄 수 있는 대작들이 연이어 오픈한다는 것이다.

예전부터 PC방 업계와 게임업계는 공존의 관계를 통해 발전해 왔다. 그러나 최근에는 PC방의 희생을 바탕으로 게임업체들이 배를 불린다는 비난이 높아지고 있다. 개발사라는 우월적 지위를 이용해 PC방에게 일방적인 요금제를 강요하고 있다는 것이다. PC방 업체들로부터 가장 많은 비난을 사고 있는 업체는 넥슨이 꼽히고 있다. 나머지 업체들도 상황은 비슷하다.

이러한 가운데 외국계 업체인 라이엇게임즈가 PC방에 부담을 줄이면서 함께 윈윈할 수 있는 요금과 마케팅 정책을 펼치면서 돌풍을 일으킨 바 있다. 이같은 윈윈 효과에 힘 입어 이 작품은 단숨에 인기 순위 1위에 올라서며 장기 흥행에 돌입했다.

PC방 업계에서는 향후 서비스될 블리자드의 '디아블로3'와 엔씨소프트의 '블레이드&소울'에 촉각을 곤두세우고 있다. 워낙 유명한 두 작품이 서비스될 경우 이용자들이 몰려 모처럼 수익이 늘어날 것으로 기대되기 때문이다.

하지만 이번에도 PC방을 희생양 삼아 개발사들만 배를 불리는 일이 있어서는 안 될 것이다. 엔씨와 블리자드가 이번에도 PC방 업계의 목소리를 경청하며 함께 윈윈하는 모습을 보여주길 바란다.

2012. 05. 23

넥슨, PC방과 상생의 길을 가라

PC방 업주들의 커뮤니티인 아이닉스피사모 회원 10여명은 최근 사흘간 넥슨 본사와 공정거래위원회, 새누리당사, 민주통합당사 등 네 곳에서 동시에 1인 시위를 벌였다. 이들이 시위에 나선 이유는 크게 세가지로 끼워팔기와 비가맹 차단, 오과금 등이다.

벼랑 끝에 몰려있는 PC방 업주들이 생업을 팽개쳐 가면서까지 이렇게 거리로 나선 것은 한 개 한 개 PC방이 넥슨이라는 공룡을 상대하기에는 나약하기 그지없지만 하나 둘 힘을 모은다면 충분히 목소리를 낼 수 있을 것이라는 생각 때문이다.

그들은 그동안 넥슨과의 대화를 시도했지만 불가능했다고 주장하고 있다. PC방 업계에서 넥슨은 한 마디로 수퍼 갑이라 할 수 있다. 넥슨과 개별 PC방을 골리앗과 다윗으로 비교하는 것도 말이 안 될 정도로 큰 차이가 난다. 그러나 PC방은 게임산업을 이루고 있는 중요한 생태계 중 하나다. PC방이 무너진다면 게임업체도 동일한 타격을 받을 수 밖에 없다. 이는 메이저라고 해서 예외가 아니다.

어쩌면 PC방 업주들의 주장이 지나친 것일 수도 있다. 그러나 보다 중요한 것은 넥슨의 입장에서 PC방은 자기들의 작품을 서비스해주는 고객이라고 할 수 있는데 고객을 '왕'으로 보는 것이 아니라 '봉'으로 보는 것은 아닌가 하는 점이다.

PC방과의 갈등은 결코 작은 문제가 아니다. 이 문제를 일선 담당자들에게 맡긴다면 해결될 가능성은 거의 없다고 볼 수 있다. 담당자들은 책임을 지기 보다는 책임을 피하려는 것이 생리이기 때문이다. 오히려 최고 경영진이 직접 나서 현장의 목소리를 듣고 비록 이익이 주는 한이 있더라도 함께 살 수 있는 방안을 찾는 것이 메이저로서 보여줄 태도라 할 것이다.

지금 필요한 것은 법적인 다툼이나 논리적인 싸움이 아니다. 죽어가고 있는 PC방 업계를 살리기 위해 함께 손을 잡는 일이다.

2012. 05. 31

PC방 업계가 살 길은 변화다

PC방업계가 죽겠다고 아우성이다. 그동안 부분 금연을 실시해 왔는데 오는 6월부터는 전면금연을 단행해야 하기 때문이다. PC방업계는 6월로 예정됐던 PC방에 대한 전면금연을 연기시켜보려 했으나 끝내 무산됨에 따라 대책마련에 고심하고 있다. 그러나 현재로서는 법이 시행되더라도 일정 기간 단속을 유예시켜 주는 것 외에는 뾰족한 대책이 없어 PC방의 폐업과 매출 감소가 불가피한 실정이다.

그동안 인터넷PC문화협회와 인터넷문화콘텐츠협동조합을 비롯한 단체들은 전면금연을 연기시켜 보려고 다양한 노력을 기울여 왔다. 그러나 결국엔 이러한 모든 노력들이 수포로 돌아가고 말았다.

PC방업계는 특히 타 업종과의 형평성을 제기하면서 전면금연을 연기시켜 줄 것을 요구했지만 이 마저도 받아들여지지 않았다. 그동안 성실하게 부분금연 정책을 지켜온 만큼 이에 대한 보상과 자금지원이 필요하다는 의견도 정부에 개진해 봤지만 별다른 반응을 얻지 못했다. 결국 얻어진 것은 전면금연 시행 뿐이다.

PC방업계는 우리나라 IT산업을 발전시킨 1등 공신임에도 불구하고 그동안 기회만 나면 '불법'과 '탈선'의 현장으로 지목 받아왔다. 이제는 청소년을 보호하고 국민건강을 지켜야 한다는 논리에 밀려 전면금연이란 목줄이 죄어져 오고 있다.

이러한 상황을 지켜보면서 PC방업계가 억울하고 속상하다는 심정을 토로하고 있는 것을 충분히 이해할 수 있다. 하지만 시대는 금연을 요구하고 있고 대세처럼 굳어지고 있다. 역사를 되돌릴 수는 없는 것이다. 그렇다면 이제는 주어진 현실을 받아들이면서 다시 살아남을 수 있는 방법을 모색해야 할 때라고 본다.

우선 PC방업계 스스로 변해야 한다. 그렇게 하기 위해서는 무엇보다도 시대의 패러다임을 제대로 읽어 나가는 힘을 길러야 한다는 것이다. 기존의 지역 상권에 연연하지 말고 새로운 형태의 사업 영역을 발굴하는 것도 한 방안이다. 시장 장벽이 무너짐에 따라 살아남기 위한 전략을 수립해야 한다. 이용객을 끌어 들이고 이를 극대화할 수 있는 방안을 타진하는 것도 요령이다. 정부와도 한단계 업그레이드 된 PC방의 미래상을 그리기 위한 협상도 벌어야 한다.

애써 피해가려 하기 보다는 적극적으로 받아 들이고 이를 해결해 나가는 모습을 보여줘야 할 때라는 것이다. 늦었다고 할 때가 가장 빠를 때라고 한다. 지금부터라도 새롭게 시작하는 PC방업계의 모습을 보여줄 때다.

2013. 05. 06

힘겨운 PC방업계, 그대로 두고 볼 것인가

우리나라 정보기술(IT)산업을 이만큼 성장시키는 데 결정적인 기여를 한 PC방이 갈수록 힘겨운 상황에 놓이고 있다. 한때 3만개가 넘었던 PC방이 이제는 1만 3000여 개로 급감했다. 숫자가 줄어든 것 뿐만 아니다. 각종 규제와 이용자 감소로 경영난이 커지면서 앞으로도 문을 닫겠다는 PC방은 더 늘어날 것으로 예상되고 있다.

PC방 업계는 사회문제가 발생할 때마다 PC방이 표적이 되어 비난 받는 등 억울한 일이 한두가지가 아니라고 말하고 있다. 또 게임산업이 이만큼 커질 수 있었던 데에 PC방들의 기여가 결정적이었는데 성공한 게임업체들은 그들 스스로 성장한 것인 냥 PC방업계를 외면하고 있다고 서운함을 표시한다.

PC방이 있었기에 우리나라가 온라인게임을 활짝 꽃피울 수 있었던 것이다. 그런데 이러한 상황은 시간이 지나면서 게임업체에 유리하고 PC방 업계에는 불리한 쪽으로 바뀌고 말았다. 인기 게임의 경우 PC방에 이용료를 요구하고 이러한 일이 관행으로 자리 잡으면서 PC방 업주들은 이중고를 겪고 있다. 치열한 경쟁으로 이용자 감소로 한시간 당 요금이 500원까지 뚝 떨어진 상황에서 게임업체들은 꼬박꼬박 이용요금을 받아가는 것이다.

결국 수익은 고사하고 적자만 떠안게 된 PC방들이 문을 닫는 악순환이 계속되고 있다. 그러나 PC방이 사라진다면 온라인게임업체들도 설자리를 잃게 된다. PC방은 게임산업을 지탱하는 중요한 뿌리에 해당하기 때문이다.

게임업체들은 이용요금을 더 줄여주고 이용자들이 찾아올 수 있도록 PC방과 함께 하는 프로모션에도 힘을 쏟아야 한다. 이러한 노력이 뒤 따를 때 게임업계와 PC방업계는 나란히 성장하고 시너지를 발휘할 수 있을 것이다.

이제는 더 이상 시간이 없다. 머뭇 거리다가는 막강한 유통 인프라인 PC방업계가 지리멸렬해 질 수 있다. 과거 PC방업계가 게임산업 발전에 큰 공을 세웠다면 이제는 게임업체들이 PC방을 살리고 유통망을 온전히 지켜내는 데 힘을 보태야 한다고 본다. 그것이 다름 아닌 동업자 정신이다.

2014. 08. 12

혼란의 PC방업계 중심 잡아야

게임산업의 큰 기둥 중 하나라 할 수 있는 PC방 업계가 흔들리고 있다. PC방 업계를 대표하는 가장 큰 단체인 한국인터넷 PC 문화협회가 새 회장 선거를 앞두고 극심한 혼조세를 나타내고 있기 때문이다. 일각에서는 이를 두고 진흙탕 싸움이라고 까지 언급하고 있다.

업계는 29일로 예정된 협회 정기 총회가 큰 문제없이 잘 치러 지기를 간절히 바라고 있다. 그동안 인문협 내부의 주도권 싸움은 서로를 비난하는 것을 넘어서 상대방을 인정하지 않는 극단적인 모습을 보여왔다. 당장 하루 앞으로 총회가 다가 왔지만 총회에 대한 소식은 거의 전무하다시피 하다.

만약 29일 치러지는 총회가 제대로 열리지 못하거나 총회 도중 불미스러운 일이 발생한다면 PC방 업계는 돌이킬 수 없는 수렁에 빠져들 가능성도 배제할 수 없는 상황이다.

게임시장에서 PC방이 차지하는 비중은 예전과는 많이 달라졌다고 하지만 여전히 중요한 위치와 위상을 점유하고 있다. 특히 한 시절 지났다고 하지만 온라인 게임 수요에 있어서도 나름 큰 역할하고 있는 곳이 다름아닌 PC방이다.

만의 하나, PC방이 없었다면 우리나라가 '온라인게임 종주국'이라는 닉네임을 쉽게 손에 쥘 수 있었을 지도 의문이다. 그 정도로 PC방의 역할과 기능은 절대적이었다. 그러나 인터넷 PC 환경과 게임 플랫폼의 변화가 뚜렷해 지면서 PC방의 게임 비중은 크게 낮아지고 있다.

여기에다 한시간 이용료가 500원 이하로 떨어지는 등 대형 PC방이 주도하고 있는 가격경쟁은 PC 방들의 경영난을 부채질 하고 있는 실정이다.

이렇다 보니 PC방 업계는 서로 '네 탓'만하며 사분오열로 쪼개지고 있는 상황이다. PC방 업계의 영향력이 과거와 비교해 크게 떨어졌지만 여전히 PC방 업계는 게임시장의 마지막 보루라고 할 수 있다. PC 방이 무너지면 시장이 붕괴되고 산업 전체가 큰 타격을 받을 수 있다는 점에서 특히 그렇다.

본지가 올해 연중 기획으로 'PC방을 살리자'는 시리즈를 고정 연재하고 있는 것도 PC방의 역할과 기능이 그만큼 크고 중요하다는 뜻이라 할 수 있다.

내일, 29일로 예정된 협회 정기 총회가 단합과 화합의 축제의 마당으로 열리길 당부한다. 특히 이 기회에 협회가 내일을 향해 힘차게 뛰어 나가는 모습을 보여 줬으면 하는 바람이 크다 하겠다.

2016. 03. 28

위기의 PC방 탈출구는 없나

PC방 업계를 대표하는 한국인터넷PC문화협회의 7기 김병수 회장체제가 최근 출범했다. 김 회장은 당선 인삿말을 통해 인문협 조직 단결과 PC방 수익구조 개선, 게임업체와의 협력 관계 모색, e스포츠 대회 적극 유치 등을 추진하겠다고 밝혔다. 또 언론사와 협력관계를 구축하고 새롭게 설립하는 교육국을 통해 업계의 역량을 강화하겠다고 선언했다.

지금 PC방 업계는 그 어느 때보다 심각한 위기에 직면해 있다. 이같은 위기론은 비단 어제 오늘의 얘기가 아니지만 정도의 크기가 더 깊어지고 확대되고 있다는 점이다. 한 때 2만여 개에 달하던 사업장 수가 이제는 1만개를 밑도는 수준으로 쪼그라 들었다. 그 마저도 대부분의 사업장이 수익을 내지 못하고 명맥만을 유지하는 상황이다.

폐업이 쉽지 않을 뿐 아니라 마땅한 대안도 없고, 사업장을 인수하려는 사람도 없어 울며 겨자 먹기식으로 연명하고 있는 실정이다. 이러한 심각한 위기를 벗어나기 위해서는 업체들의 주도적인 노력과 함께 정부의 정책변화도 절실하다고 하겠다. 그러나 무엇보다 중요한 것은 협회가 중심이 돼서 자발적인 자구책을 마련하는 일이다.

협회는 수익구조 개선을 위해 이른바 '생존가격'을 정해서 회원사 뿐 아니라 PC방 업계 모두가 이를 지켜 나가도록 하겠다고 밝혔다. 이는 협정가격을 의미는 한 것인데, '너 죽고 나 살자'는 식의 출혈 경쟁을 벌일 것이 아니라 모두 함께 살 수 있는 방안을 마련하자는 뜻으로 이해된다.

지금과 같은 출혈경쟁이 계속될 경우 대형 PC방만 살아남고 나머지 영세업자들은 줄줄이 문을 닫을 수 밖에 없다.

또 PC방을 복합 문화공간으로 꾸미는 노력도 해야 할 것이다. 이를 위해서는 규모도 키워야겠지만 적은 비용으로 사업장을 탈바꿈 할 수 있도록 정부의 정책 자금 지원도 필요하다고 본다.

마지막으로 PC방 시장이 무너지면 무엇보다 게임업체들이 어려움을 겪게 될 게 뻔하다. 이른바 '순망치한'이라고 입술이 없으면 이가 시리다는 뜻이다. 온라인게임 시장이 예전만 못하다고 하지만 그 시장은 여전히 무시 못할 영향력을 발휘하고 있다. 지금 게임 시장 상황은 모바일 게임에 의한 거품이 끼어있는 형국이다. 이 기회에 온라인 게임업체들도 PC방 업계와 함께 상호 원원할 수 있는 방안을 타진해 봤으면 한다.

이는 PC방이 게임시장의 최전선이자 대한민국 게임 산업의 대동맥으로서의 역할을 지금도 톡톡히 하고 있기 때문이다.

2016. 06. 16

'포켓몬 GO' 열풍을 보면서

최근 출시된 모바일 증강현실(AR) 게임 '포켓몬 GO'가 큰 인기를 끌고 있다. 출시 첫날 다운로드 수 291만 건에 이어 누적 다운로드 수 800만 건을 넘어서고 있다. 이 때문인지 AR게임을 개발하고 있는 국내업체들에 대한 관심도 덩달아 높아지고 있는 듯 하다.

'포켓몬 GO' 열풍에 대한 국내의 첫 반응은 "우리는 왜 이런 작품을 만들지 못하나?"하는 자조에 가까운 아쉬움의 피력이다. 결론적으로 얘기한다면 기술적으로 우리가 뒤지는 것은 없지만 '포켓몬 GO'를 능가할 캐릭터가 없다는 것이 문제다.

'포켓몬 GO'의 성공을 이야기할 때 AR 기술의 우수성 보다는 포켓몬이라는 글로벌 히트 캐릭터의 가치가 먼저 손꼽힌다. 우리 업체들도 기술적으로 얼마든지 '포켓몬 GO'와 같은 작품을 만들 수 있다. 그런데 그 안에 채워 넣을 유명 캐릭터가 없는 것이다.

이를 뒤집어 말하면 국내 게임개발사에도 유명 캐릭터만 있다면 AR 게임의 성공도 그리 어렵지 않다는 것이 된다. 그렇다면 우리가 내세울만한 캐릭터는 있을까. 게임의 주인공 하니까 쉽게 만화나 애니메이션의 등장 인물만 떠올린다. 그러나 우리에겐 K-팝으로 알려진 한류 가수들과 한류 드라마의 주인공들이 있다. '아기공룡 둘리'나 '뽀로로' 등도 잘 알려진 캐릭터다. 그렇다면 이들 한류 스타를 AR게임의 소재로 삼을 수는 없을까.

문제는 유명 스타들의 캐릭터 로열티가 생각밖으로 엄청나게 비싸다는 사실이다. 이는 상당수 게임개발사들이 벤처라는 점을 고려하면 큰 부담이다. 게임개발사들이 이를 통한 AR게임 개발에 소극적인 이유 가운데 하나이기도 하다.

그렇다면 로열티 가격을 파격적으로 낮추는 방안을 상호 윈윈전략으로 세워볼 필요는 없을까. 예컨대 런닝 개런티 방식을 채택하는 것도 한 요령이다. 또 기본 개런트에 런닝 개런티를 가미하는 방식의 계약도 필요하다 하겠다. 이렇게 되면 유명 스타들의 캐릭터를 AR게임에 활용함으로써 게임 개발사는 좋고, 유명 스타들은 자신의 캐릭터를 통한 고부가가치를 더 창출할 수 있어 서로에게 도움을 줄 게 분명하기 때문이다.

여기엔 정부의 역할도 크다. 게임업체들이 GPS를 활용할 수 있도록 규제를 완화해주는 것이다. AR게임이 주력시장으로 크기는 어렵겠지만 틈새 시장으로서는 충분한 가치가 있다는 점에서 그런 노력은 필요하다고 본다.

어려운 여건속에서 악전고투하고 있는 국내 게임업체들이 새로운 틈새 시장을 만들어 낼 수 있도록 정부와 캐릭터 업체들의 적극적인 지원과 관심이 필요한 시점이라 할 수 있다. 　　　　　　　　2017. 02. 02

VR 대중화를 위해선

새로운 형태의 전자기기는 처음 론칭 할 때 비싼 가격으로 인해 얼리어덥터들의 전유물이 되곤 한다. 그 때문인지 이들 얼리어덥터의 입소문에 따라 제품 소비의 희비가 엇갈리곤 한다.

미디어 기기의 대중화를 위한 제조건은 가격이고 다른 하나는 콘텐츠다. 제품이 아무리 좋다고 해도 대중들이 구매하기 힘겨울 정도로 비싸다면 그림의 떡에 그친다. 또 저렴하게 제품을 구매해도 기기를 통해 즐길 수 있는 콘텐츠가 없다면 이 역시 무용지물이 된다.

그동안 비싼 가격으로 인해 대중화에 어려움을 겪었던 가상현실(VR) 기기들의 가격이 최근 잇따라 인하되고 있다.

소니는 '플레이스테이션 VR'의 가격을 인하하기로 했다. '오큘러스 리프트'와 'HTC 바이브'의 잇단 가격인하에 가세한 것이다. 이에 따라 VR 구매 소비가 상대적으로 증가할 것으로 예상된다.

VR가 시장에 등장한지 벌써 수년이 지났지만, 이 제품은 여전히 보급률 저하로 전전긍긍하고 있다. 보통 하드웨어의 보급률이 3~4% 정도에는 이르러야 시장을 형성한다고 한다. 하지만 VR 보급률은 정확한 통계조차 잡히지 않고 있다. 업계에서는 전 세계적으로 1%에도 훨씬 못 미칠 것이라고 보고 있다.

이렇다 보니 콘텐츠업계가 움직일 리가 만무한 것이다. 현재 VR기기는 사실 업소용으로 인식되고 있다. 과거 VCR 보급때와는 사뭇 다른 모습이다. 과거 VCR 보급때에는 가전 업체들이 콘텐츠업체들과의 협업을 통해 판촉에 나서기도 했다. 이로써 VCR 보급 촉진은 물론, 프로테이프산업이란 신 시장을 만들어 내기도 했다.

그러나 어찌된 영문인지 그런 조짐은 전혀 없다. 그저 게임업계가 VR 게임을 개발하겠다고 하고, 그게 또 앞으로 어떻게 될 것이란 다소 이해할 수 없는 장미빛 전망만 증권가에서 쏟아지고 있다. 그렇지만 그게 희망대로 그리 쉽게 되겠는가.

게임업계 입장에서는 VR 게임 개발에 막대한 투자를 하기에는 큰 부담이다. 사실 VR 보급률이 얼마나 되는지도 모르면서 VR 게임을 내놓는다는 게 넌센스다. 이는 업체 입장에서 첨단 게임을 한번 내 본다는, 말 그대로 폼만 잡아보는 것이다.

VR는 4차 혁명의 핵심기기 중 하나로 자리잡을 가능성이 매우 크다. 그런 측면에서 보면 그 기기의 코어가 되는 콘텐츠라고 하면 게임이 될 수 밖에 없을 것이라고 미뤄 짐작할 수 있다. 그렇게 될 경우 그 수요는 가히 상상할 수 없을 것이다.

이처럼 가능성이 보이고 수요가 보이는데 하드웨어 업체와 콘텐츠업체의 손발이 맞지 않아 시장이 지리멸렬하고 있다면 참고민스런 일이라고 아니할 수 없다.

하드웨어 업체, 독단적으로 시장을 키우고 지배하던 시대는 이미 지나갔다. 콘텐츠업체들이 받쳐주고 주변산업에서 부채질해주지 않으면 현실적으로 그 산업을 육성하고 확대해 나가기가 쉽지않다.

VR업체들과 콘텐츠업체들이 서로 머리를 맞대고 함께 고민해야 할 시점에 서 있다할 것이다. 과거 VCR 보급 시대를 거슬러올라가면 답이 보인다.

2017. 09. 01

콘솔 라이벌업체들이 주는 교훈

콘솔시장이 최근 다시 활기를 되찾고 있다. 온라인게임과 모바일게임에 밀려 '퇴물'이 될 것이란 우려도 있었지만 마이크로소프트와 닌텐도, 소니 등 콘솔업체들이 새로운 하드웨어를 속속 론칭하면서 부활의 날갯짓을 보이고 있는 것이다.

마이크로소프트의 신형 콘솔 게임기 'X 박스원X'의 1차 공급물량은 예약 판매 하루 만에 모두 매진됐다. 2차 공급물량도 마찬가지다. 닌텐도의 하이브리드 게임기 '닌텐도 스위치'의 반향도 만만치 않다. 국내 유통을 담당하고 있는 대원샵과 대형 마트, 게임 전문점들은 '닌텐도 스위치'의 판매 호조에 즐거운 비명을 올리고 있다.

여기서 놓칠 수 없는 재미있는 현상은 마이크로소프트와 닌텐도가 서로 앞서거니 뒷서거니 하면서 시소 게임을 벌이며 시장을 부양하고 있다는 점이다.

제품의 구매력은 무엇보다 과거의 제품과 다른 새로워진 기능 등 혁신의 노력에서 촉발된다 할 것이다. 하지만 그와 못지않게 동종업체간 라이벌 경쟁은 또다른 제품 수요의 견인차로 작용하기도 한다.

최근 국내 게임시장이 외화내빈의 양극단의 현상을 빚고 있는 것도 이같은 라이벌 구도가 사라졌기 때문이란 지적은 뼈아프게 다가온다. 2012년 이전엔 온라인게임의 경우 엔씨소프트와 넥슨이, 모바일게임 시장에선 컴투스와 게임빌이 팽팽한 라이벌 관계를 형성하면서 성장해 왔다. 그런데 어느 날 갑자기, 이같은 라이벌 구도가 깨져 버렸다. 지배구조 변경 등으로 '나홀로 아리랑'이 된 셈이긴 하지만, 후발 주자들의 도전을 용인하지 않고, 감싸지 않으려는 산업계 풍토도 한몫을 했다.

인위적으로 라이벌 구도를 그릴 수는 없지만, 다행스럽게도 게임업계에 그런 조짐이 조금씩 보인다는 것이다. 특히 일대일의 기업 구도도 그것이지만 시장별, 장르별 특성에 따라 라이벌 구도가 드러나고 있다는 것은 고무적인 현상이라고 할 수 있다.

예컨대, 엔씨소프트가 모바일 게임시장에 뛰어들면서 그간 백기사 역할을 해 온 넷마블과의 한판승부를 겨냥하고 나선 것은 의미 있는 일이다. 또 '배틀 그라운드'를 앞세운 블루홀의 승전보도 화제다. 그들이 '포스트 엔씨소프트'를 겨냥할 것이란 소문도 유저들을 포함한 관전자들 입장에선 결코 나쁘지 않은 소식이다. 왜냐하면 경쟁과 자극이 없으면 시장은 이내 발전하지 못하고 수요 고갈로 사양길에 들어설 것이기 때문이다.

콘솔시장에서 보여주고 있는 마이크로소프트와 닌텐도의 라이벌 경쟁이 특히 눈길을 끌어 모으는 이유도 바로 이 때문이다.

2017. 12. 08

E3 전시회와 콘솔게임

북미 최대 게임쇼인 'E3' 전시회가 나흘간의 일정을 마치고 15일 폐막했다. 세계 3대 게임쇼 가운데 하나로 꼽히는 이 전시회는 전통적으로 콘솔 작품이 주로 선보여 왔다. 한동안 온라인 게임과 모바일게임업체들이 참가하긴 했지만 최근의 흐름을 보면 다시 콘솔로 전시회 성격이 바뀐 듯한 인상을 주고 있다.

이번 전시회에서 소니와 마이크로소프트, 닌텐도 등 콘솔업체들은 새로운 하드웨어를 선보이지는 않았지만, 대작 타이틀을 중심으로 분위기를 띄웠다. 이를 통해 전 세계 게임인들은 최신의 콘솔게임 트렌드를 파악하는 한편, 곧이어 선보일 작품들을 사전에 접할 수 있는 기회를 쥘 수 있게 됐다.

아쉽게도 국내 게임업체들의 단독 참가는 보이지 않았다. 대신 몇몇 업체들이 협력업체 부스를 통해 작품을 소개하는 수준에 그쳤다.

이를 지켜 보면서 국내 게임업체들이 콘솔시장에 대해 너무 무신경한 것이 아니냐는 생각을 지울 수 없다.

세계 게임시장 규모로 보면 여전히 콘솔장르의 비중이 높다. 콘솔 수요가 전체의 30% 이상을 차지하고 있다는 점에서 결코 무시할 수 없는 장르라 할 수 있다. 국내 게임시장은 이미 레드오션으로 바뀐 지 오래다. 더욱이 모바일 게임 중심의 수요 패턴 변화로 인해 더욱 치열해 지고 있다. 그렇다면 그런 판에만 안주하고 매달릴 일이 아니라는 것이다. 시장 다변화도 그것이지만 장르의 변화를 꾀할 때도 됐다 할 것이다.

그런 측면에서 국내 몇몇 신생 기업과 메이저 군에서 콘솔 타이틀 시장 진출을 타진하는 모습은 매우 긍정적이고 고무적인 움직임이라고 평가하고 싶다. 실제로 지난해 블루홀이 '배틀그라운드'의 콘솔 버전을 발표한 데 이어 펄어비스가 '검은사막'을 콘솔 시장에 내놓았다. 또 넷마블이 '세븐나이츠'의 콘솔 버전을 개발 중이라는 소식은 모두, 수요의 흐름을 제대로 읽고 있다는 증거다.

첫 술에 배부를 순 없다. 꾸준히 작품을 내놓고 시장의 문을 두드리다 보면 분명히 언젠가는 활짝 열릴 것이라는 점이다. 언필칭, 게임 내수가 정곡점에 달했다면 새로운 수요를 찾아 나서는 것이다. 그 길을 위한다면 장르를 꼭 구분 지을 필요도 없다. 더군다나 콘솔 시장은 눈에 보여지는 수요다. 이제라도 콘솔시장 타이틀에 도전하는 것이 그리 나쁜 일은 아닌 것 같다. 올해 열린 이번 'E3' 전시회가 국내 게임업체들에 던져주는 시사점이라 할 수 있겠다.

2018. 06. 15

한국시장이 아주 만만한 닌텐도

일본 게임업체인 닌텐도에 대해 한국 유저들의 불만의 목소리가 커지고 있다. 주된 지적은 현지화 등 한국 시장에 대한 기본을 지키지 않는다는 것이다. 최근의 닌텐도의 행태에 대해서는 아주 고약하다는 반응으로 모아지고 있다.

'닌텐도 스위치'가 국내에 출시된 건 지난해 연말이다. 하지만 9개월의 시간이 흘렀지만 본체의 오퍼레이팅시스템(OS)에 대한 한글화는 아직도 이뤄지지 않고 있다. 다른 나라에서는 손쉽게 이용할 수 있는 온라인 서비스에 대해서도 한국은 별도의 절차를 밟도록 하고 있다.

이같은 문제점은 그동안 시장 안팎과 유저들 사이에서 꾸준히 지적돼 왔지만, 닌텐도측에선 업데이트 개선 일정에 대한 계획이 정해진 바가 없다며 요지부동이다. 문제는 이런 지적 사항들이 연말까지도 바뀔 가능성이 거의 없다는 것이다.

한국시장에서 적지 않은 수익을 거둬가면서 한국 유저들을 위한 배려는 눈꼽 만큼도 찾아볼 수 없는 외국 기업들의 이같은 행태는 비단 닌텐도만의 일은 아니다. 구글이나 IBM 등 유명 외국기업들도 거의 대동소이하다. 세상에 잘 알려져 있듯이.

다국적 기업 등 외국기업들은 열매만 챙겨서 떠나면 그만이라고 생각할 수 있겠지만, 글로벌 경제의 지형이 어디 그러한가.

자신들이 있는 곳이 다름아닌 자신들이 일구고 자양분을 뿌려야 하는 땅이다. 시장이 왜곡되고 무너지면 자신들의 곳간 뒤도 무사하지 못한 채 허물어 지는 것이다. 일각에선 단기 이익만 생각하는 일부 외국계 전문 경영인들의 낮은 인식을 탓하고는 있으나, 그걸 특정인의 책임으로 돌리기엔 외국기업들의 행태가 너무 이기적이라는 것이다.

한국 시장에 대해 그 만큼의 정도를 걸을 만큼 기름진 땅이 아니라고 한다면 할 말이 없다. 하지만 그런 것이 아니라면 지금과 같은 고압적이고 일방적인 경영 행태는 곤란하다. 더군다나 한국에 내다파는 제품에 대해 별도의 절차를 밟아 온라인 서비스를 받도록 하고 있는 닌텐도의 어처구니 없는 짓거리는 또 뭔가. 닌텐도는 당장 개선책을 내놓아야 한다고 본다.

글로벌 경제의 특질은 공영과 공생이다. 그럼에도 여전히 그 행태에서 벗어나지 못하고 있다. 외국 기업들이라고 다 그런 것은 아닌 게 그나마 다행스런 일인데, 덩치 큰 기업일수록 더 편협하다는 소리를 듣고 있으니 참 답답한 노릇이 아닐 수 없다.

2018. 08. 31

지자체 AR게임 활용과 기능성 게임의 미래

최근 지방자치단체들이 관광 산업 활성화를 위해 증강현실(AR)게임을 활용하는 사례가 잇따르고 있다.

이러한 움직임을 보이고 있는 지자체는 경기 안양시와 경북 예천군, 전남 광주 남구 등이다. 이들 지자체는 AR 기술을 활용해 지역 특색을 흥미롭게 조성해 관광객들에게 알리겠다는 것이다.

이는 한동안 인기를 끌다가 사라지고만 AR게임이 다시 주목을 받는 계기가 되고 있다.

AR게임은 닌텐도의 '포켓몬 GO'가 출시되면서 전세계적으로 선풍적인 인기를 끌었다. 하지만 후속작 부재가 이어지면서 인기는 급전직하, 그 존재감마저 상실해 버렸다.

이로 인해 차세대 게임시장을 주도할 것으로 예상됐던 AR기술은 '시기상조'라는 평가를 받고 말았다.

다행스럽게도 최근 지자체들이 AR게임 개발에 큰 관심을 보이고 있는 것은 침체된 AR 게임 수요 활성화에 새로운 활력소로 작용할 것으로 업계는 기대하고 있다.

비록 한정된 콘텐츠와 수요에 불과하지만, 우리들 생활 깊숙한 곳에 파고들 수 있다는 점에서 AR게임이 가야할 여러 방향 중 하나로 자리잡을 수 있을 것으로 예상된다.

또 이를 통해 게임에 대한 부정적인 인식도 개선되고, 지역 사회의 문화와 역사를 알리는 데 게임이 일정 역할을 수행한다는 점에서 긍정적이다.

그동안 기능성게임(Serious Game)에 대한 개발과 육성책의 필요성이 제기돼 왔지만 제도권에서 이를 구체적으로 논의한 바는 거의 없다. 겨우 의료계 일각에서 활용 가능성만 언급됐을 뿐이다. 그런 측면에서 이번 자자체들의 AR게임 활용은 시사하는 바가 크다고 본다.

기능성 게임 장르는 게임의 그늘진 부문을 희석시키고, 게임에 대한 인식을 새롭게 할 수 있는 매우 긴요한 부문이다. 그럼에도 게임계가 이 장르에 대해 소홀히 하는 것은 한마디로 돈이 되지 않기 때문이다.

AR게임의 지자체 활용을 계기로 게임계 역시 기능성 게임에 대한 관심을 더 높여 나갔으면 하는 바람이 없지 않다. 예컨대 게임이 음지가 아닌 양지의 자리로 옮겨 앉기 위해서는 기능성 게임 개발 및 활성화는 필수라는 것이다.

2020. 06. 12

아케이드게임, 규제만이 능사가 아니다

정부가 10여년 만에 아케이드게임에 대한 규제 완화책을 내놓았다. 경품 기준 상한선을 종전 5000원에서 1만 원으로 상향 조정한 것 등을 골자로 했는데, 표면적으로 보면 그럴 듯 해 보이지만 내용을 들여다보면 옹색하기 그지 없다 할 것이다.

문화체육관광부는 최근 이같은 내용의 게임산업 진흥법 시행령 개정안을 입법예고 했다.

2006년 '바다이야기 사태' 이후 정부는 오로지 아케이드게임을 고사시키는 정책으로 일관해 왔다. 성인용 게임 뿐만 아니라 청소년게임에 이르기까지 판로를 틀어막아 왔다. 그로부터 돌아본 국내 아케이드게임산업, 과연 재건할 수 있을까 싶을 정도로 사실상 초토화됐다.

아케이드게임산업은 전세계적으로 비중이 높은 장르의 분야다. 유럽과 남미 뿐만 아니라 중국에서도 아케이드게임은 전체 게임시장의 20~30%를 차지하며 온 가족이 즐기는 놀이문화로 자리잡고 있다. 일본의 경우엔 파친코 등 성인용 아케이드게임이 꾸준히 성장하고 있다.

그런데, 우리나라에서만 유독 아케이드게임 말살정책을 펴왔다고 할 수 있다. 과거, 국내 아케이드게임기기는 우수한 품질을 인정받으며 세계 각국에 수출되는 효자상품이었다. 내수용으로도 적지 않게 판매

됐다. 하지만 '바다이야기 사태' 이후 모든 기반이 무너졌다. 말로 주범은 상품권 발행업체였는데, 그들이 이용한 아케이드 게임 기기업체에 대못을 박았다. 지금은 명맥조차 찾기 힘들 지경이 됐다.

정부가 '사행성'이라는 주홍글씨를 새겨 넣고 규제해온 아케이드게임은 사실, 가장 대중적이고 가족 놀이문화의 근간이라 할 수 있다. 그럼에도 불구하고 도를 넘는 강력한 규제의 잣대로 산업이 뿌리 채 흔들리고 있다.

버리긴 쉬워도 새로운 것을 창조하는 일은 그리 쉬운 게 아니다. 하물며 수요가 있는 장르와 산업을 그렇게 쓰레기 버리듯 하는 경우는 거의 없다. 문화부가 산업을 관장하는 부처가 아니다 보니 그런 엉뚱한 대못 정책을 써 온 게 아니냐는 일부 정책 부처 관계자들의 지적은 피하고 싶을 만큼 뼈 아프게 들려온다.

문화부가 전통 문화 향유 및 소비 정책 중심에서 문화산업 육성 및 비전 제시를 위한 정책 부처로 방향을 선회하기로 한지 어언 20여년이 지났다. 이로 인한 문화 사회적 파급력은 대단했다. K팝이 전세계적으로 바람을 일으키기 시작했고, 한국 영화다운 영화가 만들어지고 있다는 평론가들의 평이 잇달아 쏟아졌다. 게임은 전세계적으로 온라인 게임 붐을 일으켰고, 한국 게임계는 세

계의 게임 테스트 베드로 불릴 만큼 자존감을 높여 나갔다.

그럼에도 불구, 아케이드 게임에 대해서는 엄한 잣대를 가져다 대며 말살정책을 펴옴으로써 산업이 고사위기에 처해 있다. 이같은 정책의 배경에는 사행이란 꼭지가 크게 자리하고 있는데, 이는 한마디로 구더기 무서워 장을 못 담는 격이다.

더군다나 시대가 달라졌다는 점이다. 소비가 있는 데 정부가 이를 막을 명분과 구실은 한마디로 없다고 본다. 막말로 사행이라 할지라도 수요가 있다면 권장하지는 못하겠으나 정부가 무조건 막아 설 일은 아니라는 게 시대의 흐름이자 사회적 요구다.

또 이 문제는 성인들의 놀이문화를 창출한다는 측면에서도 정부가 신중히 고민해봐야 한다. 무조건 막아서는 건 이제 대세의 줄기가 아니라는 것이다. 정부의 역할에 대한 축소론이 최근 들어 잇달아 제기되고 있는 점은 그런 측면에서 시사하는 바가 크다 할 것이다.

아케이드게임은 오프라인에서 다양한 계층이 함께 즐길 수 있는 유일한 게임장르다. 특히 소비자들에게 쉽게 다가갈 수 있다는 장점이 크다. 수출 물량도 적지 않다는 점 역시 무시할 수 없다. 아이디어만 있으면 언제든지 우수 제품을 만들어 낼 수 있다는 한국적 정서를 가지고 있는 게 다름아닌 아케이드 게임이다. 그런 장르의 게임산업을 고사시키려 한다니 말이 되는가.

지금이라도 늦지않았다. 아케이드게임산업을 위한 육성책 수립과 이 장르의 특성을 고려한 범부처 차원의 지원책을 함께 만들었으면 한다. 문화 융성과 함께 수출이 잘된다고 하는데, 이를 마다할 이유가 전혀 없는 것이다. 규제만이 능사가 아니라는 점을 정부 정책 관계자들은 똑바로 알았으면 한다.

2020. 08. 07

이젠 게임업계가 PC방 업주들을 도울 때

PC방 업계가 가뜩이나 어려운 상황에서 코로나19의 직격탄을 맞고 있다. 일각에선 존폐의 위기를 맞는게 아니냐는 우려섞인 목소리까지 나오고 있다. 지난 2주 동안 정부의 강도높은 코로나 방역 대책으로 불가피하게 문을 닫았다가 간신히 다시 문을 열게 되었지만 그나마도 숨을 돌릴 처지가 못된다는 게 PC방 업주들의 하소연이다.

청소년 출입 금지에다 전체 매출의 40~50%를 차지하는 음식물 판매를 방역당국에서 금지시킨 때문이다. 이럴 경우 PC방 업주들은 적지 않은 타격을 받게 된다. PC방이 고위험군에 속해 있어 문을 닫고 있을 때와 별반 차이가 없다.

PC방 협회 등 협단체들이 강하게 반발하면서 겨우 식음료 판매는 가능하게 됐지만, 거의 절반수준에 가까운 매출은 떼 놓고 영업을 해야 하는, 아주 절박한 처지에 놓여 있는 것이다.

PC방은 한때 정보화 촉진사업의 일등공신과 같은 곳이었다. 또 오늘날의 대한민국 게임계를 잉태한 온라인 게임시장의 원동력이 됐고 그 중심축을 이뤘다. 한마디로 PC방이 없었다면 게임업계도 없었다고 할 수 있다.

그러나 게임시장의 흐름이 변하면서 플랫폼의 인기도 역시 달라졌다. 온라인 게임이 이선으로 물러나고 모바일 게임이 전면으로 나서면서 PC방 업계의 판도가 기울기 시작했다.

전국에 걸쳐 무려 3만여점에 달했던 PC방 수는 현재 약 1만여점에 불과하고, 이들 역시 채산성 악화에도 불구, 근근이 영업을 이어가고 있는 것으로 알려지고 있다.

여기서 놓칠 수 없는 것은 PC방의 역할이 시대 변천에 따라 사라지고 있느냐 하는 점이다. 그러나 그렇지 않다는 것이다. PC방은 여전히 젊은이들의 모임의 장소이자 독특한 문화공간으로 자리매김하고 있다. 청소년들의 탈선공간이 되고 있다는 지적이 있지만 반대로 그들 만의 쉼터가 되고 있다는 점 역시 부인키 어렵다.

또 게임은 어느 곳에서도 할 수 있지만, PC방에서 하는 것이 제맛이란 게이머들이 적지 않다. 특히 온라인게임은 PC방에 모여서 해야 게임의 진수를 알 수 있게 해 준다는 이들이 많다.

하지만 그 무엇보다 PC방업계는 게임산업계의 한 축을 맡고 있는 게임계의 주요 벤더라는 것이다. 또 그들은 한때 게임개발사들의 주요 협력사였고, 가까운 동지였다. 그렇다면 답은 뻔하다 하지 않겠는가.

이웃한 동지가 어려우면 그를 돕는 것이 인지상정이다. 최근 카카오와 펍지가 PC방 업주들에 대해 도움의 손길을 뻗친 것은 그런 차원에서 아주 바람직한 일이라고 아니할 수 없겠다. 그같은 움직임이 일자 금주에는 중견 게임업체인 펄어비스가 동참했다.

게임산업계는 그간 바닷가 모래알처럼 뭉쳐지지 않는 아주 이기적인 집단이란 소리를 들어왔다. '너는 너, 나는 나'란 식이다. 그러나 이젠 게임계도 연륜과 경륜이 합쳐질 나이가 됐다.

코로나19사태로 어려운 처지에 놓여있는 PC방 업주들에 대해 게임공급사 및 개발사들의 온정의 손길이 이어졌으면 하는 바람이 크다.

그같은 모습이 게임산업계의 모습이었으면 한다. 또 그같은 움직임이 과거 게임공급사 및 개발사를 도왔던 PC방업계에 대한 나름의 보답이자 의리라고 생각한다.

갑자기 4자성어의 옛말씀이 떠올랐다. 입술이 없어지면 이가 시리게 된다는 뜻의 순망치한(脣亡齒寒)이다. 게임업계와 PC방업계는 한배를 탄 동지나 다름 아니다 할 것이다.

2020. 09. 18

VI

IT 등 기타

넷텐션의 국산 게임엔진 개발

최근 스마트폰의 등장으로 인해 네트워크와 서버기술이 모바일게임의 성패를 좌우할 정도로 중요한 요소로 부상했다. 이런 가운데 한 중소기업이 모바일게임에 사용되는 서버엔진을 자체 개발해 시장에서 좋은 반응을 얻고 있어 관심을 끌고 있다.

넷텐션이라는 이름의 이 회사는 비록 짧은 업력에 규모도 작지만 서버 엔진기술이라는 한 우물을 파 왔다. 그리고 지금은 그 기술력을 인정받고 있다. 언리얼이나 유니티와 같은 세계적인 게임엔진 업체들이 있지만 이들이 제공하는 엔진은 주로 그래픽을 핵심으로 다루고 있다. 이 때문에 서버엔진 분야에서 넷텐션은 가히 독보적인 자리를 구축하고 있다고 봐야 한다.

국내 중소기업이 척박한 게임엔진 시장에 출사표를 내고 서버엔진 수요를 이끌고 있다는 것은 매우 의미 있는 일이라고 할 수 있다. 이 업체의 서버엔진 '프라우드넷'은 최근 모바일게임 시장에서 큰 인기를 끌고 있는 '몬스터길들이기' 등 많은 작품에 적용되면서 그 안정성을 인정받고 있다 한다.

우리나라가 온라인게임 강국이라고 하면서 자체 게임엔진 하나 갖추지 못하고 있다는 것은 다 아는 비밀이다. 겉으로 드러나지 않는 분야인데 굳이 독자적인 게임엔진을 개발할 필요성이 있느냐는 현실론에 묻혀진 것이다. 모바일 게임 시대를 맞으면서 이번엔 서버엔진의 중요성이 새롭게 강조되고 있다. 다행스럽게도 넷텐션이라는 무명의 기업이 각고의 노력으로 국산화를 실현했다.

문제는 수요처다. 돈 있는 게임업체들은 유명세만 생각하고 비싼 외산만 구매하려 들고 있기 때문이다. 정부도 마찬가지다. 기반 소프트웨어의 중요성을 강조하면서도 어렵게 국산화를 실현한 기업과 기업 제품 공급에 대해선 어떠한 지원도 인센티브도 주지 않고 있다. 이런 풍토속에선 기반 소프트웨어가 절대 자리매김할 수 없다는 것이다. 거대 삼성이 구글과 애플에 끌려 다니는 것도 기반 소프트웨어 기술이 부족하기 때문이다. 그런 측면에서 보면 넷텐션의 기술 개발 노력은 눈물겹다고 할 수 있다.

중소기업에 국산화 노력을 요구한다는 것은 뻔뻔스런 일이다. 그런 것은 정부의 몫이자 대기업의 몫이다. 그렇다면 적어도 수요처라도 마련해줘야 도리가 아닌가. 그렇지 않으면 제2, 제3의 넷텐션 같은 기업의 출현은 기대할 수 없다 할 것이다. 정부가 아무리 소프트웨어 산업의 중요성을 강조한들 뭐하겠나. 국산은 쳐다보지도 않는데 말이다.

2014. 07. 30

'진퇴양난'에 빠진 AR 게임

일부 게임업체들이 '포켓몬GO' 열풍을 좇아 증강현실 게임을 잇달아 개발, 선보였으나 1년여 만에 서비스를 종료하는 등 고전을 면치 못하고 있다. 그러나 이같은 개발 움직임은 멈추지 않고 있다. 하지만 상당수 게임업체들이 수요부진으로 어려움을 호소하고 있다.

한빛소프트는 이달 말 '역사탐험대 AR' 게임의 서비스를 종료키로 했다. 이 회사는 한국형 증강현실(AR) 게임을 표방하며 이 작품을 론칭했으나 불과 1년 3개월여 만에 서비스 종료를 선언한 것이다.

이 회사 뿐만 아니라 상당수 업체들이 AR게임 개발에 나서고 있지만 성과에 대해서는 함구하고 있다. 엠게임도 지난해 AR 게임인 '캐치몬'을 선보였다. 하지만 서비스 초반 매출 순위 40위권까지 진입하더니 이내 하락세로 반전됐다.

이에앞서 드래곤플라이는 지난 2016년 '스페셜포스' 및 '또봇' 판권(IP)을 활용한 AR 게임 개발에 나섰지만, 출시 일정을 계속 미루다, 최근에는 작품 출시마저 불투명해 졌다고 한다.

이렇게 되자 상당수 게임업체들이 AR게임 수요에 대해 회의를 나타내는 등 '진퇴양난'의 모습을 보여주고 있다. 가능성은 보여주는 데 가시적인 것이 없고, 바람은 이는데 나무 가지가 흔들리지 않는 식이다.

다행스러운 것은 이같은 시장환경임에도 불구, 상당수 업체들이 AR게임 개발에 대한 의지를 꺾지 않고 있다는 것이다. 엔에스스튜디오와 안다미로 이엔티는 최근 '차원소환사'를 원스토어에 론칭한 데 이어 이를 구글 플레이에도 선보였다. 또 넥스트에이지는 최근 미국에서 열린 '샌디에고 코믹콘 2018'에서 소니픽처스엔터테인먼트와 공동 개발 중인 '고스트버스터즈 월드'를 선보이기도 했다.

지금 게임시장에선 AR게임 수요를 두고 설왕설래가 한창이다. 한쪽에선 이대로 뛰어 넘어가는 것이 아니냐는 전망이 있는가 하면 다른 한편에선 여전히 엄청난 시장 잠재성에 무게를 두고 있다. 이를 놓고 보면 상당히 신중한 시장 접근이 요구된다 할 수 있겠다. 이웃집이 하니까 나도 한다는 식이 아니라 정확한 시장 정보와 투자 가치를 놓고 고민해야 한다는 것이다.

어찌됐든 AR게임이 국내 게임업체들에 있어 때아닌 계륵이 돼 가고 있는 것은 분명한 것 같다.

2018. 08. 10

가능성 보여준 게임과 예능의 만남

최근 젊은이들이 즐겨보는 TV 예능 프로그램에서 게임이 잇달아 주 테마로 다뤄지면서 큰 관심을 끌고 있다. 놀라운 것은 게임이 소재로 다뤄진 이날 이들 프로그램은 자체 최고 시청률을 경신하는 등 채널 경쟁에서도 월등했다는 점이다.

구랍 30일 SBS '미운 우리 새끼'에서는 홍진영, 홍선영 자매가 전 프로게이머 홍진호와 프로그래머 이두희를 만나 PC방에서 게임을 즐기는 모습을 보여줘 큰 화제를 모은데 이어 29일 방송된 tvN '놀라운 토요일'에서는 라이엇게임즈에서 선보인 가상 걸그룹 'K/DA'의 음악 '팝/스타즈'가 등장, 시청자들의 적지않은 반향을 일으켰다.

과거, 게임이 일부 방송 프로그램의 소재로 등장한 적이 없는 것은 아니지만, 최근들어 꾸준히 게임이 방송에 주테마 내지는 화젯거리로 등장, 관심을 모으고 있는 것이다.

지상파와 케이블 방송사들의 이같은 움직임은 시대적 트렌드를 읽고, 반영한다는 측면에서 그다지 부자연스럽지는 않다. 오히려 시청률을 끌어 올리는 데 일정 부문의 역할을 한다는 점에서 앞으로 게임이 대중 미디어 및 장르에 더 등장할 개연성은 높다 할 것이다. 그만큼 게임이 이미 대중 문화 속으로 깊숙히 자리하고 있다는 방증이고, 생활의 한 부문이 되고 있다는 뜻으로 볼 수 있다.

산업적인 관점에서 해석하더라도 그것은 자연스런 현상이다. 게임과 영화는 이미 보편화 돼 있고, 게임과 출판, 게임과 음악은 등가관계에 있다 할 것이다. 더구나 콘텐츠의 윈도 흐름이 최근들어 급격히 파괴되고 있다는 점은 게임과 방송, 그 가운데 핵심 프로그램인 예능 시간에 게임이 더 등장할 수 있음을 예고해 주는 것으로도 볼 수 있다.

문제는 게임에 대한 제도권의 시선인데, 이같은 방송사의 긍정적인 움직임이 계속 이어진다면 우리 사회 일부에서 보여주는 굽어진 게임에 대한 인식이 크게 바뀌지 않겠냐는 기대감이 없지않다.

여기서 간과해선 안될 것은 미디어 및 콘텐츠의 융합화가 빠르게 전개되고 있다는 것이다. 최근 유튜브에서의 게임은 뜨거운 이슈가 될 만큼 화제를 몰고 다니고 있다.

이젠 하나의 장르로만 성장하는데는 한계점을 드러내고 있다. 미디어도, 콘텐츠도 서로 합종연횡해야만 살 수 있다는 것이다. 이것은 거스를 수 없는 시대의 흐름이 되고 있다. 그런 측면에서 게임은 가장 대중적인 콘텐츠라는 점에서 미디어, 콘텐츠의 핵심 코어가 될 것임은 두말할 필요가 없다 할 것이다. 게임이 대중문화의 꽃으로 다가올 날이 머지 않았다.

2019. 01. 04

유명 연예인 없는 게임광고

게임광고는 지상파 방송을 비롯해 케이블방송사의 봉처럼 여겨져 왔다. 게임업체들이 대작을 론칭하기 전에 유명 연예인을 모델로 한 광고를 제작해 엄청난 물량공세를 펼쳐 왔기 때문이다. 이에 따라 게임 덕에 유명 연예인들과 방송사들이 때 아니게 배를 불리고 있다는 웃지못할 지적이 나오기도 했다.

그렇게 해서 실적이라도 그럭저럭 나오면 그나마 다행이긴 하겠지만, 문제는 그렇지 못한 실정이라는 것이다. 대부분의 작품들이 잠시 잠깐, 반짝 인기를 끄는데 그쳤고, 실적으로도 연결이 되지 못했다. 결국 엄청남 마케팅 비용만 지불한 셈이 됐는데, 중소 게임업체들의 경우 이로 인한 후유증으로 큰 몸살을 앓기도 한다는 것이다.

이렇다 보니 특단의 대책으로 연예인을 앞세운 마케팅을 지양하기 시작했고, 최근 들어서는 TV 광고를 통해 게임에 대한 스토리를 유저들에게 직접 소개하는 사례가 잇따르면서 주목을 받고 있다. 금주 선보인 카카오의 '달빛 조각사'와 넥슨의 'V4' 엔씨소프트의 '리니지2M' 등이 바로 그것인데, 과거와 다른 접근방식 때문인지 신선한 느낌까지 주고 있다.

특히 '달빛조각사'의 티저 영상은 사전예약자 300만 명을 이끄는 데 선봉 역할을 하는 등 팬들로부터 좋은 반향을 일으키기

도 했고, '리니지 2M' 역시 전작과 달리 유명 연예인을 발탁하지 않고 이 게임의 게임 콘셉트와 앞으로 전개될 스토리만을 CF로 제작, 궁금증을 야기하고 있다. 이들과 경쟁을 펼치고 있는 넥슨도 비슷한 행보를 보이고 있다.

넥슨은 전작 '카이저' '트라하' 등에 스타 마케팅을 추진했으나 유저 유입 효과가 크지 않다고 판단, 'V4' 에는 유명 연예인을 홍보모델로 기용하지 않기로 했다는 것이다.

이같은 변화의 움직임은 무엇보다 많은 비용을 들여가면서까지 굳이 스타 마케팅을 진행할 필요가 있느냐는 자성의 목소리가 나오고 있는데다, 장르를 모르면 모르겠지만, 40~50대도 함께 즐기는 게임이란 장르이고, 작품력과 인지도를 확보하고 있는 대형 작품에 대해 유명 연예인을 홍보 모델로 쓸 경우 도리어 역효과를 불러 올 수 있다는 판단도 작용한 것으로 보여진다.

팬들의 반응은 일단 긍정적이다. 유명 연예인을 써야할 하등 이유가 없는데, 많은 돈을 쥐어가면서 작품을 홍보하고 있다는 지적이 많았기 때문이다. 실제로 톱 모델의 경우, 한번 게임 홍보모델로 나서는데 수억 원의 출연료를 받은 것으로 알려졌고, 잘 알려져 있는 유명 배우 A씨는 단타로 10억 원을 받았다는 것. 이같은 사실이 알려지자 일부 유저들은 그 돈을 차라리 더 좋은 작품을 완

성하는 데 쓰지 뭐하는 것이냐며 강한 불만의 목소리를 내기도 했다.

새로운 시도가 시작됐다는 것은 고무적인 일이다. 고여 있는 물은 오염되기 마련이다. 올들어 게임계에는 여러 긍정적인 새로운 시도의 바람이 일고 있다. 게임광고도 그 중 하나다. 작은 변화의 움직임이 큰 나무를 심고 숲을 이루는 데 아주 기름진 밑거름이 될 수 있음을 잊어선 안될 것이다. 그렇게 해서 게임산업이 확장될 것임에 틀림없다. 게임광고시장에 불고 있는 새로운 조류를 더 지켜보고 싶다.

2019. 10. 18

엔씨소프트 주가 60만 원 돌파의 의미

엔씨소프트 주가가 경자년 새해 들어 연일 최고가를 경신하고 있다. 이젠 60만 원의 벽을 넘어서며 게임 주의 새 역사를 작성하고 있다. 엔씨소프트의 시가총액도 껑충 뛰어 무려 13조 원대를 넘어섰다.

이같은 여세는 이미 예상돼 온 결과다. 지난해 연말 께 발표된 '리니지 2M'이 예상을 뛰어넘는 흥행세를 보여 오는 등 '리니지' 형제들이 시장에서 강세를 보여 왔기 때문이다. 그리고는 최근 52주 최고가이자 60만 원대 진입을 실현한 것이다. 증권가 주변에서는 엔씨소프트의 실적이 워낙 견고해 1분기중 최고가를 또다시 경신하게 될 것이란 전망을 내놓고 있다. 실제로 미국과 이란 전쟁 이슈로 증시가 크게 흔들리던 지난 주 초반에도 엔씨소프트의 주가는 오름세를 계속 이어갔다.

증권가 주변에선 올해 이 회사의 1분기 실적으로 매출 6094억 원, 영업이익 2418억 원을 기록할 것으로 예상하고 있다. 이는 전년동기개비 매출은 69. 84%, 영업이익은 204% 개선이 예상되는 수치다. 더욱이 이 작품 뿐만 아니라 '리니지M' 등 이전 작품들의 인기도 여전하다.

게임계에서는 이같은 엔씨소프트의 주가 흐름에 대해 매우 긍정적인 반응을 보이고 있다. 증시에서 그간 상대적으로 홀대를 받아 왔다고 생각하는 게임계가 엔씨소프트의 주가 상승으로 오랜만에 기지개를 켜고 있는 것이다. 기대를 모았던 넷마블 주가가 다소 주춤한 상황이긴 하지만 곧 회복될 수 있을 것이라고 업계는 기대하고 있다.

이번 엔씨소프트의 주가 상승을 통해 게임주에 대한 전반적인 평가가 새롭게 이뤄질 것으로 업계는 예상하고 있다. 게임산업이 더 이상 게임 하나에만 머무는 것이 아니라 대한민국 경제의 중심으로 가는 길목에 서 있다는 것을 이번 엔씨소프트의 주가 상승을 통해 확실히 각인시켰기 때문이다. 이에 따라 시장에서 저평가된 게임주들의 흐름도 면밀히 지켜보는 일 또한 즐거운 일이 될 수 있을 것이란 게 증권가 주변의 얘기다. 4차 산업혁명을 이끌어갈 게임산업에 대한 관심이 더 커질 것이란 것이다.

언필칭, 이제 게임주는 더 이상 변방이 아닌 자본 시장의 중심이 됐다고 할 수 있다.

2020. 01. 10

엔씨소프트의 주가는 왜 치솟는가

엔씨소프트의 주가가 고공행진을 거듭하고 있다. 코로나19 사태로 인해 주요 기업 주가가 요동을 치고 있지만, 이 회사의 주가는 연일 최고가를 갈아치우며 최근 70만 원대를 넘어섰다. 게임업계 대장주를 넘어서 코스피 전체를 대표하는 인기 종목으로 자리잡게 됐다.

엔씨소프트의 주가가 이처럼 치솟고 있는 요인은 이 회사의 신작 작품들이 연이어 빅히트를 기록하는 등 뛰어난 성과를 거뒀기 때문이다. 지난 2017년 출시된 모바일게임 '리니지M'은 2년간 정상의 자리를 지키며 수 조 원대에 달하는 매출 실적을 올렸다. 그리고 지난해 말 론칭한 '리니지2M' 역시 돌풍을 일으키며 형님격인 '리니지M'을 1위에서 밀어내며 그 자리를 차지했다. 자신들의 작품을 가지고 앞서거니 뒷서거니를 거듭하고 있는 것이다.

증권가에서는 엔씨소프트의 주가가 이르면 3분기 또는 올해 안에 100만 원대를 넘어설 것이라는 장밋빛 전망까지 나오고 있다. 실제로 시장 주변에선 이같은 기대를 의심치 않는 모습이다. 이는 엔씨소프트의 저력을 믿기 때문인데, 2년에 한 번 꼴로 나오고 있는 신작 게임의 퀄리티와 흥행성이 시장의 기대를 벗어난 적이 거의 없다는 점을 높게 사는 듯 하다는 게 전문가들의 분석이다.

이같은 엔씨소프트의 연이은 히트작 개발의 원동력은 개발진의 각고의 노력과 이를 뒷받침하는 마케팅의 역량도 그것이지만 무엇보다 이 회사의 대표인 김택진 사장이 전면에 나서 전 직원을 독려하는 등 솔선수범하는 자세를 보이는 데서 찾아볼 수 있겠다 할 것이다.

성공신화를 쏘아 올린 게임업체 오너들은 일단 크게 성공했다 싶으면 하나같은 현업 전선에서 물러나 슬그머니 이사회 의장직을 맡고 나선다. 이사회 의장직은 주주들의 의사를 관장하는 자리이지, 회사를 책임지고 경영하는 자리가 아니다. 그럼에도 마치 유행처럼 그리하고 있다. 또 일각에선 그게 그거 아니냐는 생각도 하는 것 같다. 하지만 이는 착각이다. 직원들 입장에서 보면 한참 먼 회사 주인일 뿐이다. 따라서 제대로 된 소통이 이뤄질 리가 없다. 결국, 전문경영인에게 책임을 떠맡기고 자신은 권한만 행사하겠다는 것인데, 그같은 괴팍한 풍토 속에서 과연 좋은 작품이 나올 수 있겠는가.

물론 오너가 직접 게임 개발에 나선다고 해서 꼭 좋은 결과를 얻는다고 할 수 없다. 오히려 개발자들의 창의력과 책임감을 떨어뜨릴 수 있는 단점도 있다. 하지만 그 모든 과정을 오너가 책임을 지고 나선 것과 그렇지 않은 것의 차이는 가히 천양지차다.

기업이 공개되고 상장되면서 게임업계

의 표정도 주식시장의 온도차이에 따라 웃고 우는 모습이 됐다. 주가의 흐름을 지켜보는 게 하루의 일과가 됐을 정도다. 그렇다면 지금이라도 당장 이사회 의장이란 자리를 내팽개치고 현업으로 복귀하길 바란다. 그게 책임 경영을 보여주는 게임계 오너의 진정성 있는 자세라고 생각한다.

혹, 자신의 회사 주가가 매일같이 요동을 치고 있다면 가슴에다 손을 얹고 잠시 생각해 보기 바란다. '샴페인을 너무 일찍 터트린 것'은 아닌가 하고 말이다. 오너 리스크가 의외로 크다는 점을 잊지 말아야 한다.

2020. 03. 06

카카오게임즈의 코스닥 재도전과 그 의미

카카오게임즈가 2년여 만에 코스닥 상장을 재 추진하고 있다.

이 회사는 지난 2018년 상장 추진 당시 우량기업에 주어지는 패스트트랙을 적용받아 예비 심사승인을 받았다. 그러나 이후 약 3개월 만에 기업공개 절차를 중단하며 상장을 철회했다.

그해 목표한 경영 전략 사안 및 과제를 예정대로 추진하기 위해서라는 게 상장철회의 배경이 됐다. 이를테면 역량강화 등 전열 재정비를 거쳐 기업가치를 제대로 평가받겠다는 것이었다.

최근 게임산업은 코로나19의 최악의 상황에서도 비대면 산업의 대표적인 주자로 오히려 성장세를 보이고 있다. 그러나 여전히 게임산업에 대한 사회의 인식은 낮은 것이 현실이다.

이같은 상황에서 카카오게임즈가 게임업체로는 올 들어 처음으로 코스닥 상장을 추진하는 것은 여러 의미를 내포하고 있다고 봐야 할 것이다. 특히 카카오 게임즈는 게임 퍼블리셔다. 상장을 통해 새롭게 조성된 자금은 곧 바로 개발사로 이어지게 돼 있다. 투자의 활력소로 작용할 것이 분명하다.

최근 증권가의 분위기는 긍정적인 흐름을 타고 있다. 코로나19 사태 이전으로 돌아가는 느낌을 주고 있다. 코스닥 지수는 회복세를 넘어 52주 최고가를 작성하는 등 탄력을 받고 있다.

2018년 상장 철회 당시, 이 회사의 기업가치는 1조 1700억 원 수준으로 추산됐다. 이번 상장 재추진 시점에서 이 회사의 기업가치는 2조 원을 넘어설 것으로 보인다.

증권가는 이 회사가 이르면 7~8월께 예비심사를 통과할 것으로 예상하고 있다. 과거 2018년 심사 당시 패스트트랙을 적용 받기도 했다는 점에서 이번에도 상장 절차에 속도를 낼 것이란 관측이 지배적이다. 이를 통해 8월 공모 및 연내 상장 가능성도 제기되고 있다.

이 회사의 도전이 보기 좋게 성공했으면 한다. 카카오 게임즈도 그렇지만, 이를 통해 게임계에 투자 분위기가 조성됐으면 하는 바람이 크기 때문이다. 또 비대면 언택트 산업의 핵심 코어인 게임이 제도권으로부터 제대로 평가받는 기폭제가 됐으면 하는 것이다.

2020. 06. 19

KT의 '게임박스' 유료화에 거는 기대

KT가 클라우드 기반의 스트리밍 유료 게임 서비스 '게임 박스'를 최근 론칭하면서 화제가 되고 있다.

KT는 그동안 '5G 스트리밍 게임'에 대한 시범 서비스를 진행해 왔는데, 게이머들의 반응이 긍정적으로 나왔다고 판단되자 최근 이를 '게임박스'로 전환하며 상용화에 들어간 것이다. 특히 상용 서비스라는 게 종전과 다르다. 경쟁사인 LG유플러스도 올 초 상용화에 들어갔지만 시장 영향력 면에서 KT의 가세가 주는 의미는 적지 않다 하겠다.

KT가 스트리밍 게임 서비스를 유료화하기로 결정함에 따라 이젠 이 분야도 본격적인 상용화 시대를 맞게 됐다. '게임박스'는 스마트폰, PC, IPTV 등에서 100여 개 게임을 무제한 즐길 수 있는 게 특징이다. 또 연말까지 50% 할인된 월 4950원의 정찰가가 적용된다.

'게임박스'는 KT 클라우드 서버 기반의 스트리밍 방식으로, 기기 성능이나 장소 제약 없이 고사양의 게임이 구동된다. 주요 게임으로는 '보더랜드3' '마피아3' 'NBA2K20' 등을 비롯, FPS·슈팅, 대전액션, 레이싱, 스포츠 등 다양한 장르의 게임들이 라인업 됐다.

이동 통신사들이 클라우드 기반의 스트리밍 게임 서비스에 눈을 돌리고 있는 것은 국내게임 시장 규모가 적지 않기 때문이다. 또 게임을 즐기는 유저들이 해마다 급격히 증가하고 있다는 점도 매력적이다. 이같은 추세로 나가면 오는 2025년께 국내 게임시장 규모는 20조 원을 훌쩍 뛰어 넘을 것으로 이동통신 관계자들은 기대하고 있다.

문제는 이같은 스트리밍 게임 서비스가 시장에 제대로 안착할 수 있겠는가 하는 점이다. KT측은 1년여 무료 시범 서비스 기간 동안 약 4만 명의 이용자가 '게임박스'를 즐겼다며 긍정적인 반응을 보이고는 있으나, 과연 유료로 전환할 경우에도 이용자들이 그대로 자리에 머물 것인가에 대해서는 즉답하기가 쉽지않다. 예컨대 긍정적인 답을 얻기 위해서는 대작 등 좋은 게임들이 있어야 한다는 것이다.

단순히, KT가 공적 기업의 성격이 강하다 해도, 그런 사업도 해 볼 수 있는 게 아니냐고 한다면 그 결과는 백전백패다. 또 '게임박스'가 시장에서 주목을 받지 못할 것을 우려해 명분 찾기 등 과거 공기업 같은 태도를 보이지 말아야 한다는 것이다. 예컨대 스타트 업 작품들을 소개하는 등 나름 산업 인프라로서 기능을 잘 수행하지 않았느냐는 것 등이다. 이같은 말들은 한마디로 흥행을 이끌지 못해 나온 변명일 뿐이다. 그렇게 해선 곤란하다.

철저한 준비와 시스템 관리가 제대로 이뤄져야 한다는 것이다. 특히 '게임박스'의 흥행 포인트는 유저 만족도를 높일 수 있는 다양한 화제작을 많이 끌고 와야 한다. 콘텐츠 비즈니스에서 우수한 콘텐츠가 뒷받침되지 않으면 그 비즈니스의 결과는 눈을 감고 봐도 뻔하지 않겠는가.

KT의 스트리밍 서비스 유료화 선언에 따라 SK텔레콤도 곧 유료화에 나설 예정이라고 한다. 또 게임업계 역시 이동통신사들의 이같은 움직임으로 새로운 게임 수요가 생길 것이라며 큰 기대감을 나타내고 있다. 그동안 고착화되다시피 해 온 국내 게임시장이 꿈틀대고 있는 것이다.

스트리밍 게임 서비스 사업이 찻잔속의 미풍으로 끝날지, 아니면 말 그대로 대박이란 이름의 태풍으로 변해 우리에게 성큼 다가올 지에 대해서는 좀 더 지켜봐야 할 것 같다. 그러나 분명한 것은 게임유저들의 니즈가 시대변천에 따라 크게 변하고 있는 것은 확실하다는 것이다.

2020. 08. 14

카카오게임즈 주식청약 돌풍을 보며

카카오게임즈의 청약 경쟁률이 무려 1500 대 1에 달해 화제가 되고 있다. 청약 증거금 규모만도 60조 원에 육박하는, 사상 최대 기록을 새로 썼다. 이처럼 청약 경쟁률이 치열함에 따라 1억 원의 청약금을 넣어도 겨우 5주만을 받게 될 것으로 보인다.

이 회사가 기록한 청약 증거금 58조 5543억 원은 지난 6월 SK바이오팜의 최대 증거금 기록(30조 9899억 원)의 두 배에 육박하는 것이다. 게임과 카카오게임즈에 대한 관심이 얼마나 뜨거웠던 것인지를 단적으로 보여주는 수치다.

이같은 현상은 무엇보다 시중에서 돌고 있는 막대한 유동성 자금이 한쪽으로 쏠린 데 따른 것으로 볼 수 있다. 정부가 부동산 투기를 잡겠다며 20회가 넘는 규제안을 내놓으면서 그 대안처로 주식시장에 엄청난 뭉칫돈이 몰리고 있는 것이다. 또 0% 대로 떨어진 시중 은행금리도 주식시장으로 자금이 쏠리고 있는 요인으로 풀이할 수 있겠다.

하지만 아무리 시중에 돈이 남아 돌아도 투자 가치가 가시적으로 보이지 않는다면 그 얘기는 크게 달라진다. 때문에 이번 청약 경쟁은 카카오게임즈에 대한 관심이 그만큼 컸다는 것으로 볼 수 있다.

여기에는 코로나19 사태로 비대면(언택트) 산업의 핵심인 게임에 대한 인식이 크게 높아진 것도 한 몫을 한 것으로 보여진다. 또 카카오의 계열사인 카카오게임즈의 비즈니스 역량도 높게 평가됐을 것으로 관측된다.

그럼에도 정작 게임산업에는 유동성 자금의 경화현상으로 몸부림을 치고 있다. 금융권 뿐 아니라 정부조차도 눈길을 주지 않고 있다. 그러나 보니 부익부 빈익빈의 빛과 그림자와 같은 갈라짐은 더욱 심화되고 있다. 게임 시장 분위기는 과거 화려했던 2000년 초중반의 모습인데, 그 밑에서 흐르는 물줄기의 힘은 비교할 수 없을 만큼 형편 없는 것이다. 게임에 대한 제도권의 인식이 달라졌다고 하지만 실상은 크게 달라진 것이 없다.

카카오게임즈의 청약 열기를 통해 게임산업이 새롭게 조명 받게 됐다. 또 시장에 대한 긍정적인 시그널이 비춰진 것으로 이해하고 싶다. 그러나 이같은 일회성으로 일희일비할 처지에 있지 못하다는 게 게임계의 고민이자 과제이다.

그림자의 그늘을 축소할 수 있는 정책적 대안이 서둘러 강구됐으면 한다. 그렇게 해야 산업이 삐뚤어 지지 않고 바로 설 수 있다. 또 그리 돼야 카카오게임즈에 신뢰를 보여준 자금시장과 국민에 대한 보답이라고 생각한다. 기업 상장을 위한 카카오게임즈의 화려한 첫 걸음을 축하한다.

2020. 09. 04